JN284822

ルネサンス文明

LA CIVILISATION DE LA RENAISSANCE

◎Jean Delumeau ジャン・ドリュモー 著
◎桐村泰次 訳

論創社

LA CIVILISATION DE LA RENAISSANCE

(1967)

by Jean Delumeau

凡例

一、本書はレイモン・ブロック監修のもとアルトー社から刊行されたシリーズ《大文明 Grandes Civilisations》のなかの Jean Delumeau "La Civilisation de la Renaissance"（1967）の邦訳である。

一、原著の巻頭には出版者の緒言、レイモン・ブロックの序言、巻末には用語解説、年表が載せられているが、本訳書では訳出しなかった。

一、原著には二百点を超える写真が、それぞれ詳しい解説つきで収められているが、本訳書では、本文の理解のためにどうしても必要と思われるものに絞って、簡単なキャプションをつけて掲載した。

一、地名と人名の表記については、所在する国や出身国での発音を基本としたが、ベルギーのように複数の言語が用いられている国の場合、日本人に馴染みのほうを優先した。たとえばアントワープは所在する地域のフラマン語ではアントウェルペン、フランス語圏ではアンヴェルスであるが、日本人には英語式のアントワープが馴染みであると判断した。

一、「humanisme」「humaniste」は、イタリアに関連している場合は「フマニスム」「フマニスト」、フランスの場合は「ユマニスム」「ユマニスト」、ドイツの場合は「フマニスムス」「フマニスト」、イギリス人の場合は「ヒューマニズム」「ヒューマニスト」とした。しかし、総称的には英語の「ヒューマニズム」は現代の「人道主義」のニュアンスが強く、ルネサンス当時にこの語がもっていたニュアンスが変わってしまう恐れがあるので、フランス式に「ユマニスム」「ユマニスト」にした。

ルネサンス文明　【目次】

序論　西欧の地位向上…2

第一部　時代の趨勢　13

第一章　キリスト教世界の分裂…14

第二章　アジア・アメリカとヨーロッパ情勢…50

第三章　ルネサンスと古代…96

第四章　教会改革としてのルネサンス…154

ルネサンス文明

序論　西欧の地位向上

1　《ルネサンス》の呼称

《中世 Moyen Age》と《ルネサンス Renaissance》という互いに関連し合い、連動的にあいまいさを含んでいる二つの用語を歴史の本から削除するなら、私たちにとって、フィリップ美男王（1285-1314）からアンリ四世（1589-1610）までの時代を理解することは、ずっと容易になるだろう。ことのついでに、多くの先入見が一挙に吹き飛ばされ、とりわけ、暗黒の時代と啓蒙の時代を激越な断層が切り離しているという考えは一掃されるからである。

イタリアのフマニスト humanistes たちが創り出し、ヴァザーリが再度採り上げた「古代の再発見のおかげで文芸復興がもたらされた」という観念は、勝ち誇る若い世代の宣言がいつもそうであるように、たしかに、豊かな実りをもたらした。そこには、文芸の再生をめざす若さとダイナミズムが表されているが、それとともに、自らの先祖の好みや心理的カテゴリーと絶縁した（あるいは、絶縁したと思っている）若者たちの生硬な宣言につきものの不公平さがある。

しかし、《ルネサンス》という言葉は、それを本質的に文学と造形芸術に適用したフマニストたちの狭い語義のままでは、こんにちの私たちにとって満足できるものではない。この言葉は、堅固で神秘的なロマネスク芸術が創造したものも、ほっそりと繊細なゴシック時代の創造物も、「野蛮」と決めつけて排除してしまっているばかりか、ダンテもヴィヨンも、さらには十五世紀フランドル派の絵画も説明してはくれない。とりわけ、ロマン主義的歴史記述が現れ、一つの文明の規模にまで拡大されるや、それはいっそう当てはまらなくなった。

ブルクハルトは「ルネサンスは本質的には古代の復活ではなかった」と断じているではないか？　このブルクハルトの判定は、彼が無視した経済的事象と技術にふさわしい立場を与えたとしても、やはり妥当である。なぜなら、印刷術や機械式時計の発明、砲術の完成、複式簿記だの為替手形のやり方、大市での金融取引の仕組みの考案などは古代への回帰とは無関係だからである。

しかしながら、言葉は持続的な生命をもっており、私たちの意志に関わりなく、自らを押しつけてくる。《ルネサンス》に代わって、どんな言葉を使ったらよいだろうか？　私たちの先祖たちを、さらなる学問へ、さらなる知識へ、さらなる自然の征服へ、さらなる美の追求へ導いたこの偉大な進展を表すのに、ほかにどんな語彙がふさわしいだろうか？

私が本書全体を通じてこの用語を使ったのは、これに優る言葉がないからである。しかし、ここでいう《ルネサンス》という言葉は、本来のそれとは意味が違っていることを承知しておいていただきたい。それが全体的歴史の枠組みのなかで意味しているのは、「ヨーロッパの文明が同時期のほかの諸文明を決定的に引き離した時代の西欧の地位の向上」ということである。第一次十字軍の時代、アラブ人やシナ人の技術と文化は、西欧人のそれと等しいか、あるいは超えてさえいた。しかし、一六〇〇年にはそうでなくなっていた。したがって、私がめざしたのは、なぜ、どのようにして、西欧は向上を遂げ、その後、次第に世界全体に自分の価値を認めさせるだけの文明を仕上げたかを研究することである。

2　西欧のダイナミズム

《ルネサンス》は、幾つもの地で開花しており、それに合せて歴史家の研究も多様化する。私が採用した見方で封建時代とデカルトの時代を分けている中間の時代を検証しようとするときには、はっきり区切りを付けて歴史を記述することは困難である。したがって私は、人工的な断層を立てることはしないで、長期的歴史を記述する手法を選んだ。十三世紀末から十七世紀初めにかけてのこの進歩の要因になったすべてが、西はブリテン島から東はモスクワにまでいたる広大な光景のなかに描きこまれることとなろう。

反対に、どんな歴史の構築も投棄と沈黙は避けられないから、革新性に富んだ文明をも鈍重にするような停滞的要素は、容赦なく無視した。こうして、全般的枠組みを明確にすると、ここでいう《ルネサンス》が芸術に特定されるのでもなければ、とりわけイタリアのそれを指すのでもなく、ヨーロッパ全体のダイナミズムを対象としていることが明白であろう。本書にあっては、ファン・エイクの絵画やルネ王の細密画と、高炉の発明やカラベル船〔訳注・コロンブスらが使った十六世紀の中型快速船〕の登場、ニコラウス・クザーヌスの預言者的予測、エラスムスの異宗派協調主義が、ピエロ・デラ・フランチェスカやレオナルドの遠近法の研究と同じ資格で西欧の地位向上に寄与している。そうはいっても、イタリアが、そのフマニストたちや芸術家、事業家、技術者、数学者たちによって、このヨーロッパの偉大な飛躍の先駆であり主たる責任者であることは否定できない。

歴史家は、ここ千年の西欧が示したダイナミズムを前にすると、当惑を禁じえない。本書が取り組む十三世紀末から十七世紀初めまでの間に新しいエネルギーをもって現れた運動の力強さには、農村構造と農業技術の鈍重さ、同業組合の保守主義、スコラ的伝統の硬直化も抵抗できなかった。このような新しいエネルギーが、いったいどうして現れたのか？　おそらく、さまざまな要因があるなかで、ギリシア・ローマ文明が遺した遺産、キリスト教の寄与の豊かさ、温暖な気候、土地の肥沃さなどが、このユーラシア大陸の西の端に集まった人々に有利に作用したのである。

しかしながら、試練もないわけではなかった。その一つはペストのような自然の災厄であるが、それ以外にも、政治的・経済的・宗教的抗争によるものがある。ヨーロッパは、一三二〇年から一四五〇年までの間に、飢饉と伝染病、戦争、死亡率の急騰、貴金属産出量の減少、トルコ人の侵入といった一連の不幸に見舞われ、これらを克服するには、勇気と天分をもって立ち向かわなければならなかった。ルネサンスの歴史は、この災厄の挑戦に対する応戦の歴史でもある。次々と襲ってくる種々の困難に立ち向かうために、西欧が試みた応戦の主要な要素となったのが、中世の教権的思想の問い直しであり、人口の回復、技術の進歩、海上への冒険、新しい美の追求、キリスト教の再考と若返りであった。

ここで想起されるのが、アーノルド・トインビーの「挑戦と応戦」という専門用語であり、私は、《ルネサンス》という歴史的現象を明快に説明してくれているのがこれであると考えている。しかし、私がこの偉大なイギリスの歴史家に追随するのは、ここまでである。大局的に見て、人類史全般、とくに西欧の歴史は、もとより途中には停滞も後退もあり、地域的には挫折もあったが、全体的には、成長と崩壊の繰り返しというよりも、世紀を経るごとに進歩してきたように思われる。これは、幾つもの不幸が連続した時代においても同じである。

したがって、このルネサンス時代についても、周辺的事情を無視することはしないが、むしろ私が強調したのは、このように十三世紀から十七世紀のヨーロッパ文明をして並外れた運命の道へ進ませた物質的・精神的構造の変革の問題である。

3　最良と最悪の両面性

一本の道が確定されたからといって、それが美しい道だというわけでは必ずしもないし、ほかに可能な道がなかったというわけでもない。歴史家の役目は判断することより理解することである。したがって、「カテドラルの時代」よりも「ルネサンスの時代」が好ましいとか、「偉大な世紀 Grand Siècle」〔訳注・近世のとくにルイ十四世の時代〕よりも重視されるべきだなどというつもりはないし、《ルネサンス》をすべてに成功した美しい時代として描くつもりもない。むしろ、逆に、《ルネサンス》の最中の十五、六世紀こそ、錬金術師や占星術師が幅を利かせ、魔女と魔女狩りが人々を不安に陥れた蒙昧主義の時代であったことを認めなければならない。

それらが、たとえば《コンドッティエーリ》〔訳注・傭兵隊長。職業的戦争屋〕のようなタイプの人間や、前の時代の遺物である復讐欲のような感情に主役の座を占めさせた。この時代の戦いの残忍さ、非常識な裁判、青髭とトルケマーダ〔訳注・スペインにおける魔女裁判の審問官。1420-1498〕、アメリカにおける原住民の大量虐殺といった出来事の数々は、二十世紀の歴史家を驚かせるに充分である。しかも、この新世界にはたくさんの黒人が奴隷として運び込まれ、旧世界のヨーロッパでは、富める者はますます富み、貧しい人々はいっそう貧しくなって、特権階層と貧困層の間の断絶が拡大した。ジャック・

クールやメディチ家、フッガー家の時代がブルジョワジーの興隆期であったことを指摘するのは言い過ぎだろうか?〔訳注・ジャック・クールはシャルル七世の時代の財務官で、英仏戦争に便乗して巨富を貯えた。メディチ家は、十四世紀から十六世紀にかけて、金融業などで財をなしたフィレンツェの一族。フッガー家は、同じころ、商業と銀行業によりドイツで巨大な富を築いた。〕

現実は、さらに複雑である。なぜなら、新興の富裕層が急いで貴族の仲間に入ったことによって、貴族階層は膨張し生気を回復したからである。これら新貴族たちは次第に君主に対して従順になり、それによって有産階級になっていった。これは、あまりその重要性が強調されていない現象であるが、彼らが文化の愛好者になることによって、西欧文明自体が、貴族的な美意識と趣向を帯び、それに反比例して手仕事を軽蔑するようになった。

稀に、ごく短期間の歴史の断片のように、サヴォナローラ〔訳注・教会改革者。1452-1498〕とボルジア家〔訳注・権謀術数によって教皇庁を牛耳った〕、聖イグナティウス〔訳注・イエズス会の創設者。1491-1556〕とアレティーノ〔訳注・諷刺文学者。1492-1556〕のように、最良のものと最悪のものとが相携えることがある。事ほど左様に、ルネサンスは、相反するものが一つに解け合う大洋であり、相対立する渇望が軋み声をあげるコンサート、権力意志とたどたどしい学問、美への渇仰と恐怖への病的欲求が共存し、単純さと複雑性、純潔と官能、慈善と憎悪が混在する複合体のように見える。

したがって私は、ルネサンスを切断して、H・ヘイドンのように反科学的精神しか見ない行き方も、反対に、E・バティスティのように合理主義の進歩とのみ見ることも拒む。ルネサンスは、その両方だったのであり、そこに人を面食らわせるルネサンスの複雑さと汲めども尽きない豊かさがあるのだ。

こうして、ルネサンスは、ピタゴラス派に倣って数というものに神話的・宗教的性格を付しながらも、この間接的な道によって、数学が宇宙の織物を形成しているという豊かな科学的観念へと導かれていったのである。

4 《ルネサンス》の再解釈

ルネサンスは回り道を好んだ。そのため、このレオナルドの時代を古代に回帰することによって判断できると考えた人々は、レオナルドは遥か昔に成された革命をなぞったにすぎないとけなした。たしかに、美と知識と宗教の源泉に遡ることが進歩のための手段であったし、フランス、スペイン、イングランドでは、キリスト教の寺院を飾るためにアテネやローマの神殿から盗むことが平気で行なわれた。十六世紀には、ミケランジェロ（1475-1564）があらゆる時代を通して最も偉大な芸術家とされ、プラトンとアルキメデスが援用されてアリストテレスは解体された。コロンブスがアンティル諸島を発見できたのは、プトレマイオスの計算ミスのおかげであった。ルターとカルヴァンは、原始教会を蘇らせているのだと信じてキリスト教に新しい容貌を与えた。《ルネサンス》は様々な紋章と暗号を好んだが、その《ヒエログリフ》の深い起源とその背後にある新奇さへの嗜好性は隠されており、それが、過去への回帰のイメージを偽りのものにしている。

こうしてルネサンスは、もろもろの矛盾を通し、複雑な道を経て、神話的楽園とありえないユートピアを夢見ながら、前進的飛躍を遂げたのであって、かつていかなる文明も与えたことのない位置を絵画と音楽に与え、丸天井を天空高くそびえさせ、多くの民族的言語を高度な文学的レベルに到達させた。人類の過去において、これほど短期間に、これほど多くの発明がなされたこともなかった。なぜなら、ルネサンスはとりわけ技術の進歩がなされた時代であり、この技術的進歩のおかげで、西欧人は大洋を渡り、鉄を溶かして火器を作り出し、機械の動きで時間を捉え、書物を印刷し、さらには為替手形や海上保険の仕組みを利用して、世界を支配する力を手に入れた。

物質面の進歩とともに精神面でも、中世的無記名性からの脱皮と、集団的拘束からの個人の解放が開始されたのは、ルネサンスのおかげである。このルネサンス時代の特徴を天才的なやり方で明らかにした歴史家がブルクハルトである。彼に続く人々も、近代人の誕生がいかに苦渋に満ちたものであったかを強調することによって、それを裏打ちした。なぜなら、近代人の誕生は、孤独感の増大を伴ったからである。ルターとデュ・ベレーの時代の人々は、自らの罪悪と悪魔と星座に脅かされていることを見出した。そこに「ルネサンスのメランコリー」というべきものがある。この公式が誤りでないとすれば、信念による正当化の教理を「気休めのロマンティスム」として定義づけても、おそらく間違っていないであろう。しかし、これを「人間の発見」というのは、少々言い過ぎである。最近の歴史学は、ルネサンスが「子供の発見」であり、言葉の狭い意味での「家族の発見」「結婚の発見」「妻の発見」でもあったこと、こうして西欧文明は、女性と家族愛にそれほど敵対的でなく、子供の繊細さに対し、より感受性をもつようになったことを明らかにしている。

このときキリスト教は、劫罰への恐れと人間的敬神の必要性、世俗的文化への憧憬、生命と美を宗教のなかに統合しようとする欲求から成る複雑な精神に直面する。十四世紀そして十五世紀の宗教的無政府状態は、たしかに一つの社会的断絶を招いた。しかし、それは、よりしっかり構築された日常的現実に対しては開放的で、肉体と世界の美しさを受け入れ、俗人にとっても住みやすい若返りをキリスト教にもたらした。

ルネサンスは、たしかに官能的であり、とくにパドヴァ派〔訳注・フィレンツェ派芸術から厳しい写実主義を学び取ったルネサンス期の画派〕は物質主義的哲学を選んだ。肉体美に正当な位置を取り戻させようとしたその嗜好性は一見すると異教的であったが、キリスト教と絶縁しようとしたのではなかった。大部分の画家たちは、聖書のシーンと神話的裸体画を矛盾を感じることもなく平等に描いている。ロレンツォ・ヴァラ〔訳注・人文主義者で、シチリア王アルフォンソ五世の秘書を務め、のちに教皇ニコラウス五世の秘書も務めた〕は「キリスト教は必ずしも禁欲を教えたものではない」と言ったとされる。十五世紀においては、キリスト教の人間化は、反キリスト教につながるものではなかったのである。

ここに述べたことは、別の次元のもう一つの説明を必要とする。しかし、この二つは、装飾と祭典と不節制によって魅惑した一つの時代を根底から調べようとする同じ欲求によるものである。もとより、私には、ボルジア家の毒薬だのヴェネツィアの高級娼婦だのヘンリー八世の結婚問題、ヴァロワ宮廷の舞踏会だのを主にした《ルネサンス》を語るつもりはない。注意を向けるべきは、表面的な騙し絵の陰に隠された壮大な規模の変形であり、私が、ジョン・U・ネフに倣って量的要素が重要性を増したこと、抽象化と組織化の精神が進展したこと、緩慢だが確実に実験的精神が確立されていったことを強調するのは、このためである。

私の願いは、皮相的なゴシップを追いかけるようなすでに踏み固められた小道は避けて、新しい総合を提示することによってルネサンスに再解釈を施すことである。納得させるよりも面食らわせるような逆説や公式化ではなく、できるかぎり広範な資料を読者に示すことである。その意味で、本書を執筆しながら、しばしば思い起こしたカルヴァンの言葉がある。それは、彼が、晩年、自らの著作を眺めて言った「私がめざしたのは単純明快さであった」という言葉である。

この序論は、読者と著者の間に一本の絆、一つの暗黙の諒解を創出することを目的として書いた。私には、自分が書いた本を読んでくださる方々に、必要なことを説明する義務があるからである。いまや、私はテーマの背後に姿を消すべきときであるが、本書のプランを簡略に示しておこう。まず第一部では、政治・経済・文化・宗教の四つの分野での主要な問題を明確にする。第二部では、日常生活の具体的現実の内側に眼を向ける。第三部では、第二部と並行しているが、精神的次元に踏み込み、過去の精神性との違いを明らかにし、それが新しい感受性の光のもとにどのように出現したかを示したい。

第一部　時代の趨勢

第一章　キリスト教世界の分裂

1　一三二〇年ごろのヨーロッパの政治的パノラマ

ルネサンス時代のヨーロッパの重要性の基盤をなしていたのは人口ではない。ヨーロッパの人口は、一六〇〇年ごろでもまだ一億に達していなかった。逆にインドは、十六世紀初めにすでに一億を超え、デカン地方で三〇〇〇万から四〇〇〇万、北部で六〇〇〇万に達していた。シナは、やはり一五〇〇年ごろに五三〇〇万、一五七八年には六〇〇〇万であった。アフリカとアメリカは、その土地の広さにしては、人口は少なかった。前者のアフリカについていえば、十六世紀初めで五〇〇〇万とされているが、アメリカについては、四〇〇〇万から八〇〇〇万まで説はまちまちである。しかし、これら二つの大陸は、広大な無人地帯が広がる一方で、かなり人口密度の高い核が幾つかあった。メキシコの火山台地（広さ約五一万平方キロ）には、コルテスが侵入した時代、二五〇〇万の住民がいた。一方、南米のインカ帝国の十六世紀初めの人口は八〇〇万から一〇〇〇万だったと見られている。

ところで、フランスの現在の国境線の内側の住民の数は、一三二〇年の時点で一五〇〇万足らずで、一六二〇年ごろでも一八〇〇万である。この一三二〇年から一六二〇年までの間、ヨーロッパの人口は、ペストと戦争、飢饉などのため、ほとんど増えていない。イタリアは、多分、一〇〇〇万から一二〇〇

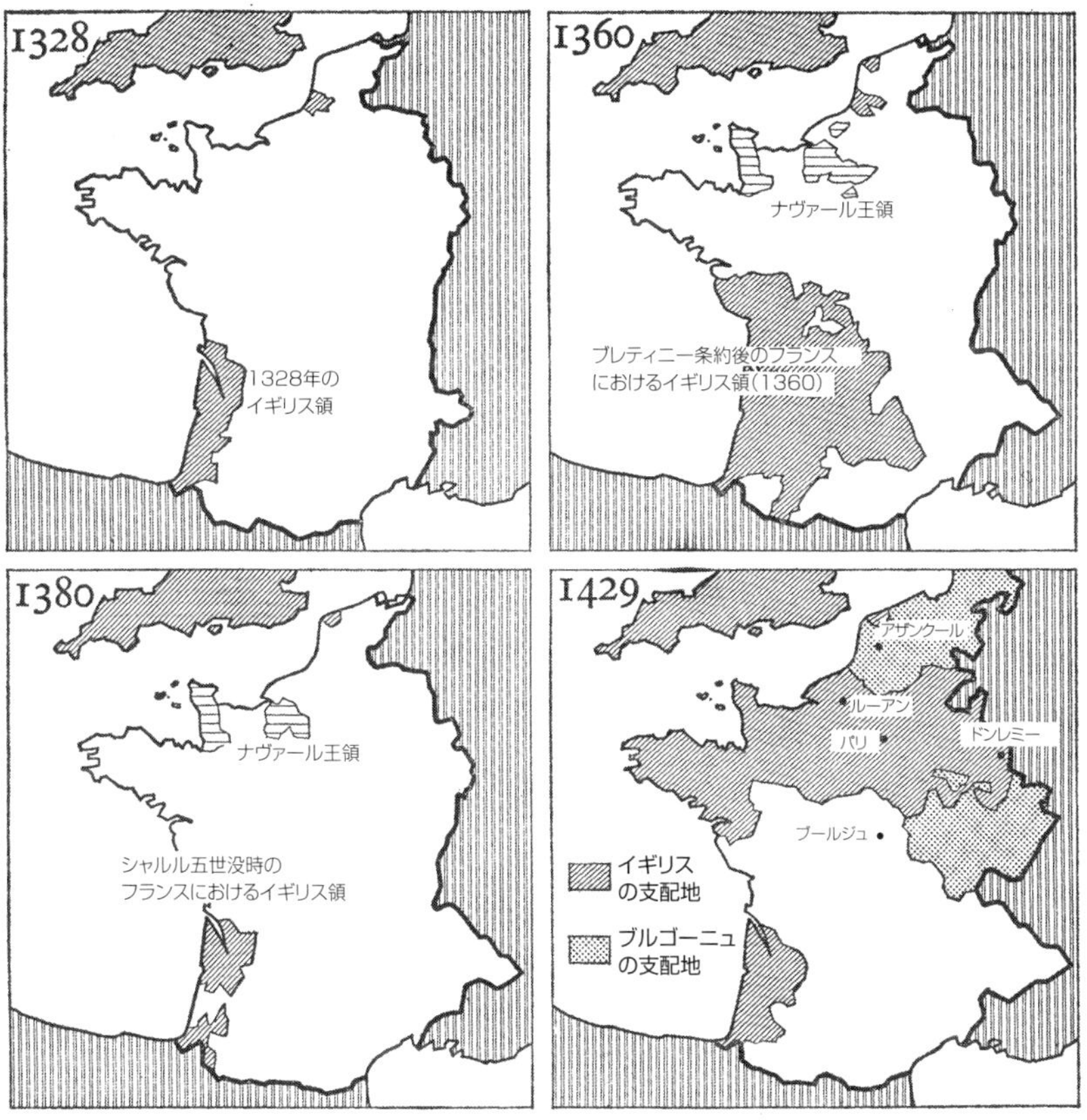

1328年、1360年、1380年、1429年のフランス（J・ルゴフ「中世」による）

万へ、ドイツは、一九三七年の境界線内でいうと、一二〇〇万から一五〇〇万へ、スペインは六五〇万から八五〇万へ、イングランドとスコットランドは、四〇〇万から五五〇万に増えている程度である。

十六世紀初めの世界最大級の都市は、いずれも、西欧文明圏の外にあったことは指摘しておく価値がある。たとえば、コンスタンティノープルと現在のメキシコ・シティは、当時のパリ（おそらく二〇万）やナポリ（一五万）を超えて、それぞれ二五万と三〇万の大都市であった。しかし、ヨーロッパ、もっと特定していえば西ヨーロッパは、未来の発展の要になるダイナミズムに満ちていた。このことは、一三二〇年と一六二〇年の地図を見比べると明確である。そこには、なんという違いがあることか！

イベリア半島は、十四世紀の初めには、ナヴァラ、アラゴン、カスティリヤ、ポルトガル、グラナダの五つの国に分かれていた。ポルトガルはまだアフリカに足場をもたず、タンジェール〔訳注・ジブラルタル海峡を挟んだ対岸〕を手に入れるのは一四一五年のことである。カスティリャは十四世紀の間じゅう続いた内戦のために分裂状態で、一三一九年にはグラナダを攻撃して失敗し、一三四三年にはアルヘシラスで敗れている。それと反対に元気だったのはアラゴンで、《地中海帝国》というべきものを築いている。

フランスではヴァロワ朝のフィリップ六世（一三二八年即位）がフランドルでガン（ヘント）とブリュージュ（ブルッヘ）に勢力を広げたが、メッツ（メス）もグルノーブルも、またマルセイユもモンペリエも、まだ枠外であった。シュトラスブルク（ストラスブール）とペルピニャンが領域外であったことはいうまでもない。リヨンはサヴォア公国の国境の町であり、ボルドーの町もバイヨンヌ、ギュイエンヌ全体、さらにポンテューといった地方も、イギリス人たちの支配下にあった（もっとも、イングランド王は、フランス王を宗主として仰ぐことは受け入れていたが）。ブルターニュは一つの独立した公国のままであった。

イングランド王国についていえば、ウェールズを完全に併合するのは、ヘンリー八世の時代（1509-1547）である。しかも、同じく隣人のスコットランドとは険悪な敵対関係が続いていた。アイルランド

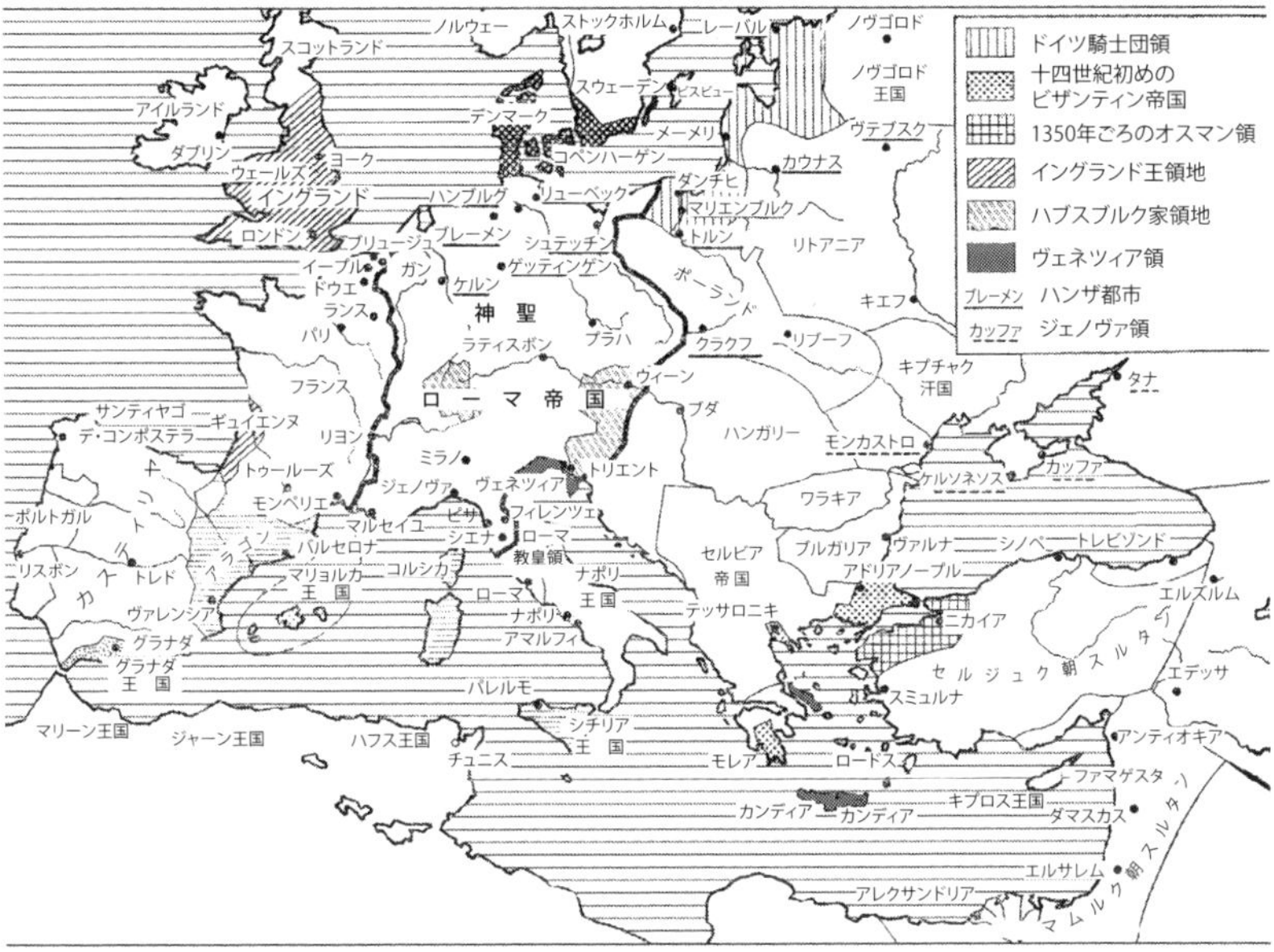

14世紀初めのヨーロッパ

は、イングランド王国の一種の植民国になっていたが、その東海岸でさえ、実質的に支配できたのは、一三二七年にイングランド王になったエドワード三世の治世だけである。

神聖ローマ帝国は、慢性的無秩序が続き無力状態にあったが、十二世紀半ばにバルト海に進出したドイツ人たちによって結成された《ハンザ同盟》が力を持つようになっていた。ハンザ同盟は、一三七〇年には、シュトラルズンド条約によって、ズンド海峡を通過する同盟七十七都市の船のために関税免除をデンマーク王から獲得し、一三七五年、皇帝カール四世は、ハンザ同盟の発展を祝してリューベックを盛大に訪問している。その反対に、ホーエンツォルレルン家が、のちにその本領地となるブランデンブルクを手に入れるのは、一四一五年以後である。

オーストリアとスティリアを基盤とするハプスブルク家は、一二九一年に結成されたスイス防衛同盟との戦いで連敗を喫したうえ、カリンティアもカルニオラもティロルもまだ手に入れていなかった。ハプスブルク家が神聖ローマ帝国の冠を手に入れるのは、一四四〇年、フリードリヒによってである。

ヨーロッパ大陸の北西部では、政治的統一体としてのネーデルランドはまだ生まれていない。東部ヨーロッパでは、十四世紀はボヘミア王国が繁栄を極めた時代である。ボヘミアは神聖帝国の一部であるとともに、モラヴィアとシレジアを従え、プラハを本拠としたルクセンブルク家のもと一三一〇年から一四三七年まで栄光の時期を迎えた。とくにカレル四世がボヘミア王であった一三四七年から一三七八年までがその絶頂期で、一三四八年にはドイツ語圏最初の大学であるプラハ大学が創設された。カレルは、一三五五年から神聖ローマ帝国皇帝カール四世になっている。

神聖ローマ帝国の皇帝は、理論上はイタリアの一部〔訳注・教皇庁および教皇領〕を監視する権利をもっていたが、実際には、イタリアは、彼らの力の及ばない彼方であり、一三一二年のハインリヒ七世と一三二八年のルートヴィヒのイタリア半島への旅は、いずれも失敗に終わった。イタリアはたくさんの小国家に分かれ、それらが絶え間なく権力ゲームを繰り広げていたために、情勢は常に流動的で、一三二〇年から一六二〇年までのこの時代にも、何度も容貌を変えている。

一二八二年の《シチリアの晩祷 Vêpres siciliennes》事件以後、シチリアはアラゴン王国に属した〔訳注・それまではフランスのアンジュー家が支配していた〕。アラゴンは、一三二五年にはサルデニャを併合し、さらに一四四二年には南イタリアにも勢力を拡大して《両シチリア王国 Deux Siciles》としている〔訳注・シチリアを支配していたアルフォンソ五世がナポリをも支配することによって《両シチリア》と呼ばれるようになったのであるが、ノルマン人時代の《両シチリア》の中心がパレルモであったのに対し、アラゴン

1494―1515年のイタリア

時代の《両シチリア王国》の中心はナポリである〕。

北イタリアでは、教皇庁が一三〇九年にアヴィニョンに移ったことから《教皇領》は見捨てられて、封建領主たちの世界になる。フィレンツェでは内紛が相次ぎ、ダンテも追放されて帰国できない状態であったが、だからといってフィレンツェ商人たちの活動が停滞することはなかった。とはいえ、銀行業と織物で栄えたこのアルノ河畔の町が支配したのはごく狭い領域で、ピサを破ってその領域を海にまで広げるのは、一四〇六年のことである。

ミラノでは、ヴィスコンティ家が活動を開始していたが、華々しい繁栄を誇るにいたるのは、十四世紀末から十五世紀前半のことである。一三九五年から一三九七年、ジャン・ガレアッツォは、ミラノおよびロンバルディアの公という称号を皇帝から授けられている。陸地側をアペニン山脈でふさがれたジェノヴァは、海洋に活躍の場を求め、黒海とエーゲ海に海外支店を設け、巨大な富を築いた。彼らは、一二八六年には、極東からの陸路の終点であるクリミアのカッファを手に入れ、一三四〇年から一三六〇年には、小アジア沿岸のレスボス、キオス、サモスといった島々を獲得し、昔のフォカイアであるフォリアの明礬の生産と販売の権利を独占している。〔訳注・明礬は、布や皮革の染色に欠かせない媒染剤であった。〕

ジェノヴァとはライバルであるヴェネツィアも、東地中海に強い関心を抱き、第四次十字軍を利用して、ヴェネツィアの《ドージェ doge》〔総督〕は「ローマ帝国の四・五分の一の君主」になった。一三二〇年、「セレニシモの国」〔訳注・「静謐このうえなき」の意で、ヴェネツィア共和国の美称〕は、イストリアとダルマティア沿岸を支配し、ケファロニア伯領、ネグロポンテ島〔エウボイア〕、ナクソス公領とクレタ島を領有し、コンスタンティノープルで活発に商売を展開した。ネグロポンテは一四七〇年には手放さざるをえなくなるが、それまでに、コルフ、モドン、コロンを占領し、一四八九年にはキプロスを拠点化している。

中央ヨーロッパでは、ハンガリーがアンジュー家の王のもと、繁栄を見せる。領土も拡大し、現在のハンガリーの国土のほか、ボスニア、クロアティア、スロヴァキア、トランシルヴァニアまで含んでいた。一三八七年、ルクセンブルク家が跡を引き継いだが、その後、内戦の危機やトルコの脅威に晒されつつも、マチャーシュ一世コルヴィヌス（1458-1490）のもとで文芸が興隆した。

十四世紀前半には、このほかに、ビザンティン帝国の凋落に乗じて、大セルビア王国が興隆する。その国土はダニューブ川からアドリア海にまで広がり、ステファン九世ドゥシャン（1331-1355）のもとで黄金期を迎えた。ステファンはマケドニア征服を果たし、アルバニア、エピルス、テッサリアを領有、ブルガリアを支配して、コンスタンティノープル征服を目前にしたところで死去し、それとともに、オスマン軍にコソボで敗れ、王国は脆くも崩壊した。

ギリシア（ビザンティン）帝国は、一二〇四年の崩壊のあと一二六一年に再建されたものの、かつての威光を取り戻すことはできず、歴代バシレイオスたちは、ペロポネソス半島〔訳注・モレアと呼ばれた〕に居着いたラテン人たちとの戦いに追われ、小アジアからも撤退を余儀なくされた。そこに、さらに大きな危機が迫った。十四世紀初め、モンゴル人たちによって地中海沿岸に追い詰められたトルコ人の支族オスマンが勢力を拡大し、一三五〇年ごろには、コンスタンティノープルの対岸のマルマラ海東岸を占有するにいたったのである。本拠としたのはブルッスだったが、黒海とエーゲ海へのアクセスも広がり、ヨーロッパ側にも足場を築くと、一三六二年には、アドリアノープルを奪取。前述したように、一三八九年には、コソボでセルビアを破り、一三九六年には、ニコポリスでジャン無畏公麾下の無秩序な西欧人十字軍を撃破した。ブルガリアは征服され、ワラキアは貢納した。ビザンティン帝国の滅亡が約五十年の猶予を与えられたのは、嵐さながらのティムールの侵入と、それを迎え撃ったオスマンのバヤジット一世が一四〇二年、アンカラで大敗し、死去したおかげであった。

スカンディナヴィアは、デンマークの主導のもとに三王国〔デンマーク・スウェーデン・ノルウェー〕の間で一三九七年に結ばれた《カルマル同盟》にもかかわらず、中世末には大した役割は演じなくなる。その反対に、十四世紀から十五世紀にかけてはポーランドが興隆し、それまで一時はポメラニアからナルヴァにいたる全バルト海沿岸を支配した《ドイツ騎士団 ordre Teutonique》が後退する。そのきっかけになったのが、異教徒であったリトアニアのヤギエオ公がポーランドの王位を継承した娘〔訳注・ヤドヴィガ〕と一三八六年に結婚し、キリスト教に改宗したことである。この結婚によって、クラクフとトルンのヴィスツラ川の両側に分かれていた小さなポーランドと、ドニエプル川を軸としてヴィルノとキエフを主要都市とするリトアニア大公国が、これ以後四百年にわたって一つに結びついた。一四一〇年、ドイツ騎士団はグリュンヴァルド〔タンネンベルク〕で惨敗を喫し、一四五四年には、ダンツィヒがポーランドの庇護下に入る。この港町のその後の発展は周知のとおりである。

ロシアは、十四世紀には、まだ語るに値しない存在であった。ノヴゴロドは、その繁栄をハンザ同盟に負っていたし、モスクワ公国はモンゴル人の《黄金軍団 Horde d'or》〔訳注・チンギス・ハンの息子のジュチが創設し、その息子のバトゥに引き継がれた軍団。キプチャク汗国のキプチャクを漢字で金帳と書くのに由来している〕に隷属していた。モスクワには、コンスタンティノープルから独立した正教会の大主教がいたが、モスクワがノヴゴロドに対し優位を獲得し、モンゴルの支配から自由になるためには、イワン三世（1462-1505）による《ロシアの土地の統合》を待たなければならない。

2　一六二〇年ごろのヨーロッパの政治的パノラマ

歴史の流れを辿って三十年戦争前夜のヨーロッパの地図を開いてみると、一三二〇年当時に較べて根本的に単純化しているのが分かる。カスティリアとアラゴンは一四七九年に統合され、グラナダ王国は一四九二年に姿を消し、ナバラは一五一二年に併合されてスペイン王国となっている。一五八〇年から一六四〇年にかけては、スペインとポルトガルは同じ君主を頂いている。スペインは、メキシコとペルーの富を手中にし、遠く離れたフィリピンを領有し、しかも、極東とブラジルにまで及ぶポルトガル帝国を一時的ながら意のままにすることによって、フランスやフランドルでの挫折、《無敵艦隊 Armada》の敗北（一五八八年）にもかかわらず、この一六二〇年の時点でも相変わらず世界一の強国である。ヨーロッパでも、低地諸国、フランシュ＝コンテ、シャロレー、ミラノ公領を所有し、トスカーナの沿海部とナポリ王国、シチリア、サルディニアに要塞を有している。

このスペインに較べるとアンリ四世によって再建が開始されたフランスは、はるかにつつましいが、ずっと均質的であった。ドーフィネは一三四九年、モンペリエは一三八二年、プロヴァンスは一四八一年にフランス王国に併合され、現在の国土の五分の四が王国のもとに統合され、イングランド王からは、大陸にある領土すべてを取り戻している。ただし、カレーは別で、これがフランスのもとに戻るのは一五五九年のことである。

ブルターニュは、一四九一年にアンヌ・ド・ブルターニュがシャルル八世（1483-1498）と結婚したことによってフランス王国に併合される。ブルターニュ公国が決定的にフランス王国に結合されるのは、一五三二年、彼女の娘婿のフランソワ一世（1515-1547）によってであるが、シャルル八世は、ブルターニュを得る見返りにアルトワ、フランシュ＝コンテ、ルシヨンを手放したのであった。イタリアに夢を追うために現実のものを失ったシャルルのこの過ちが償われるのは、ルイ十四世とマザラン〔訳注・ルイ十四世の宰相〕によってである。

しかし、一五五九年には、フランス語圏に属するメッツ、トゥル、ヴェルダンの三つの司教区がフランスに統合され、一六〇一年、アンリ四世はブレス、ビュジェー、ジェックス地方を手に入れている。〔訳注・ブレスはヴォージュ地方、ビュジェーはジュラ山地の南、ジェックスはジュラ山地の東。〕こうして、百年戦争の危機、イタリア遠征の失敗、宗教戦争の悲劇にもかかわらず、十七世紀初めには一つの統一国家を形成していたフランスの堅固さに対しては、カール五世もフェリペ二世も歯が立たなかった。〔訳注・メッツ、トゥル、ヴェルダンは、旧教側のカール五世の攻勢に対抗してドイツの新教徒諸侯がフランスの援助を得るために譲渡したもの。その結果、カール五世は、一五五五年、アウクスブルクで宗教講和を締結した。その息子のフェリペ二世は当時最大の王権をもってフランスの宗教戦争に干渉したが、失敗した。〕

長い間、いがみ合ってきたイングランドとスコットランドが同じ君主（ジェームズ一世）を戴くにいたったのが一六〇三年で、一六二〇年、宗教改革の余波が及ぶなかでも、二つの王国の結合は壊れなかった。人口は、まだつつましかったが、大ブリテン国となる運命の道は定まっていた。彼らの商船は、一五七〇年ごろには地中海でも活発に動き回り、一五八八年には、強力で高慢なスペインの《無敵艦隊》がエリザベスの水兵たちによって英仏海峡で撃破される一方で、一六二〇年には、《ピルグリム・ファーザーズ Pères pèlerins》が北米大陸に上陸している。

神聖ローマ帝国は、その緩やかな構造のもと、一年の日数と同じくらいのたくさんの国家・公国を維

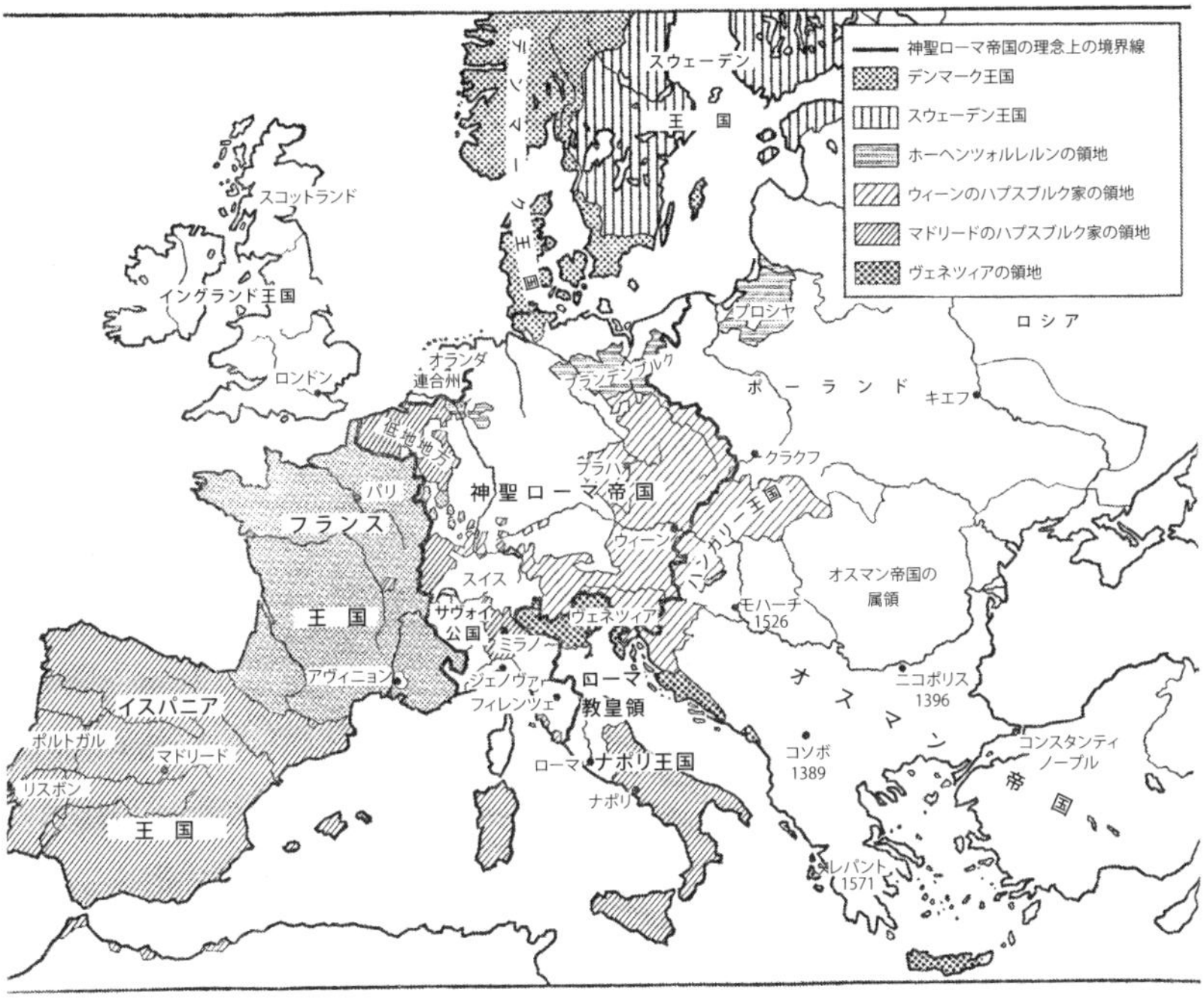

1620年頃のヨーロッパ

持していたが、一九一八年まで中央ヨーロッパの舞台に君臨することになる二つの偉大な家族が、その力を鍛えつつあった。選帝侯のホーエンツォルレルン家は、三十年戦争の前夜に東西で新しい領土を獲得したばかりであった。一方はクレーヴェとマルクの公領、他方は帝国領外にあったプロイセン公領である。もう一つのウィーンのハプスブルク家についていうと、彼らの重要性を成していたのは、現実的な力は何も与えてくれない帝冠よりも、むしろ、十四世紀以来、オーストリアとスティリアを核に忍耐強く築いてきた、アドリア海からポーランドとの国境まで、ボヘミアとフォアアールベルクの山々からスロヴァキアの東端まで広がるその勢力圏である。

さらに西方では、彼らは、とくにアルザスなど各地に領地をもっていた。十七世紀初めには大部分がプロテスタントになっていたボヘミアは、かつての独立を取り戻すことを熱望していたが、彼らを打ち破ったヴァイセンベルク Montagne Blanche の戦い〔訳注・フランドルの陸軍元帥ティリー伯の旧教同盟軍がボヘミア王を破った一六二〇年の戦い〕の勝利によって、このウィーンのハプスブルク家のその後三百年の運命は確固たるものとなる。

ハンザ同盟は、十七世紀初めには威信も力も失っていたが、さらに三十年戦争で致命傷を受け、オランダ艦船に取って代わられた。このオランダ連合〔訳注・一五七九年にオランダ七州によって結成された〕の消長は、ヨーロッパの十七世紀史のパラドクスを成している。ガンに蝕まれるようにフランドル戦争によって息切れしていたスペインは、一六〇九年、このカルヴィニストの小共和国の独立を認める休戦協定を締結した。この一六〇九年の協定は一時的なものであったが、一六四八年には、二五〇〇〇平方キロの土地に人口二〇〇万が密集したオランダの国を正式に認めなければならなかった。一方、ネーデルランドの南部は、イタリア人のアレッサンドロ・ファルネーゼ（1545-1592）の力によって一五七九年から一五八五年まで、スペインの手に取り戻されたが、一五九八年にはフェリペ二世により自治国家として大公たちに委ねられ、中世以来の繁栄を誇ったベルギーは、政治的にはマドリードやウィーンに依存しつつも、一六二〇年には、未来に向かってすでに別個の統一体を形成していた。

スイスも十五世紀末には、独立国家として、ほぼ現在の国境線に達している。スイス兵は、シャルル豪胆公〔訳注・ブルゴーニュ公〕のもとで、その勇猛さを全ヨーロッパに知らしめていたし、宗教改革でも発信源の一つであった。しかし、正式に神聖帝国から切り離されるのは一六四八年のヴェストファリア条約によってである。

アルプスを越えると、イタリアは相変わらずバラバラで、そのシルエットは、幾つかの細部は別にして、一五六〇年ごろから一七九六年のボナパルト戦争まで変わることはない。一四五四年のローディ条約で現れた《イタリアの均衡》は、十七世紀から十九世紀までのヨーロッパにおける勢力均衡を予示していた。このイタリアでの重要な立役者が、ミラノ公国、ヴェネツィア共和国、トスカーナ〔共和国だったが、一五六九年、メディチ家のために大公国となる〕、教皇領、そしてナポリ王国の五つである。このうちミラノ公国とナポリ王国はスペインの支配下にあり、そのため、ほかの三つも、まして、それ以外の小国家は言うに及ばず、行動の自由を制限されている。

ヴェネツィアは、ハプスブルク家の保護下に置かれていることに苛立ちをもって堪えていたが、この共和国にとって最大の心配の種はオスマン帝国であった。一四六九年から一四七九年まで続いた戦争の間に、ヴェネツィアはネグロポンテとエーゲ海の島々、モレア〔訳注・かつてのペロポネソス半島〕とエピロスなどの拠点をトルコに奪われた。〔訳注・一四七九年、ヴェネツィアはトルコとの間でコンスタンティノープル平和条約を締結。〕レパントの勝利〔訳注・ヴェネツィア・スペイン・教皇の連合軍がトルコ艦隊を撃ち破った海戦〕と同じ一五七一年、かねてからオスマンの危機の重大さを実感し、解決策を探っていたヴェネツィアは、キプロスから撤退する。ヴェネツィアは、すでに十五世紀初めからイタリア半島本土での勢力拡大をめざし、一四〇六年にはヴィチェンツァとヴェローナ、一四二一年にはウディネ、一四二八年にはブレシアとベルガモを併合していた。

しかし、スペインの覇権時代にあって、オリエントの支店を失ったヴェネツィアやジェノヴァは、何ほどの存在であったろう？　たしかに、地図で見ると、大したものではなかった。しかし、文明の上では、イタリアの役割は、一六二〇年になっても広大で、ダンテ（1265-1321）からガリレイ（1564-

1642）にいたる三百年、文化的に王座を維持する。しかも、半島にあっても、最も有力な国が最も輝いたわけではなかった。ウルビーノはいわばアテネであり、他方、ルネサンスの最も偉大な中心の一つになったのはフェラーラであった。〔訳注・ウルビーノはイタリア中部の町。ラファエロの生地で、十五世紀から十七世紀にかけ、絵画の中心になった。フェラーラは北イタリアにあり、エステ家のもとルネサンスの一中心地となった。〕

アドリア海を渡ると、そこはオスマンの世界である。オスマンは、ダニューブ河畔のブダからバグダッドまで、ナイルからクリミアまで、そして、北アフリカにも保護領を有し、三大陸にまたがって栄えた。トルコのスルタンは、コンスタンティノープルの陥落（1453）、トレビゾンドの帝国の終焉（1461）、エジプト占領（1517）、ベルグラード占領（1521）、モハーチの戦いでのハンガリー騎馬軍撃破とルードヴィク（ラヨーシュ二世）の死（1526）、一四六二年のレスボス島占領から一五七一年のキプロス陥落にいたるエーゲ海諸島の系統的併合によって、いわば「イスラム教徒のアウグストゥス」になっていた。彼は、「マホメットの後継者」であると同時に「聖なる町の僕」でもある。

トルコは、ヨーロッパでは、南スラヴとダニューブ流域、ハンガリーの大部分のバルカン人たちを支配下に収め、トランシルヴァニア、モルダヴィア、ワラキアから貢ぎ物を取り立て、一四八〇年には南イタリアのオトラントに上陸している。イタリアがルネサンスの栄光に包まれる一方で、こうしたトルコの脅威に脅かされ始めていたこと、オスマン帝国が、「壮麗なる者 le Magnifique」と渾名されたスレイマン（1520-1566）のもと絶頂期を迎えるのは、十六世紀も半ばであったことは、しばしば忘れられがちである。西欧による巻き返しの転換点となったレパントの戦いのあとでさえ、ティレニア海岸はトルコやバルバリの私掠船によって脅かされ続けていた。一五八一年にイタリアを旅したモンテーニュは、その『日記』にオスティア地方の様子を次のように記している。

「法王たち、とくにこのお方〔訳注・グレゴリウス十三世〕は、海岸に一キロ置きに監視塔を建てさせ、トルコ人たちがとくにぶどうの収穫期を狙って上陸してくるのを見張らせた。監視人たちは、トルコ人たちが接近するのを見つけると、大砲を撃ち、報せが直ちにローマに伝わるようにした。」

一三八六年から一五七二年まで、いまや一つになったポーランドとリトアニアの君主であるヤギエオ家も、対トルコ抵抗戦にあっては、必ずしも幸運ではなかった。ヴワディスワフ三世はヴァルナで敗死しているし、十六世紀初めには、モルダヴィアとブコビナをトルコに奪われている。しかし、ポーランド王たちは、ポズナニからドニエプルの下流にいたる広大な土地（そこには自然の防御線はなにもなかった）を治め、トランシルヴァニアから現在のエストニアにいたる境界線をなんとか維持した。西欧でルネサンス華やかなりしころ、とくに一五〇六年から一五四八年までのシグムント一世の時代は、ポーランドにとっても黄金時代であった。シグムントの妻はスフォルツァ家の出で、宮廷は《ノマニスムス》の発信源であった。

しかし、ヤギエオ王家の血が途絶え、イシュトヴァーン・バトーリ〔訳注・トランシルヴァニア公。シグムント一世の娘アンナと結婚。1576-1586〕の治世のあとは、この国はスウェーデン王家であるヴァーサの分家によって支配され、次々と大きな難題に直面する。貴族たちは従わなくなり、外国からも危機が押し寄せてくる。こうして、ポーランドはトルコ人とスウェーデン人、そしてモスクワ人といった敵どもに周りを囲まれてしまう。

一五二三年、スウェーデンは、グスターヴ・ヴァーサのもとデンマークから分離。〔訳注・デンマーク・ノルウェー・スウェーデンを支配したマルグレーテのもと、カルマールで同盟が結ばれ、マルグレーテの姉妹の孫エリックが三国の王となった。〕このカルマール同盟（1397-1523）は脆くも崩れたが、それ以上に短命だったのがシグムント一世のときのポーランドとスウェーデンの連合であった。シグムントはカトリックで、宗教改革派のスウェーデンとはそりが合わず、加えて、この二つの国はバルト海で競合関係にあった。即位十一年になっていたスウェーデン王、グスターヴ二世アードルフ〔訳注・《北方の獅子》と渾名された〕が、一六二〇年、ロシアからインゲルマンランド地方とカレリア地方の一部を奪ったのは、バルト海を内海とする大スウェーデン王国を夢見たからであった。

ポーランドと敵対関係にあったロシアでは、イワン三世（1462-1505）がビザンティン最後の皇帝（Basileus）の姪と結婚し、ローマ皇帝の印を帯び「専制君主 autocrate」「殿様 seigneur」と呼ばれていた。一五二二年、ロシアはスモレンスクをポーランドから奪い取り、モンゴルの汗政府の崩壊に乗じて一五五二年にはカザン、一五五四年にはアストラハンを占領。この間、イワン四世（1533-1584）〔訳注・《雷帝》と渾名された〕は、即位にあたって《全ロシア人のツァーリ Tsar》という称号を帯びる。彼の死後、ボリス・ゴドゥノフ〔訳注・イワンの息子フョードル一世が病弱であったことから実権を握った〕のあと、一六〇五年には偽ドミトリーが現れるなど、国内は乱れるが、八年後の一六一三年、ミハイル三世によりロマノフ王朝が創始される。他方、ポーランドとスウェーデンは凋落し、ますますロシアを考慮しなければならなくなる。

3　《一つのキリスト教世界》という理想の消滅

十四世紀初めのヨーロッパは、これからどのようになるか分からず、星雲のように形も不確かであった。ところが、一六二〇年には、政治的区分線はまだ固まってはいないが、少なくとも大まかな線は明確で、かつ強化されており、この三十年戦争勃発時の勢力分布が、その後、十八世紀末にはポーランドが一時的に消滅したり、その数年後にはギリシアが独立したり、あちこちで多少の手直しはあるものの、ほとんど、そのまま一八五〇年ごろのヨーロッパの地図となっている。

要するに、ルネサンス時代、すなわち、フランスでいえばヴァロワ朝のフィリップ六世からルイ十三世までのこの大変動期は、ハプスブルク家の野心に対するフランスの抵抗によって、ヨーロッパにおける政治的強国間の均衡の黄金律が確立した時代である。それまで皇帝の権威のもとに守られていた「ヨーロッパは一つ」という理想に対し、力の優劣が取って代わったのである。

ダンテは、『帝政論 De monarchia』(1310-1312)のなかで次のように書いている。

「欲しいものがもはや何もなくなったところでは、《貪欲 cupidité》も存在しない。人々の羨望の対象がなくなると、それに連動した動きも消滅する。ところで、帝王 Monarque は欲するものを何ももたない。なぜなら、帝王はすべてを管轄し、その権限を制約するものは大洋だけだからである。たとえばカスティリヤ王国がアラゴン王国と隣り合っているように、帝王以外の他の領主領と境を接している君主の場合は、その間で抗争が生じるが、全人類に君臨する帝王は、誰よりも真摯に正義に従うことができるのである。」

しかし、十六世紀半ば、イギリス人のジョン・コークは、フィリップ美男王の公式を採り上げて、傲慢にも、こう述べている。「イングランド王国にあっては英国王が皇帝であり、誰びとからも奪う必要のない君主であることはあらゆる国民から認められているところである。」——「自分の国にあって皇帝である」ということは、宗主たちの宗主が皇帝であるから、それまで宗主(suzerains)と臣下

（vassaux）を区別していた封建的ヒエラルキーは根底的に破棄されるということである。

封建的システムが現実に適合していないことは、百年戦争ですでに明白であった。一三三七年、イギリス王エドワード三世がギュイエンヌとポンテューに関して、自分の宗主であるフランス王フィリップ六世に決闘を申し込んだのは、自分が大陸に有している領土を、その従属関係から保護しようとしたのであった。事実、フィリップの息子で、囚われの身となったジャン善良王は、ブレティニーの条約で、この旧来の臣下（エドワード三世）に自分を宗主として認めさせる代わりに、フランス南西部全域の所有権を認めなければならなかった。これに劣らず興味深いのが、フランス王シャルル七世とブルゴーニュのフィリップ善良公の間で一四三五年に結ばれたアラス条約である。このとき、ブルゴーニュ公はイギリスとの同盟を破棄する代わりに、フランスの、とくにソンム川流域の町を譲渡され、しかも、フランス王への臣従義務を免除されている。

このようななかで、皇帝はヨーロッパの君主たちに対する実質的権威を保持することがどうしてできたであろうか？　たしかに、《帝国》神話は生きていて人々の心につきまとっていた。有名な一五一九年の皇帝選挙ではフランソワ一世とカール五世が争った。カールが力の源としたのは、《皇帝》という称号ではなく、帝国以外でも幾つかの重要な地域を領有していたことである。彼は、一五二二年以後は、中央ヨーロッパと南部ヨーロッパを同時に統治することの困難さに気づいて、ハプスブルク家のオーストリアの土地を弟のフェルディナントに譲り、さらに、一五五六年には、ドイツの宗教的統一性を維持することも諦めて、領土を二分し、中央ヨーロッパと帝冠をフェルディナントに、スペインと低地諸国、フランシュ＝コンテ、イタリアと新大陸の領土をフェリペ二世に委ねている。これらは、全部を長期にわたって維持していくには広大すぎた。未来は、国民的意識を基盤に構成された領土によっていくこととなる。

国民単位のヨーロッパの集合体すべてが実現するのは、中世末でも近世初めでもない。この実現が容易でなかったことは、ヨーロッパでもとくにオスマンの波に覆われていた部分を見ると顕著である。ここでは、重なり合うように堆積した住民たちが、よりよい時期が到来するのを、大なり小なり堪えながら待った。この図式は、トルコによる支配を免れたボヘミアでは、より微妙である。ボヘミアの民族的個性が初めて確定したのは、プラハの繁栄を築いたカレル四世（1346-1378）の時代であり、さらに、チェコ語で説教し一四〇九年には首都の大学からドイツ人たちを追い払うのに貢献したヤン・フスの時代である。十五世紀のフス戦争は、宗教的と社会的・国民的の三重の側面をもっていたのである。

十七世紀初め、ボヘミア王国では住民の多くが改革派に移行したが、ハプスブルク家は、支配する中央ヨーロッパのなかで特権的位置を享受し、君主も、好んでプラハに住んだ。フェルディナントの荒っぽい宗教政策が惹き起こしたチェコ人たちの反抗（1618）はヴァイスベルク（Montagne Blanche）において敗北を喫し（1620）、その後抑圧が続いて、ボヘミアにおける国民的意識は衰退し、王が選挙によって選ばれることはなくなる。たしかに、王国は理論上独立を維持したし、とくにプラハはカトリック改革の時代はバロック様式の町になり、その建物は今も心を揺さぶる魅力を備えている。チェコ人とドイツ人のエリート同士の間では一種の協力が行われたから、この十七世紀から十八世紀のボヘミアをドイツによる占領時代と言うのは、歴史学的にいえば虚構である。しかし、ヤン・フスの行動とヴァイスベルクの敗北に続く抑圧は、十九世紀の国民感情の復活をもたらすのに充分な記憶を残した。

ルネサンス期ヨーロッパで開花した《ナショナリズム》は、挫折に終わったものよりも成功したものが多かったが、これは、西欧諸国とロシア、またスウェーデンについていえることであり、イタリアでは成功しなかった。マキアヴェリは『君主論』(1516)のなかで、国民のエネルギーを動員することによってイタリアを一つの国家として統一するよう訴えたが無駄であった。イタリアは、絶えず外国軍勢の侵入に晒されただけでなく、十五世紀末からはあちこちに駐屯しているという事態になった。フランスのシャルル八世は、一四九四年にアルプスを越えて、「新しいキュロス」としてミラノ、パルマ、フィレンツェ、ローマ、さらには南イタリアを蹂躙し、ナポリ王、シチリア王、エルサレム王などと名乗った。しかし、イタリア各地の君主たちが結束して抵抗したため、フォルノーヴォの激戦(一四九七年七月)で敗北を喫し、フランスに引き揚げていった。

ところが、シャルルの夢はルイ十二世に引き継がれ、一四九九年には、ふたたびミラノが占領され、ミラノ公ロドヴィコ・イル・モーロは捕らえられてフランス中西部のローシュに連行され、そこで亡くなっている。ジェノヴァとロンバルディアもフランス軍の前に屈服し、一五〇九年にはヴェネツィア軍もアニャデーロで撃破されている。だが、一五一二年には、教皇ユリウス二世とヴェネツィアの間で《神聖同盟》が結成され、フランス軍はミラノから追い出され、ガストン・ド・フォワがラヴェンナの勝利を得るものの、結局、イタリアから撤退せざるを得なくなる。

フランス歴代王たちは、イタリア征服の野望に固執した。一五一五年に没したルイ十二世に代わって王位についたフランソワ一世は、マリニャンの勝利でミラノを獲得。だが、これも長くは続かず、「きわめてキリスト教的な王」の軍勢はパヴィアで敗北(1525)し、ミラノは自由になる。この戦争で、フランス軍は八千人が殺されたりティチノ川で溺死した(フランソワ一世自身も捕虜となった)。相手側の皇帝軍の死者は七百人にとどまった。翌一五二六年一月のマドリード条約で三月に釈放されたときフランソワは、イタリアへの野望を放棄したかに見えた。

しかし、その数か月後には、皇帝（カール五世）に対抗するために《コニャック同盟》を結び、教皇に接近する。皇帝軍によるローマ劫掠〔訳注・一五二七年五月六日、皇帝軍がローマに侵入し、教皇クレメンス七世をサンタンジェロ城に幽閉し、ローマを劫掠した事件〕の蛮行を機に、フランス軍は再び南下してナポリ方面をめざしたが敗北。一五二九年にはカールとフランソワの間で《カンブレの和約》が成立した。一五三五年、ミラノの名目上の支配者であったスフォルツァ家最後の君主（フランチェスコ二世）が没し、ミラノはカール五世の直接統治下に置かれた。一五三六年、フランソワ一世は、南進のための基地としてサヴォワとピエモンテを占領。ここは、その後二十年以上にわたって、フランス軍によるイタリア占領のための拠点になった。

アンリ二世の時代になっても、フランスは何度もイタリアに戦いをしかけた。一五五一年には、パルマとミランドラあたりでユリウス三世の軍とも交戦した。その翌年には、シエナが「フランキア！フランキア！」と喚声をあげて皇帝軍に反抗している。一五五七年にはフランソワ・ド・ギーズ公が、スペイン人たちに脅かされた教皇パウルス四世の求めに応じてローマに駆けつけ、さらに「最後のナポリ旅行」を試みたが、これは失敗した。こうしたフランスの度々のイタリア遠征に終止符を打ったのがカトー＝カンブレジ Cateau-Cambrésis 和約〔訳注・フランスの北、スペイン領ネーデルランドにあったカトー＝カンブレジで一五五九年に結ばれ、これによってスペインのフェリペ二世は、フランシュ＝コンテとナポリを取得した〕であるが、これによって、イタリアは、その後二百年以上にわたりスペイン人たちの駐留を受けることとなる。

事実、イタリア半島は、十六世紀じゅう、フランス・スイス・ドイツ・スペインの兵士たちが次々と通過しあるいは駐留するのに堪えなければならなかった。とくに一五二七年のローマ劫掠では、皇帝軍のなかでも、ルター派のドイツ人や時にはスペイン人、イタリア人のこともあった《ランスクネ lansquenets》（傭兵）たちが、一人のフランス人指揮官のもと、「今様バビロン」とみなされつつも全ヨーロッパの羨望の的であったローマを、サディスティックな歓びをもって掠奪し荒らした。しかしながら、イタリアが自らの魂を失うことはまったくなかった。この時代のイタリアは、マキアヴェリがなんと言おうと政治的統一などは望んでいなかったが、アルプスという自然の境界線に守られたなかでの精神的一体性を自覚していた。この感情を表わしているのが、イタリア人と《野蛮人ども》を区別し、後者のアルプスの彼方への退去を求めたユリウス二世の言葉である。それから半世紀後、パウルス四世も「イタリアを外国の軍勢から解放すること」に力を尽くした。

こうしたイタリア解放の試みはいずれも失敗に終わったが、自分たちの言語と文化的遺産、個性を守っているミラノ人たちやナポリ王国を、スペイン人たちが同化させようと試みたとしても成功しなかっただろうし、そもそも、スペイン人たちは、そのようなことは試みさえしなかった。したがって、十六、七世紀のイタリアを性急に《スペイン時代のイタリア》などというべきではない。現実は、はるかに微妙である。とくにローマ、ヴェネツィア、フィレンツェは、対外関係ではスペインの力に依存しなければならなかったが、常に独立を守った。だからこそ、この三つの都市はイタリアの芸術と精神を存分に開花させ、西欧文明の三つの中心となったのであった。十六世紀後半、あれほど多くのロンバルディア人芸術家たちがローマに住み着いたのは偶然であろうか？

この《永遠の都》は、カトリック改革〔訳注・プロテスタント改革で信徒の半分を失ったカトリック側では、内側からの刷新をめざして、イエズス会が創設されたりカルメル会の改革が行われた〕の年、教皇たち、とくにシクストゥス五世（1585-1590）が教皇庁と教会領の強化をめざすなかで、新しい輝きを放ち始める。このことは、かつてイタリアを世界の頂点に位置せしめたその天分の本質的なものが失われていなかったことを証明している。イタリアは、幾つにも分割されつつも、フェリペ二世支配下の雑多な集合体が決してもっていなかった内部的凝集力を維持していた。同様に、ドイツも、細分され、絶えず内輪争いに揺り動かされながらも、その文化的首都を守っていた比較的安定した境界線と、ルターがその雄弁な証明である一種の集団的精神を保持していた。

この集団的精神は、スイス同盟にあっては力強い発展をみせたが、ブルゴーニュでは、歴代の公が《新しいロタリンギア》をめざしたにもかかわらず欠如していた。それがブルゴーニュが挫折した根底的原因だったのではないだろうか？　ブルゴーニュのシャルル軽率公（1467-1477）は、歴代公によって積み重ねられた領土と父親のフィリップ善良公の拡大政策を引き継いで、アルザスとロレーヌ、シャンパーニュを占領して、北方の領地（ネーデルランド）を南のそれ（ブルゴーニュ地方）に結びつけてゾイデルゼーからマコンとバーゼルにいたる単一ブロックを作り上げようとしたのであったが、ルイ十一世とスイス人たちの共同戦線の前に破れ去ったのであった。

しかし、いずれにしても、この性急な領土形成は、人為的で無理があった。ネーデルランドの住民たちには、自分たちが《ブルゴーニュ人 bourguignon》だという自覚はさらさらなかった。このことは、フィリップ善良公、シャルル軽率公、フィリップ美男王〔訳注・軽率公の娘マリーと神聖ローマ皇帝マクシミリアン一世との間に生まれブルゴーニュ公領を継いだ〕、さらにはカール五世〔訳注・前者の息子〕に対するリエージュ、ブリュージュ、ガンの市民たちの執拗な抵抗が証明している。このブルゴーニュの失敗は、のちにスペインがめざす《ヨーロッパ帝国》の夢の破綻を見事に予示していた。

スペインの夢を砕いた一五六〇年以後のネーデルランドの争乱は、なるほど宗教的なものであったが、このフランドルの反抗は、フェリペ二世の大臣たちによる《三部会 États Généraux》の休止とスペイン人兵士たちに対する敵意の高まりを反映している。一五五六年には、これと反対に分割が行われ〔訳注・カール五世はこの年、スペインを息子のフェリペ二世に、ついで一五五八年には帝位を弟のフェルディナント一世に譲っている〕、ウィーンのハプスブルク家に与えられた様々な領土は、幾世紀か経つうちに比較的堅固なグループになるが、それは、一つの強固な核があって、周縁的地域をドイツ化する努力が続けられた結果であった。

また、十五世紀の《新しいロタリンギア》の瓦解は、百年戦争から危うく生まれるところであったフランス・イギリス統一王朝の挫折でもあった。一三三七年、英王エドワード三世は大陸にギュイエンヌとポンテューを領有していたが、そのためにフランス王に臣従する義務を負ったことに対する不満から、フィリップ六世にフランス王位を譲るよう要求した。結局、エドワードは《ブレティニーの条約》(一三六〇年)でフランス王位を諦める代わりに、ジャン善良王からフランスの国土の三分の一近くを譲渡させることに成功した。しかも、それから六十年後の《トロワ条約》では、王太子シャルル〔訳注・のちのシャルル七世〕は王位継承権を解消されたうえ、シャルル六世(狂王)の娘カトリーヌが英王ヘンリー五世の息子(ヘンリー六世)に妻として与えられた。このときの協定書には「フランスとイングランドの二つの王冠はともに、われらの息子ヘンリーが生きているかぎり、彼のものであり、彼が死んでのちは、その後継者のものである」と書かれている。

しかし、その後、フランス側の巻き返しによって、イギリス人たちは一四五三年には、フランスにおける領土をカレー以外はすべて手放すこととなる。

4　国民意識の誕生

このイングランド人たちの後退は、フランスで一種の国民意識が強まった結果に他ならなかった。このフランスの国民意識の感動的な代弁者こそジャンヌ・ダルクである。彼女は、一四二九年にベドフォード公に宛ててこう書いている。

「あなたは、フランスから盗んで手に入れたすべての町の鍵を、天の王たる神様によって送られた乙女にお返しなさい。……私はあなた方をフランスから追い出すために、天の王たる神様によって送られてきたのです。……フランス王国を神様から盗んで、いつまでも自分のものにしていられるなどと思ってはなりません。」

事実、イギリス人とフランス人は、互いがいかに隔たっているかを見出しつつあった。イギリス人たちの《欺瞞性 fausseté》が指摘されるようになったのは十四世紀のようであるが、難点はほかにも幾つもあった。リエージュの参事会員（chanoine）のジャン・ル・ベル（1290-1369）は、イギリス王エドワードに対しては好意的であったが、イギリス人については、ためらうことなく、こう断定している。「イギリス人はみんな、自分たちより優れている外国人に対してねたみ深い。……イングランドでは、妬みは死んでいないようである。」

一四五〇年ごろに一人のフランス人によって書かれた『フランスとイングランドの伝令官の論争 Débat des hérauts d'armes de France et d'Angleterre』には、百年戦争の間に累積された反英感情が噴出している。「あなた方は、フランスを分割するなかで、盗みそのほかの数え切れない悪事を働いてこの国を滅茶苦茶にした。」

同じころに書かれたジル・ル・ブーヴィエの『諸国案内 Livre de la description des pays』には、「この国（イングランド）の人々は残忍で流血好きで、海でも陸でもかまわず、世界のあらゆる人々に戦いをしかける」とあり、「彼らは、強欲で狡猾な商人で、行く先々の国で手に入れた物を本国に送る。だから金持ちなのだ」と述べている。

先の『伝令官の論争』のなかで、双方の伝令官がそれぞれに自国の優れる所以を言い合っているが、フランスの伝令官は地理と気候を挙げて、こう言っている。

「フランス王国が貴国に優れるのは、暑い地域も寒い地域もあるからだ。アルプスの先の暑い国のお偉方たちは、暑さに耐えられなくなるとフランスに避暑にやってくるほどだ。あなた方の国の寒さも、人間の身体にはひどく有害である。冬は早くから始まり、長い間続くので、人々は苦しめられるうえ、果物も育たない。たとえ、育っても収穫は僅かで味もよくない。フランスは、暑すぎることもなければ寒すぎもせず、人々は、穏やかな空気と恵まれた環境のなかで豊かに実り、滋味をたっぷり貯えた物を食べながら、快活に生活している。」

しかし、このイングランドも、十二世紀に遡ると、西欧の文人たちにとって共通の祖国の趣があった。一一八八年に亡くなったクリュニーの修道士、リシャールは、イングランドを幾ら称えても足りないとばかり、ラテン語で次のように謳っている。

世界で最も肥沃で遊楽の国、イングランド
この国がガリア人に負うものは何もないが

ガリアは、その魅力的で愛すべきすべてをイングランドに負っている

前述の十五世紀半ばの『論争』から百年経ってイギリス側からのお返しとして同じタイトルで著した『Debate between the heralds of England and France』のなかで、ジョン・コークは、イングランドの優れる所以としてイギリス人の雄々しさとこの国の豊かさを並べ、判定にあたる貴婦人〈Prudence〉〔訳注・キリスト教の四つの枢要の徳の一つである《賢明さ》を擬人化したもの〕をして、次のように述べさせる。

「私の判定は、こうです。イングランド王国は、フランスよりも遥かに名誉を重んじる。したがって、フランスの伝令官殿よ、あなたは、名誉を示すチャンスとなるあらゆる集いで、イングランドの伝令官に席を譲るべきである。」

十六世紀末当時の、こうしたイギリスの国民的といってよい傲慢さを謳った天才がシェイクスピアである。彼は、『リチャード二世』(1595) のなかで、死を前にしたゴーントのジョン Jean de Gand〔訳注・リチャード二世の叔父でランカスター公〕をして、こうイングランドを称えさせている。

「この歴代の王の座、このすめらぎの島、この尊厳の地、この軍神(マース)のいましどころ、第二のエデン、天国のたぐうところ、自然の女神が悪疫悪風を防ぎ、戦いを防がんとして築いたこの城塞、この幸福な種族、この小宇宙、そねむ外敵の侵入に備えて城を囲む堀となるあの白銀の海の下敷きの箔として飾られたこの宝石、この祝福された地、この土地、この領土、このイギリス……」

(菅泰男訳。筑摩世界古典文学全集)

これは、イギリスがスペインの無敵艦隊を撃破したあとのことである。さまざまな悪口雑言と自慢話、

誇張の向こうにあるのは、ルネサンス時代の大部分のヨーロッパ人たちに現れた自意識であることに気づく必要がある。いまや彼らは、国民それぞれの多様性を知っている。フランス人は軽薄で激情的、移り気なことで定評がある。十四世紀、ジャン・ル・ベルは「やつらは約束はしても、守らない」と言い、それから二百年後、ヴェネツィアの使節、マルコ＝アントニオ・バルバロは、フランス人について、次のように決めつけている。

「フランス人は、戦いにあっては勇猛で大胆だが、生まれながらに高慢で忍耐に欠ける。彼らの軍隊は感情に任せた行動が多く、規律が欠如している。もし、彼らの激情を規律づけることができれば、無敵の強者になることだろうが、彼らの無規律は疲労と不如意に長くは我慢できないことからくるのである。」

ジル・ル・ブーヴィエは『諸国案内』のなかで、各民族、国民、地方的特色を挙げている。スイス人は「残忍で粗野」、スカンディナヴィア人とポーランド人は「ワインを飲む人々に較べて怒りやすく流血好きで、すぐ暴力に訴える」。シチリア人は「粗野なキリスト教徒で、自分の妻について嫉妬深い」。ナポリ人は「カトリック教徒として邪悪で、罪深い」。カスティリヤ人は「怒りっぽく、土地は肥えているのに衣食住はきちんとしていない」。反対に、フィレンツェ人については手放しで礼賛する。「フィレンツェの人々はキリスト教世界全体で商売を展開し、儲けは町のために注ぎ込むので、フィレンツェは、ほかと較べられないくらい豊かである。彼らは賢明で身なりは立派で、飲み食いでも節度がある」。エノー人についても絶賛しており、「エノー人は高貴で正直で、商人も労働者も実業家もきわめて良心的である。上質の衣服を着こなし、家庭には銅と錫の食器が揃えられている」。

厳しい批判は外国人に対してだけでなく、自国民についても容赦していない。ルターは『ドイツ貴族に与う』（1520）のなかで、「われわれドイツ人の評判を悪くしている悪習は暴飲暴食にある。この悪習は深い根をもち、わたしたちの上にのしかかっていて、説教でこれを治すことは不可能である」と突き放し、市民の飲酒癖にどう挑戦するかが都市政府の役目であると結んでいる。モンテーニュも、『エッセー』のなかで、戦いにおける振舞いを通じて、西欧諸民族の知的優劣と明敏さを判じている。

「イタリアの或る殿様は、或るときわたしの前で、御自分の国をくさしてこんなことを言われた。『我々イタリア人の抜け目がなくのみこみの早いことはたいしたもので、自分の身にふりかかろうとする危険をいちはやく予見するから、しばしば我々が戦争においてまだ危険だとはきまらないうちから早くも己れの安全を策することがあるのを御覧になっても、決して不思議にお思いになってはいけない。貴国人やスペイン人は、我々ほどに明敏でないから、とかく先へ先へと出過ぎる。危険が目前にせまり、手がこれにふれなければ、いっかな恐れない。だがいよいよとなれば、やはり我々同様に度を失う。ところがドイツ人やスイス人となると、諸君よりもいっそう粗野無知であって、容易なことでは気がつかない。したたかにうちのめされて始めてはっと気がつくくらいのものである』」。〔関根秀雄訳。白水社〕〔訳注・この引用文の出所について、原著では『エッセー』第二部の九章となっているが、正しくは十一章である。〕

こうした自国民や他国民に対する理解は、近代ヨーロッパが誕生したこの時代のことをよく説明してくれる。たとえば、フィリップ・ル・ベル王の孫だがイングランド生まれのエドワード三世（1327-1377）をフランス貴族たちが一三二八年に排斥したことだけでなく、ポルトガル人たちが一三五八年にカスティリヤと結ぶよりも、庶子であるがアヴィシュ Aviz 朝を建てたジョアン一世（1385-1433）を王にしたこと、さらには、その二百五十年後の一六四〇年、この同じポルトガル人たちがスペイン人君主を戴くことを拒んで反乱を起こした理由、さらには、十四世紀以後、次第に「国境 frontière」という語（というより観念）が「辺境 marche」という言葉と実体に取って代わっていた理由も明らかとなる。

こうして、中世末には、《関税 douanes》がヨーロッパのすべての国に共通する新しい機軸となり、国家としての独立性の経済面における表れである《重商主義 mercantilisme》が発展し、イタリア人たちに倣って幾つかの国が《領海 eaux territoriales》を定めるようになり、《海事裁判所》がイングランドでは一三六〇年に、フランスでは一三七三年に現れる。

他方、十四世紀以後は、西欧人の宗教的行動にも《ナショナリズム》的なものが現れる。シエナのカテリーナは、「教皇がローマの人々あるいはイタリアの人々のもとへ帰られるよう」熱烈に要請している。イングランドは、フランスが教皇庁を後見下に置いていることに激怒する。改革派が主導したコンスタンツの宗教会議のメンバーたちは、《ナシオン nation》（同郷人）ごとに集まっている。ラインの彼岸でも、英仏海峡の彼方でも、人々は自分たちのカネがローマに流れ、外国人の教会録受領者のもとに吸い取られていることに、ますます反発を強めた。

ヨーロッパの半分で凱歌をあげる宗教改革は、ある点から見ると、国民個別主義（individualisme national）の反応として起きるべくして起きたものであった。ルターは『ドイツ貴族に与う』のなかで、「われわれドイツ人は帝国という名前はもっているが、我らの財産も名誉も、人員も生命も、魂も、持っているものすべては、教皇によって好き勝手に使われている。教皇は、幻想を売りつけて、ドイツ人を騙しているのだ」と述べている。

イングランド王（ヘンリー八世）は一五三四年、議会により「何であれすべての誤謬、悪弊、犯罪、侮辱行為、不法行為を、必要に応じて巡察、抑止、矯正、改革、規制、訂正、抑制、および修正するに十分な権能と権威」を与えられる。〔訳注・これを制定したのが「国王至上法」で、国王はイングランド教会の最高の首長であることが宣言され、《イギリス国教会》が成立した。〕

スイスの最初の偉大な改革者、ツヴィングリが、はじめグリゾン州の主任司祭を務めていたのが、スイス人を国外に傭兵として派遣することへの抗議から改革者になったのは、偶然だろうか？

ルネサンスの特徴点の一つである個別主義は、ときにドラマチックなやり方で互いの違いを際立たせ、相対立することによって自分たちの根底的独自性への感情を獲得した民族的レベルでまず認められ、そうした批判的精神を生み出す学習が相対主義的精神に豊かさをもたらした。さまざまな先入見を問い直す土壌を培ったのが、デカルト（1596-1650）の方法論的懐疑に先立って現れたモンテーニュ（1533-1592）の「どんな真理がこれらの山の彼方でも嘘にならずに耐えられるだろうか Quelle vérité que ces montaignes bornent, qui est mensonge au monde que se tient au-delà ?」という問いである。

それぞれの国民に、それぞれの真実がある。十四世紀以後、ヨーロッパの多様性の増大を示すと同時に、それをいっそう強化する新しい世界地図が描かれるようになり、大学も次々誕生する。とくに注目されるのが、プラハ（1347）、クラクフ（1364）、ウィーン（1365）、ケルン（1388）、ライプツィヒ（1409）、セント・アンドリューズ（1413）、ルーヴァン（1425）、バーゼル（1459）、ウプサラ（1477）、コペンハーゲン（1478）、アルカラ（1499）〔訳注・スペイン中部のアルカラ・デ・エナーレス〕などである。こうした大学の簇生によって、教会分裂がもたらしたさまざまな結果や、パリ大学で学んでいた多くの聖職者が国外に退去したことに加えて、重大な影響が生じた。それは、大学における国際的な人間交流が減少したこと、大学の仕組みの重要な要素であった《同郷団 nations》同士の共存システムが壊れてしまったことである。

《ユマニスム》も、ヨーロッパ諸国民の誕生に協力したといえば、驚かれるかもしれない。ロレンツォ・ヴァラは、個人の集合体である祖国のために死ぬことを拒絶したし、コスモポリタン的精神を貫き、もっぱらラテン語で著述したエラスムスは、宗教改革に先立つ何年かは、《文人共和国》のいわば大統領であったからである。しかし、その刷新されたラテン語が奉仕したのは、国民主義的歴史を宣揚することであった。その主導権を発揮したのが、一四三九年から一四五三年の間に『ローマ帝国滅亡史Historiarum ab inclinatione Romanorum imparii decades』と『傑出せるイタリアItalia illustrata』を書いたイタリア人フラヴィオ・ビオンドである。この《フマニスト》は、イタリアの尊厳と栄光が、一千年間の翳りののち輝きを取り戻したのは、神の恩寵とイタリア人の資質のたまものであると言い、『傑出せるイタリア』では、この半島全体の地理を初めて示している。

イタリア人たちは、スペインやイングランドでも、それぞれの古い歴史への関心を喚起した。サラマンカ大学で教えたシチリア人のルチオ・マリネオは、一四九五年に『De Hispaniae laudibus』(称賛すべきイスパニア)を刊行し、ポリドーロ・ヴェルジリオは一五〇六年、ヘンリー七世の要請で、大著『Historia anglica』(英国史)の執筆を開始している。コンラート・ツェルティスによって一五〇〇年に刊行されたタキトゥスの『ゲルマニアGermania』のラテン語原典は、ドイツに国民的文学の機運を生み出した。その代表がウルリヒ・フォン・フッテン(1488-1523)の『アルミニウスArminius』(1520)である。ウルリヒは、アルミニウスをローマ人に対するドイツ人の抵抗のシンボルとして採り上げることによって、教皇権に対するルター派の反抗を暗示したのである。〔訳注・アルミニウスは西暦九年にトイトブルクの森で、ローマ軍団を撃破したゲルマンのチェルスキ族の族長。〕

《フマニスト》たちも、ラテン語で著述することに満足していなかった。たしかに彼らは、古代の著作家たちを崇敬していたから、しばしば古代の人々を真似て、ラテン語でも比肩しようとしたが、その一方では、新しい手段を用いて、ずっと広い文化を土台に、古代の人たちの偉大な仕事を引き継ごうとした。こうして、多様な国民文学への道が、ダンテ、チョーサー、フロワサールなどによって開かれた。十六世紀には、ヨーロッパのほとんどいたるところで、土着語を昇級させようとする確固たる意志が見出される。デュ・ベレーは有名な『フランス語の擁護と顕揚 Défense et illustration de la langue française』（1549）のなかで、フランス自体にもフランス語に対する軽蔑心があり、「バラッドやロンドーなど軽薄なジャンルではフランス語が使われるが、偉大な理念を説明するのにはラテン語が使われるのが常である」現状を嘆いている。

ロンサール（1524-1585）は、『フランシアード La Franciade』の序で、純粋なフランス語の語彙を使うよう勧め、くだって、アグリッパ・ドービニェは、『悲愴曲 Tragiques』の序で、このロンサールの言葉を引いて、「私がお願いしたいことは、これらの古い言葉を用いることによって、優雅さなどどうでもよい連中から、ラテン語やイタリア語から盗用したのではないものを果敢に守って、これを消滅しないようにすることである」と述べている。このように、十六世紀のフランスの詩人や散文作家たちは、古い優雅な言葉を保存するとともに新しい語彙を創り出して、国民文学のなかに古代の人々を真似た頌歌、叙事詩、悲劇、喜劇、風刺文学、書簡文学などの《大ジャンル》やイタリア人のそれを模倣したソネットを導入して国民文学を打ち立てようとした。彼らは、フランスの文学の神殿と祭壇を豊かにするためには、アテネやローマから「盗む」こともためらわなかった。

俗語同士の国際的競争でフランス語を抑えてイタリアのトスカーナ語が優位を占めたのは、十四世紀に現れたダンテやペトラルカ、ボッカチオのおかげであった。ウェルギリウスとダンテの礼讃者であるスペローネ・スペローニは、一五四二年、フィレンツェの言葉を擁護して『言語論 Dialogo delle lingue』を書いている。デュ・ベレーの『フランス語の擁護』も、じつはトスカーナ語を擁護したこのスペローネの著をフランス語擁護のために転用したものであった。

フマニストのアントニオ・フェレイラ（1528-1569）は、有名な悲劇『カストロのイニェス Inés de Castro』（1587）〔訳注・薄命の佳人カストロとペドロ一世の恋を歌ったもの〕を書いたが、そのなかで彼は「彼女が笑い、語り、歌うと、人々はみな耳を傾ける。ポルトガル語で話し、歌ったからである」と述べている。まさに彼こそは、ポルトガルのデュ・ベレーであった。イギリス人のロジャー・アスカム（1515-1568）は、ケンブリッジ大学でギリシア語を教え、一時はエリザベス一世の家庭教師を務めた当時のイギリスで最も有名な教師であったが、その功績にはデュ・ベレーやフェレイラに比すべきものがある。

これらの三人は、ともにギリシア・ローマ文化に造詣が深かったが、そこから自分たちの国の言葉を強化しようとしたのであった。アスカムは『弓術論 Toxophilius』（1545）の冒頭で、ラテン語の巧みさでいっそうの名声をめざしつつも、まだ未熟な英語を優雅さと表現力の豊かさにおいてラテン語に負けない完璧なものにしたいと述べ、英語の散文をレベル・アップするにはキケロとセネカに学ぶ必要がある、と主張している。同様に、遠く離れたポーランドでも、《ポーランド文学の父》と呼ばれるニコワイ・レイ（1505-1569）がその著作、とくに『鏡 Miroir』（1568）のなかで、ラテン語に対抗してポーランド語の可能性を証明しようと努力している。

これらの努力が成功をおさめ、ヨーロッパの文学が決定的な飛躍を遂げたのが十六世紀である。まさに、この十六世紀は、アリオストとマキアヴェリ、ルターとラブレー、ロンサールとスペンサー、カモインスとフアン・デ・ラ・クルスの世紀である。〔訳注・アリオストはイタリア人（1474-1533）で代表作

『怒れるオルランド』。スペンサーはイギリス人（1552-1599）で、代表作『神仙女王 Faerie Queene』。カモインスはポルトガル人（1524-1580）で、代表作はヴァスコ・ダ・ガマの偉業を称えた『ウズ・ルジアーダス』。フアン・デ・ラ・クルスはスペイン人（1542-1591）で、カルメル会修道士。代表作『カルメル山の登山』。〕

セルヴァンテス（1547-1616）もシェイクスピア（1564-1616）も亡くなって四年経った一六二〇年には、もはや《ルネサンス》も終わり、各国で母国語が勝利を収め知的活動の頂点に立っていただけでなく、人々の生活においても重要な位置を占めるようになっていた。フランソワ一世は《ヴィレール＝コトレの勅令》（1539）によって、裁判官や公証人にラテン語の代わりにイール＝ド＝フランスの言葉を使うよう命じ、イタリアではトスカーナ語がローマでも使用されるようになっていた。ルネサンス期の教皇たち、とりわけメディチ家出身の法王（レオ十世〈1513-1521〉とクレメンス七世〈1523-1534〉）たちがトスカーナの芸術家たちをローマに呼び寄せ、教皇庁とヴァティカン事務局をフィレンツェ人で一杯にしたからである。このため、ラテン語は《ロマネスコ romanesco 弁》によって後退するにいたった。宗教改革も、人々に聖書を読みやすくするために、俗語を採り入れ、その普及に寄与した。ルターは、自分で意図したわけではなかったし、また相対的にではあったが、ドイツ語の話し言葉の統一の推進者になった。

こうして、ヨーロッパの諸国民が自立性を強めていくなかで、それと同時に、西欧文明の一体性が確立されていったのであって、この二つは、一見すると相矛盾するようであるが、実は連動しており、その弁証法がこのルネサンス時代の重要な特徴を成しているのである。すなわち、さまざまなエキゾチックな世界が発見され開拓された結果として、ヨーロッパ人同士の緊張が活気づき、それと同時に、それだけいっそう、運命の共通性が明確化していったのである。

第二章　アジア・アメリカとヨーロッパ情勢

1　未知の世界の魅惑と恐怖

一四五四年、コンスタンティノープル陥落から一年経っていたが、ヨーロッパの君主たちは、まだ分裂したままで、共同してトルコに対し反撃を開始するには至っていなかった。教皇特使としてドイツに派遣された《フマニスト》のシルヴィオ・ピッコローミニ（のちの教皇ピウス二世）は、一人の友人に宛てて、こう悲しげに書いている。

「私は予言者とされるよりも嘘つきといわれたいくらいです。……しかし、かなりはっきりと見えていることがあります。キリスト教世界は、万人が従う首長を戴いていないことです。教皇も皇帝も、みずからの権利を誤解しており、人々から尊敬もされず服従もされず、空しい称号をつけられた飾り人形のように見られていることです。」

これは、新しい文化に眼を開いた一人の文人の慨嘆の言葉である。ヨーロッパは、内部抗争を繰り返し、足並みもバラバラであるにもかかわらず（というより、そのゆえに）、すでに門戸は大きく開かれ、かつてない運命の道を歩みつつあった。事実、西欧人たちは、かなり以前から、自分の国から遠くへ出かけることを夢見始めていた。ヴェネツィア人のマルコ・ポーロは、一二七五年から一二九一年までシナに滞在していた。次の世紀の初めには、教皇は一人のフランシスコ会宣教師を北京の大司教に任命している。シナの珍しい産物は、アジア大陸を横断して、ジェノヴァ人の黒海支店（タナとカッファ）にやってきて、そこからヨーロッパのお得意たちの手元に届けられるようになっていた。

こうしたヨーロッパとモンゴル支配下のシナとの間の交流は五十年以上続いたが、一三五〇年ごろからは、トルコ人たちが勢力を拡大したため、残念ながら途絶えた。十六世紀初め、中華帝国（Céleste Empire）の海岸に到達したポルトガル人たちは、コルテスがメキシコに侵入したときに抱いたのと同じような、新世界発見という印象をもったであろう。

しかし、ヨーロッパ人の好奇心は薄れていなかった。マルコ・ポーロが著した『見聞録』は、こんにちに遺っているだけでも百三十八本に達しており、いかに広く読まれていたかを示している。航海王エンリケ王子（Henri le Navigateur）も、その一冊を所持していたし、クリストファー・コロンブスも、この有名な著作の最初の印刷本を所蔵していた。

シナへの道が閉ざされていたときも、西欧で最も冒険心に満ちた人々は、オリエントや極東への旅を諦めなかった。一四一九年、ヴェネツィア人のニッコロ・コンティは、ダマスクス、バスラ〔訳注・イラク南部〕、ホルムズ海峡を経て、インドのデカン地方を経由し、スマトラにまで達している。ポルトガル人のペロ・デ・コヴィリヤン（1450-1545）は、一四八七年にリスボンを出発して、アレクサンドリア、カイロを経て、紅海経由でカリカット（南インド）に到達。そこから折り返してホルムズを経由し、アビシニア〔訳注・エチオピア〕に渡り、ここで王の厚遇を得て妻を娶り、残りの生涯を全うしている。一四九三年（あるいは一四九四年）には、ジェノヴァ人のヒエロニモ・ディ・サント・ステファノは、カイロ、アデン、カリカットを経て、セイロン、ビルマ、スマトラにまで達している。

一五一〇年に刊行されたボローニャ人ロドヴィコ・ディ・ヴァルテマの旅行日記は、マルコ・ポーロの『見聞録』に比肩する成功を収めた。ヴァルテマは、一五〇二年にヴェネツィアを発って、カイロ、ダマスクス経由で、イスラム教の巡礼者になってメッカに到達。ついで、インドのゴア、ベンガルを経て、マラッカまで足を伸ばした。ここは、ポルトガル人たちも、まだ到達していなかった。彼が《香料諸島 îles des épices》〔訳注・いまのインドシナの東、モルッカ諸島〕まで行ったかどうかは確かではない。帰路は、カリカットにしばらく滞在した。ここには、一四九八年にヴァスコ・ダ・ガマがやってきていた。彼は、紅海ルートでインドに到達し、アフリカの喜望峰回りの海路で帰っていった最初のヨーロッパ人となった。

十五世紀末からの《大航海時代》に先行して、ほかにも幾つもの旅が行われており、そこには、ヨーロッパ人たちの開拓精神が表れている。トゥールーズのアンセルム・ディザルギエは、一四〇二年にサハラ砂漠を縦断してガオ〔訳注・トンブクトゥーの東〕で十年間生活したあとフランスに帰国している。ジェノヴァ人のヴィヴァルディ兄弟は、一二九一年、大西洋ルートでインドをめざしたが、帰ってくることはなかった。十四世紀初め、彼らの同郷人のランザロット・マロチェロは、カナリア諸島に到着している。そして、この世紀の中頃には、ジェノヴァ人たちはおそらくアゾレス諸島とマデラ諸島を発見したが、この島々に入植が行われるのは、一四二〇年より以後、エンリケ航海王の命によってである。エンリケは、ポルトガル船によるアフリカ海岸の探検を系統的に進めるためにこの入植を行わせたのである。ルシタニア〔訳注・ポルトガルの地の古称〕のカラヴェル船は、一四四五年にヴェルデ岬 cap Vert を越え、一四七一年には赤道を通過、一四八八年にはバルトロメオ・ディアスのもと、喜望峰を越えた。

未知のもの、神秘への嗜好も、冒険好きの人々をヨーロッパの外の世界へ向かわせるのに寄与した。

神話と寓話の全体が、最も勇敢な西欧人たちに、キリスト教会の領域を広げようとする欲望を掻き立てた。とくにオリエントに関連する空想的な物語は、中世全体を通じてヨーロッパ人たちの想像力を膨らませていた。これらの物語の多くは不思議な動物や怪物のような人間についての伝説で、古代から記述されていたのが中世の百科全書家や年代記者たちによって集成されたのである。とりわけインドは、そうした不思議に満ちた世界であった。そこでは、こびと族（Pygmées）が鶴を相手に死闘を繰り広げ、巨人族がグリフォンと戦っていた。犬の頭部をもつ人間がいるかと思うと、頭がなく、腹に目がついている人間、大きな足が一本しかない人間もいた。それらは、十五世紀末から十六世紀初めにかけて、ヒエロニムス・ボスの世界に再現される。

キリスト教も、オリエントに関わる神話の生み手となった。キリスト教によると、エルサレムが世界の中心であり、アレクサンドロスはキリスト教徒の騎士であった（そこから、数々の《アレクサンドロス物語群》が生まれた）。また、世界の四大河が源を発する《地上の楽園》（聖書の「エデンの園」）もアジアにあり、アレクサンドロスは、東方遠征のなかで、この楽園を訪ねたとされた。人類最後の日に現れ、罪人たちを地獄に落とす恐怖の巨人、ゴグとマゴグは、このアジアの奥に住んでいるとされた。

もっと確からしいのが、十二使徒の一人、トマスがインドで亡くなり、その遺骸はいまも守られ、その信仰を伝えている幾つかのキリスト教共同体がデカン地方にあるというものである。ソロモン神殿建設のとき、金と宝石がもたらされたオフィル（旧約聖書『列王記』I-9-28）も、アジアの地だとされた。コロンブスが探し求めたのもこのオフィルの地であり、セバスティアン・カボットは南米にこのオフィルを求め、ポルトガル人たちは、東アフリカこそ、その地に違いないと考えたのであった。

最後に、アジアに関しては、中世で最も有名でエキゾチックな《プレスター・ジョン Prêtre Jean》をめぐる話がある。この人物について初めて言及されているのは一一四五年であるが、そのイメージは、キリスト教の伝道者というのから、クロイソス王〔訳注・前六世紀の膨大な富を誇ったリュディア王〕だというのまで、きわめて振幅の大きい伝説のヒーローである。彼の「王国」は、アマゾネスに関連づけられたり、聖トマスの遺物があり、ジュヴァンスの泉（若返りの泉）があって、金銀、宝石に満ちているともされ、いずれにせよ、その場所はインドにあると言われた。

十四世紀初めにシナに赴いたオデリコ・ダ・ポルデノーネ（1286-1331）〔訳注・イタリア人でフランシスコ会士。ペルシア、インド、セイロン、スマトラ、ジャワ、ボルネオを経由して元代の中国に入り、一三三〇年、チベットを経てヨーロッパに帰ってきたとされる〕も、プレスター・ジョンの王国はカタイCathay（中国）から西へ五十日行程の地にあるとしている。しかし、一三四〇年ごろからは、それはアフリカにあるとされるようになり、この伝承が十六世紀のポルトガル人たちをアフリカ（とくにエチオピア）に惹きつけることとなるのだが、そこには、西欧のキリスト教徒と相呼応して、イスラム教徒たちを背後から攻めてくれるのではないかという期待があった。このように、《プレスター・ジョン》の王国がアジアからアフリカに移ったのには、「流れる大洋」のインド洋は閉じた形になっており、エジプトとアビシニア〔訳注・エチオピアのこと〕はアジアの一部であるとする古くからの地理観が背景にある。インド洋が開かれた海として認識されるのは、ようやく一四一五年以後である。

したがって、インド洋とその周辺は、中世の西欧人たちの心象風景では、「キリスト教的神話と富への幻想、ファンタスティックなものへの嗜好性、キリスト教的ヨーロッパでは抑制されていた奔放な性生活への欲求が綯い交ぜになったエキゾチックな世界」（ジャック・ルゴフ）であった。〔訳注・ルゴフは、拙訳『中世西欧文明』二〇八ページで同趣旨のことをより詳しく述べている。〕このアジア大陸の東には、五千の

《幸福の島 îles fortunés》が真珠の首輪のように連なっているとされた。これは、十四世紀初めにマンデヴィルが記しているもので、コロンブスがアンティル諸島を島から島へ巡ったとき、これこそマンデヴィルの記述を裏づけていると考えたのは、このためであった。

しかし、《不思議の国》があるのは東方だけではなかった。黄金郷すなわち《エルドラード Eldorado》があると考えられたのは、まずアフリカであった。なぜなら、この伝説を生んだのはサハラ砂漠を縦断して運ばれたスーダンの金だったからである。ついで、十六世紀の《コンキスタドールたち》は、この「宝の国」を現在の南米ヴェネズエラに求めた。他方、すでに消滅して断片を遺すのみとされる《アトランティス大陸》説は、周知のようにプラトンに遡るが、ルネサンスの時代にも生き残っており、それがキリスト教的伝説によって息を吹き返した。その一環として、中世の初め、聖ブレンダヌス〔訳注・六世紀アイルランドの聖職者〕がアイルランド北西の幻想的な海と魔力的な島々を訪れたという伝説がある。また、スペインでは、かつてイスラム教徒に征服されたとき、七人の司教たちがイベリア半島を去ってアトランティスの海〔大西洋〕を航海し、島を発見して、そこに七つの都市を建設したという伝説がある。この伝承は、エンリケ航海王のときにも生き続けており、一人の船長は、七聖人の島を発見したと報告している。十六世紀中頃になっても、スペイン人冒険家たちは、ミシシッピ川流域で、「シボラ Cibola の七都市」と呼ばれる未知の楽園を探査している。聖ブレンダヌスの島についていえば、一七五五年に描かれた地図に、カナリア諸島の西五度に書き込まれている。

これらの幻影は、船乗りたちの間に広まっていた次のような恐怖の物語の、いわば釣り合いをとるものであった。それによると、大西洋には強力な磁石が幾つかあって、船がその近くを通ると、その磁力によって船の釘が悉く抜け、船体はバラバラになって沈没するというのである。また、南へ南へ進むと、海はますます熱くなり、赤道付近では海水が沸騰しているなどと言われていた。

2　地理的大発見を引き起こしたもの

このようなルネサンス時代の大航海に寄与した要因として、ギリシア人たちの地理学上の事績と考え方についての知識が深まったことが挙げられる。この時代に特徴的な知的活動による過去への回帰が、前進への巨大な飛躍を引き起こしたのである。ギリシア人たちは、ピタゴラス派とアリストテレス以来、我々の住んでいるこの世界が球形であることを明らかにしていた。その反対に、中世には、大部分の人々はこの世界は平らな盤状をしていると信じていた。この中世的観念が権威を失うのは、アルベルトゥス・マグヌス（1200-1280）とロジャー・ベーコン（1214-1294）以後である。

すでに、地球の赤道の円周については、エラトステネス（BC.276-194）が「三万九六九〇キロメートル」〔訳注・もとよりメートル法換算で〕と驚くほど正確な数値を出していた。しかし、プトレマイオス（AD.127-160）は「二万八三五〇キロメートル」と、これよりずっと小さい数値を主張した。この誤りがコロンブスに西方への旅を企てる勇気を与えたのであった。このプトレマイオスも、中世の間は忘却されていたが、再び知られるようになったのは、十三世紀に、そのアラブ語訳の『アルマゲスト Almagest』（宇宙形状誌）が西欧人たちの手に入ったことによる。彼の『地理学 Géographie』が再発見されたのは十五世紀初め、《フマニストたち》の探求のおかげで、一四〇六年から一四一〇年までかけてラテン語に翻訳された。カンブレの司教、ピエール・ダイイ（1350-1420）が著した『宇宙の姿 Imago mundi』はプトレマイオスの『地理学』には言及していないが、あとで書かれた『Cosmographiae tractatus duo』（宇宙論再考）ではプトレマイオスの説に触れている。しかし、ピエール・ダイイの描いた姿では、アジアは、ずっと東へ延びていて、極西のスペインと極東とを隔てる大洋は小さくなっていた。コロンブスはピエール・ダイイの『イマーゴ・ムンディ』を所蔵し、さまざま書き込みをしているが、そこでは、カナリア諸島とシナの距離は五六〇〇キロメートル（換算値）となっている。

人間が住んでいる世界の広がりと規模については、ギリシア人たちの間でもさまざまな説があり、アリストテレスの説では、地中海を中心に東と南の双方に広がった形になっているが、《オイクメネ》〔訳注・人の住む世界〕はただ一つである。それに対し、マッロスのクラテスや、ヘレニズム科学の継承者、ポンポニウス・メラ（一世紀）やマクロビウス（五世紀）は《対蹠地 antipodes》があって、そこにも人は住んでいるとした。〔訳注・対蹠地とは、神学を根拠にして、オイクメネは直交する二つの大洋によって分けられている四つの大地の一つで、この四つは二つずつが対蹠的になっているとされたことによる。〕

アルベルトゥス・マグヌスも、この考えに同調したうえで、赤道地帯はあまりにも暑いので人は住めないとされているが、人間は存在していると付け加えた。これは、ポルトガル人たちによって証明されるところとなる。ロジャー・ベーコンは、先述のピエール・ダイイは彼を盗作したのではと思われるくらい、同様のことを述べており、人間の住む土地は、シナの一種の延長部分としてスペインのすぐ西方近くにまで延びているはずであるとしている。こうして見ると、プトレマイオス地理学と思弁的スコラ学、そして、アメリカ大陸発見の間には、密接な関係があることが分かる。

しかし、いわゆる《大航海》が現実化したのは、遙かな世界のもつ魅惑と伝説が放つ幻惑、ギリシアの地理学への関心の復活によって醸成された精神状態と、それを強化する多くの要因と条件がそろったことによる。それに関連する技術的進歩については後述するが、磁石と羅針盤と地図の組み合わせ、緯度の計測法の改良、向かい風でも進むことのできるカラヴェル船の開発（一四二〇年ごろ）、とくにポルトガル人たちによるが、アフリカ周航を可能にした貿易風などの風の発見などがコロンブスやガマの探検旅行にとって欠かせない条件であった。こうした技術の進歩が実現されたのは、ヨーロッパにおいて金銀、香辛料、香、薬草などへの欲求が高まったことによる。戦争は傭兵が主役になり機械的武器が多く使われるようになったため、ますます高くつくようになり、そのうえ、生活がぜいたくになって通貨の需要が増えているのに、西欧社会は慢性的な貴金属不足に陥っていた。そこから《オフィル Ophir》だの《エル・ドラード Eldorade》《カタイ Cathay》と呼ばれた、貴金属が溢れる空想的世界への憧憬が高まっていったのである。

他方、香辛料の需要の高まりは、変化に乏しかったこの時代の食生活に変化をもたらし食事を多彩にしたいという欲求と関連している。それだけでなく、宗教的儀式や薬の処方、悪臭と伝染病に対処するのにも、薬草と香料が欠かせなかった。こうして、胡椒、丁子、シナモン、ナツメグ、樟脳、乳香などへの需要が高まったが、いずれも、インド、セイロン、スンダ島、モルッカ諸島にしか産しないもので、遙かな昔から、紅海とエジプトあるいはシリアを経てヨーロッパにやってきていた品々であった。西方への積み出し港であるアレクサンドリアには、ヴェネツィアだけでなくフランス、カタロニャ、ラグーザ、アンコナの船も、これらの貴重な品を求めてやってきていた。ところが、十五世紀になって、こうした品々の通商路がトルコ人たちに脅かされ、莫大な税を取られるようになったことから、ポルトガル人たちは、トルコ人やアラブ人を仲介しないで、直接生産地から手に入れることを考え、アフリカ周航に乗り出したのであった。

とはいえ、ヨーロッパ人たちに未知の世界への進出を促したのは、物質的動機だけではなかった。かつて聖ルイ王やイノケンティウス四世が、モンゴルの大ハーンを改宗させ、その協力を得て挟み撃ちすることによって聖地をイスラム教徒から奪還することをめざしたように、ポルトガル人たちは、《プレスター・ジョンの王国》とされたエチオピアと結び、イスラム世界を前後から攻めることによって、情勢を転換しようとした。イサベラ女王がグラナダ攻略から四か月という一四九二年一月二日にコロンブスを提督に任じ、四月十七日には、彼が発見するであろう土地の副王に任命したのは偶然ではない。ヨーロッパでの《レコンキスタ》〔訳注・「再征服」の意で、イベリア半島をイスラム教徒から奪還するための戦い〕は終わったものの、引き続きスペイン人たちを待っていたのは、大西洋の彼方でのさらに大きな規模での《レコンキスタ》の継続であった。

ローマ教皇庁も、これらヨーロッパ人の海上進出の企てを注意深く見守った。コロンブスの第一回航海の日誌が出た同じ一四九三年、教皇は、スペインとポルトガルの植民地帝国の間の境界線を引くよう要請されている。「新世界」という表現を案出したイタリア人のピエトロ・マルティーレは、一五一一年から刊行した『新世界十巻 Decades de orbe novo』を教皇レオ十世に献呈している。この本は、今も、ヨーロッパ人のアメリカ侵入の初期の様子を知るうえでの基礎的資料となっている。それとともに、極東日本にまで布教の足を伸ばした聖フランシスコ・ザビエルの名は、十六世紀に新しくヨーロッパ人たちによって支配されるようになった遙かな国々に対してローマ教会が寄せた関心の深さを示す象徴になっている。

3　地理的発見の進展

一四八八年、バルトロメオ・ディアスによって喜望峰廻りの航路が発見されるや、インド、さらに極東への海上ルートは一挙にポルトガル人たちによって開かれていった。一四九七年から翌九八年にかけ、ヴァスコ・ダ・ガマは、四隻の船団でインドのカリカットに到着。一五〇〇年三月には、カブラルに率いられた十三隻からなる船団がリスボンを出航してインドへ向かい、一五〇一年からは、ポルトガル王、マヌエル幸運王により、年次ごとの東方遠征が開始される。こうして、一五〇一年にはマダガスカル島が発見され、一五〇三年にはインドで最初の要塞がコーチンに建設された。一五〇五年から一五〇七年にかけて、途中のアフリカ東海岸（ソファラ、キルワ、モンバサ、モザンビーク）に通商と軍事上の拠点が設置され、一五一〇年には、ゴアがインドのポルトガル支配地域の首都（Estado da India）となる。

翌年には、インド洋と太平洋の間の関所であるマラッカもポルトガル人のものとなる。漆器、磁器、絹などのシナの産物とモルッカ諸島からの香料が、ここを経由して西方へ運ばれる一方で、西欧人たちはスンダ島やモルッカ諸島へ乗り出していった。とりわけ、モルッカ諸島のテルナテは、一五一四年以後、ポルトガルによる通商活動のセンターとなった。十四世紀以後のこのヨーロッパの動向のなかで、最初にシナに上陸したのが、一五一三年、アルヴァレスである。その四年後、一人の公式の使節がマラッカを出発してシナに向かったが、この使節は歓迎されず、ポルトガル人によるマカオ入植が成功するのは一五五七年である。カモインスが『ウス・ルジアダス』を書き始めたのが、マカオにおいてであった。しかし、ポルトガル人たちは、それ以外でも成功を収め、一五一五年にはホルムズに拠点を設け、翌年には、セイロンのコロンボに要塞を建設。一五一六年ごろには、ガンジス川のデルタを探検し、ペグー（ラングーン）の王国と通商関係を結び、一五一七年から一五二二年の間に、コロマンデル海岸〔訳注・インド南部のベンガル湾岸〕のマイラプールとプリカット〔訳注・カリカットの南東のパルガート〕など、多くの拠点を設けた。アデンも、一五二四年以後、トルコによって征服されるまで、ゴアのポルトガル副王のもとに年貢を納めている。

ポルトガル人たちがオリエントの端の日本を発見するのは一五四二年である。これは、非合法の商売を企んだ三人のポルトガル人商人が暴風で漂流した末に打ち上げられたという偶然のたまものであった。以後、ポルトガル人たちは頻りに日本を訪れるようになり、フランシスコ・ザビエルはキリスト教に改宗させようとしたが、中世の伝説的な「シパングCipangu」はすでに姿を消して「サムライSamouraïsの国」になっていた。

こうしてポルトガル人たちは、東洋におけるすべての通商を牛耳るまでにはいたらなかった（なぜなら、マラッカ海峡を境に、西方はアラブ人たちが、東方はシナ人が主役だったから）が、一五六〇年ごろには、少なくともコントロールするようになっていた。ポルトガル人たちの本拠であるゴアへは、ヨーロッパの船団がやってきて、シナの磁器や絹織物、モルッカの丁子やナツメグ、スマトラやマラバル海岸の胡椒、セイロンのシナモン、インドの綿布を仕入れ、その帰途も、ペルシアの絨毯、アフリカ東海岸の金を買い入れて帰っていった。

一四九七年から翌九八年にかけ、ヴァスコ・ダ・ガマは、ギニア湾の凪とアフリカ西岸に沿って流れる海流を避けるため、大西洋を南南西へひた走った。陸地を目にしない日が三か月におよび、遠洋航海は三八〇〇海里に達した。これより五年前のクリストファー・コロンブスの第一回航海のときでも、カナリア諸島からバハマ諸島までの航海は五週間、距離は二六〇〇海里に過ぎなかった。しかし、あらゆる時代を通じて最もセンセーショナルな地理的発見を成し遂げた功績は、ポルトガル人たちのもとマデーラ諸島で学んだ生徒であるこのジェノヴァ人に帰せられる。

では、アメリカは、コロンブス以前のヨーロッパではまったく何も知られていなかったのだろうか？ イエール大学が刊行した一四四〇年ごろ書かれた地図には、グリーンランドの西に、カナダ海岸とよく似た線をもつ一つの島が描かれている。これは、ヴァイキングの知識が失われていなかった証拠であろう。〔訳注・ヴァイキングのリーフ・エリクスンが、北アメリカと思われる「ヴァインランド」に到着したのは十一世紀のこととされる。〕そのうえ、一四四八年のポルトガルの一枚の地図には、ヴェルデ岬の南西に一つの島が描かれ、それに「Isola otinticha xe longa a potente 1500 mia」〔訳注・ヴェルデ岬の西一五〇〇海里にある本物の島の意〕という謎めいた書き込みがある。では、ポルトガル人たちは、十五世紀半ばにはアメリカの海岸に到達していたのだろうか？ すでに一四七三年にアゾレス生まれの船長、ホアン・ヴァス・コルテ＝レアルがポルトガル王の命令で航海を行い、「新しいタラの地 Terra nova dos bucalhaos」に到達したとされているが、これは、ニューファウンドランドかもしれないし、ラブラドールかもしれず、グリーンランドかもしれない。それを確かめるためにコルテ＝レアルの息子たちが一五〇〇年から一五〇二年にかけて探査に出かけ、コロンブスも一五〇二年、第四回の航海のなかで出向いている。

ともあれ、コロンブス以前のアメリカに関する知識がどうであるにせよ、また、イサベラ女王のこの提督自身、自分が一つの大陸を発見したことを理解していたかどうかは別にして、彼の探検が並外れた歴史的重要性をもったことに変わりはない。彼は、西方にはまだ多くの未知の土地があることを実証し、自らの手本によって、ヨーロッパ人たちに新世界への探検と開発競争の意欲を掻き立てたのであった。

まず第一回の航海（1492-1493）は、二つの結果をもたらした。一つは、バハマ、キューバ、サント＝ドミンゴといった島々の発見であり、もう一つは、重要性においてそれらに劣らない《帰路のコース》の発見である。コロンブスはバーミューダまで北上することによって、ヨーロッパ方向に吹いている貿易風を見つけ、これが、「以後四百年、帆船の帰路のコースとして利用される」（ピエール・ショニュ）こととなる。

コロンブスの第二回の航海（1493-1496）は十七隻の船団で行われ、ドミニカとグアドループ、プエルト・リコ、ジャマイカの存在を明らかにした。さらに第三回の航海（1498-1500）では、このイサベラ女王の提督はトリニダード島とヴェネズエラに到達し、オリノコ川の河口を探検し、その流量の豊かさから、その水源を《地上の楽園》に発しているとした。第四回の航海（1502-1504）のとき、コロンブスはすでに女王の寵愛を半ば失い、最も苦しい旅になったが、マルティニク島を発見し、とくにホンデュラスから南の中央アメリカ沿岸を航行し、観察した。

コロンブスのあと多くの冒険者が続いたが、アロンソ・デ・オヘーダにせよ、ホアン・デ・ラ・コーサにせよ、ヴィセンテ・ヤニェス・ピンソンにせよ、かつての彼の仲間たちであった。一四九九年から一五〇四年までかけてスリナムからダリエン湾にいたる南米大陸の北岸一帯の探査が行われた。さらに南のブラジルの海岸には、ヴェスプッチが一四九九年、ピンソンが一五〇〇年二月、カブラルが一五〇〇年四月と相次いで到達している。カブラルがブラジル海岸に到達したのは、ほんとうはインドをめざしてアフリカの西の大西洋を南下していたのだが、アフリカ沿岸の凪を避けるために採ったコースが西へ寄り過ぎ、偶然、ブラジルに接近したのであった。彼は学識があり、ポルトガル王の名でブラジルの領有を宣言し、ヨーロッパに知らせた。

フィレンツェ人アメリゴ・ヴェスプッチの事績と人柄については、幾つかの論争があるが、彼は、ポルトガルのために一五〇一年から一五〇二年に行った旅で、ブラジル海岸をリオ湾まで辿り、アメリカがアジアの東の島などではなく、一つの大陸であることを理解した。

ヨーロッパ人航海者たちにとって本来の目的はシナに到達することであり、アメリカは、当初、アンティル諸島の金にもかかわらず、シナへの航路を妨げる障碍でしかなかった。バルボアが一五一三年にパナマ地峡を横断して《南海 la mer du Sud》を発見したとき、アメリカが新しい大陸であること、その先にはさらに広大な大洋が広がっていることが明白になった。したがって、その後も、最近発見されたこの陸地を迂回するか横断するかしてアジアに近づく道をなんとか見つけ出そうという努力が行われた。その使命をスペイン王から託されたファン・デ・ソリスは、一五一六年、ラプラタの河口を見て、これがシナへの通路になっているに違いないと考えている。その四年後、マゼランも、同じ意図からこの河口に入ってみたが、結局、南へ南へと辿り、ついに、今も彼の名で呼ばれている海峡を三十八日かけて通過することに成功したのだった。

マゼランはスペインのために奉仕したポルトガル人で、世界一周というルネサンス期最大の事業を達成した英雄である。太平洋では、ビスケットはなくなり、水夫たちは「ウジ虫が湧き、ネズミの尿の匂いがする粉」や船具の革まで食べて命をつながなければならなかった。しまいにはねずみ一匹が三十ドゥカットで売り買いされた〔訳注・その様子については、『ピガフェッタの航海記』によって知られる〕。ヨーロッパを出発したときは五隻だったが、一〇八三日に及んだ航海（1519.9.20-1522.9.8）を終えてポルトガルに帰り着いたのは一隻だけで、二百八十人の乗組員も三十五人になり、マゼラン自身、フィリピンで土着民たちによって殺されてしまっていた。

ついで一五七七年から一五八〇年までかけて行われたイギリスのフランシス・ドレイクによる第二回の世界一周の航海も、困難さにおいては劣らなかった。プリマスを出発したときは五隻であった船団も、二年十か月の旅ののちイングランドに帰ってきたのはただ一隻であった。ドレイクはマゼラン海峡を通ったが、一六一五年から一六一六年にかけて第三回の周航を成し遂げたオランダ人のヤコブ・ルメールは、さらに南の海峡〔訳注・彼の名を冠してルメール海峡と呼ばれている〕を通過し、ホーン岬を発見した。

極東の幻影は執拗に生き続けた。スペイン人たちがメキシコを征服しているとき（一五二六年）も、スペイン王カルロス一世〔訳注・神聖ローマ帝国皇帝としてはカール五世〕はセバスティアン・カボットに「モルッカ、タルシス、オフィル、シパング、カタイへ赴き、金銀財宝、真珠、香料、絹、そのほかの珍しい物を持って帰るよう」命じている。カボットは実際には現在のアルゼンチンとパラグアイを探検することしかできなかったが、そこで、彼は土着民たちから、信じられないようなインカ帝国の話を耳にし、土着民たちが持ち帰った銀製品を見せられた。彼がソリスの発見した大河に「ラプラタ川 Rio de la Plata」〔訳注・銀の川の意〕と名づけたのは、このためである。

ペルーの富は、ヨーロッパ人の想像を上回った。スペイン人とポルトガル人のこの成功によって羨望を掻き立てられたほかのヨーロッパ人たちは、イベリア半島の人々のコントロールが及んでいない北西航路で極東へのルートを探し求めた。イギリス人とフランス人の北アメリカでの試みは、こうして説明がつく。

その最初の試みは、十五世紀末に行われた。一四九七年、セバスティアン・カボットが父ジョン（もともとジェノヴァ生まれのヴェネツィア人で、ジョヴァンニ・カボットといった〕とともに、イギリス王ヘンリー七世から『発見勅許状』〔訳注・カボット親子が発見した土地には彼の許可なく立ち入ることはできず、商業権も彼に属するという勅許〕を受けてブリストルを出航し、ニューファウンドランド島の南岸を三か月にわたって探査し、おそらくケープ・ブレトン島に上陸して、アジアの東北の一部に到達したと思って帰国した。一四九八年、こんどはアジア文明の中心に到達するつもりで出かけたが、明らかに失敗。おそらく北米海岸をデラウェア岬〔訳注・ワシントンDCの東〕またはハッテラス岬〔訳注・ノース・カロライナ州〕まで辿ったと思われる。これは、一五〇〇年のホアン・デ・ラ・コーサの地図に、「イギリス人たちによって発見された島」という書き込みがあることによって裏づけられている。

セバスティアンは、すぐに、アメリカが新しい大陸であることに気づいたようで、アジアをめざすのに、これを迂回するコースを見つけようとしている。一五〇九年にイングランドを出発して行った探検では、北緯六七度、おそらくハドソン湾の入り口を探査している。しかし、乗組員の反乱と氷に阻まれて引き返し、大陸沿岸を南へ辿ってアジアに通じる道を探したが、無駄であった。この試みを支援するためにブリストルで作られた海員組合は、この失敗によって深刻な傷手を負った。

ヴェラツァーノはルチェラーイ〔訳注・メディチ家のロレンツォ一世の義弟でフィレンツェの古典学者〕と縁故のあるフマニストで、一五二四年、フランソワ一世からの依頼とリヨンのイタリア人商人たちの財政的支援によって航海に出たが、これも、「カタイとアジアの東端に到達すること」を目的にしていた。ヴェラツァーノもハドソン川の河口を探検したが、スペイン領フロリダとニューファウンドランド島のなかのポルトガル人たちが発見した地域の間を結合することしかできなかった。

ジャック・カルティエもまた、シナへの北西ルートを発見することと、「金や高価な物資を産する土地」を見つけることを任務として負わされていた。彼の探検旅行は、一五三四年と一五三五年から一五三六年にかけて、そして一五四一年から一五四三年までの三回にわたった。これによってニューファウンドランドが島であることを証明し、セント・ローレンス川をモントリオールまで遡ったが、結局、シナへの通路は見つからなかったため、フランス王たちは、十六世紀以後は、カナダに対する興味を失ってしまうこととなる。

イギリス人たちは、北西ルートによる極東への通路を見つけることに、ほかのヨーロッパ人たちよりも執念深かった。一五六六年、ハンフリー・ギルバート（ウォルター・ローリーの異父兄弟）が『シナへの新しい道の発見について』を著し、これは、船乗りたちに大いに読まれた。その十一年後、女王（エリザベス一世）も出資し、『キャセイ会社』が設立され、一六一二年には、「北西航路発見のためのロンドン商人組合」も誕生している。しかし、一五七六年から一六一六年までの間に、フロビッシャー、デーヴィス、ハドソン、バイロット、バフィンといった人々によって次々と行われた探検によっても、極東へ抜ける道を発見することはできなかった。

その代わり、北極圏方面についての地理的知識は広がった。デーヴィスは一五八七年、グリーンランドを北緯七二度まで北上し、ハドソンは一六一〇年から一一年にかけ、彼の名が付けられるこの湾を踏破した。一六一五年、バイロットとバフィンはハドソン湾を詳しく調べ、グリーンランドの西海岸を北緯七五度まで辿って帰ってきたが、自分たちがバフィン海と凍結した北極海の間の通路を発見したのだということは知らないままであった。この通路が突破されるのは、さらに二百年後のことである。

では、ヨーロッパから北東方面をめざすルートはどうだったであろうか？　そのための探査は十六世紀にも行われたし、メルカトール（1512-1594）の弟子、プランキウス（宇宙形状学者）は、一五八四年、その可能性について述べている。それより三十年早く、イギリス人のチャンセラーは、ノール岬〔訳注・ノルウェーの北端〕を回って白海に入り、ドゥヴィナ川の河口に接岸している。イギリスとロシアの通商が進展したことから、一五八四年には、このドゥヴィナ川の河口には、イワン四世によりアルハンゲリスクの町が建設され、その十二年後には、オランダ人バレンツは、北東通路の開拓に挑戦。スピッツベルゲン、ついでノヴァヤゼムリア島に到達し、約七百キロにわたって探査した。しかし、海が八月十五日から凍結し始めるため、この島の北端を越えることはできず、北緯七六度の地点で越冬するという、きわめて苛酷な試練に遭った。バレンツは帰国する途中で死去。どう考えても、シナへのルートは、もっと南にあるはずであった。しかも、スペイン人たちは、シナよりもよいものを手に入れていた。

4　イベリア半島の人々のアメリカ入植

サント・ドミンゴの町が設立された一四九六年からコルテスがメキシコに上陸した一五一九年までの間、アメリカに存在したのは、一つのスペイン帝国であった。それは、アンティル諸島、パナマ地峡からマグダレナ川〔訳注・コロンビアの川〕河口までの南米大陸沿岸部、そして、一五一三年にポンセ・デ・レオン〔訳注・コロンブスの第二次航海に随行し、プエルトリコの総督になった。1460-1521〕によって発見されたフロリダまで含み、広さ三〇万平方キロに及んでいた。この帝国は、約三十年間に大陸内部にも領土を拡大し、十六世紀から十七世紀には、メキシコ（ヌエヴァ・エスパーニャ Nouvelle-Espagne）、ペルー、ヌエヴァ・グラナダ（いまのエクアドル、コロンビア、ベネズエラ）を包含するまでになった。

コルテスは、四百人の歩兵と十六人の騎馬兵、六台の大砲でアステカ帝国を倒した。馬も大砲も知らなかったアステカの人々は、彼らの悲観主義的な神話が予言していた復讐の神をコルテスのなかに見た。加えて、まだアステカに入ってきて日が浅く、統治に服していなかったトラスカラ族が征服者たちに味方した。テノチティトラン（メキシコ市）は、一五一九年十一月に無抵抗で占領されたが、翌年、叛乱が起きたため、スペイン人たちは《不吉な夜 Noche triste》（一五二〇年六月三十日）の間、町を空けなければならなかった。アステカ人のこの首都は湖の中の島にあったので、スペイン人たちは、海軍による勝利と市街戦による勝利によって征圧に成功したのだった。

アステカ帝国の領域は三〇万平方キロに及んでいたが、スペイン人たちは、たちまち、この範囲を超えて、一五二三年から一五二四年にかけてユカタン半島のグァテマラ、ホンデュラスを征圧。一五三三年からはカリフォルニア湾の探検を開始し、一五四〇年にはコロラド川のグランド・キャニヨン、一五四二年にはサンフランシスコ湾を発見している。メキシコの北方に《シボラの七都市》があると耳にしたスペイン人たちは、一五二八年、四百人ほどでフロリダを出発し、七年をかけてテキサスとリオ・グランデ川あたりを探検したが、メキシコに帰ってきたのは四人だけであった。

黄金が採れる地があるという話から、一五三九年にはヘルナンド・デ・ソト（キューバ総督）が六百人を率いてフロリダを出発し、現在のメンフィスの南でミシシッピ川を渡り、アーカンサス川とカナディアン川の合流点にまで達した。途中、デ・ソトも亡くなり、タンピコ〔訳注・メキシコ東部〕にまで帰ることができたのは三百人だけだった。一六〇二年には、サンタ・フェに恒久的居住地が作られるまでになったが、本国スペインが最も関心を寄せたアメリカの地はペルーであった。

一五二八年、カルロス五世は、トレドで、エストレマドゥラ〔訳注・シェラ　モレナ山脈の北〕の小貴族ピサロを謁見した。この人物はすでにアメリカで戦いを経験し、さらに新しい土地の征服を企てていた。翌年、カルロスは彼をペルーの終身総督に任命し、ゴマラによると、「そのお返しにピサロはこれまで誰も見たことのないほどの莫大な富と広大な王国を献上することを約束した」。ピサロは、一五三〇年一月十九日、百八十人の男たちと二十七頭の馬を伴ってセヴィリヤを出航してペルーに到着。一五三二年十一月十六日、アタワルパ配下の三万のインカ軍とピサロ率いる三百人のスペイン軍の対戦がカハマルカで行われ、これがインカ帝国滅亡の日となる。

とはいえ、この一戦がすべてを決したわけではなく、帝国の滅亡を促したのは七年来続いていた内戦であった。囚われの身となったアタワルパは、身代金として、スペインの貨幣価値にして九七万一一二五ペソに相当する黄金と四万八六〇マルク相当の銀を払ったが、数か月後、彼は、洗礼を施されたあと絞殺される。インカ帝国の首都、クスコは、一五三三年十一月十五日に占領され、太陽神殿の宝物もスペイン人たちによって掠奪された。戦いが終わったとき、兵士たち一人一人が手に入れた黄金は一八キログラムに達した。一五三五年、ピサロはペルーの新しい都をリマに定めた。

スペイン人たちは、アステカ帝国の場合と同様、インカ帝国の領域の外へも手を伸ばした。一五三五年、アルマグロとその配下たちは、数々の困難に遭いながら南下して今のチリに到達。〔訳注・アルマグロはチリでは黄金を得ることはできず、一五三七年、クスコに戻り、ピサロと戦った末、敗れて斬首される。ピサロも、一五四一年、アルマグロの息子のディエゴに暗殺される。〕このチリ遠征にはたくさんのインディオが同行したが、千五百人が死んだ。チリの地では、アラウカニア人たちが抵抗したが、ヴァルディヴィアによって力で征圧され、ヴァルパライソとサンティアゴの町が建設された。

一五五三年、一隻のスペイン船がチリの海岸に沿って航行し、太平洋からマゼラン海峡に入った。こうして、《カトリック王》〔訳注・カール五世〕の臣下によって、三十年足らずで南米大陸の西岸すべてが探査され、ペルーの征服とほとんど同時に《ヌエヴァ・グラナダ》の支配体制が樹立された。一五〇九年に始まったダリエン地域の最初の入植は落胆させるものであったが、一五二四年にはサンタ・マリアに入植地ができ、一五三二年にはカルタヘナ港が築かれ、そこから内陸への進入が行われた。一五三六年から一五三九年にかけては、若くてエネルギッシュな法律家、ケサダによるジャングルを掻き分けての探検が行われた。気候は蒸し風呂さながらで熱帯特有の病気と無数の虫たちに苦しめられながら、彼らはマグダレーナ川右岸の森林地帯を踏破して高地地帯に到達し、サヴァンナにサンタ・フェ・デ・ボゴタを建設した。ここでは、黄金とエメラルドが見つかったうえ、一五三九年には、ヴェネズエラから到達したドイツ人のフェーデルマンやペルーから到着したスペイン人、バフルカサルと合流し、ピサロとケサダによってスペイン領になった二つの領土が一つに結合された。この一五三九年には、もう一人のスペイン人がカハルマルカの東からアンデス山脈を越え、アマゾン川の水源に到達している。

ヨーロッパ人たちは、元々はアフリカにまつわる神話であった《エルドラード》をアメリカに移し替えて、マグダレーナ川とアマゾン川の間の地域に探し求めた。彼らが出かけたのは、黄金が採れる川を発見するためではなく、金づくめの人の王国であるエルドラードを見つけるためであった。実際、一四八〇年より前のことであるが、ボゴタ地方のある王は、祭儀のとき、松ヤニを身体に塗り、金粉のなかを転がってから、エメラルドや種々の宝石が投げ入れられた湖のなかに入った。一五三〇年代にアウクスブルクのヴェルサー家によって派遣されたドイツ人探検隊、ついで、一五三〇年から一五九五年までのスペイン人たち、さらに十六世紀末から十七世紀初めまでのイギリス人たちが、現在のコロンビアからブラジル北部にいたる広大な地域で見つけようとしたのは、こうした「黄金の人の都」であった。この都の位置は、探査が進むにつれて、ますます東へ移っていったが、この《理想の国 pays de cocagne》探索のおかげで、南米大陸についてのヨーロッパ人たちの知識は次第に深まっていった。

一五三九年から一五四一年にかけ、リマを創建したフランシスコ・ピサロの義理の弟、ゴンサロ・ピサロが率いる探検隊がキトを出発し、苦難の末にアマゾンの源流の一つ、コカ川に達した。さらに話題を呼んだのは、ゴンサロの副官、オレラーナが五十人ほどを引き連れて一五四一年に出発し、八か月かけてアマゾン川を河口まで下った旅である。オレラーナは、この探検隊がある土着民たちと衝突する事件が起きたとき、女たちまで刃向かってきたことから、この大河に「アマゾン」〔訳注・ギリシア神話に語られている勇猛な女軍〕と名づけたのであった。

ほかにも、一五六〇年ごろ、やはりエルドラードをめざしたスペイン人探検隊によって、オリノコ川水系とアマゾン川水系を結んでいるカサキアリの水路が発見されているし、一五九〇年代には、カロニ川を遡った人もいる。後者は、《エルドラード》を南米のこの地域にあるとしたイギリスのウォルター・ローリー卿のレポートを読んで刺激されたのであった。ローリー卿は、一五九四年にギアナに探検隊を送り、そのあと自身も二度、オリノコ川とカロニ川を探査した。だが、《黄金郷》は結局、幻滅に終わり、ローリー卿は、一六一八年、二度目の探査から帰国するや、ロンドン塔に放り込まれて亡くなっている。

スペイン人たちは、発見した地域すべてを堅固に保持するにはいたらなかったが、それでも、アメリカに比較的均質的な領土的まとまりを築いた。セバスティアン・カボットは、一五二六年から一五二九年までの間にアスンシオンの地に到達した。アスンシオンとクスコの間の恒常的連絡が築かれるのは一五四七年以後である。アンデス山脈の東側、今のアルゼンチンの町、トゥクマンとメンドーサは、チリから進出してきた人々が築いた植民地であり、アルゼンチンの首都、ブエノス・アイレスは、一五三五年に創建されたあと、いったん放棄され、一五八〇年にアスンシオンからやってきた約六十人のスペイン人と何百人かのガラニスのインディオたちによって建設された町である。

今のブラジルに当たるポルトガル領南米植民地を統括するためにラプラタ副王領が設置されるのは十八世紀末（一七七六年）で、それまでは、この広大な地域は、人口も少なく、ペルーに属していた。十六世紀後半、ポトシの銀鉱が発見されたおかげで、この地域はスペイン領アメリカでも最も関心を集めることとなり、ポトシ自体、一五八〇年には人口一二万を超える都市となっている。〔訳注・銀の鉱脈が発見されたのが一五四五年で、一五六二年には王室造幣局が設置され、一八六四年まで年間約五〇〇万ドルに相当する銀を本国に供給した。現在はボリビアに属している。〕

ペルーはスペインの南米支配の核として、十六世紀じゅう、チリ、ヌエバ・グラナダ、ラプラタに影響力を及ぼしただけでなく、太平洋上へも勢力を広げた。レガスピとウルダネタ〔訳注・宣教師で、従軍司祭として随行〕の探検隊はアカプルコを出発し太平洋を横断してフィリピンに到達し、一五六五年にこれを植民地化。以後、マニラとアカプルコの間をガリオン船が定期的に行き来した。他方、フィリピンよりもっと南に大きな土地があるとのインカ人たちによる情報で、一五六七年と一五九五年にスペイン人のメンダナが、一六〇五年にはポルトガル人のキロスがカヤオ〔訳注・ペルー西部、サン・ロレンソ島の近く〕から出航していったが、いずれも到着したのは経済的になんの得にもならないソロモン群島で、これは失敗に終わった。

十六世紀末、スペイン領アメリカの白人が十一万五千から十二万であったのに対し、ポルトガル領ブラジルでは、白人が二万四千で、その下に一万八千のインディオ、一万四千の黒人がいた。ここには、《インカ帝国》もなければ《コンキスタドール》もおらず、《エルドラード伝説》もなく、この広大な緑に覆われた未知の世界が提供できるものは「ブラジル」という名の元になった《パウ・ブラジル》という赤色染料の採れる木だけであった。しかしながら、次第に植民地国家としての形を整え、フランスからもコリニー〔訳注・提督としてアメリカへ数回、探検を試みたが、プロテスタントに改宗し、サン・バルテルミーの虐殺で犠牲になった〕の立案で、ヴィルゲニョンにより、一五五五年から一五六七年までかけてリオ湾に植民都市が建設された。フランスによる植民地建設の試みは失敗に終わったが、町自体は発展していった。

ポルトガル人による入植が始まったのは一五三〇年代で、海岸に沿って港湾事務所が造られていった。一五四九年にはトメ・デ・ソウサが植民地総督に任命され、バイアを拠点にした。この世紀の終わりには、砂糖生産が盛んに行われ、植民地としての繁栄の基盤が確立された。とくにバイアとペルナンブコ周辺を中心に、一五七〇年の時点で六〇基あった製糖機は一六一〇年には二三〇基に増え、砂糖生産量は、一五六〇年ごろ一八万アローバ〔訳注・一アローバは桝目で十から十六リットル、重さで十二から十六キロ〕だったのが、一六〇〇年には一二〇万アローバに達している。

しかし、ヨーロッパは、十八世紀になっても、ブラジルが黄金の供給源になることを信じ続けた。だが、実際には、十六世紀から十七世紀まで旧世界の貴金属需要の最大部分を供給したのはペルーとメキシコであった。

5　貴金属の産出と経済動向

長い間、《うるわしき十六世紀 beau XVIe siècle》の繁栄はアメリカ大陸の銀の流入に結びつけて考えられてきた。E・ハミルトンは、一五〇三年から一六〇〇年までの間に新世界からスペインのセヴィリヤに運ばれた銀は七四四〇トン、金は一五四トン（不正に持ち込まれた分は別にして）と計算している。しかし、ペルーとメキシコがこれだけの大量の貴金属をヨーロッパに送り出すことができるようになったのは、一五四五年にポトシの銀鉱が発見され、一五五七年ごろ銀鉱石を処理するのに《アマルガム法》がアメリカでも用いられるようになってからである。一五九一年から一六〇〇年までの十年だけでも、二七〇七トンの銀と一九トンの金がアメリカからスペインへ運ばれ、このスペインの金庫からヨーロッパの他の国々に流れていったのであった。

銀が流れていった先としては、一五三〇年以後は、アントワープがある。当時はアントワープこそ西欧経済の首都で、ヴェネツィアのある使節の報告によると、一五五一年の春、ペルーの銀八〇万ドゥカートが低地諸国で貨幣に鋳造されている。また、別のヴェネツィア人は、スペインとフランスは長年いがみ合っていたにもかかわらず、毎年五五〇万エキュの金貨がスペインからフランスへ流れていると断じている。上記の二つの国にもましてスペインと経済的に結びついていたイタリアは、なお一層、余計にアメリカからの金銀に左右された。一五九四年末から翌年初めにかけて着くはずであったハバナの船団のセヴィリヤ入港が遅れたとき、ウルビノ公のローマ駐在大使は、主君への手紙に「もし船団が到着しなかったら、ジェノヴァの広場は大混乱に陥るでしょう」と書いている。〔訳注・ウルビノは、ロー

マの北、アドリア海側にひろがる領域を占めた大きな公国。〕

セヴィリヤは、いわばヨーロッパの肺臓であった。しかし、金銀はチェッリーニ〔訳注・金銀細工によるルネサンス期の代表的芸術家〕の時代には貨幣用だけではなくなる。あるフランス人は一六二〇年、「金銀の最大部分は聖具や聖杯、燭台、十字架、杖、キリスト十字架像、ランプ、とくに聖遺物函などになって教会のなかにある」と書いている。これは、フランスだけのことではなく、ローマでは尚更で、アメリカから最初に運ばれてきた金はサンタ・マリア・マジョーレ教会の天井を覆うために使われた。一六二二年、ローマでは、金銀細工師九十七人、金泥師四十八人、メダル彫刻師三十八人、金箔師十七人を数えた。

歴史家は、十六世紀の物価高騰に眼を奪われ、ルネサンスの黄金期の鍵をヨーロッパの経済的飛躍に結びつけたがる。スペインでは、一五〇一－一五一〇年から一六〇一－一六一〇年の百年間に物価上昇率は二四〇％に達した。同じ時期のヨーロッパのいたるところでも二〇〇％を超え、三〇〇％に達したところもある。この物価の高騰は、十六世紀末にアンダルーシアで始まり、スペインとの関係の深さに応じた早さで、ヨーロッパの他の国に広がっていったとされている。そこから、原因はアメリカからの金銀の流入にあるとする魅惑的な仮説が生まれたのである。これは、すでに一五六八年にはジャン・ボーダンも述べていた説ではないか?というわけである。

事実、この物価上昇は、スペイン、イタリア、フランス、低地諸国では十六世紀末から十七世紀初めに進行した。これは、まさにペルーやメキシコの金銀が大量にヨーロッパにやってきた時期である。そこから、一方でアメリカからの貴金属流入、他方で信用状システムの発展、軍事予算の膨張、十六世紀を特徴づける豪華で派手な芸術の開花を関連づけたくなるのである。逆に十七世紀は、十六世紀に較べてアメリカの鉱物生産量が低下して供給量も減少するとともに、経済的次元でも後退期となるが、十八世紀（とくに一七三〇年以後）は、ブラジルの金とメキシコの銀の産出量が回復したおかげで、ふたたび繁栄期の様相を呈し、再現された幸福感を反映して物価も上昇する。——

この古典的図式は、確かに真理の一分を含んでいるし、かりに、十六世紀の鉱山の繁盛がそれより前の時代の不振と相対峙するにしても、差し引いて考え、修正したほうがよいであろう。

西欧と中央ヨーロッパで本物の通貨ルネサンスが訪れたのは十三世紀である。そのことは、一二五二年のジェノヴァとフィレンツェでの金貨鋳造の再開、一二八四年の聖ルイ王のエキュ金貨とヴェネツィアのドゥカート貨の鋳造、さらには、ヴェネツィア、フィレンツェ、フランス、フランドル、イングランド、ボヘミアなどの大型銀貨の流通が裏づけている。その反対に、十四世紀と十五世紀の大部分は、ヨーロッパにおける銀の産出量低下で特徴づけられる。イングランドのダービーシャーとデヴォンシャー、フランスのポワトゥーとサルデーニャの鉱脈は、すっかり枯渇してしまう。最も深刻だったのは、中央ヨーロッパの銀産出の凋落であった。ハンガリーのそれは、八世紀から産出が始まり、十二、十三世紀に全盛期を迎えた。ザクセンのゴスラーの銀鉱は十世紀以来、ヨーロッパの銀と銅の主要な供給源であった。エルツ山地（Erzgebirge）のふもと、フライベルクの鉱山は十二世紀に開かれ、一三一〇年ごろ絶頂期を迎え、その後は凋落した。そのほか、ドレスデンの近くのマイセン、ティロル、カリンティア、トランシルヴァニア、ボヘミア、モラヴィアなどの鉱山も、十四世紀半ばには、すっかり産出量が落ちていた。

すでに述べたように、こうした貨幣用金属への需要が地理的発見を促した要因の一つでもあったことは確かで、とくにポルトガル人たちがスーダンの金を求めてアフリカ海岸に沿って冒険を試みた執拗さは、これに由来する。スーダンの砂金は、少なくとも十世紀には、サハラ砂漠を縦断するキャラバンによってアフリカを北上してヨーロッパにやってきていた。これに対してポルトガル人たちは、アフリカの西岸を航行し、一四八一年にはギニア湾にエルミナの要塞兼港を建設して、そこから海路で金を運んだ。このため、北アフリカはサハラ砂漠のキャラバンによる収益がなくなって貧しくなり、富はポルトガルが独占した。一五〇四年から一五〇七年まで海路をリスボンに運ばれた金は年平均四三三キログラム、一五一七年から一五一九年のそれは四四四キログラムに達した。

しかし、この金は、過去のように地中海貿易のためではなく、極東で香料や真珠を買い求めるために使われたので、ルシタニア〔ポルトガル〕は、アフリカの金を独占しても、ほんとうの意味で西欧経済の救済者にはならなかった。ただ、幸いなことに、一四六〇年ごろからは、中央ヨーロッパの銀鉱山が活気を取り戻し、それが西欧経済を潤した。

この中央ヨーロッパの銀山復活をもたらしたのは、あとで述べるように技術の進歩である。たぶん、その最盛期は一五二六年から一五三五年までの約十年で、J・U・ネフの計算によると、毎年、約八五トンに達した。この数値は、十九世紀のそれに匹敵する。貨幣の量も、一五五六年には一四九二年に較べて十二倍に増えている。

ところが、アメリカ大陸発見から十六世紀半ばまでに新大陸から運ばれた金銀は、密輸によるものは別にして、全部合わせても金が約五十九トン、銀は二百四十トンである。したがって、デューラー（1471-1528）、ラファエロ（1483-1520）、ルター（1483-1546）、ツヴィングリ（1484-1531）時代のヨーロッパの繁栄を支えたのは、アメリカの金銀よりも中央ヨーロッパの銀であった。たとえば、ザクセンのシュネーベルクの鉱山が頂点に達したのは一四八〇年代であり、そのほかの、たとえばフライベルクが二度目の最盛期を迎えたのは十六世紀半ば以後であるが、大部分の鉱山が最も活況を呈したのは一五一五年から一五四〇年の間である。

南ドイツの十五世紀末から十六世紀初めにかけての繁栄、バイエルンやフランコニア〔いずれもドイツ南部〕の実業家の台頭、ニュルンベルク、アウクスブルク、インスブルックの芸術家やフマニストがルネサンス期に放った輝きは、とくにバイエルンやドイツ・アルプスの町が銀鉱地帯（ハルツ、ティロル、ボヘミア）に位置していたことによって説明される。しかも、これらの町は、ヨーロッパの南北軸の点でも最良の位置を占めていて、コンスタンツ湖周辺のファスティアン〔訳注・麻や絹の糸と綿布の綾織り〕や中央ヨーロッパで産出した銀や銅・鉄を北海に面したアントワープや地中海に面したヴェネツィアで売ることができた。

こうして、十六世紀ドイツでは、まず鉱物資源を扱った実業家たちが頭角を現したのであって、そのなかで最大の実業家であるヤコブ・フッガーが巨富を積むきっかけになったのは、ハプスブルク大公ジギスムンドに金を貸し付け、その見返りとしてティロルの銀鉱山の採掘権を取得したことであった。

H・ハウザーが「ヨーロッパの鉱物産業の活況にもかかわらず、イタリア戦争が起きたのは貨幣不足からであった」と書いているように、メディチの銀行はシャルル八世のイタリア侵入以前から沈滞のどん底にあり、フィレンツェでは、一四二二年に七十二あった《大銀行 banchi grossi》が一四九四年には半ダースにまで減っている。実際問題、ルネサンス期のヨーロッパは、経済的には復活していたにもかかわらず（というより、そのゆえに）、資力を超えた生活水準になっていた。一五五七年から一五六七年にいたる危機は、そこから生じたのであって、スペインのハプスブルク家は、約一五〇〇万ドゥカートの債務で破産に追い込まれている。そして、これが、貸し手であったフッガー家の致命傷になったのであった。

一五五七年にサン＝カンタンで敗れたアンリ二世〔訳注・フランスはスペイン・イギリス同盟軍を相手に戦い、敗れた〕は、二年後、四〇〇〇万リーヴルを超える借金を残して亡くなった。それは、凋落した中央ヨーロッパの銀山の跡をアメリカの銀が引き継いだ時代であった。しかし、スペインは、レパントの海戦（1571）、無敵艦隊によるイギリスとの戦い（1588）、さらにフランスとフランドルでの宗教戦争を展開する一方で、国内では贅を尽くしたエル・エスコリアル宮殿を建設〔訳注・フェリペ二世がマドリード西方に建てさせた王宮兼修道院で、スペイン・ルネサンスを代表する建築〕、ローマでも盛んに豪勢な建物を造るなど、莫大な富を戦争と贅沢のために消費した。

そのためスペイン王室は一五七五年、一五九六年、一六〇七年、一六二七年、一六四七年と破産を繰り返し、生き残った銀行も恒常的な貨幣不足という希薄化した空気のなかで窒息に脅かされ続けた。F・ブローデルは「十六世紀の経済は、新世界の富を考えると恵まれていたが、常時ではないまでも少なくともかなり頻繁に通貨不足に陥った」と述べ、セヴィリヤの典型的なケースを取り上げて、「銀が不足していたため、町の銀行は船団が出発したあとは、負債を返済することができず、信用を失って潜在的に破綻した。活動を休止し、ちょうど、失業すると眠りに入り、労働市場が求めたときに目覚めるH・G・ウェルズの月世界の労働者さながら、船団がアメリカから帰ってくるまで死んだも同然となった」と言っている。

6　十四、五世紀のヨーロッパの人口

本書で扱っているルネサンス時代の三世紀〔十四・十五・十六世紀〕の間だけでなく、それ以外の時代についても、貴金属の産出量と経済情勢の間に関係があることは異論の余地がない。しかし、金銀だけが景気を生み出す元だったろうか？　もっといえば、金銀は景気の主たる動因だったかさえ疑問である。人口も、金銀と同等あるいはそれ以上の重要性をもっていたのではないだろうか？　さらに複雑な問題がある。それは、不景気の時代には、貴金属の産出量は減少し、物価は低下して、すべてが悪い方向に向かったのだろうか？という問題である。

しかしながら、私たちは「聖ルイ王のよき御代」〔十三世紀中頃〕の恩恵に浴したのはフランスだけではなかったし、そのあと一三〇〇年以後の困難な時代を経験したのもフランスだけでなくヨーロッパ全体であったことを忘れてはならない。十四世紀に較べると十一世紀から十三世紀は、西欧にとって途絶えることなく進展した時期である。人口は増加し、耕作地は広がり、町や村は数も増え発展した。多くの農民が奴隷状態から脱出し、物価は上昇し、商業が盛んになってシャンパーニュ大市は黄金時代を現出した。フランドル、イタリアなかんずくフィレンツェでは、大規模な織物工業が誕生した。良質の金貨や銀貨が造られ、ゴシック芸術とパリやオックスフォード、ボローニャの大学教育はキリスト教世界に光を射しかけた。ところが、この美しい均衡が破れるのが一二七〇年ごろである。こうして始まった困難のシンボルを、ジャック・ル・ゴフは、一二八四年のボーヴェ大聖堂の高さ四十八メートルの丸天井の崩落に見ている。

十三世紀末から、フランドルでもノルマンディーでも、ベズィエでもトゥールーズでも都市ストライキ、暴動が勃発する。一三〇二年には現在のベルギーで、ほとんど全市民による蜂起が起き、農民は領主に対し、都市下層民は大ブルジョワに煽動されて、収税人や都市貴族〔イタリアでは《ポポロ・グラッソ popolo grasso》フランドルでは「成金」〕に対し刃向かう。この難局にあって、ローマではコラ・ディ・リエンツォ（1347）が、パリではエティエンヌ・マルセル（1358）、ガンではフィリップ・ファン・アルテヴェルデ（1381）が打開策を試みるがいずれも失敗。パリでは、そのあとも一三〇六、一三五八、一三八二、一四一三年と四度も暴動が繰り返され、シエナでは一三七一年、フィレンツェでも一三七八年、《チオンピ Ciompi の乱》〔毛梳工たちの暴動〕、スカンディナヴィアの諸都市では一四一一年から一四三六年にかけて暴動が起きる。

　農村でも、都市以上に荒々しい暴動が起きた。しかし、田園で働く人々の運動は、都市労働者たちに較べて持続的な結束ができず、効率性に欠けた。一三五八年のイル・ド・フランスの農民たちは、エティエンヌ・マルセルにとっては累を及ぼしかねない同盟者であった。〔訳注・一三五八年二月、エティエンヌ・マルセルは群衆を率いて王太子シャルルを屈服させるが、パリを脱出して態勢を立て直した王太子軍のために逆に包囲され、七月には殺されている。〕イングランドのワット・タイラーの乱も、一三八一年、一度はロンドンを占領するところまでいったが、失敗に終わる。

　十三世紀からの百五十年間は、いたるところが混乱に陥った時期で、すでに挙げた事件のほかに、フランドルの船員暴動（1322-1328）、ラングドックの《テュシャン Tuchin》〔森の民〕の一揆、ケント州のジャック・ケードの乱（1450）などがあるが、とくに一三八〇年ごろは、イングランドからフィレンツェ、バルセロナからドイツ西部にまでいたる西欧全体が無政府状態に陥ったかのようであった。

ほかにも幾つかの痕跡から、当時の西欧が陥った危機の規模の大きさを測ることができる。それは、十四世紀前半のイタリア、とくにフィレンツェの銀行の相次ぐ破産である。一三一二年にはフレスコバルディの銀行、一三二七年にはスカーリ銀行、一三四一年にはボナコルシ、ウザーニ、コルシーニ、さらに一三四三年にはアッチャイウォーリ、ペルッツィ、一三四六年にはバルディの銀行が破綻している。

重要なサインは、ほかにもある。穀物価格の下落である。イングランドでは、穀物の価格は、一一六〇年から一三〇〇年までの間に約一八％上がっているが、一三八〇年から一三九九年までは、一三〇〇－一三一九年の水準に較べて二一ポイント下がり、回復するのは十六世紀に入ってからである。この計算は、名目価格にもとづくもので、現金価格では、はるかにひどい下落を生じている。ブラバントではライ麦の価格が一四二五年から一四七五年まで続落。アラゴンとヴァレンシアでも同じで、十五世紀には物価は大きな下降曲線を描く。

十三世紀には豊富であった貴金属が不足したため、各国とも平価の切下げ〔訳注・額面は同じでも金の含有量を減らすこと〕を余儀なくされたのであって、その口火を切ったのがフランスのフィリップ美男王（1268-1314）であった。こうして、ジェノヴァの貨幣価値は一二八八年から一五〇九年までの間に七五％下がっている。イギリスの通貨も、一四〇五年から一四六四年までに、金貨は二八％、銀貨は三三％下がっている。フランスでは、一二五〇年には純銀八〇グラムを含んでいたトゥール・リーヴル貨が一五〇〇年には二二グラムしか含まなくなる。

ロベール・ロペスは、十四、五世紀の景気後退の意味を強調するために、ほかにも幾つかの事実を指摘している。たとえば、ロワール川とライン川に挟まれた地域には、二十八の町があったが、一一〇〇年から一二五〇年までの間に、初めて城壁を設けたのが二十、拡張したのが十七と、計三十七、一二五〇年から一四〇〇年までの間には、新しい城壁は二箇所、拡張が三十一箇所で計三十三箇所であった。ところが、一四〇〇年から一五五〇年までの間には、拡張は十の町で行われたが、新しい城壁の建設は行われていない。これをロペスは、都市の拡大が急速に終った証拠であるとしている。

そのうえ、バルセロナもペルピニャンもフィレンツェ、シエナ、ヴェネツィア、モデナ、チューリヒ、アルビも、人口のピーク時は十四世紀前半で、その後は減少し、十五世紀末になっても回復していない。フィレンツェの織物生産は、一三三八年から一三七八年までに三分の二に落ち込み、一三三八年の生産量が一〇万巻であったのに較べ、十六世紀末にはわずか一万四〇〇〇巻になっている。

イープルの織物産業は、十四世紀を通じて下降線を辿り、フィレンツェと同じく破局的状況に陥った。イギリスからの原毛の輸入量も、一三五〇年以後は、ほとんど連続的に減少。マルセイユのエスタック港を出入りする船にかけられた税の額は、一四八〇年には、二百年前のそれに較べて三五％に停まっている。ジェノヴァで取引された商品も、一二九〇年に較べて一四八〇年には七〇％に落ち、ディエップのそれは、十五世紀じゅうに六五％に落ち込む。そこからロペスは、西欧経済は危機に直面したと結論している。

事実、中世末の西欧は戦争と病気、飢饉に苦しめられた。「これ以後、戦争が日常生活の大きい位置を占め、人々は、生まれるや、祖父母の証言によってさえ、平和というものを知る術もなくなる」（ジョルジュ・デュビィ）。アルマニャック派とブルゴーニュ派の抗争を伴って百年以上続いた百年戦争、《グランド・コンパニー grandes compagnies》〔訳注・百年戦争期の傭兵隊崩れの盗賊団〕の徘徊、中央ヨーロッパのフス戦争（1415-1436）、イングランドの《バラ戦争》（1450-1485）、スペインやスカンディナヴィアで起きた内戦、何度も繰り返された不幸な対トルコ戦争——これらは、この「困難な時代」の西欧人に襲いかかった運命であった。

　たとえばアルトワ地方では、フィリップ美男王の軍事的遠征をもって苦難が始まり、そのあと、カレーから出撃したイギリス騎兵隊に蹂躙された。とくにこの地では、フランス王家とブルゴーニュ公家の争いによって延々と百年戦争が続いた。一四三八年から一四三九年のラングルの会計簿を見ると、イギリス人たち（Engloix）が通過したあとは男たちは姿を消し、「哀れな女たちしかおらず、土地を耕す人は誰もいなくなった」。一四七二年にも、フランス軍のアルトワ侵入によって、カンシュとオーティの谷は、すっかり荒廃した。その三年後にも、新しい軍勢が同じ道を辿って、アラスとパポームにまで遠征している。初めの遠征で三十五の村々が廃墟となり、あとのほうの遠征では百五十の村が荒らされた。この軍事作戦で三十一の小教区が破壊を被ったが、住民は虐殺されたわけではなく、いわば窒息し仮死状態に陥っただけで、その後、息を吹き返している。

　ところが、最近の調査によって、十四、五世紀の西欧と中欧では、いたるところで本物の田園の放棄が起きたことが分かっている。W・アベルによると、一三〇〇年ごろのドイツ（一九三七年の国境線でドイツに属している地域）にあった十七万の町や村のうち二三％にあたる四万が十六世紀初めに消滅した。アルザスでは、一三四〇年から一五〇〇年までの間に、百三十七の農村共同体が放棄された。プロヴァンスでは、十四世紀初めの時点で約六百二十五の村落があったが、一四七一年にはそのうち百七十七が無人化している。ナヴァールでは、一三四八年から一五〇〇年までの間に、約六〇％が無人になっている。ローマ教皇領では、一三〇〇年ごろには活力を保っていた農村共同体の二五％が十五世紀初めに消滅している。イングランドでは、十四世紀初めから《エンクロージャー enclosure》によって無人化する村が増えるが、この動向が絶頂期を迎えるのは、十五世紀後半である。

こうしたたくさんの国の農村人口減少の主な要因になったのは、一三四八年から一三五〇年のペスト大流行とそれによる「黒い死」だったのだろうか？　ザルツブルクの南のポンガウ代官管区では、一三四八年から一三五二年までの間に、開拓地の六六％から所有主がいなくなる一方で、同じ開拓者によって維持されていたのはたった一七％。残り一七％の開拓地の運命については不明である。ノルウェーはペストの被害がきわめて深刻で、一三〇〇年から一四〇〇年までの間に、オスロ地域の耕地の減少は四〇％、十四世紀後半の平均地価は四〇％以上下がっている。この状況は、ノルウェー王国全体でも同じだったようである。ブルゴーニュのジブリー小教区の帳簿を調べると、一三四八年だけで人口が半減しており、通常は総人口一二〇〇から一五〇〇で、月平均の死亡者は五人なのに、この年は八月から十月末までに六八〇人が亡くなっている。ところが、サヴォワでは、サン＝ピエール・デュ・スーシ小教区の死者数は、一三四七年が一〇八人、一三四八年が六八人、一三四九年は五五人である。その近隣七小教区でも、一三四七年が三〇三、一三四九年が一四二である。

これらの資料から言って、ペストの流行による死亡数は、田舎のほうが都会に較べて少なかったとする昔からの定説は正しかったといえるのではないだろうか？　デカメロンの時代〔訳注・一三四九年に書かれた〕と同じく、モンテーニュの時代〔1533-1592〕も、伝染病が流行したときは、金持ちたちは田舎へ避難した。イングランドのサウスウェルの参事会員たちも、一四七一年から一四七九年、伝染病から逃れるために町を捨てて田舎に転居している。

いずれにせよ、よく知られているのは都市の死亡率であるが、これは破局的であった。一三三八年には人口十一万を数えたフィレンツェが、一三五一年には五万にまで減少している。南仏のアルビやカストルも、一三四三年から一三五七年までの間に、半分の人口になっている。ドイツでもマグデブルクの場合、一三五〇年で人口の五〇%、ハンブルクは五〇から六六%、ブレーメンは七〇%がいなくなっている。その反対に、田園では、死亡率はずっと低く、伝染病の危険は小さかったというのが本当のようである。当時は人口の九〇%を農民が占めていたことを考えても、十四世紀に生じた経済的激変は、戦争による土地の荒廃やペストによる死亡より以外のもっと深いさまざまな原因によるものであることが明らかである。

十三世紀のヨーロッパは人口拡大期で、周縁地帯に幾つもの入植地が作られていたが、それらは「いい加減なもの」だったから、楽観的見通しのもとに入植した人々は、収益の少なさのためにたちまち行き詰まり、そうした集落は、プロヴァンスでもイングランドでもザルツブルクの山岳地帯でも、十四、五世紀の景気後退のなかで、次々消滅していった。こうして、収益性の悪さから、ほとんど必然的に飢饉に陥り、人口が減少した。伝染病だけでなく気候の悪化と大地の涸渇による農業の後退が破局的事態を招いたといえる。

とくにヨーロッパでも北方のイングランド、北フランス、ドイツ、デンマークでは、すでにペスト大流行よりかなり以前の一三一五年から一三一七年にかけて深刻な飢饉が生じていた。発展から後退へという情勢の転換は、このときから、ヨーロッパの広い範囲で起きていたように見える。不作の年も、十三世紀に較べて、十四世紀、十五世紀は大幅に増える。イングランドが凶作に見舞われたのは、十三世紀には四回だけだったのに対し、十四世紀前半だけで、「きわめて不作」の年が八回にのぼった。ペストの大流行が始まった一三四八年、オルヴィエト〔訳注・中部イタリア〕の住民たちは三年続きの凶作で厳しい試練に遭っていた。一三七四年から一三七五年にかけては、南フランスもひどい飢饉に見舞われている。フランドル、アルトワ、エノー、カンブレシスでは、十五世紀に入って一四〇九年、一四一六年、一四三七年、一四五五年から同八年にかけ、一四七七年から八三年にかけ、一四八七年から一四九三年にかけてと頻繁に飢饉が起きている。

こうして、一三二〇年から一四五〇年まで続いた経済的危機は、初めは貴金属不足によって特徴づけられるように見えたが、それとともに（というより、それ以上に）人口の深刻な減少が、その原因となっているのである。ヨーロッパの人口は、十四世紀じゅうに三分の一が減っている。そこから考えると、穀物価格が飢饉のときは一時的に上がっても、恒常的には低下傾向を示したとしても驚くにはあたらない。そのため、たとえばドイツでは農村人口の都市への移動、イングランドでは《エンクロージャー》の動きが起きて、大土地所有者たちは農民たちの経済的・身体的衰えに乗じて、これまで穀物が作られていた土地を奪い、「人間を食らう羊たち」に与えるにいたったのである。

7　破局説への批判

ところで、このように不幸が重なり、黙示録の一節に似た様相を示したこの時代にまさに《ユマニスム》が生まれルネサンス芸術が花開いたのであった。『デカメロン』（1349）がペストの大流行から生まれたことは周知のとおりであるが、イタリア・ルネサンスの最初の大画家、マサッチョは、一四二八年に亡くなり、一四三四年には天才的建築家のブルネレスキがサンタ・マリア・デル・フィオーレの大ドームを完成している。ヴェネツィアの魅惑的な《カ・ドーロ Ca' d'Oro》〔訳注・運河に面した豪奢な住宅〕が造られ始めるのは十五世紀前半である。「そんなことは特別の地域のことで、イタリアはあらゆる他国に先駆けて不況を脱出したのだ」という人もいるが、それははたしてみんなから受け入れられて

オリエント風と後期ゴシックの豪華趣味を湛えたヴェネツィアのカ・ドーロ

いる見方だろうか？

ガンの至宝である『神秘の仔羊』の祭壇画がファン・エイクによって描かれたのは一四二三年から一四三二年にかけてである。十五世紀はフランドル絵画の黄金時代であり、同じ十五世紀のブルゴーニュ宮廷で《金羊毛騎士団》のセレモニーで使われた豪華な祭服をウィーンの王宮（Hofburg）で鑑賞した人なら誰でも、このような富があのような貧困とどうして共存しえたのだろうと訝るにちがいない。

フランスではガストン・フェビュスの『狩りの書 Livre de la Chasse』だの『ノートル・ダム時祷書 Très belles heures de Notre-Dame』、またベリー公の『時禱書 Très riches heures du duc de Berry』といった眩いばかりの彩色装飾本が造られたのも、一三八〇年から一四二〇年までの、まさに《闇の時代》である。

そこから、C・チポッラやE・コミンスキーが主張するように、経済的困窮はルネサンスにはなんら痕跡を残さなかったと結論すべきだろうか？　それとも反対に、R・ロペスのように、「経済の出口が閉じているため、カネは芸術に向かったのだ」と言うべきだろうか？　ロペスは「トレチェント（一三〇〇年代）とクワトロチェント（一四〇〇年代）にイタリアの暴君たちが豪奢な教会や宮殿を建設したのは、失業救済のためであった」と断じている。

たしかに、経済的繁栄と芸術の開花が結びついていると決めてかかるのは間違いであろう。とくに避けるべきは、人間社会の複雑な運命を経済の拡大と縮小のカテゴリーのなかに閉じ込めることである。景気後退の時代を分析すると、特権的ジャンルや特別な瞬間といったものが浮かび上がり、繁栄の兆候が少なくとも部分的に沈下要因の動きを修正するように見える可能性がある。歴史家は全般的傾向を見抜くべきだとしても、とくにこの時代については、地域的独自性を考慮すべきである。

たとえばフランドルのブラバントの織物工業は、十五世紀初めには活力を回復し、中欧向けに大々的に輸出をしていた。また、イタリアのポー川流域の平野は排水が進んで、一三五〇年以前に較べてずっと豊かになっていたようである。ヴェネツィアに関しては、十四、五世紀を後退期であったとする証拠は何もない。フィレンツェでは、羊毛の織物産業がペストによって深刻な打撃を被ったことは事実であるが、それに代わって、絹織物が発展を示している。イングランドでも、原毛輸出が一三五〇年以後低下していることは確かであるが、織物の輸出が伸びを示し、一四〇〇年にはウール二万七七〇〇巻だったのが一四八〇年には六万二五〇〇巻に達している。加えて、ロンドンは十五世紀に十一回もペストの流行に見舞われているが、この港を経由する毛織物の輸出が影響を受けたのは一回だけである。

穀物の栽培面積の縮小は、ヨーロッパのかなりの部分で起きているが、それに代わって牧草地が拡大しているだけでなく、亜麻、麻、ホップ、採油植物、大青、茜染料といった工業用植物の栽培が盛んになった。こうして、低地諸国やフランス西部、南ドイツで農村工業が栄え、そこから前の二地方では亜麻布、麻布、南ドイツではファスティアン〔訳注・麻糸と綿布の綾織りで毛羽立てた布〕の産業が発展した。

最後に、労働力不足が賃金の大幅な上昇をもたらした結果、十四世紀半ば以後、ヨーロッパの大部分で工業関係者の平均収入が増大している。経済の沈滞が、結果として同じ額の富をより少ない人間で分け合えるようにしたのである。この生活水準の向上は、穀物価格が下がったとき、比較的高価な食材である肉やバターが値上りしている理由を説明してくれる。ルネサンスを理解するためには、麦価の低下と人口減少は必然的に人々の社会的条件の全般的悪化を意味するという先入見を捨てるべきであろう。

ルネサンスが苦しみのなかで始まったことは強調しておく必要がある。ルネサンスは伝染病と飢饉と戦争、なかんずくペストによって生み出された恐怖のなかで船出した。そして、これらの不幸の元凶としてユダヤ人たちが虐殺され、鞭打ち行者たちが自らの血で街路を染めながら練り歩く姿がいたるところで見られた。しかし、そこに《再生 renaissance》はあった。なぜなら、西欧人たちは、この試練を乗り越え、それを活用したからである。したがって、ヨーロッパ文明全体としては後退けなかった。意気消沈することもなければ無気力化することもなかった。

西欧が精彩と独創性、若々しさを失っていないことを何よりも証明したのがフランボワイアン・ゴシックの美術である。社会と文化の脱宗教的動きが始まったのは、十四世紀より以前からであるが、その後も引き継がれ、明確化され、加速していく。個人の台頭はやまず、困難な時期の試練は、エティエンヌ・マルセルだのジャンヌ・ダルクといった、もっと穏やかな時代だったら陰の存在であった人々を前面に押し出し、封建的ヒエラルキー、教会の権威、秘蹟の価値といった永遠的と思われた観念や機構が次第に問い直された。

こうした飢饉や戦争の時代には、土地も人々も、芸術家たちの注意を惹きつけた。ルネサンスの芸術家たちは、過去によりも現在あるものに敏感さを示し、風景や遠近法、個人的特徴に興味を抱いた。西欧人たちは、絶え間なく襲ってくる困難のなかで、印刷術と鉱山の排水設備などの発明を続けるとともに、これまでの時代に見つけられた技術を航海や交易事業のなかで活用し、安全な沿岸航路から、幾日も何ヶ月も陸地の影を見ない、危険に満ちた大洋の航海に思い切って乗り出した。

こうして、十四世紀から十七世紀初めの西欧人たちの苦闘は、人類史のうえに一つの決定的な役割を演じることとなった。とくに一三二〇年から一四五〇年までの時期、西欧は、トルコ人たちの進出に脅かされ、教会大分裂という大事件を前にし、さらに《最後の審判》が迫っているという告知によって、不幸に打ちのめされ意欲を喪失したかもしれなかった。しかし、彼らはそこから抜け出す公式を見つけることに成功した。しかも、単に逃げ道ではなく再生への招待状をもたらしたのが、古代の芸術と文学であった。また、十六世紀のカトリックとプロテスタント双方の宗教改革は、西欧人に神への信頼を取り戻させた。大航海は西欧人に世界支配への手段を提供したが、それは時間をかけた粘り強い試行錯誤なくしては不可能であった。十六世紀の宗教的若返りは、《大分裂 Grand Schisme》の危機と引き替えに得られた。ルネサンス末期の《騙し絵》の名人芸は、一四〇〇年代の遠近法についての探求と関連している。アメリカの発見は、ポルトガル人たちのアフリカ周航への挑戦がなかったら、ありえなかったであろう。

8 一四五〇年以後の飛躍

ベノッツォ・ゴッツォリがメディチ宮殿の壁に鮮やかなフレスコ画で「三王礼拝 Rois mages」を描いた一四六〇年ごろには、イタリアは景気後退の局面を脱出していた。低地諸国南部とドイツのハンザ諸国は、十五世紀末になっても危機的状況にあったから、この点では、イタリアはほかの国々に先駆けたわけであったが、それでも、経済復活の兆候はイタリアだけでなくフランスやイングランド、イベリア半島、南ドイツ、ボヘミアでも現れていた。この景気回復において一つの役割を演じたのが中欧の銀鉱の復活であったことは確かであるが、人口の増大も無視するわけにはいかない。

この点では、十五世紀はまだ遅々としていたが、十六世紀には確固たるものになっており、農業労働力も回復していた。フランスの田園では、十五世紀には廃墟が片付けられ、放置されていた土地にふたたび犂が入れられ、見捨てられていた村々にも人々が住むようになる。百年戦争で荒廃していたケルシーにはルエルグから人々が移り住み、同じく荒れ果てていたギュイエンヌも、シャラント、ポワトゥー、ヴァンデーからの新住民を迎えて活気を取り戻した。「開墾が進んで森はふたたび後退し、家畜の飼育が減って麦畑が広がり、羊毛や肉に対して麦が勝利を収めた」(ル＝ロワ・ラデュリー)。また十六世紀フランスのあるモラリストは、「畑では毎日、農民たちの歌声が聞こえ、夜になると、その小さな家々でいびきが聞こえる」と述べている。

スペインの人口は、十六世紀じゅう減少し続けたと言われてきたが、最近の研究によって、その逆であったことが明らかになっている。カスティリヤは、一五四一年に八九万一四五四世帯であったのが、五十年後には一三一万五七〇〇世帯、四七％増を示している。田園地帯と同じく、都市も人口増加の恩恵を受け、ヨーロッパ全体で人口が増加している。そのため、穀物の需要が高まり、パリ、ローマ、ロンドン、アントワープでも、リビフ〔訳注・ウクライナ西部の町〕でも麦価が上昇した。

しかし、この十六世紀の価格上昇は、一つの革命といえるほどではない。一八七五年から一九六一年までのフランスでの麦価の上昇率が三五〇倍であるのに対し、十六世紀の百年間のそれは三倍でしかない。したがって、これを一四六〇年以後、ヨーロッパが恩恵に浴した、当初はドイツでの銀の産出増、ついでアメリカからの金銀流入に関連づけるべきであろうか？　もし、そうであったとすると、物価の上昇は、貴金属貯蔵量の増大につれて起きる貨幣価値の低下の代償であったことになるが、物価の上昇は、貨幣価値の低下よりずっと激しい。他方、ある一つの場所では、すべての物価が一様に上昇していなければならないはずだが、そうはなっていないことからすると、もっと別の要因が作用していたことになる。とくに、人口の動向、都市化の進展、穀物需要の増大、貨幣流通の速度、信用取引の増加、贅沢品の増大などは、十六世紀の経済拡大を特徴づけている現象である。他方、それと同時に、物価の上昇に較べて、給料の上昇が全般的に遅れることも影響している。

このように、アメリカの影響をルネサンス期の経済情勢の説明のなかで正当に位置づけることは、のちにアメリカが東方のインドとともにヨーロッパ人の生活や関心、利害のなかで担うことになる役割の大きさを過小評価することではない。地理的発見時代の大旅行が西欧文明の文脈のなかで意味したものは、海への関心の持続的勝利であった。一五〇四年から一六五〇年までの間にスペインとアメリカの間を航行した船は一万八〇〇〇隻を超え、以後も、ヨーロッパと新世界の間の交易は途絶えることがない。アメリカから運ばれたのは銀、インディゴとエンジムシ（この二つは染料）、砂糖であり、逆にヨーロッパは、スペインやポルトガル、少し遅れてイギリスから、さまざまな技術や書物、人間を送り出した。

結局、《ルネサンス》は「ヨーロッパの外でのヨーロッパの誕生 naissance des Europes hors d'Europe」であり、さらには（原因はヨーロッパにあるが）「アフリカの外でのアフリカの誕生 naissance des Afriques hors d'Afrique」でもあった。古代および中世からの伝統を引きづっていたヨーロッパは、新しく征服した領土を活用して金銀を手に入れるためやアンティル諸島やブラジル、さらに北アメリカで砂糖黍を栽培させるために必要な頑健な労働力を、黒人たちの奴隷化に求めたからである。こうして、アメリカの歴史の初めの三百年間に新世界に奴隷として運ばれた黒人の数は、白人の四倍にあたる四百万人に達した。したがって、この「ルネサンス」は、大西洋の彼方における黒人問題の始まりでもあった。

第三章　ルネサンスと古代

1　中世への不当な蔑視

ルネサンスそれ自体は、過去へ向かう一つの運動として定義できる。これは、《進歩》をめざす近代世界の動向とは正反対の方向を向いている。まさに、ルネサンスは思考と美の追求の源泉へ回帰しようとしたのであった。

ペトラルカは、おそらく、その後長く中世史への基本的見方となった《暗黒時代 temps obscures》という観念を創造した張本人である。彼は、コンスタンティヌスのキリスト教改宗以前の時代を「古代」とし、それ以来、十四世紀にもなお持続していた時代を「現代 moderne」と表現し、この《現代 âge moderne》を「野蛮」「暗黒」の語で特徴づけ、ローマ時代の過去を、ほとんど夢想的なまでに情熱的に賛美した。そして、自らは「野蛮人 homo ferus」に文明の価値を受け入れさせる古代の《人間的学問 studia humanitatis》の再興者、知的革命の主導者たらんとした。

フィレンツェのフマニスト、レオナルド・ブルーニ（1369-1444）も、文学はラテン語でしかありえないと考え、一四三六年、『ダンテとペトラルカの生涯』を書いた。そこでは、ダンテの天才を全面的に認めつつも、自分がペトラルカを好む理由の第一として「今では失われ消滅した古代のスタイルの優雅さを見分けさせてくれる天分と魅力を備えている」からだとしている。

パオロ・コルテージもメディチ家のロレンツォに献げた『学者たちの対話』(1490)のなかで、ペトラルカの重要性を強調して「彼は、かくも偉大な魂とともに雄弁の学問を修めたかと思わせる該博な記憶力をもっていた。事実、イタリアは、彼の天分の働きのもとで、この学問への最初の刺激と推力を受けたのである」と述べ、「しかし、ペトラルカは古典ラテン語ではあまり書かなかった。そのことにどうして驚くべきだろうか? 何世紀もの歳月によって積み重なった泥のなかから生まれた人間にとって、ラテン語で書く技が欠けていても当然であった」と続けている。進歩は、その後になされたのである。

十五世紀末以後、アルプスの彼方の国々にフマニスムが到達したとき、それらの国々でも、古代の著述家たちへの回帰という文学ルネサンスの概念が採用された。フランス人のジャン・デポティエールは『作詩法 Ars versificandi』(1516)の序文のなかで、ペトラルカこそ、埋もれていた《ムーサイ muses》たちを甦らせることによって雄弁の学問を刺激して蛮族たちに対する戦いの火蓋を切った人であると認定している。

このアルプス以北での「蛮族に対する戦い」が始まったのは、イタリアにおけるより百年以上遅れていたが、ここで重要な役割を演じたのがエラスムスであった。ギヨーム・ビュデの一五一七年の書簡の表現によると、彼は、イタリア半島の外では、「我らの時代に起きた学問の始まりの父」と考えられた。この見解は、ジャック・シャロンが一五七一年に書いた『金言集 Adages』の序文のなかにも見られる。いわく「彼(エラスムス)こそ、蛮族の泥のなかからのよき文学の再生と発芽をもたらした草分けである」。とはいえ、フランスの多くの作家たちは、国民的自尊心も手伝って、フランスに文学の誕生をもたらしたのはフランソワ一世であるとしている。たとえばジャック・アミヨは、プルタルコスの『英雄伝』の翻訳をアンリ一世に献上して、「お父上のフランソワ大王は、この高貴なる国によき文学を甦らせ、開花せしめられたのであります」と述べている。

《ルネサンス》という言葉は審美的な響きをもっており、これはフマニスト〔フランス語でいえばユマニスト〕と、この時代の芸術家たちが使い始めたものと考えられる。この先駆けと思われるのが、十四世紀末、『フィレンツェ市の名士たちの書』を著したフィリッポ・ヴィラーニである。彼は、この書のなかでフィレンツェの画家たちを称賛し、その筆頭に写実的芸術を再生したチマブエを挙げている。「チマブエによって新しい芸術への道が開かれたので、ジオットーは古代の著名な画家たちに肩を並べるだけでなく、才能と天分において彼らを凌ぎ、絵画に古代の尊厳性と最高の名声を取り戻させた。」

絵画の復活についてのヴィラーニのこの見解は、十五世紀にも、ギベルティ（1378-1455）によって『コメンタリイ Commentaire 第二』（覚書）のなかで繰り返されるが、レオーネ・バティスタ・アルベルティ（1404-1472）は、造形美術を再生した功績者として、同時代のブルネレスキ、ドナテッロ、ギベルティを挙げている。

いずれにせよ、十五世紀の啓発的イタリア人たちにとって、彼らの時代こそ芸術が廃墟のなかから再生した時代であったことは明白である。著名なフマニストたちも、この芸術の再生と文学の復活が同時並行的に起きていることを強調している。マルシリオ・フィチーノは盲目的愛国心という嫌いがないではないが、「これ以前はほとんど消滅していた文法と雄弁、絵画、建築、彫刻、音楽の自由学芸が甦った黄金時代であり、その功績のすべては、フィレンツェに帰する」と断定している。

十六世紀半ば、フマニスト的教育を受けた画家であり建築家であったヴァザーリは、イタリア芸術の歴史を書くことを志して、『チマブエから現在にいたるイタリアの最も偉大な建築家・画家・彫刻家たちの生涯』という題を付けた（1550）。ヴァザーリのこの著述は、私たちの有しているルネサンスの総合的歴史観にも部分的に影響している。彼は、イタリア芸術を、その復活（rinascita）からミケランジェロ時代の至高の開花にいたるまで、三段階に分けている。第一は、「古臭い様式を捨てて、活力と熱意をもって古代の芸術を写し始めた」十三世紀半ばのトスカーナの芸術家たちから始まる。第二期は、十五世紀、ブルネレスキやマサッチョ、ドナテッロといった、「自然をそのまま写すことを探求した偉大な芸術家」が活躍した時代である。最後が、十六世紀の完成期で、これについては、「芸術は自然を模写する人に許されているすべてを実現し、みずからを高めたので、いまや他の進歩にもまして、その凋落が心配なほどである」とまで述べている。

このような歴史的進展の図式を描いたのが一人のイタリア人であったのは偶然ではない。イタリア半島には中世を通じて、ほかのどこよりもたくさんの古代の思い出が、生き生きと残っていた。これは、ゴシック芸術がその最も美しい光を放ったフランスとは対照的であった。いずれにせよ、そのようなのが、イタリア芸術が十六世紀初め以後、ヨーロッパに対して獲得した威信であり、アルプスの彼方の国々は、芸術再生についてのユマニスム的観念をイタリアのものとして採用したのであった。ヘブライ語学者のロイヒリンは、フィレンツェを訪れたとき、ここでは、あらゆる種類の最も優れた芸術家たちが生き生きと活躍していることに感嘆している。偉大なデューラーも、「絵画は、ローマ帝国の滅亡からイタリア人たちによって光のもとに連れ戻されるまでの一千年以上の間、忘れられ失われていた」と書いている。十七世紀に芸術史の概論を著した、フランドル人のファン・マンデルス、フォン・サウドラト、フランス人のフェリビアン・デ・ザヴォーの三人も、それぞれ、ヴァザーリの図式を大筋において踏襲している。

《ルネサンス》という言葉は、不適切な使い方がされていることが少なくないが、それでも、ある時代が自らについてどのような意識を抱いたかの証言にはなっている。フィレンツェ人のジョヴァンニ・ルチェラーイは、一四五七年、「われわれの時代は、フィレンツェ創建以来、ほかのいかなる時代にもまして満足すべき理由をもっている」と書き、一五一八年、ウルリヒ・フォン・フッテンは、「おお、世紀よ、学問よ。そは喜びなり！」と叫んでいる。

ラブレーが『パンタグリュエル』のなかで述べている言葉が思い出される。

「拙者の観ずるところによれば、今の世の強盗、獄吏、野武士、別当と雖も、拙者が時代の博士、伝道師よりも博学と覚え候。」〔訳注・第二『パンタグリュエル物語』第八章。父親のガルガンチュワが修学中の息子、パンタグリュエルに送った手紙の一節。訳は渡辺一夫氏による〕

2　中世と古代

ルネサンスの人々にとって歴史は単純であった。なぜなら、そこでは、中世が古代との接触を完全には失っていなかったからである。《カロリンガ・ルネサンス》は、その精神も粗野なら、それが放った輝きも限られていたが、古代の著述家たちの多くの写本を保存し写して、後世のために貴重な宝として伝えるという功績を残した。十一、二世紀にも古典の学問が盛んに行われたことから、褒めすぎの観はあるが《十二世紀ルネサンス》と呼ばれた。

フランスでは、司教座参事会に隣接して設置された学校で、ウェルギリウス、ユウェナリス、スタティウス、ホラティウス、ルカヌス、サルスティウスなどが講読された。道徳をめぐる議論では、キケロの『友情について De amitica』、セネカの書簡が盛んに引用された。修道女たちはオウィディウスの『愛の技法』と『転身譜 Métamorphoses』の抜粋を愛読した。しばしばデフォルメされつつも古代が中世を通じて生き続けたことは、『テーベ物語』や『トロイ物語』『アエネース物語』が持続的成功を収め続けた事実が示している。

さらに意味深いのは、ペトラルカが蔵書のなかに、十三世紀初めに作成された一種の神話事典、アルブリクスの『神々の姿 Liber ymaginus deorum』を所有していたことである。彼は、スキピオを称賛したラテン叙事詩『アフリカ』を書くのに、これを援用している。このように、フマニスムは、その誕生に際して、古代に関する中世の盗作を恐れ気もなく利用したのであった。

中世は、芸術的創作においても、古代の幾つかのテーマとモチーフを借用していた。ロマネスク芸術の彫刻家たちは、古代末期に放棄された立像やレリーフ、石碑、柩などからヒントを得た。ブールジュのサンテュルサン教会のタンパンの図柄は、ある石棺に施された狩りの光景を再現しているし、ラングルのカテドラルのヘラクレス像、ヴェズレーの「ガニュメデスの掠奪」〔訳注・ゼウスがトロイの王子、ガニュメデスを、その美しさのゆえに身近に仕えさせるため、鷲に変じて奪ったという神話〕を表現した柱頭、また、ソーリユー〔訳注・ブルゴーニュ地方〕の雄鶏の戦いを表した柱頭など、ローマ文明とのつながりを示しているものはたくさんある。

ゴシック芸術も、古代の宝庫から素材を汲み出した。フィレンツェのジォットーの鐘楼では、惑星の神々〔メルクリウス＝水星やマルス＝火星など〕が聖書の預言者や女預言者の後見のもとに、《ヴェルトゥス Vertus》〔力天使。徳を象徴〕や《スキエンス Science》〔知識を象徴〕、《サクラメント Sacrements》〔秘蹟〕と並ぶ席を占めている。ランスのカテドラルでは、とくに一二三〇年ごろ製作された『聖母訪問』

の有名な像〔訳注・ルカ伝第一章にある、マリアが従姉のエリザベツを訪問した場面。エリザベツは洗礼者ヨハネの母となる〕がある。その様式から、これを彫刻した無名の芸術家は「古代の彫刻師」と呼ばれ、エミール・マールも、この人物はアテネで修業したに違いないと想像している。もとより、そのような証拠はなく、ランスの近くにもたくさんあるガロ・ローマ時代の遺跡で見つかっている古代の作品から触発された可能性もある。ランスといえば、ヴィラール・ド・オンヌクール〔訳注・十三世紀、フランス・ゴシックの建築家〕も仕事をした地で、彼が描いたデッサンには彼が属していたアトリエの古代趣味の風潮が反映されているし、彼自身、ガロ・ローマ時代のレリーフやブロンズ像についての研究を遺している。

中世が古代から借用したもののリストは、ほかにも幾らでも挙げることができるし、さらには、『神曲』のなかで、ローマの大詩人、ウェルギリウスがダンテのために道案内をしていること、また、中世最大の知的構築物といってよいトマス・アクィナスの『神学大全』が、イエスのメッセージとアリストテレスの哲学を和解させようとしたものであることも想起すべきであろう。フィレンツェのフマニスムの黄金期を代表するフィチーノがめざしたのも、プラトンをキリスト教的に捉え直すことであった。

3　ゴシック芸術の十三世紀以後の刷新

これまで、フマニストたちとヴァザーリの主張に追随して「中世の終わりとともにゴシックの文明は消滅した」と言われてきた。しかし、客観的に深く分析すると、ゴシック文明は「まだ生き生きとした創造力を有する文化の一つの形」（フランカステル）であり、その寿命は尽きていなかったことが明らかである。私たちはＬ・オートクールの見解に与して、フランボワイアン様式に「ゴシックの退廃、ガン細胞のようなある要素の増殖」をしか見ない行き方を拒絶する。むしろ、モン＝サン＝ミッシェル大修道院の内陣（十五世紀末）ほど簡素な建物は他に例がないくらいである。その内陣仕切りが金銀細工師による過剰な装飾によって複雑で重苦しいものになっていたとしても、そのために本質的なものを見逃してはならない。トレド大聖堂の場合も、身廊の頂に届くほど高く、何百人もの人物たちの躍動を描いている壮麗な《祭壇仕切り Retable mayor》（十六世紀初め）も、その基本的構成は厳格かつ明晰で、キリストと聖母マリアの生涯を表現しており、祭壇の下で祈る信者たちは、容易にその意味を読み解くことができた。

中世芸術は、十三世紀以後は、あらゆる効果を引き出すための「ゴシック的前提と形態、技法、装飾の努力」を特徴とする。メッス、ストラスブール、セー〔訳注・ノルマンディー〕といった大教会では、内部の空間（vaisseaux）と大窓（baies）をますます広くすることに努力が注がれた。柱をより細くし、柱頭の飾りは取り除かれ、《垂直主義 verticalisme》が凱歌をあげる。かつてないほど熟練の度を高めた石工たちのおかげで、棟リブと枝リブが増やされ、丸天井は、繊細な放射状あるいは扇状になる。とくに、その傾向を強めるのがイギリスであるが、ボヘミアのクトナ・ホラやアウクスブルクのフッガー家礼拝堂も、ヨーロッパ芸術の最も美しい作品の一つに数えられる。人々は、かつてないくらい、非開口部（pleins）に対する開口部（vides）の比率の増大をめざした。これは、パリのサント・シャペルを創造した芸術のロジックにつながっていたのではないだろうか？

十九世紀になって使われる《フランボワイアン flamboyant》という呼称は、窓と窓を分けている石のレースの流紋（soufflets）と装飾格子（mouchettes）が燃え上がる炎のようであることから付けられた。

丸天井の中心で宙に浮かんでいる要石は、機能的意味をもっているのであるが、イスラム教のモニュメントの《鍾乳状装飾 stalactites》によく似ている。また、玄関口の葱花型アーチ、無限に透かし彫りを施した天蓋、レースのように細工された歩廊の手すりと小尖塔、頂華——これらは、それ以前の時代に較べてずっと洗練された文明と、より確かになった技術を証明している。

一五〇メートルもの高さに聳え、優雅さの傑作というべきシャルトルのカテドラルの十六世紀初めに建てられた北側の鐘楼を見て、十二世紀に建てられた、より厳めしく背の低いもう一方の南側の鐘楼より美しさで劣るなどと誰が言うだろうか？《フランボワイアン》といい《ロココ》といい、一つの文明が見せる一瞬一瞬の容貌の違いに過ぎない。

十四世紀から十五世紀初めにかけて、イタリアはまだ芸術に関して自らの道を探求している途上であったが、すでにニコラ・バターユは、一三八〇年ごろには『アンジェの黙示録 Apocalypse d' Angers』の名で知られるタピスリーを製作していた。驚くべきは、長さ一四五メートルというその長さではなく、青と赤を基調にして描かれている人物たちのすばらしいコントラストと絵の激しさである。一三八〇年から一四二〇年にかけて、パリとロワール地方でも、インターナショナルな絵画と細密画の流派が現れ、ページごとに繊細な図柄と色彩の絵を組み込んだすばらしい時祷書が作製されている。一四〇〇年ごろ、クラウス・スリュテール〔訳注・ニュルンベルク出身の彫刻家。1440-1533〕が彫刻した、ディジョン西郊のシャンモル修道院の予言者たちは、ミケランジェロを予示するような力強さと瞑想性を湛えている。（とくに中庭の『モーゼの井戸』〔訳注・本来は『ゴルゴタの丘』〕が有名である。）

イタリア以外のヨーロッパ各地でも十五世紀じゅうを通して芸術的肥沃さが変わることはなかった。これは、ヤン・ファン・エイクの聖母と音楽天使たち、ファン・デルウェイデンの『十字架降下』

『最後の審判』の濃密な霊性、フィリップ・ポーの軍隊的簡潔さをもった墓、不安の雰囲気を漂わせるルネ王（1409-1480）の『愛に奪われし心の書』の細密画、また、ポーランドのクラクフで一四七七年からファイト・シュトスが製作した高さ一三メートル、幅一一メートルの巨大な祭壇衝立などが証明している。この巨大な衝立には、中世の芸術的人間的探求の全てが総合されている。ここで故意に「探求recherche」という言葉を使ったのは、ゴシック芸術がその最後の時代を迎えても、すでに獲得したもののうえに胡座を掻いて硬化するのでなく、新しい道の探求をやめていないからである。これによってゴシック芸術は、中世的価値を問い直しルネサンス文明を構築することに貢献したのであった。

写実性に戻ることで美に到達しようとした新しい美学の誕生を、マサッチョ（1401-1428）の時代のフィレンツェにしか求めようとしないのは、単純すぎる見方である。中世的美の価値に代わる芸術的・文化的価値を練り上げることに貢献したのは、フィレンツェだけでもなければイタリアだけでもない、ヨーロッパ全体であった。フランドルとトスカーナの間で頻繁な経済的交流が行われていたのに、芸術におけるフランドル様式とフィレンツェ様式が互いに無関係なままであったなどということがありえようか？

事実、アルプスの北のゴシックも、それなりのやり方でルネサンス芸術の創造に寄与した。ただ、どうしてかは不明であるが、各地で行われていた実験と古代への探求と、それによって得た教訓を総合することによって、この時代のヨーロッパが求めたものに最もよく応える美的・知的公式を発見したのがイタリアであった。

中世末の西欧芸術は、充分に国際的で、フランドルとフランスの影響を受けた。一四四三年から一四四七年までイタリアに滞在し、ローマで教皇エウゲニウス四世の肖像を描いたジャン・フーケ

（1420?-1480）は、イタリア人たちからも当代随一の画家と見られていた。ヤン・ファン・エイクはブルゴーニュ公によって二度ポルトガルに派遣されている。彼のスタイルと技術は、ヌーノ・ゴンサルヴェスがリスボンの巨大な『聖ヴィセンテの祭壇衝立』に描いた絵に見ることができる。ゴンサルヴェスは地元ポルトガルのアフォンソ五世お抱えの宮廷画家で、一四六〇年に、聖ヴィセンテの前に跪いている六〇人の人物を等身大で描いたが、ファン・エイクが描いたガンの祭壇画『神秘の仔羊の礼拝』と同じく、壮大な構成でありながら、細部の鋭い明確さもなおざりにしていない。

十五世紀末以後のリスボンとフランドルの緊密な経済関係は、ポルトガルに対するフランドルの芸術面での影響が《マヌエル様式期》（1495-1521）から一五四〇年ごろまで持続した所以を説明してくれる。ブリュージュとアントワープは、祭壇衝立や写本の輸出元であったし、リスボンやトマルの教会で仕事をする北方の画家たちの姿が頻繁に見られた。

十四世紀に重要な芸術の中心であったプラハが中世末には輝きを失い、とくにフス戦争によって傷ついてからは、ドイツの眼は低地諸国に向けられるようになる。イタリアも、十五世紀にはフランドルと頻繁に交流した。ファン・デル・グースやファン・デル・ウェイデンもイタリアで仕事をした。ヨース・ファン・ゲントは、一四七三年から一四七五年までウルビーノのフェデリコ公に招かれている。〔訳注・ヨースはウルビーノのドゥカート宮で祭壇画『聖体の施与』を描いている。〕ルネ王もナポリ王として、多くのフランドル人芸術家をナポリに招いて仕事をさせている。シチリア出身の最大の画家、アントネロ・ダ・メッシーナはこうしたフランドル人たちから大きな影響を受けた。

このように、西欧・中欧・イタリアを問わず、芸術家たちは盛んに往来して仕事をしたので、種々の様式や美学の融合が行われた。その点で、エクス・アン・プロヴァンスの『受胎告知 Annonciation』

（1442）の作者がフランドル人かナポリ人かブルゴーニュ人か、という問題はきわめて意味深い。アヴィニョンの『ピエタ』についても、作者に関して、北フランス人説、カタルーニャ人説、ヌーノ・ゴンサルヴェスの弟子という説、ファン・デル・ウェイデンの弟子の誰かという説などさまざまある。実際には、この感銘的な傑作は、アヴィニョンとの関わりから推測して、おそらくフランス人が作ったと思われるが、このように諸説が入り乱れること自体、十五世紀絵画、とくにアヴィニョンのような文化と芸術の坩堝がもっていたインターナショナルな特色の一つの証拠である。〔訳注・アヴィニョンの『ピエタ』は、織物商のコルピチが一四五五年ごろに描かせたもので、ヴィルヌーヴ・レ・ザヴィニョンにあったが、いまはルーヴル美術館が所蔵している。〕

音楽もインターナショナルであった。しかし、主役を長く務めたのはフランドル人であった。ヨハンネス・オッケゲム（一四九五年没）は、最初アントワープのカテドラルの聖歌隊員であったが、フランスに招かれてシャルル七世、ルイ十一世、シャルル八世の宮廷礼拝堂の楽長を務めた。オッケゲムの弟子、ジョスカン・デ・プレ（1450-1520）はエノー（または、ピカルディー）の生まれで、イタリアで音楽家として活躍したあと、ルイ十二世に仕えた。アルカデルト（1500-1557?）はローマのユリア礼拝堂、ついでロレーヌのシャルル枢機卿の礼拝堂の楽長を務めたあと、フランス王宮に仕えた。

もっとインターナショナルなのは、ラッソー（1530-1594）の歩んだ経歴で、ルネサンス時代の典型的コスモポリタンといってよい。彼は、一時ラテラーノの聖ヨハネ礼拝堂の楽長を務めたあと、イングランド、フランスを旅し、アントワープにしばらく滞在し、そのあと、バイエルン公の礼拝堂の楽長になっている。このようにして、フランドルで誕生した多声音楽は、長期にわたってヨーロッパじゅうに影響を及ぼしたのであった。

ファン・エイク『宰相ロランの聖母』(1434年頃、ルーヴル美術館蔵)

油彩画法も北方からやってきた。すでに十四世紀にはフランスやドイツでも知られ、ギベルティ以後は、ジョットーもこれを用いたが、完成したのはフランドル人たち、とくにヤン・ファン・エイクである。加えて、北方の芸術家たちは、南欧の人々より以上に、絵を湿気から守る必要性を感じていた。フランドルからもたらされたこの秘密をナポリで学んだのがアントネロ・ダ・メッシーナで、彼は、かつてブリュージュを訪れたことがあったし、一四七三年ごろにはヴェネツィアに移り、この地の芸術家たちに油彩画法を伝えている。

もっと全般的な問題として遠近法の問題がある。この技法を発見したのは、長い間、フィレンツェの画家たちとされてきたが、有名な『宰相ロランの聖母 Vierge au chancelier Rolin』（ルーヴル美術館所蔵）を注意深く調べると、フランカステルが言うように「ファン・エイクが《逃避線 lignes de fuite》を利用して見せている透視図法の妙技は、同じころのマサッチョには見られないものがある。透視法を使った傑作がイタリアで現れるのは一四四〇年から一四六〇年であるが、ルーヴルの『聖母』は一四一八年に描かれた」という結論に到達する。これは、フィレンツェ人たちではなく、フランドル人たちのほうが師匠であったということであろうか？　より適切な答えは、フィレンツェとフランドルが盛んに交流していた時代には、両者が互いに触発し合ったのであり、そこに《フマニスム》の特徴があったということである。

4　顔立ちと風景

ヨーロッパ芸術全体を新しい方向へ押しやっていったのは、流派の違いを超えた深層にある傾向性であった。芸術家たちは《理想主義 idéalisme》の道から次第に離れて日常的現実に眼を向け、遠近法もその一つであるが大きさや距離を測って風景を発見し、たとえ醜くともありのままの人間の身体や顔立ちを描くことに関心を傾けた。これはルネサンスの本質的な歩みであって、イタリアだけに特有のものではない。

画家たちは、描く絵の片隅にパトロンの席を用意しなければならないときや、ある聖人に献げた作品のなかに寄進者の姿を入れる必要があるとき、それと分かるようにするためにも、個人的特徴を捉えて描かなければならなかった。聖ヴィセンテに捧げられたリスボンの祭壇衝立のなかで描かれている王や王子、騎士や漁師たちを思い起こそう。しかし、一四三五年ごろからは、画架を使って個人あるいは家族単位で描いた肖像画が一つの自立的ジャンルとなる。その草分けとも言えるのが、一三六〇年ごろ、髪も乱れ髭も伸びているジャン二世（善良王）の横顔を描いたジラール・ドルレアンによる肖像画である。その後、肖像画はマサッチョやファン・エイクのもとイタリアとフランドルで発展を示すが、フランスでも、フーケのシャルル七世像や宰相ジュヴェナル・デ・ジュルサンの肖像が描かれている。真横からでなく真正面や斜め前から描いた肖像画が現れるのは、イタリアよりもフランスのほうが先である。その反対に、イタリアでは、トスカーナの貴族階層の娘たちの美しさを強調するために線で輪郭を際立たせた《フィレンツェ様式》が発展し、長く肖像芸術で好まれた。

しかし、画家が少しも君主に媚びていないことを示しているのが、ピエロ・デラ・フランチェスカのウルビノ公フェデリコの肖像画であろう。画家は、びっくりするほど歪んだ鼻の線を強調することによって、知的ではあるが醜いこのユマニストの君主の容貌を描くことに喜びを感じていたようにさえ見える。同様の写実精神を表しているのが、ギルランダイヨ（1449-1494）の有名な『老人と子供』（ルーヴル美術館）である。ここには孫の顔の繊細さと、鼻に疣のある祖父の重苦しい顔とが対照的に描かれている。しかし、祖父の表情は優しい思いやりを湛えていて、子供も怖がってなどいない。

十五世紀のフランドル人肖像画家たちは、イタリア人たちにもまして、人々の顔立ちを丹念に再現した。ファン・エイクは「情け容赦のないヨハン」と渾名されたように、『ファン・デル・パエルの聖母』のなかに、注文主の参事会員の顔を描くのに「皺一本、疣一つ、肉と皮のたるみ一つ、疲れや衰えの徴一つといえども」容赦しなかった。それは、この絵から、このパトロンが抱えていた血管硬化症まで診断できるほどである。

こうして、十五世紀には、宗教的な作品のなかでさえ、人間世界がその醜さや惨めさもろとも再現される。そこでは人々の顔立ちの多様さという、芸術にとって汲み尽くすことのできないテーマが現れている。ルネサンスが、根底において人間への回帰であったとすると、十五世紀の肖像画家たちこそ、それを実践した偉大な「ユマニスト」であり、この新しい文化の正真正銘の推進者であったと結論すべきであろう。

いずれにせよ、ヨーロッパじゅうにわたって、普通の人間が画家や彫刻家の作品のなかに採り上げられ、ときには、情け容赦のない扱いを受ける。ピントゥリッキオの作とされるドレスデン美術館の『少年像』の少年の目つきは、いかにも厳しく陰険なほどである。ドナテッロの『禿頭の人』は、肉体はアスリートのそれだが、表情は精神薄弱の人のそれである。ファイト・シュトスが描いたクラクフの祭壇衝立には、若い娘から老人にいたるまで、あらゆる市民が細かく描写されている。そこには、個々人は天使のように理想化されていようと悪魔のように戯画化されていようと、関心を寄せられる価値があるという信念が反映されており、画家自身も姿を現している。

フィレンツェの洗礼堂の青銅扉の浮彫には作者ギベルティの禿げ頭も見られる。ガンの聖バヴォンの祭壇画に描かれている夢想に耽る騎士は、ヤン・ファン・エイクその人である。十六世紀初めのオーストリアの芸術家、ピルグラムは、ウィーンのカテドラルの説教壇の下に開けた窓に、道具を手にし長髪を揺らし骨張った自らの顔を浮かび上がらせている。ミケランジェロも、システィーナ礼拝堂の天井画『最後の審判』のなかで、ぼろをまとった無愛想な人物として、また、フィレンツェの『ピエタ』のなかでは、悲しみに暮れるニコデモスとして自分を登場させている。同様の例は、ほかにも数え切れないほどあり、一三六〇年から一六〇〇年までの間、ジェンティーレ・ダ・ファブリアーノ（1427没）からラファエロ（1520没）やデューラー（1528没）を経てヴェロネーゼ（1588没）にいたるまで、何百人もの芸術家たちが自らの作品のなかに姿を現している。

肖像画芸術は、この長い時代の流れのなかで発展した。十五世紀のモデルたちはポーズをとってくれなかったし、囚人たちでさえも注文に協力してくれなかったので、芸術家は、ときには残酷なまでに冷静に観察しなければならなかった。反対に十六世紀になると、作品のサイズが大きくなる一方で、肖像画はあまり自然ではなくなる。アントニオ・マロの『メアリー・テューダー Marie Tudor』は、彼女の冷酷な魂と偏狭な知性を隠すために手に一輪の薔薇を持たせている。

このほかにも、日常的世界に対する関心の高まりを示すものがある。背景の自然に対するほとんど科学的といってもよい研究心が大きな位置を占めるようになるのである。多翼祭壇画『神秘の仔羊』では、二百四十八人の人物とともに人工的とさえ見える光に満ちた野外の風景が草木の一本一本にいたるまで丹念に描かれており、植物学者たちは五十種を超える植物を特定しているほどである。同じくファン・エイクの『宰相ロランの聖母』の背景に遠望される町に関していえば、これは仮想の都市ではなくリエージュであることが証明されている。コンラッド・ウィッツの『ペトロの漁獲 Pêche miraculeuse』（ジュネーヴ美術館）は、粗雑さはあるが、その背景はジュネーヴの町と湖であること、遠景の山々もアルプスの手前のサレーヴ山塊と雪に覆われたアルプスであることが裏づけられている。

とりわけ風景が重要な比重を占めている作品がジョヴァンニ・ベルリーニの『聖母子図』（1488）である。中央の幼いイエスとマリアも、おそらく背景の田園ほどには興味を惹かない。生け垣の陰では、獣たちがさまざまな姿勢で草を食んだり寝そべったりしており、家畜たちのために水を汲み上げる井戸もあり、丘の上には町がある。これは、「牝牛たちの飼育と農業とが有機的に結合されていたポー川流域」（E・セレーニ）のそれを示している。この風景は、主役の聖母子と無関係に見えるが、単なる飾りではありえない。ルネ王の『愛の書』のなかでも、木々や川、空が雰囲気を醸し出す大事な役目を担っている。ドナウ派の巨匠たちの多くの作品のなかでも、アルブレヒト・アルトドルファー（1480-1538）の、特に『イエスの逮捕 Arrestation de Jésus』では、空を走る赤い縞にもまして、物陰を浸している葉群が、この場面の悲劇性を際立たせるのに貢献している。同じ時代、グリュネヴァルドとデューラーも、自然を幻想的なまでに変貌させているし、レオナルドは、次第に霧のなかに霞んで消えていく遠景から人物像を浮かび上がらせることに成功している。

近代のはじめのこの時期、風景それ自体に関心を注ぎ魂を与えようとする努力がアルプスの両側で看取される。デューラーは、人間も動物も登場しない水彩画を描いている。ジョルジョーネは有名な『嵐』〔訳注・別名を『ジョルジョーネの家族』ともいう〕のなかで、赤い服を着て立つ男と赤ん坊に乳をふくませている女性を左右の隅に小さく描き、画面の大きな部分は葉群や川、橋、カステルフランコの城壁を描くことに割いており、十七世紀のオランダの風景画への道を開く。

同時に、明暗法（éclairage）の研究も進む。ルネ王の細密画には、昇る太陽を背景に逆光になった人物や見えない焔から発する光に照らされた王の部屋を描いたものがある。この手法は、のちに十六世紀末から十七世紀の《イルミニスト Illuministes》〔訳注・「照明派」〕たちによって蘇えることとなる。グリュネヴァルドとアルトドルファーが用いたロマンティシズム的な明暗法は、のちにヴェネツィア派が採用するところとなる。

このように、十四世紀から十七世紀にかけてヨーロッパ芸術に変革をもたらした種々の探求に挑んだのは、イタリアだけではなかったが、ルネサンスの人々は、自分たちに一つの解放をもたらしたのはイタリアだという感情をもっていた。それは、長い間忘れられていた古代世界の価値を回復させたのがイタリアだったからで、事実、こうした感情はたんに幻想によるものではなかった。

5　古代文献への知識

中世の間も、古代が全面的に忘却されたわけでなかったことは本当である。しかし、それらは変形されたもので、修道女たちが読んだオウィディウスはあくまで「道徳的に脚色されたオウィディウス Ovide moralisé」であった。《トロイ物語 Roman de Troie》や《エネアス物語 Roman d'Énée》、ティトゥス・リウィウスやウァレリウス・マクシムスなどの訳本や挿絵においても、古代の英雄たちはシャルル六世やシャルル七世当時の衣服をまとった騎士や貴婦人である。十五世紀初めに彫刻されたピエールフォン城の『カエサル』像は、中世の騎士さながら鎖帷子を身につけ、幅広の剣を手にしている。それに対して、ユマニストたちは、達成には程遠かったが、より真実の古代を再発見しようと努力した。したがって、ペトラルカを筆頭とする初期の人々は、まず写本の蒐集と研究に力を注いだ。彼らが発見した写本のなかには、タキトゥスの著述やキケロの書簡、プラウトゥスの劇作品がある。

しかし、ローマの文学だけが《古代》ではなかった。コンスタンティノープルが一四五三年についに陥落する前から、支援を求める使節や亡命者がビザンティンから来ていたおかげで、イタリアではギリシア語に対する関心はますます強まっていた。また、枢機卿ベッサリオン〔訳注・ギリシア正教のニカイア大司教であったが、ローマ・カトリックに改宗して枢機卿になり、コンスタンティノープル総主教になった。アリストテレスやクセノフォンの著作をラテン語に訳した〕は、地中海世界じゅうに使節を派遣してギリシア語の写本を求めさせていた。

ヨアンネス・ラスカリス（1445-1535）は、メディチ家のロレンツォの依頼でギリシア語文献を求めて二度も近東各地を旅行。一四九二年の二度目の旅では、二百以上の写本を持ち帰っている。一四四七年にニコラス五世が即位したとき、ヴァティカン図書館のギリシア語蔵書はわずか三冊しかなかったが、一四五五年、この教皇が死去したときは三百五十冊になっていた。〔訳注・ラスカリスは、ほかにもレオ十世の依頼でギリシア語印刷所をローマに作ったり、フランソワ一世の依頼でパリに図書館を作ったりしている。〕

トマス・アクィナス（1225-1274）は、イエスとアリストテレスを融合させようとしたが、十五世紀になってロレンツォ・ヴァラから非難されているように、ギリシア語については無知であった。ヴェネツィア貴族のエロモラオ・バルバロ（1454-1494）は、アリストテレスの研究において、旧来のラテン語訳を捨てて原書のテキストに戻り、「中世のアラブ人やドミニコ会の版に基づいたスコラ的逍遥学に厳密なアリストテレス学を対置させた」（A・ルノーデ）。このバルバロの弟子のルフェーヴル・デタープル（1450-1536）は、十五世紀末から十六世紀初めにかけて、アリストテレスの原書からの翻訳に専念した。〔彼は、ヘブライ語も修得していた。〕

中世の知識人たちは、プラトンの名前は知っていても、著作や思想については、ほとんど知らなかった。ユマニストたちによるプラトン再発見は、ルネサンスが誇ってよい功績の重要な項目の一つであり、それはフィレンツェの栄誉でもある。十五世紀の三〇年代、一人のシチリア人、ジョヴァンニ・アウリスパ（ロレンツォ・ヴァラから師と仰がれた）は、自らコンスタンティノープルで買ったギリシア語写本一式をフィレンツェにもたらした。そのなかには、プラトンの全作品が含まれていた。それから数年後、フィレンツェ宗教会議（1439-1440）のときビザンティンの哲学者でミストラ〔訳注・ペロポネソス半島にある町〕の教師であったゲミストス・プレトンがイタリアにやってきて講演した。それがプラトンの

《対話篇》への研究熱を掻き立て、やがて、プラトン信奉者とアリストテレス信奉者の論争が、哲学の流れを二分するまでになる。このような状況のなかで、コジモ・デ・メディチはフィレンツェのエリート層に高まるプラトン研究熱に応えるべく、若いギリシア語学者マルシリオ・フィチーノに期待をかけ、プラトン哲学の研究に生涯を捧げるよう勧めるとともに、一四六二年にはカレッジ Careggi 別荘と蔵書と収入を委ねた。

これが基盤となって生まれたフィレンツェの《アカデミア Académie》は、哲学と宗教と芸術の三つの分野で、イタリアだけでなくヨーロッパ世界全域にもさまざまな影響を及ぼすこととなる。コジモが一四六四年に亡くなったとき、フィチーノはすでにプラトンの《対話篇》十篇を訳していたが、その後四年間で残りの対話篇も訳了した。ギリシア語熱はイタリアからアルプスの彼方へも波及し、パリ、オックスフォード、アルカラ〔訳注・マドリードの東。一五〇八年に大学が創設された。この大学は一八三六年にマドリードに移設された〕、ルーヴァン、ニュルンベルクでもギリシア語の学習と研究が行われるようになる。

トマス・モアはルキアノスの《対話もの》〔訳注・『遊女の対話』や『神々の対話』〕をラテン語に訳し(1506)、エラスムスはギリシア語『新約聖書』に自らラテン語に訳したものを付した『校訂新約聖書』を刊行(1516)、ギヨーム・ビュデは『ギリシア語考 Commentarii linguae graecae』を著述(1529)、アミヨはプルタルコスの『英雄伝 Vies parallèles』をフランス語に訳し(1559)、いずれも話題を呼んだ。一五七八年、パリの出版業者、アンリ・エティエンヌ二世(1531-1598)が編纂し刊行した『ギリシア語語彙 Thesaurus linguae graecae』(五巻から成り、その後も匹敵するもののないギリシア語辞典)は、まさに学問の歴史における金字塔であり、ギリシア学者に、それまで欠けていた仕事道具を提供した。〔訳

注・アンリ・エティエンヌは、同名の祖父が出版事業を興し、父ロベールはラテン語辞典を編纂した。〕

ヘブライ語を理解できる西欧人はずっと少なかった。キリストの宗教とモーゼのそれを結んでいる何本もの絆に加え、フランクフルト、トレド、プラハ、ローマなどヨーロッパの幾つかの大都市にはユダヤ人居住地があって、人々にとって空間的には身近であったにもかかわらず、ユダヤ人社会は文化的には遠く隔たっていた。それに対し、ユマニスムがあらゆる分野で淵源への回帰をめざしたことは、ギリシア学だけでなくヘブライ学についても、刷新への大きな推進力となった。

イベリア半島では十三世紀に、ユダヤ教の秘儀を伝える《カバラー Kabbale》が翻訳され、ユダヤ教神秘主義の浸透を受けたキリスト教的文学がスペイン社会のなかで開花していた。しかし、ヘブライ文化にインターナショナルな輝きを付与したのはイタリアの《フマニスト》たちであった。ヴァティカン図書館は、ニコラス五世とヘブライ語写本の蒐集に打ち込んだジャンノッツォ・マネッティのおかげで、十五世紀中頃には、ギリシア語の著作だけでなくユダヤ教の本でも最も充実した図書館になっていた。

それから少しあと、ピコ・デ・ラ・ミランドラ（1463-1494）は、パドヴァとペルージアのユダヤ教徒たちから《カバラー》の入門手ほどきを受けて、ユダヤ教書籍百冊を集めることに成功している。ロイヒリン（1455-1522）も、フィレンツェの彼のもとを訪れて大きな影響を受け、やがてヘブライ語最初の文法書を完成するとともに、《カバラー》について二つの著作（『カバラーの術について』と『驚くべき言葉について』）を世に出し、ユダヤ文学に関するヨーロッパ最高の権威と仰がれるにいたる。

このようにして、ルネサンスの哲学と文化において《カバラー》に由来する神秘主義が重要な要素の一つとなったのであって、エジーディオ・ダ・ヴィテルボだのギヨーム・ポステル（1510-1581）といった人の幻視的思想と宗教混交は、この背景を無視しては理解できない。文学のなかにおいてではあるが、ガルガンチュワは、息子のパンタグリュエルに、こう書いている。

「拙者としては、そなたが諸々の言語を完璧に学ばるるやう切に希望いたし居り候。第一には、ギリシャ語に候。第二には、ラテン語。更にまた、聖書読解のためにヘブライ語、及びカルデア語もアラビア語をも同じく心得られたく候。」（『第二パンタグリュエル』第八章　渡辺一夫訳）

多くの伝統主義者が、ルーヴァン大学教授、ドルピウスの説に追随して「福音書のギリシア語テキストなど知っていても、聖書の学問には何の役にも立たない」と言っていたことを思うと、これは革命的な学習プログラムである。

しかし、フマニストの世界では、「ギリシア語・ラテン語・ヘブライ語の三か国語に通じた人 homo trilinguis」であることは、比較的にありふれた一つの理想となり、これら三つの言語のカレッジがルーヴァン（1517）、オックスフォード（1517、1525）、パリ（1530）で開設され、その後も長く引き継がれ、とりわけパリ大学のそれは、「高貴なる三か国語アカデミー」とも呼ばれ、のちに《コレージュ・ド・フランス》となっていく。

さらに知識の涵養と活版印刷の二つの面から忘れてならないルネサンスのモニュメントの一つとして、スペインにおいてシスネーロス枢機卿の要請によりアルカラで作製された《多国語聖書 Bible polyglotto》がある。しかし、その根底にあった考え方が中世的であったことは、ウルガタ版を中心にその両側にヘブライ語版と七十人訳ギリシア語テキストが並べて印刷されている点に表れている。シスネーロス自身、この並べ方は、ローマ教会が中心でありユダヤ教シナゴーグとギリシア教会は脇役であること、それは、十字架刑のとき、キリストを中心に、その左右に二人の泥棒がいたのと同じであると述べている。だが、《フマニスト》たちは、そうは考えなかった。ルフェーヴル・デタープルは『詩篇校合五篇Quintuplex psalterium』において、エラスムスは『校訂新約聖書』において、ためらうことなく《ウルガタ版》を訂正したり、ときには無視している。

このような状況のなかで、宗教改革派の人々も、古代文芸の復興と宗教の再生とが緊密に結合していることを無視するわけにはいかなかった。テオドール・ド・ベーズが、その『フランス改革派教会史』(1580)のために書いた序文を読み返してみよう。

「神の秘密が書かれている言葉についての知識が野蛮人どものためにすっかり埋もれてしまったので、ちょうど原始教会の始まりにおいて使徒たちに贈られたように、もう一度言葉を贈りたもうことが求められる。そうでなければ、十字架上の主の頭上に置かれた書をもう一度読むことができるよう、それとともに、これらの自由学芸の修得により眠っていた魂を目覚めさせるべく、言葉を学ぶ手段を活用しなければならない。」

ルネサンスの時代には、これら三つの偉大な古代の文学が、これまでにないレベルに高められた。印刷術によってまず広まったのが、ユマニストの新しい文化とは無縁の暦だの騎士道ロマン、聖人伝であったとしても、印刷術と互恵の関係を強めたのはユマニストたちであった。グーテンベルグが発明した印刷術を一四七〇年にパリに導入したのが、フランス・ユマニスムの先覚者であるギヨーム・フィシェであったのは暗示的である。加えて、アルド・マヌツィオ、フローベン、バディウス、エティエンヌ一族、クリストフ・プランタンなど当時の最大の印刷・出版業者たちは、いずれも傑出した文人であった。

〔訳注・マヌツィオ(1450-1515)はヴェネツィアの印刷業者であるとともに、ギリシア古典学者。フローベン(1460-1527)もドイツの印刷・出版業者であるとともにギリシア・ラテン学者。バディウスはベルギーの印刷業者であるとともにギリシア・ラテン学者。エティエンヌは、父アンリ、息子ロベールともフランスの出版業者で、前者はギリシア語学者、後者はラテン語学者。プランタンもフランスの印刷業者であるが、『多国語聖書 Polyglotte』で有名。〕

古代の著作が人々の間に普及したのは彼らのおかげであり、マヌツィオは一四九四年から一五一五年までの間にギリシアの著作者たちの著書を二十七版以上出している。ウェルギリウスの作品は、一四六〇年から一六〇〇年までの間にラテン語原書・翻訳本併せて五四六種刊行された。それぞれの版の平均部数を一〇〇〇とすると、少なくとも五四万六〇〇〇部のウェルギリウスの著作が、この十五世紀半ばから十六世紀末までの間にヨーロッパの市場に出たことになる。フランスでは、一五三〇年だけで、四十人のギリシア人著作者の作品が、そのうち三十二はギリシア語で、三十三が古典ラテン語で印刷されている。こうして、古代の作品に対する関心は、十六世紀じゅう高まりつづけた。ギリシア語とラテン語の著作で英語に訳されたものも、一五五〇年以前については、分かっているかぎりで四十三に過ぎないが、一五五〇年から一六〇〇年までについては百十九に達している。

印刷業が成功を収めるのは、公衆側に受け入れる準備が整っていてこそである。中世末期には知的涸渇が深刻化していたと言われるが、おそらく、これは言い過ぎである。「凋落期」と言われたこの時代にも、学校は増加を続け、子供たちは中級学校に通ってラテン語文法と《ウルガタ聖書》の主要な文節、カトーの演説（Dicta catonis）、キケロやウェルギリウス、オウィディウスの抜粋を学び、さらには大学へも進学した。

ヨーロッパ全体で見ると、一般学問の学校が十四世紀末に四十五を数えたのが、十五世紀には新しく三十三増え、十六世紀前半にもさらに十五増えている。この最後のは、それまで大学設立が禁じられていたスペイン、ポルトガル、スコットランドに造られたものである。神聖ローマ帝国で見ると、一四〇〇年に五大学であったのが、一五二〇年には十八大学になっている。《ユマニスム》が成功を収めたのは、その土壌が整っていたからであった。

6　ルネサンスと考古学

ルネサンスは、芸術面でいうと、考古学的発見なくしては目的を達することができなかった。たしかに、ルネサンスは、神殿も円形闘技場もバジリカ〔訳注・ローマ時代に公共目的のために造られた長方形の建物。初期キリスト教の教会は、この形式で建てられた〕も発掘しなかったが、アンコーナのキリアクス〔訳注・商人であったが、学問的関心から各地を旅し、古代の遺物や写本を模写した。1391-1449〕やサン・ガロのジュリアーノといった人々によって、南イタリアとシチリア、南仏とギリシアや小アジアの遺跡の調査が行われた。

しかし、人々の古代熱を高めたのは、なんといってもローマの遺跡であった。フィレンツェのジョヴァンニ・ヴィラーニが歴史家になろうと決意したのは、一三〇〇年の紀年祭でローマにやってきて廃墟を見たことによってであった。一三五〇年ごろ、ファツィオ・デリ・ウベルティは『ディッタモンドDittamondo』〔訳注・『世界通報』と訳され、あの世を巡ったダンテの『神曲』に対抗して地上の各地を巡歴する話〕のなかで、ローマを擬人化して襤褸をまとった老婆として登場させ、七つの丘の歴史と昔日の栄光と勝利を訪問者たちに語らせ、「わたしがどんなに美しかったか、誰が分かってくれるだろう！」と嘆かせている。

一四三〇年ごろ、トスカーナ人で古文書蒐集家であるポッジオはローマじゅうを歩き回り、「Ruinarum urbis Romae descriptio」〔訳注・「廃墟にはローマの事績が記されている」の意〕と書いている。これは、廃墟をそれ自体として初めて研究したものである。それから少し経った一四四七年、ビンド・ダ・フォルリは『Roma instaurata』（蘇るローマ）のなかで、古代のとくにフロンティヌス〔訳注・一世紀の将軍であるとともに土木技術に優れ、『ローマ市水道論』を遺した〕の著述を参考に、いまや消滅してしまった往古の様子を再現してみせる。彼は一四八二年にも『勝利者ローマ Roma triumphans』を著すが、これは、すでに考古学研究書の草稿という様相を示している。

教皇たちも夢中になった。ピウス二世は、痛風を病んでいたが、ローマ郊外のトゥスクルム、アルバ、ティヴォリ、オスティア、ファレリア〔訳注・古代ローマの別荘地で、多くの遺跡が眠っている〕を駕籠で廻り、ブルクハルトが言うように「見たことをすべてノートし、古いローマの道、水道橋を調査した」（『イタリア・ルネサンスの文化』）。

一四六二年には古代建造物の破損を禁じる勅令が出されたが、それでも一五一八年にも、ラファエロがレオ十世に、古代文明の最後の証拠を保護する施策を懇請しなければならないほど、無秩序な発掘はやまなかった。〔訳注・この一五一八年、ラファエロはローマ都市計画監督官に任じられている。〕

博物館も出現する。すでにパウルス二世（1464-1471）は、あらゆる種類の古代の遺物、ブロンズ像や大理石像を大量に蒐集していた。残念ながらこのコレクションは、彼の死後、散逸してしまったが、次のシクストゥス四世（1471-1484）は、自らの名をつけてカピトリウムに博物館を建設し、有名な『牝狼』像、ドミティアヌスの胸像、ヘラクレス像（これら三点はいずれもブロンズ製）、『馬をむさぼるライオン』、『とげを抜く少年』などを収蔵した。その後も、多くの古代彫刻作品が次々発見され、それらを納めるため、ヴァティカンのなかにベルヴェデーレ美術館がユリウス二世（1503-1513）によって創設された。

この時期、考古学上の発掘が相次いだ。アレクサンデル六世（1492-1503）のもと、ネロの黄金宮殿とティトゥスの大浴場からさまざまな彫刻や絵画が発見された。これらは、ローマ人たちが宮殿の壁や天井の装飾に用いた空想的な芸術作品で、ルネサンス期のローマでは、地中に埋もれていたこれらの宮殿が洞窟（grottes）と考えられたため《グロテスクgrotesque様式》と呼ばれたが、本来は「grottesque」と綴られるべきところである。同じ時代、アンツィオでも『ベルヴェデーレのアポロン』が発見され、ユリウス二世の時代には『ラオコーン』、『ヴァティカンのヴィーナス』、『ベルヴェデーレのトルソ』、『眠れるアリアーネ』、そのほかたくさんの彫刻が発見された。

『ラオコーン像』（ピオ・クレメンティーノ美術館蔵）

それ以来、法王たちのそれに匹敵するコレクションを所有することがローマの貴族たちの夢となる。ファルネーゼ家が一五四〇年から一五五〇年までかけて行ったカラカラ大浴場の発掘は、この世紀の最もセンセーショナルな事業の一つに数えられる。一五四八年にはヘラクレス像と『ディルケーの牡牛』群像が発見された。一五五〇年にアルドロヴァンディ〔訳注・博物学者1522-1605〕はファルネーゼの《美術館》を見てまわって、カラカラ大浴場から出た像を少なくとも十五挙げている。しかし、実際には、ファルネーゼ家のコレクションは、テベレ川左岸の彼らの邸と右岸の《ヴィラ・ファルネジーナ》、そしてパラティヌスの庭園の三つに分散されていた。

この世紀の中頃、ファルネーゼ家に肩を並べる古代遺物のコレクションを有したローマの名家がデラ・ヴァレ家である。ドイツ人法学者ヨハン・フィッシャルト（1547-1590）は、デラ・ヴァレ家の邸を訪ねたとき、およそ物事に動じない彼も、「古代ローマのほんものの宝がここにある！」と驚嘆している。

最後に称賛を捧げられるべきは、なんといってもメディチ家である。一五七六年、この一門から出たフェルディナンド枢機卿は、トスカーナの大公になると、四千エキュ（純銀一一七・六キロ）を出してカプラニカ家のコレクションをそっくりまとめて購入、一五八三年にはエスクィリーノの丘で発掘されたばかりの『ニオビーデ Niobides』の群像を買い取った。〔訳注・ギリシア神話のなかでタンタロスの娘ニオベがテーバイ王アンフィオンとの間に七男七女を儲け、一男一女しか生まなかったレトを馬鹿にしたため、子供たちを殺されてしまう。この子供たちを「ニオビーデ」という。この群像のうち一体はローマ国立美術館に、二体はコペンハーゲンの彫刻陳列館にある。フィレンツェのウフィツィ美術館にも子供たちの一連の像があり、九体は一五八三年にローマで発見されており、とくに悲嘆に暮れる母ニオベの姿が有名。〕さらにメディチ家は、この翌年にはデラ・ヴァレ邸の幾つかの彫像を買い取るが、いま『フィレンツェのヴィーナス』と呼ばれている彫像もそのなかにあった。

こうした考古学的発見は、ルネサンス時代を通じて続いたが、一五五五年にはアレッツォでエトルスク様式の『ミネルヴァ Minérve』とともに『キマイラ Chimère』も発見されている。一五六八年にはローマで、前一三年にアウグストゥスがスペインとガリアを平定したことを称えて造られた「コ」の字型の祭壇『アラ・パキス Ara pacis』の一部が発掘され、一六〇六年には壁画『アルドブランディーニ家の婚儀 Noces aldobrandines』が発見されている。クレメンス八世が好んで祈りを捧げたヴァティカンの洞窟も探検が行われた。一五七八年には、サラリア街道の近くで幾つかの《カタコンブ》〔訳注・地下墓室。初期キリスト教徒の集会によく使われた〕が発見され、ローマの町じゅうが大騒ぎになり、その後、《カタコンブ》はローマの周辺で次々と発見された。

ローマの古代美術のこうしたコレクションは、いずれも私的コレクションで、現代の美術館のように公開はされなかったが、希望する人は鑑賞することができた。モンテーニュは、ローマ滞在の終わりごろ、アクィーノ司教館にあるアドニス像、カピトリーノにあるブロンズの『牝狼』、『とげを抜く少年』、ベルヴェデーレの『ラオコーン』と『アンティノウス』〔訳注・ハドリアヌス帝に寵愛された美青年。幾つかあるが、ヴァティカーノ美術館にあるのは『アンティノウス・ブラスキ』と呼ばれる〕、カピトリーノの『喜劇』、スフォルツァ枢機卿のブドウ畑で発掘された『サテュロス』〔訳注・プラクシテレスの作の模刻とされる〕など彼が見たいと思っていた古代の作品を見ることができた。

十六世紀前半には観光客用の案内目録が作られたが、これは、ローマを訪れる人がいかに増えていたかを物語っている。初めて作られたのは一五三七年であるが、とくに重要なのが二つある。一つは、ボローニャのウリッセ・アルドロヴァンディの『古代彫刻便覧 Delle statue antiche, che, per tutta Roma, in diversi lluoghi e case si veggon』(1556)、もう一つは、ファルネーゼ家御用達の古美術家、フルヴィオ・

オルシーニの『古代石碑・貨幣の図像・銘文集 Imagines et elogia virorum illustrium et eruditorum ex antiquis lapidibus et numismatibus expressa』である。旅行者は、それなりに学識のある人が多かったが、そうした《フマニスト》たちの旅行熱に応えて、古代ローマのモニュメントについての情報を提供することが求められたのであった。アルドロヴァンディやフルヴィオ・オルシーニの彫刻カタログと連動し建築分野の案内本も生まれた。ラブレーはローマに滞在したとき、そのような本を書くことを思いついたが、バルトロメオ・マルリアーノの『ローマ案内 Urbis Romae topographia』（1544）に先を越されてしまった。この学者は、ローマの廃墟を見て歩くのが習慣で、読者は、古代の著述家がそれについて述べている一節を読みながら、廃墟を巡り歩くことができた。

十六世紀には、ローマの出版業者たちも、古代芸術のアマチュア愛好者のために、この首都の地図と帝政時代の復元図を売り出した。ラファエロが、その一五二〇年の死去直前に取り組んでいた仕事は、「ローマの昔の姿を再現し、その部分部分を正確な比率のもとに示す」ことであった。ある同時代人の証言によると、この仕事のためにラファエロは「七つの丘の発掘を企て、深い基盤にまで掘り下げて、規模なども古代の著述と一致することを立証し、教皇とローマ市民からも称賛された。すべての人がこの永遠の都を昔の威厳のままに再現するために天から送られた高貴な存在として尊敬の眼を向けた」という。

ラファエロが準備した地図は、アウグストゥス時代のローマの十六区それぞれを描いた十六葉から成っていた。実際に私たちが知っている最初のローマの考古学的地図は、彼に協力した人が一五二七年に描いたもので、先述のマルリアーノの『ローマ案内』のなかに挿入されている地図は、これをさらに修正したものである。この十六世紀には、ほかにも幾つかの再現が試みられた。ローマで生活していたフランス人版画家のデュ・ペラックは、一五七四年に『ローマの建築物 Urbis Romae sciographia』を作製し、シャルル九世に献上した。これらの復元は、真摯な科学的努力にもかかわらず、空想的な部分もかなり含んでいたことはいうまでもない。

いずれにせよ、こうしてルネサンス時代に行われた《古代ローマの再発見 redécouverte》（回収 récupération といってもよい）は、ヨーロッパの文化と芸術にとって計り知れない重要性をもった。何十万という数の書物と版画によって、この世界の首都の廃墟と彫刻が知られるようになったからである。しかし、ローマが輸出したのは図像だけではなかった。一五四〇年、プリマティッチオ〔訳注・イタリアの画家・彫刻家であるが、フランス王宮に招かれて仕事をした〕はフランソワ一世の委嘱を受けて古代ローマの最も有名な彫刻をブロンズや大理石で複製し、百三十三の箱に詰めてフォンテーヌブローに持ち帰っている。イタリア貴族たちの間でも、トスカーナ公やマントヴァ公は、とくに古代の美術品について貪欲で、彼らが教皇庁に送っていた使節たちは、もちろん、ほかにも色々な使命を帯びていたが、最も重要な役目は、発掘された貴重な品やお買い得品をいち早く押さえることであった。皇帝マクシミリアン二世もギリシア・ローマ芸術に大きい関心を寄せ、一五六九年、臣下を使ってローマからヘラクレス像一体、アフロディテ像一体、ソクラテスやアントニウスの胸像、メルクリウス像を手に入れている。これらの像は、駕籠かきたちに担がれてブレンナー峠を越えたのであった。

7　古代芸術の影響

古代の彫刻や建造物に対する芸術家たちの関心は、ルネサンス時代を通じてますます増大していったが、当然、それは、アルプス以北よりイタリアにおいて、ずっと早く現れた。ニッコロ・ピサーノ〔訳注・その名のとおりピサの人〕は、ピサの洗礼堂の説教壇に施す彫刻のために、この町の《カンポサント》に保存されていた石棺に彫られた『ファイドラとヒッポリュトスの図』にヒントを得た。〔訳注・ファイドラはテーセウスの妻。彼女は夫がアマゾネスの女王との間に儲けたヒッポリュトスに邪な恋心を抱いたが拒絶されたので、ヒッポリュトスが自分に言い寄ったと訴えて、死地に追いやった。〕『三王礼拝の図』の聖母はリウィア時代の既婚婦人に似ている。登場人物たちはオリエントの王たちのように鼻筋が通っていて、衣服はヒダが整っており、髭が逆立っていて、この絵自体がローマ時代の作品のようである。ゴシック的伝統に結びついて古代の模倣が一般化していくのは十五世紀であるから、その先駆をなしたのがピサーノの説教壇と考えられる。

ブルネレスキは、『アブラハムの犠牲』〔訳注・フィレンツェのサンジョヴァンニ洗礼堂のブロンズ扉の応募作品として作製した。フィレンツェ国民美術館所蔵〕の驢馬引きにヘレニズム期の『とげを抜く少年』と同じ姿勢をとらせている。このブロンズ扉で応募し、同じテーマで、アブラハムが裸のイサクをまさに短剣で突き刺そうとしているところを描いて勝利したギベルティは、ローマを訪問し古代の作品に対する称賛の念を新たにしてからは、金に糸目を付けずギリシアから古代の作品を取り寄せた。彼の『覚書』には、さまざまな蒐集家が集めたアレクサンドリア派の作品を褒めて「その繊細さは、どんなに強い光や柔らかい光を当てても、目では捉えられず、指先で触れて初めて見いだせるほどだ」と述べている。勝利の女神をモチーフに月桂樹の枝の冠を頂いてローマ風のトーガをまとった天使たちは、ギベルティの作品にも見られる。

ヤコポ・デラ・クエルチア（1364頃-1438）は一四〇六年、イラリア・デル・カレットの墓を造ったが、中世的伝統を引く横臥像の下の台座には小天使たちを刻み込んでいる。これは、前例のない革新で、その後彼がボローニャのサン・ペトロニオ寺院のために製作したレリーフのアダムとイヴも、異教的といってよい豊満さを湛えている。ギベルティの弟子のフィラレテも、ローマのサン・ピエトロのブロンズ扉作製にあたって、ローマ皇帝たちの頭部像だけでなく、《レダと白鳥》や《ロムルスとレムスの双子像》、軍神マルスとパラス〔訳注・アテナ女神〕なども堂々と採り入れている。

ドナテッロ（1386-1466）そのほか、並外れた天分をもつ芸術家たちのおかげで、古代人の教えはよりいっそう浸透し、生徒たちは先輩や師匠を凌いでいく。バルジェロ美術館〔訳注・先のギベルティらのブロンズ扉を所蔵するフィレンツェの美術館〕にある彼のブロンズの『ダヴィデ』は華奢で神経質そうで、ギリシアの多くの彫像と同じく片方の腰を前方に出す姿勢をとっている。ドナテッロは、エロスたちが輪舞しているローマ時代の石棺にヒントを得てフィレンツェのドームの有名な《カントーリア Cantorie》〔合唱団席〕を造ったが、ディオニュソス的生命の躍動という点では一枚上である。

ドナテッロ『ガッタメラータ将軍騎馬像』

パドヴァではマルクス・アウレリウス時代のローマ人騎士のスタイルでコンドッティエーリ像『ガッタメラータ Gattamelata』を作製（1453）。これは、この時代の記念碑的彫刻と評されている。また、同じパドヴァで作製した『坐れる聖母』は、神々の母キュベレの玉座に坐する古代の偶像といった雰囲気を湛えている。

同じ時代（一四四四年）、ベルナルド・ロッセリーノは、フィレンツェのサンタ・クローチェに《フマニスト》のレオナルド・ブルーニの追悼モニュメントを建てたが、ゴシックの壁龕式の墓に代えて古典的な凱旋門を思わせる建造物にして、ローマ式の付け柱、シュロの葉模様のフリーズ、鷲の紋、花飾りを組み込んでいる。

ルネサンス建築を創造したブルネレスキはローマを訪れたであろうか？　マネッティとヴァザーリの言葉によると、彼はこの古都の建造物を自分で計測し研究したというが、彼の作品を見ると、ローマ人の建築の精神に同化するよりも装飾を採り入れるにとどまったことが分かる。パッツィ家の礼拝堂（1429-1446）には、古代ローマ人たちのモニュメントにはない優美さが見られるが、この有名な作品も、コリント式柱頭をもつ列柱、付け柱、フロントン〔訳注・ペディメントともいい、建物自体や窓・入口の上部の三角形の切り妻壁〕やコーニッシュ〔訳注・軒蛇腹〕などといった古代の建築的要素を一応借用し統合しているだけである。

その反対に、アルベルティ（1404-1472）、ブラマンテ（1444-1514）は、古代建築の精神を重んじた。アルベルティはプラトンの『ティマイオス Timée』を精読し、プラトン派の秘儀に通じた人として通っていた。彼の『建築論 De re ædificatoria』（1452）は、ウィトルウィウスの『建築論 De architectura』（最初の印刷本は一四八六年）と並ぶルネサンス建築論の必須の書とされた。アルベルティは、建物は一つの有機的全体であり、部分に切り離すことはできないとして全体と部分の釣り合いを重視し、ピタゴラス派やプラトンの数学的・幾何学的・音楽的比率を援用して円形や幾何学的図形を組み入れた。

そうした考慮は、古代の都市計画家と同じく、町全体のなかでの建物の配置にも及んだ。リミニのみすぼらしいフランシスコ派の教会をモニュメントに改修するよう注文を受けた彼は、まわりを凱旋門と大理石のアーケードで取り囲むようにして《テンピオ》（Temple）と呼ばれる壮麗な建築に改修した。また『建築論』のなかでは、同じ神殿でもヴィーナスやミューズたちには女性的な形の建物、ヘラクレスやマルスのためには男性的で力強い建物にすべきだと長々と論じている。

アルベルティは、丸天井と円形や多角形による集中式プランにおけるリズムと形を暗示し、芸術に多様な表現のヒントを与えてくれる源泉になっているとしてプラトンの書に敬意を払った。レオナルドも、一四九〇年にミラノで催された《楽園祭》で、プラトンから、黄道十二宮を配した半球面という装飾テーマを得ている。ラファエロがヴァティカン宮殿の署名の間に描いた『アテネの学園』で、プラトンをアリストテレスと並べて中心にしていることは周知のとおりである。

こうして、中世を通じて、かろうじて密かに生き延びてきた《古代》が、いまや舞台の正面を占めるようになったのである。温和しく夢想的なヴィーナスが、ボッティチェリの絵筆のおかげで、波間の真珠貝から、はにかむような仕草で姿を現す。ポリツィアーノ（1454-1494）の示唆によると、フローラがもう一人のヴィーナスを務める神秘的名画『プリマヴェーラ Primavera』（春）誕生の元になったのは、ルクレティウスの詩の二行とホラティウスの詩であった。ヴァティカン宮殿の署名の間では、アポロンはラファエロの求めに応じて三度も姿を現す。〔訳注・署名の間には、先の『アテネの学園』のほか、『聖体の論議』『パルナソス』『三美神』などが描かれた。〕

ブラマンテ（1444頃-1514）は、ミラノで柱頭の像や円形浮彫装飾などの仕事をして腕を磨いたあと、一四九九年にローマに移ってからは、古代のモニュメントを、直接、丹念に調べ、サン・ピエトロ・イン・モントリオの中庭にローマの円形神殿やティヴォリの小神殿を模倣した記念礼拝堂を建設。また ヴァティカンのベルヴェデーレ（見晴し台）の後陣にはローマの大浴場から得たヒントを活かし、新しいサン・ピエトロ大寺院の丸屋根には、古代ローマのパンテオンのそれを採り入れた。

イノケンティウス八世に招かれてヴァティカン宮の礼拝堂の装飾に携わったマンテーニャ（1431-1506）がドナテッロから感化を受け、古代の事物についての知識を学識にまで突き進めているときに、また、建築家のジュリアーノ・ダ・サン・ガロ（1445-1516）が古代ローマのあらゆる種類の建物をデッサンしているときに、さらには、ラファエロがヴァティカンのロッジャ〔訳注・囲いのない列柱廊〕に《グロテスク様式》を採り入れているときに、当時のさまざまな息吹を吸収し、それらを極限にまで高めたミケランジェロ（1475-1564）が古代からのメッセージを熱烈に受け止めなかったわけがあろうか？

彼は、わずか十六歳で『ヘラクレスとケンタウロスの戦い』をはじめ、「青年の軽快さを女性的な繊細さと円やかさに結びつけた」（ヴァザーリ）『酩酊せるバッカス』、そして古代の誰かの作かと噂された『眠れる愛の女神』を描いている。サン・ピエトロ教会の『ピエタ Pietà』（1501）では、キリストは「新しい信仰のために殉教したアポロン」の趣を示し、大理石の『ダヴィデ』像は、ユダヤ史とはなんの関係もない、ギリシアの体育家を彷彿させる。ミケランジェロは一四九六年、『ベルヴェデーレのアポロン』を見て賛嘆の念に打たれたが、この光り輝く古代は、不安に苛まれた彼の魂をいつまでも満足させることはできなかった。ところが、一五〇六年、サンタ・マリア・マッジョーレ教会の近くの葡萄畑での『ラオコーン』発見に立ち会ったとき、「その力強い筋肉、悲劇的スタイルが、内心切望していたものと合致している」のを見出し、自らの新しい道を見つけたのであった。

これ以後約三世紀にわたり、古代神話と作品についての知識は、まずイタリアで、ついでヨーロッパじゅうで、芸術家にとって欠かせない重要な基盤となる。チェッリーニは、フランソワ一世から塩入れの注文を受けると、この容器をネプチューンとアンフィトリーテ〔訳注・ネプチューンはローマ神話の海神。アンフィトリーテは海神の妻〕の像だけでなく、自分が古代についてもっている知識を見せつけようと、小さな凱旋門も付けている。

ティツィアーノは、官能美への嗜好を満たすために《バッカス祭》を好んで描いたが、これはその後、多くの模倣を生む。反対にウィトルウィウスを尊敬した建築家のパラディオ（1508-1580）は、古代の作品から、その静謐と節度の教訓を引き出した。彼は、ヴィチェンツァ〔訳注・ヴェネツィアの西方〕のオリンピコ劇場の建設において、古代ローマの劇場を精巧に復原している。彼の作品には、コロセウムやマルケルス劇場からヒントを得たものもある。幾つかの宮殿やウィラにおいても、古代ローマの建物のアトリウムを再現している。

8　装飾主義から建築の純粋主義へ

したがって、古代に対するイタリア・ルネサンスの態度は、時代と土地柄、芸術家の気質によって異なるが、大きく二つに分けられる。一つは、装飾として古代を利用するもので、その典型がダルマティア人のルチアーノ・ラウラナのカステル・ヌオヴォ（ナポリ1451）である。ここでは、フランス風の要塞塔が並ぶなかにプーラ〔訳注・クロアティアのローマ都市〕のそれを思わせる凱旋門が突如挿入されている。イタリア・ルネサンスのモニュメントのなかでもフランス人たちが最も称賛するパヴィアのサン・ミケーレ教会のファサードは、ローマ皇帝たちやオリエントの君主を描いた円形浮彫装飾、寓話的・神話的シーン、花飾り、唐草模様の葉飾りに埋められた付け柱があり、溢れんばかりの多くの大理石彫刻で飾られている。

しかし、イタリア・ルネサンスを動かしたのは、古代芸術を外見的に装飾に使うだけにはとどまらない、より深い動きであった。絵画においても彫刻でも、人間の裸体がもてはやされたが、そこには、中世的伝統を打破して、最も調和のとれた比率を見出そうとする衝動があった。これは、建築においても、ウィトルウィウスを学びローマのモニュメントを計測することによって捉えられた古代建築の理想美、プラトンが示した音楽的リズムを建築に適用しようとする動きとして表れる。

同じ進展はイタリアの外でも見られるが、年代的に少しずれるし、古代芸術の深い価値の理解には地域差がある。たとえば、ドイツや低地諸国に較べてより一層イタリアの影響を受けやすいフランスの場合、ジャン・フーケ（1415頃-1481）はローマから帰ってくると、新しい装飾をフランスに伝え、付け柱、ローマ式柱頭、凱旋門、切りばめ細工を螺旋状に入れた大理石の柱を採り入れた作品を製作している。十六世紀初めには、トロワのカテドラル入口やシャルトルの内陣に《グロテスク様式》が見られるようになる。一五〇九年のガイヨン城〔訳注・ユール県〕のファサードは、アラビア風に装飾された付け柱を重ねることによって垂直方向の《ベイ》〔訳注・柱の間の区画〕を獲得している。このタイプの《ベイ》はたちまちアゼ＝ル＝リドー、リュード、シャンボール、ブロワなどロワール地方の多くの城で広く見られるようになる。

ボージャンシー（ロワレ県）の市庁舎の渦巻き型飾り軒持ち送りのついた軒蛇腹、モレの狩猟用小屋（現在のグラン・パレ近くのアルベール一世庭園）の三つのアーケードに付設されている燭台型外灯がはめこまれた列柱、シャンボールの屋根の天窓と煙突の根元の複雑な多色装飾、今ではなくなってしまっているがマドリード城（ブーローニュの森にあった）の浮彫と軒縁、円形浮彫装飾、煙突、円柱の彩色陶磁による装飾など、一五〇〇年から一五三〇年ごろまでのフランス・ルネサンスの装飾性を証言しているものはたくさんある。

一五二〇年ごろ、ブールジュではローマの廃墟を描いた彩色ガラスがたくさん作製されている。それから二十年そこそこで、ブルターニュ地方のモンコントゥールで、フランドルのステンド・ガラスの技法を用いて聖イヴォの物語を古代風に再現したものが現れる。この聖人の生涯に起きた出来事が、九つの場面に分けられ、螺旋状に溝をつけた円柱に配分されている。この中世の一人の聖人の厳粛な伝記を楽しいものにするために、唐草模様や貝殻型の装飾が施され、キューピッド、牧羊神、イルカなどが活躍している。〔訳注・聖イヴォは十三世紀、ブルターニュのトレギエに現れ、貧しい人々に手をさしのべた聖人。〕

当初のルネサンス様式は、ゴシック建築の上に、ただ貼り付けられた装飾でしかなかった。スペインでは、その繊細さが銀細工の芸術に似ているところから《プラテレスク platéresque（銀細工）様式》と呼ばれたこの新しい装飾法は、一四二〇年ごろのヴァレンシアで初めて現れ、十六世紀初めのサラマンカ大学、ヴァリャドリードのサン・パブロ教会、トレドのサンタ・クルス病院のファサードにおいて頂点に達する。トレドの病院の場合は、高いフロントンを備え、細工を施した円柱と小円柱で飾られ、古代の神殿を象った小天幕を上部に載せた二つの窓があり、天井はゴシック式アーチに代わって折れ目のないローマのモニュメント式のカーブになっている。

こうした新しい装飾は、北方の国々には遅れて到達し、完成度も低くなる。アウクスブルクでは、フッガー家が一五一九年にイタリア産大理石を取り寄せてザンクト・アンナ教会の自分たちの礼拝堂の改修をペーター・フレットナー（1485頃-1546）に委ねた。フレットナーはヴェネツィアの影響を受けた建築家で、付け柱のうえに半円アーチを載せ、それに接合して棟リブと枝リブで細かく区画に仕切られたフランボワイアン式ドームをそびえさせる。両側には、やはり半円形アーチのアーケードが傍聴席を支えるようになっている。バーゼルでは、一五〇八年から一五二一年までかけてゴシック様式で市庁舎が建設された。しかし、その装飾（ホルバインも参画した）は、新しい美学を反映しており、一五三九年に改修された入口は、イオニア式とグロテスク式の柱頭の付け柱によって飾られている。低地諸国では、ブリュージュの文書館（1535-1537）が円形浮彫装飾、円柱、浮彫など古代風の要素を中世的伝統に見事に結びつけ、ヨーロッパのこの地域でも最も優雅な建物になっている。窓には縦仕切りがあり、螺旋状の線がフランボワイアン芸術の昂揚を再現している。

しかし、古代風の装飾と神話的テーマがゴシック時代の記憶を遺す品々を圧倒するようになるのは、とりわけ絵画においてである。一五三〇年にフォンテーヌブロー宮殿建設のために招かれたロッソ〔訳注・フィレンツェに生まれ、ミケランジェロらに師事。フォンテーヌブローでは大画廊を建築し、多くの装飾絵画を描いた〕は、フランソワ一世のギャラリーのなかでも、ホメロスやウェルギリウスの詩やローマ史に題材を得た絵と、牧羊神やサテュロスなどを描いたスタッコ装飾とは切り離している。低地諸国では、一五三六年、メールテン・ファン・ヘームスケルクがローマから数々のデッサンを持ち帰り、《ロマニスト romanistes》〔訳注・イタリア美術の技法を学んだフランドルの画家たち〕のインスピレーションの源となる。彼自身、『ヘレネの掠奪』を描いているが、これは「考古学的饗宴 orgie archéologique」というべき趣がある。この表現は、約三十年後のアントワーヌ・キャロンの『三頭執政の虐殺』（ルーヴル美術館）にも当てはまる。ここでは、トラヤヌスの円柱像、コロセウム、パンテオン、凱旋門、ハドリアヌスの墓廟、マルクス・アウレリウスの騎馬像など、古代ローマの廃墟と彫像が、虐殺場面の痛ましさを強調する役割を演じている。

古代への回帰は、イタリアの外では、節度ある美の創造をもたらした。たとえば、いまはプラド美術館にあるデューラーの『アダムとイヴ』（1507）において、作者デューラーを突き動かしているのは絶対的なものへの願望である。彼は、古代の人々がもっていた美の規範を尊重し、自ら「コンパスと定規を使って」男女の身体の調和ある比率を追求した。「こうすることによって汝は美と崇高さ、自由と善の芸術を創造できるし、世界から讃えられるであろう。なぜなら、それが正義だからである。」このアダムとイヴは、若く、幸せで、穢れがなく、その理想的な美を湛えた光り輝く裸体は、原罪以前の、神によって完成されたままの姿を表している。

十六世紀の建築と彫刻には、こうした絵以上に古代作品の深い調和の再発見が見られる。この時代のスペイン建築を代表するブラマンテには、ウィトルウィウスの精神を純粋に汲み取ろうとする姿勢が明確である。ブラマンテはハエンのカテドラルをはじめとする力強い作品を幾つも造り、とりわけ一五二七年にはグラナダのカルロス五世宮の建設に取りかかった〔完成は、ローマでミケランジェロに師事したペドロ・マチューカの手による〕。この宮殿は、全体が四角形で、ファサードは厳格な対称性によって構成され、柱もコリント式でなく簡潔なドリス式とイオニア式を採用している。古代ローマ人が重視し、セルリオ〔訳注・ブラマンテとラファエロの作風を引き継いだ建築家。1475-1554〕が広めた水平方向の線を強調したが、内側の《パティオ patio》〔訳注・中庭〕は、プラトン主義的理念をヒントに、このジャンルでは珍しく円形に作られ、ドリス式の大理石円柱三十二本で支えられた柱廊式ギャラリーで囲まれている。

フランスでも装飾過剰に対する古典主義の反発が現れる。ここでは、再発見された古代は、ジュリオ・ロマーノ（1492-1546）やプリマティッチオ（1504-1570）の過剰な幻想性に対置された。一五四〇年から一五六〇年にかけてのフランスの芸術を特徴づけているのが規則性と対称性、調和の追求であるが、これは、有名な建築書を著して一五五四年にフォンテーヌブローで亡くなったセルリオの影響とウィトルウィウスを宣揚したジャン・グージョン、古代ローマのモニュメントに傾倒し研究したフィリベール・ド・ロルムの感化の賜である。

パリのイノサン墓地の噴水のニンフたちは、官能的な豊満さとギリシア彫刻に通じる繊細さと闊達さを示し、水に濡れた布が身体にまつわりつく様子はアクロポリスの彫刻を思い起こさせる。同じころ、フィリベールは、古代ギリシアの三オーダー〔訳注・ドリス式・イオニア式・コリント式〕を重ねた柱廊をアネ館に建設しているが、同じ手法は、その少しあとの、トゥールーズのアセザ館（1555-1560）でも見られる。フィリベールが手がけたサン・ドニのフランソワ一世の墓（1552）は、イタリア風というよりギリシア・ローマ風というべきモニュメントで、構成比率も、古代の凱旋門のそれに忠実に従っている。

十六世紀フランスのこの建築上の古典主義の頂点を示しているのが、新しいルーヴル宮殿のファサードである。この仕事に携わったピエール・レスコとジャン・グージョンは、あらゆる細部にいたるまで古代的風格を重んじ、とりわけ過剰な装飾を排除し、厳密な比率計算に基づいて、基壇から屋上階にいたるまで明暗法の効果をめざした。それらは配置の対称性に表れており、フォンテーヌブローのイタリア風の幻想とは対極にある。

こうして、十五世紀以後、ヨーロッパの文化と芸術の歴史の流れを変えたのが古代への認識の深まりである。『ベルデヴェーレのアポロン』〔訳注・アンツィオのネロの別荘跡から発掘された大理石像で、アテナイのアゴラにあったレオカレスの青銅の像の模作と考えられている〕が湛える静謐さはラファエロおよびその追随者たちに影響を与え、『ラオコーン』の劇的な肢体の動きと筋肉美はミケランジェロに啓示を与え、一五〇六年以後の彼の作品にその反映が見られる。多少言い過ぎの感はあるが「北方のミケランジェロ」と讃えられたメールテン・ファン・ヘームスケルクの、激しい動きの表現も、『ラオコーン』の一つの手法から生まれたものである。加えてヘレニズム芸術の影響は、パルメザン（1503-1540）、コレッジオ（1489-1534）、チェッリーニ（1500-1571）、フォンテーヌブロー派の芸術家たち、そしてエル・グレコ（1541-1614）といった《マニエリズム》の美学を特徴づけている長く伸びた形と蛇のようなうねりにも表れている。

帝政ローマの廃墟の規模の大きさに感銘を受けたブラマンテ、ラファエロ、ミケランジェロ、くだってはシクストゥス五世の建築師であるドメニコ・フォンタナの活躍から、やがてヨーロッパ全域にわたって栄えるバロック芸術のモニュメンタルな様式が生まれていく。これは、フィレンツェのルネサンスの、より洗練された慎み深さとは異なる点である。

ギリシア・ローマ文明への熱情のぶりかえしは詩と音楽にも見られる。十六世紀のとくにフランスの詩人たちは、卑俗語で書いた詩さえも、「古代風の韻律」に従わせようとし、それが音楽に反映される。ロンサールは自分の頌歌（odes）がアナクレオン〔訳注・前六世紀後半のイオニアの詩人〕やピンダロス〔訳注・同じく前六世紀後半のボイオティアの詩人〕のそれと同じようにメロディーにのせて歌われることを予期していた。十七世紀初めにモンテヴェルディによって定型化するイタリア・オペラは、古代の演劇を音楽によって復活させようとした詩人や音楽家、ユマニストの共同作業によって生まれたもので、ドラマティックなその歌は、古代ギリシアのリラを伴奏とした歌を想起させる。

9　古代に対する不遜

古代に対する礼賛は、無邪気な行き過ぎと不公正を免れなかった。ボッカチョは四十歳にして、もはやラテン語でしか書くまいと決意している。イタリアでもアルプス以北でも、レオナルド・ブルーニからエラスムスまで、大勢のユマニストがこの手本に追随しようとした。ポリツィアーノ〔訳注・メディチ家に仕えた詩人であり、フィレンツェ大学でギリシア・ラテン文学を講じた〕の詩は、いずれも詳しく調べると、ラテン詩の引用に分解されることが判明している。

V・L・ソーニエ（1912-1980）の研究では、十六世紀のフランスには七百人を超えるラテン詩人がいた。ロンサールの『フランシアード La Franciade』の冒頭は、そうした状態への不安に満ちた忠告として有名である。〔訳注・ロンサールは《ギリシアかぶれ》《ローマかぶれ》を批判し、フランス独自の文学・詩を創造しようとしたことで知られる。〕

私の詩を読むフランス人たちは
ギリシア人でもローマ人でもない
彼らがこの本の代わりに手にするのは
まさに一つの重い事実であろう

イタリアのフェラーラでもフランスのボルドーでも、イギリスのオックスフォードでも、演じられたのはプラウトゥスやテレンティウスの劇であった。エリザベス朝のイングランドで人々の熱気を集め、シェイクスピア以前のイギリス演劇に大きな影響を与えたのはセネカであった。〔訳注・セネカは古典期ギリシアの悲壮劇に基づいて九篇の悲劇を書いている。〕これらの悲劇は、舞台で演じられたわけではなく、仰々しい言葉が知られているだけであったが、十六世紀の民衆も作家たちも、その大仰な言葉遣いと主題の残虐性、恐るべき犯罪と容赦なき報復といった筋立てに惹かれた。

こうした古代好みは、その後、古代への軽蔑ぶりへと私たちを驚かせるほどの変転を見せる。一五八一年、モンテーニュは、こう書いている。

「これらローマに遺る古代の建物は、現在の人々の称賛を得るものを有しているとしても、フランスでは、新教徒たちによって破壊された教会の丸屋根と壁を思い起こさせるだけで、いまやスズメやカラスが巣をかける絶好の場になっている。」

しかし、このような断定的な言葉に騙されないようにしよう。ルネサンス期のヨーロッパは、全体としては、古代の前に降伏したわけではなく、古代の完全勝利は中世からの数々の伝統によって妨げられた。バール・ル・デュックにあるリジエ・リシエ（1506-1572）の有名な《骸骨 Squelette》は、中世の石棺の死体像（transi）のテーマを蘇らせたもので、その仲間は二年後のイノサン墓地の泉に現れる。建築においても、フランスとベルギーでは、交差オジーヴのアーチをもつ教会が十七世紀終わりまで建て続けられる。ドイツ人たちは、水平線を重んじたウィトルウィウスの美学にもかかわらず、ゴシックの垂直線に執着しつづけた。フランドルと同じくドイツでも、建物は中世からの背の高いシルエットが変えられることはあまりなく、切り妻壁の階段ステップはバロック様式の渦巻き型装飾を施したフロントンに置き換えられた。

イタリアにおいてすら、古代への認識は表面的でしかなかった。ダ・ヴィンチもミケランジェロも、ラテン語を知らなかった。イギリスでもシェイクスピアは、ラテン語の本をかなり読み、プルタルコスの著作にテーマを借りた古代物の悲劇をたくさん書いたが、その読み方はぞんざいで、そうした作品のなかで古代人たちの慣習や衣装を再現しようとはしなかった。彼は、ローカル色にも無関心であった。『ジュリアス・シーザー』のなかで、群衆は、最初は殺害の首謀者ブルータスに喝采を送り、アントニーの演説で空気が一変すると、暗殺された暴君の遺体にすすり泣きながらすがる。ここに示されているのは、ローマの平民というより、あらゆる時代に共通する移り気な群衆にほかならない。

ルネサンス時代には、歴史についての教養が充分でなく、それが、数々の誤りの原因になった。フィチーノはプラトン派というよりネオ・プラトン派であり、プロティノス（205-269）やプロクロス（410-485）、ヤンブリコス（250-325）らと、彼らより六百年以上前のソクラテスの弟子、プラトン（BC.427-349）を分けている思想的な違いを理解していたわけではなかった。フィチーノは、自分がヨーロッパに知らしめた『ヘルメスの書』はエジプトの古代宗教の貴重な英知を秘めたものであると信じていたが、実際には、《ヘルメス文書》は西暦紀元後に、ネオ・プラトニズム的・ユダヤ教的・エジプト的なさまざまな考え方を混合して出来たものであった。

ピコ・デ・ラ・ミランドラも、聖書の外典である『第四エズラ書 IVe Livre d'Esdras』について同じ誤りを犯している。『第四エズラ書』は、明らかにティトゥス帝によるエルサレム攻略ののちに書かれたものであったが、彼はキリストより五百年は遡ると考え、聖書のなかに入れるようローマ教会に求めたが、成功しなかった。同様にして、ルネサンスは、また、五二二年、コンスタンティノープルで初めて言及されているディオニュシオス・アレオパギトスについても過ちを犯し、ネオ・プラトニズムの痕跡を帯びたこのディオニュシオスの書を聖パウロのお供によるものと考えた。

要するに、楽観主義的なユマニストたちは、間違った年代学を基盤に、古代は一千年以上にわたって持続した一つの全体であると考え、ルネサンスの主要テーマとして、カルデア人もペルシア人もエジプト人、ユダヤ人も、あらゆる古代民族が宗教的真理の源泉である《啓示》の本質的要素を共有していたとするテーゼを立てたのである。十五、六世紀の人々にとって古代の彫刻といえばヘレニズム時代のそれであり、ペリクレス時代の芸術についても知らなければ、《オーダー》〔訳注・ドリス式、イオニア式、コリント式といった建築様式〕の差異についても、ほとんど無知であった。

そのうえ、ルネサンスは、ときとして無頓着に古代の遺跡を壊した。サン・ピエトロ寺院の改築に携わったブラマンテは旧いサン・ピエトロのコリント式円柱九十六本を全く無造作に倒し、ローマの人々から《壊し屋 **ruinante**》と渾名された。パウルス三世は、一五四〇年の小教書によって個人に与えていた発掘許可を全面的に取り消したが、これは、新しいサン・ピエトロ寺院のために仕事をする建築家と請負業者に専断権を与えるためであった。一五六二年、ローマ帝政時代の元老院の建物に使われていた斑岩板そのほかが、出土したサンタンドリアノ教会（旧元老院の跡）からヴァティカンに移されている。シクストゥス五世（1584-1590）は、パラティヌスの南にあるセプティミウス・セウェルス帝の記念建造物《セプティゾニウム **Septizonium**》（泉水堂）を撤去させている。

ローマ共和制時代の遺跡が遺るフォールムは、十六世紀になっても牛の放し飼いの原っぱになっていた。そのほかにも、ルネサンス時代の人々は、現代なら当たり前の考古学的配慮を無視していた。『ラオコーン』は、発見されたとき壊れていた部分をモントルソリ〔訳注・フィレンツェの彫刻家〕に修復させている。カピトリーノの『牝狼』の腹の下で乳をふくむ双子の像は十六世紀につけ加えられたものである。

10　古代人を凌駕する文明

したがって、ルネサンス人にあっては、ギリシア・ローマ世界に対する称賛と古代が遺した作品への尊敬心の欠如が、奇妙なやり方で結びついていたのである。彼らがめざしたのは、古代を超える仕事をすることであり、しばしば、それを成し遂げたと自負した。フィリッポ・ヴィラーニは、ジョットーを古代の画家たちを超える画家と賞賛し、ヴァザーリはミケランジェロを史上空前の天才と讃えている。ブラマンテはユリウス二世からサン・ピエトロ寺院の改築を命じられたとき、ハドリアヌスの墓廟〔いわゆるサンタンジェロ城〕の上にアグリッパのパンテオンの丸屋根を載せた。たしかに彼らは新しい創造のために古代人の知恵を借りたし、この時代の文学的・芸術的作品は、たくさんの要素の影響から生まれたので、全体としてみると、根本的に独創的なものとして現れた。フェレイラ（1528-1569）は、ウェルギリウスとテオクリトスに熱中し、ポルトガルで最初にアナクレオン〔訳注・前五世紀前半のイオニアの抒情詩人〕を発見したが、彼の名声を不朽にしているのは、ポルトガル国民の歴史に題材を採った『カストロのイニェス Inès de Castro』（1558）という悲劇作品である。アリオスト（1474-1533）の『怒れるオルランド Roland furieux』は、中世民衆に馴染みであった騎士道テーマと古典的インスピレーションを合体させたもので出版物としてルネサンス時代最大の成功を収めた。

十六世紀にはたくさんの叙事詩が作られたが、アリオストのそれに匹敵する成功を収めたものはなかった。しかし、いまもポルトガル文学の最高峰としての位置を占めているのは、カモインス（1524ごろ-1580）の『ウス・ルジーアダス Les Lusiades』（1572）で、これは、表現手段をウェルギリウスに借り、あたかも大理石のような古代神話的構成を示しているが、内容はあくまでもポルトガル近世の歴史を扱った作品であり、そこには十八年間を海外で過ごし、歴史家や地理学者について教わった知識が注ぎ込まれている。

シェイクスピアにいたっては、彼ほどこの時代特有の《混交》ぶりを示している人はいない。オックスフォードやケンブリッジを出た潔癖主義者たちが彼に嫉妬し、悪口するのは、このためである。シェイクスピアは古代史だろうとイギリスの年代記だろうと北欧のそれだろうと、おかまいなく剽窃し、ルネサンスの汲めども尽きない多様性を体現している。

同じような多様性はイタリア芸術にも見出される。建築家ブルネレスキは、ギリシア・ローマの美学への回帰を主導し、対称性を流行させ、基本となる理想的比率を体系的に活用した。しかし、骨組みも扶壁も飛び梁もなしに造られたサンタ・マリア・デル・フィオーレ教会（1434）の丸屋根は、そのプロフィールによっても、鉄材で補強する手法によってもゴシック的なままである。そのほかのモニュメントについてみても、たとえばオスペダーレ・デリ・イノチェンティ病院〔訳注・しばしば最初のルネサンス建築といわれる〕のコリント式円柱のアーケードはロマネスクの教会堂から借用したものであり、アーチのリブの代わりに載っている丸天井はビザンティン様式である。

丸天井はプラトン研究のおかげで、十五世紀以後は宇宙論的意味合いを付されたが、この丸天井にしばしば結びつけられている中心部に収斂していく集中プランはローマだけのものではなく、初期中世やビザンティンもこれを活用したし、ブラマンテがローマに建設したサン・ジュリアーノ教会とサン・ケルソ教会の平面図は、ビザンティンの多くの教会堂と関連づけることができる。ルネサンスの芸術は、まさに総合の芸術であった！　このことは、イタリア以外では、なおさら真実である。ポルトガルでは、十五世紀末から十六世紀初めにかけて造られたマヌエル様式〔訳注・マヌエル一世の治世に盛んに造られたことによる〕の建築が最も華やかであるが、ベレムの修道院においては、古代風装飾と継ぎ目のない外側の丸屋根が棟リブと補助リブのあるアーチに結合されている。そのうえ、トマル〔訳注・十一世紀に創設されたキリスト騎士団の本拠があった〕でもバタリャ〔訳注・一三八五年の対スペイン戦勝記念のモニュメントがある〕でも、ポルトガル・ルネサンスのモニュメントにおいては、船のロープ、帆、貝殻、海藻、サンゴ、天球儀、そして船乗りにとって壊血病予防のために必須であったアーティチョークなど、海洋や航海、植民地征服に関連する要素が独特の、そして特別の席を占めている。

どこでも、新しい芸術は、力強い国民的伝承によって作られなければならなかった。ロワールの城には、イタリアでは見られない建築的要素が現れている。シャンボールの建物の平面図は四隅に塔を配置した、いわば中世の主塔の形になっており、ドミニコ・ダ・コルトナの企図にもかかわらず、フランスの建築家たちは、この建物に二重の螺旋階段を設置した。柱はギリシア・ローマ的なコリント式円柱が用いられているが、柱頭を飾っているのは花形飾りではなく、多くは子供の頭部や上半身像である。

アントワープの市庁舎（一五六五年完成）は、古代風の円柱・柱頭・オベリスク・ロッジャ〔屋根付きの囲いのない列拱廊〕を備え、イタリアのそれを思い起こさせるが、屋根は傾斜が急で、突き出し部分は中世の見張り塔のように厳めしい。イタリアでは、ブラマンテやラファエロ、スペインではマチュカ父子、フランスではフィリベール・ド・ロルムとピエール・レスコなどによってギリシア・ローマの美的規範に適っていない要素は排除され、純化されたルネサンス芸術が生み出されていったと考えられてきたが、フィリベールは古代を尊重しつつも、ウィトルウィウスには異議を唱えてゴシック建築の《美しい特徴点》をためらうことなく採り入れている。彼の考えでは、古代の人々の教訓を採用するにしても、気候の違いなどを当然考慮すべきなのである。いわく「住む人々にとっての便利さ、その土地の慣習や利便性に関わる自然の規範に合致していることが大事で、柱の装飾やファサードの大きさなどは重要ではない」と。

このように、少なくともルネサンスの最も偉大な芸術家たちは、盲目的に古代を模倣したわけではなかった。ティントレット（1518-1594）は、ローマからヴェネツィアに帰ってくると、仕事場の壁に「デッサンはミケランジェロ、色はティツィアーノ」と書いている。

また、この時代を特徴づけているのは、古代の模倣であるとともに、諸芸術の競合である。アルベルティが建築に優位を与えたのに対し、レオナルドは「画家の精神を形成する絵画の神聖な性格は神の精神のイメージに変身する」と主張した。絵画の分野では、ルネサンスの芸術家たちは古代人たちが知らなかった優れた技術を手に入れた。ギリシア・ローマの画家たちは色を板に固定するのに蝋を用いたが、油彩法は知らなかった。また、前二世紀から同一世紀のポンペイでは、たしかに遠近法が活用されているが、ポンペイの町自体、十八世紀にいたるまで土に埋もれて人目に触れることがなかったから、絵画に関していえば、油彩法や遠近法を開発したフランドル人たちや《クワトロチェント Quattrocento》のイタリア人たちは、きわめて革新的であった。

とくにマサッチョ、ピエロ・デラ・フランチェスカ、パオロ・ウッチェロ、ダ・ヴィンチの探求や、アルベルティや数学者マネッティとパチョリ〔訳注・数学者でありフランシスコ会修道士。1450ごろ-1520〕の理論的研究のおかげで、十六世紀以後の画家たちは、遠近法の消失点（point de fuite）を変えることによって人物たちの向きを天井を見上げているように描くなど、完璧といってよい技術を駆使することができるようになった。《だまし絵》の草分けの一人であるマンテーニャ（1431-1506）は、いわゆる《凝縮法》を使った絵を描いている。〔訳注・凝縮法とは、画面を斜めあるいは直角に交差させるよう対象を配し、その形体が縮減して見えるようにする画法。マンテーニャの『死せるキリスト』はその代表。〕ダ・ヴィンチは、とくに《空気遠近法 perspective aérienne》に関心を寄せた。これは、遠くにあるものほど色を薄く描く手法で、彼が発案したのは《スフマート sfumato》（煙のような、の意）という明暗法で、対象の物や人物がもやのなかから現れてくるように描いた。

ルネサンスの芸術家たちは、こうした自分たちの技法と才能に自信をもち、独自の作品を製作した。たとえば建築においてブラマンテは、古代ローマのマルケルス劇場や泉水堂にヒントを得て、階ごとに柱と柱の間の張間を不均等にし、ファサードについては突き出し部分の凹凸によって単調さを破るなどして、斬新さを生み出した。注文される建物の種類も古代のそれとは異なり、教会堂、修道院の整備や美化、アパートメントの装飾などがあるが、その反対に、大浴場が建てられることはなくなった。ブラマンテは、ユリウス二世に命じられて、ヴァティカン宮殿とベルデヴェーレ〔見晴らし台〕を、長さ三百メートルの平行する二本の廊下で結ぶ仕事で、才能を発揮した。

ミケランジェロの大作『最後の審判』は縦十七メートル、横十三メートルあるが、このような大きな絵画は、ギリシア人もローマ人も描いてはいない。ティントレットはヴェネツィアのサン・ロッコ同信会（Scuola di San Rocco）のために七十枚に及ぶ油彩カンヴァス絵を描いた。これもギリシア人やローマ人には前例のないところである。さらにいえば、古代の人々で、モンテーニュの『随想録』に匹敵する本を著した人はいない。

もう一つ例を挙げよう。ユマニスムと密接なつながりがあるソネットを流行させたのはペトラルカで、それが十六世紀、フランスにはクレマン・マロによって、スペインにはガルシラーソ・デ・ラ・ヴェーガにより、イギリスにはワイヤットによって導入されたのであって、これも、起源はイタリアかプロヴァンスで、もともと古代にはなかったものである。したがって、ルネサンスは古代をモデルにしながらも、根底的に独自の文明の枠組みのなかで生まれた新しい文化であり新しい芸術なのである。

11　ルネサンスが芸術的次元で達成したもの

この章を終えるにあたって、ルネサンスが芸術面で達成したものをおおまかに確認しておこう。

ルネサンス初期の芸術家たちは、イタリアでもアルプス以北でも、ギリシア・ローマの作品を称賛しながらも、こちらではビザンティンとロマネスク、あちらではゴシック、ポルトガルでは海洋的でエキゾチックなものというように、その地方の特色と伝統を反映した作品を生み出した。彼らはとくに装飾的要素を古代から借用することによって、魅力的な味わいを湛えた混合様式の作品を生み出した。その次に来るのがプラトン哲学に傾倒した純粋主義である。美の数学的構造を探求することによって節度と静謐と調和の美を湛えた作品がレオナルド、ラファエロ、ブラマンテ、フィリベール・ド・ロルム、ピエール・レスコらによって開花する。

しかし、不安に取り憑かれ多くの『最後の審判』が描かれた時代を、大理石のような厳格な規範的美学が満足させられるはずもなかった。ミケランジェロは超人間的な激しい動きを題材に選び、雄大な構想、英雄的な振舞い、劇的シーン、そして対角線の活用を好むバロック芸術の創始者の一人となった。ラファエロもミケランジェロも多くの模倣者を生んだが、そのなかで、カラッチ兄弟〔訳注・アゴスティーノとアンニバーレ〕は、ローマのファルネーゼ宮殿の天井画に、その才能を発揮した。

とはいえ、今日では、十六世紀ヨーロッパの芸術は全般的に《マニエリスム》として特徴づけられる。独特の手法（マニエール）によって個人的スタイルからも芸術の巨匠たちの影響力からも逃れようとするこの芸術運動が成功を収めた例が、マントヴァ、フォンテーヌブロー、プラハの宮殿建築である。ジュリオ・ロマーノはマントヴァのパラッツォ・デル・テに、耳目を驚かせる過剰な装飾を施した。スプランヘル〔訳注・アントワープで生まれ、ローマに遊学し、プラハで宮廷画家を務めた。1546-1611〕は大胆なまでに官能的な主題を扱い、キャロン〔訳注・フランス人で、カトリーヌ・ド・メディシスの宮廷に仕えた。1527-1599〕はあくまで異邦的なテーマを扱った。パルメザン〔訳注・パルミジャニーノ。本名はフランチェスコ・マッツォーラ〕以後の、意表を突くほど体躯を長く伸ばす描き方、エスコリアルにあるチェッリーニの『十字架上のキリスト』やブロンツィーノ（1503-1572）の『受胎告知』、エル・グレコ（1541-1614）の特徴的な人物像には、不均衡への嗜好性が見られるようになる。

こんにちでは《マニエリスム》のなかにバロック様式が勝利をおさめる以前の十六世紀の本質的側面の一つを見ようとする傾向があるが、それも理由のないことではない。集団心理の次元では、それは、伝統と決別し、さまざまな方向性のなかに自らの道を求めた一つの時代の証言にほかならないからである。そこには、均衡を見出すことができず、分析するにはあまりにも豊かで、あまりにも多様であるため、満足に明確化できない一つの世紀の革新への渇きが表れている。
　同じように豊かな一つの時代が問題である場合、あらゆる類別は形式的かつ人工的たらざるをえない。それとともに、特別に位置づけられる必要があるのがヴェネツィア絵画である。一五〇〇年ごろ、ヴェネツィアはまだゴシック芸術の町であった。このヴェネツィアに本当の意味でのルネサンスが現れるのは、一五〇九年のヴェンドラミン宮殿によってである。〔訳注・パラッツォ・ヴェンドラミンは、ピエトロ・ロンバルドの作とされてきたが、近年はマウロ・コドゥッチの作とされている。〕
　同様に、ジョヴァンニ・ベルリーニ（1430-1516）を筆頭とする先駆者たちのあと、ヴェネツィア絵画は十六世紀前半の絵画界を圧倒し、最後には、ティツィアーノ（1476-1576）によってほとんど印象派的技法にまで到達する。それが、さらに輝きを放つのが、ティントレット（1518-1594）とヴェロネーゼ（1528-1588）によってである。このヴェネツィア絵画の飛躍は、ヨーロッパ芸術全体に反映した。ルーベンス（フランドル1577-1640）、プッサン（フランス1594-1665）、ヴェラスケス（スペイン1599-1660）、ワトー（フランス1684-1721）、ドラクロワ（フランス1789-1863）らは、ティツィアーノを師と仰いでその油彩画の技法を発展させた人々である。
　こうして、線よりも色彩を大事にし、絵画に光り輝く強烈さを与えるよりも、柔らかくする方向へ進んだヴェネツィア絵画に対し、一六〇〇年ごろ、孤高ながら一派の源流をなす一人の画家がイタリアのミラノの近くに出現する。それがカラヴァッジョ（1565ごろ-1609）である。彼は、これまでの規範を無視し、「自然ありのまま」の、ときには非妥協的なまでに写実的な絵画に邁進し、レオナルドの《スフマート》に対抗して、光と陰の強烈なコントラストを描いた。そのやり方は、フランスと低地諸国の《照明派 illuministes》によって踏襲されていく。

こうして、十七世紀初めには、絵画だけでなく芸術全般がヨーロッパにおいて、その成熟と技術的自在さに達し、芸術家たちは、欲するところをすべて出来るようになる。彼らがその恩恵を受けたのは、古代からよりもイタリアからである。イタリアは、ダイナミックな自己革新の手段を探し求めていたヨーロッパに、まだゴシック芸術が有していた活力の貯蔵にもかかわらず、ゴシック芸術が提供できたであろうよりも遙かに根源的な若返りの可能性をもたらした。まさに、イタリアの豊かさの爆発が新しい美学の勝利を助けたのである。

いずれにせよ、イタリアで技を磨いた芸術家たちは、ヨーロッパのいたるところに《芸術的ニュールック》を売り込んだ。イタリア・ルネサンスの最初の記念碑というべきガイヨン城のファサードは、フランスとイタリアの彫刻家たちのアトリエが生み出したものである。一五三〇年以後、フランスに《マニエリスム》を採り入れたロッソとプリマティッチオによってフォンテーヌブローに設立された学校の重要性は、よく知られているところである。

イギリスに新しい芸術の規範をもたらしたのは、フィレンツェ人のトリジャーノ（ウェストミンスターにヘンリー七世の墓を造った）である。低地諸国では、比類のない風景画家でありデッサン画家である大ブリューゲル（1528ごろ-1569）が出たが、彼は、あまりイタリアの影響を受けず、裸体を描くことはしなかった。スペイン人で最も力のあるルネサンス期の彫刻家、ベルゲテ（1489-1561）は、フィレンツェでミケランジェロに師事し、ローマにもついていって、彼のために『ラオコーン』をデッサンしている。

十六世紀の至宝の一つはプラハに見出される。それは、優雅なイオニア式列柱を巡らしたベルヴェデーレで、サンソヴィーノ（1486-1570）の弟子であるイタリア人のパオロ・デラ・ステラが一五三四年から一五三九年までかけて造った。ポーランドのクラクフでは、スフォルツァ家の娘と結婚したジグムント一世（1506-1548）がイタリア人たちを招いてワウェルの宮殿を建設させた。十五世紀末から十六世紀初めにかけて建設されたローマの尚書院宮殿（Palais de Chancellerie）は、グラーツ、リトミシェルといった中欧に増える重層式アーケードを備えた王宮のモデルとなっていく。

かつてギリシアが自分たちを武力で征服した者たちを文化で征服したように、十六世紀のイタリアは、自分を踏みにじった《蛮族たち》をその嗜好の色に染めた。その嗜好とは、中世の経験も見直して加味され、変容された古代への嗜好であった。ルネサンスは、確かにあるやり方によってギリシア・ローマ文明の価値を再発見したが、同時に、自らと古代の間を隔てている飛び越えがたい溝をも意識していた。そこで、両者の間に《暗黒時代》の厚みを介在させることによって、自分がヒントにしようと望みながらも再生できない古代の文明を決定的に過去のなかに投げ返したのであった。

したがって、ルネサンスとは、その歴史的自覚でもあった。古代とルネサンスの間に広がる千五百年にわたるヨーロッパ史はキリスト教の刻印を深く受けていたので、古代の神話は、ルネサンスにとっては、アレゴリーのレパートリーとイメージを秘めた一冊のアルバム帳でしかありえなかった。古代の廃墟が姿を現したとき（そうしたケースは頻繁であった）、それは、キリスト降誕によって終止符が打たれた異教時代のものであることを示すためであった。

第四章　教会改革としてのルネサンス

1　教会分裂と公会議

　絶対王政の原理が現実化するにつれてヨーロッパのそれぞれの国のかたちが確定し、海外への進出に伴って経済のリズムと流れが変わり、さらに古代への知識が深まるにつれて外なる世界と技術に対する関心が増大し、その結果、芸術と文化が新しい道に向かっていき、十二、三世紀に較べてはるかに活動的で都市的になり、教育も浸透し世俗的になっていたのがこの時代である。そうした社会全般の成熟は、日常生活の全体に意味を与え、人々の心のなかに浸透している宗教自体にも到達しないわけがなかった。各国とも、十四、五世紀には恐ろしいペストや繰り返される戦争に苦しめられ、経済情勢の激変に揺さぶられて、キリストの教会は深淵に向かって押し流されているように見えた。十六世紀になって、ようやく立ち直りを見せるものの教会は分裂し、その子供たちは互いに憎しみ合い、醜悪なスペクタクルを白昼堂々、繰り広げることとなる。

　一三七八年、アヴィニョンからローマへ戻って間もないグレゴリウス十一世が死ぬと、さまざまな圧力集団がせめぎ合い、枢機卿たちまで敵同士に分かれたために、キリスト教世界に分裂が生じ、それが三十九年間にわたって続いていく。最初の何度かの動揺のあと、カトリック・ヨーロッパは二つに分裂した。フランス、スコットランド、カスティリヤ、アラゴンとナポリ王国がフランス人のクレメンス七世を支持したのに対し、それ以外の国々はイタリア人のウルバヌス六世を選んだ。〔訳注・二人ともアヴィニョンで教皇になった。〕こうして敵対する二人の教皇と二つの枢機卿団は互いに破門し合い、相手方に従う国や王たちを味方に引き込もうとして、「ウルバヌス派」はアラゴンのペドロとシエナのカタリーナを、「クレメンス派」はヴィンケンティウス・フェレリウスとコルビーのコレットというように、それぞれの聖人を押し立てた。

〔訳注・ペドロはアラゴン国王ハイメ二世の王子で、フランシスコ会に入り、ウルバヌスのローマ帰還を護衛。カタリーナはイタリアのドミニコ会修道女。ウルバヌスを支持。ヴィンケンティウスはスペイン人のドミニコ会士。大衆的巡回説教で聖人となった。コレットはコルビーの近郊に生まれ、クラーラ修道女会を改革した。〕

ひとたび悪循環に陥ると、対立し合う教皇たちとそれに従う人々は、この分裂を終わらせる唯一の方法は双方が教皇の座を退くことであるという当たり前の真実をさえ最も理解しようとしない存在になった。とりわけ、一三九四年になってもなおアヴィニョンで選ばれたベネディクト十三世の頑固さが、《統合》の試みを長い間妨げた。アヴィニョンを支持してきたフランスの聖職者団と政府も、もうベネディクトにはついていけないと、二度にわたって《服従撤回 soustraction d'obédience》を決議した。一度は一三九八年から一四〇三年にかけて、二度目は一四〇八年からである。ほんとうは一四〇七年にベネディクト十三世も協議に応じる気になり、会談が設定されたサヴォナ〔訳注・北イタリア。ジェノヴァの近く〕に向かったのであったが、あと八十キロというところで足を止めてしまったため、破談になったのである。

結局、双方の教皇に従っていた枢機卿たちが、教皇を無視してピサで公会議を開き（1409）、二人とも異端宣告をされて廃位され、新しい教皇としてアレクサンデル五世が選出されのだったが、翌年亡くなったためヨハネ二十三世が選ばれた。廃位された二人も退位を受け入れなかったので、一時は三人の教皇〔訳注・ヨハネ二十三世とベネディクト十三世、そしてウルバヌスの流れを引くグレゴリウス十二世〕が並び立つ事態となった。宗教的より軍事的・政治的経歴をもつヨハネ二十三世は「ローマ人の王」であり「聖なる教会の守護者」である神聖ローマ皇帝ジギスムント〔訳注・もっとも皇帝も三人が並立していた〕に迫られてコンスタンツで新しい公会議を開催することとなる。

会議は一四一四年から一四一八年まで四年間にわたったが、開催早々、ヨハネ二十三世は皇帝と激突してコンスタンツから逃げ出したが連れ戻されて、最終的に退位。グレゴリウス十二世も教皇座を辞した。頑固者のベネディクト十三世はアラゴンのペニスコラの岩山に逃れ、一四二三年の死にいたるまで、あらゆる妥協を拒絶するが、一四一七年、このコンスタンツでマルティヌス五世が選ばれたことによって、ようやくカトリック世界は一体性を回復したのであった。

コンスタンツ公会議が開かれたのは、教会分裂を終わらせるためだけではなく、フス派の教理を断罪するためであり、さらには「教会をその頭から手足まで改革する」という予てからの願望を実現するためでもあった。まさに、教皇の無力とキリスト教世界を覆っていた無秩序のため、公会議が面目を果たすチャンスが到来したのであった。そこでは、教皇の権威よりもキリスト教世界の民衆の合意が上位を占めるというジャンダンのヨアネスとパドヴァのマルシリウスのドクトリンが引き継がれていた。〔訳注・この二人は十四世紀初めの人たちで、『平和の擁護者』の共著を遺している。〕

また、ピエール・ダイイ（1350-1420）やジェルソン（1363-1429）といった卓越した大学人たちも、教会政府を霊肉両面で監視する聖職者会議を招集すべきであると主張していた。では、期待されたように、教会政府は、一種の議会制君主政体に向かっていったものが出来て、その意思をカトリック信者の定期的三部会で表明し決議するようになっていっただろうか？　自治的国民連合といっただろうか？

確かに、コンスタンツでは、マルティヌス五世の選出にあたって、高位聖職者たちは「国民ごとに」集まって投票したし、法学博士や神学博士たちも投票権を認められ、出席した二十三人の枢機卿と各国民代表三十人とによる《コンクラーベ conclave》（教皇選挙）が行われた。これらの新機軸は教会改革を予示していただろうか？　実際にこの問題に着手されたのは、ヤン・フスの異端決議とヨハネ二十三世およびグレゴリウス十二世の廃位のあとであった。

一四一七年十月三十日、教皇権の濫用を財政と司法の両面で規制する十八箇条が投票で定められた。しかし、マルティヌスは教皇に選出されるや、聖職者を選任する自らの権限を部分的に復活し、財政面での教皇庁への制約を軽減する方向で《国民》ごとに協約を結んだ結果、一四一八年、公会議は一体性の完全な欠如と無力化のなかで終わった。それでも、未来につながる一つの決議が行われた。それは、教皇は公会議より下位に位置づけられ、これ以後は、公会議が定期的・自律的に集会を開催することとなったことで、この決議の賜物として、十三年後にバーゼルの公会議（1431-1449）が開催される。

バーゼルの公会議に集まった高位聖職者は百人に満たなかったが、事態を前へ進めようと決意した大学人、約四百人が参加した。この会議は、キリスト教世界全般にみなぎる共感を背景にしていたから、教皇エウゲニウス四世も、内心はしぶしぶながら、この公会議を教会法に適っていると認めざるをえなかった（1434）。決議はさまざまな分野にわたった。フランスとブルゴーニュの和解が成立し、ボヘミアの《ウトラキスト派 utraquistes》〔訳注・穏健フス派〕はローマ教会に統合され、一四三六年には彼らの改革要求が採択された。

しかしながら、勝利したのはエウゲニウス四世であった。憲法を制定しようとした極端主義者たちは、教皇庁にどのような財政的手段が残されることになるかを予見しないで、エウゲニウス四世の廃位とフェリクス五世の擁立を決議（1439）したことでミスを犯した。この《教会分裂》の再燃に全キリスト教世界は呆然となった。公会議に期待を寄せ、ガリカニズム的色彩のもとに教皇権からの独立をめざしていたフランスのシャルル七世と聖職者たちは、教会禄の差配を国王に託する『国本勅定』（pragmatique sanction）を前年の一四三八年に採択したばかりであった。しかし、さすがの彼らも、キリスト教世界の一体性を壊す新しい亀裂を前に後退してしまう。

この反応は、ほかのところでも同じであった。フェリクス五世を承認したのは、バーゼルとシュトラスブルク、サヴォワ、ミラノ、アラゴン、バイエルンだけで、中庸的な人々はそっぽを向いてしまった。エウゲニウス四世はこのバーゼルの会議に対抗して別の公会議を、まずフェラーラで、ついでフィレンツェで開催した。このフィレンツェの公会議にはコンスタンティノープルの皇帝も出席し、エウゲニウスを「聖ペトロの正統の後継」と認めた。ギリシア教会とラテン教会の結合を決めたこの会議（1439）の成功は、明日の保証のないものではあったが、それでも、エウゲニウス四世の威信を高めた。

一四四七年のこの教皇の死去によって、それに代わったフマニストのニコラス五世（この教皇座就任の仲介をしたのは、もう一人のフマニスト、エネア・シルヴィオ・ピッコローミニであった）はドイツを味方につけて、バーゼル会議の人々の信用を失墜させフェリクス五世に抗争を諦めさせることに成功した（1449）。結局、こうして、頻繁に開催された公会議も、歴代教皇たちも、ルターによる決起以前は、誰も教会改革を成し遂げることはできなかったのである。

2　ローマ教会の悪弊

一四三四年、エウゲニウス四世は、バーゼル公会議の人々に宛てて「教会の身体は、足の裏から頭のてっぺんにいたるまで、健全なところは一つとしてなし」と書いていた。その五十年後、トゥールの三部会で一人の聖職の演説者が述べていることも、これに劣らず悲観的である。「おのおのがたもご存知のとおり、もはや規範もなければ信仰に奉仕しようとする心もなく修行する人もいない。聖職者の世界は乱れ、キリスト教世界全体が崩壊せんとしている。」

こうした断定的な有罪宣告の結果として、多くの歴史家は長い間、キリスト教会のなかの秩序の乱れが宗教改革の主な原因になったと考えてきた。たしかに、宗教改革が勃発したとき、教会禄の兼任が横行して聖職者が不在で管理は在俗の人々に委ねられている教区が広がっていた。修道生活の衰退も、ピコ・デ・ラ・ミランドラやエラスムスが非難しているとおりで、エラスムスやラブレーが聖職者に向けて放った風刺の数々を改めて思い起こすまでもない。また、マルグリット・ド・ナヴァールが『小話』のなかで托鉢修道士たちに演じさせている醜悪な役回りを思い起こす必要があるだろうか？　そのうえ、ドミニコ会士とフランシスコ会士とは、醜い争いで互いの力を消耗し合った。フランシスコ会士たち自身、《厳修会士 observants》と《修道院在住修道士 conventuels》の二つに分かれていがみ合っていた。托鉢修道士と教区付き聖職者の抗争も頻繁に起きた。

位の低い聖職者も、彼らは彼らなりに欲望の赴くままに行動した。喧嘩に明け暮れる乱暴な僧侶や女を囲っている自堕落な僧侶が少なくなかったことは、セバスティアン・ブラント〔訳注・シュトラスブルクの詩人・法学者。1457-1521〕やエラスムスが放った厳しい風刺、熱狂的な説教師の説教、司牧の信者宅訪問記録、公的文書などを見ると明らかである。しかし、もっと重要な問題は、とくに田園地帯では教会禄の正式受給者が在住しておらず、ろくに教育も受けていない貧しい外勤司祭に任務を代行させていたことである。司祭は自分の生活のことしか眼中になく、《秘蹟》も「カネで売った」。祭儀場は手入れもいい加減で、彼らは宗教教理の教育も受けていなかったから、《秘蹟》を授けるやり方もズサンで間違いだらけであった。J・トゥセールは、フランドルのようにキリスト教が比較的深く浸透している地域でも、民衆は暴力的かつ異教的で、「道徳面では八〇パーセントしかキリスト教的ではなく、教義についていえば一五パーセント、秘蹟を受けているのは五パーセントに満たない」と断じている。

他方、司教などの高僧たちも「自分の職務が労苦と用心と孤独を意味することをますます忘れ」〔エラスムス〕、とくにドイツの聖職者のなかには、戦いをなりわいとする貴族の仲間に入り王侯の側近になることしか願っていない者が少なくなかった。（これは、ドイツだけのことではなく、フランスでも一四三六年から一四四四年までに、六人の司教がシャルル七世の顧問になっている。）彼らは平気で司教としての勤めをさぼり、自分の司教区に足を踏み入れることさえ滅多にない。とくに高位聖職者ほど評判は悪かった。贅沢嗜好によって腐敗したルネサンス期のローマでは、枢機卿たちは、ペトラルカも揶揄しているように、黄金で飾った馬にまたがる「サトラップ satrape」〔訳注・古代ペルシアの太守〕である。スウェーデンの聖女、ビルイッタ（1303-1373）は、彼らこそ除去されるべき無用の存在であると断罪している。

教皇たちについていえば、彼らは「沈黙によってキリストを忘却させ、キリストを取引の掟のなかへ縛りつけ、牽強付会の解釈でその教えをゆがめ、自分らの醜悪な行動でキリストを暗殺している不敬不信の輩」（エラスムス『痴愚神礼讃』五九　渡辺一夫・二宮敬訳）である。シクストゥス四世（1471-1484）はパッツィ家の悪事に加担し、イノケンティウス八世（1484-1492）は、自分の息子の結婚式にイタリア最高位の貴族たちを招待し、アレクサンデル六世（1492-1503）は聖職売買の主犯として、サヴォナローラ（1452-1498）により非難された。ユリウス二世（1503-1513）は、「よぼよぼの老人だったが、戦争というと若者のように胸を高鳴らせた」。その次のレオ十世（1515-1521）は平和的ではあったが、司牧としての務めをなおざりにして学芸や美術、演劇に熱をあげた。

首長たちがこのようであったから、宗教改革前夜のキリスト教世界が《カオス》という印象を与えたとしても、驚くまでもない。頼りにすべきは秘蹟かロザリオかミサか、それとも《十字架の道》をたどること（本来はイエスが十字架を背負って歩いたエルサレムの道であるが、中世ヨーロッパでは、教会の中に十四枚の絵が掲げられ、それを礼拝して回った）か神か、それとも多神教の復活を思わせるようなさまざまな聖人崇拝であろうか？　死と地獄の恐怖に囚われたキリスト教徒たちは、聖母の大きなマントの下に逃げ込んで劫罰から逃れようと試みた。こうして改悛は金銭ずくの性格を帯び、贖宥は福引きの当たりくじのように与えられた。悪魔がうろつき回っているのではないかという不安から、十五世紀には魔女狩りが盛んになり、これが沈静化するのは、ようやく一六四八年を過ぎてからである。

内部抗争のために混乱し分裂したヨーロッパ・キリスト教世界が、異教徒たちの襲撃に対抗できるはずもなかった。キリスト教徒たちは、すでに一三九六年にはニコポリスで、一四四四年にはヴァルナでオスマン・トルコ軍に完敗し、一四五三年のコンスタンティノープル攻略も、ついに食い止めることはできなかった。もう一度十字軍の理念を蘇らせようとしたカリストゥス三世（1455-1458）やピウス二世（1458-1461）の感動的だが時代遅れの呼びかけにも、キリスト教徒たちは耳を傾けようとはしなかった。

したがって、誰の目から見ても、キリスト教会は危機に瀕していた。一四一五年にはヤン・フス、一四九八年にはサヴォナローラというように、キリスト教世界の危機を憂え刷新を訴える聖なる人々の声にも耳を傾けないで焼き殺してしまい、最悪の状況のなかでヴィッテンベルクからやってきた衝撃波に直面したのだった。ルター（1483-1546）のそれこそ、ウィクリフの神学の知識にヤン・フスの激しさを結びつけたものであった。

3　宗教改革と反宗教改革

修道士マルティンが、ローマに反旗を翻そうなどという考えは毛頭ないまま、一五一七年十月三十一日、ヴィッテンベルクの教会の扉に九十五箇条の提題を貼りつけたときから、カトリック教義の亀裂は、驚くべき速さで進行した。それから四年足らずのち、ドイツでも最も有名な人間になったルターは、ローマからは破門され帝国から追放されて、庇護者であるザクセン侯フリードリヒの世話で、ヴァルトブルク城に匿われた。しかし、彼は、破門される前、一五二〇年の一年間でその後改革派神学の基礎となる著述四作を書き上げていた。『ローマの教皇権』『ドイツ貴族にあたう』『教会のバビロン捕囚』そして『キリスト者の自由』である。

ルターはヴァルトブルクで聖書を訳し始め、この仕事は一五二二年、身の安全への脅威がなくなってヴィッテンベルクに帰ってからも続けられた。すでに、ドイツのある一部全体がルター支持を表明し、メランヒトンのようなフマニストたち、デューラーやクラナッハ、ホルバインのような芸術家たち、フランツ・フォン・ジッキンゲン、ウルリヒ・フォン・フッテンをはじめとする小貴族、都市ブルジョワたちが、彼の重要な弟子となっていた。一五二九年、ある議会がヴォルムスの勅令（一五二一年、破門されたルターを帝国裁判所に委ね、自説の撤回を命じたもの）を再発効させようとしたとき、六人の諸侯と十四の町が抗議（プロテスト）した。《プロテスタント》の名は、ここから生まれたのである。

一五三〇年には、メランヒトンが『アウクスブルク信条』を書き、一五三一年以後は、ルター派の《シュマルカルデン同盟》がカール五世およびその同盟軍との戦いで勝利をおさめる。この反皇帝勢力の背後にはフランスがついていて、一五五五年にはドイツの三分の二がルター派の領域となり、皇帝の弟のフェルディナントもドイツの宗教的分割を受け入れざるを得なくなる。

しかし、動きはドイツだけにとどまらなかった。スカンディナヴィア全体がプロテスタント側に移行し、動揺は低地諸国では、さらに強大であった。シュトラスブルクでは、一五二二年から一五二四年にかけて、祭儀を改革派のそれによって行うことが定められた。スイスでも、一五二三年にはチューリヒがツヴィングリの呼びかけによって、翌一五二四年にはザンクト・ガルス、一五二八年にはベルン、一五二九年にはバーゼルがエコランパディウス〔訳注・1482-1531。エラスムスの友人のスイス人〕の誘いによって、一五三〇年にはヌーシャテル、一五三五年にはジュネーヴがファレル（1439-1565）の扇動でローマに反旗を翻した。パリでは、このファレルによって、一五二三年にはフランス最初の改革派教会が設立されており、この同じ年にフランス改革派最初の殉教者が処刑されている。

イングランドでは、ルターの説に共鳴したトマス・クロムウェル〔訳注・国王書記長〕が、ヘンリー八世に助言してローマと断絶させる。〔訳注・ヘンリー八世が教皇によって破門され、『国王至上法 Acte de suprématie』を施行したのは一五三四年のことである。〕一五二八年には、スコットランド最初のプロテスタントの殉教者が出ている。ルターのドクトリンは、スペインのセヴィリヤとヴァリヤドリード、さらにイタリアではナポリのフアン・デ・ヴァルデス〔訳注・スペイン人であるがナポリで活躍した著述家。1500-1541〕のサークルやフェラーラで、フランスでもルネ王の宮廷で共鳴を呼んだ。ボヘミアはヤン・フスによって改革の土壌が整えられていたし、モラヴィア、とりわけハンガリー、トランシルヴァニアでも、住民の幅広い層が改革派に取り込まれた。最後に、一五五五年ごろ、オーストリア、スティリア、カリンティア〔訳注・以上はいずれもオーストリア〕、カルニオーラ〔訳注・スロヴェニア〕、ポズナニア〔訳注・プロイセン〕、リトアニアがルター派に改宗した。

一五四六年のルターの死で、『アウクスブルク信条』をめぐって一つの危機が生じ、それが四十年間続くこととなる。しかし、ルター派が息切れをしたとき、カルヴァン（1509-1564）が改革派の生命と力に蘇りをもたらした。一五三六年からファレルと一緒にジュネーヴで宗教改革運動を展開した彼は、二年後、逐われてシュトラスブルクに移るが、一五四一年には市民の要請でジュネーヴに復帰し、『神学綱要 Institution chrétienne』を著して「改革派第二の総主教」となる。ジュネーヴからはフランスと低地諸国の信徒を掌握するために牧師たちが各地に派遣され、このレマン湖畔の町は「プロテスタンティズムのローマ」の観を呈した。他方、スコットランドでも、改革派の《長老派 presbyterianisme》が勝利を収め、その指導者のジョン・ノックス（1505-1572）は、ジュネーヴに二度やってきて滞在し、カルヴァンと親交を結んだ。

若いイングランド王エドワード六世には宗教上の助言者がついていて、彼を「新しいヨシュア Josias」〔訳注・モーゼの後継者〕たらしめようとしたが、病弱で在位六年で亡くなったため、カトリック信者であったメアリ・チューダー（1553-1558）、ついでエリザベス（1558-1603　彼女は教義問題には関心がなかった）が即位した。イングランドはスイス型の改革が約束されていたが、英国国教会は一五六三年の『三十九箇条の信仰箇条』によって、カルヴァン的神学とカトリック的様相をもつ礼拝と聖職ヒエラルキーを結びつけたものになった。加えてイングランドでは、教皇への偶像的崇拝を拒否し、貪婪な司教たちを《ルシファー Lucifer》として毛嫌いするピューリタンの流れが発展し、これが、のちに内戦のもとになる。

ツヴィングリ・カルヴァン的改革は、十六世紀後半から十七世紀初めにかけてライン王領伯領地（Palatinat rhénan）（有名な一五六三年の『ハイデルベルク教理問答集』はここで書かれた）で勝利を収め、東フリースランドに進出、ヘッセン・カッセルの方伯たちとブランデンブルク選帝侯たちの信奉するところとなり、ハンガリーの一部（トルコの支配下に入ってしまう）でも勢力を獲得した。とりわけフェリペ二世に反抗して一五八一年からは低地諸国から独立するオランダ連合州（Provinces-Unies）の公式の宗教となる。

フランスに関していえば、コリニーによると、改革派の勢力は、一五六二年には二一五〇以上の市町村にわたり、王国住民の四分の一に達したが、一五六〇年代からはカトリック側の反抗にぶつかって、ルター時代に較べると緩やかになる。

分断されはしたものの破壊はなんとか免れたローマ教会は、とくにパウルス三世（1534-1549）の時代から対抗意志を明確にする。パウルス三世は、カトリックの再建をめざすイエズス会（Compagnie de Jésus）の会則（1540）を承認し、『検邪聖省 Saint Office』を設置、トリエントで全世界司教会議を開催する。この会議は、難局にもかかわらず十六年間にわたって行われ、教義の明確化、救いの業のなかのよき業（すなわち自由）の維持、七つの秘蹟、とくに聖体の秘蹟における神の現前の確認、『公教要理

〔カテキスム〕』の作成など注目すべき成果を生んだ。司教の任地常住、主任司祭の説教の義務づけ、神学校創設なども、この会議で定められた。

しかし、この会議は、プロテスタントを決定的に《異端》と位置づけ、以後、彼らとの対話の道を閉ざす。ルターにとっては重要な教義で、かつてボヘミアの《ウトラキスト utraquistes たち》には認めた《両形色のもとでの聖体の拝領 communion sous les deux espèces》〔訳注・パンと葡萄酒がその形のままでイエスの身体と血になるという教理〕についても、司祭たちの結婚についても反対した。免罪符と巡礼を嘲ったルターとツヴィングリや聖遺物を皮肉ったカルヴァンに対抗して、あらゆる形の伝統に固執し、聖ヒエロニムスの《ウルガタ Vulgate 版》を聖書の真正のテキストとして再確認し、ラテン語による典礼を堅持した。

ピウス四世が公表した禁書目録では、一五三六年に亡くなったエラスムスも「damnatus primae classis」〔第一級有害書〕という評価とともに、その全著作が禁書とされた。この宣告は、これ以後、ユマニストの調停の試みを拒絶することを意味した。エラスムスはルターの過激さを警戒しながらも彼を破門することには反対していた。さらに一五二五年には、ルターの「自由意志による隷従」に反対して「自由意志による自由」を擁護するなど、ルターと決別したが、彼が望んだのは、あくまでも神学的論議が自由に行われ、博士たち同士の煩瑣な論争よりも福音伝道の実践を重んじる教会に変わっていくことであった。ところがローマ教会は、そのエラスムスを「有害」と決めつけるまでに頑なな姿勢に転じたのであった。

4 寛容の挫折

ローマ教会が、三十年前には自分のほうから枢機卿の帽子を提供しようと申し出た相手〔エラスムス〕は、束縛されるのを嫌って、その提示を断った〕の著書を禁書として排斥したことは、時代の変遷と事態の厳しさを表わしていた。キリスト教徒たちは、宗教問題の解決のために、かつてないほど力に依存する傾向を示した。新大陸ではアステカとインカの神殿は破壊され、イベリア半島ではムーア人たちは追放され、各地でユダヤ人たちはゲットーに閉じ込められた。

キリスト教徒同士の憎しみ合いも頂点に達した。フランソワ一世は、南仏のワルドー派三千人の虐殺を黙認し、スペインでは、フェリペ二世はプロテスタントたちを五つの大火刑場で処分した。フランスでは、約三万人の改革派がサン・バルテルミーの大虐殺とその余波の犠牲になり、低地諸国でも、一五七二年秋、陰険なアルバ公は、ズートフェンの新教徒たちを武力で弾圧し、マリヌ〔訳注・メケレン。ブリュッセルの北〕を掠奪した。ここは、ウィレム沈黙公〔訳注・ネーデルランドのプロテスタント軍の指揮を執ったオラニェ公。1533-1584〕に対して門戸を開いた町だったからである。不寛容は、どっちもどっちであった。イギリスでは、「流血好きのメアリ」の命令で行われた死刑執行に対抗して、エリザベス側も、ほぼ同数の人々を処刑した。

十六世紀のヨーロッパでは、一五二二年にルターが帰還したヴィッテンベルクでも、一五六〇年のプロヴァンスやドーフィネでも、とりわけ、一五六六年の低地諸国でも、ほとんどいたるところで彫像やフレスコ画、ステンド・ガラスの《偶像破壊》が行われた。とくに低地諸国では、一五七二年、《乞食団 gueux》が修道士たちを生きたまま首から下を土に埋めて、頭部を球戯の的にして楽しんだ。エリザベス治下のイングランドでは、カトリック信者たちが生きながら腹を割かれて心臓や内臓を引き出された。ある司祭を匿った婦人は、ごつごつした石の板でつぶされた。対立する両派のどちらがより残忍だったとか、どの国が、より野蛮だったなどと誰が言えるだろうか？

いずれにせよ、宗教戦争は延々と続いた。オランダがカルヴァン的共和国としてスペインから承認を勝ち取ったのは、「八十年戦争」（1568-1648）と呼ばれた長い戦争ののちにであった。フランスの骨肉相食む三十六年間にわたる戦争は、アンリ四世の《ナントの勅令》（1598）によっていったん終結したかと思われたが、彼が死ぬと再燃し、終わったのは一六二九年の《アレスの和約 paix d'Alès》によってである。そこにいたるまでには、ラ・ロシェル攻囲戦（1627-1628）で一万数千人が餓死している。改革派の拠点であったボヘミアに対するハプスブルクの政策への抵抗から一六一八年に始まった《三十年戦争》は、キリスト教自体にとってきわめて重大な「愛徳 charité の敗北」であった。

当時は宗教的不寛容は当然のことで、ルター派とカルヴァン派は、互いに「神の現前」について激しい文書合戦を繰り広げる一方で、《再洗礼派 anabaptistes》を迫害することでは了解し合っていた。この再洗礼派のなかには平和主義的な人々も、暴力的な人々もいた。その《狂信者》の一人であるトマス・ミュンツァーは一五二五年、ドイツ農民たちを糾合して貴族たちに対する抵抗運動を先導した。ルターも、たとえば司祭を自分たちで選ばせてほしいとか、貧しい人々から十分の一税を取るのはやめて大金持ちから十分の一税を取って村の共同体のために使うようにせよとか、農奴制を廃止し、禁漁区を撤廃してほしいなど、農民の要求の大部分が正当であることを知っていたので、当初は、貴族たちに「あなた方に対して決起しているのは農民にはあらず、神ご自身である」と宣言していた。しかし、その彼も、都市貴族を標的にした攻撃については、「もし貴族たちが意地悪で不正であったとしても、彼らに刃向かうことは正当化されえない」と言い出した。宗教以外の次元に身を置くことを拒んだこの改革者にとって唯一根拠にできたのは、「キリスト者としての精神の自由」であった。彼が、再洗礼派の黙示録的な信仰を否認し、反乱を起こした農民たちについて「奴らを絞め殺せ。奴らは、襲いかかってくる狂犬である。奴らを殺さなければ、奴らがあなた方を殺すだろう。」と言い放ち排除したのは、ミュンツァーのことも、それに従う狂信者たちのことも嫌いだったからであり、鎮圧軍の指揮者たちのなかにヘッセンのフィリップのような友人を持っていたからであった。

この結果、再洗礼派は、平和主義者であると否を問わず、カトリックの国でもプロテスタントの地域でも、迫害された。十六世紀、低地諸国の殉教者名簿に記されている犠牲者八七七人のうち六一七人が再洗礼派であった。スイスの町や田舎も、新しい正統改革派から外れた独立主義的な人々に対しては、これに劣らず敵対的態度を示した。ジュネーヴではセルヴェート（1511-1553）についてカルヴァンがくだした焚殺命令を、メランヒトンやテオドール・ド・ベザだけでなく、スイスの教会全体が喝采した。一五五九年、プロテスタントの町であったバーゼルで、死後三年になる金持ちの市民、ジャン・ド・ブリュージュが実はダヴィッド・ヨーリスという再洗礼派の人間であったことが分かったとき、人々はその遺骸を墓場から掘り出して改めて処刑している。その四年後、チューリヒでは、オキーノというフランシスコ会の旧総長が、改革派に転じたことで追放されている。これは、セルヴェートと同様、もはや《三位一体》を信じていなかったためである。この六十七歳の老人は、冬のさなかに町を去り、モラヴィアでペストにかかって死んでいる。キリスト教世界の分裂の深刻さは、かつてないものがあった。

5 《行き過ぎ abus》では説明不能

ここに記した教会の不幸についての短い回顧は、ローマの極端な中央集権主義と聖職者の過度の世俗的関心がプロテスタントという反動を引き起こし、他方、そのプロテスタントの反応がローマへの忠誠心を守っているキリスト教世界においても刷新を触発したのだったが、この刷新は、反プロテスタント的方向で行われたので、両者の間の溝を広げただけであったという周知のテーゼを確認しただけのように見えよう。

ところで、このテーゼでは、十四世紀から十六世紀のさまざまな出来事の表層部分を突き抜けてキリスト教の生命の深層に迫るのには不充分であることが明らかである。そこでは、多くの修道会が栄え、大聖堂が次々と建設された中世盛期こそキリスト教信仰の黄金時代であったという公準が基盤になっているが、それは、聖職エリートの信仰と大衆の宗教生活を混同しているためで、後者がその後、低落していったという証拠は何もない。

他方、十四、五世紀のローマ教会の損傷はあらゆる次元で明白であったとしても、そうした損傷が十一世紀のグレゴリウス七世や聖ベルナールの時代（そのころは、プロテスタントによる教会分裂に較べられるような断層は全く見られなかった）に較べてひどくなっていたかは、確かではない。リュシアン・フェーヴルは「宗教改革の原因は快楽主義的な参事会員やポワシーのうら若い修道女たちの欲望過剰といった風紀の乱れなどよりずっと深いところにあった」と書いているが、このフェーヴルの言葉を裏づける証拠はたくさんある。エラスムスは、『痴愚神礼讃』（1511）のなかで、福音を伝えるべき教皇や枢機卿、司教、修道士たちの、その任務に背く振舞いを採り上げて皮肉ったが、ローマと絶縁しようとは考えなかった。カトリック教会は十七世紀には、トリエント公会議〔十六世紀前半〕以前に非難されていた弱点の大部分を修正していたが、プロテスタント側からローマとの対話再開を求めることはなかった。両者の不和の原因は、モラル次元でよりも、神学次元でこそ重いものがあったからである。

改革派の人々が大衆を味方につけようとして、教皇庁に対するドイツ人たちやイギリス人、フランス人の古くからの敵意を利用したことは事実である。すでに『九十五箇条』のなかでルターは、こう皮肉っていた。「なぜ教皇は、最も大金持ちの財布よりも大きな財布をもっているのに、貧しい信者たちのカネでなく自分のカネでサン・ピエトロ寺院を建てないのか?」

「新しいバビロン」「ローマ政庁の暴政」「くそ坊主のけつの穴」といった教皇庁に対する痛罵に群衆がとりわけ敏感であったのは、当然のことであった。しかし、ルターを《信仰による義認》のドクトリンへ向かわせたのは、ヴィッテンベルク近くで目にした免罪符販売の光景ではなかった。彼が一五一七年に抗議の声をあげるにいたったのは、修道院で聖パウロの書簡を読み、瞑想のなかで発見したこの偉大な神学テーゼに照らして、聖職者が信者たちに与えようとしているのは偽の救いに他ならないことを痛感したからであった。『アウクスブルク信条』が指摘している《教会の誤謬》は、修道士たちの乱脈ぶりではなく、唯一の種のもとでの聖体拝領、供犠をもって行われるミサ、聖職者独身主義、信者たちに課される断食と禁欲に関してであり、彼がカトリックを非難したのは、その風紀の緩みについてではなく、煩瑣さにあった。

この時代には、修道会に対する批判も広がりを見せていたが、それらは、紋切り型で、それ自体、検証する必要がある。修道会といっても様々あるが、いずれも宗教改革直前のころには、中世盛期を特徴づけていた力強さをなくしていたうえ、教会分裂が教会内部の混乱、信心会同士の緊張を加速していた。しかしながら、トリエント公会議よりずっと前から、大部分の修道会において刷新の試みが行われていたことは歴史的にも明らかである。クラリッサ会は聖コレットを手本とし、ドイツのアウグスティノ会とオランダの信徒組合のドミニコ会士たちは、一五一七年以前には、規律の厳格さを取り戻していた。のちに《カプチン僧 Capucins》と呼ばれる聖フランシスコ会の隠者たちは、一五二六年から大衆を相手に説教を開始していた。ルターは、ヴィッテンベルクでもエルフルトでも、厳格さで知られた修道院で生活し、彼自身、苦行に打ち込んだことで有名である。カルヴァンが修学したモンテギュ学寮も厳格さで有名であった。したがって、一五一七年以前にも教会の改革は行われていたのであり、ただ、中心から来る衝撃によるものでなかっただけである。そうした散発的な努力には、シスネロス枢機卿の衝撃のもとに行われたスペインの宗教的再生のように広がりをもったものもあれば、ジェノヴァやローマで創設された《神の愛のオラトリオ会》のようにごく狭い範囲のものもあった。

各種の修道会のなかでは、「改革」は一般的に「戒律を遵守し昔の慣習に回帰すること」を意味しており、新しい条件への適合ということは考えられなかったように見える。反対に、無秩序にだが、新しい欲求と信仰の変容を示す示威や発議がいたるところで現れていた。

6　民衆的信仰の興隆

十四世紀以後の西欧における宗教生活を特徴づける一つの重要な事実がある。民衆的信仰の興隆と確立である。これによって、それまでは聖職者が従順な信者たちの敬神を枠づけ指導する宗教であったキリスト教が、新しい色合いを帯びるようになり、それに伴い、ますます都市的になる文明のなかで、かつてよりも自律的で、外から制御の利かない集団的精神が現れたのである。このことに気づいたパドヴァのマルシリウス、オッカムのウィリアム、ニーハイム(ニーム)のディートリヒといった十四世紀の神学者たちは、ためらうことなく、《多数福利主義 multitudiniste》〔訳注・個人より多数の幸福を優先させる行き方〕的態度を採った。彼らの一人は「教皇権とは、共通の利益のために合法的に結びついた信徒の全体である」と宣言している。

このドクトリンが、のちにプロテスタントの改革者たちをして「聖ペテロ後のキリスト教徒はなべて聖職者である」と言わせることになるのであるが、それにいたるまでは、大衆キリスト教主義の無秩序な示威運動が簇生した。たとえば鞭打ち行者、集団での十字架の道の行進、群衆の前で演じられる受難劇、同信会の発展、セレモニーのなかで合唱に与えられる位置の大きさ、聖歌隊学校の設立などである。事実、群衆は自分たちの信仰を歌で表現したい欲求を感じていたが、とりわけ、民衆的宗教歌を発展させたのが穏健フス派の《ウトラキストたち》であった。百年後、プロテスタントの側でも、ルター派の合唱隊と卑俗語訳『詩篇 Psaumes』の音楽化が信徒たちの信仰に新しい活気をもたらす。

フランシスコ会やドミニコ会の説教師たちが十四、五世紀のヨーロッパを歩き回ったのは、民衆の需要に応えて福音のメッセージをもたらすためであった。そうした説教が社会学的観点でもっていた重要性は、どれほど強調してもしすぎることはない。ヴィンケンティウス・フェレリウス、ヴェルチェリのマンフレド、シエナのベルナルディヌス、オリヴィエ・マイヤール、サヴォナローラといった人々は、その説教によって群衆を身震いさせ、泣かせ、希望を抱かせたことで名を挙げ、大きな影響力を及ぼした。彼らは《改心》を勧め、子供たちを集めて《おしゃれ女》にけしかけ、無意味な物を焼かせ、敵対し合っている過激集団を和解させ、邪悪な手段で手に入れた物を返却させた。彼らは市政も牛耳って社会の隅々に厳しい目を光らせたが、神を冒涜する言葉を摘発するためだけでなく、贅沢を取り締まったり、高利貸しを規制するためでもあって、彼らの説教が、このように明確な社会的性格を帯びたことは注目に値する。

そこから、イングランドでは、《ロラード運動 lollardisme》と一三八一年の民衆蜂起が生まれた。ロラード運動に対してはウィクリフ（1320-1384）も関心を寄せたが、彼自身は「大学教授の席を降りるようなこと」のために動くことはしなかった。〔訳注・ウィクリフはロンドンの司教から出頭を命じられたが、国王エドワード三世が守ってくれたので、迫害を免れた。死後、一四一五年のコンスタンツ公会議で異端宣告を受け、墓は暴かれ、著書ともども、焼かれた。〕彼は、典礼を確定することよりも説教を重視し、当時のイングランド各地に「貧しい司祭たち」を派遣し、巡回説教させることに力を傾けた。それから数年後、ボヘミアでは、フス（1369-1415）が説教師をめざした。彼は、ローマ教会を改革するためには神の言葉を拠りどころにする以外ないと考えた。

このように当時の最も慧眼の人々は、教会のなかで最優先になされるべき仕事は神のメッセージを伝えることであることを知っていた。一四〇八年のランスの公会議でジェルソン〔訳注・フランスの神学者〕は、説教を司牧の第一の義務として提示し、その同時代人であるシエナのベルナルディヌスは、ある日、聴衆に「ミサを欠席しても、説教を欠かしてはいけない。なぜなら、ミサに信仰の生命を吹き込むのが説教だからである」と述べている。ルターやカルヴァンの考えも同じであった。

《言葉の秘蹟》についてのこの新しい観念は、司牧の世界における聖職者の意義を判断させることとなる。事実、宗教改革以前のローマ教会の主な弱点は、法王庁の財政的乱脈にあるのでもなければ、高位聖職者たちの贅沢な生活スタイルにあるのでもない。また、幾人かの修道士の風紀の乱れや妾を囲う司祭が増えていたことにあるのでもない。要するに、司牧たちの教育・訓練の不足、秘蹟の授与を満足に執行することもできなければ、福音のメッセージを正しく伝えることもできない質的低下にこそあったのである。

たぶん、宗教改革は、教えを供給する側の無能と需要側の新しい熱烈ぶりとの間の深いギャップから生まれた。「説教 prédication」の努力はなされても、十五世紀には信徒たちの需要に応えることができなかった。ルター自身が、そのことについての証拠である。修道士マルティンが免罪符事件の五年前に行ったある説教には、ウィクリフやフス、ジェルソン、ベルナルディヌスと共通する考察の跡が現れている。そこで彼は、キリスト教徒群衆の欲求に合わせないでやってきた教会の牧者としての無能ぶりを指摘して、次のように語っている。

「ある人は、私にこう言う。これらの聖職者たちはなんと罪深く醜いことか！　女好きで酒飲み、賭け事に溺れ、あらゆる悪事に手を染めている……。私は幾つもの重大なスキャンダルを知っている。それらは告発され正さなければならない。しかし、あなた方が言っている悪徳は万人の目に明らかな見える物質的なものであり、感覚を通して心を掻き乱しているだけだが、それらとは比べものにならない有害な悪がある。それは《真理の言葉》が改竄されていることについての組織的沈黙である。この悪と病は、物質的なものではないので、人は、そのことに気づいてさえおらず、そのことで動揺もしなければ恐怖さえ感じていないのだ。」

ルターが告発した悪への自覚と信徒たちの宗教的渇望に応えるための努力は、結局は、同じ一つの動きの二つの側面であった。プロテスタンティズムが、祭式の主要部分を説教にあるとしたことは注目されてきたが、信徒たちに福音のメッセージをよりよく伝えるためにローマ側がとったイニシアティヴについては、あまり注目されないできた。司祭たちは、小教区の人々に毎週日曜日に教育を施すという義務を受け入れた。トリエント公会議のあと、教会は小規模化を受け入れ、これによって教会堂のなかのどこからでも説教師の話を聞くことができるようになった。バロック芸術は、ベルギーやバイエルンの司祭の椅子をまばゆいばかりに装飾した。カプチン僧たちの伝道の仕事は増えた。しかし、伝道の仕事が司牧集団の中心を占めるにいたらなかったことは、十五世紀の説教師たちの挫折を証明している。したがって、重要なのは司牧の育成であった。この問題への正面からの取り組みがカトリックとプロテスタント双方で行われるのは十六世紀以後である。時の経過とともに、プロテスタントのアカデミーとカトリックの神学校は、キリスト教徒民衆に、それまで日常生活のなかで欠けていた精神的指針を与えるようになる。

本書が採り上げている巨大な変動期に、信徒たちの心にキリスト教教理への激しい渇望があったことは、十六世紀、十七世紀と《公教要理 catéchisme》が急増している事実が証明している。こうして、ルネサンスは神学の促進という結果をもたらしたわけであるが、それは、プロテスタント地域でもカトリックの国々でも同じで、群衆はこれ以後、少なくとも神学の基礎を知っていて当然であるとされるようになっていった。

聖職者たちが説いたのは、宗教改革以前は、基本的に道徳についてであったが、十六世紀以後、ルターに倣ってキリスト教の刷新を志す人々は、道徳の淵源である神学の再生に力を注いだ。ルター、カルヴァン、ブツァー〔訳注・シュトラスブルクで教会改革に活躍し、のちにイギリスでエドワード六世に聖書を講じ、イングランドの宗教改革に尽くした。1491-1551〕、また、ツヴィングリのチューリヒにおける継承者であるブリンガー〔訳注・スイスの宗教改革者。1504-1574〕なども《公教要理》を執筆している。ピウス四世もトリエント宗教会議で確定された教理の総括として『カテキスムス・ロマーヌス』を作成。これをもとに、それぞれの司教区で《公教要理》が作られていった。

7　教会における俗人の重要性

俗人信徒たちも、キリスト教会の担う責任について、かつてない関心を寄せ、教会のなかでますます重要な位置を占めるとともに、さまざまな要求もするようになる。この点で信心会（confrérie）が演じた役割は示唆的である。信心会は十四世紀から十五世紀にかけて加速度的に発展し、全ヨーロッパ的現象の様相を呈するまでになった。これらの信心会の特徴は、聖職者と俗人の融合をめざしたことにあり、司祭たちも食事会などでこの信仰集団の生活に参加したことから、特別なカーストの人間ではなくなっていった。《神の友 Amis de Dieu》の名でライン地方の十四世紀に花開いた啓蒙的小グループでは、聖職者と俗人たちが一体になって完徳の生活の実践に取り組んでいる。

宗教改革以前のオランダで異彩を放った信徒組合として、一三八一年にオランダのデーフェンテルで、ヘールト・フローテという一介の助祭が設立した《共同生活の兄弟会》がある。そこでは、司祭も俗人も平等で、メンバーにはビールの醸造業者もいれば農民もいて、俗語に訳されたバイブルが読まれ、説教や合唱も俗語で行われたから、ラテン語は価値を喪失した。

こうして、《教会》や《聖職者》といった観念が見直され、信徒である民衆が司牧者を判定する主役になる。ウィクリフは、その『教会について De ecclesia』（1378）のなかで、目で見ることはできない真の教会があり、これは聖俗の差別なく神によって選ばれた人々による「預定されし共同体 universitas praedestinorum」である。それに対し、目で見える地上の教会は、それなりに有用ではあるが完全ではないので、コントロールされ、正されなければならない。すなわち、実践的次元では、邪悪な聖職者は追放されるべきで、十分の一税も彼に納入するくらいなら、むしろ貧しい人々に分け与えられるべきである。罪を犯している神の僕が行う秘蹟に効力はないというのである。

ヤン・フスもまた、『教会について De ecclesia』（1413）において、幾つかの込み入った条件つきで教会の聖なる資格を認めたが、教皇権については、コンスタンティヌスの時に生まれた人間的制度であるとし、たとえば聖職売買で穢れた司教は、神の御心からすると「ほんものの聖職者」ではないとし、《聖職カースト》への抜きがたい不信を示した。ジェルソンは、コンスタンツ公会議で、このフスの流れを引くチェコの改革派を有罪とする側に与したが、その彼もローマの《神政》には「抵抗かさもなくば隷従、分裂主義か偶像崇拝かしか生まない」として反対し、教会の誤謬を回避するには、もし望むなら全信徒が公会議への参加を認められるべきであるとした。当時の人々から「教会法の王」と渾名された枢機卿のザラベラも、「権力は信徒大衆のなかに存在する」と言っている。

したがって、十六世紀の改革者たちが引き継いだのは、聖職ヒエラルキーや僧自身の価値を低く見ることによって俗人信徒の尊厳性を次第に引き出してきたそれまでの二百年にわたる流れなのである。イングランドでは、一三四八年には教会財産を没収しようという計画があった。ウィクリフからすると、司祭は、何よりも聖書の言葉を伝える人間として互いに平等であるべきで、聖職者に位階などあってはならないものであった。彼は、《実体変化 transsubtantiation》〔訳注・ミサの際、パンと葡萄酒がその形色だけを残してキリストの身体と血に変わること」も否認し、聖職者優位の根拠にされている秘蹟の価値を否定した。他方、《神の現前》と《実体変化》を信じたヤン・フスとその弟子たちは、とりわけ《両形色のもとでの聖体拝領》を蘇らせることに固執したが、それは、これによって教会の生命のなかで新しい重要性を俗人たちに与えようとしたのである。

『九十五箇条の提題』を掲げたルターとフスとの間には百年の隔たりがあり、E・G・レオナールの言うように、ルターの振舞いと彼の先輩である二大異端の行動の間には直接のつながりはないと考えるべきである。しかし、ルターは、ひとたび歯車に巻き込まれると、自分と彼らとの共通点を見つけ出し、俗人に好意的な神学的諸要素を一つのドクトリンとして集めることによって、司牧はあくまで信徒の代表として、結婚生活を営むべきだとし、教会財産を没収し、授与されるべき秘蹟の数を減らし、維持されるべきものについてもその重要性を小さくした。俗人たちには《両形色のもとでの聖体拝領》を認め、万人が聖書に接することを勧め、大衆の読むことのできないラテン語を典礼から排除した。

しかし、カトリック教会が、トリエント公会議以後も位階的構造を強化し、一般信徒のキリスト教徒としての地位向上にブレーキをかけたと考えるのは間違っている。トリエント公会議では、イタリア貴族のナガローラが教皇使節たちに招かれて、会議の代表者たちの前で説教しているし、伝統についての決議文作成にも参加している。また、一六〇四年、フランスにカルメル会の女子修道院を導入したのはマダム・アカリーという既婚婦人であり、一六二七年ごろ《聖体会 Compagnie du saint sacrement》を設立したのも、俗人であるヴァンタドゥール公であった。カトリック教会がイエズス会（Jésuites）やオラトリオ会（Oratoriens）、ポール・ロワイヤル（Port-Royal）、ウルスラ会（Ursulines）、聖母訪問会（Visitandines）を仲介にして教育に強い関心を寄せたことも、俗人が力を増したことの表れである。結局、イエズス会とその決議論〔訳注・規範と実際の行動が合わない場合、罪にならないような行為の原則を立てて、疑惑を晴らそうとするやり方〕は人々から嘲笑されたが、世俗的活動に少しでも大きい場を与えようとする傾向を強めていったことは明白である。

宗教改革の時代、信徒たちが聖職者の権威に興味を失っていったことは、十四、五世紀、日常的な宗教生活のなかで世俗権力が演じた役割の重要性を知ると納得がゆく。宗教的危機のなかで、国家は教会に対する支配権を強めた。フランス王の顧問会議は、一五一六年の《政教和約 concordat》〔訳注・これによってフランソワ一世は高位聖職者の叙任権を認められた〕より以前から、教会禄を自由に決定し、聖職者の選挙を調停し、教会法に実効性を与えていた。高等法院（parlement）は、司教たちから検閲権を取り上げ、聖務日課書の文面を検証し、贖宥や聖遺物、告解師をコントロールした。パリの市立病院（Hôtel-Dieu）は、一五〇五年には世俗権のもとに移され、一五一九年、フランソワ一世は王国のすべての病院の改革を命じている。

その百年前、ジェルソンは、『護教対話』のなかで、公会議の無力化が司教たちを無力にしていると指摘し、諸侯たちが教会改革を推進するよう求めている。そこには、のちにルターが『ドイツ貴族にあたう』で述べているのと同じ論理が認められる。ジャンヌ・ダルクは、判事たちからシャルル七世について質問されたとき、「すべてのキリスト教徒のなかで最も高貴なキリスト教徒であり、信仰と教会を誰よりも愛しておられます」と答えている。

君主たちは、たしかに即位に際し聖油の塗油を受けたし、教会領と国家の領土が絶えず浸透し合っていた社会でしか理解できない宗教的権威をもっていたが、それでも、彼らは地上の都市の代表者であった。しかし教会大分裂のとき、天上の都市を救うために働いたのはこの地上の都市であった。ジギスムンドが、コンスタンツ公会議を招集し、並立する三人の教皇たちを排除して、カトリック教義の普遍性の救済者としての姿を現したのは、理由のないことではなかった。

したがって、教会分裂の時期に、さまざまな国の聖職者や信徒たちが、自分たちの政府が支持する教皇に付いたのは、驚くに値しない。「cujus regio, ejus religio」〔訳注・「領地の属する者に宗教は属す」との意で、一五五五年のアウクスブルクの宗教会議で採択された原則。宗教を選ぶ権利は領主が有し、住民は領主の信仰に従うというもの〕が国際的に承認された原則であり、国家の長がその国の宗教上の基本的助言者とされたのである。

ブールジュの『国本勅定』(1438)も、教皇中心主義に対抗して、司教と大修道院長の選任権を王にありとしたが、選挙に関わった聖職者たちは、王が推薦した「王国のために献身する人物たち」を正当と宣言することになんのわだかまりもなかった。こうして、フランスの教会の聖職禄を国王の管轄に移した一五一六年の《政教和約》によって教会と君主との結びつきは一層強化された。イギリスについていえば、教会分裂を終息させた一四一八年のコンスタンツ公会議の《コンコルダ》以前から教皇権に対しては距離を置いていたし、高位聖職者の任命権と、高位聖職者の不在期間の世上権は国王が手に入れていた。イングランドの教会は、ヘンリー八世がローマとの絶縁を決断する以前から国王のものになっていたのであって、国王を通してしかローマと接触することはできなかった。このため、イギリスの教会は、十六世紀じゅう、信仰の領域でも君主のいうままであった。

8 宗教的個人主義

君主たちは、ある程度において、その国民を代表していた。ところが、ある人々が新しく宗教的重要性を獲得するということは、その人たちが教会のなかでも他の人々よりも大きい自律性をもつことを意味したのではないだろうか？　これは、宗教改革やフランスの《ガリカニズム》の確立、世界伝道についてのスペインおよびポルトガルの野望によって生じた亀裂が確証してくれていることである。しかし、十四世紀以後の西欧の宗教生活を特徴づけたこの種の分裂的事態については、さらに研究を進める必要がある。信仰は典礼的でなくなり、神の敬い方は多様化するとともに、ますます個人的になっていく。こうして、宗教的個人主義は宗教改革以前から開花していたのが見られる。これは、一つの文明全体の上昇との関わりにおいて、重要な歴史的事実である。

トマス・ア・ケンピスによって一四二〇年から一四三〇年に執筆された『イミタティオ・クリスティ』は、十五世紀に最もよく読まれた著作で、その写本は、約七百種が今も遺されている。ところが、この本が記しているのは、本質的に一つの個人的経験であり、いわば、イエスと対話するためこの世と一歩距離を置き、「重くのしかかるものを唯一軽くしてくれる愛」を魂のなかによりよく入れるための《内面の日記》である。ジェルソンは、自己との対話として書いた小論『霊的乞食 La Mendicité spirituelle』と妹たちに宛てた手紙のなかで、各人が修道会の外で個人的信仰を開拓すること、そのような習慣を身につけることを勧めている。彼は、妹たちに独身生活を守るよう勧めたが、修道院には入らないよう助言している。それは「キリスト教の信仰は、誓願など立てなくとも、きわめて完璧なやり方で遵守することが可能」だからであった。教会のなかでの俗人の地位向上と個人主義的精神の確立は、まさに同じ一つの実体の二つの側面なのである。

『イミタティオ・クリスティ』とジェルソンの小論の着想の源となった《デヴォーティオ・モデルナ Devotio moderna》〔訳注・「新しい信仰」と訳され、典礼よりも個人的瞑想を重んじた神秘主義的運動〕は、ロイスブルーク（1293-1381）とヘールト・フローテ（1340-1382）、そして《共同生活の兄弟会》の人々が提唱したもので、西欧における信仰のあり方を変えたといって過言ではない。そこで勧められているのは、聖俗を問わず、キリストと聖母を想い描くことである。ロイスブルークは「キリストこそ私たちの規範である。彼の生涯と教理こそ、命を通しての私たちの聖務日課書である」と書いている。しかし、瞑想が効果をあらわすには体系的でなければならないし、実践の上に支えられなりればならない。

《デヴォーティオ・モデルナ》の運動は、「あらゆる心理学的手段を活用して、宗教的意識を適切な理念と公式を結合した網の目で武装することに努めた」（E・ドラリュエル）。それは、《ロザリオの祈り》の『アヴェ・マリア』を喜びや苦しみの神秘劇に結びつけ、また、アルファベット文字を活用してキリストの苦痛と「マリアの冠」のバラの花の間の対応関係を樹立した。この点では、聖ヴィンケンティウス・フェレリウスは、フランドル人たちの後塵を拝したが、彼は、人間が神と自分自身と他者の三者に対して抱くさまざまな感情を区別し、貧困の三つの根と禁欲の三つの役割を発見した。

聖イグナティウスの『霊操 Exercises spirituels』が《デヴォーティオ・モデルナ》に負っていることは明らかである。しかし、ジェルソンの《デヴォーティオ・モデルナ》は、とくにイエスに眼を向けているので、芸術面でもキリストを中心とした絵画を開花させたが、そうした傾向性は、ルターやベリュル〔訳注・フランスのオラトリア会の設立者。1575-1629〕において再び現れる。

《デヴォーティオ・モデルナ》を根本とした瞑想は、聖職者による《秘蹟》の必要性を減少させる危険性を秘めていた。事実、その方向に突き進んだ神秘主義思想が現れる。マイスター・エックハルト（1260-1327）、カルトゥジオ会のディオニュシウス（1402-1471）、タウラー（1300-1361）らは、うかがい知れない神性のなかに自己が吸収され消滅することを理想とした。「このうえなく広大で、渡ることのできない砂漠であり、そこでは、人間の心は根底から敬虔になる。迷えど迷うことなく、迷えど彷徨わず、無上の喜びをもって倒れ、倒れることなく立ち上がって歩むのである」。（ディオニュシウス）

ルターは、このライン地方の神秘家たちの影響を受け、とくにタウラーの著述を好んで読んだ。修道士マルティンの時代には、やはり無名の著者の『ドイツ神学』も読んだ。この『ドイツ神学』は、秘蹟のことも聖母マリアのことも、聖人たちのことも問題にはしておらず、ルターが典礼や位階制などを超越して救世主の無償の恩寵しか求めようとしない教理をキリスト教世界に提示したのは、こうしたライン地方の神秘家たちの伝統を引き継いだのである。

宗教的個人主義の歴史を語るには、ジャンヌ・ダルクの悲劇も無視して通るわけにいかない。たしかに彼女は、頻繁に秘蹟に接したし、可視の教会に結びついていることを望んだ。しかし、自分が聞いた《お告げ voix》を否認することを拒み、「それを否認するくらいなら死を選ぶ」として十九歳で火刑台に登ったのだった。裁判は、間違いなくイギリス人たちと結託した一人の司教の主導で行われたが、ソルボンヌの神学博士たちも加わった審判団が彼女を「異端者、教会分裂主義者、偶像崇拝者にして悪魔崇拝者」として有罪を宣告したということは、ローマ教会も神秘主義を警戒していたのではないだろうか？

聖職売買の元凶であった教皇アレクサンデルも同様にしてサヴォナローラを火刑に処した。しかしながら、十六世紀末、プロテスタントに移ったヨーロッパの半分にあっては個人主義に好意的な観念が勝利を収めたにもかかわらず、カトリック世界では、神秘主義がその最も美しい花を咲かせた。アヴィラのテレサは、「愛する神さま、お会いできるときが参りました」とつぶやきながら死に、十字架のホアン〔訳注・スペインの神秘家。ホアン・デ・ラ・クルス Jean de la Croix〕は『魂の暗夜』を歌いながら神のもとに旅立っていった。

9 罪の感覚

宗教はますます個人主義的となる。「個人としての罪」という観念は、宗教改革に先立つ二百年間に生まれた新しい感情である。人々の意識のなかに良心の咎めがかつてないほどに入ってきて、この時代を突如、《告白のインフレーション》で特徴づけることとなる。ペスト、戦争、飢饉、トルコ軍の進出といった相次ぐ不幸を、人々は《アンジェラス Angelus》の祈りを唱えることで食い止めようとしたが、これに教会の分裂が加わり、パニック的雰囲気を醸し出した。これらの災厄は神によって下された罰と考えられ、文明化の産物である個人の自覚がまさに夜の闇のなかから姿を現しつつあるなかで、一人一人を罪の意識におびえさせた。

キリスト教徒たちは、精神的にも肉体的にもいたるところ不幸に覆われているのを見て、悪魔がこの世界を襲ってきたのだと信じ（ルターも、この恐怖に囚われた）、魔女たちがサバトに集まって人々を呪っているとか、ユダヤ人たちが井戸に毒を投げ込んだのだなどと思い込み、さらに奥深いところでは、これらは神による罰であり、死は永遠の責め苦への入口にすぎないと考えた人々は、迫っている神による罰を、なんとか気を紛らせて忘れようとした。しかし、この偽りの喜びの世界が終わろうとしていることを思い起こさせ、死に臨む準備を促す『死の舞踏 danses macabres』（一四〇〇年以前には見られなかったものである）の絵があちこちで描かれた。他方では襲ってくる悪魔にどう抵抗し、終末のときに自由を勝ち取るかを教えた『往生術 artes moriendi』を教えた宗教文学も広まった。

中世から近世への転換期に生きた私たちの先祖たちは、死への恐怖心から、地獄から救ってくれるとされる聖クリストフに祈った。しかし、厚い雲のなかから突如、姿を現して、罪に穢れた人類の歴史の流れを停止し、生きている人々も死者たちもともに、その法廷へ集め、裁くお方は神御自身でもある。ヴィンケンティウス・フェレリウスやサヴォナローラといった説教師たちは、神の怒りが切迫していることを予言し罪を償うよう促した。

このように、世界の終末と最後の審判の強迫観念のなかで生きていたのが、この時代のキリスト教徒たちであった。ファン・デル・ウェイデン、ヒエロニムス・ボス、ルカ・シニョレリ、ミケランジェロそのほかたくさんの芸術家たちが描いた作品は、この時代を覆っていた恐怖を雄弁に物語っている。

さらに、この終末の直前には《アンチクリスト Antéchrist》が出現するはずであった。否、すでに彼は生まれているのではないか？　ヴィンケンティウスは、「彼はすでに生まれている」と断言した。教会が分裂し、教皇が何人も並立しているということは、その一人が《アンチクリスト》である可能性がある。――イングランドのウィクリフとチェコの改革派たちの見解が、そうであった。なんとか教会分裂は終わっても、《アンチクリスト》が出現することへの危惧は消えなかった。一五〇〇年ごろには、《アンチクリスト》の生涯を予告した著述がたくさん現れている。ルターも、ローマとの関係を断絶したあと、教皇を《アンチクリスト》と同定している。

このように強力な魔王が君臨しているなかで、弱々しい人間が、どうして救いに到達することができるだろうか？　この憂慮すべき問題を解決する方法が一つあった。それは、ロザリオと巡礼をもって天国の門をこじ開けること、赦しを与えてくれる人から《赦免状》を買うことである。不安に覆われた時代にあっては、経済の領域と同じく宗教の領域でも、贖宥をカネで買うことが一種の保険になった。とくにキリストや聖人たちの遺物は、最後の審判の日に罪の負債を帳消してくれる積み立てのための「預金と振替の銀行」であった。だが、この算術的救済の理屈は、必ずしも充分に確実ではなかった。十四世紀から盛んに歌われるようになっていた『ディエス・イラエ Dies irae』〔訳注・「怒りの日」の意で、レクイエムにおける続唱の一つ〕は、信徒たちに最後の審判の厳しさを思い起こさせたし、ミケランジェロはシスティーナ礼拝堂の壁に悪人どもを呪いの仕草で地獄へ送る怒れるイエスを描いていた。

さらに、もう一つ、永劫の罰への恐怖を追い払ってくれる解決法がルターの《信仰による義認》論であった。これは、「神は、われわれには関わりなく救ってくださる。原罪がいかに深刻であろうと、また、われわれが地獄に値する罪を犯していたとしても、神は審判者ではなく父であられ、子なるイエスによって救うことをわれわれに約束されたのだからだ」という教理である。

これは、目新しいドクトリンではなかった。ルターは、それをローマ人たちに宛てた聖パウロの手紙のなかに見出している。「人が義と認められるのは、律法の行いによるのではなく、信仰による。……不法を赦され、罪をおおわれた人たちは幸いである。主が罪を認めない人は幸いである」。（『ローマ人への手紙』3〜4）

聖アウグスティヌスは、ペラギウス〔訳注・四世紀なかごろブリタニアに出たキリスト教学者〕への反論のなかで、「原罪によって滅びるべき群」から「選ばれた者」を引き出すことに神の恩寵があると強調した。このアウグスティヌスの思想が、ペトルス・ロンバルドゥス（1160没）の『神学命題集Sentences』やカンタベリー大司教ブラッドワディーン（1349没）の『神の原因についてペラギウスに反論す』を通して中世全体を覆った。〔訳注・ペラギウスがアダムの罪の伝播は遺伝によるのではなく模倣によるとして人間の自由意志を重視したのに対し、アウグスティヌスは、人間はこの根源的罪のためには無能であるとし、それを癒す神の恩寵を強調した。〕

しかしながら、教会が危機に直面し、信仰の個人的性格が確定して、西欧の宗教生活に変化をもたらすと、ペラギウス説のほうが新しい力を得る。ピエール・ダイイによると、十四、五世紀のスコラ学を牛耳ったオッカム派は、「神の恩寵なしでも全ての罪を免れることができる」と、人間の意志の重要性を強調する一方で、神が人間に対して全面的に自由であることを強調し、「そもそも全能の神のなされる裁きを誰が予知できるだろうか？」と述べて、神への畏怖心を起こさせた。そこから、救いはこの世での行いとは無関係に与えられるという観念にいたるには、ほんの一歩で充分であり、ピエール・ダイイも「永遠の生に値いしない人であっても、なんらの変化を己のなかに達成することなく、神の絶対的なお力によって、永遠の生にふさわしくなることが可能である」と書いている。ジェルソンも、「神は改悛していない人をも免罪することができる。そこに贖罪の秘蹟の本質的赦しがある」と考えていた。

こうしたジェルソンやピエール・ダイイにもましてルターはさらに神の絶対性を宣揚し、オッカム主義を超えて《信仰による義認》の教理を立てた。「すべては神の御心のままであるから、人間は自分に与えられる救いに値するかどうかを知る術はない。善行によって功徳を積むことも、それ自体が神の贈り物である」——この神学的テーゼに再考を加え、専門家同士の議論の枠から引き出して、キリスト教徒大衆に、恐怖への根本的癒しとして提示したところにルターの役割があった。

このように、神学と集団的心理の間に質問と答えという関係を打ち立てると、教会の危機感に対するユマニストの解決法が、ルターの時代の人々にとってなぜ不充分であったかが、よりよく理解されるであろう。プロテスタントの改革者たちと同様、エラスムスも、典礼や秘蹟を評価しなかった。しかし、では、彼がキリスト教徒たちを安心させるために提示したのは何だったのだろうか？ 彼は、「愛こそ福音の唯一の教えである」とし、イエスの信徒たちがこの教えを実践しようと努めたとき、市民的・宗教的社会は再建され、各人の救いも確かなものとなるのだと言う。

これでは、ツンボ同士の会話ではないか！ といえば、その通りである。エラスムスが相手にしたのは、いきなり昂揚したかと思うと、次の瞬間には打ち拉がれている人たちで、このあとの世紀にデカルトやコルネイユが宣揚する自己制御など持ち合わせない人々であった。ユマニストのメッセージは、時期尚早だった。エラスムスの示した公式が不適切であることを見事に理解していたメランヒトンは次のように述べている。

「われわれは神学に何を求めるか？ それは、死と最後の審判に対する慰めである。ルターは、それをわれわれにもたらしてくれた。それに対し、エラスムスは、道徳性と市民的自覚を教えただけであった。」

しかしながら、ユマニストも宗教改革者たちも、バイブルを読むことに信仰生活のすべてを集中すべきだとすることでは一致している。ルネサンス（Renaissance）は《再湧出 ressourcement》たらんとしたが、この意志がとくに顕著に現れたのが、おそらく信仰の分野においてであった。ロレンツォ・ヴァラ（1406-1457）から、ルフェーヴル・デタープル（1450-1536）とロイヒリン（1455-1522）を経てエラスムス（1465-1536）にいたるまで、キリスト教的ユマニストは、バイブルを翻訳上の数々の間違いから解放し、純化された本当のテキストを信徒たちに与えたいという欲求においては全員が一致していた。ルターが登場する一年前、エラスムスは、この願望を次のように述べている。

「私の望みは、福音書とパウロの手紙があらゆる国語に訳され、すべての女性たちも読めるようになることである。労働者は車を押しながら聖書の抜粋を口ずさみ、織り工たちは仕事をしながら歌い、旅をする人は、それに関わる対話で旅路の遠さを忘れてほしい、ということである。」

ユマニストたちは、この点についてその時代の深い熱望の数々に直面した。過去に較べてずっと個人主義的になっていた信仰が求めたのは、神のメッセージと直接に触れることであった。人々は司祭や秘蹟に疑いをかけていたし、教皇は問題視されていたので、聖書以外の何をよりどころにしたらよかっただろうか?

そこから、ウィクリフの示唆によってバイブルの英語訳が行われ、彼の死後の一三九五年に刊行された。〔訳注・ただし、この英訳はラテン語訳からの重訳で、しかも、印刷術の発明以前のことであったうえ、ウィクリフに対する迫害に伴って一四〇七年には焚書の措置にあった。本格的な英語訳であるキング・ジェームズ版が完成したのは一六一一年である。〕十五世紀のボヘミアでは、ラテン語の聖書よりもチェコ語の聖書のほうが人口に膾炙していた。しかしながら、ヨーロッパ全体ではラテン語訳聖書が軽く見られることはなかったし、それどころか、一五二〇年には聖書の完全ラテン語訳が出版され一五六版まで版を重ねている。

十五世紀に普及した聖書は、俗人にも手軽に読める《歴史風の挿絵入り聖書》や《貧しい人たちのための聖書》といったダイジェスト版であったが、やがて、バイブルのテキスト自体の俗語訳も次々と現れた。ドイツ語版は一四六六年から一五二〇年までに二十二種、フランス語版は二十三種が現れている。

したがって、この点からいうと、プロテスタントの改革者たちは、宗教改革以前から行われていたことを引き継いだだけであったが、それを民衆の間に、より一層、普及することに貢献したことは事実である。

ローマ教会は、民衆には聖書を読む力はないと決めつけ、聖書が俗語に翻訳され、信徒たちが直接的に触れるようになるのを長い間阻み、また、《信仰による義認》のドクトリンを、人間の自由と両立しえないとして却下した。これは、ローマ教会もまた、キリスト教徒の苦悩に応えようとしなかったということであろうか？　実際のところ、カトリック教会の幾つかの改革は行われたが信仰を忠実に守っている人々の大きな不安が和らげられなかったのは、そのカトリック教会の改革が信徒たちとは無関係だったたからである。

カトリック側の言い分は、こうであった。「洗礼を受けた以上は、あなた方は、もはや罪の奴隷ではない。あなた方が弱い存在であり、しばしば敗北するのは本当であるが、だからといって落胆するのではなく、祈り、秘蹟に近づきなさい。秘蹟はあなた方に力を取り戻させてくれるだろう。神の赦しを預かる司祭も、あなた方に赦しを与えるであろう。それが彼の役目だからである。」

ローマ教会も、新しい意識と責任感と弱さに目覚めて怯えるキリスト教徒たちを安心させるべく、神学面でも道徳面でもよりしっかりした聖職者を信徒たちに与え、秘蹟の力を一層強調することに努めた。

こうして、歴史を掘り下げると、出来事の表面的展開に目を奪われている人々とは正反対の診断に導かれる。そこには、たしかにカオスと断層がある。しかしまた、おそらく、それにもまして、神学的充実化もあれば成長の危機もある。だが、キリスト教徒たちが、プロテスタントによる教会分裂は有益だったのであって、それなくしては、自分たちは、おそらくカルヴァリーの丘〔訳注・イエスが十字架にかけられた地。元のアラム語では「ゴルゴタ」。これが「されこうべ」の意であることから、ラテン語に置き換えて「カルヴァリア」となったとされる」の道を知ることはできなかったと気づく日が来ないと誰が言えるだろうか?

第二部　生活の物質的側面

第五章　技術の進歩

1　進歩する技術

これまでは、ルネサンス時代の西欧のダイナミズムについて強調してきたが、これから示す技術の歴史は、ごく簡単ではあるが、ヨーロッパを他の大陸にぬきんでさせることになるこの時期のヨーロッパの強力なヴァイタリティーを明らかにしてくれるであろう。

技術の進歩は、本書で取り上げている時代のなかでも、たくましい時期もあれば、弱々しい時期もあった。たとえば、十五世紀は、十四世紀に較べると、より創意工夫に満ちていたが、とりわけ波乱に富んだ時期であった。決定的飛躍を画したのは、印刷・出版の出現で特徴づけられる十五世紀半ばから、チェッリーニが印刷機を模倣して最初の貨幣製造機を開発した一五三〇年までである。しかし、進歩の絶頂期は、一四五〇年から一四七〇年ごろまでの二十年間で、印刷術だけでなく、渦巻きばね、最初の近代的要塞、羽根つきの滑車がもたらされた。その反対に、十六世紀の後半は、技術者たちの想像力をめぐらす努力はまどろみに落ちる。

だが、このような年代的特色づけが持つ価値は相対的でしかない。まだ地下に埋もれたままで歴史家たちにも明らかになっていないものの、一つの途絶えることのない伝統が、中世を経由してルネサンスの機械使用を古代のそれに結びつけていたからである。十三世紀のヴィラール・ド・オンヌクールのデッサン帖とノート、ヴィジェヴァノのグイードの『軍事論』は、ヘレニズム時代の《アレクサンドリア学校》のギリシア人技術者たちと十五、六世紀のエンジニアの間を結ぶ標柱の観がある。

ローマ帝国滅亡後の西方世界の主役となった地中海文明は、はるかな昔から手作業の技量を練り上げていた。古代から知られていた水車が十世紀から十三世紀までの間に普及し、おそらくオリエントから伝来した風車は、十二世紀末には西欧でも使われるようになっていた。鋤べらと車輪の付いた犂、蹄鉄、牛馬の繋駕法の改良、三圃農法の導入、そして建築の分野では十字交差リブの採用が、自然の力を克服しようとする努力における中世人の重要な勝利を示している。それを継承したルネサンス期の技術者たちは、したがって、すでに踏み固められた道を進んだのであったが、その歩みはより速くなった。この前進にあっては、古代への崇敬が彼を助けた。というのは、レオナルド（1452-1519）やラメリ（1530ごろ-1590ごろ）の時代には、ヘレニズム時代のギリシア人たちが知っていた自動機械に対する関心の高まりが観察されるからである。

このように技術の進歩が連続していたことを強調すると、一五五〇年から一六五〇年までの百年を特徴づけたこの分野での減退をあまり誇張するわけにはいかなくなる。そのうえ、古くからのさまざまな発明が普及したことも、新しい技術や機械化の開発と同じくらい重要である。たぶん、十四世紀に行われた発明は、それほど多くないが、その一つで、広く使われるようになるのが火薬を使った大砲であり、また、一三七九年のルーアンや一三八六年のソールスベリー、一三九二年のウェルズ〔訳注・ブリストルの南〕に見られる、機械式時計である。この創意工夫を凝らした機械は、何世代にもわたる探求の成果であった。

発明には、公衆の需要という支えが必要である。板ガラスが広く利用されるようになったこと、豪華な四輪馬車の登場、大箱に代わるタンスの普及、フォークを使う習慣などがそうである。ルネサンス期の多くの刷新は、豊かさを増した文明における生活水準向上の結果でもある。印刷術に関していえば、ヨーロッパに先駆けて紙と活字を知っていたシナがそれを最初に発明したのは、知識欲と知的レベル向上への社会的渇きに応えようとしたのであった。これと同じ相関関係は、すべての発明に当てはめることができよう。

ルネサンスは、美術面で生み出したものが際立っているあまり、その最大の芸術家たちにおける芸術と技術の結合は、とかく忘れられ勝ちである。古代のそれは別にして最初の騎馬像を造ったドナテッロ、有名な建築論を書いたアルベルティ、さらにフランチェスコ・ディ・ジョルジオ、レオナルド・ダ・ヴィンチ、デューラーの三人は画家であるとともに技術者でもあった。レオナルドのノートには、歯車による運動の伝導装置、鍛鉄用や機織り・紡績用の機械、さらに種々のタイプの要塞、水力を利用した装置のデッサンが描かれており、そうした技術的創意工夫が彼の知的活動のなかでいかに大きい位置を占めていたかを示している。J・U・ネフは「十六世紀初めにあっては、芸術的想像力と科学的想像力は、まだ互いにきわめて近接していたので、同じ一つのインスピレーションの部分部分のようであった」と述べている。

本書で考察しているこの時代にあって、技術が一つのほんものの向上を示したのは、すでに述べたように、人々の容貌や自然の風景、もっと一般的にいえば日常生活に対する芸術家たちの関心の高まりによるもので、この身近な現実への関心の増大は、エリートの深い知的会話においては、《本質の世界》から《経験的世界》への関心の方向転換として現れる。B・ジルは、それを「ルネサンス文明の技術への偏向」と呼び、その原因として技術が権力者たちの関心の的になったことを指摘している。たとえば、ミラノの支配者、スフォルツァ家は、ポー川の治水に力を注ぎ、一四五七年から一四八〇年までかけてマルテサーナ運河を掘削してミラノとコモ湖をつないだ。フランソワ一世は一五四一年、イタリア人のベラルマトを招いてル＝アーヴルの都市計画をやり直させている。最初に立案したギヨン・ル・ロワの計画があまりにも無秩序だったからである。教皇シクストゥス五世（1585-1590）は、死ぬ間際まで、コロセウムのなかに羊毛を紡ぐ工場を造ることを考えていた。これは、新しい企業家精神の表れであった。

封建時代に較べて国家が強化され、広くなった国土でその権力が増大したことは、技術の発展に有利に作用した。技術の発展によって、政府は、コントロールする空間をよりよく組織できるようになり、大型プロジェクトや、ますます巨大化する軍事予算をまかなうために巨額の通貨を発行した。軍事費が増大したのは、火器類の進歩とともに、その火器による攻撃から町を護るための技術が必要になったためである。

しかし、具体的で実験的な活動への関心の高まりは、行政に当たる人々のサークルだけにはとどまらず、十五世紀以後に印刷された書物のタイトルが証明しているように、一つの文明的事象となる。フロンティヌス〔訳注・ローマの政治家であり『軍略論』『ローマ市の水道』などの著述。30-104〕、ウィトルウィウス〔訳注・前一世紀のローマの建築家。『建築書』〕、ウェゲティウス〔訳注・四世紀のローマの軍事学者。『軍事要論』〕といった人々の著作が一四七〇年から一五〇〇年にかけて次々と出版され、版を重ねた。

もてはやされたのは、古代の著作だけではなかった。一三〇五年ごろに著されたクレシェンツィのピエトロの『地の利の書 Liber ruralium commodorum』は一四七一年から世紀末までに十三版を重ねた。アルベルティ（1404-1472）の『建築十書 De re aedificatoria』（1485）とヴァルトゥリオの『軍事論』が出版されると大きな反響を呼んだ。後者は、マラテスタ家〔訳注・ゲルフ党のイタリア名門貴族〕と親しく、技術者というより文人であった。

十六世紀に技術分野で大きな位置を占めたのは、冶金術の書である。一五〇五年に金属鉱床の構造と調査法を扱った最初の印刷本として『鉱山の書 Bergbüchlein』が現れたが、とりわけケムニッツ〔訳注・ドイツ・ライプツィヒの南〕の鉱山地帯で生きたザクセン人のアグリコラ〔訳注・本名はゲオルク・バウアー。1494-1555〕が一五三一年から執筆した『金属について De re metallica』は、当時の鉱山における作業と冶金術についての知識の集大成であり、一五五六年に出版されるや、評判を呼んだ。ビリングッチョ（1480-1539）の『花火製造法 De la pirotechnia』（1540）は、この概論書と結びつけて見る必要がある。ビリングッチョはシエナの軍事技師で、とくに貴金属の冶金と鋳造技術、大砲の製造法を研究した。

蒸留産業に関する著作も数々出版された。一五一二年にシュトラスブルクで出版された『混合物の蒸留分解法 Liber de arte distillandi de compositis』は、十六世紀の間だけで五版を重ね、一五二七年には英訳され、フラマン語版も一五一七年と一五二〇年と二種類出ている。

十六世紀後半から十七世紀初めにかけては、機械に対する関心が高まり、ジャック・ベッソンの『器具の劇場 Théâtre des instruments』（1573）、ツォンガの『新・器具と建物の劇場 Nouveau théâtre de machines et d'édifices』（1607）といった啓発的タイトルの著作が刊行されている。このグループで最も代表的なのがイタリア人のラメリの『さまざまな巧妙な機械 Les Différentes machines artificielles』

（一五八八年、パリで出版された）であろう。そこには、百十種の機械が絵入りで記されているが、その多くは、純粋に理論的に創案されたものである。

そのほかにも複雑な仕組みをもったものがあるが、有用性とは無関係である。しかし注目されるのは、この有り余る想像力を超えて、進歩の原動力となるような機械への新しい関心が芽生えていることである。十六世紀末のある一人の技術者は、機械仕掛けを「あらゆる芸術のなかで最も高貴なもの」とまで呼んでいる。

2　ルネサンス期の技術者たち

こうして、ルネサンス以後、技術は公的権力者たちの関心を惹いただけでなく、文化の構成要素となる。アグリコラは、一介の鉱山業者ではなく、教養ある医師でもあり、都市の役人、君公の顧問を務め、エラスムスの文通相手でもあった。レオナルド・ダ・ヴィンチがロドヴィコ・イル・モーロの宮廷で雇ってもらうために、造船や要塞の建設プラン、攻城用武器や、鉄板で覆った装甲車を造る腹案など、いかに技術者としての才能をもっているかを誇示したことはあまりにも有名である。あの名画『モナ・リザ La Joconda』を描いたこの画家が、そうした技術者としての種々の技倆を列挙したあと、「さらに、絵画や大理石・金属・粘土を使った作品に関して言えば、ほかのどんな人にも引けをとることはありません」と記しているのである。

この手紙は、原本は失われてしまったが、それと、有名な手帖のおかげで、一つの伝説が作り出された。ここ何年か前まで、レオナルドは万能の技術者、天才的発明家として喧伝されてきた。さらに、近年のある著作では、次のようにも述べられている。

「アトランティコ手稿（Codex atlanticus）やそのほかの彼の手稿のページをめくると、仰天させるような近代学問の先取り、私たちを驚かせるような機械の分野での創意が見られる。種々の工作機械、艦船、自動車、飛行機、パラシュート、潜水艦など、あらゆる近代的発明の数々の下書きが見られる。」

しかし、技術史家のB・ジルによると、レオナルドはルネサンス最初の技術者ではなかった。ルネサンス期の技術者は、ドイツ派とイタリア派の二つに分かれていた。《技術者 ingénieur》という呼び名は、当初は、攻撃用にせよ防御用にせよ、軍事的装備の技術者を指しており、とくにドイツ派の技術者たちは、水理学者であるとともに建築家でもあった。それに対し、イタリア派の技術者たちは、そうしたドイツ人技術者よりももっと幅広いものに好奇心を示した。ダ・ヴィンチは、もともとドイツ派の流れを汲み、軍事技術中心であったが、イタリア派技術者たちの影響を受けてあらゆる種類の機械に興味を寄せるようになったと考えられる。

十四世紀から十六世紀初めにかけて、とりわけ注目される三人のドイツ人技術者がいる。キエセル〔訳注・オランダの建築家。1565-1621〕と、「フス戦争の無名の技師」、そしてデューラーである。キエセルについて言うと、彼が軍指揮官たちに宛てて書いた『ベレフォルティス Bellifortis』（1405）には、「アルキメデスの螺旋式揚水機」として知られていた装置や水車と風車、城壁をよじ登る機械などが示されている。また、この本のなかでは、連接クランク装置が初めて手動車に適用されていたり、照準つきのカルバリン砲が現れている。第二の「フス戦争の無名技師」は、一四三〇年ごろに書いたノートに巻き揚げ機、攻城用機械などが記されていて、軍事の専門家であったことが分かる。デューラーに関していえば、金属を酸で処理する方法（今日残っている硝酸による腐食銅版画の最初のものは、彼の作品である）

を軍事面でも応用した。彼が書いた『町および砦の防備強化法』（1527）は、画期的な書で、彼は、ニュルンベルクの要塞建設を任されている。

イタリア派の技術者たちは、十五世紀から十六世紀にかけ、フィレンツェやローマといったルネサンスの中心地で、身の回りを新しい文化の開花で飾ろうとした君主たち——リミニのマラテスタ家、ミラノのスフォルツァ家、ウルビノのモンテフェルトロ家など——のもとで技術を競った。イタリアの技術者は、ブルネレスキ（1377-1446）を草分けとする第一世代と十五世紀後半から十六世紀末までの第二世代に分けられる。

ブルネレスキは、フィレンツェのサンタ・マリア・デル・フィオーレのドームを建設しただけではない。彼についてヴァザーリは、あらゆる種類の機械、とりわけ祭典のために種々の機械仕掛けを作り、三次元メガネも発明したと述べている。そのほか、ブロンズの加工技術に進歩をもたらしたギベルティ、遠近法の専門家であるパオロ・ウッチェロ、ピエロ・デラ・フランチェスカ、とくにリミニで事績を遺した建築家兼都市計画者のアルベルティ、同時代の優れた機械デッサン集を遺したフォンタナ、また機械装置に詳しかったことから「アルキメデスの再来」と呼ばれたシエナ人軍事技師のタッコラなども、この第一世代に属している。

第二世代に属する人としては、サン・ガロ一族（オスティアとチヴィタカステラーナの要塞や有名なオルヴィエトの噴水を造った）、稜堡で強化された要塞を最初に造ったサンミケーリがいるし、ミケランジェロ自身もこの第二世代の一人で、一五二九年、フィレンツェの防備強化を委ねられ、三十年後にはローマにポルタ・ピアを建設している。しかし、とくに際立っているのがフランチェスコ・ディ・ジョルジオ・マルティニ（1439-1502）とレオナルド・ダ・ヴィンチである。

フランチェスコ・ディ・ジョルジオはトリノとローマで頭角を現し、生まれた町のシエナで、画家兼建築家として活躍した。しかし、最高の力を発揮したのは、一四七七年から一四八六年にかけてのウルビノ時代で、要塞を建設し、パラッツォ・ドゥカーレを完成し、『都市建築および軍事建築に関する理論書』を執筆。この書が不完全ながら公刊されたのは十九世紀になってからであるが、その名声は存命中から轟いていた。この本のなかには、幾つかの革新的なものがあるが、なかでも風向きに合わせて屋根ごと回転する風車がある。また、レオナルドの功績とされ、三百年後にイギリスのワットが採り上げることになる変速式蒸気タービンについての言及も見られる。フランチェスコは歯車を使って異なる平面に運動を伝える方法を研究し、杭打ちハンマーも完成した。彼が書いた理論書には、そのほか吸水ポンプや圧縮ポンプ、起重機、方向転換と推進力増加の機能をもつ、いわば自動車の草分けのような人力機械のデッサンも含まれている。

フランチェスコの影響はサン・ガロ一族やレオナルドにも及んでおり、いまでは、レオナルドについても、単独であのような多くの発明に取り組んだとは考えられていない。この偉大なフィレンツェ人〔訳注・レオナルドが生まれたヴィンチ村はフィレンツェの郊外に当たる〕は、一つの伝統のなかで生きた芸術家兼技術者の一人である。ただ、その探求精神の広さには群を抜くものがあったことは確かで、B・ジルは彼を「病的なまでの好奇心のため、常に落ち着きがなかった」と評している。

レオナルドはヴェロッキオのアトリエで実践的知識を身につけ、ついで、ミラノの知的エリートのサークルに出入りしたから、けっして独学の人でもなければ「文盲」でもなかった。大学には通わなかったが、手仕事の高度な技倆を一つの文化にまで高めていた技術者としての訓練は受けた。たとえば、フロンティヌスやウェゲティウスといった古代ローマの技術者たちの書に親しみ、ヴァルトゥリオの

『軍事論 De re militari』を精読し、アルベルティやタッコラ、フランチェスコ・ディ・ジョルジオの技法を学んだ。数学者、とりわけピエロ・デラ・フランチェスカの弟子で修道士のルカ・パチョリのもとをしばしば訪れ、技術を完璧なものとするための数学的知識を身につけた。

とはいえ、レオナルドは発明の天才ではなかったし、普遍性をもつ研究をしたわけではなかった。技術者としても、飛び抜けた存在ではなかったように見える。ケネス・クラークは、彼の軍事面での学識について「時代に先行するものではなかった」としている。大砲の照準器は彼以前から知られており、キエセルの『ベレフォルティス』にもすでに記されている。《装甲車》も、幾つかの細部は、先輩たちがデッサンしていたものの写しである。城壁をよじ登る道具にいたっては、古代末期にすでに同類のものがあった。海戦用の武装も、フランチェスコ・ディ・ジョルジオから借用したものであるし、クランク装置で動力を舷側の車輪に伝える戦艦も、おそらくローマに起源をもっている。さらに、要塞に関して言えば、大砲の普及に合わせて城壁を低くし、稜堡を採用したことは事実だとしても、それは、彼一人の発案ではなく、時代の一般的傾向の産物であった。

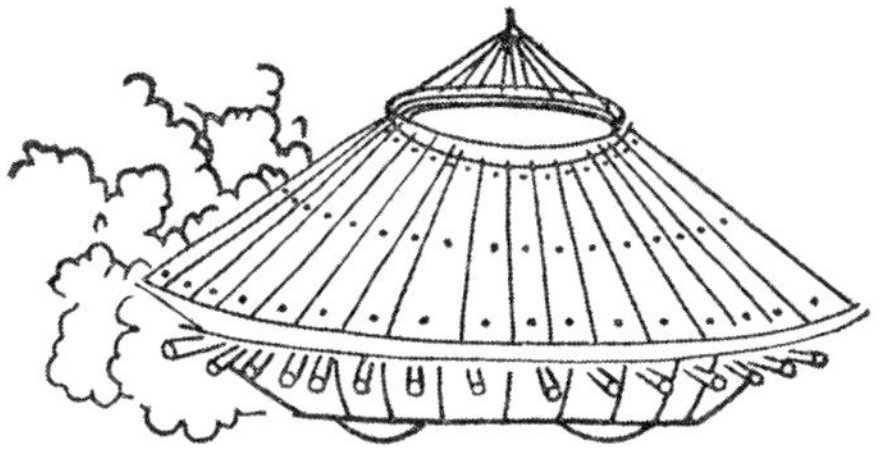
レオナルドが構想した戦車

建築と都市計画についても、レオナルドの案がアルベルティやブラマンテより優れていたようには見えない。彼がノートに記している建築用機械（起重機や柱を立てる装置）も、フランチェスコ・ディ・ジョルジオの理論書に書かれているものである。ただ、フランチェスコが軍事の専門技術者であったのに対し、レオナルドは水理に関して優れており、彼は、スフォルツァ家のために、ヴィジェヴァノ地域の干拓とアッグ川の治水のために仕事をした。さらに、アルノ川の治水計画を立て、一時は、ポンティーノの湿地〔訳注・ローマの南東。アッピア街道沿いの平野。これが実際に干拓され、マラリアの被害が出なくなったのは一九二六年、ムッソリーニ時代のことである〕の土地改良の仕事を引き受けようと考えた。彼のデッサンには、運河の掘削に必要な装置を研究した跡が見られるが、これも、彼の独創ではなかったようである。ポンプに関しては、彼は何も新しい改良を加えていないし、開閉式閘門の下絵も、すでにアルベルティの著作に見られるものである。

3　技術者としてのレオナルド

ルネサンス時代の他の技術者たちと同様、レオナルドは機械に情熱を注ぎ、たくさんのデッサンを遺している。彼のノートには、鎖を連結したウィンチを使ってクランク装置を改良しようとした努力の跡が窺われる。ほかにも、圧延機、水力ハンマー、針金を造る機械、ネジを造る機械、鏡の表面の研磨機、さらには羽根付き紡ぎ車、絹の紡績機、羊毛の紡績機なども描かれている。しかし、これらの機械の目新しさや実用性を過大評価すべきではない。水力ハンマーは十三世紀からあったし、羽根付き紡ぎ車も、いまではレオナルドの功績とすることはできない。彼の織機は不明な点を多く含んでいるからである。

彼がデッサンを遺している機械式時計も、すでにフランチェスコ・ディ・ジョルジオが考案したのを転写したもので、フランチェスコのそれのほうが、このフィレンツェの技術者のそれよりも優れているくらいである。ほかにも、潜水服や潜水艦の発案者とされているが、いずれも間違いで、海底に潜るためのこうした装置は、紙の上だけなら、古代から考えられていた。

では、有名な《空を飛ぶ機械》については、どうだろう？　これについては、多くの人が彼の功績としてきたし、一四八三年から一四九九年にかけて画かれたクロッキーもたくさん遺されている。彼が最初に研究したのは鳥の翼についてで、ついで飛行理論の概略を示し、最後に、あの機械を考案したのであった。そこに見られる論理の基本は、次のようである。——鳥は翼を軽く動かすだけで空中にとどまるのに充分な力をもっていることは、鴨を掴む鷹やウサギを運び去る鷲を見れば分かる。人間の場合、このように飛翔するだけの強さが筋肉にも靱帯にもない。そこで彼は、ペリカンを研究することにより、空中に飛び上がるには体重の平方根に相当する広さを持つ翼が必要であると計算し、それを人間が動かせるようにするために、操縦士を横に寝かせ、ついで立たせ、コウモリのそれを手本に、手と脚で二つの翼を動かせるよう工夫し、人間の筋力の限界を超えさせるために、滑車を仲介に、翼を上げ下げできる弓状のバネを使うようにした。

だが、レオナルドは、鳥の翼の動きを正しく捉えていなかった。これを正しく調べるには、写真に撮ってみることが必要で、飛翔に必要とされる力は、人間が腕と脚で出せる限度をはるかに超えている。そのうえ、人間と鳥の基礎代謝量の違いという問題にいたっては、レオナルドには知る術もなかった。

結局、レオナルドの技術者としての偉大さは、その《発明》にあるのではなく、探求精神とその探求方法にあった。誰よりも早く織物工業に興味を抱き、織り工に求められる反復作業を機械に代行させることを思いついたのが彼であった。彼がこの分野の人間活動のために画いたデッサンは最も優れており、剪毛、糸紡ぎ、紡織などの機械に関する彼の研究は彼のノートのなかでも最も創意に満ちている。

レオナルドは、職人としてであれ芸術家としてであれ、一つの特殊な職業の枠組みを超えて、技術の専門家としてメカニックそのものに情熱を注ぎ、たとえば歯車による運動の伝導といった問題に特別の関心を向け、円錐形やラセン状の歯車によって、より堅固で、より規則正しく伝えようとした。このレオナルドのような体系的なやり方は、フランチェスコ・ディ・ジョルジオの取り組みには見られないものである。

歯車による運動の伝導装置は、さまざまな産業において有用であるから、それが完成されると、工業生産全体を益することができた。同様にして、彼は、建築家、水理学者として、厳密な観察と数学的データを結合することによって、さまざまなケースに適用できる全般的知識を抽出しようとした。また、壁や天井の亀裂の走り方から建物の倒壊を引き起こす原因を解明し、梁を角材にするか円柱状にするかで異なる抵抗力の大きさを測り、アーチによる負荷の分散の仕方を割り出して、丸天井の仕組みの数学的公式を抽出しようとした。レオナルドは、そうした概論を書くつもりであったが、他の多くの意図と同じく、計画の段階から先へは進めなかった。

しかし、水理に関して彼が遺した覚書は重要である。彼がとりわけ打ち込んだ問題は河床の形成と渦巻きの研究、そして水の動きの三つである。そして、川が若いほど、その流れは速く河床は深い。また水の流れは端のほうでよりも中央部ほど速いことを明らかにした。

技術者としてのレオナルドに限界をもたらしたものは、的確な用語（これは、全般的にルネサンス時代において不充分であったものの一つである）と計測手段の欠如であったが、彼の功績によって、技術は職人たちの経験的方法の限界を超えたものになっていった。彼の方法は一つである。まず観察し、ついで本質的要素を取り出して再構成し、最後に、普遍的性格を提示することである。これらにおいて彼が同時代の他の技術者たちを超越したのは、合理化し理論と抽象に到達する必要性を感じたからであった。

4　ルネサンスが実現したもの

レオナルドのケースは一つの歴史的パノラマ全体を照らし出してくれる。ルネサンスの時代、西欧の技術文明は一つの踊り場を通過した。それを暗示しているのが、発明特許の法制化が十五世紀末から進展し、十六世紀以後は、神聖ローマ帝国全体で特許権が適用されるようになったことである。こうして、この時代に実現されためざましいもののリストを挙げると延々たるものになろう。

一三九一年から一三九八年までに、エルベ川とレンボルク〔訳注・ポーランド北部の町〕を結ぶ運河が開通し、バルト海と北海の間の分岐線が初めて克服された〔訳注・それまではこの二つの海の間を往き来するには、デンマークのユトランド半島を迂回しなければならなかった〕。一四五五年、ボローニャではは建築師のアリストテレ・フィオラヴァンティが重さ四〇七トンの教会の塔を十八メートル移動させた。その六年後、フィレンツェの人聖堂のドームの上の頂塔〔訳注・採光用の塔〕が完成した。一四二〇年から一四三六年までかけて二重構造のあのドームを完成して人々を驚嘆させた

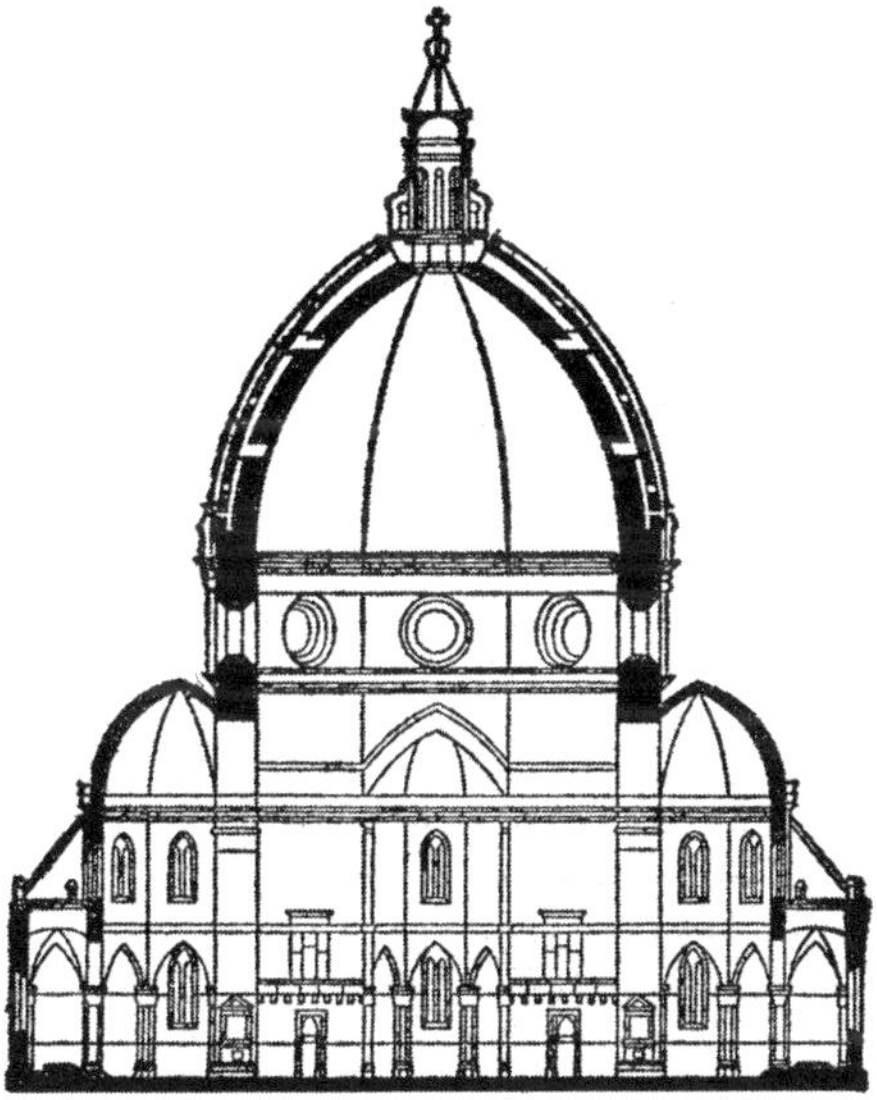

フィレンツェのサンタ・マリア・デル・フィオーレ聖堂（この丸屋根はブルネレスキの設計）

ブルネレスキは、すでに亡くなっていた。

このドームは、内側の直径が四十三メートルで、古代ローマのアグリッパのパンテオンのそれより四十センチ小さかったが、高さは加えられた頂塔を含めて百十四メートル（ドーム本体は九十一メートル）あり、七十メートル近く上回っていた。（ローマのサン・ピエトロの百四十五メートルのドームは、このフィレンツェのドームを手本にしている。）フィレンツェ人たちは、外側の足場も控え壁も飛び梁もなしで丸屋根が聳え立つのを驚きとともに不安をもって眺めた。ギベルティは、要石もないこの穹窿は、必ず崩れ落ちると信じていた。ブルネレスキが高半球の形を採用したため、建造は、次々と積み上げることによって行われた。外側と内側の二つの半球型ドームは子午線方向に走る葉脈によって結合され、内側の殻は鉄のバンドによって繋ぎ合わされた木製の梁によって縁取られている。

サン・ピエトロ寺院の丸屋根が完成するのは一五九〇年であり、その上部に金属製の球体が設置されるのは、さらにその三年後であるが、屋根そのものはフィレンツェのそれに較べて、それほど重要な進歩は遂げていない。サン・ピエトロのドームを造ったミケランジェロも、サンタ・マリア・デル・フィオーレのドームについて語るなかで「これと同じものを造ることは至難であり、これ以上のものを造ることは不可能である」と述べている。

サン・ピエトロの丸屋根は、曲面の直径がブルネレスキのそれより一メートル下回っているため、容姿は鋭さが弱くなり、中空に建てることができず、子午線方向の葉脈を建設するのに拱架が必要であった。その代わり、この建物は、頂点の高さが百四十五メートルになり、一五九三年十一月十八日、頂塔の上に金属製の大きな球体（中に十六人が入ることができる）と、さらにその上に黄金に輝く十字架が載せられた。

この壮挙を祝って、ローマの町では、サンタンジェロ城の大砲の音を合図に鐘がいっせいに鳴らされた。その数年前の一五八六年にも、教皇の町の住民たちは、もう一つ別の技術上の偉業に立ち会うことができた。ロンバルディア人の技術者、ドメニコ・フォンタナがサン・ピエトロの広場に、いまも見ることのできるオベリスクを立てたのである。これは、高さが二三・二五メートル、重さが三二六トンあり、作業には八百人の労働者と百五十頭の馬、たくさんの起重機が使われた。

ルネサンスの時代には、他にもたくさんの建設が行われた。例として、ここでは、さらに二つ挙げよう。ルイ十一世の命令で、ヴィソ山の麓、標高二四〇〇メートルのところにドーフィネとサリュス侯領を結ぶ長さ七二メートルのトンネルが、一四七八年から一四八〇年までかけて掘削されたのである。トンネルの天井の高さはラバを通すのに必要な高さ二・〇五メートル、幅二・四七メートルという慎ましいものであったが、アルプスの山に穴を開けること自体、一つの事件であった。他方、スペイン南部では、十六世紀中ごろ、灌漑のためにアルマンサに石造りの大きなダムが築かれた。これは、いまも遺っており、高さ二二・六九メートル、長さが八九メートルある。これによって出来た貯水池は今は土砂で埋まっているが、もともとは八〇メートルの深さがあった。

サン・ピエトロ寺院の大ドーム

しかし、技術の進歩という点で大事な

のは、十四世紀末以後になされた三つの《発明》である。一つは、前輪可動式車軸、第二は高炉、第三はクランク機構（bielle-manivelle）である。第一の発明によって陸上輸送が容易になり、第二のそれによって鋳鉄生産と冶金工業の発達がもたらされ、第三のそれによって、直線的往復運動を回転運動に変えること（逆も同じ）が可能になった。これは、現代の機械工学にとっても最も重要な進歩であり、これによって人間活動のさまざまな分野において機械の使用が発展した。なぜなら、これ以後、木や金属の加工のための旋盤が完成され、滑車が改良され、吸い上げたり圧搾したりするポンプが作られるようになったからである。

5　陸上輸送

十四世紀末、カラーラ〔訳注・北イタリア〕のフランチェスコの印璽に描かれた車は前輪に可動式車軸を装備した車を初めて表現したもののようである。しかし、この発明は広まるのに時間がかかり、その二番目の記述が見出されるのは、約百年後の一四七〇年のヴォルフエッグ家の出納帳のなかである。このメカニズムは、十六世紀初めには大砲を移動させる台車に採用され、これによって砲身の移動がずっとスムーズに行われるようになった。しかし人間用の馬車に適用されるのは更に遅れ、一六一〇年、フランス王アンリ四世が簡単に暗殺されたのは、彼の馬車がこの装置を付けておらず、方向転換に手間取ったからであった。

衝撃を吸収するサスペンション装置もルネサンス期には完成した。凹凸の激しい道路は人間にとって不快であっただけでなく、馬車がばらばらに壊れる危険性があった。当初（十四世紀初めごろ）考えら

でこぼこ道の衝撃を和らげるために考えられたサスペンション構造の馬車

れたのは、車台を鎖かベルトで宙づりにするやり方であったが、その後（十六世紀中ごろ）、この鎖またはベルトは枠を付けたスプリングに繋がれるようになった。これらの創意工夫も実用化には時間がかかった。アンリ四世が使っていた馬車も、サスペンション構造になっていなかった。しかしながら、技術者たちのなかには、この問題を研究している人たちもいて、カルダーノ〔訳注・パヴィアで生まれ一五七六年に没した天文学者・数学者〕が考案したことから彼の名で呼ばれているリスペンション構造が知られている。レオナルドもすでに、二つの同心円を直角に交わる軸で繋ぐ構造のサスペンションを考えていた。

　車輪も進歩した。板を円形に切っただけの車輪に代わって、中心の車軸部分と輪をスポークで繋いだ車輪が一般化し、その輪も一五五〇年以後は、板を環状に曲げて飾り鋲で留め、鉄の輪を巻いたものが使われるようになる。また、古代以来、車輪と固定された車軸が回転する方式であったが、十六世紀以後は、車軸は車台に固定され、車輪だけが回転するようになる。その車輪の動きも、《反斜 écuanteur》を付ける（古語では escuage といい、車輪のスポークをハブに対して一定の角度をつけて取り付けること）ことによって、車輪が車軸に対して少し外側へ傾斜し、地面からの衝撃に対する抵抗力が強化され、車の安定性がよくなった。この《反斜》を発案したのは、ルイ十一世とシャルル八世の時代の大砲造りの親方、ガリオである。

こうした種々の改良が贅沢嗜好と結びついて、とくに十六世紀後半になると、駅馬車や豪奢な有蓋馬車がもてはやされるようになる。そうした豪華な馬車で最初に現れたのが、一四三三年、パリ入城でイザボー・ド・バヴィエールが乗った馬車であり、一四七四年のフランクフルトにおけるフリードリヒ三世のそれであろう。しかし、フランソワ一世（1494-1547）治下のパリでは、そうした馬車はまだ珍しかった。その反対に、ある税に関する資料によると、一五九四年、ローマでは六七五人の資産家が所有した豪華馬車が八八三台を数えたという。ローマ駐在のスペイン大使にいたっては、六台も所有していた。フランスで最初のガラス窓の付いた馬車が現れたのは、その四年後の一五九八年であるが、イタリアでは、それ以前から存在していた。

しかし、このような乗り物が町の外を走っている姿は見られなかった。というのは、R・アリックスの言によると、ヨーロッパの道路は長い間、「村道か田舎のあぜ道で、大なり小なり曲がりくねり、途中で途切れてしまって繋がっていなかった」からである。モンテーニュは、アドリア海に近いマルケ地方のフォッソンブローネ近くで、古いローマ時代のフラミニウス街道の遺構を目にして称賛しつつも、「大きな敷石はほぼ土中に埋まり、幅四〇フィートという本来の道はごくわずかしか遺っていない」と書いている。

すでに十二世紀末から十四世紀初めにかけて、アルプスの峠が国境越えの大型通商に使われるようになると、ヨーロッパの道は間違いなく次第に使用頻度が増していった。商品を運ぶ旅人たちがスイスの高地をヨーロッパ交通の主要道路として行き交い、シャンパーニュの大市が賑わいを見せ、大勢のイタリア人たちがデュランスを経て、アヴィニョンにやってきたり、南ドイツの工業が北イタリアとの連結を緊密化したりした。このアルプスを経由する道を銀行家や商人、芸術家たちが行き来したおかげで、アルプスの北にも「ローマ文化とイタリアの文化によって形成された一つの世界」が創り出され、「アウクスブルク、ウルム、ラーフェンスブルク、さらにニュルンベルクといった第二のイタリア」が現れた〔ブローデル〕。さらに十五世紀後半には、定期的郵便事業が開始され、次の世紀には、陸上の道は、その経済的重要性を増した。

しかしながら、陸路は相変わらず使い勝手が悪く、人々はできるかぎり内陸部でも河川ルートに頼った。一五五〇年ごろ、低地諸国からアルプスを経由してヴェネツィアやアンコーノに到着したイギリスの粗めの布〔訳注・《cariseés》《cariset》と呼ばれ、染色はフランドルで行われた〕は、ライン川とポー川を利用し運搬されている。テベレ川のような小規模の河川も、今日に較べるとずっと頻繁に輸送に使われた。ジェノヴァからローマへ陸路で郵便物を運んだ業者の親方は、一五六四年、「もしテベレ川の輸送がなくなったら、ローマは三日で餓死するだろう」と書いている。

6　海上交通

ルネサンス期には、陸上交通機関よりも航海術の進歩のほうがずっと重要な意味をもっている。というのは、地理的大発見とアメリカおよび極東との往来が、この時代の大事件となっているからである。ほんとうのところ、コロンブスやマゼランの同時代人たちを助けたのは、長年をかけて積み重ねられてきた航海に関する数々の発明と改良の賜物であった。

古代の錨は「U」字型をしていたが、『バイユーのタピスリ』の時代から両腕を開いた形になった。舵も、かつては、船の両方の舷側に突き出した楫で操作したが、十三世紀から船尾舵が使われるようになったことにより、向かい風のなかを進むためのジグザグ航法がずっと容易になった。羅針盤が使われるのは、十四世紀からである。アラブ人たちが砂漠など陸上の旅のためにかなり前から使っていた天体観測器と四分儀が西欧の人々に伝わったのである。

海図の作成技術が進展するのも十四世紀のことである。一三五四年、アラゴンのペドロ四世は、船長たちに海図を二枚携行するよう命じている。一三七五年には、シャルル五世が、カタルーニャ人たちの協力を得て有名な海図を作成させている。カタルーニャとマリョルカには、ヨーロッパ最先端の海図学校があった。海図といっても、沿岸航路用の沿岸地図でしかなかったが、船乗りたちは、十三世紀を過ぎると、ますます大胆に沖合に乗り出していった。

ヨーロッパの経済史において時代を画したのは、一三〇〇年ごろ地中海のガレー船が大西洋に乗り出してブリュージュと地中海を結び、逆にガスコーニュ湾の《コッゲ船》が地中海の港を訪れるようになったことである。こうして、大西洋岸の船乗りたちと南ヨーロッパの水夫たちとの交流が強まったことから、船にも変化が現れ、全ヨーロッパに共通のタイプへと進化していったのであった。とはいえ、そうしたタイプの移行は徐々に少しずつ行われ、構造の異なる船が同じ一つの名前で呼ばれるなどしたため、船のカテゴリーについては、結論の出ない論争が今日も続いている。

北欧人たちの船は、まず貝殻構造の船体を造り、ついで内側に骨組みを付けたが、このやり方は大型船には向いていない。そのうえ彼らは、舷側の板を屋根瓦のように交互に重ね合わせた。北欧でも、このヴァイキングやサクソン人から受け継いだやり方を放棄して、骨組みを作ってから板をカーブさせて接合し船体を造る地中海式の技法に換えられるのは、十五世紀のことである。

その反対に、大西洋の帆船が東地中海の国々との交易でも活躍するようになるのが十五世紀以後である。F・C・レーンは、一四〇四年から一四三三年までの間にヴェネツィアの船団が行った七五六回の航海のうち四二五回は《ガレー船》によるもので、三三一回は《ナーヴェ naves 船》〔訳注・十字軍遠征にも使われた大型帆船〕によるものであったことを明らかにしている。この最後の数値は、この地中海都市でも、専ら風力を動力とし、ガレー船よりずっと重厚なシルエットをもつ北欧型の船が広く採用されていたことを裏づけている。奇妙なのは、二〇五隻のナーヴェ船と一〇二隻のガレー船がシリアへ向かう一方で、一〇七隻のガレー船と一八隻のナーヴェ船が大西洋へ向かっていることである。普通に考えれば、これは逆でなければならない。長い間、北欧の《コック・ボート》は、マストを一本しかもっていなかった。しかし、一四三〇年ごろからは、ステンド・ガラスや写本にも、私たちに馴染みの三本マストの船が描かれるようになっている。その船腹は、肋材に合わせて膨らんだ特徴的な形をしており、船尾の上には一種の箱形の楼が載せられたが、まだ船体とは一体化していない。船首は三角形のデッキになっているが、張り出した舳先のため、《カラク船》以前のデッキは、座り心地がよくない。

十五世紀末から十六世紀初めにかけての資料では、大西洋で用いられた帆船（nefs）とカラベル船（十三世紀から十六世紀のポルトガルで見られた帆船）は区別が困難で、当時の人々も、この二つの呼称をあまり区別しないで使っていたようである。このことは、これら二つのタイプが互いに似通うような方向に進歩したことを物語っている。《カラベル船》の起源は明確ではないが、ポルトガル人たちが一四二〇年以後、アフリカ西岸を南下するなかで整備されていった。北欧型の四角い帆の船でも、カナリア諸島まで行って、いったん西方に向かい、そこで北東へ向かって吹く風と海流に乗って帰ってくることができた。しかし、それより南のボジャドール岬を越えると、ここでは、貿易風（alizé）が南西方向に吹いているので、追い風しか利用できないこの種の帆船では帰還が難しい。そのうえ、アフリカ沿岸航路は、赤道を越えるや、南東から北西へ向かって吹く南半球の貿易風のため、ジグザグ航法を採らなければならなくなるが、それが、この種の帆船では不可能なのである。

ところが、地中海でずっと昔から使われてきたことから「ラテン帆」と呼ばれる三角形の帆は、四角の帆よりも扱いやすく、あらゆる風向きの変化に対応することができた。ポルトガル人たちは、この帆を外洋航海に採用するとともに、風に翻弄されることへの抵抗力を高めるために船体を幾分細くした。こうして生まれたのが《カラベル船》で、マストは当初は二本だったが、まもなく三本になった。積載量が一五〇トンを超えることは稀であったが、脚は速く、風に逆らって航行することができた。こうして、《カラベル船》はポルトガル人による地理的発見の優れた道具となり、バルトロメオ・ディアスが喜望峰を超えることができたのも、このタイプの船のおかげであった。行きはよいが二度と帰れないのでは、と恐れた水夫たちも安心できるようになった。

しかし、《カラベル船》の利点は心理的なもので、赤道以南ではアフリカ沿岸を喜望峰に向かうためには風も海流も逆向きになったため、ディアスは一四八六年の最初の失敗のあと、翌年は沿岸を避けて、南緯四〇度あたりまで南西へ向かって進み、そこから東へ向かう風を探してアフリカを迂回したのであった。こうしてディアスが発見した航路が追い風であることを知っていたので、ヴァスコ・ダ・ガマ

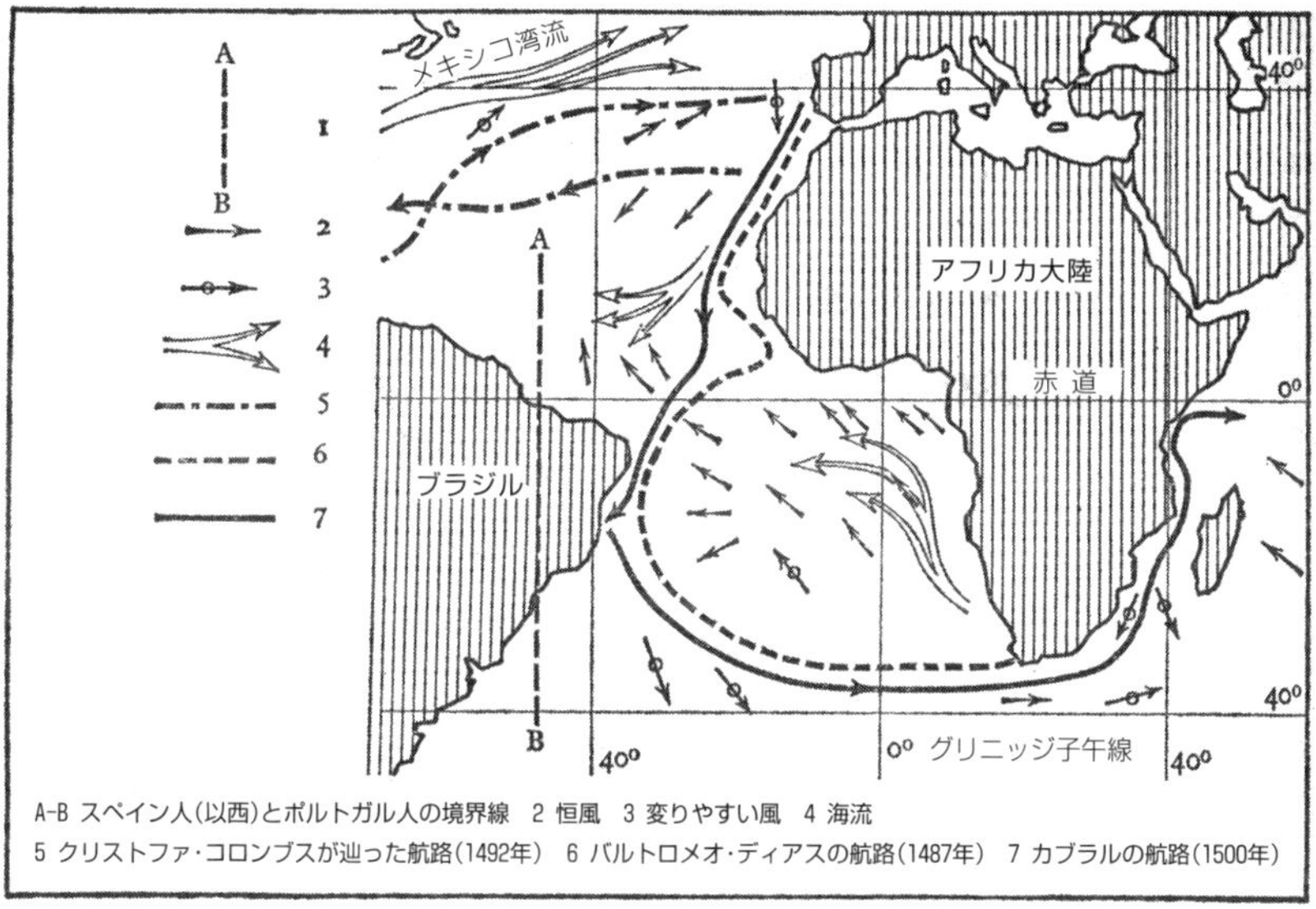

大西洋の航路

はその一四九七年から一四九九年までかけた旅には、《カラベル船》よりもっと幅の広い船を使った。同じことは、一四九二年のコロンブスの第一回航海にも当てはまる。

コロンブスは、ポルトガルとマデーラで、北緯二五度と三五度の間の風の状況を学び、行きは貿易風に乗って西へ進むにしても、ヨーロッパへ帰るには、もっと北のルートを採って順風を利用しなければならないことを知っていた。サンタ・マリア号は、追い風を想定してほとんどの帆が四角であった。その反対に、ラ・ニーニャ号は、もともとラテン型の帆を装備したカラベル仕様であった。したがって、彼がカナリア諸島で、ラ・ニーニャ号の三角帆の一つを四角の帆に取り替えていることは暗示的である。三番目の小型船、ピンタ号だけが旅の間じゅう、ずっとラテン型の帆のままで通した。そのことはコロンブスを不安がらせたが、ピンタ号の船長はコロンブスの意に反して行動する権利をもっていたのである。

このように、一四九二年のコロンブスの三隻のうち二つは当時の進展を示す特徴をもっていて、中型のカラベル船と大型船とは互いに近づく傾向を示し、それが、十六世紀の商船の主流となったのである。それは、《カラベル船》ほど細身でなく、大型船ほどずんぐりしておらず、一般的に、中心と前方に四角の帆をもち、後方のミズンマストにはラテン型の帆を装備していた。十四世紀からは、トップ・マストの上に見張り台が設けられ、他方、十六世紀半ばからは、第一斜檣〔訳注・舳先から前方へ斜めに突き出した檣〕の下に下げられる小さな四角帆である《斜杠帆 civadière》が現れる。一五八〇年代からは、幾つかの船では、檣楼のマストが可動式になる。これは、天候が荒れると索具を緩められるようにするためである。幾つかの商船には、積載量が五〇〇トン、さらには六〇〇トンというのも現れるが、そうしたものは例外的で、平均的には二〇〇から三〇〇トンというところである。一六〇〇年頃には、多分、極東向けのポルトガル船は別にして、十五世紀末の一〇〇〇トンといった重量級の船は捨てられ、もっと細身で脚が速く、バランスの採れた船が一般的となる。

ルネサンス時代には、船の建造と結びついて航海術も進歩した。十八世紀以前は、精度の高い時計がないため、経度の計算は正確に割り出すことができなかったが、緯度については、太陽の高さを観測する方法が使われ、ポルトガル人たちが十五世紀にアフリカ海岸を辿ったときも、太陽観測を主にした。一四八〇年ごろから星座を目印にする航法が用いられ、西欧の船乗りたちは、昼は太陽、夜は北極星の水平線上の位置をもとに緯度を計算できるようになった。

そのために天体観測器と四分儀といったアラブ伝来の道具をより軽量化した「弩 arbalète」とか「ヤコブの杖」と呼ばれた新しい道具が発明された。これは、円弧ではなく直線の棒の上で太陽なり北極星なりの位置を目視して角度を割り出すやり方である。しかし、このようにして割り出された結果は、一年のうちの日付によって修正する必要があった。一四八三年にはポルトガル人たちが作った黄道図と一年のうちの赤道上の太陽の傾きを示した表がヴェネツィアで印刷され、船長たちにとって必携の資料となった。同じような表は、北極星による緯度計算の修正のためにも作られた。

こうして、緯度については、かなり正確に計算できたが、経度については、相変わらず当て推量で行われた。航路の方角は羅針盤で測ったが、進んだ距離の計算が正確でなかったからである。これを可能にする《ロックloch》(測程器)についての初めての記述が現れるのは一五七七年のことである。これは、鉛の錘の付いた円柱状の木片を水面に浮かべ、この木片と船とを繋いでいる目盛り付きのロープで距離を、そして一種の水時計で時間を計るのである。

航行には平面地図が利用されたが、磁気偏差(磁針の真北からの偏依角)の修正は、十六世紀になっても行われなかった。メルカトールが円筒に投影するやり方で作図した地図を出したのが一五六九年で、この地図は赤道に近い部分では歪みが少ないので、とくに熱帯地方を航海することが多かったスペイン人やポルトガル人から好まれた。しかし、メルカトールの地図が実際に利用されたのは、磁気偏差の重要性が認識され、羅針盤で示される三十二方位の二点間の角距離(rhumb)を実際の距離に変換して斜航線航法が行われるようになった十七世紀以後である。

7　織物産業の進歩

ルネサンス時代の輸送手段の進歩を特徴づけているのは本当の技術革命というよりは持続的改良であ

るが、これは、織物産業についても当てはまる。織物産業は、古代以来のタイプの経済において、まず第一の重要性を持っていた。この分野では、中世から引き継がれた堅固な共同体組織が刷新を妨げたが、それでも、かつては、あまり用いられなかった幾つかの織物が次第にヨーロッパ市場に一つの位置を占めるようになっていった。

その一つは綿布で、これは長い間オリエントからの輸入に頼っていたのが、十四、五世紀になって、ヴェネツィアを経て入ってきた綿あるいは麻と綿を材料にした綾織りの製造が北イタリアで始まり、やがて、ブレンナー峠を越えて高地ドイツとスイスでも作られるようになっていった。もう一つはリンネル（亜麻）の布がエノー、フランドル、ブラバントで、麻布がブルターニュとポワトゥーで、粗織りの麻布と絹のサージが低地諸国とル・マン地方で作られるようになった。

梳いた羊毛をリンネルのやり方で織った布は、とくに女性の衣服や聖職者の法衣に利用された。オントスコート〔訳注・ダンケルクの近く〕で行われていたこの産業を研究したE・コールネールは、製造量について一四八五年には一万五〇〇〇巻であったのが、一五六二年には九万巻に達したと算出している。絹織物も盛んに作られるようになっていったが、これについては、あとで見ることとする。

加えて、細部での改良が、織物産業に新しいリズムを与えた。原毛を解きほぐす毛梳きだけでなく、いろいろな色彩の羊毛を混紡するやり方が一三〇〇年ごろに開発され、十四世紀には各地に広まった。紡績のためには、長い間、糸巻き棒と紡錘が使われていたが、一三〇五年に最初の紡ぎ車（rouet）がドゥエで現れる。これについて次に記述されているのが一三六二年であることから、その拡がり方は当初ゆっくりしていたが、十五世紀末には、どこででも見られるようになる。そこには、二つの注目すべき改良が加わっている。ペダルが付けられたこと、クランク機構が適用され小羽根が付けられたことである。その絵は、一四七〇年のヴォルフエッグ家の出納帳に初めて見られる。

糸にねじりが加えられるようになるのは、それより二百年早い。ここでは、絹布のために生糸にねじりを加える機械が完成されていた。ボローニャでは、垂直方向と水平方向で異なる速さで回る二つのタイプのリールを通ることによってよじられた。モンテーニュは、一五八一年、このタイプの紡織機をフィレンツェで見て、「絹糸の工房では、幾つかの糸繰り機が使われているのを見た。そこでは、たった一人の女性が同時に五百の紡錘を扱っていた」と書いている。

しかし、オランダ北部七州（Provinces-Unis）では、ルネサンス時代から水車を動力源とする紡織機が使われ、織物の仕上げ工程に関しても機械化による顕著な進歩がもたらされた。その先駆となったのが、一人の職工で同時に二十四台の巻きリボンを織れる連結織機で、これは、一六〇四年、オントスコートの織物師、ファン・ゾンネフェルトの発明による。

同じ時代（一六〇七年）、実際に作動している起毛機を描いた最初のデッサンが現れている。起毛機を描いた最も古い絵としては、レオナルド・ダ・ヴィンチのノートのそれがあるが、この機械は、計画段階どまりで実用化はされなかった。起毛は、布の表面を鬼アザミの棘を付けた道具で引っ掻くことによって行われた。一六〇七年の機械では、一人の労働者がハンドルで二つの円筒を回転させ、その間を布を通過させた。起毛機が広まったのが十七世紀になってからであるのに対し、布の光沢を増すための圧縮は、西欧では十五世紀から知られていた。これは、布目の不揃いや欠陥を隠すために悪用されるということから規制されたが効果がなく、十七世紀には、熱してプレスするやり方が特に高級な布の仕上げに欠かせない工程となる。

縮絨（foulage）に関して言えば、少なくとも粗織りの布については、水車による回転運動をカム軸で上下運動に転換して布地の上に落ちるようにした装置のおかげで、かなり早くから行われ、このハンマー式縮絨機は十六世紀にはヨーロッパじゅうに行き渡っていた。しかしながら、高級織物のために足で操作する縮絨機が使われるようになるのは、十七世紀以後である。

十五、六世紀のヨーロッパでは、メリヤスなど編み布地も発展を見せた。縦糸と横糸の交差によってでなく、糸をループさせることによって布地に仕上げる方法が初めて考えられたのが、いつのことかは明らかでないが、編み布地の最古の実物は西暦三世紀ごろのものがエジプトで発見されており、このように近東で古くから知られていたのを、十字軍士たちが西欧に持ち帰って広めたと考えられている。十五世紀初めには、編み物をしている聖母が描かれたり、博物館のなかには、この時代の毛編みの手袋を保存しているところもある。イングランドでは、十六世紀には編み物業者の組合があり、羊毛のシャツやベレー帽、靴下、タピスリーなどが作られていた。フランスでは、トロワでメリヤスの業者組合が一五〇五年に誕生しているが、編み布といえば、金持ちたちが特に好んだのは、絹糸で編んだ靴下である。この流行の発信源はおそらくスペインであるが、絹の編み靴下は高価な貴重品で、ヘンリー八世は二足しか持っておらず、一足を娘のエリザベスにあげたが、これは彼にとって高価な贈り物であったに違いない。

しかし、社会全体に贅沢趣味が広がるにつれて、絹の編み布への需要が高まり、一五九〇年ごろには、ウィリアム・リーという英国教会の牧師によって、一連の鋼鉄の爪を動かして一瞬で編み目の一列を仕上げる編み機が発明された。しかし、十七世紀中ごろになっても、労働者が一日十二ないし十三時間働いても、週に三足の靴下を作るのがやっとであった。

8 時計

ルネサンスを特徴づけた機械化への志向性が際だって現れているのが時計においてである。P・メナージュは「これが達成したものの分野は、たしかに限られているが、……時計は機械の世界の創世記のなかで、その本来の領域とは関わりのない拡がりをもつ役割を果たした」と述べている。

機械式時計が現れたのは十四世紀のヨーロッパでも特にイギリス、低地諸国、中部および南部ドイツ、ボヘミア、フランスと北部および中央イタリアである。時計の命である、時間に等間隔の区切りを加えることができるようになったのは振り子のおかげである。ところが、この振り子の運動は、空気抵抗と摩擦による抵抗のため、だんだん弱まるので、恒常的な動力が必要である。当然、この動力は必要なときに正しい量で供給されなければならない。つまり、動力によって引き起こされる連続的回転と振り子の往復運動との間の矛盾を解決するメカニズムが必要となる。こうして、ある一定の期間、歯車にブレーキをかけ、ついで、エスケープさせるために考案されたのが、《エスケープメント》〔訳注・脱進装置〕である。

この機械式時計の出現を可能にした《雁木車 roue de rencontre》のエスケープメントの発明が十四世紀前半であったことは、一三三五年に描かれた文書によって確認されている。その後、一三六四年には、惑星の動きと時間を示す天文時計がジョヴァンニ・ダ・ドンディによってパヴィアで作られ、一三八四年にはドーヴァーの時計、ついでルーアン、ソールズベリー、ウェルス〔訳注・イギリス南西部の町〕、そしてパリ裁判所のそれ（いずれも十四世紀末）が作られる。動力としては錘をつけた鎖またはロープを巻き付けたものが使われていた。重くて場所塞ぎのこのシステムに代わって、ほんとうの意味で革命的であったのが《ゼンマイ》によるものの登場（一四五九年ごろ）である。これは、携帯用の時計へと繋がり、各人が時間を計る道具を手にすることができるようになったからである。

鋼板を渦巻き状に巻いたゼンマイは、その緩みを修正するために円筒のゼンマイ箱に収められる。フランスでは、ルイ十一世（1423-1483）の時代に最初の卓上型の時計が作られ、十五世紀終わりごろには、ヨーロッパ最初の懐中時計が出現する。ミラノ公のロドヴィコ・イル・モーロ（1451-1508）は懐中時計を三つ持っていたが、そのうち二つが時報式であった。一五〇〇年ごろ、時計師のペーテル・ヘンラインは丸い形のポケット時計を作り、これは、《ニュルンベルクの卵》の名で後世長く伝えられた。その反対に、同じ時期、ブロワで芸術家たちによって、まさに《宝飾品》というべき時計が作られている。

ジュネーヴに時計製造業をもたらしたのはオータンの一職人で、一五七四年以後である。

初期の時計は、ひどく動きが不安定であった。ゼンマイを巻いた直後は速く動き過ぎ、ゼンマイがほどけるにつれて動きが緩くなったからである。一五〇〇年から一五五〇年の間に、円錐状の軸にゼンマイを巻くことで修正できるように工夫されたが、十六世紀は、まだ機械式時計は不完全なままであった。一日に三十分も一時間も狂うことが珍しくなかったし、一台の時計をつくるのに一か月近くかかった。これに革新をもたらしたのがオランダ人発明家のホイヘンスで、彼によって時計作りは「経験的レベルから科学的レベルへ」前進することとなる。

9　鉱山と冶金産業

時計製作の進歩は、金銀銅鉄などの金属をますます大量に使う一つの文明の進歩と関連している。ルネサンスの時代には、鉱山の仕事が織物産業をはるかに凌ぐ重要な変貌を遂げる。十四世紀の初めまで、ヨーロッパの銀鉱の開発を妨げたのが、坑道の頻繁な浸水であった。縦坑が深く進めば進むほど排水の問題は難しくなった。十五世紀、貴金属不足とドイツやリエージュで排水問題が解決されたことによってはじめて、鉱山業が一挙に息を吹き返した。アグリコラの著書には、たくさんのバケツを結びつけたロープを水車の力か馬の力によって引き揚げるチェーン式揚水機が描かれている。このアグリコラの揚水機は、ロープが描く円形が直径一〇・七メートルという巨大なもので、この方式は排水のためだけでなく石炭や鉱石を地表に運び出すのにも応用された。パリの美術学校に保存されている十五世紀の一冊の写本には、掘り出された鉱石を坑道から運び出すために木製のレールの上を移動する車が描かれている。坑内の換気のためには、手動や足踏み式あるいは水車の動力を使った鞴が活用された。鉱石を採掘するために火薬がはじめて利用されたのは、一五二七年、ケムニッツにおいてである。

本書で扱っている時代に燃料として最も大量に消費されたのは、直接にせよ間接的にせよ、炭の形にしてであれ、相変わらず木材であった。しかしながら、次第に石炭が多く使われるようになり、とくにブリテン島では、すでに樹木が伐採し尽くされていたこともあって、石炭の消費が盛んになっていった。ネフによると、一六三四年にタイン川経由で運び出された石炭は、年間四万五〇〇〇トンに達したが、これは一五六四年のそれの十四倍に当たるという。北海に面したファースの港を経由する石炭の輸出量も急速に増大した。

銀の精錬にも進展があった。通常見つかる鉱石は銀と鉛、銅が一緒になっていて分離することが困難だったので、十五世紀半ばまでは、鉱山業者たちも純銀の鉱石以外は扱えなかった。それが、一四五一年ごろ、ヨハンセン・フンケンなる人によって水力ふいごを使って高熱が得られるようになったことから、銀と鉛の融点の差を利用して容易に分離できるようになった。この原理は、アステカ人やインカ人たちも利用していたものであった。他方、銀を含む銅鉱石の場合は、鉛による精製作用が発見され、銀の産出量が増えただけでなく、銅の価格も下がり、ブロンズの大砲の需要の増大に応えることができた。そこから、ふいごとハンマーのために水力を利用した《ザイガーヒュッテ Saigerhütte》と呼ばれる新しい工場が各地にできた。

銀の精錬に決定的進歩をもたらしたのが十六世紀前半の《アマルガム法》の発見で、これが初めて実用化されたのは、ボヘミアとハンガリーにおいてであった。銀鉱石をドロップ・ハンマーで粉々にし、水銀と混合し、できた水銀の合金（アマルガム）を蒸留して銀を回収するのである。この《アマルガム法》はフッガー家が開発していたアルマデン〔訳注・スペイン中西部〕の水銀鉱で、ドイツ人技師によって導入された。そこから、アメリカにもたらされて、一五五七年以後は、メキシコのサカテカスで実用化された。ペルーではフアンカヴェリカで産出した水銀は専らメキシコとグアテマラ方面へ運ばれたが、スペイン政府の啓蒙政策によって、一五七二年にはペルーでも銀の産出が大々的に行われるようになっている。

ルネサンスの時代、冶金産業といえば銀と銅の精錬であったが、製鉄も盛んに行われるようになり、この時代の転換の要因となっている。製鉄は、中世の間は《カタラン catalan》（カタローニャ式）と呼ばれるやり方で行われた。焼き煉瓦で仕切った円錐形の穴のなかに鉄鉱石と木炭を交互に積み重ねて熱すると、鉄と灰が炉の下部にくだり、「狐のしっぽ」と呼ばれた導管から流れ出てくる。こうして、一回に四ないし五キロの鉄と鉱滓が得られた。鉱滓は捨てられたが、まだかなりの鉄が含まれており、十九世紀には、古い鉱滓からかなりの鉄が取り出されている。炉の規模は、十四世紀以後、次第に大きくなり、スカンディナヴィアのオズムンドやピレネー地方の幾つかの炉は、一回に五〇から六〇キロ、年間では一五トンの鉄を供給している。こうして、高さが五ないし六メートル、水力による送風設備をもつ高炉が作られた。

これは、決定的な技術革新であり、第一次産品として、鋳鉄が棒状の鉄に取って代わるようになり、高炉も年に五〇トンの鉄を供給できるものが作られた。鋳鉄は自在に型に流し込める利点があり、導水管や墓の銘板、煙突、大砲、弾丸、船の錨など、用途は多様であった。しかし、純鉄を手に入れるには、鋳鉄に含まれる過剰な炭素を除去する必要があり、高炉の隣に溶鉱炉を設け、そこに銑鉄を入れてもう一度溶かし、水力ハンマーで打つことが必要である。こうして得られた鉄は値も高く、鉄鉱石から直接得られる鉄に取って代わられた。

高炉が現れたのは、十四世紀後半のリエージュ地域とライン沿岸である。この新しい技術は、労働者の移動に伴って少しずつ広がっていった。ロレーヌとシャンパーニュ、ニヴェルネ、ノルマンディには十五世紀末、アルザス、フランシュ＝コンテ、ブルターニュには十六世紀中ごろに見られるようになる。しかし、溶鉱炉が併設された高炉は、ヨーロッパじゅうでも一五四〇年ごろまでは稀で、一五六〇年ごろのナミュール地域で三十五基がやっとである。この設備を十六世紀半ばにスウェーデンにもたらしたのはリエージュの人々であり、イングランドにもフランスから伝えられた。

高炉と溶鉱炉の誕生による製鉄業に起きた激変に加えて、水力を活用した種々の機械が徐々に開発されていった。圧延機は、レオナルドのノートには描かれていたが、普及するのは十八世紀になってからである。おそらくリエージュ地方で発明されたらしく、この地域では一五五〇年ごろに使用されている。切断機は圧延機よりも早くから実用化されていたようである。水力を利用した針金製造機が発明されたのは、多分、十五世紀末か十六世紀はじめ、ドイツにおいてである。知られているかぎり最も古い絵が、一五四〇年にビリングッチオの手になるものであるが、そこでは、水力で動く車に針金が巻き取られている様子が描かれている。最後に、ブリキ（fer-blanc）の製造は十五世紀にニュルンベルクで考案されたようである。

ジャック・ル・ゴフは、本シリーズの『中世西欧文明』のなかで、中世の時代には基本的な素材は石と木で鉄は稀少であったとして、聖ベネディクト（六世紀）が修道士の心得を記した『戒律 Régle』でも、丸々一章が鉄製品の扱いに割かれていることを強調している。この意味でも、ヨーロッパの日常生活に深い変動が起きたのが十五世紀である。一六四〇年になると、スウェーデンとイギリスは合わせて年間約七万五〇〇〇トンの鉄と鋳鉄を生産している。ネフは「新しい工業設備とあらゆる種類の物資の輸送と供給の手段を造るために需要が増大した。……この変革は、金属を扱う仕事が、かつてのように芸術活動にとどまらなくなったということである」と述べ、これを「最初の産業革命」と呼んで、「砂糖の精製、ビールの醸造、石鹸作り、布の染色、羊毛梳き、織物など、急速に発展したあらゆる工業が、ローラーやボイラー、ストーブなど、金属の部品を必要とした」と鉄の需要が広範囲にわたったことを強調している。

馬や水力を動力とした装置も、少なくとも部分的に金属が欠かせなかった。

「タイン川とウェア川の河口、ファース沿岸には、何百という塩焼き用のボイラーがあったが、それらは高さ六〇センチから一メートル、直径が七メートルか八メートルあり鋲で互いに留められた鉄板でできていた……おそらく大砲一基と同じくらいの金属が、一つの塩焼きボイラーに使われていた。」

「変化は家庭内でも起きていた。……大部分の男女は、いまやピンや釘を必要とし、男たちには剃刀が必要であった。鋏は、ますます頻繁に使われるようになったし、ナイフとくに食卓用のナイフ、そしてフォークが欠かせなかった。中流家庭も豊かになるにつれて、泥棒から財産を護るためにドアの蝶番と錠前や鍵に鉄を使ったし、なかには、扉自体を鉄製にしたものもあった。……車で旅することも多くなり、馬の需要が増したが、その結果、蹄鉄、轡、馬車のための鉄の鋲その他の部品の需要が増大した。」

10　大砲

金属産業の発展を推進したのがとりわけ武器の材料の需要であることは疑いない。ブロンズの大砲の場合も、製鉄と無関係ではなかった。なぜなら、十六世紀中ごろの車輪付き大砲の砲架には百個以上の鉄の部品が使われているからである。しかし、こうした新しい殺人道具を採り上げる前に、伝統的な武器も、ますます多くの金属を必要としたことに注目する必要がある。とくに、ミラノやアウクスブルクで作られた武具は、技術と職人仕事の精華である。それらは、きわめて精巧に作られ、職人たちは、彫刻師がやるように注文主の体型を測り、筋肉と関節の動きを知っていなければならなかった。その「美しい輪郭をもつ空洞の鋼鉄の像」は、精緻な彫りと金銀の象眼が施されていた。ドナテッロやダ・ヴィンチ、デューラー、ミケランジェロ、チェッリーニも、そうした鎧をデッサンし、彫刻師として製作に参画した。

たしかに、鎧は、火器の発展のために、一五二五年ごろからは防御機能を失い、騎馬戦も含めて実戦には使われなくなる。王侯貴族や武士階級全般が、兵士としての通常の労苦を甘受しようとしなくなる。十六世紀には、それまで以上に多くの鎧が作られているが、「戦いの技術」は、他の需要をもつ冶金産業に振り向けられるようになる。

大砲が戦場で初めて現れたのは、一三四六年のクレシーの戦いにおいてであった。まだきわめて初歩的な道具で、その後百年ほどは、そのレベルは変わらなかった。大砲は、敵に対しても味方に対しても危険であった。初期の大砲は、多くの場合、鍛鉄の棒を束ねて鉄の輪で留めたもので、かんたんに壊れたからである。その時代のものとされるガンの大砲は重さが一万四六〇〇キロ、三四〇キロの弾丸を撃つことができた。ガンには幾つもの高炉があったが、はじめ、人々は鋳鉄で大砲の部品を作るのをためらった。

十五世紀前半になってブロンズの大砲が作られた。バーゼルの武器庫には、一四四四年に作られたブロンズの大砲が保管されている。一四五三年のコンスタンティノープル攻囲戦でも、花形はブロンズの大砲であった。この同じ年、ドナテッロが、古代以来初めてという騎馬像『ガッタメラータ』を完成している。オスマン・トルコのメフメット二世は、一人のハンガリー人技師を使って重量五七八キロ、直径七五センチの弾丸を発射できる約一五トンの大砲を何基か鋳造させている。垂直鋳型で各部品を鋳出してのこの製作には三か月を要した。このトルコ軍の各大砲は、昼の間に七発、夜になっても一発を発射し、それまで射石砲（bélier や catapulte）の攻撃に耐えてきたコンスタンティノープルの城壁攻略において決定的働きを示した。

これらの巨大な大砲は、砲身を巻いた帯を外され、ばらばらにしてアドリアノープルからコンスタンティノープルの前面に運ばれた。大砲一基を移動するには、三〇対の牛に牽かせなければならず、四五〇人の人間が付いて、行く先々の道を固めていかなければならなかった。目的地に着くと、大砲は、石を敷いて安定させた地面に据えられ、弾丸を一発発射するごとに、点検して照準を修正する必要があった。

コンスタンティノープルの攻略につづく百年の間に、大砲は大きく進歩し、威力を増した。一四七六年、スイス軍がモラで奪い取ったシャルル軽率公の大砲がラ・ヌーヴヴィルの武器庫に保管されているが、放射状の輻の付いた錬鉄製の車に載せられている。軽量の大砲の場合、照準調整には自在鉤が使われたが、一四六〇年以後、砲耳 tourillon〔訳注・砲身を砲架に支える旋回軸〕が発明されると、楔やビスを動かすことによって調整できるようになった。火薬の顆粒化が行われたのが一四八〇年ごろで、これも大砲の殺傷能力を高めた。それまでの火薬は混じり物が多く、爆発力にむらがあった。顆粒化によって、火薬の性能に安定化が得られたのである。

初期の火器は大きさも形も不規則な石の弾丸を発射したので、弾丸と砲身の間に隙間があり、弾道が一定しなかった。フランス軍が鉄や鋳鉄の金属弾を使うようになったのは、シャルル七世のもとビュロー兄弟が砲隊を作り上げて以後である。その後まもなく、弾丸は、中を空洞にして火薬が詰められるようになる。これはイタリアで生まれたもので、一四七二年のヴァルトゥリオの本に初めて言及されている。大砲の砲身と弾丸の大きさが一致するようになったことから、大砲の口径という観念が生まれ、弾丸を大量に作って貯蔵しておくことが当たり前になった。大砲の内腔の仕上げ技術にも改良が行われた。

大砲のブロンズが銅九一%、錫九%を理想的組成とされるようになったのが十六世紀中ごろで、シャルル八世やルイ十二世、フランソワ一世の軍が勝利を収めたのは、フランス軍の大砲の質のよさのおかげであった。それに対して、相手方のイタリアの大砲は、すぐ破裂してしまった。しかしながら、一五四〇年以後は鋳鉄で大砲を作る方法が見つかり、多分、イギリスで完成を見た。この鋳鉄の大砲は射程距離も長く、これがイギリスから大陸に持ち込まれたことが、三十年戦争のときの、とくにハプスブルク家に対するオランダ人たちの優勢を確定した。装弾も、銃口からでなく銃尾から行われるようになり、大砲の口径も小さくなって弾丸も軽量化された。

この大砲の進歩によって変わったのは、陸上戦よりも海上戰のほうである。大砲は、クレシーの戦いより早く一三三八年のアルネムイデンや一三四〇年のスロイスで船上で使われている。当初は船の甲板の高いところに鋳鉄の小型砲を据えて使用されたが、それらは、船腹を狙ってではなく、船橋に配置された敵兵や船の上部の建造物を標的にした。しかし、次第に、より重くて船腹を破ることのできる大砲に取って代わられた。

このとき生じた問題は、重い大砲を上部に据えるので、いかに船体のバランスをとるかであった。その答えを見つけたのがブレストのデシャルジュで、船の底にバラストを積むとともに、大砲を下部甲板に設置し、船腹に設けた窓(舷窓)から発射するようにした。こうして大砲の役割は重要性を増し、ガレー船に対する帆船の勝利を確実にした。もともとガレー船にも、幾つかの利点があった。漕ぎ手という固有の推進力のおかげで風向きに左右されないで目指す方向へ進むことができたし、船嘴を使って敵船に突っ込むと甲板に待機させていた戦闘員を敵船に襲いかからせた。このガレー船の戦法に対して、帆船は長い間、無力であったが、その立場を逆転させたのが大砲の登場であった。

しかし、ガレー船が戦場から姿を消すのは十八世紀になってからで、それまでは、種々の改良によって補強が試みられた。たとえば、十六世紀には二本マストや三本マストのガレー船が作られているし、漕ぎ手の数を増やすことも試みられた。レパントの戦いでは漕ぎ手が二百五十人のガレー船が使われたし、ヴェネツィアの《ガレアス船 Galéasse》には漕ぎ手が四百五十人、大砲を装備しているのもあった。だが、レパントの戦いは、ガレー船の活躍の最後の舞台となった。なぜなら、櫂と漕ぎ手によって一杯になった船腹は、軽量の大砲しか載せることができず、しかも、船尾は指揮官たちが占めたので、大砲は船首にしか設置できなかった。十六世紀中ごろのガレー船には、大砲を六門装備したものもあったが、二十七門装備している帆船には太刀打ちできなかった。

結局、水面上に出ている部分が低く、地中海のために考えられたガレー船が、ヨーロッパ史の舞台が大西洋に移るのにともなって、舷側の高い船に主役の座を奪われたのは、当然であった。

11 携行可能な武器

同じように火薬を使ったものでも、大砲以上に革命的であったのが、人間が持ち運びできる武器である。「火を噴く杖」とか「携帯砲」と呼ばれたものが初めて製造されたのは、一三六四年のペルージアと、ついでは、一三八一年のアウクスブルクにおいてである。それらは、一三九〇年から一四〇五年までの間に書かれたキエセルの『ベレフォルティス Bellifortis』のなかに示されている。その使用法は複雑で扱いやすくはなかった。射撃手は、取っ手も台もない鉄製の筒を両手で構え、付け人に火薬を注ぎ込んで点火してもらわなければならなかった。

そうした初歩的性格を考えると、百年戦争当時も最もよく使われた飛び道具が相変わらず弓矢であった理由が理解される。一四一五年のアザンクールで、イギリス軍がフランス側騎士軍を打ち破ることができたのは弓兵のおかげであった。十五世紀には、古典的な弓よりずっと矢の速度と貫通力を増した鋼鉄製の弩が誕生する。こうした種々の改良のせいで、全身を鋼鉄板で覆う鎧も役に立たなくなった。

《携帯砲》の完成によって火器は、ずっと使いやすくなった。鉄製の銃身は、当初は肩に担いだのが、銃床が付けられて腕で支えられるようになった。この場合、射撃手は自由になった左手で火薬に点火することができるようになる。こうして《火縄銃 argubuse》と呼ばれるこの武器は、一人で操作できるようになったが、それでも少なくとも二十五キロと重くて、扱いが不便で、支えるのに壁や手すりが使えないときは、托架（fourchette）が必要であった。これが改良されるのは、一五二〇年ごろ、モシャッタ・ディ・ヴェレトリという武器職人によってである。

しかし、とりわけ重要なのは、十六世紀後半のマスカット銃（mousquets）の登場である。〔訳注・ルイ十三世時代を舞台にしたデュマの『三銃士』は原題が「Les Trois Mousquetaires」である。〕弾薬の点火は、火薬を装塡した火皿に火縄を下ろすことで簡単にできるようになったが、雨が降ると、この銃は使えなかったし、火縄の火が消えないよう常に注意しなければならず、また、火縄が燃えて次第に短くなるのを、火皿にちょうど届くよう調整する必要があった。こうした不便さを解消するために、すでに一五一七年ごろには、ドイツ人たちは、黄鉄鉱や火打ち石の塊に歯車をこすりつけ、それによって生じた火花で点火する方式を考案していた。この発明は十六世紀には騎兵隊によって採用されたが、歩兵隊は、三十年戦争でも、まだ火縄銃を使っている。とはいえ、このころには、火縄銃も砲身が短くなり軽量化されていた。

十七世紀初めには、騎兵隊は伝統的な槍を捨てて銃身の短い鉄砲やピストレットを使うようになる。ピストレットはドイツで生まれたもので、初めて現れたのが一五四四年、ある戦場においてである。これは、たちまちもてはやされ、十六世紀後半にはとくに政治的暗殺に使われた。ルネサンス時代のピストレットは銃身も短く、車輪式引き金付きで便利だったが、弾丸の装填には時間がかかった。そこで銃身を上下二段重ねにして連発できるものまで作られている。騎兵たちは、何丁ものピストルを身につけるのが普通であった。それでも、戦場では、第一列の騎兵が弾丸を発射すると、装弾のために後方へ後退しなければならず、次の列の騎兵と交代した。同様に、歩兵も、持っているマスカット銃を発射すると、弾丸を装填しないかぎり、武器がなくなってしまったうえ、装弾には少なくとも一〇分は要したので、槍兵をお供につける必要があった。

このように、火器にはそれぞれ弱点があったが、それが歴史の流れに無視できない根底的転換をもたらした。スペイン人たちが僅かな人数でアステカ人やインカ人を征服できたのは、そうした火器の威力のおかげであったし、ルイ十一世やフランソワ一世がイタリアで勝利を得ることができたのも、フランス軍が大砲の軽量化において先んじていたことによる。さらに、一五二五年、パヴィアで、死に物狂いで突撃してくるフランス騎兵隊に対するカール五世軍の勝利を決定づけたのも、スペイン人たちの火縄銃であった。〔訳注・このパヴィアの戦いでフランソワは捕虜になっている。〕フランス騎兵軍は、その三年前には火器の採用を決定し、一五一六年にはサン・テティエンヌで銃の製造工場が稼働を始めていたにもかかわらず、部隊への装備が遅れたのであった。

ルネサンス時代の人々は、この新しい殺傷兵器を使うことについて、弓や槍、剣を使っての戦いに較べて罪が深いという感情をもっていた。バヤール〔訳注・シャルル八世からフランソワ一世にいたるフランス歴代王に仕え、「非の打ち所のない騎士」と讃えられた軍人。1476-1524〕の時代、古い名誉感覚をもっていた隊長たちのなかには、捕虜にした砲撃手や銃兵の手を切り落とさせたものもいた。ユマニストたちも著作の中で大砲に対して厳しい言葉を浴びせた。グイッチャルディーニは、大砲を「非人間的で地獄から来た機械」と呼び、ポリドーロ・ヴェルジリオは一四九九年、その『事物の発明について De inventoribus rerum』のなかで「大砲は、人間性を破壊するために考えられた最も悪魔的な発明である」と書いている。自らを昔の戦士的規範の守護者と任じたアリオストは、洗練されたフェラーラの宮廷のために真の騎士の勲功を思い起こさせようとして、大砲について、次のように刺々しく述べている。

凶悪にして恐るべき発明よ
汝はどのように人間の心のなかに居場所を見つけようというのか？
戦さびとの栄誉は汝によって砕かれ
武器をもつ職業は汝によって誇りを失い
その価値も勇気も、汝によって滅びた

シェイクスピアも、火器への恐怖を語っている。

「やれ、硝石などというけしからんものを、なまじしずかな大地の底から掘り出すばかりに、あわれ、立派な勇士たちがごろごろ卑怯な飛び道具で生命を落さねばならぬ、なんという遺憾。」

（『ヘンリー四世』第一部第一幕第三場　中野好夫訳）

しかし、このシェイクスピアの嘆きも、ドン・キホーテの冒険に較べれば、すでに時代遅れであった。それは、後戻りできない一つの進展である。なぜなら、戦争の技術はルネサンスの時代には最も速く変貌するものの一つになっていたからである。一五五九年にはフェリペ二世の大臣のグランヴェル枢機卿は、イギリス王妃のある家来に「あなた方の御家来は勇敢で頑強である。しかし、彼らはどのような鍛錬を何年受けてきているでしょうか?戦争の技術は、いまや二年ごとに学び直さなければならなくなっているのです」と述べている。

12　稜堡型要塞

新しい火器が使われるようになったことから、防御システムも根底から変わらざるをえなかった。事実、射程距離の伸びた携帯可能な武器や、かつての投石機よりはるかに強力な発射力をもつ大砲に対する防備を固めることだけでなく、大砲を防御の主役の座に据えることが必要になっていた。この最後の必要性が最も重要で、軍事技術者たちが近代的タイプの要塞を仕上げていったのは、この目的からであった。

しかし、進展はかなりゆっくりしていた。当初（フランスの場合、十五世紀後半から十六世紀初め）は、既存の要塞に手を加えて砲台と弾薬庫を作り、さらには、戦争の新しい条件によりいっそう適合した要塞を建造したが、基本的には古い方式を手直しすることで満足していた。その推移は、ナント、サン・マロの城、アム（ピカルディ地方）の主塔、ラングルやトゥーロンの防塞、ルシヨンのサルス〔訳注・ペルピニャンの北〕にあるスペインの城（一四六五年から一五二五年にかけて建造された）などを見ると明らかである。全体の構造は中世のままの四辺形で、その側面に円形の塔や突出部が付けられている。だが、塔も城壁も上部に大砲を設置するために高さは低くなっている。石落とし（mâchicoulis）は無用になり消滅した。

城壁は、敵の砲撃に対する抵抗力を強化するために、とくに底辺部が厚くなる。銃眼付きのアーチ型トーチカが設けられるが、これは、上部砲座の曲射砲と併せて接地射用砲台を設置するためである。上部砲座に設置されたのは軽量の大砲であったが、塔の頂や城壁の背後にはますますたくさんの大砲が設置された。一四九七年に建設が始まったサルスの要塞は、敵方の大砲の砲撃をまともに受けないために地中に埋まった部分を増やし、前面と南側に半月堡（demis-lunes）を設けた最初の大型要塞である。これに続くのが、あらゆる方角からの攻撃に対応するための多角形の半地下型要塞、いわゆる《稜堡》で、これを考案したのはイタリア人建築家たちであった。

稜堡は、当初、重量のある大砲を城や都市の城壁の前方に設置するための円形の台地に過ぎなかった。したがって、大砲を発射することがその任務で、これ自体の防御は二の次にされていた。しかし、敵方の歩兵や砲隊の火器による攻撃に対する防御のために、拍車型あるいはスペードのエースの形の要塞が考えられ、最終的に五角形になった。その際、敵に交差射撃を浴びせることができるよう、突き出した部分に半月堡が設けられ、《稜堡》が完成をみた。さらに、稜堡の突出部と凹んだ部分を繋ぐ連絡壕が作られ、城壁の麓の死角に身を潜める敵にも弾丸が届くよう工夫が施された。稜堡の側面の突出部同士の距離は、当然、銃の射程距離次第であった。十六世紀の火縄銃の射程距離は約三百メートルであったから、この距離以内であれば、稜堡それぞれが隣の稜堡を守ることができた。

凹堡型の幕壁のプランは、すでにフランチェスコ・ディ・ジョルジオの書にも見られる。拍車型の最初の稜堡は、サン・ガロのジュリアーノとアントニオの兄弟によってチヴィタカステラーナで一四九四年から一四九七年にかけて建造され、最初の多角形稜堡はサン・ガロのアントニオ二世によりチヴィタヴェッキアで一五一五年に建造された。ルネサンス期で最も美しい軍事的建造物とされるヴェローナのそれは、サンミケーリ（1484-1559）の作で、フランソワ一世とカール五世が何とか奪取しようとして叶わなかった要塞である。サンミケーリは、とくにトルコ人たちによって脅かされていたヴェネツィアやコルフ、キプロス、カンディアのために、フォルテ・ディ・サンタンドレア・リドなどの仕事をした。彼の生まれたヴェローナはヴェネツィアの内陸領土の一部であったが、彼は、中世の城壁を撤去して都市壁を拡大し、防御の主役を多角形の稜堡に移した。これは、突き出した稜堡と大砲用のトーチカのおかげで交差砲撃と側面射撃を効果的にできるよう工夫されていた。

十六世紀後半、ウディーネの近くにスカモッツィ（1552-1616）によって全面的に造られたパルマノーヴァの町は、新しい防御原理に基づく要塞都市の代表である。防塁は九角形で、それぞれに槍の穂先の形の出っ張りが設けられている。これに似た防御施設は、トロワやサン・ポール・ド・ヴァンスなどのフランス各地にも、一五二五年ごろからイタリア人技術者たちによって造られている。他方、デューラーも、一五二七年にはニュルンベルクの防備強化のために、土地を削って幅の広い濠を穿ち、大砲を自在に撃てるよう二重のトーチカに砲台を設ける手法を提唱している。

十六世紀末から十七世紀初めにかけ、こうした要塞に新方式をもたらしたのがフランドル人のシモン・ステヴィン（1548-1620）である。彼は、ナッソー伯モーリッツに仕えて北オランダ七州の対スペイン戦のため、塹壕を設け、要塞の側面に四層の砲台を設置するなど防御施設を強化した。大砲用の弾丸は螺旋状の傾斜路を車に積んで運び上げられた。このサンミケーリとステヴィンを継承したのが、ルイ十四世に仕えてフランスの要塞建築を完成したヴォーバン（1633-1707）である。

こうした新しい防御法に対応して、攻城技術も変化を余儀なくされた。城壁の下を掘り崩す手法は、かつての高く薄い城壁を相手にする場合は有効だったが、低く厚い城壁には役に立たなかった。したがって、坑道を掘る方法と火薬の爆発力を利用する手法が結合され、それが発破の発明をもたらした。発破は一四四〇年ごろにはすでに知られており、一四九五年にはナポリのカステル・ヌオヴォの攻撃〔訳注・シャルル八世のこの攻撃は失敗した〕で使用されている。この種の武器は十九世紀にいたるまでほとんど変わらなかったが、フランス人やスペイン人たちは、十六世紀初めには爆発力を活かした武器を使用していた。いずれにせよ、戦いの技術はルネサンスの間に実現された進歩を経て、ステヴィンの時代以後約二百年間はある意味で安定する。

13　印刷技術の誕生と飛躍

十五、六世紀の軍事技術の変容は、この時代にあって人類の進歩を推進した主役が戦争であったことを理解させてくれる。ゾンバルトが立て常識化していたこのテーゼに対するネフの反論もまた正当である。しかし、彼に言わせると、地理的大発見も冶金術の飛躍も、まして時計や織物の発展も、軍事的要請で行われたものではなかった。逆に戦争技術の転換を条件づけたのは、むしろ冶金技術の改良のほうであった。それ以上に忘れてならないのは、ルネサンス時代の重要な発明である印刷術は、西欧の文化的欲求の増大から生じたものであり、知的生活の向上に寄与したことではないだろうか？

ヨーロッパではすでに十三世紀から学生の数が増え、大学で学び注釈しなければならないテキストを彼ら一人一人に届ける必要性から、職業的写字生のアトリエが大学周辺に誕生していた。この写本作業にあっては、ミスの増殖を避けるためにコピーからコピーするやり方ではなく、原本をたくさんの折（cahier）に分割して、その分割した数の写字生が同時に作業する手法が採られた（このやり方を「ペキア pecia」といった）。今日も、フランスの図書館には、十三世紀から十四世紀に写されたアリストテレスの著作が約二千冊、保存されているが、この二千という数字は、失われたものを考えれば、実際に存在したそれのごく一部であることが明白である。

十五世紀初め、学芸学部（facultés des arts）で使われていたある教科書は、たくさんの専門化されたアトリエをもつ一つの本屋に四百冊発注された可能性がある。しかし、この大量生産は高くついたし、需要を充分に満たすこともできなかった。そこから、書物の一層の普及を可能にするやり方が求められた結果、生まれたのが印刷であった。

印刷術の誕生と飛躍は、もし、その土台になる紙がヨーロッパに導入されなかったら、ありえなかったであろう。なぜなら、羊皮紙は印刷には向いていなかったからである。死産した子牛の皮の《ヴェラン vélin》は印刷に適した薄さとしなやかさをもっていたものの、非常に稀少であった。それに対し、極東のシナ人たちは、ルネサンス時代よりはるかに昔から、絹の屑や桑の樹皮で紙の原料になるパルプを作り、西暦二世紀からは、古くて使えなくなった麻のロープや漁網を材料にした紙を使っていた。この製紙の技法が八世紀ごろに中東に伝えられ、十二世紀に、ジェノヴァやヴェネツィアの商人たちによって西欧に伝えられたのである。

西欧では、十四世紀ごろから亜麻や麻の栽培が行われて下着として亜麻布や麻布が一般化し、紙の原料となる襤褸切れが大量に供給されるようになったことから、製紙が広く行われるようになった。襤褸切れを細かく裁断するのに必要な動力は水車が適していたし、パルプの塩分などを洗い流すために豊かな水量が欠かせなかったので、製紙工場は川に隣接して建設された。製紙工場はファブリアーノ〔訳注・ローマとアンコナの間〕に最初のそれが出来て以後、ヨーロッパじゅうに増えていった。ドイツでは、一三九一年、ニュルンベルクに最初の製紙工場が建設されている。十五世紀初めには、製紙業者の名前を透かし模様にする慣習がトロワで生まれ、値段も羊皮紙の四分の一か五分の一になる。

シナ人たちは、紙とインク〔訳注・もとより、ここで言うのは墨汁〕によって、七世紀には《陰刻の石版 lithographie en creux》の形で印刷を行っていた。文字や絵が刻まれた石碑に墨汁を塗り、紙を押し当てて写し取るのである。中世の西欧も、オリエントを模倣して像を写し取る幾つかのやり方を知っていた。十二世紀には、イタリアの職人たちによって、織物に標章やデッサンが印刷されている。十四世紀末には、ラインラントとブルゴーニュ地方で、版木に彫ったヨーロッパ最初の織物の木版印刷が行われるようになり、このやり方のおかげで、まもなく宗教的な絵や暦、風刺文書などがたくさん作られ、絵に添えた文章も次第に長くなっていった。こうして、木版の小冊子（livrets）が現れ、十五世紀には、カード遊びが盛んになるが、これも木版で印刷された。

しかしながら、活版印刷（typographie）の誕生は、こうした木版印刷の延長線上ではなく、金属を扱う職人たちの主導による。木版の彫刻師たちは金属を扱う仕事には全く無知だったからである。一四二三年から一四三七年のころ、ハールレムのオランダ人、ヤンスゾーンはシナ人のやり方を手本に、ばらばらの木製の文字を使って、これを組み合わせることによってテキストを印刷することを考えついた。しかし、木は厳密に正確な平行六面体に切ることがほとんど不可能であるうえ、破損しやすく湿度の変化に弱いうえ、保存しておくことはなおさら困難であった。

この《組み版 composition》の考え方を金銀細工師や鋳造工たちが引き継いで練り上げたのであって、その最もよく知られた人がグーテンベルクであった。彼は、はじめシュトラスブルクで、ついでマインツで仲間を集め、その組合の技術的指導に当たったようである。しかしながら、プラハ生まれの金銀細工師、ヴァルドフォーゲルがアヴィニョンに居を構え、グーテンベルクと同じ方向で、一四四四年から一四四七年まで研究を重ね、「真の、易しい、有効なやり方による」人工的文字を完成した。

いずれにせよ、グーテンベルクによって有名な『四十二行聖書』がマインツで完成したのが一四五五年で、これが一般的に最初の印刷本と考えられている。活字の問題が解決されるのは、それよりあとである。字を浮き彫りした硬い金属の父型（poinçon）のおかげで陰刻の母型活字が作られ、鉛と錫、アンチモニーの合金を流し込んで鉛版が作られるのである。幾つかの試行錯誤ののち、父型には鋼鉄が、母型には銅が使われた。

グーテンベルクとその仲間たちは、活字だけでなく印刷機も発明した。この分野の専門家であるM・オーダンは、グーテンベルクの印刷機は、初歩的ではあるが、以前からあった精油用やワイン搾り、製紙用の圧搾機に由来するものではなく、鉄枠によって固定された組み版にインクをつけ、その上に紙をセットして刷り出すことのできるものであったと考えている。インクも、手書き写本で使われた流れやすいものでは、プレスをかけると金属の活字の上に留まらず流れてしまうので、新しく、黒い煤と松ヤニ、クルミの油を混合したインクが作られた。このインクなら、褪色も免れた。

印刷術は製紙業の飛躍的伸長をもたらし、宗教的な書にかかわる《聖なる技術 art divin》であるとともに、西欧文明の底流から来る強い知識欲に応える新しい黄金時代のシンボルとなった。彩色は豪華であるがエリートたちの狭い世界に留まっていた《宝飾本》に代わって、素材も見かけも高貴さに欠けるが、値段もずっと安い、《実用的な本》が文化普及の強力な手段となっていった。真に革命的な点は、ここにある。リュシアン・フェーヴルとアンリ＝ジャン・マルタンは、十五世紀末以来、ヨーロッパで印刷・刊行された本は、少なくとも三万五千種、冊数は一五〇〇万から二〇〇〇万、十六世紀全体では十五万から二十万種、小冊子や張り紙などは別にして、市場に出た冊数は一億五千万から二億に達すると見積もっている。

14　版画（gravure）

ルネサンスの時代は、西欧人たちに印刷本を供給しただけでなく、芸術作品の複製を普及させることによって、ヨーロッパにおける美術および芸術家の地位、彼らの作品とそれを享受する公衆の関係を根底から変えた。まず十四世紀の絵師たちが用いたのは《陽刻 taille d'épargne》の版画であった。インクを載せて印刷する部分だけを表面に残し、白で残す部分は削り取った。しかし、この技法には多くの難点があった。木は湿気と温度変化に弱く、すぐ擦れて傷んだので、たくさんの枚数を刷ることができなかった。しかも、木の陽刻では芸術作品のさまざまなニュアンスを伝えることができなかった。といって、金属は耐久性に富むものの硬く、広い面積にわたって削り取ることが難しい。結局、原版を木にするにせよ金属にするにせよ、紙の上に刷り出せるのはインクの単調な層でしかない。

ところが、十五世紀中ごろ、おそらくイタリアで新しい手法が発見され、いわゆる一種のネガ・フィルムであった陽刻に取って代わる。それは金属の上に陰刻を施すもので、《銅凹版画法 taille-douce》〔訳注・インタリオとも〕と呼ばれる。これは、銀の板に溝を彫り込み、その溝に黒いエナメルを流し込む

《ニエロ（黒金）象眼細工》の技法から来たものである。この新しいやり方は、銅板に陰刻でデッサンし、全面をインクで覆ってから拭い取り、紙を押しつけるもので、溝の部分のインクが紙に浸透して図柄が印刷された。この方法だと、金属面を広く削り取る必要がなく、鑿で軽く引っ掻くだけで複雑で繊細な線を描くことができた。溝の深さの違いによってインクにさまざまな厚みの違いが生じ、もとの作品の細かいニュアンスを再現することもできた。そうした細い線をつけるために《ドライ・ポイント用鉄筆》が使われた。

さらに新しい進歩をもたらしたのが《腐食銅版画 gravure à l'eau-forte》である。これを最初に用いたのは、おそらくデューラーである。この技法においては、鑿の代わりに硝酸が用いられた。銅板には前もって強い耐酸性をもつニスが塗られており、芸術家は鉄筆を用いてデッサンを施し、そこに酸をかけて、鉄筆で削られた部分を腐食させ、そのあと金属板を洗浄するのである。

こうして、版画はかつてない成功をおさめ、文化の普及の重要な仲介者となった。古代の作品や遠い国の町の様子、ルネサンス期の巨匠たちの絵が広く知られるようになった。しかも、ボッティチェリが手がけた『神曲』の挿絵は、版画が美術表現の一つの新しい手法の一つであることを世に示した。さらに十七世紀には、レンブラントによって版画は一つの芸術ジャンルにまで高められた。

15　ガラス工芸

ルネサンス時代、技術のめざましい進歩は精神生活の進展のためにも活かされた。ガラスを扱う仕事に導入された技術の革新は、芸術活動において精神的刷新の手段と地平線を拡大する手段をもたらすとともに、日常生活においても、西欧文明に物質的快適さと生きる喜びを与えることとなる。

十二、三世紀のステンド・ガラスは、一片一片がそれぞれの色を表す半透明の彩色ガラスのモザイクによって構成されていた。それに対し、十三世紀以後、微妙な色の移り変わりによって人物たちの衣装の襞を表現できる《グリザーユ grisailles》が用いられるようになる。これは、銅や鉄、松ヤニの混合物から成る塗料を筆でガラスの表面に塗って焼きつけたものである。十四世紀には、さらに決定的な発見が行われる。銀の硫化物から作られた薄い黄色（jaune d'argent）である。この新しい技法は一三一〇年から一三三〇年にルーアンとシャルトルで現れ、一四〇〇年ごろのエヴルーのカテドラルでその頂点に達した。同様にして、十五世紀末には、ベンガラを用いることによって肌の色を表現するやり方が発見された。

こうして、古典的中世がコントラストの強い色を好んだのに対し、ルネサンス時代は、濃淡のある光に満ちた方向を辿るとともに、多様な色調を生み出す《ドゥブラージュ doublage》と呼ばれる技法が生み出された。これは、以前から知られてはいたが、十五世紀になって完成を見たもので、具体的には、溶けた彩色ガラスの薄片を透明ガラスに貼りつけたり、パイプで息を送り、膨らませることによって透明な部分と彩色された部分の境目を微妙に変化させる技法である。このようにして、中世のように色違いのガラスの小片をモザイク状に並べるのでなく、一枚のガラスに建物や風景を描き出すことができるようになった。ブールジュの『受胎告知』（1450）、ブルーのフィリベール・サヴォワ公の肖像、ボーヴェの『エッサイの木 Arbre de Jessé』（十六世紀初め）、ハウダ（オランダ）の巨大なガラス窓（これは、十六世紀ヨーロッパで最大）などは、ガラス職人の技の進歩を示しており、ルネサンスの精神が技術的成功と結びついた事例である。

このステンド・ガラスの芸術が十七世紀に突如、凋落を示したことは本当である。中世の間あまりステンド・ガラスに興味をもたなかったイタリアからバロック芸術がやってきて、ヨーロッパを席巻したのである。そこには、信者たちも典礼についていくようになり、祈りの書を読めるよう教会堂が明るくなることを望んだこと、そして最後に、とりわけヨーロッパ人たちがますます明るさを求めるようになったことが背景にある。

十四世紀には、王侯や裕福な商人の住居がガラス窓を装備しはじめる。十六世紀、とりわけ一五五〇年ごろになると、一般家庭では重くてカネのかかるステンド・ガラスや半透明の布や紙に代わって、ガラスが普及するようになる。この光の勝利は、集団心理学の視点から見ても、西欧文明のうえで重要な意味をもったのではないだろうか？

おそらくガラスは、その後も長い間、質が悪く、透明度も不均質なままであった。しかし、無色透明のガラス（verre blanc）は一四六三年ごろには作られ始めていた（ヴェネツィアのムラノで発明された）。これは、当時の人々から不適切にも「クリスタル」と呼ばれたが、それは、意図せずして緑がかってしまったガラスや意図的に彩色されたガラスと区別するために、そう呼ばれたのであった。本当の「クリスタル・ガラス flint-glass」が作られるのは十七世紀末のイギリスにおいてである。

このヴェネツィアの珪酸アルカリ・ガラスは、それまでのガラスに較べてはるかに無色透明で、文句のない進歩を示しており、ムラノ島のガラス工芸は、十六世紀には繁栄の頂点に達した。ヴェネツィア政府は秘密が外へ流出しないよう、《十人委員会 conseil des Dix》の厳しい監督下に置いたが、その割りに効き目は薄かったようである。

ヴェネツィア人たちはビザンティンやアラブの琺瑯ガラスも好んで作り、技術的にもめざましいものがあった。十五世紀には、ある大ヴィジル vizir〔訳注・イスラム教国の大臣〕が、モスクを飾るため四百基のランプをヴェネツィアに注文しているほどである。ルネサンスの初期にはラグーナの芸術家たちは、黒い線でデッサンし金色の鱗状の装飾を施した彩色ガラスの大盃やコップの製造においてぬきんでていたが、一五三〇年以後は、不透明な白いガラスと多彩色の線で飾られた「クリスタル」の仕事に力を注ぐようになる。ヴェネツィア産ガラス器の名声は諸外国に轟き、王侯たちはヴェネツィアのガラス職人をスカウトし自国でもガラス産業の振興に努めたので、十七世紀初めには、ヴェネツィアはプラハやニュルンベルクの新興ガラス工房を相手に戦わなければならなくなる。

ムラノでは、十六世紀初めには、ガラスに鉛メッキを施す手法が開発され、ガラスのロザリオや水銀の層を内側にしてオリエント趣味を出した人工真珠や鏡なども輸出するようになり、とりわけヴェネツィア製の鏡への需要は高く、鏡職人の数が急増して一五六四年には鏡職人だけの組合が誕生するまでになっている。

ガラス技術の発達に伴って眼鏡も作られるようになる。眼鏡がヨーロッパで発明（あるいは導入）されたのは十三世紀末のことで、一二九四年ロジャー・ベーコンが亡くなったとき、イタリアではすでに使われていた。しかし、当初は鉱石の水晶をカットしたもので、しかも、両凸面の老眼専用の眼鏡であった。近視用の凹面の眼鏡が作られるのは、十六世紀、透明ガラスが開発され、研磨機が改良されて以後のことである。他方、ヤン・ファン・エイクの絵（1436）で参事会員ファン・デル・パエルが手にしている鼻眼鏡は、十七世紀初めには、エル・グレコの『枢機卿ゲバラの肖像』にある眼鏡に席を譲り、この種の眼鏡が近代にまで続く。眼鏡は、すでに十六世紀末には、とくにイタリアやフランドルでは珍しいものではなく、知識人にとっても芸術家にとっても職人にとっても、眼鏡は老齢になると手放せない道具となった。

しかも、やがて望遠鏡が発明されると、《世界の展望》まで大きく変わる。一六〇九年、ガリレオ・ガリレイは、義理の兄弟に宛てた手紙のなかで、自分が「五〇マイルの彼方のものを五マイルのところにあるように見せてくれる道具」を作ったことを知らせ、「町で最も高い鐘楼に登ると、全速力で向かってくる船の帆を、肉眼で見つけるよりも二時間早く見つけることができる」と書いている。いまや、人類の前には、無限に大きな世界が開かれつつあった。

16　芸術と技術

油彩画がそうであるように、芸術と技術の互いに支え合う関係と、それによって日常生活のなかに入ってきたさまざまな変革を解明するには、まるまる一冊の本が必要である。十五世紀と十六世紀は、明るく透き通った色彩で知られるファエンツァ〔訳注・北イタリアのエミリア地方にある製陶場〕の陶器の黄金時代であった。ここの作品は、フランソワ一世の時代にフランスに入ってくると、《ファイアンス faïence》と呼ばれて人気を博した。ヌヴェールでは、ベルナール・パリッシー（1510ごろ-1590）によって、焼成のあと、錫の塩化物よりも黄色っぽい白になる鉛を含む釉薬を用いた改良が加えられた。動植物を浮き彫りにした彼の《田園器物 rustiques figulines》は、ほとんど彫刻作品というべき趣がある。しかしながら、パリッシーは彫刻家ではなかったので、その特徴はできるだけ本物そっくりに表現したところにある。

芸術的陶器にとって欠かせないのが、陳列するための家具である。ヨーロッパで家具が豪華になるのは十四世紀以後で、このころから、教会の聖職者席や、ラバの背に乗せて君侯たちの旅にお供させられた大箱だけではなくなる。十五世紀、十六世紀になると、家具は大型化し、建物のなかに固定されるようになる。それとともに、金銀細工品を陳列するための飾り棚や食事のセレモニーに結びついた脇テーブル、背もたれと肘掛けのついた豪華な椅子、X字型の折り畳み椅子（faudesteuils）などが作られた。

中世の家具の主役であった大箱はルネサンス時代にも作られつづけているが、幾つか抽斗を付けたものになる。これが進化してタンスになり、アンリ二世（1519-1559）の時代には、堂々たるタンスが現れる。ベッドは、風から守るためにカーテンを巡らせていたのが、十六世紀終わりごろには、四本の円柱で天蓋を支え、枕衝立に聖人の像が彫られたものが現れる。さらに古代趣味を示すフランボワイアン様式への移行が進むが、全体としては、より快適で居住性を重んじる方向への流れが明確である。家具に使われる木材も、中世フランスに好まれた柏に代わって、より美しい艶が得られる胡桃の木が愛好されるようになる。とくに稀少な素材として黒檀も使われ、それを多色大理石と組み合わせることによって豪華さを際立たせた。十六世紀には、寄せ木細工で幾何学文様を浮き上がらせ、象眼を施したイタリア様式の装飾が広がった。

教養のある階層では、音楽に対する関心も高まった。ファン・エイク兄弟、メロッツォ・ダ・フォルリ（1438-1494）、メムリンク（1430-1494）がともに『奏楽の天使』を描いているし、フィレンツェのサンタ・マリア・デル・フィオーレ大聖堂のカントリア（合唱壇）に描かれた少年合唱隊、『マクシミリアンの凱旋』に描かれた竪琴とヴィオラ、ボンバルド〔訳注・オーボエの前身にあたる楽器〕、また、庭園で小型オルガンを奏でる貴婦人たちを描いたフランスのタピスリーなどは、上流社会における音楽嗜好の高まりと楽器の多様化を証明している。

しかし、この分野でも、芸術と技術はしっかり結合しており、宗教とも結びついていた。十五世紀には、音楽の愛好家が増え、さまざまな作曲家の作品が誕生し、単色や多色で印刷された楽譜が現われている。楽器にも大きな変化が生じた。大型オルガンが西欧に現れたのは一三二五年ごろであるが、十四世紀の終わりごろには鍵盤を二列備えたオルガンが現れる。当初、オルガンは信者たちの合唱の伴奏に使われただけであったが、単独で演奏されるようになっていった。十六世紀には、ドイツでもイタリアでもオルガン演奏を学ぶ学校が幾つもできている。ガブリエリ〔訳注・イタリアの音楽家で、当時屈指のオルガン奏者。1510ごろ-1586〕の時代には、《リチェルカーレ ricercare》〔訳注・フーガの前段階をなす器楽曲〕や前奏曲が作られた。

オルガンとともに、ルネサンス時代に最も普及した弦楽器がリュート luth である。しかし、十六世紀初めにはヴァイオリン violon が現れ、次の世紀には楽器の王者となる。ヴェローナの音楽家たちは、その繊細な表現と心を揺さぶる演奏で名声を博した。現代においては、ともすれば芸術と技術は対峙させられがちであるが、両者の関係は本来対立的ではなかった。両者の対話が最も実り豊かであったのがルネサンスの時代であったといえるのではないだろうか？

第六章　商業と金融の技術

1　同業組合の保守性

ルネサンス時代にはさまざまな技術が進歩したが、産業革命以後の近代が経験したそれとは比較にならない。なぜなら、ルネサンス当時は、労働時間を制限したり、不正行為を抑制するため製品の質を規制したりする保守的な力がまだ過剰に働いていたからである。それらは、同じ町のなかでの競争を排除し、都市の市場における親方たちの独占権を維持するために中世の間に生まれた同業組合（corporations）によるもので、そこには何人といえども侮ることのできない力があった。

町の成長とともに自然発生的に現れた同業組合は、十四世紀には一つの政治的勢力を形成する一方で、民衆の力が強まるにつれて、都市住民のなかでも貧困な階層にも門戸を開いていった。百年戦争のころには、武力抗争が相次ぎ貴族たちの金銭的要求が増大し、そして経済的危機が迫るなかで、商人や職人たちは君主たちに庇護を求めるようになっていたが、これが都市労働者たちによる一種の革命的状況を生み出し、そこに相反する二つの動きが生まれた。最も繁栄した都市、たとえばエティエンヌ・マルセルの時代のパリでは、ブルジョワたちは下層民を味方につけることによって政府に圧力を加えようとし、他方、フランドルやイタリアの織物業者や下層職人（ポポロ・ミヌート popolo minuto）たちは、貴族や裕福なブルジョワ〔ポポロ・グラッソ popolo grasso〕の横暴に反抗し、ときには権力掌握に成功した。

こうして、封建社会が崩壊するなかで、労働者たちは、強力なヴァイタリティーを示していった。一三〇二年、フランドルのガン（ヘント）では、職人たちが都市のお偉方たちに対して反乱を起こし、その反響はブラバントやリエージュ（ルイク）地域にも波及した。七月、ブリュージュ（ブルッヘ）の労働者たちは、急遽派遣されたフランス王軍を相手にクルトレ（コルトライ）で戦って勝利を勝ち取った。一三五八年、パリでは、商人組合長〔訳注・パリ市長〕のエティエンヌ・マルセルに率いられた三十四人の職人たちが王宮の王太子の部屋に押し入り、元帥二人を殺し、のちにシャルル五世となる王太子に自分たちの帽子をかぶらせている。

フィレンツェでも、その二十年後、《チオンピ ciompi》すなわち同業組合に属さない労働者たちが毛梳き工ミケーレ・ディ・ランドの呼びかけで蜂起し、一時的ながら勝利を獲得し司法権まで手に入れている。これを契機に、裕福な職人の七組合と貧しい人々の七組合に加えて、さらに三つの組合ができたが、そのうちの二つは店舗持ちの職人の組合であり、一つは労働者のための組合であった。しかし、こうした民主的政府は、フィレンツェでは一三八二年までしか続かなかった。同じ年、ガンでも織り工たちがローゼベケで敗北を喫している。このガンの職人たちは《第二のアルテフェルデ》であるフィリップ〔訳注・百年戦争初期、フランスとフランドル伯に抵抗した政治家、ヤコブ1290-1345。フィリップはその息子1340-1382〕の指揮のもと、すでに何年も社会戦争を続けてきたことから、イープル（イーペル）やブリュージュだけでなくルーアンやパリでも、反権力の労働者たちは「ガン！万歳」を掛け声にしたほどであった。

フランスでは、一三八〇年のシャルル五世（1338-1380）の死と、その弱々しい後継者〔訳注・シャルル六世〕の治下での酷税のため、《マイヨタン maillotins》の乱が起きた。パリの職人や労働者たちがパリ市庁の武器庫を破り、武器と槌〔maillets〕を手に反乱を起こしたのである。この反乱は鎮圧されたが余韻は後を引き、三十年後、ブルゴーニュのジャン無畏公とオルレアン公が戦ったとき、パリの下層職人たちは肉屋組合の親方、シモン・ド・クートリエ〔カボッシュ Caboche とも呼ばれた〕に率いられてブルゴーニュ公に迫ってすべての行政役人を選挙で選ばせるという革命的命令を出させている。しかし、この《カボシャン》は、過激すぎてパリ市民の支持を失った。

都市市民の運動の反響は次の時代にも現れる。一五二九年、東部フランス全域で飢饉が猛威を振るい、しかも、プロテスタントの思想が広がるなかで、リヨンの《大蜂起 grande rebeine》が起きる。この蜂起は、「リヨンの貧しき仲間」を名乗る人々が行政権を手に入れる寸前までいった。一五三九年には、ガンがカール五世に公然と反旗を翻し、同業組合によって民主的政府が樹立された。皇帝はその鎮圧のために自ら軍勢を率いて対処しなければならなかった（1540）。

十六世紀末、《カトリック同盟 La Ligue》時代、アンリ四世がパリを包囲したとき、その混乱のなかで、下層職人たちが市の行政権を手中にするチャンスが訪れた。しかし、これは成功しなかった。その原因は、同じ時期に権力を把握した他の町との連携がなかったこと、貧民たちによっていったんは排除されたブルジョワたちが復権したこと、同じころに田園で反乱を起こした人々に対する都市の反乱者たちの無理解、とりわけ庶民大衆に較べて職人たちは少数であったことにある。しかし、君主や都市貴族たちは、同業組合をしっかりつなぎ止めておかなければならないことを弁えていたので、組合をなくすことはしないでコントロールを強めて、政治活動から排除し軍事的役割を剝奪しつつ、代わりに経済的な問題では大きな力を与えたのであった。

この監視が十七世紀には、コルベールの煩瑣な規制になっていくのであるが、君主たちは、ブルターニュ公ジャン五世（1399-1442）の言葉にあるように、同業組合の「意地の悪さと貪欲」、彼らの独占的傾向に用心すべきだったのではないだろうか？　ルイ十二世、フランソワ一世、シャルル九世、アンリ三世といった歴代フランス王〔一四一五年から一五八九年までわたる〕たちも、同業組合幹事たちの「権力濫用と陰謀、独占欲」を厳しく非難してやまなかった。ヨーロッパ全体をみても、十四世紀以後、君主たちは同業組合関係者と相談することなく組合をプロヴァンス伯領の役人やカペー王領の司法官、ブールジュ、クレルモン、リヨンの都市行政官といった権力者たちに従わせる規約を定め、組合の力を弱めるために親方証書を濫発し、一六〇〇年には売れ残った証書でフランスじゅうが溢れんばかりになる。一五八二年、アンリ三世は王国のすべての織物業者を監視する監査官を任命。このように、自国内の同業組合の活動を統制したいというのは、君主たち共通の願望であった。

こうして、十五世紀以後、ブルターニュ公国ではジャン五世が、またルシヨンではアラゴン王たちが、その治下の様々な町に画一的規則を課するようになる。この傾向は、次の世紀には更に加速され、スペイン王は、カスティリヤにカタルーニャの同業組合システムを導入する。イギリスでは、一五六三年、国内での労働条件を規律づけた有名な『徒弟法』（Statute of artificers）が制定された。フランスでは、フランソワ一世により、親方資格取得の王国内共通の基準を定めた《ヴィリエ・コットレ Villiers-Cotterêts 法令》が公布された。とりわけアンリ三世は一五八一年、アンリ四世は一五九七年に、職人たちを一つの統一的組合のなかに組み入れ、幹事の選挙について定め、活動を規制する法令を公布している。

このようにして、ルネサンス時代、絶対王政化が同業組合を秩序づけるなかで進められたのであり、十五世紀から十六世紀にかけては、たくさんの同業組合が生まれる。ルイ十一世がその治世の間に公布した同業組合の承認あるいは設立の法令は六十以上になる。ローマの同業組合の数は、十六世紀の間に三十二から五十五に増え、コモでは一三五五年から一五七〇年までの間に、新しい同業組合が六つ生まれた。このような組合の細分化は、国家にとっては収入源が増えることにつながるとともに、隣接する職業の間に軋轢を生じさせ彼らの力を弱めさせる効果を生んだ。

結局、同業組合システムは、生産と通商に対して全面的な影響力をもったわけではなかった。君主たちは、自分の利益のためには、同業組合の特権を真っ先に投げ売りした。一四六五年以後、「フランス宮廷御用達の労働者たち」は一つの特別の規約を与えられ、ルーヴル宮殿で働く人々は、古くからのパリの同業組合規範を無視することができた。他方、シクストゥス五世やエリザベスも含めたヨーロッパのあらゆる君主たちは、同業組合の抵抗を無視して、技術上の革新（それが価値があるか否かを問わず）をもたらした《発明家》たちに特許と専売権を与えた。

また、組合の支配を免れていた人々としては、自分の家で仕事をした職人たちがいる。十四世紀から十五世紀に発展した亜麻布の産業は、明らかに同業組合の枠外である農民たちの家内工業で作られた。さらに、鉱山や冶金業は深い山や森のなかに分散していたから、当然、同業組合や行政の監視をまぬかれていた。その反対に、国境線を超えて活動する大規模商人や銀行も、同業組合に縛られることなく、独自のリズムで自由に活動した。印刷業、火器の製造、製糸業や綿織物の工場なども、組合の枠外にあって、規範に囚われることなく新しい技術を追求することができたし、大商人の世界では、十六世紀よりもずっと早くから資本主義的精神と、それが発揮されるような技術的手段とが相携えて誕生していた。

2　海上保険

十字軍以後の大規模商業の飛躍によって、事業の経営技術の発展が求められるようになった。これ以後、西欧経済は《海上の幸運 fortune de la mer》に目を向け、その水平線を拡大していった。西欧経済は、ギリシア・ローマの古代の《海がもたらす利子 nauticum faenus》を引き継いだ。出資者は、船が無事に帰港しなかった場合は資金を回収できず大損を被ったが、その反対の場合は莫大な利益金を受け取った。

このジャンルの取引は、たとえばフランスでは、十七、八世紀になっても広く行われているが、それは《海上保険》というよりも、出航する前に船を満杯にする商品を買い求める船長への前貸し金〔訳注・そこから《船舶担保冒険貸借 grosse aventure》と呼ばれた〕であった。ただし、《冒険貸借》は、利息付き貸し金に反対するキリスト教会の原則に触れたので、十三世紀には、《海洋為替》と呼ばれる手法が考案され、神学者たちからも、この利息は交換契約のなかで得られるもので違法にあらずとのお墨付きをもらった。たとえば、借り手は、ジェノヴァで手形で受け取った額を、船と積荷が無事に到着することを条件に、バルセロナで返済することを約束する。商品は抵当であり、その証拠の札（signum）とともに旅をしたわけで、保険料は、交換利益のなかに隠された。

このやり方は、ジェノヴァでは十五世紀以前にも利用されていたが、幾つかの欠陥があることが分かっていた。出資者は船が到着する地で為替を受け取る必要があったうえ、この《冒険貸借》の場合、航海が無事であった場合しか前貸し金から利益を引き出すことはできなかったからである。このため、

《海洋為替》は、十五世紀には保険制度に取って代わられ姿を消していった。海上を輸送される商品が増大するにつれて、保険金への需要が増大したことがこの変革をもたらしたのである。

こうして、保険業者にはいかなる場合でも保険金が入ってくるような、リスクが少なくなるシステムへと進んでいったのであるが、少なくとも最初は、キリスト教会によって禁じられていた保険料（prime）をカムフラージュする必要があった。ドゥエールの研究によると、一四〇〇年から一四四〇年にかけ、ジェノヴァで交わされた海上保険契約二一三のうち保険料の支払いについて記述したものはなく、これは前もって手渡されていたと考えるべきであるというのである。契約は、次のように行われた。保障する側（一人であることもあったが、複数であることのほうが多かった）は保険加入者からある量の商品を買うことを約束する。ただし、支払いは買い付けて船に積まれた商品が無事に目的の港についたときに行われるのである。

複雑な経路を経るにもかかわらず、この新しいやり方は、一つの決定的な前進を示していた。保障する側は、加入者によって償還されるカネを初めから支払う必要がなく、災害に遭って初めて払えばよい。他方、リスクは、一つの商品から別の商品へ移され分散されたので、彼らが支払う保険金も、自動的に、ずっと低額になった。

《再保険 réassurance》〔訳注・保険者が、その引き受けた保険契約上の責任の一部または全部を他の保険者に補償させることを目的とする責任保険〕は、十六世紀初めには存在していたが、基金を多くの取引に同時に投資する保険業者の組合が作られた。ジェノヴァの市会は、理論的には、外国船で輸送される（したがって外国商品の）積荷をジェノヴァの人間が保障することを禁じていたが、実際には、一四〇〇年代終わりには、北海やビスケー湾地域でもジェノヴァの船がスロイスからロンドンへとかラ・ロシェル、ヴァレンシアへ外国商品を運ぶチャンスが増え、それらへの保障が避けられなくなっていた。

教会法学者たちも、ある程度は、リスクは保障されるべきであることを認めざるをえなかった。ところが、ある保険業者が莫大な保険料を支払ったことが問題になり、保険料の適切な額が論議されるようになった。それについては、トスカナの大商人、フランチェスコ・ダティーニの帳簿にもはっきり書かれている。一三八四年八月三日の欄には、「ペニスコラ〔訳注・南スペイン〕からピサまで航行するバルトロメオ・ヴィターレの船に積まれた羊毛の保険のために我が社はバルド・リドルフィ社に金一〇〇フローリンを保障。あらゆるリスクについて保障したこの契約がゲラルド・ドルマウノの連署によるものであることの証明として、この一〇〇フローリンのうち四フローリンを受け取る」とあり、その下には、「件の船はピサ港に安着。リスクは免れた」とある。

十五世紀後半にはこうした保険が広く行われるようになり、さらに次の世紀の中ごろ、ローマへ食料を供給するためにシチリアの麦をチヴィタヴェッキア〔訳注・ローマの西北の港〕まで輸送した商人たちが教皇庁に提出した報告書には、保険の掛け金の額が八％と記されている。これは、かなり高い掛け金である。というのは、東地中海が平和であった一四三七年から一四三九年の時期、コンスタンティノープルからヴェネツィアへ運ばれた商品に掛けられた保険料は四％から五％であるからだ。

掛け金は距離や季節よりも政治的・軍事的状況や私掠船の有無によって変動した。十六世紀、とくにレパント海戦以前は、トルコ人とベルベル人が地中海におけるキリスト教国の通商にとって恒常的脅威であり、これが保険の掛け金高騰の要因となっていた。一五六五年、ルーアンからリスボン行きの場合は六％、カディスとセヴィリヤ、カナリア諸島、マデーラ行きは七％であったのに対し、チヴィタヴェッキアやリヴォルノ〔訳注・ピサの南〕行きは、ブラジル行き（これは往復）の一八％と変わらない一七%であった。

3　複式簿記と銀行

保険と並んでルネサンス期の事業経営上の技術におけるもう一つの重要な新機軸が複式簿記(comptabilité à partie double)である。〔訳注・複式簿記とは、企業体においてカネの出し入れを簿記に書き入れる際、取引ごとに貸し方と借り方に分けて記入する方式をいう。〕

金融機関も未発達で取引の範囲も限定されていたときは、入金と出金を一つの帳簿に記入する単式簿記で充分で、別にある種の手帖に債権と債務を書き込んでおけば間に合った。しかし、取引先が増え、金融機関が発展すると、債権者と債務者(十四世紀には、各商社とも相手にする顧客は何百人という数になっていた)の状況を随意に知ることができるようにしておくことが必要となる。したがって、債権者、債務者それぞれの収支が記入されている個人ごとの帳簿が保管されていたと思われる。そこから、それぞれの取引は、「同等帳簿 écritures égales」と「対照式帳簿 écritures de signes contraires」とに記帳され、やがて、「第三者勘定 compte du tiers」と「現金勘定 compte de caisse」の二種の帳簿となる。しかし、各人別の帳簿をつけるだけでは不充分で、ついでは、産物別、保険や為替の取引ごとに分けた帳簿がつけられるようになり、最後には、ほかの帳簿に記されている取引と関連した継続資産の推移を見ることのできる《補足勘定》が現れる。たとえばルネサンス期の事業家は、帳簿を調べて自分の金庫の状態をいつでも知って、あるお得意とある製品を取引すると、どれくらいの利益あるいは損失を出すことになるかを把握できるようになる。

こうした複式簿記は《ヴェネツィア式簿記》の名で知られるが、実際には、ジェノヴァのマッサーリの帳簿（1340）が、この新しい技法の、知られている限り最古の例である。とはいえ、それはすぐ市民権を得たわけではなく、メディチ家は、十五世紀になっても、全面的に採り入れるにはいたっていない。しかし、印刷術の発明とともに急速に普及し、少なくとも経済的上層部には一般化した。それを推進する働きをしたのが、一四九四年にヴェネツィアのルカ・パチョーリが『算術・幾何学・比と比率大全 Summa de arithmetica, geometrica, proportioni et proportionelità』を著し、このメカニズムを説明したことであった。〔訳注・パチョーリのこの書は当時の美術・代数・三角法に関する知識を集成したもので、複式簿記についても記述している。〕

これによって、それまでイタリアだけの秘密であったのが、外国の商人たちにも広まったわけで、これ以後、低地諸国でもスペインでもドイツそのほかの国々でも、算数の教師たちは事業家をめざす若者たちに、この《ヴェネツィア式簿記》について教えるようになった。

したがって、帳簿をつける技法は、芸術の開花と並んでルネサンス時代を特徴づける発展と見られるべきである。しかも、この分野でも、主役を演じたのはイタリアであった。銀行を意味する「バンク」という言葉自体、イタリア語の「バンコ banco」がそのまま用いられている。この語は、もともと市場で店を開いていた両替商の「ベンチ banc」をさした。彼らが仕事をしたテーブル（tavolieri）が転じた「taula」も、銀行の呼び名として使われていった。彼らは、このテーブルの上に財布と、売買を記入するためのノートを置いていたことから、彼らの仕事を象徴するものと見なされたのである。

十三世紀以後、ヴェネツィアのサン・ジャコモ広場には、《taule de cambi》とか《banchi de scripta》と呼ばれる両替商の店が軒を連ねた。「cambi」は手形、「scripta」は記入を意味しており、この呼称は重要な意味をもっている。ヴェネツィアでも、フィレンツェやブリュージュでも、同じ一つの現実が進行していた。貨幣の重さを測り、両替をし、顧客から保証金を取ったり貸し付けることによって利益を手にする商人たちが出てきたということである。帳簿の操作で、ある口座の大金を別の口座に移すこと（giro di partita）がかんたんに行われるようになる。客とその取引相手が同じ銀行で取引している場合は、客の注文とパートナーの同意だけで、大金を口座から口座へ移すことができた。

このような振替の手法は、とくに貴金属不足のために通貨が不足しているときには、いちいち貨幣をそろえる必要がないので人気を博し、経済活動に新風を吹き込んだ。十五世紀ごろのあるイタリアの事業家は、四年間で一六万ジェノヴァ・リラの金融取引を行ったが、実際に扱った現金は一万一七〇〇リラだけであった。初めのうち、顧客による振替の指示は口頭だけで済んだが、やがて文書化されるようになった。トスカーナの文書史料館の資料を見ると、十四世紀末からは、イタリアでは専ら小切手で取引が行われていたことが明らかである。

こうした紙のお金は銀行のお金でもあった。十四世紀から十五世紀前半にかけては、ヨーロッパでは貴金属の生産量が減少し、金と銀の交換価値もひどく変動した。他方、地方的次元での支払いの多くは、質の悪い少額通貨や、価値が多様で不安定な外国の貨幣で行われた。銀行家たちは、この不便を緩和するために、金銀の良質の貨幣に基本的に連結されていた銀行通貨（moneta di banco）で顧客それぞれの借り方と貸し方を自分たちの帳簿に記入しようと考えた。これは、すでに十七世紀にアムステルダム銀行が用いていたやり方である。

彼らは、一つの帳簿から別の帳簿へカネを移すことだけではなく、自分たちに託された銀の取引にもこれを用い、しばしば失敗した。そこから、一三五六年、ヴェネツィアの元老院に、一つのプロジェクトが提示された。それは、国家財政のための貴金属買い入れと口座から口座への振替を行う公的銀行の設立である。しかし、これが現実化したのは十六世紀末のことであった。そうした公的銀行が急速に増えるのは十六世紀末から十七世紀にかけてであるが、スペインやジェノヴァには、早くから存在していた。ジェノヴァでは一四〇八年に有名なサン・ジョルジョ銀行が、国債の運用を保障することを目的として設立されている。この国債は譲渡が可能だったので、口座間の振替が頻繁に行われた。

バルセロナには、十四世紀を通じて歴代アラゴン国王に資金融資を行っていた銀行がたくさんあり、一三八〇年以後、王室の財政難のため、多くの銀行が破産した。そこでバルセロナ市当局が一四〇一年に設立した《手形銀行 Taula de canvi》が世界最初の公的銀行となった。この銀行の運転資金は、当初、監督下の鉱山業者たちから強引に吸い上げた銀と、係争中のため裁判で第三者に供託されていた遺産によって構成されていた。この銀行は通貨を監視して市の財政局の役目を担うとともに、個人の預金を受け入れて、口座振替を行った。一四三三年のある記録によると、このバルセロナ銀行は、強制的に預託したものと個人が自発的に預けた預金の間で三五万八〇〇〇リーヴルを動かしており、同銀行に口座を持つ人の数は一四九四人に上った。町の人口が約三万であったから、世帯数でいうとほぼ二〇％がこの公的銀行を利用していたことになる。これは、おそらく、なんらかの資産を有していた人々のほぼ全員に相当すると考えられる。

4 為替手形

バルセロナ銀行は、商人の機関になることを拒否して、為替手形（lettre de change）は、いっさい、振り出すことも受け取ることもしなかった。しかし、為替手形は、十五世紀初めには大型商取引にとって欠かせない手段の一つになっていた。おそらく、この手法は、事業経営の分野では、私たちが研究している時代の重要な技術的革新の一つである。

両替（change）は、中世においても、国際的経済活動の活発化に伴って早くから行われ、十二世紀には、公証人立ち会いのもとに為替交換（instrumentum ex causa cambii）が行われるようになっていた。このやり方の成功を証明したのがシャンパーニュ大市の繁栄である。一つの例を挙げると、一二〇六年四月二十八日、ランスのある商人は、《両替》を名目に、ある額のジェノヴァ・ドニエをジェノヴァ在住の兄弟から借り、それを次のプロヴァンの大市でプロヴァンのお金で返すことを約束した。ルーヴァーは、「このタイプの取引では、両替とカネの貸借が混然としているのが基本的な特徴の一つである」と述べている。商人たちはまだ旅してまわるのが普通であったから、おそらくジェノヴァに来ていたこのランスの商人は、ジェノヴァで商品を仕入れてシャンパーニュ大市で売りさばき一儲けしようと考えたのであろう。その商品仕入れのために借金をしたのである。借金の利子は、売り上げと両替の差額のなかに含まれていた。カネの売り買いである両替で利益を得ることは、資金を先行投資した土地と回収する土地とが異なっていて債権者にとってリスクがある場合しか教会から合法と認められていなかったからである。

ジェノヴァやシエナ、マルセイユの当時の公正証書を調べると、シャンパーニュ大市には組織化された通貨市場があったことが明らかである。為替相場は需要と供給の関係で決まったが、この大市は、十三世紀末に陸上輸送が地中海と北海を結ぶ海上輸送の競合を受けるにつれて凋落していった。シエナやルッカ、フィレンツェといったイタリア都市の商人たちは自ら出歩くのをやめ、バルセロナ、パリ、ブリュージュ、リヨンなど最も活発な諸都市に支店を設けた。「この商売の手法の変革は、為替取引に影響し、やがて為替手形が公正証書に取って代わる」（ルーヴァー）ようになる。事実、公正証書という形をとっても、何百キロも彼方に定住しており、契約文書の作成に関わらなかった商人を結びつけることはできなかった。彼が、遠方のある商人の求めで誰かに支払うことを承知するためには、ある意味で、この商人の債務者であることが必要であった。

この《公正証書》から為替手形への推移は、もっと別の事情によっても説明できる。教育が進んだことによって、商人たちは公証人を経ないで仕事ができるようになったことである。そのうえ、事業家たちは、いつの時代も時間を惜しんだ。ところが、公証人を介した取引は時間がかかった。簡単な証書や証券なら、ずっと手っ取り早く済ませられる。フィレンツェやシエナの人々は、おそらく十三世紀末より以前から為替手形を利用していたが、その後、ますます盛んに利用するようになる。（ジェノヴァやヴェネツィアの人々は、かなり長い間、旧システムに拘り続けた。）

為替手形は、直接カネを扱い運ぶことに伴うリスクを避けるもので、十五世紀には、その基本的な形はできていた。そこでは、多くの場合、四人の人物が関わった。手形支払い人（donneur）と振出し人（preneur または tireur）、手形名宛て人（tiré）、最後にカネを受け取る人（bénéficiaire）である。たとえばヴェネツィアにいる人がある商品の対価としてブリュージュにいる代理人に支払いをしたいとする。その場合、ヴェネツィアにあるメディチの支店にカネを払い、受け取ったメディチの支店はブリュージュにある仲間の会社に手形を送り、その会社が名宛て人に現金を払うのである。こうした為替手形は、決済期日が決められているのが普通で、十五世紀には、ブリュージュとバルセロナは三十日、ブリュージュとイタリアの場合は二か月、ロンドンとイタリアの場合は三か月であった。ルネサンス時代には割引手数料（escompte）はなく、裏書き（endossement）は十五世紀中ごろに復活するが一般化するのは十六世紀になってからである。

ルーヴァーの言うように、両替と信用貸しは、当時の取引では密接に結びついていた。十六世紀から十七世紀のスペイン政府によって結ばれた《アシエント asiento》〔訳注・スペイン政府が個人・会社・他国政府との間で、納付金と引き替えに認可した商業独占権。奴隷貿易に関するものが特に有名〕では、この関係が顕著に現れている。当時は、同じ国からの借金は同じ通貨で返済するのが正当と考えられていた。十六世紀フランス王政府の肝いりで設立されたリヨンの《グランド・パーティ grand party》〔訳注・リヨン金融組合〕が厳密な意味で貸付銀行であったのに対し、スペイン王（Roi Catholique）の大臣たちと銀行家たちの企業連合の間で結ばれたこの契約は、それぞれの国（ドイツ・フランス・イタリア、低地諸国）の通貨で支払うことを約束したものであった。とくに一五六八年以後、スペインが消耗戦を余儀なくされた低地諸国では、文書に記載されたとおりにスペインでスペインの通貨で返済しなければならなかった。

したがって、《アシエント》は、為替取引に相当するとともに、貸付と通貨交換という意味も含んでいた。しかも、本質的なのは、銀行家が手にした利益は、為替に由来するものであったことである。契約は債権者である王に有利なように市場相場より高いレートに固定されていた。たとえば一五七七年、フランスでは、一エキュ四四〇マラヴェディスの市場レートで支払われたのに対し、スペインでは四七〇マラヴェディスで支払われた。

5　両替と投機

このように、両替の背後には《投機》が身を潜めていたことが分かる。十四世紀から十七世紀にかけて通商関係が増大した必然の結果として、為替による支払いがますます多くなっていた。しかし、このような為替取引の背後には、利息を取っての単純な金銭貸借に対する教会法学者たちの強い反対があったことが明白である。J・ヘールスは、次のような例を挙げている。一四五七年五月十四日、パレルモでガレアッツォ・ドリアは、パレルモのカネで六〇フローリンをトマシーノ・スピノーラに託した。トマシーノはそれと引き替えにジェノヴァでバルトロメオ・ディ・フラムラからデメトリオ・ディ・ニグローノに支払われる為替手形をガレアッツォに渡す。パレルモの一フローリンは相場ではジェノヴァの三七ソルドである。したがって、デメトリオが受け取るはずの額は二二二〇ソルドになる。しかし、ジェノヴァで支払ってくれるはずのバルトロメオは決済期限である七月十一日になっても手形の支払いを拒否し、パレルモのトマシーノ宛てにガレアッツォにカネを返すよう命じて第二の手形を作成する。パレルモ・フローリンからジェノヴァ・ソルドへの交換比率は、一パレルモ・フローリンが三五ジェノヴァ・ソルドであるから、ガレアッツォが支払いを受ける額は六三フローリンになる。これは、四か月で三フローリンの利益を生じたことになり、年率計算では一五％になる。

バルトロメオの支払い拒否は最初から仕組まれていたことで、デメトリオ・ディ・ニグローノは単なるダミーに過ぎなかった。これは、教会から禁じられていた利息をカムフラージュするために、《手形交換 change》と《戻り手形の交換 rechange》を利用したのであった。アンドレア・バルバリゴなる十五世紀のヴェネツィアの商人は、こうした複雑な手形操作によって資金を増やし、ついには、ヴェネツィアとロンドン間の定期航路を開くまでになったという。

《戻り手形》は、必ずしも、教会法の観点から違法とされた《change sec》〔訳注・実際の金銭授受を目的としない書類上だけの手形交換〕ではなかった。上記の場合の《手形振出人 tireur》(トマシーノ)は、バルトロメオのところで信用を失っていたわけではなかった。あくまでバルトロメオが支払いを拒否したのは、《戻り手形》を出すためであった。しかし、最も頻繁に行われたのは、このやり方ではなかったようである。拒絶証書を出さないで二人のパートナーがこの手法を用いることもかなり頻繁に行われた。十五、六世紀の為替手形のなかには、手形名宛て人(tiré)に「自分で自分に払ってくれ」というやり方も現れた。手形を出す人(donneur)と振出人(tireur)が同じ代理人(correspondant)を持っていることがあり、この代理人が同時に振出人であり受取人である形をとったのである。しかし、通常は、「自分で自分に払ってくれ」というのは、為替手形の背後に貸付操作を隠すためであった。

《戻り手形》を操作して原資に手数料を含め、受取人にダミーを頼むのには苦労はしなかった。手形が戻ってきたときに支払いができなかった場合は、振出と戻り手形を交互に繰り返し、大市から大市へ渡り歩き、そのたびに利息は大きく膨らんでいった。アンリ二世時代(1547-1559)のあるフランスの著述家は、こうした銀行家たちのマネー・ゲームを厳しく非難して「彼らは、手形を国から国へ行ったり来たりさせ、振出人が満足するまで利息を上乗せする」と書いている。こうして、銀行家たちは、十九世紀になっても、バルザックが『幻滅 Illusions perdues』のなかで書いている手法で「カネに汗を流させた suer les écus」のであった。

《戻り手形》を振り出し、回収することは一つのリスクを含んでおり、銀行家たちは、このリスクの裏に神学者からの非難を躱そうとしたのであった。通貨価値の突然の変動や離れた土地の間の変動、あるいは投機熱、公的権力の干渉などによって大損を蒙ることもあった。しかし、多くの場合は黒字を生んだことが、ルネサンス期の為替市場の組織化によって証明されている。カネは、市場の均衡原理にしたがって、不安定なところよりも安全と評価されるところへ、より多く流れた。十五世紀には、ブリュージュとバルセロナの間でフランドル・エキュが変動を繰り返した。ブリュージュが安定市場で、バルセロナは変動市場であった。そこで、一ドゥカートがブリュージュでは四九グロス、ヴェネツィアでは五一グロスであるのを利用して、四九グロスでドゥカートをイタリアで買い、それをブリュージュで五一グロスで売ることにより、差額を儲けることができた。

しかし、そうした急激な通貨変動に振り回されないために、銀行業を営む商人たちは、君主たちの身近に人を置き、絶えず情報の収集に努めた。たとえばメディチ商会のブリュージュの系列会社の支配人、トマソ・ポルティナリはブルゴーニュのシャルル軽率公に側近として仕え、異変を予知した場合は、飛脚でメディチ商会に知らせている。十五世紀の銀行事業を行っていた商人たちは各地の代理人宛の書簡には、その下欄に、自分の町の為替レートを書き込むのが通例であった。そうした慣習が、近代になって常設の郵便事業の創設に貢献したことは周知のとおりである。

一個人の場合、手形の振出や戻り手形といった複雑な取引をする必要はなく、教会から認められていた個人債のやり方を利用することができた。これは、今日も行われているやり方であるが、当時は複雑で公証人の仲介を必要とした。もっと簡単なのが《委託 dépôt》すなわち預金方式である。この手法は少なくとも十四世紀に遡り、メディチ家の帳簿では「discrezione」という言葉で示されている。「dépôt」は十六世紀になって、大市から大市へ（ということは三か月を期限として）回る個人や君主に

（利率は市場によって変動するが）前貸しされたものを指した。

この新しい利息付き金貸しのやり方がアントワープやリヨン、カスティリヤ、ジェノヴァの大市で普通に行われるようになったのだが、明らかに高利貸しについての教会のドグマに抵触していた。一五六七年、ロドヴィコ・グイッチャルディーニ〔訳注・同名の歴史家の甥でアントワープに住んでいた〕がこの「dépôt」のやり方を「商人たちは、この破廉恥を覆い隠すために《dépôt》という特殊な言葉を用いているが、それが、利息を取ってカネを貸すやり方であることに変わりない」と告発しているのは示唆的である。この言葉は、スコラ的教理が重くのしかかっていたために、商人たちが、私たちには偽善的と見える策略を弄しなければならなかったことを裏づけている。

そこで銀行家たちが頼ったのが、それまで彼らに成功をもたらしてきた為替手形という対応策であった。彼らは《預金業務》を「市場から市場への両替」と呼んだ。しかし、それが当てはまるのは、遠隔地同士の取引（distantia loci）の場合だけであった。スペインでは、カスティリヤの大市が北部のビリャロン、ついてメディナ・カンポ、メディナ・デ・リオセコ、さらに再びメディナ・デル・カンポというように三か月置きに次々場所を変えて行われたので、これに該当した。しかし、アントワープやリヨンではそうはいかなかった。一五七一年、ピウス五世は、預金業務、より一般的にはあらゆる《changes secs》を禁じる勅令を出している。

しかし、こうした教皇庁の勅令も、その目的を達しなかった。リヨンでは、為替相場の差益による預金の運用が続けられた。手形は印刷されていたが、ペンで最新の価格が書き込まれた。このやり方にも厳しい追及の手が伸びると、銀行家たちは何とか新手の代替策を見つけようとした。それが、《リコルサ ricorsa》と呼ばれる振出人または裏書人に対する支払い請求の付いた手形（change avec recours）である。

十六世紀末から十七世紀初めにかけジェノヴァの金融業界によって牛耳られていたピアチェンツァ大市では、手形と戻り手形のやりとりという形によって、神学者たちの追及をかわしながら、この手法を採っている。

——ヴェネツィアでXがYからある額の現金を受け取り、ピアチェンツァで第三者のZに手形を振り出す。二人がピアチェンツァを選んだのは、Zがここで戻り手形を出し、その出し入れの時間差による通貨価値の差額で儲けを出すためであった。銀行家の手数料は、大市ごとに使われているカネによって公的相場が決まっており、通常、別の場所で戻される価格は、出されたときのそれより高くなっていて、そこから債権者の利得が出るのである。

《リコルサ》の協定は少なくとも一年、それ以上持続することもある。G・マンディビは、一六〇五年十一月に始まり一六一一年八月、大市が戻ってきたときに終了したヴェネツィアとピアチェンツァの為替相場について細かく記している。この間に、五四四ドゥカートの貸付金は九五一ドゥカート八ソルになっており、債権者にとっては、年率二〇％を超す儲けとなっていた。したがって、銀行家たちと近しい関係にあったジェノヴァとヴェネツィアの高級行政官たちは、《リコルサ》を何とか正当化し、教会当局の監視から守ろうとした。

このようにルネサンス期には、為替手形は「百の顔をもつプロテウス Protée avec cent visages」と呼ばれるほど変幻自在で、並外れた重要性をもっていた。為替手形が行き交った範囲は世紀ごとに拡大した。とはいえ、それはかなり狭い範囲で、十四世紀から十五世紀にイタリアの銀行が開設されたのは、ボローニャ、フィレンツェ、ジェノヴァ、ミラノ、ナポリ、パレルモ、ピサ、ヴェネツィア、そしてローマなどの主要都市であった。しかも、これほど多くの町に銀行があった国は、イタリア以外にはなく、アルプスの彼方を見ると、フランスではアヴィニョン、モンペリエ、パリだけで、スペインではバルセロナとヴァレンシア、低地諸国ではブリュージュ、イギリスではロンドンぐらいである。パリは百年戦争で首位の座をジュネーヴに奪われ、これは、ついで一四六五年にはリヨンに引き継がれた。西欧以外で「組織された金融市場」があったのはコンスタンティノープルだけである。多分、例外はリューベックで、ここは、ハンザ同盟の中心であったためである。

十六世紀になると、王侯の財務機関が勢力を広げ活動分野を拡大する。ルーヴァーは「イギリスでは王室財務局が強化され、ポルトガル、カスティリヤ、アンダルシア（ヴァレンシアとバルセロナの金融市場は消滅した）、ドイツといった、それまでイギリス王国の支配を免れてきた国々に地歩を固めていった。この点で、カスティリヤとフランクフルト・アム・マインの大市が銀の国際的流通において果たした役割を思い起こすべきではないだろうか？　めざましい発展を示したもう一つの町がアントワープである。この町はカール五世の治世に、西欧の銀行業のいわば首都となった。為替手形は、十六世紀になっても、それまでと同様、ラテン的キリスト教世界の境界線を越えて広まることはなかった。モスクワやイスラムの国々、新大陸でも、為替取引が行われることはなかった」と述べている。

第七章　最初の資本主義

1　《コメンダ la commenda》（合資会社の原型）〔訳注・中世ラテン語の「commendare」（委託する）から来た語彙〕

為替手形が頻繁に使われるようになって、ますます金融を扱う商会は、互いの連係の編み目を細かくしていった。そうした事業体の法的仕組み、規模、活動実態の多様性を検討してみよう。ここでもモデルを提供してくれるのはイタリアである。《コメンダ》と《コンパーニャ》（会社・商会）が初めて登場したのはヴェネツィアとジェノヴァといういずれも港町であり、それに続いて内陸の工業と金融都市で発展を示した。《コメンダ》はヴェネツィアでは「コレガンツァ colleganza」とも呼ばれ、十二世紀に誕生して近代的合資会社の元になった。《コンパーニャ》は、いわゆる会社を指す名称の草分けになった。

最も単純な《コメンダ》の契約では、構成員は、海上に進出する商人たちに必要な資金を前貸しし、出資者は、損失が出れば被害を蒙ったが、利益が出れば、その四分の三を手にすることができた。ヴェネツィアの《コレガンツァ》の多くでは、出資者は資金の三分の二を引き受け、事業主が三分の一を負担した。損失が出た場合は、投資額に比例して蒙ったが、利益は折半された。

《コメンダ》の設立は、ルネサンス期の経済生活全般に活力と繁栄をもたらした。扱った額はつつましいものであったが、「さまざまな社会的環境のなかに広がったので、現代の株式会社を支えている小

株主たちと同じ機能を海洋都市のなかで果たした」。（A・サポーリ）

十五世紀に広まった《コメンダ》においては、航海の専門家である船主たちは、積み込む商品を買い入れる資金と船の艤装費用を分担してくれる出資者を募った。資金は出資額に応じて株（loca あるいは carati）に分けられたが、株数が二十四を超えることは滅多になかった。船主が受け取ったのは基本的には給料であったが、株を分担する場合もあった。このやり方は、フランスのナントやサン・マロでも、商船だけでなく私掠船の武装にも応用された。ただし、私掠船の場合は、株数は普通は三十二であった。《コメンダ》は、長期間にわたる計画や契約を行う商会や銀行のような持続性をもつ本物の組織体ではなく、あくまで、ある特定の一回の航海のための組織であり、船が帰ってくると、会計は停止され、組織は解散した。

2　系列子会社から成る商会の仕組

それに対し《コンパーニャ》は、一定期間（しばしば三年間）の結びつきとなる。しかも、契約は期限が来ると更新されることが多く、主要な出資者は事業と代理店網の要の位置を占めたし、その優先的立場は子孫にも引き継がれたから、法律的にも安定性をもつ組織が形成された。バルディ商会は七十年間、メディチ銀行は九十七年続いた。

最初の《コンパーニャ》は、トスカナ地方のルッカ、シエナ、フィレンツェで生まれた。シエナを支配したのは、十三世紀以来シャンパーニュ大市で重要な役割を演じたトロメイ家やボンシニョリ家といった大商人の家門であった。しかしながら、トスカナのこれらの《コンパーニャ》が力を増したきっかけは、一三〇五年から一三七七年まで、教皇庁がアヴィニョンに捕囚され、神聖ローマ帝国の帝権との抗争のなかで財政的要求を強めてきたことであった。とくに《テンプル騎士団 Templier》とその強大な金融網がフランス王ルイ十一世によって排除されたことによって、教皇庁はイタリアの銀行家たちへの依存度を強めた。銀行家たちも、教皇庁収入（遺産、十分の一税、十字軍のための援助金、教皇への献金、尚書院税、教皇領年貢など）の回収を請け負うとともに、それを管理し、教皇たちが作った負債を肩代わりしたり、教皇庁に貸し付けたりして、力を強大化した。したがって、「教会法が禁じている金融業を、教皇庁の運営が助けた」（ル・ブラス）わけで、「ローマ教会が近代的資本主義の誕生に寄与した」ことも否認できない。

フィレンツェの大商社は十四、五世紀を通じて西欧経済を支配したが、三つの世代に分けられる。まず第一世代が一三〇二年から一三二六年まで主役を務めたスピーニ家、チェルキ家、フレスコバルディ家、スカーリ家で、その活動の舞台はシャンパーニュ大市とフランドル、イングランドであった。つづく第二世代は、ペルッツィ家、バルディ家、アッチャイウォリ家で、大きな資本力と支店網の拡大によって教皇庁の財政を支え、また、イギリス王の債権者としてオリエントにまで通商圏を広げた。これらトスカーナ商人たちが繁栄の頂点を極めたのは一三三〇年ごろで、その後は一三四三年から一三四六年にかけての財政破綻とペストやフィレンツェ政界の内紛などで低迷する。第三世代が《クワトロチェント Quattrocento》（一四〇〇年代）に主役を務めたグアルディ家、ストロッツィ家、とりわけメディチ家である。こうして、フランス人ジャック・クールの短い挿話にもかかわらず、西欧の国際的商業と銀行業を掌握したのはトスカーナ人たちであった。

しかし、西暦一五〇〇年を過ぎると、フィレンツェの実業家たちは、新しく市場に登場してきた南ドイツのフッガー家、ヴェルサー家、ヘヒシュテッター家、スペインのマルヴェンダ、ルイス、ジェノヴァのパッラヴィチーニ、スピノラ、サウリなどに主役の座を奪われる。

これらルネサンス期の《コンパーニャ》のなかで優位に立った組織は、各地の支店を中央集権的に統括するタイプと、系列会社を持つが地方分権的なタイプの二つになる。前者を代表するのが十四世紀のバルディ家、ペルッツィ家であり、後者を代表するのは十五世紀のメディチ家である。前者にあっては、親会社と子会社は、権利と義務において平等であるが、子会社は他のいかなる商会にも属さないことを約束し、その支店長たちは、すべての力を親会社のために捧げた。本社の総支配人は出資者であり、その任期は終身であった。バルディ家とペルッツィ家は、百二十人に及ぶ代理人を通して一店員から会計責任者にいたるまで掌握し、給与を支給した。支店長も給与を支給されたが、商会に出資している場合は、株主として利益の取り分が給料に上乗せされた。

そうしたバルディ家とペルッツィ家の支店長たちも、地域的次元ではある種の裁量権を行使した。これは、コミュニケーションに時間がかかり、動きの激しい時代においては、当然であった。しかし、中央から可能なかぎり厳格なコントロールが行われたし、人事異動もしばしば行われた。そのため、「多くの代理人が支店から支店へ移動し、同じところにいるのは四、五年がやっとであった。そこには、代理人と顧客が示し合わせて会社に損失をもたらす事態への本社の警戒感が見て取れる」。(Y・ルヌアール)

バルディ家は一三一〇年から一三四〇年までの間に、店舗と事務所付きの代理人を、まずアンコーナ、アクィラ、バーリ、ベレッタ、ジェノヴァ、ナポリ、オルヴィエート、パレルモ、ピサ、ヴェネツィアといったイタリア各地に設けたほか、セビリヤ、マリョルカ、バルセロナ、マルセイユ、ニース、アヴィニョン、パリ、ロンドン、ブリュージュ、ロードス、キプロス、コンスタンティノープル、さらにエルサレムにも支店を設置している。

3　メディチ商会

十四世紀の主役であったペルッツィやバルディとは反対に、十五世紀の主役であるメディチ商会は、法的次元では一つの会社を作らず、独立した会社の集合体である。それぞれがその社会的存在理由（ragione）を持ち、とりわけ、独自の帳簿と資本を有する独立した組織が、あたかも外国の商社と交わすように契約して形成した総合体であって、これら系列店長たちは、それぞれの株主のなかから採用されることが多かった。したがって、固定的な給料はなく、利益を上げたときに出資額の比率に応じた配分を受け取った。ブリュージュの会社の記録（1455）とロンドンのそれの記録（1466）によって判断すると、系列会社のリーダーたちは「gouverneur」（頭取・支配人）と呼ばれ、メディチ本店のメンバーは「maggiori」（重役）の称号で呼ばれている。この二つの称号は、系列会社の独立性を重んじながらも、重要な決定に関してはメディチ家が権限を保持していたことを物語っている。したがって、それは、ルーヴァーがいみじくもスタンダード石油に喩えているように、《ホールディング holding》〔訳注・持ち株会社〕そのものなのである。

この点で、一四五五年にブリュージュで起きた訴訟事件は示唆的である。このフランドルの町に住んでいたミラノ人のルフィーニは、ロンドンのメディチ系列の会社から買い入れた羊毛九包みがひどい状態だったことでブリュージュの支店を訴えた。ブリュージュ店の責任者、トマソ・ポルティナーリは、この羊毛についてはブリュージュの会社ではなくロンドン支店を訴えるべきだと主張した。ルフィーニが「どちらも同じ株主のもとで作られた一つの会社ではないのか?」と迫ったのに対し、ポルティナーリは、契約書をもとに両社が別々であることを示したので、法廷も彼の言い分を認め、ロンドン支店を告訴するよう勧めたのであった。ルーヴァーは、この事例を根拠に、ニューヨークのスタンダード石油とニュージャージーのスタンダード石油が同じロックフェラーの持ち株会社であるのと同じであると指摘したのである。メディチ家も、商会傘下の企業について五〇パーセント以上の資金を握っていたが、企業がすべてメディチの名を帯びているわけではなかった。

一四五八年の当時は、メディチの銀行がコジモのもとで最も繁盛した時期で、メディチ家が大株主である企業は十一あった。フィレンツェ銀行、フィレンツェにある絹織物の工場一つと毛織物工場二つ、ヴェネツィアとブリュージュとロンドンにある系列会社、ジュネーヴにはアメリゴ・ベンチとフランチェスコ・サセッティ名義の会社、アヴィニョンにもサセッティとジョヴァンニ・ザンピーニ名義の会社があり、ザンピーニはミラノの系列会社も監督していた。最後にピサにも会社があったが、これは、もう消滅しかけていた。これにメディチ銀行のローマ支店も加える必要があるが、このときはまだ、メディチは預金口座は持っていたが、資本形成に寄与するにはいたっていなかった。これらの多様な会社は、この時代の慣習にしたがって、何年かにわたる事業のために設立されたもので、定期的に契約を更新して続くタイプであった。

《メディチ・ホールディング》の構造は、きわめて柔軟であったから、メディチの家長とフィレンツェ銀行の支配人のような主要な側近たちは、系列会社の支配人たちをしっかり掌握していなければならなかった。したがって、契約書には、系列会社それぞれの支配人たちの義務が、たとえば愛人を囲ってはならないとか、贈り物を受け取ってはならないといったことまで含めて厳密に記されていた。毎年、フィレンツェの中枢に自分の会社の収支を報告しなければならず、年度会計は、復活祭を区切りとする暦の大晦日である三月二十四日に締めくくられた。また、代理人や職員を任命することも、中央の経営陣の同意を必要としたし、二、三年ごとに自分の会社の事業の進展状況を報告しにフィレンツェを訪れ、指示を受けて再出発することが義務づけられていた。

しかし、老コジモと痛風病みのピエロが亡くなると、メディチ商会の牽引力は弱体化した。後継のロレンツォ・イル・マニフィコは政治と文芸に夢中で銀行業務にはあまり興味を抱かなかったからである。銀行業務についての助言役であったフランチェスコ・サセッティも、このような工人の手本に倣ってフマニストたちとの交流に忙しく、大所高所からは監督したが事務所を訪れることは滅多になかった。したがって、リヨンの系列会社が莫大な負債を出しても気づかなかったし、ブリュージュの会社の支配人になった野心的なトマソ・ポルティナリについても野放しにした。

いずれにせよ、メディチの商会は急速に低落し、一四六九年にはヴェネツィアの支店を失い、一四七八年にはロンドンとブリュージュの系列会社がなくなった。ミラノの会社も一四九四年、フランスのシャルル八世がイタリアに南進してきたときには、もはや跡形もなくなり、メディチ家自体、フィレンツェを逐われ、コミーヌが「かつて世界に存在した最大の商社」と述べたメディチ商会は企業としての終焉を迎えた。

もとより、メディチ商会は、バルディ家やペルッツィ家のようにオリエントやスペインにまで拠点を置くことはしなかったし、使用人の数も少なかったから、このコミーヌの言葉はメディチ家を過大評価したものといえる。バルディ家とペルッツィ家の破綻の原因になったのは、イギリス王エドワード三世に莫大なカネを融資し、回収できなかったことであった。エドワードは百年戦争で敗北を喫し、借金を返済できなくなったのだった。メディチ家も、エドワード四世に融資し、一四七七年に壮絶な死を遂げるブルゴーニュのシャルル軽率公に肩入れするという過ちを犯した。

そのほかにも、すべてが明らかにされているわけではないが、幾つかの要因がメディチ家に不利に働いた。なかでも重要なのは、一四七〇年から一四九〇年にかけての金価格の低落であった。これは、フローリン（フィオリーノ）で支払っていた大規模商人たちに損失をもたらしたうえ、低地諸国とイタリアの通商のなかでは、南欧に較べて北欧の損失を増大させた。しかし、シクストゥス四世の黙認によるパッツィ家の陰謀（1478）〔訳注・パッツィ家が反メディチの狼煙を上げ、ジュリアーノ・デ・メディチが殺された〕で、教皇とロレンツォの間で武力抗争が起き、ロレンツォはこの争いの費用をまかなうために、すべての債権を動産化しなければならなかった。そのうえ、教皇は、メディチ家が莫大な資金（一四七〇年ごろで一〇万フローリン）を投入していたトルファの明礬鉱を奪い取り、貯蔵していた明礬をチヴィタヴェッキアに隠した。これが、メディチ商会にとっては大きな打撃となり、その没落の主因となったのだった。

要するに、ルネサンス期の商業と金融をなりわいとした企業すべてに共通するが、メディチ商会は「粘土の脚をもつ巨像」（A・サポーリ）であった。その理由は、実際に運用している金額に較べて、資金はきわめて少なかったという彼らの財政的構造にある。ブリュージュにあるメディチの系列会社は、一四七一年、資本金として三〇〇〇リーヴルしかないのに、同じ年、ブルゴーニュ公に六〇〇〇リーヴルを融資している。

資本金は別にして、彼らが引き出したカネの元は三つあった。一つは系列会社から頻繁に集められていた収益金。第二は、株主社員による投資。第三は、系列会社それぞれの出資者による蓄積分（discrezione）で、これは、十六世紀の年代学者、ヘヒシュテッターによると、一〇〇万フローリンという額（もっとも検証は不可能）で、出資者は貴族やブルジョワだけでなく農民や召使いにもわたった。銀行は、このカネをとくに君主たちに高い利率で貸したのであったが、君主たちが預けている金で返済されうるはずであったから、貸し込みはあまり不安がられなかった。しかし、なんと多くの銀行が、私的預金の突然の引出によって破綻したことであろうか？

4　十六世紀の事業家——フッガー家

十六世紀には、系列会社や支店をもった商会が一斉に栄華を誇るのが見られる。P・ジャンナンは、アントワープのジョヴァンニ・バティスタ・アファイタディの会社を例にあげて、「この親会社は一三万ドゥカートの資本を一三〇株に分けて持っていたが、そのうち三〇株はリスボンの系列会社が持っていた。このリスボンの《ジョヴァンニ・バティスタ・アファイタディと一ッコロ・ジラルディ社》は九万七〇〇〇ドゥカート（九七株）を持っていたが、そのうち一二株はジョヴァンニ・カルロ・アファイタディの後継者のもので、この人は、その七一株とともに資金の大部分をアントワープに保有していた。そのほか、セヴィリヤ、ヴァリヤドリード、メディナ・デル・カンポ、ローマ、ロンドンにも系列会社があり、互いに株を持ち合っていた」と述べている。十六世紀のイタリアやスペインの会社の多くは、このアファイタディのそれのように、一般的に地方分権的で、各系列会社は親会社から大幅に自律性を与えられていた。

これと反対に、ドイツ人たちは、ヴェルサー以外は、堅固な系列化を好んだ。ヤコブ・フッガーは代理人たちをしっかり掌握しようとし、支店の支配人たちには主導権を与えず、重要な決定は自ら下した。ティロル地方の在外商館（インスブルック、ハレ、シュヴァッツ、ボルツァーノ）の支配人たちは、何かにつけてアウクスブルクの本社へ使いを送り、その指示を仰がなければならなかった。もっと遠隔地の支店は、掛け売り（vent à crédit）などは頭から禁じられていた。支店長たちは、いつクビになるかしれなかったが、給料は高額（一五二〇年ごろで年俸四〇〇フローリン。これはフィレンツェの尚書院書記であったマキアヴェリの給料の二・五倍であった）で、しかも、会社の資本金を持つことを認められており、出資分で年率八から一二％の利益を受け取った。

分権的組織は、系列会社の社長に過度の主導権を与える危険性があった。それがトマソ・ポルティナリによってメディチ家に生じたことであった。しかし、フッガーのような中央集権的な仕組みにもリスクがないわけではなかった。このドイツの企業を一五二五年から一五六〇年まで統括したアントン・フッガーのもとでも、アントワープ支店は重みを増し、その支店長になったフェイト・ヘルルとエルテル・マテウスは、本社の指示なしにイギリス王やスペイン王に過剰に貸し込んでおり、そのために危機を招いた。

こうして《ホールディング holding》（持ち株会社）のやり方も、完全には成功しなかった。実際、あるシステムから別システムへの移行は頻繁にあり、十六世紀の大きな商会を築いたルッカ人のボンヴィシは、中央集権的手法を採りながら、たとえばパリには自律的な会社も作っている。「系列会社や子会社ごとに異なる規約をもちながら、やっているのは同じことであった」。（H・ラペール）

ルネサンス時代の実業家の多くは銀行業と商業を同時に行ったのであって、その商業も専門化されたものではなく、ときには工業人であることもあった。したがって、活動は多岐にわたり、たとえばメディチ家は絹や毛織物をフィレンツェで生産していたし、香辛料、アーモンド、馬、明礬も商った。さらにフランドルでタピスリーを買い付けてイタリアの顧客に売ったり、高価なタピスリーや芸術作品は別にして、客の注文によらない多様な商品を扱うことによってリスクを分散するようにした。

フランスの政商として名高いジャック・クールは皮革職人の子であったが、その経歴の第一歩は《ブールジュの王》〔訳注・シャルル七世のこと〕の大蔵大臣兼債権者となって、異教徒たちに武器を売ったり、奴隷貿易にまで手を出したり、モンペリエでは工場を経営し、リヨンでは銅と銀鉛鉱石の鉱山を所有、塩や毛織物、香辛料を売買し、フランス全土（少なくとも二十五の領主領）に土地を有し、多くの町で不動産を所有した。

アウクスブルクの中流ブルジョワの出身であるヤコブ・フッガーも、織物や宝石を商い、胡椒相場に投資し、ティロルとハンガリーに持っていた銅と銀の鉱山のおかげで儲けた。また、スペインでは、アルマデンの水銀鉱とガダルカナルの銀鉱を人に請け負わせて利益を上げた。それと同時に免罪符を売りさばき、ローマの造幣所の権利を手に入れて、マクシミリアンとカール五世の融資元になった。

ヴェルサー家も、イタリアでサフランを買い付けたり、一五〇五年からはポルトガルの東方インドへの冒険に参加して胡椒貿易で大もうけしたり、ヴェネズエラの入植に加わったり、ボヘミアの銀鉱山に手を出したり、各国の君主たちに融資したりし、一五一七年以後はアウクスブルクとニュルンベルクに支社を構えている。

したがって、ルネサンス期の事業家たちは工業にも金融にも商売にも関わったが、ある必然性から金融事業へと押しやられていった。バルディ家もペルッツィ家も、やや遅れてメディチ家も、次第に王侯たちの財政を預かる銀行へと変わっていった。彼らの十六世紀の跡継ぎたち、あるいは少なくとも、その最も注目される人々はカール五世とフェリペ二世、フランソワ一世、アンリ二世にカネを貸している。こうして、一つの専門化が生じる。《商人 marchand》という呼称は変わらないが、実際には商売は放棄して、君主相手の金貸しと投機をもっぱらとするようになる。

この点で、フッガー家のケースは示唆的である。一五一九年の皇帝選挙〔訳注・カール五世が神聖ローマ帝国の皇帝になった〕までは、彼らも、無担保でハプスブルクに貸すことはせず、貴金属や銅の採掘権を抵当に取っていたが、マクシミリアン帝の死後、これらの約束がいつまでも実行されないままだったので、ヤコブ・フッガーは急がせるために、ハプスブルクにぎりぎりまで賭けることを決意したのだった。そもそも、カール五世の選出には八五万一九一八フローリンがかかったが、そのうち五四万三五八五フローリンをフッガー家が引き受け、一四万三三三三フローリンはアウクスブルクのヴェルサー家、残りの一六万五〇〇〇フローリンをジェノヴァとフィレンツェの銀行家たちが融資している。しかも、このとき、ヤコブは抵当を取らないで貸付を引き受けたのであった。

たしかに、彼は、このあと数年間、ティロルからの収入について幾つかの割当を獲得し、スペインでは三つの大きな軍事騎士団の収入の徴収権、そしてアルマデンの鉱山のそれを手に入れている。それでも、L・シックが指摘しているように、「この皇帝選挙でヤコブ・フッガーはマクシミリアン時代には保持していた融資拒否の権利を失い、フッガー家の運命は、良きにつけ悪しきにつけ、債務者である皇帝に緊密に結びついていく」のである。

スペインの歴史家、カランデは、フッガー家のスペイン王家への融資は百件を超え、一五六三年のフッガー家の資産、五六六万一四九三フローリンのうち四四四万五一三五フローリンをスペイン王への貸付が占めたと指摘している。フッガー家はカール五世、フェリペ二世、フランドル諸都市に貸すために、アントワープの市場に融資を求めなければならなくなり、一五四〇年以後、短期償還社債(Fuggerbriefe)を市場に出している。これは、はじめは市民たちも歓迎したが、たちまち失望に変わった。一五五七年、一五七五年、一五九六年、一六〇八年、一六二七年、一六四七年と相次いだスペイン王家の破産によってフッガー家は致命傷を蒙り、十七世紀前半には、ついに姿を消すにいたる。こうして「フッガーの世紀」は終わり、一五六〇年以後は代わって「ジェノヴァの世紀」となる。

5　十六世紀の事業家たち——ジェノヴァの金融業者たち

ジェノヴァの金融業者たちの融資先は、当初、フランス歴代王たちで、ハプスブルク家に肩入れするようになったのは一五二七年からである。〔訳注・この年、フランス軍がパヴィアとジェノヴァを占領している。〕一五五七年にはスペイン王室が破産し、ドイツの事業家たちが打撃を被ったことから、ジェノヴァの商人たちが力を増し、さらに、アントワープが凋落したことから、ジェノヴァの大市が浮揚した。ジェノヴァの大市は一五三四年、カール五世がフランシュ＝コンテの首都、ブザンソンに開いた大市に始まる。この「ブザンソンの大市」が、名前はそのままで、ポリニー、シャンベリと場所を変え、一五七九年から一六二一年までピアチェンツァで開催された。このピアチェンツァの大市はジェノヴァ商人たちが主役になって三年周期で行われたが、それがジェノヴァ商人たちにとって、ヨーロッパにおける為替手形の鑑定役になるチャンスとなった。

ピアチェンツァでの手形取引の額は、一五八〇年には三七〇〇万エキュ、その数年後には四八〇〇万エキュに上った。この数字は、当時としては驚異的で、その額は純銀で約一四四〇トンに相当した。手形交換であるから、実際の貨幣を扱うわけではなく、あくまで計算上のカネの処理（scudo de'marchi）であったが、この数字は、一五八〇年から一六二〇年まで金融と商業の国際的取引の大部分がこの《ブザンソンの大市》で決済されたことを物語っている。

事実、ジェノヴァ商人たちは、莫大なカネをスペイン人たちに貸し付けるために「常に更新される信用状の泉」（F・ブローデル）から原資を吸い上げた。一五七五年、フェリペ二世が短期償還の借金の支払いを《延期》することを決したとき、そのうちジェノヴァの事業家が絡んでいたのが八八〇万エキュであったのに対し、スペイン人たちが絡んでいたのは三七五万エキュ、フッガー家は五〇万エキュであった。しかし、ジェノヴァ人たちがスペインから離れるのは容易でなかった。この「用心深い王」（フェリペ二世）は、銀行家たちが新しい《アシエントス》の締結を受け入れないかぎり、この短期債権を長期債権に組み入れることに同意しなかったからである。

フェリペ二世の軍事費支出はますます増加した。対トルコ戦争があり、フランスに対する干渉、イギリス侵略の試みがあり、とりわけフランドルでの長期戦があった。とくに、フランドルの戦争では、部隊に対する支払いと、物資の供給のために、莫大な出費を避けられなかった。はじめは、カール五世の時代と同じように、エキュ貨とレアール貨を詰めた袋がスペイン北岸の港からアントワープめざして出発していったが、この海上ルートはイギリスとオランダの海賊たちによって断ち切られたので、一五七八年からはバルセロナ、ミラノ、そしてライン流域を辿る内陸ルートが使われ、一五八四年には二〇〇万エキュ、一五八六年には六〇〇万エキュが運ばれた。

しかし、このような「発送品」は、アメリカから貴金属が到着するかどうかによって左右された。アメリカからの船が到着するのは年に一度で、しかも、遅れることが多かった。「あまりに間隔が長いため、酸素ボンベは離れていった」(H・ラペール)。その反対に、王は日常的必要性のためにさえ《アシエントス》に救いを求めなければならなかった。銀行家の《企業連合 consortium》は、この君主に大市ごとに定期的に、とくに晩年には月ごとに支払う約束をし、引き換えに、王には、アメリカからの貴金属で在庫を満たすこと、カスティリヤの税収を割り当てること、スペイン国外への銀の搬出についての許可を要請した。したがって、ガレー船がアメリカの貴金属を貨幣やインゴットの形でバルセロナからジェノヴァへ運んでも、それは、必ずしも王のためではなく、いろんな個人のためであることも多く、回収されたカネは銀行家たちによって新しい《アシエントス》に再投資された。

いずれにせよ、一五八〇年から一六三〇年までの半世紀の間は、貴金属を積んだガレー船がやってきたから、ジェノヴァはピアチェンツァの大市をコントロールすることによって「現金と信用状の一致」(F・ブローデル)を実現させ繁栄を謳歌することができたが、アメリカからの銀の搬送が少なくなると、その金融活動は必然的に弱体化した。

6　王室の借金と公債

十六世紀のフランス王室も、リヨンの大市を牛耳っていたイタリア、ドイツ、スイス人たちからの短期償還の借金に頼らざるを得なかった。十六世紀のフランスでは、金融商会が一時は二〇九社を数えたが、そのうち一六九がリヨンにあり、一四三がイタリア人(とくにトスカーナ人)のそれであり、一五がドイツ人とスイス人のそれであった。

フランソワ一世は、ハプスブルク家との絶え間ない抗争にかかる費用をまかなうために、一五三六年以後、三ヶ月（四半期）ごとに定期的にリヨンの市場で年率一四－一六％で借り入れている。一五四七年にフランソワ一世が亡くなったとき、負債総額は六八六万リーヴルに上っていたが、これは、R・ドゥセによると、一年分の国庫収入に相当した。跡を継いだアンリ二世は、まずは、この負債の主なものを償還したが、彼も借金をせざるをえず、基本的にはミンケルとオブレヒトという二人のシュトラスブルクの銀行家に依存した。

一五五五年、フランス政府は状況を正常化するために、リヨンの金融組合（grand party）からの借金を整理した。これは、新しく借り入れるために古くからの債権を一本化したのであったが、返済総額を四一の大市（ということは十年）に配分し、貸し主への抵当としてリヨンとトゥールーズ、モンペリエの王室税収入を充てた。しかし、その結果は、出費のほうが上回り、王の負債はたちまち一二二〇万リーヴルに達し、スペイン王室の破産の翌年の一五五八年にフランス王室も破産し、アンリ二世は支出を四分の三縮小しなければならなかった。

こうして、十六世紀末から十七世紀初めにかけての西欧の経済的挫折の要因になったのが、フランスやスペインの王室の財政破綻であり、分不相応の生活をしている一つの文明における金融市場との緊密化、少しでも不安を感じると銀行預金を引き揚げた人々の慣習である。銀行もまた、堅実さより拡大に走った。権力者たちも、こうした挫折を教訓に、預金が突発事によって吹き飛ばされない安心感をもてる公的銀行の設立をめざし、その結果、生まれたのが一五八七年のヴェネツィアのリアルト銀行、メッシーナ銀行、一五九三年のミラノのサンタンブロジオ銀行、一六〇五年のローマのサントスピリト銀行、一六〇九年のアムステルダム銀行である。これらの銀行は預金者にさまざまな保証を提供した。ローマの場合はサントスピリト病院の収入、アムステルダム銀行の場合は市の収入といった具合である。

これらの銀行では、「両替そのほかの取引で儲けること」を禁じられていたが、ある口座から別の口座への移動や、アムステルダムや東インド会社といった公的組織に先行投資することは容認されていた。ローマの銀行は《国債》という名目で公開した。アムステルダムやヴェネツィアの公的銀行は、外国から送られた手形にしか支払いを行わない特権をもっていたので、この二都市での取引に関わっている商人たちは、ここに口座を開かなければならなかった。こうして、ルネサンス末期には、それ以前の何百年かの銀行業務の経験を土台に、その後の基盤となる手法が練り上げられていった。

国家の借金の長期固定化の手法を裏づけるのが《公債》のやり方である。とくにヴェネツィア、ジェノヴァ、フィレンツェの都市領域では中世以来、行われてきたが、ルネサンス期には、資本の譲渡に対抗するために、地方政府の庇護のなかで恒久的な終身年金制度が設けられた。これを《モンティ **monti**》システムという。これが、十六世紀になると国家的規模に広げられるようになり、一五二二年にはパリ市で、一五二六年には教皇庁で発足し、さらに十六世紀後半には、スペインでも、この制度が設置される。スペインの財政破綻から、高率の短期償還の負債が、この《フロス **juros**》（世襲の意）と呼ばれる長期安定債（利率は五％くらい）に切り替えられた。ローマでも、一六〇〇年ごろに年金制度（**luoghi di monti**）が設けられた。これは子孫に引き継がれる（non vacable）場合は年利率六％、保有者の死で返却される（vacable）場合は一〇％に設定されていた。一五二六年から一六〇六年までの間、教皇庁は、この《モンティ・システム》によって純銀三八二トンに相当するカネを借り入れ、出資者は教皇庁収入の配分によって保証を受けている。フェリペ二世に関していえば、彼は、一五七五年以後は《アシエントス》よりも《フロス》のシステムを好んだ。スペインの歴史家、A・カスティリョによると、一五一五年から一五五六年に発行された《フロス》は一六〇〇〇万ドゥカート、一五七五年から一六〇〇年までの発行額は五〇〇〇万ドゥカートにのぼった。

銀行家たちは、《アシエントス》やリヨンの《金融組合》の君主への短期融資を引き受ける一方で、王室債権を細分化して市場に流し、そこから利益を吸収するやり方にも関わった。こうして、《リヨン金融組合》が、公債の公募という衣をまとって再登場する。国債というシステムは一代限りであれ永代であれ、より安定性をもった保証があり、慎ましい預金者も買えるよう分割して売られたので、人気が高まり、召使いたちは貯金をはたき、女たちは宝石を売って買い求めた。ローマの職人たちは《モンティ債 luoghi di monti》を買い、敬虔な信徒たちは娘たちへの贈り物にした。

リヨン、アントワープ、カスティリヤ、《ブザンソン大市》などの十六世紀の最も大きな市が物品よりも金融商品を扱う市場であったこと、アントワープの株式市場が一五四〇年以後は、呼び名はさまざまだが公債という形の利息付き貸付に向かっていったことは、十六世紀におけるカネの扱い量の増大に反映しており、ルネサンス末期の特徴の一つとなっている。

また、イタリアを皮切りに西欧各地で、ギャンブルと宝くじが盛んになる。ローマやフィレンツェ、アントワープでは、子供の誕生を巡ってまで賭けが行われ、ローマでは、枢機卿の昇任や、まして教皇選挙が賭けの対象になった。シクストゥス五世は、この永遠の都での賭け事をなんとか禁止しようとしたが、そのたびに、「カネがよそへ流れて、ローマは貧乏になるだけだ」と説得されて取りやめた。それでも、グレゴリウス十四世は、一五九一年、カトリック教徒の王侯たちにそれぞれの国での賭け事をやめさせようとして、守らない場合は破門すると脅した。これも効果はなかったようであるが、それより前にローマにいるフィレンツェ人銀行家たちは、ある奇妙な取引を教皇に提案していた。それは、教皇がこの勅令を出すのをやめれば、ローマでも悪評の高い地域に教会を建設するために五万エキュを拠出するというものであった。

宝くじがフランスにやってきたのはフランドルを経由してである。フランソワ一世は、当初、このような卑しい欲望を刺激するゲームに臣下たちを染まらせまいとしたが、十六世紀じゅうには、すっかり人々に馴染みのものとなっていった。一五二七年、リヨンのある商人は、パリ市庁の債券を当たりくじにした籤引きを設けている。

7 東インド会社の《冒険商人》たち

こうした「マネー・ゲーム」は十四世紀から十七世紀の西欧社会においてますます盛んになっていき、一五八二年、ボワロンが、その『商業論 Traité de la marchandise et du parfait commerçant』のなかで「為替手形はすばらしい発明であり、あらゆる取引の土台であり調味料である。これがなくては、いかなる商取引も成り立たない」と書いているように、金融は商業の隆盛を支えていった。

ところで、ルネサンス時代に、銀行ではなく商業において、のちの株式会社を予見させる近代的な会社が生み出される。この最初の株式会社というべきものが、十五世紀初めに設立されたロンドンの《冒険商人 Merchant adventurers》〔訳注・中世末から近世初めにかけアントワープ、ハンブルクに拠点を設け、毛織物輸出を独占した〕である。これは、それを構成するメンバーとは独立した一個の法人格を備えていたが、そこには、職人的容貌と同業者組合的性格が残っていた。

それに較べてさらに近代的なのが、十四世紀末に創設され家族的段階から職人組合のレベルに進んだラーフェンスブルクの《Grand Société》〔合弁会社〕である。これは、ラーフェンスブルクとコンスタンツ、ビュコルンという三つの別々の町に住む三家族が作ったもので、十五世紀末には五九万フローリンの資金のうち四三万フローリンを四人の主要出資者が占めていたが、一三八〇年から一五三〇年までの間に百二十家族、三百人以上が加わっている。一五〇〇年ごろには、ベルン、ジュネーヴ、リヨン、アヴィニョン、マルセイユ、ミラノ、ジェノヴァ、バルセロナ、ヴァレンシア、サラゴサ、アントワープ、ケルン、ニュルンベルク、ウィーン、ブダペスト等々に支店を有するまでになり、オリエントの綿、イタリアの絹、イギリスとフランドルの毛織物、ヴァレンシアの砂糖、スペインとフランスのサフランなどをドイツなど北方にもたらし、反対に、中央ヨーロッパの銅と銀、シュヴァーベンの麻布やファスチアン〔訳注・麻あるいは絹の糸と綿布の綾織りで毛羽立てた布〕を輸出した。

これに劣らず注目されるのが、たとえばアペニン山脈の彼方の塩、オリエントの明礬、チュニジアの珊瑚、カスティリヤの水銀、ポルトガルのコルク、グラナダの果物や砂糖などを専売的に扱った十五世紀ジェノヴァの企業連合体である。これらの会社では、資本金は二十四株に分けられ、それがさらに細分されて手続きなしで譲渡できた。一五五三年にマルセイユで設立され、その世紀の末まで続いたボーナ〔チュニジアの西方〕の珊瑚会社は、ジェノヴァのそれに似ていて、資本金の一部をみんなで保有した。しかしながら、この会社も、事業を興すたびに資金を集めるやり方で、固定的資本はもたないままであった。

このような状況は、イギリスで一五五五年に創設された《モスクヴァ会社 Moscovy Company》や一五八一年の《近東会社 Levant Company》、さらに一六〇〇年の最後の日に生まれた《東インド会社 East India Company》も、一六五七年までは同様であった。その反対に、オランダの《東インド会社

Oost Indische Kompanie》(1602)によって、一つの決定的進歩が達成される。この会社は当初から六三〇万フローリン(純銀で六九・三トン)という巨額の資本金を有し、その公募は一六〇三年から一六〇五年までかけて行われた。

これらの新しい会社には、それぞれの国から種々の特典が与えられたが、それによって国家は、この形成期の資本主義的大組織をコントロールするとともに、一種の保証を提供したのであった。

8 資本主義的構造

こうした植民地の会社がどれほどの富を生み出したかは、L・デルミニが指摘しているように、たしかに疑問がある。それらは、アジアの生産者からもヨーロッパの消費者からも天引きしたから「二重課税機構」であり、もし、ヨーロッパでの資本蓄積に寄与したとしても、それはアジアの富をヨーロッパに移しただけであった。この初期植民会社の《近代性》と、それが行った過度の利潤追求(一六三三年から一七二二年までのオランダ東インド会社の株主配当は年に二〇%を超えた)を問い直すと、十七世紀だけでなくルネサンス期における資本主義という問題が浮かびあがってくる。

インド洋におけるポルトガル人の植民地化当初の幾つかの航海は、一〇〇%を超える利益をもたらした。フッガー商会は、一五一一年から一五二七年という、その歴史のなかで最も輝かしい時期には、年平均五四%の利益をあげた。P・ジャンナンは、正当にも、これらの莫大な利益(しばしば十六世紀の資本主義の最も華々しい証明と見られている)は、その逆に「経済生活全般における資本主義的構造の発展の弱々しさ」を証明していると指摘している。売値と原価の差額の大きさは、専ら「交通手段の未熟、その不連続と不均整、初期的状況」によって説明される。そのうえ、少なくとも十九世紀、二十世紀の工業的形態の資本主義を支えているのは、たえまない生産の拡大であるが、ルネサンス期の商業銀行家たちは、工業によりも貸付や為替手形による投機といった金融に頼る傾向性が強かった。そこから、「本来は活力をもたらすべき金融による不毛化」（J・ブーヴィエ）が起きる。この点については、さらに、ルネサンス期のヨーロッパ経済が本質的に農村的なままであり、都市においても職人仕事が優勢であったことを付け加える必要がある。

では、十四世紀から十六世紀のヨーロッパにおける資本主義は、全否定されるべきだろうか？　あるいは、さらに、マルクスやゾンバルトが言うように、資本主義が出現したのは十六世紀以後で、しかも、きわめておずおずとであったとするべきだろうか？

たしかに、「資本主義は恒久的で、いつの時代にも見出される」とする観念は、検証に耐えるものではない。しかし、マルクスが定義した狭い資本主義の概念（労働と生産手段の所有が分離され、労働力が一つの商品になるシステム）にこだわるとしても、資本主義は十六世紀以前にも存在したしルネサンス期の最終章で発展したと結論するべきである。フランドルとトスカーナでは、織物の分野では、十四世紀から労働と資本の分離が行われていた。そして、十五、六世紀には、シュヴァーベンやフランドル、西部フランスといった西欧の織物産地では、「商人であり製造業者である資本家たち」が職人に労賃と材料物資を先行投資し、その仕事の所有権まで手に入れる現象がひろがっていた。

それと肩を並べるのが、とくにヴェネツィアの造船業である。個人用の船の場合、一四二五年から一五七〇年までの時期に最も広く行われたシステムは、その船を注文した商人が材料の木材そのほかの資材を買付け、仕事場を職人に提供して、作業の費用も働き手を集めて監視することもすべて引き受けるものであった。

しかし、最も典型的なやり方を始めたのが、十五世紀末のヤコブ・フッガーである。これは、フッガー商会が銅と銀の産出によって富を確立した時期で、ヤコブはティロルとハンガリーの鉱山を支配することによって、当時の最新式の技術で鉱石を処理し精錬する工場を二つ作った。一つは、当時の重要な金属市場であったライプツィヒとニュルンベルクとフランクフルトの中間に位置するテューリンゲンのホーヘンキルヒェン、もう一つはハンガリーとヴェネツィアを結ぶ軸線上にあるカリンティアのフッゲラウ、第三はマゾフシェ。これは、ノイゾール〔訳注・スロバキア中部。バンスカ・ビストリツァのドイツ名〕の鉱山とクラクフを結ぶルート上に位置している。一五二三年、彼は、スペインのアルマデンの水銀鉱も手に入れた。水銀は銀鉱石を処理するアマルガム法に不可欠であった。

確かに大規模工業を営む企業は、十六世紀には稀であった。しかしながら、F・C・レーンによると、一五六〇年ごろ、ヴェネツィアには正規の労働者二千人を雇っている兵器工場があった。とくに軍事的危機が高まったときには三千人を超えた可能性がある。ローマの近くのトルファの明礬鉱では、一五五〇年ごろ八百人近い労働者が鉱石の採掘と明礬塊作りという単純労働に従事した。メディチ商会では、トップ会議で企業内容を決議すると、教皇庁会計院と十二年の後見契約を結んだ。農業生産に対する資本主義的支配も、ますます強まっていった。ヴォルフの研究によると、十五世紀のトゥールーズの商人たちは、タイセイ〔訳注・青色染料で、ヨーロッパではホソバタイセイという植物の葉から採られた〕のために先行投資した。イギリスでは、農民からの土地の収奪で悪評の高いいわゆる《囲い込みenclosure》に多くの事業家たちが手を染めた。それが資本の原初的蓄積の元になったことは有名である。

東ヨーロッパでは、穀物生産を増やすために農業資本主義が進行し、農奴制の重圧が厳しくなっていく。新大陸の植民に関していえば、製糖業が奴隷制に依存する資本主義を生み出した。一六三五年ごろ、「サント・アンターナ会社 Colegio de Santo Antao」というブラジルの製糖企業は、約八十人の黒人を使い、十五人以上がその監督に当たっていた。

しかし、これらに、マルクスの資本主義の定義を当てはめることはできるだろうか？むしろ私たちとしては、十九世紀になって完全な開花を見せるこの複雑な経済システムが芽生え始めたのは、《神学者》たちの疑念や通俗的猜疑心にもかかわらず、十八世紀になってからであると考えたい。すなわち、大土地所有者の勝利、富の流動性、金融の拡大、商業規模の世界化、経済的事項における規範と禁忌の放棄、したがって、競争の自由、生産手段の私有化、大規模工業の発展とその結果としての資本と労働の分離と労働に対する資本の優位である。

私たちが研究しているルネサンス時代には、資本主義の基本を成す性格はまだ発展していなかったが、その凱歌へつながるプロセスはすでに作動していた。したがって、商業・金融資本主義の時代と工業資本主義の時代との間には、切れ目はなく、一方が他方を準備したのであって、両者のつながりは、十六世紀には形成されていた。まさに、そこで作られた商業と銀行業の道具こそ、今も私たちが使用しているものにほかならない。

多くの歴史家のなかでも、ウェーバー、トレルチ、トーニ、ロバートソン、ファンファーニなどは、資本主義の中身を経済的視点からだけでなく社会学的観点からも明らかにし、《トレチェント》と《クァトロチェント》のイタリア商人たちのなかに、まさに資本家と考えられるべき心性を見出した。この資本家的心性は、フランシスコ会の精神とは真逆のもので、カネを儲け富を増やすことを目標とし、貧困を一種の欠陥と考える。『商業についての助言』と題したあるフィレンツェの小冊子には、「貧乏人とは付き合うな。なぜなら、彼らに期待すべきものは何もないからだ」と書かれている。

すでにダンテはお金（単位のフローリン florin には「花」の意がある）を「神の僕をして道を誤らせる花」として、これに執着する人を「強欲で妬み深く、思い上がった手合い」と厳しく非難していた。だが、その少し後、あるフィレンツェの商人は、事業家をめざす若者に「おまえの助けとなり護りとなり名誉のもととなるのがカネである」と教え、カネをタンスのなかで眠らせておいてはならないと戒めている。また、別のフィレンツェ人は「もしカネを持っているのなら、じっとしていてはならないし、子も産ませないで家に留めていてはならない。なぜなら、儲けを引き出すことはできなかったとしても、受け身でいたのでは、やはり利益を生まないのだから、それよりも動かしたほうがよいのだ」と諭している。これらは、のちにピューリタンに見られる積極的行動主義そのものではないだろうか？

《トレチェント》以後、イタリア商人は、進取の気に富み、冴えた頭脳をもって組織と方法、当時「ラジオーネ ragione」〔訳注・理性の意〕という言葉が指した理屈づけとカネ勘定の混合物に信を寄せた。先の『商業についての助言』を書いた人は「経験によって商売をしようというのは間違いである。商売は予測の仕事である（si vuole fare per ragione）」と書いている。ヨーロッパの先頭に立って商業革命を引き起こし、事業におけるさまざまな技術を考案させたのが、この心性にほかならない。

この資本主義の精神は、十五世紀から各地で形成されていた《企業連合 cartels》の萌芽というべきもののなかに明確に現れている。一四四八年、オリエントの明礬の価格が西欧で暴落したとき、ジェノヴァ人のフランチェスコ・ドラペリオは、小アジアとギリシアの全ての明礬生産をコントロールしてジェノヴァ、ブリュージュ、イギリス向けの輸出を独占する会社を立ち上げている。これは、過剰生産による値崩れを避けることが目的であったから、明礬の採取と販売に関するすべての決定権は、キオスにある会社の理事会が把握し、会社の誰びとといえども容喙できないことが決められていた。明礬は各地からキオスに集められ、輸送費も決められ、ここから各地へ発送された。理事会はジェノヴァ、ブリュージュ、イギリスの三ヶ所にもあったが、決定権はキオスのそれが握った。この組織的整備によって明礬の価格は持ち直し、とくに一四五三年にコンスタンティノープルが陥落したときは高騰した。その後も、トルコによる独占で鉱石の値上がりは続き、西欧にも新しい鉱山が求められた。

その結果見つかったのがトルファ山地〔訳注・イタリアのチヴィタヴェッキアの北西で教皇領にあった〕である。メディチ家は一四六三年から一四七六年にかけ、アゴスティーノ・キージは一五〇一年から一五一三年に、かつてジェノヴァ人たちが小アジアとギリシアで行なった手法を、このローマの明礬鉱で再現した。教皇も、キリスト教徒の君主たちに、教皇領で産出した明礬以外は買ってはならない旨の勅令を発し支援したが、トルコの明礬は構わずに入り続けたし、とりわけカルタヘナ〔訳注・スペイン南部〕のマサロンでも明礬鉱が発見されたため、この専売化の試みは失敗した。〔訳注・明礬は硫酸アルミニウムとアルカリ金属、アンモニウム、タリウムなどの硫酸塩との複塩の総称で、媒染剤、製紙、製革に使われた。〕

だからといって、この試みが示している興味深さに変わりはない。フッガー家が成功を収めたのは、それよりも銅の生産によってであった。彼らは、ティロル、カリンティア、ハンガリーでの銅産出を一四九五年から一五四八年まで独占した。アントン・フッガーはマテウス・マンリヒと組んでハンガリーの銅鉱山の市場を独占し、現行の価格を維持すること、もし一方が約束に背いて値下げした場合は、ペナルティを相手方に支払うべきことを定めてフランス、スペイン、ポルトガルなどでの販売権も二人で分け合った。

9 《量》の促進

以上のように、ジェノヴァの商人たちやメディチ家、フッガー家の実業家たちに現れたルネサンスの《近代性》は、量的側面の促進と結びつき、それが西欧文明の一つの新しい基軸になっていったことを私たちはJ・U・ネフとともに強調しておかなければならない。たしかに、十四世紀から十六世紀当時の数値は現代のそれとは比べ物にならないほどささやかであったが、未来へ向かっての重大な革新であったことに変わりない。ここでは、やや粗雑であるが、いくつかの推算値を挙げよう。

R・エーレンベルグは、パッツィ家が十四世紀初めに所有していた資産は純金一四七キロに相当すると計算している。十五世紀なかごろ、メディチのコジモのそれは一七五〇キロに達した。同様にして、一五四六年のフッガー商会の資本金は一万三〇〇〇キロに相当した。一四九四年から一五二六年までかけてフッガー家がハンガリーの鉱山から発掘した銀の量は価格で三一万六八三一マルク（純銀で七七トン超）に達した。同じ時期のハンガリーの銅産出量は八一万八五八〇キンタル（訳注・一キンタルは約五百グラム）で、一五四〇年まで毎年、一万キンタルを超える銅をダンツィヒ（訳注・現在のポーランドのグダニスク）からアントワープに搬送している。一五四六年のフッガー家の資産総額は七一〇万フローリン、ストックされた商品は総額一二五万フローリン（そのうち、銅が一〇〇万、ファスティアンが一二万五〇〇〇フローリン）になっている。その二年後、フッガー商会は、ポルトガル王の代理人に腕輪で七五〇〇キンタル、鍋で四〇〇〇キンタルといった真鍮製品をリスボンに発送することを約束している。これらは、《ギニア交易》のためにアフリカへ送られた。

そこから、とくに中央ヨーロッパの鉱山で雇われていた労働者も、かなりの数であったことが分かる。カール五世によると、一五二五年、ドイツの鉱山で働いていた労働者は何十万にのぼっていたという。もとより、この数字は検証不可能で、おそらく過大評価であろうが、それにしても、相当の数であったことは確かである。というのは、一五三六年、ティロルのシュヴァッツ地方の鉱山開発で、二万人の労働者と技師の募集が行われているからである。これらの労働者を養うために、経営者たちは協同組合を作って、穀物を共同でバイエルンとオーストリア大公領から買い入れている。一五二六年以後、オーストリアとハンガリーから輸入されシュヴァッツで屠られた牛は、毎週約百頭にのぼった。しかし、すでに見たように、労働者の数ではトルファのほうが多かった。教皇庁が推進した企業というのは、この時代だけのものであるが、一四六四年から一六一四年までの間に輸出した明礬は一八万六〇〇〇トンを超える。

ほかにも幾つか印象的な数字がある。一五八五年、イベリア半島の塩をフランス王国全体に供給する事業が一つの事業家グループによって始められ、この《塩のグランド・パーティー》は輸送のために積載総量三万トン分の船をチャーターしている〔訳注・一五八四年に改革派のナヴァール王、アンリがフランス王位を継承することとなり、スペインのフェリペ二世はフランスのカトリック派を支援した〕。また、十六世紀末から十七世紀初めにかけてイタリアで最も繁栄した港、リヴォルノに一五七三年から一五七四年の一年間に入港した船は三五七隻で、大型船（navi）はそのうち四五隻であったのが、一六〇九年から一六一〇年にかけて入港した船は二四五四隻、そのうち一四九隻が大型船である。

もう一つ別の分野でいうと、ローマのサン・ピエトロ寺院の改築事業が一五〇六年から一六二六年にまでわたって行われたが、このなかで動いたカネは、少なく見積もって純銀四四トンに達した。諸国家の収支額が巨大化したことは、ルネサンス期の文明において《量的要素》が大きな力をもつようになったことの何よりの証左といえよう。一五一〇年から一六〇五年までの教皇庁の財力は、四四〇％増大している。したがって、これは、この時期の平均物価上昇率（三〇〇％）を遙かに上回る。フィレンツェ共和国のこの間の収入も三六五％増大している。一五六〇年、カスティリヤ王国の歳入は一六〇万ドゥカートで、支出は三二〇万ドゥカート、一五九八年には歳入が四八〇万ドゥカート、歳出は七五〇万ドゥカートである。

大砲の進歩に伴って、軍事費はますます国家財政に重くのしかかり、西欧文明の城壁の内側に量的要素が侵入していくための《トロイの木馬 cheval de Troie》となる。「十一世紀から十五世紀終わりまで、私たちは、ヨーロッパに一万あるいは一万二千を超える軍隊が存在したという証拠は何一つ有していない。十五世紀以後も、五、六千の兵士を擁していれば立派な軍隊であった。アザンクールで勝利したイギリス軍は、一般的印象と違って、約六千であった。敗れたフランス軍は、数の上でも、それより幾分少なかった」（J・U・ネフ）。ところが、三十年戦争（1618-1648）の初め、陸上では、正規軍の兵力はそれまでに較べて約三倍となる。海上でも、十六世紀から艦船の数が増える。《無敵艦隊アルマダ》は一三〇隻、総トン数五万七八六八トン、大砲は二四三一門、乗員数二万九三〇五、対するイギリス側は、一九七隻、乗員は一万六〇〇〇であった。さらにレパントの海戦では、キリスト教徒側は、ガレー船二〇七隻、帆船三〇、ガレアス船〔訳注・ガレー船を大きくした船艦〕六隻で、大砲は一七四〇門、漕ぎ手四万三五〇〇人、水夫一万二九二〇、兵士二万八〇〇〇（合計八万四四二〇人）である。

このように、経済的にも軍事的にも大規模化していったのが十六世紀の特徴であり、アメリカ大陸の発見以前には考えられなかった世界的な経済網が、フッガー、コルテス、ピサロのこの時代に織り上げられていったのである。

10　西への移動

したがって、近世初めの国際的交易網は、絶対王制の仕組みが強化されていったさまざまな本質的変革の結果であり、十四世紀ヨーロッパの経済機構を代表していたハンザ都市同盟は、次第に凋落していった。強力な国家による支持に欠けていたドイツ騎士団は弱体化し、ハンザ同盟の繁栄を支えた二本柱のノヴゴロドは一四七八年にイワン三世によって攻略され、他方の柱のブリュージュも低落した。さらに新世界での漁業の発展でノルウェーの漁業は落ち込み、これまでハンザ同盟が輸送してきたスウェーデンの銅の優位もフッガー家の進出で、ハンガリーの銅によって脅かされ、イギリス人たちはモスクワにまで触手を伸ばし、とりわけオランダが競争に参入してきた。

たしかにハンザ同盟は、一六〇〇年ごろも、ある領域では、それなりの経済力を保っており、スペイン王たちも、《北部七州 Provinces-Unies》との戦いのためにハンザ同盟を味方につけようとした。一五九〇年、ハンザ同盟のドイツ船三百隻がイベリア半島のポルト、リスボン、セトゥバル、カディス、セビリアなどの港を訪れた。これは、大砲や弾丸に必要な銅、木材、硝石、また、船の帆やロープなどの装備に欠かせない亜麻や麻などを供給するためで、逆に彼らは、セトゥバルの塩、地中海地方特産のオリーヴ油や果物、そのほか胡椒、染料、サン・トメ〔訳注・サン・トメはアフリカのギニア湾にもあるが、これは南米大陸のそれ〕やブラジルの砂糖を北海とバルト海に持ち帰っている。

一五九一年、イタリアがひどい飢饉に襲われたとき、ハンザからは二十五隻の船が穀物を輸送してきている。そのうち二十一隻は、スンド〔訳注・スウェーデンとデンマークの間のエーレスンド海峡〕の向こうのリューベックの船で、ジェノヴァ、リヴォルノ、チヴィタヴェッキアと訪問したのであった。その後も、アドリア海やクレタ島でもダンツィヒの船が見られたが、これは一時的な現象で、ハンザ同盟の繁栄はすでに過去のものであった。イベリア半島に最も頻繁に姿を見せたハンザ都市の船の多くは、実際には同盟と敵対していたオランダの船であった。彼らはスペインとも敵対していたので、本当の国籍を隠して商売したのである。

オランダ人とゼーラント人たちは以前から各地に船団を展開していたが、その活動が本格化したのは一五八一年、オランダがスペインから独立を宣言してからである。十六世紀にハンザ同盟が所有していた船は約一千隻で、その積載能力は四万五〇〇〇ラスト〔約九万トン〕であったのに対し、オランダ人たちは少なくとも十二万ラストの荷物を運送していた。一五五七年から一五八五年までに、ハンザの港であったダンツィヒにエーレ海峡を越えてやってきた船の半分以上がオランダの船であった。

しかし、ハンザ同盟の船とオランダの船の主役交代は、全体としてバルト海の国々と西欧諸国との間の交易の増大と合致していた。ドイツからポーランドにかけて広がる平野での穀物生産の増大に対応して、エーレ海峡の先の地域への地中海物産の輸送も増えている。一四九七年（これが今日に残されている最古の記述である）にこのデンマークの海峡を通った船は、双方向あわせて七九五隻であったのが、一五五七年から一五六九年まで通過した船は年平均三二八〇隻、一五八一年から一五九〇年までの十年間の年平均は六六七三隻に達している。逆にダンツィヒから発送されたライ麦の量は、十五世紀末には年に一万ラストだったのが一六一七年から一六二一年には年に六万五〇〇〇ラストに増えている。したがって、アムステルダムは、十七世紀には、ヨーロッパの穀物の中心的市場であり流通センターになっていた。

このように北方の海が示した活気は、ルネサンス期の地中海交易の低下と一種のシーソー・ゲームのように釣り合いをとっていたのであろうか？　地中海交易の十六世紀の衰退は、言われて久しいが、ブローデルが一九四九年に示した大テーゼ以来、歴史家たちは、そのような断定は拙速であり、この内海は少なくとも十六世紀じゅうは活気を保っていたことを認めている。当時大港であったアンコーナで一五五二年の五月二十一日から八月三十一日までの間に荷揚げされた積荷は、さまざまな商品とともに、銅四七万リーヴル、羊毛二七万リーヴル、灰（ガラスや石鹸の製造に欠かせなかった）一一万一〇〇〇リーヴル、蝋一二万八〇〇〇リーヴル、毛織物（panni）二八万二〇〇〇リーヴル〔訳注・重さの単位で一リーヴルは約五〇〇グラムに当たる〕に上る。このうち毛織物はイタリアのほかの町かイギリスから来たもので、それ以外の物資はバルカン諸国と中近東から運ばれてきた。

たしかに、イタリアと中近東の間の通商は、ポルトガルによる新航路開拓によって大きな影響を受けた。東南アジアの香料が喜望峰まわりでやってくるようになって、ヴェネツィアが蒙った衝撃は小さくなかった。ヴェネツィアのガレー船は、十五世紀までは、毎年約十五隻がシリアやアレクサンドリアに向かい、あらゆるオリエントの産物を仕入れていた。まずは胡椒であるが、西欧ではショウガやシナモン、ナツメグなどの消費も年々、増加していた。それらを独占していたヴェネツィア人たちは、「香辛料の交易を奪われることは、乳飲み子が乳を奪われるようなものだ」と考えていた。

ポルトガルが喜望峰まわりで胡椒を初めてアントワープにもたらしたのは一五〇一年のことで、イギリスに届けられたのは一五〇四年からである。その三年後、ラーフェンスブルクの会社は、これからは胡椒をアントワープで買い付けることを決めている。アントワープは、ポルトガル王の代理人たちが君主の香辛料を売りさばくマーケットになっていた。ヴェネツィア船団は、一五〇四年、一五〇六年、一五一三年、一五一七年、一五一九年、一五二三年、一五二四年、一五二九年と、アレクサンドリアとベイルートへの航海を中止し、あるいはやってきても、船倉を空にしたままで帰っている。《セレニスモの国》〔訳注・「静謐この上なきヴェネツィア共和国」という呼称の略〕の商人たちが中近東から西欧に運んでいた香辛料は、一四九六年から一四九八年には年々六七三〇コリ colli（包み）だったのに、一五〇二年から一五一三年には年平均六〇〇コリに過ぎなくなり、一五一五年には自分たちの消費分まで不自由するようになっている。

その十二年後、ヴェネツィアはポルトガル王に、ポルトガル王国で消費する分を除いた香辛料を自分たちに扱わせてほしいと懇請したが、もとより聞き入れてはもらえなかった。「一五二七年、ヴェネツィアはリスボンの市場の前に敗北を認めざるをえなかった」（ブローデル）。しかし、十六世紀中ごろには「地中海の巻き返し」が起きて、紅海とアレクサンドリア、ペルシア湾とシリアを経由する香料の古道が息を吹き返す。〔訳注・一五七一年、レパントの海戦でトルコが敗北している。〕また、ポルトガル人たちは、最初の成功のあとは、インド洋におけるアラブ人たちの商業を真の意味で全面的にコントロールするにはいたらなかった。

いずれにせよ、一五四〇年ごろにはこのエスコー〔訳注・フランドルの呼称ではスケルデ〕川の都市（アントワープ）の物価は地中海の胡椒の影響を受けているうえ、その九年後、ポルトガル王のアントワープの在外商館は閉鎖されている。一五五五年から一五六五年にかけて、ヴェネツィア人たちは、再び毎年、アレクサンドリアで約一万一七〇〇キンタル〔訳注・一キンタルは一〇〇キロ〕の胡椒を買い入れる。この中近東の胡椒貿易は、オランダ人たちが一五九六年に初めてインド洋に進出し商業の覇権を掌握するようになる十六世紀末から十七世紀初めまで続いたものの、十七世紀に入ると、東地中海の低落が明白になる一方で、西方では、マルセイユとリヴォルノが台頭し、ジェノヴァがアントワープの凋落に乗じてヨーロッパの金融の中心となる。この間、イタリアは大陸のあらゆる国のなかで、一〇万を超える都市を最も多く擁する国となる。

事実、一つの長期にわたる動きのなかで、地中海経済の重心は東から西へ移動しつづけていた。このことをよく表しているのが、十四世紀から十六世紀にかけて、ジェノヴァがその関心を黒海からイベリア半島に移したことであろう。ジェノヴァ人たちは、十四世紀初めには、ビザンティン帝国の復活〔訳注・一二〇四年、第四次十字軍によってコンスタンティノープルは陥落してラテン帝国となるが、その後、ビザンティン帝国が再建される。ただし、一四五三年、オスマン・トルコによって滅亡〕のおかげでコンスタンティノープルに定着し、危険を冒しながらも、黒海周辺にトレビゾンドやクリミアのカッファを拠点とする一種の植民地帝国を築いていた。このころ、ジェノヴァの重量船は、黒海沿岸地域の穀物、塩、木材、塩漬け魚、毛皮、そして奴隷を輸送した。加えて、タナにはモンゴルの道を経てシナから香料や絹が運ばれてきており、この北回りの道のおかげでジェノヴァ人たちは、ヴェネツィアやラグーザの人々、カタルーニャやフランスの人たちがエジプトとシリア経由の交易に支払っていた「イスラム教徒の高い仲介料」を免れ、一二六四年以後は、オリエントの明礬貿易も掌握したのだった。

しかし、その後、十四世紀半ばにモンゴル帝国が消滅し、一三九六年には十字軍がニコポリスでオスマン軍に敗れたうえ、同じころ、タナはティムールによって攻略され、一四〇三年にはフォカイアも劫掠されるなど、聖ゲオルギーのこの町（ジェノヴァ）は、次々と足場を奪われていった。なんとか、黒海交易は再開されるものの、もはや遠来の胡椒ではなく、この地域の産物である蝋や果物、魚塩や穀物を手に入れるためであった。

西欧にとってコンスタンティノープル陥落の衝撃は、このトルコ領となった地域の産物が手に入らなくなることであって、胡椒自体は、アレクサンドリアやベイルート、トリポリ経由で変わることなく運ばれてきていたから胡椒が入手できなくなることではなかった。したがって、ジェノヴァ人たちにとってとくに厳しかったのは、オリエントの明礬鉱を放棄しなければならないことであった。そこで、ジェノヴァ人たちは、西方に目をつけ、イギリスとの経済関係を強化するとともに、ナポリのワイン、マラガ〔訳注・スペインのアンダルシア地方〕の葡萄、カラブリアの絹、さらに砂糖に関しては、グラナダとアルガルベ〔訳注・ポルトガル南部〕、そしてモロッコ沖のマデーラ諸島、やがては、キューバなど新世界へと供給源を広げていった。

こうしてジェノヴァ人たちは、地理的大発見の時代には、アメリカ向けの最初の船団基地をカスティリヤやアンダルーシアに設置し、黒人奴隷の商売にも真っ先に手を染めた。一五三一年から一五七八年には、繁栄の頂点にあったトルファの明礬鉱の経営にも加わり、一五二八年からはスペインの君主たちと政治的に結びついて、貸付けによって膨大な利益を得るまでになる。

他方、ヴェネツィアは、ジェノヴァのように、その通商圏を西方に転換することには成功しなかったが、さまざまな努力はした。一四〇二年には船団をシチリアとナポリ経由で南フランスのエーグ・モルトへ送り、一四三六年には北アフリカのバルバリー〔訳注・チュニジアからモロッコにいたる一帯〕に船団を送ったほか、フランドルと大西洋沿岸にも多くの船団を毎年のように派遣した。しかし、このラグーナの都市は、ムラーノの繁栄とルネサンス末期の毛織物産業の進展にもかかわらず、あまりにも中近東経由の香料にその運命を結びつけていたため、この積荷の減少による打撃に耐えることができなかった。

したがって、十五世紀を際立たせているのは、ティレニア海〔訳注・イタリア半島の西側。その反対の東側がアドリア海〕の躍進であり、それは十六世紀にも引き継がれた。しかし、このティレニア海の躍進も、さらに西への大規模な移行のプロセスにおける一段階に過ぎなかった。地理的大発見をもたらした大航海以後、ほかの諸大陸の富が流れ込んできたのは、セヴィリア、リスボン、アントワープ、ついではブリストル、アムステルダムといったヨーロッパの西端の諸都市であり、こうして、大西洋と北海の波に洗われる地域を最大の受益者とする一つの経済世界が形成された。

一五〇〇年ごろのヨーロッパの胡椒輸入量は年間一万七〇〇〇キンタル、一五六〇年には二万七〇〇〇キンタルであったが、十年後には、喜望峰航路だけで毎年三万キンタルを超える胡椒が入ってくるようになる。セヴィリアに一五〇三年に設立された商会（casa de la contratacion）は、アメリカとスペインの間の物資輸送のためにますます多くの船を投入した。P・ショーニュによると、セヴィリアとスペイン領アメリカの間を行き来する船が運んだ物資は一五〇六年から一五一〇年の五年間には一万五六八〇トンだったのが、一六〇六年から一六一〇年には一七万三五六〇トンに増えている。一例を挙げると、一五八七年、ティエラ・フィルメ Terre-Ferme〔訳注・現在のコロンビアとヴェネズエラ〕とヌエヴァ・エスパーニャ Nouvelle-Espagne〔訳注・現在のメキシコ〕の船団は、カディスとセヴィリアに七八〇万ペソ相当の積荷を運んでいる。その内訳は、純銀が三一七・六トン、皮革九万九〇〇〇枚、インディゴ染料二万五〇〇〇リーヴル、砂糖九〇万リーヴル、生姜二万二〇〇〇リーヴル、サルサ〔訳注・百合科の薬草〕五〇〇〇リーヴル、カシア果 cassia fistula〔訳注・南蛮サイカチの乾燥莢果〕四八〇〇リーヴル、樟脳のような薬品を得る木材（bois de teinture）一万三〇〇〇キンタル、貝殻虫五六〇〇アローバ〔訳注・スペインの重量単位で一一―一五キログラム〕、綿六四アローバである。

このように、アメリカはさまざまな絆で緊密にヨーロッパに結びついていたが、同時にアメリカはヨーロッパ人たちを通してアジアともつながっていた。スペイン人たちは一五六四年にフィリピンに拠点を設けたが、ポルトガル人たちは、それより早く一五五七年には、すぐ対岸のマカオに拠点を作っていた。まもなく、フィリピンとメキシコの間に定期船が就航し、ガリオン船〔訳注・もともとスペインが軍艦として造ったものであるが、南米から金銀を運ぶ輸送船として用いられた〕が毎年、二往復した。アメリカの銀の一部は、太平洋方面に向かったのであるが、ショーニュの計算によると、一五九一年から一五九五年までにメキシコからマニラに輸送された貴金属にかけられた税は、年平均一〇三〇ペソだったのが、一六一一年から一六一五年には八四一一ペソに達している。

それとともに、マニラの港に入港するアジアの船（沿海の小舟は別にして）も増え、一五七七年にはせいぜい十五隻だったのが一五九九年には二十九隻以上、一六二二年には五十三隻になっている。そのほとんどはシナから来たものであった。こうして、喜望峰回りのポルトガルの極東ルートと、カディスからメキシコのアカプルコを経由してフィリピンにいたるルートとがマカオとマニラでつながり、世界を一周する経済の環が生まれたのであった。

これらのすべての道筋で幅を利かしたのがスペインの通貨で、オランダ人のリンスホーテン〔訳注・一五八三年から一五八九年にインド洋を航海した〕は、ゴアのポルトガル人たちの取引に関して、こう書いている。

「為替交換は彼らにとって大きな儲け口である。ポルトガル船が到着すると、彼らはスペインのレアル貨を四月まで一二％の利益を付けて売る。この四月までの間にシナへ向かった商人たちは、それを元手に二〇から二五％の利益を手にするのである。」

リンスホーテンは、ポルトガル人たちのコントロールが及んでいない極東に、オランダの拠点を作ることを政府に助言した。その結果、十七世紀には、喜望峰もインドのデカンの岸もセイロンのマラッカも、さらには香料諸島も、ポルトガル人たちに代わってオランダ人が占拠し、シナや日本と通商するようになる。それと同時に、イギリス人たちは、インドに上陸し、また、イベリア半島の人々が食指を動かさなかった北アメリカの広大な部分に住み着いていった。

こうして、歴史の秤の竿は北へ傾き、南ヨーロッパの人々は主役の座から降りていった。しかし、この経済力の再配分の前兆現象は、十六世紀半ばからヨーロッパの海上に現れていた。オランダ人やイギリス人がスペインやその同盟国の船を英仏海峡やパ・ド・カレーで拿捕しはじめた一五七〇年ごろから、ヴェネツィア、ジェノヴァ、カタルーニャ、ビスケー湾地方といった南欧の水夫たちは、フランドル航路だけでなく地中海までも放棄し弱体化していった。そして、一六〇〇年ごろには、地中海を走り回る大型貨物船といえば、ほとんどがオランダ、イギリス、ドイツ、ときにはフランス、スカンディナヴィアのそれになる。地中海は初めて、もはや世界の中心ではなくなったのであり、ルネサンス期の終わりには、政治的にはともかく、少なくとも経済的には、勤勉で生産的な北方諸国民のものになっていた。

第八章　都市と田園

1　農村史は静止した歴史か？

十四世紀から十七世紀にかけて、工業と輸送、商業と金融において西欧世界が実現したもろもろの進歩は、緩慢であれ迅速であれ、些末であれ決定的であれ、私たちにとって注意深く考察すべきものをもっており、そうした進歩のおかげで私たちは一つの文明の推進力を確認することができた。しかし、当時は、ヨーロッパの西側部分においてさえ、人口の少なくとも八五％を占めていた田園という広大な部分をただ無力な部分として決めつけるだけでよいだろうか？　事実は、そんなに単純ではない。

田園世界という大海も、頻繁に動揺した。突然の嵐がある一カ所で起きると、別の地域でも起きた。十四世紀から十六世紀までの三百年だけでなく十七世紀になっても、そこでは、王侯たちの徴税役人や封建領主、大修道院そのほかの十分の一税を取り立てる徴収人たちに対し、ときには都市や外国からの移住者に対して、怒りの焔が噴出し、群衆の反抗で沸騰した。十四世紀初めのフランドルの田園から起きた革命運動、一三五九年のイール・ド・フランスで発生した農民一揆、一三八一年、「アダムが耕しイヴが紡いでいたとき、誰が貴族の旦那だったか？」と叫んでロンドンを占拠したワット・タイラーの農民団、十五世紀に王室の徴税に対して起きたアラゴンの農民反乱、一四一九年から一五一五年までチェコ、トランシルヴァニア、オーストリア、スロヴェニアと各地で発生した農民の反抗、一五二四－五年のドイツ社会戦争〔訳注・トマス・ミュンツァーに率いられた農民部隊が都市に押し寄せ、貴族たちの軍隊と激突した〕、一五五六年から一五七〇年にヴェネツィア人領主たちに刃向かったクレタ人たち、さらには、十六世紀後半、ドブロージャ、マケドニア、クロアティアで勃発した貴族とオスマン人に対する反抗——。

たしかに、これらは、いずれも、やがて息切れして急速に終息した。それらによって人々の苦しみが軽減されることもなかったし、社会的改善や技術の進歩につながることもなかった。私たちが注目したいのは、そうした表面的な喧噪の下から、一つの深呼吸のように、はるかに大きな豊かさをもって現れてくる死亡率と出生率の変動、村々の放棄と人口再生のリズムである。フランスは、十四世紀、人口過剰の一歩手前までいったが、そこに雨の多い年が何年もつづいて収穫が落ち込み、フランスの土地では住民たちを養うことができなくなり、たちまち戦争とペストが、すでに衰えていた人々に襲いかかる。それは、まさに大量虐殺というべき災厄で、人口の三分の一が消え去った。僻地は無人化し、人々の居住域は脅かされた。十四世紀は悲劇の世紀となった。

しかし、生き延びた人たちは幸いであった。細分されていた土地が集約化され、領主たちの土地は労働力が不足したので、農民たちは有利な小作料を要求することができた。人口過剰は解消され、土壌を痛めつけないで養うことができるようになった。消費人口が減ったため穀物の値は低下したが、その分、肉がより多く生産され消費された。その結果、都市では、肉屋の同業組合が幅を利かすようになる。人々の関心は工業用作物に向かい、ペストと戦争で荒廃した地域には移住民たちが住み着き、フランスの農民大衆は活力を取り戻し、一四八〇年代には増大傾向に転じる。

こうして、内因的要素の積み重なりだけで一つの新しい飛躍が現れた。それは、「長い時間に積み重なった可燃性の素材が、ほんのちょっとした火の粉(豊作が続いたこと、貴金属の補給で通貨の流通がスムーズになったこと、商業の発展と都市人口の増加、もっと単純にいえば、平和で穏やかな時代が続いたこと)によって、いたるところで焔が燃え上がった」(E・ル・ロワ・ラデュリー)ようなものであった。人口は再び増加し、休墾地や未開墾地に犂が入れられ、羊毛や肉よりも小麦の栽培が優先された。

しかし、高い出生率のためにたちまち土地は細分された。「生産に拘る頑固さが住民のダイナミックな柔軟性とたえずぶつかり合う農村経済」にあっては、《よき十六世紀》も、自らの発展にブレーキをかける以外になくなる。宗教戦争、増税、地代の高騰、とりわけ人口過剰による農民世界の栄養不足の進行によって、一六〇〇年代以後は、農民の生活状況は悪化し、人口増加はゆるやかになる。十六世紀以降について見ると、農民の生活を悪化させるのは「土地所有者の単純明快な合理主義的意志」(ル・ロワ・ラデュリー)である。こうして農民は技術的に制約され、悪循環から抜け出すことができないまま、動きのない歴史を繰り返すこととなる。

2　ここでは放棄、よそでは進展

しかしながら、十四世紀から十七世紀のヨーロッパの農村の歴史が、常に、どこでも不動であったわけではない。あるときは進展し、あるときは後退しつつ、不可逆的とはいわないまでも持続的な変化を辿っていく。ドイツやアルザスでは村々が人口減少を示すが、フランドルやオランダでは亜麻、アルモリカ(ブルターニュ)では麻、地中海沿岸地方ではサフランや茜、大青などといった工業用植物の栽培が拡がり、イギリスでは《エンクロージャー》が進み、アルプス南部やスペイン、ローマ周辺では穀物栽培に代わって家畜の飼育が盛んになる。

ルネサンス時代に羊の飼育が重みを増したことについて簡単に述べておこう。

毛織物産業は、十五世紀以後、フランドルに代わってイギリスで盛んになり、ブリテン島のなかで仕事の再配分が行われた。〔訳注・それ以前は織物工業はフランドルが主で、ブリテン島は原材料の羊毛の供給地であった。〕ロンドン、ウィンチェスター、ソールズベリー、コヴェントリー、ブリストルといった織物工業の大きな中心ができ、その近くの南部および西部の地域では羊の飼育が盛んになる。その一方で、田園は全般的に人口が減少し、とくに、東部の穀物地帯は凋落する。

アルプス南部のユバイとヴァールの高地では、村落共同体が所有する《山地 montagne》が競りにかけられてバルセロネット〔訳注・イタリアとの国境に近いアルプ・オート・プロヴァンスにある町〕のブルジョワたちに貸し出され、この裕福なブルジョワたちから飼育業者（nourriquiers）たちに託された。こうして、十五世紀のプロヴァンスでは、耕作農民たちの抗議にもかかわらず、大規模な移動牧畜が行われるようになる。一四七一年の調査によると、サン＝ポール＝ド＝ヴァンスの代官管区の八つの小さな村で羊が二万四〇〇〇頭、グラースの下級裁判管区の十四の村で二万六〇〇〇頭以上を数えている。これは、一家族あたり百頭になる。

スペインで《メセタ Meseta》〔訳注・複数の飼育業者が共通の羊飼いに預けるやり方〕が盛んになったのは、一三四八年のペストによる人口減少の結果であると長い間信じられてきた。人間が減ったぶん、家畜がそれに代わったというのである。しかし、この仮説は最近の研究によって放棄されている。実際には、イギリスで織物産業が盛んになってブリテン島産の原毛が入手困難になったので、アンダルーシアのジェノヴァ人たちが、アフリカ原産のメリノ種の羊をスペインで飼育させるようにしたことによるとされている。

いずれにせよ十五世紀末には、カスティリヤは羊毛が経済の背骨になり、いわば「ヨーロッパのオーストラリア」という様相を呈するにいたる。カスティリヤ王国の羊の群は、一四六七年ごろには二七〇万頭に達し、《メセタ》の組合員は約三千人をかぞえるにいたる。羊飼いたちは三つの大きなルートを辿って、北から南へ、南から北へ定期的に大移動した。その移動距離は一七〇キロから八三〇キロに及び、農民たちは耕作地を荒らされたとしてしばしば訴えを起こしたが、いずれも裁判では耕作農民たちが敗れている。

ローマ平野とタボリエーレ〔訳注・アペニン山脈とアドリア海に挟まれた地〕も、十四世紀から羊の牧草地に変わり、羊の群は毎年、夏は山地で草を食み、冬になると山地からタボリエーレに降りてきた。そうした羊の数は、一四六〇年ごろには一五〇万頭だったのが、十七世紀初めごろには五五〇万頭になっている。ローマ平野でも、一三〇〇年ごろから、冬になると山地から降りてくる家畜を受け入れることが慣習化する。

ローマの田園地域では、中世を通じて、少なくとも五七ケ村が生まれたが、その後は人口が減少している。大土地所有者たちが、牧畜のほうが儲けになると知って、耕作農民たちを躍起となって逐い出したことによる。ここでも農民たちは農産物保護を訴えたが、政府にとっては《家畜通行税 douanne du bétail》が重要な歳入源であったから、具体的で有効な手は打たれなかった。G・トマセッティは、ローマ周辺の農村人口について、一三〇〇年には五〇万だったのが、一五三七年には一一万に減少し、しかも、その後も、減少は、ますます加速したとしている。

このように土地の放棄が起きたところもあれば、農業が進展を見せたところもある。ロンバルディアでは、一三五〇年から一五〇〇年までに運河が何本も掘削され、農業が盛んになった。ヴェネツィア共和国では、ルネサンス期を通してブレンタ川とピアーヴェ川の間の沼沢地の土地改良によって農地が拡大した。一四四〇年から一四六〇年までかけて、水はけをよくするためにこの二つの川の出口が二倍に広げられ、一五〇〇年から一五三〇年にかけては、水が行き渡るように自然の傾斜に直角に交わる網目の溝が掘られた。一五八〇年にこの地を訪れたモンテーニュが指摘しているような局地的失敗はたしかにあったが、このパドヴァの低地では深刻な洪水は減少し、ヴェネツィアとその豊かな後背地の間の航行が容易になった。そのうえ、一四七五年以後は、スペインのヴァレンシアからもたらされた種子のおかげで米の栽培が行われるようになった。

十六世紀初めにはレオ十世が、同じ世紀の末にはシクストゥス五世が、マラリア禍に苦しめられていたポンティーノ〔訳注・ローマの南方〕の沼沢地の改良を試みたが、成功しなかった。トスカーナ大公もヴァル・ディ・キアナの干拓に取り組んだが、これも失敗に終わった。その反対に、ネーデルランド人たちは、粘り強い取組みで沿海部と内陸とから同時に水を退かせることに成功している。オランダ人たちは一本の堤防によってエスコーの河口とムーズ河口の間の地帯を守ることに成功したのであったが、一三〇〇年ごろ、度々の嵐でゾイデルゼー〔訳注・現在は淡水のアイセル湖になっている〕の水が浸入し、とくに一四二一年十一月十九日〔聖エリザベートの日〕には、ドルドレヒト〔訳注・ロッテルダムの南東〕に隣接する全地域〔人口一万、六十五の集落があった〕が水に呑まれた。そこで、一四三〇年から一四六〇年までかけて浸水地域のまわりに堤防が巡らされ、風車の力を利用しての排水で干拓地〔polder〕が形成された。

十五世紀に開発された土地改良の方法は、次のようなものである。干拓すべき地域全体を、まわりの海水面や河川の水位より高い堤防で囲み、その内側に碁盤目状に排水路を掘り、堤防を越える排水用水路を通して、風車を使って、この排水路まで水を揚げるのである。十五世紀末にはヴァルヘレン島に長さ四キロの堤防が築かれ、十六世紀後半にはフリースランドのそれが完成する。

それと同時にオランダ人たちは内陸のデルグメール、ケルクメール、クロムヴァルテル、ヴァイデグレプ、リエトグレプといった湖も干拓した。こうして、干拓事業での低地諸国の技師たちの名声は、十六世紀初めには、全ヨーロッパに鳴り響き、一五二八年から一五六二年には、ポーランドのヴィスラ川河口の干拓事業を託され、あるブラバント人は、一五九九年、アンリ四世から、フランスの「堤防と運河の親方」という役職に任じられている。

エルベ川の東では、領主たちは、西欧の穀物需要の増大に応じるために穀物栽培を促進することによって利益を得た。一五三四年に低地諸国のある有力者の夫人に宛てられた書簡には、次のように書かれている。「ポーランドとプロイセンの大公たちは、みんな、ここ二十五年、自国の小麦を河川でダンツィヒに送る方法を見つけ出し、そのおかげで、ポーランド王国とその貴族たちは、きわめて裕福になっております」。

ポーランドのさらに東では、イワン四世とその後継者たちのもと、ロシアが南と東へ領土を拡大していった。デスナ川とドン川の間では、ブリヤンスク(1560)、オレル(1564)、ボロネジ(1586)といった新設の町々が連なり、その背後には農民たちの世界が広がっている。カマ川とヴォルガの中下流域には、教会貴族やストロガノフのような大商人たちが広大な土地を取得し、そこに農民たちを入植させ、ここでも、開拓農地が広がるなか、オウファ(1586)、サマラ(1586)、サラトフ(1590)といった新しい町ができた。

エルベ以東の広漠たる平野の粗放農業とは対照的に集約的なフランドル農業に決定的進歩をもたらしたのが、ルネサンス期以来のフランドルの人々の営々たる努力である。フランドルの土地は、ヨーロッパ大陸全体から見てもあまり恵まれず、足や道具にへばりつく粘土質の土を、いわば庭師を思わせる労作業によって掘り起こし、溝と運河を掘って排水しなければならず、かと思うと、その反対に、軽くて砂が多い土地も広がっており、そこでは、「溝や運河の底に堆積した泥や工業あるいは家庭から出た油の搾り滓、さらには家畜の排泄物まで集めて」改良しなければならなかった。これは、シナの農業の手法に似ていて、人間の手作業でしかできないもので、D・フォーシェは「フランドルの驚くべき土地改良を実現したのは、労力の惜しみない投入であった」と述べている。

こうして、十六世紀以後、フランドルのほとんどいたるところで、森や荒れ地、沼沢が畑に変身した。ズリヒャー・ファン・バートは小麦・ライ麦・大麦に関して、ヨーロッパのほかの地域では播いた種と収穫の比率が一対五を超えることは稀であったのに対し、十六世紀後半のフランドルでは、一対七・三に達していたと結論している。それに加えてフランドルは、ソバ、採油植物、また織物産業の原材料である亜麻、そら豆、インゲン豆、レンズ豆を産した。すでにフランドルは十四世紀から、穀物と飼い葉用植物を交互に栽培することによって、ヨーロッパ屈指の畜産地域になっており、そのおかげで土地も肥え、収穫も上がった。

ここでは、ヨーロッパ大陸のほかの部分と違って、家畜の飼育と耕作の調和的結合がなされ、栽培植物のローテーションのおかげで、土地を休ませる必要がなかった。フランドル全体が、ほかの国から称賛される菜園となり、十五世紀以後は、玉葱とキャベツをイギリスへ輸出している。同じころ、イギリス人たちはホップの栽培を始めるが、これも、フランドルの人々から学んだのである。一五七〇年ごろ、アルバ公による武力弾圧を逃れたプロテスタントたちの手で、クローバーの栽培がライン王領伯領（Palatinat）〔訳注・マインツからハイデルベルグにかけての地域〕に持ち込まれた。クローバーは南フランスでも一五五〇年ごろから栽培され始めている。こうしたやり方を見て、バーナービー・グージは一五七七年に『家政論 Foure bookes of husbandry』を著し、イギリスもフランドルの農業を見習うべきであると主張したが、彼の時代には、耳を貸す人はなく、イギリスがフランドルの手本に倣うようになるのは十八世紀のことである。

3　アメリカとヨーロッパの間の動植物の交流

園芸は、イタリアでも盛んで、ヨーロッパ最初の植物園がイタリア半島に作られたのは、偶然ではない。一五二八年にフェラーラに誕生し、一五四四年にはピサ、一五四六年にはパドヴァ、一五四八年にボローニャに作られた。イタリア人栽培者たちは忍耐強さを発揮して、幾つかの変種を作り出し、多くの植物を馴化させた。ニンジンが筋っぽさがなくなって食べられるようになったのはルネサンス期以後である。甜菜（betterave）はフダンソウ（bette）の改良から生まれた。アーティチョーク（artichaut）はアラブ人たちによって南イタリアにもたらされて栽培されはじめ、十五世紀末にはヨーロッパの貴族階層に最も好まれる野菜になっている。メロンは、シャルル八世によって遠征先のイタリアからフランスに持ち帰られた。

こうして、ちょっとした農業の改良によって、少なくとも裕福な人々の栄養補給源に多くの進歩がもたらされたのであって、レタスがフランスで食べられるようになったのはすでにシャルル五世の時代(1338-1380)からである。イチゴは、それまでは森で野生のものを摘んで食べていたのが、庭園で栽培されるようになり、一三六八年にはシャルル五世の食卓に供されているし、一三七五年にはブルゴーニュ公の食卓にも出されている。キイチゴ(framboisier)やスグリ(groseillier)についても同様である。

全く新しく西欧にもたらされた植物も幾つかある。カリフラワー(chou-fleur)は、アラブ世界では十二世紀から知られていたが、西欧に伝えられたのは十六世紀のことである。丁子とシナモンは、ヴァスコ・ダ・ガマによってもたらされた。ソバは、東方からやってきたもので、ノルマンディーには一四六〇年ごろ、ブルターニュには一五〇〇年ごろ到達している。シナ原産の桑がトスカーナにもたらされたのは一四三四年で、十五世紀末にはプロヴァンスとラングドック、スペインのムルシアとグラナダ周辺でも栽培されるようになる。ルネサンス期の君主たちは養蚕に力を入れた。まず、スフォルツァ家がミラノ地方で奨励し、ついで、トスカーナ大公や教皇たち、そして、サヴォイア公エマヌエレ・フィリベルト、さらにフランス王のアンリ四世がそれに続いた。

アメリカからヨーロッパへもたらされた植物については、こんにちでは議論の余地がある。西欧でも雨の多い地域でポプラが増えるのは十六世紀である。この植物は、以前からヨーロッパにもなかったわけではないが、アメリカ種のものが人気を呼んだということも考えられる。白インゲンがアメリカからもたらされたというのは確かではない。トウモロコシはアメリカから持ち帰られて十六世紀後半にスペイン、イタリア、南仏で広まったとされているが、これも、いまでは疑問視されている。ジャガイモが南アメリカ原産であることは確かであるが、トマトが大西洋の向こうの原産であるということは確かではない。いずれにせよ、これらがヨーロッパで欠かせないものになったのはルネサンス時代よりあとである。

要するに、アメリカからヨーロッパへという植物の移動は、逆方向のそれに較べると、それほど重要ではなかった。というのは、逆にヨーロッパ人たちが新世界へ持ち込んだものには、小麦、ぶどう、レモン、オレンジ、桑、オリーヴ、さとう黍、カカオ、インディゴ、さらにくだっては、コーヒーなどがあるからである。

同じことは家畜の飼育についてもいえる。ホロホロ鳥がフランスにもたらされたのは十六世紀であるが、アメリカからではなく、アフリカのギニアからである。七面鳥はルネサンス時代から盛んに飼育されるようになるが、オリエント起源か新世界起源かについては疑問がある。その反対に、アメリカに植民地を開拓していったヨーロッパ人たちは、馬、羊、牛、豚、ロバ、ラバなどの動物を連れていった。

4　西欧における生産高の推移

これまで述べてきたようにさまざまな変化はあったし、鋤に金属の刃が付けられるようになるなど農機具の改良も幾つかあったが、エリートたちから軽視された農民世界は、技術面でも精神面でも、まだ保守的なままであったことを忘れてはならない。ベルナール・パリシー（1510-1589）は、技術者たちが武器の改良には熱心であったが、農機具については無関心で、農業は相変わらず旧態依然であることを嘆いている。一六〇〇年に『農業論』（Le Théâtre d'agriculture ou le Mesnage des champs）を著したオリヴィエ・ド・セール（1539-1619）は、「あらゆる変化には損失の危険性がつきまとうのだから、犂の刃なども替えないことだ」と助言している。

ヨーロッパでは、人工の牧草地はまだ例外的で、二圃制や三圃制の休墾地を牧草地にするやり方が伝統的であった。二圃制が広がっていたのは主として南欧で、北部では三圃制が優勢であったという違いはあるが、全般的に羊の飼育が拡大していた（イギリス、イタリア、アルプス地方、スペインなど）にもかかわらず、穀類の栽培が首位を保っていた。パリ周辺では、牧草地と農地の比率は、十六世紀初めになっても九世紀と変わらなかったようである。それに加えて、十八世紀以前は、ヨーロッパのどこでも、溝を掘って種子を土中に埋め、効率的に生育させるやり方ではなく、効率の悪いばらまき法を採っていた。低地諸国とイギリスは別にして、穀類の一ヘクタール当たり平均収穫量は一五〇〇から一八〇〇ヘクトリットルで、蒔いた種の五倍を超えることは滅多になかった。

したがって、農地について研究している歴史家たちがしばしば強調するように、ヨーロッパの農業は、青銅器時代とさほど変わらないレベルにあった。牧草地も不足し、したがって家畜も不充分、農作物も肥料が不充分で、収穫も充分でなかった。この旧タイプの農業のレベルは、今日の収穫量と較べてみると、よく分かる。ル・ロワ・ラデュリーは、ラングドックでは一七二五年以前の一ヘクタール当たりの小麦の収穫量を八キンタルとしている。こんにちソ連邦やカナダのような粗放農法の国では、ヘクタール当たり一〇キンタルだが、フランスでは二〇キンタル、オランダ・ベルギー・デンマークでは四〇キンタルに達している。播種量も、かつてはヘクタール当たり二キンタルであったが、今日、モンペリエの農業学校で播いている量は、一・二キンタルである。一五〇〇年から一八〇〇年までの西ヨーロッパの農民が一日に耕した農地の広さは〇・三から〇・四ヘクタールがやっとであったが、今日では、三五馬力のトラクターを使って一ヘクタールを一時間で耕すことができる。

ズリヒャー・ファン・バートの計算によると、当時、一頭の牝牛が一授乳期に出した牛乳は八〇〇キロで、屠殺されると一〇〇キロの肉を提供した。今日では、ノルマンディーの牝牛は最初の授乳期で三〇〇〇キロの牛乳、三回目からは四〇〇〇キロの牛乳をもたらす。肉も、三〇〇キロほどで、同じ種類の去勢牛は四〇〇キロの肉をもたらす。

当時の農村経済の停滞ぶりを説明できる要素は多岐にわたる。南仏では、D・フォーシェが「隷属的関係から解放された小作人たちは、自分を代々の土地所有農民のように考え、穀物畑の開墾にあたって、隷属状態に置かれていたときのような集団的規範がなくなったので、勝手なやり方をした。集団的規制が当然とされた北部と異なり、南仏では、各人が細分化された狭い土地を自分勝手に耕し、小麦は最良の土地で作るだけで、あとは、陽当たりのよいところをぶどう園にしたり、オリーヴ畑や果樹園にすることで満足した」と指摘しているように、技術的手段の未熟さと農民の個人主義が、低速の大きな要因をなしていた。

その反対に開放農地の国では、フランドルを別にすると、賃貸契約の期間が短いため、農民たちは、土地改良にも技術改良にも関心をもたず、旧態依然として同じ狭い土地を耕し、同じ種を蒔き、同じ輪作地を休墾地にし、仕切りのない《共同放牧地》のやり方が採られた。これに対抗して行われたのがイギリスの《エンクロージャー》であった。しかし、こうした集団的隷属よりも深刻だったのが技術的制約で、これを乗り越えることができたのはフランドル人たちだけであった。彼らは、休墾地のやり方を排除して広い人工牧草地を作った。――ヨーロッパにとって飢えの問題に対する第一の解決法が、ここにあった。

5　都市人口の増大

農民世界は、文字文明からは、ほとんど外国のように立ち後れていた。ル・ロワ・ラデュリーが十六世紀のラングドックについて行った探査は、この点での都市と田園の格差を浮かび上がらせてくれる。一五七四年から一五七六年にかけて、ナヴァールというモンペリエの公証人の事務所に土地の賃貸や前貸しの契約のためにやってきた農民の七二％は署名さえできなかった。その反対に、同じ公証人の顧客でも職人たちは六三％が署名ができ、一一％が頭文字だけでもサインができ、読み書きが全くできないのは二七％であった。

一五七五年から一五九三年のベジエとナルボンヌの参事会員との間で結ばれた契約でも、農業労働者の九〇・一％が読み書きができなかった。小作農、分益小作人、小地主、開拓農民といった労働者の三人中二人は読むことも書くこともできなかった。その反対に、ナルボンヌの職人百人のうち三十四人は完璧にサインができ、三十三人が頭文字でサインでき、全く書けないのは三十三人だけであった。

したがって、都市は闇の大海のなかの光の小島という観があり、まさに、都市の興隆があったから、《ルネサンス》（というより西欧の進歩）があったのであった。この都市世界のなかで、文化が実を結び、芸術作品が開花し、人々は自己超克の道を学んだのである。十五、六世紀の都会人たちは、無教養で権利の道から阻害されている農民たちを軽蔑した。市民は、もちろんある限度内においてだが、市壁によって庇護されていた。病院を利用することもできたし、飢饉のときは、食料を配給された。彼にとって、その都市の堂々たるモニュメントや時計、高く聳える鐘楼は誇りであり、君主の入城、演劇興行、部隊の移動、そして、やがては学校の生徒たちの行列といったスペクタクルを間近に見ることができることは、自慢であった。

しかしながら、都市は、どんなにモニュメントが立派であろうと、城壁が力強かろうと、傷つきやすく脆い。文明開化されていればいるほど依存的であり、美しければ美しいほど、まわりから嫉妬された。その点で、ローマは一五二七年、悲劇的な経験を味わった。ドイツ人たちを主とする神聖ローマ帝国の軍勢によって劫掠され、当時の人々の証言では住民のうち四万人が死に、一万三六〇〇の建物が焼かれ、あるいは掠奪を蒙った。この数字は多少の誇張はあるにしても、大変な災厄であったことは間違いない。その五十年後、ローマは、またも別の危機に晒された。一五七八年から一五九五年まで約二十年間にわたって、近くの田園から襲ってきた盗賊団《fuorusciti》によって、町の周縁部は絶えず荒らされ、ナポリとの間を行き来していた郵便馬車や生糸や布を積んで走り続けていた駅馬車は襲われた。ローマ市に入る門は、夜になると、戦争のときのように閉め切られた。郵便馬車などは、はじめのうちは護衛隊がついていたが、最後には、盗賊団との戦いに備えて本物の軍隊を付けなければならなくなった。

しかし、ルネサンス時代の都市にとって、そうした無頼の人間たちよりもはるかに恐ろしかったのがペスト禍であった。ペストは何度も襲ってきて多くの人命を奪ったが、十五世紀からは、本質的には都市的現象となる。全体的に田園では、以前よりも危険度は下がり、人々は田園に避難した。十六世紀のある出納帳（livre de raison）には、「ペストは心臓に悪い有毒の空気が正体で、これに汚染された街区や家は見捨てる以外にない」と書かれている。〔訳注・livre de raison はカネの出入りを記録したものであるが、日々の所感やさまざまな出来事も書き込まれていることが多い。〕

ロンドンは、一四〇七年から一四七九年までの間に十一回、ペストに襲われたが、イングランド全体に災厄が広がったのは、そのうち五回だけである。中世の狭い不衛生な街路では、ペストは火災のように広がった。ペスト禍の時代のフィレンツェやアルビについての記録はよく知られているとおりであるが、そのほか、一四六六年のコンスタンティノープルの死者は日に六〇〇人、ロドヴィコ・イル・モーロの時代のミラノでは、死者は合計二三万人、ヴェネツィアでは、一五七五年から一五七七年までに五万人、メッシーナでは一五七五年から一五七八年までの間に四万人、ローマでは、一五八一年だけで六万人が死んだ。

これらの数字にはたしかに誇張はあろうが、「この伝染病に対する衛生学的知識も医学知識もなかった時代であるから、一つの町の四分の一とか三分の一があっという間に失われた可能性は否定できない」(ブローデル)。文書記録のおかげで実態が判明しているかぎりでも、災厄の深刻さは驚かせるものがある。ハノーヴァーの近くのウエルツェンという小さな町では、一五六六年、住民一一八〇人のうち二七九人(二三・五%)が、一五九七年には一五四〇人中五一〇人(三三%)が命を奪われた。

しかし、都市は、脆いが粘り強い。ワルシャワの再生は、それを充分に証明している。ルネサンス期の諸都市は、敵に劫掠されたり、ペストで人口が減っても、幾つかの例外はあるが、回復も迅速であった。フィレンツェやバルセロナでは、一三〇〇年時点よりも一六〇〇年のほうが人口が増えている。一三二〇年から一四五〇年までの後退に続く十六世紀の人口回復期の都市の成長には著しいものがある。人口一〇万に達し、あるいは、それを超えていたヨーロッパ都市は一五〇〇年には五つに過ぎなかったが、一六〇〇年には十一あるいは十二になっている。

十六世紀初めの一〇万都市を挙げると、コンスタンティノープル(二五万)、パリ(おそらく二〇万)、ナポリ(一五万)、ミラノ(一二万)、ヴェネツィア(一〇万)であるが、十七世紀初めのそれは、コンスタンティノープル（六〇万近く）、パリ（宗教戦争以前は三〇万を数えたにちがいないし、一時的に低下したあと、一六三七年には四一万五〇〇〇に達したようである）、ナポリ（二三万）、ロンドン（十六世紀初めの六万に対し二二万五〇〇〇）、ミラノ（二〇万）、ヴェネツィア（一四万）、リスボン（一二万五〇〇〇）、モスクワ（この町は一五三〇年代には一〇万に達していたから、おそらくそれ以上になっていたはず）、ローマ、パレルモ、メッシーナである。アントワープも、一五六八年には一〇万四九八一人の住民を擁していた（そのうち一万五〇〇〇は外国人であった）が、その後、低地諸国の混乱で人口は減少し、成長株はアムステルダムに奪われた。アムステルダムは十六世紀半ばまで三万五〇〇〇人の小さな町であったが、一六二二年には一〇万四九三〇人の市民を擁するまでになる。フランスでは、ルーアンとリヨンが、宗教戦争前に住民一〇万に近づいていたが、宗教戦争のために減少した。マルセイユは一五八三年に約八万を数えた。スペインで最大の町は、一五九四年の時点では九万の住民を擁したセビリアであった。

したがって、ルネサンス時代の大きな都市はコンスタンティノープルとモスクワ以外はすべて西欧にあったわけで、なかでも都市化の最先端に立っていたのがイタリアであった。イタリアには、一六〇〇年時点で八万のクレモナ、同じく六万のフィレンツェ、ボローニャなど中規模の都市がたくさんあった。その反対に、ドイツには、大きな町は多くなかった。アウクスブルクは、一六二〇年ごろの最盛期でも人口が六万を超えることはなかった。ハンブルクはニュルンベルクやケルンより早く、ドイツで最初に人口四万に達した町である。リューベックは二万五〇〇〇を超えたことはなく、ダンツィヒのような活気に満ちた港も、一五八〇年ごろでも三万を超えることはなかった。

数よりも重要なのは、進展のリズムである。十六世紀には、たくさんの町が人口減を示した。ボローニャは、一五八一年に七万六八〇〇だったのが、一六〇〇年には六万二八四〇に減少し、ヴェネツィアは一五七五年の一七万五〇〇〇から一六〇〇年には一四万に減少。アントワープとアウクスブルクは、十七世紀には第一級の都市から脱落する。カスティリヤでも、一五三〇年から一五九四年までに、十一の中小都市で人口が減少している。しかし、その一方で、二〇都市が人口を増やしており、この三十都市の貸借対照表では、全体として一七万二四四〇人増えている。セビリヤに関していえば、一五三〇年から一五九四年までの間に、四万五〇〇〇から九万人へと倍増している。ロンドン、リスボン、ローマの人口増加はめざましく、いずれも、百年で二倍になっている。とくに注目されるのがオランダの都市化の進行で、一五一四年から一六二二年までに、都市人口は一八五％増、田園のそれの一一〇％を大きく上回っている。

6　都市化のキーワード――《便宜性 commoditas》

この時代を特徴づけたのは、こうした都市人口の飛躍よりも、むしろ都市の占める地位が向上したことである。ルネサンス期には、都市は単なる生活の場ではなく理性的思考の産物（ètre de raison）となる。しかしながら、他の多くの分野においてもそうだが、この点でも中世とそれに続く時代との間に急激な断層は認められない。ルネサンスの建築家たちは、先輩たちの経験から生まれた立地の多様性や偶然性を考慮し、暗中模索する方式も捨てることはしなかった。十五世紀、都市工学を生み出したアルベルティは、都市の主要道路は直線的で、家々の高さは等しく、同じデザインの柱廊で縁取られ、規則正しく並んでいるべきであるとしつつも、「川の流れのようにゆっくりカーブしている」街路も温存している。したがって、アルベルティは、あらゆる町に同じプランを押しつける考えはなく、むしろ、「その立地条件の多様性に合わせて、町を囲む線も、内側の各部分の配置も変化して当然である」としている。この考え方は、その世紀の終わりのフランチェスコ・ディ・ジョルジオも同じで、彼は、街路の線は地形によって多様であるべきで、丘になっている場合は、螺旋状とか斜線に走らせることもあれば、同心円状に配置することもありうると述べている。

しかし、中世も、ときとして、経験主義のレベルを超えた。十三世紀の北ドイツの土地開墾や商業の発展に伴って新しく建設された町のなかには、市庁舎広場を中心に、直線道路が設けられ、整然と家並みが広がっているものもあるし、スペインやアクィテーヌの要塞都市（bastide）も、ヘレニズム時代やローマ時代の伝統を引き継いで東西南北に門を設け、正方形あるいは長方形の中心広場のまわりに碁盤目状に家々を並べたものがある。とはいえ、中世の多くの町は、建物が無計画に重なり合うように密集しているのが普通で、整然と幾何学的に配置されている町が多く見られるようになるのは、十六世紀以後である。

逆に、デューラーやイタリア人建築家たちは、新しい町を考える場合は、碁盤目状に配置し、数学的合理性を優先するようになる。デューラーが『町の防備法 Art de fortifier les villes』のなかで画いている理想都市は、人々の生活を厳格な都市的規律に従わせようとするやり方を突き詰めたものである。それは四辺形をしていて、君主の宮殿は、その中心にある。この宮殿と城壁の間の都市空間には、城壁と平行に走り交差する街路によって四十ほどの長方形の街区が碁盤目状に並んでいる。十六世紀以後、こうした都市プランが好まれたことを示す事例は、十七世紀のパナマとマニラでも見られるし、ポーランドのザモシチ、マルタ島のヴァレッタから東部フランスのナンシーにいたるまで、また、イタリアのリヴォルノ、ガティナラ〔ミラノの西北〕、ヴァロリス〔南仏アンティブの近く〕、ブルアージュ〔フランス

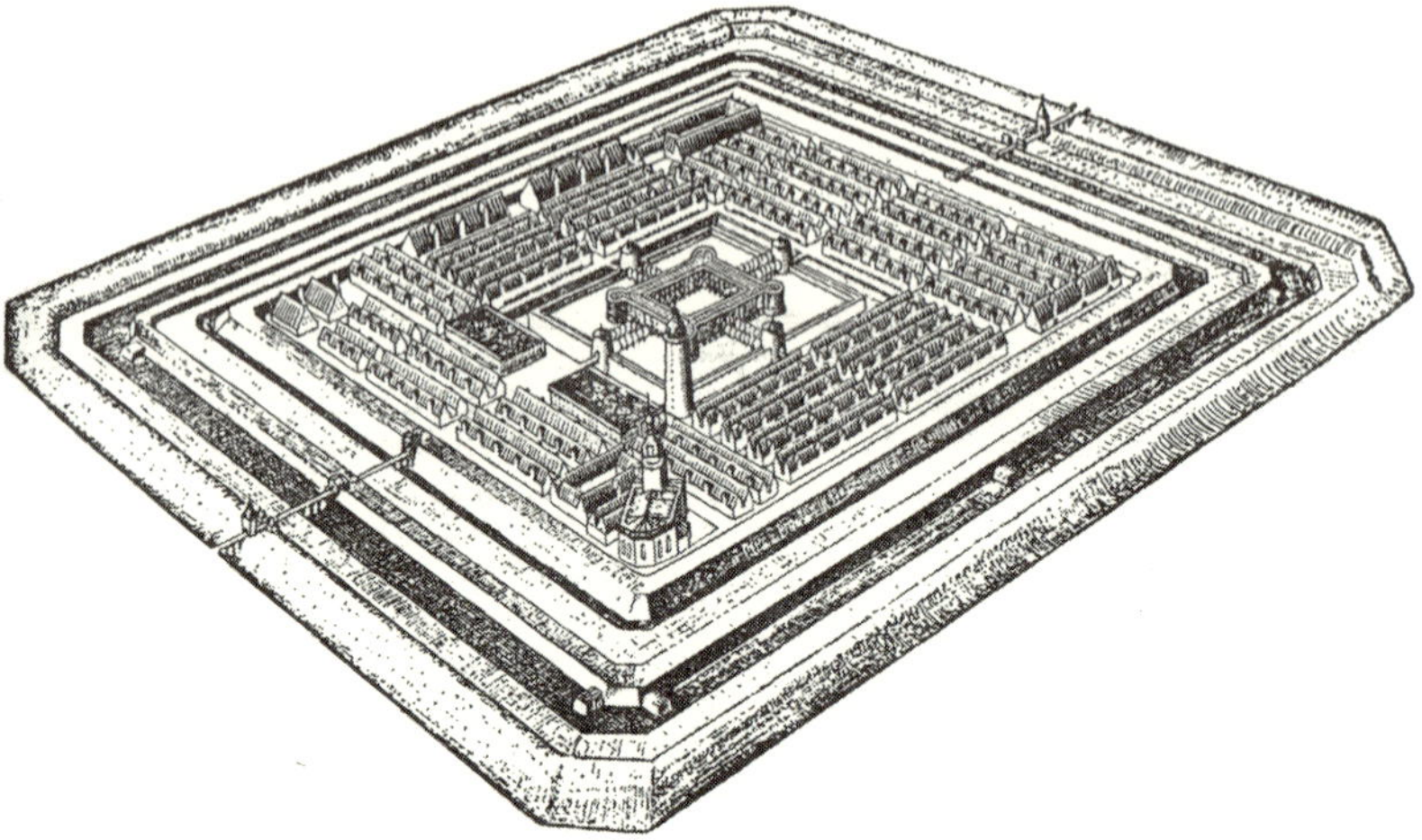

デューラーの理想都市プラン

大西洋岸〕、ヴィトリ・ル・フランソワ〔ランスの南〕などが証明している。このヴィトリの町は、最初、ル・アーヴルのギヨン・ル・ロワがプランを立てたが、フランソワ一世が、もっと斬新的なプランをとイタリア人のベラルマトに注文し直したもので、直角に交わる二本の大道を中心に建物が整然と配置されている。

中世の多くの町では、同業組合ごとに街路が配分されていた。この図式は、ルネサンス時代にも引き継がれたが、衛生学の新しい観念をもって補強された。アルベルティは「革鞣しや、それに類する悪臭を放つ職業の人々は、あまり人の立ち入らない街区に住まわせるべきである」と助言している。

レオナルド・ダ・ヴィンチは、ペストによって大量の死者が出たミラノを作り直すにあたっては、過密な住民を再配分しようと考え、ロドヴィコ・イル・モーロに「山羊の群さながらに重なり合って、悪臭をまき散らし、伝染病と死の原因になっている密集した住民を分散させるべきです」と提言している。彼が画いた理想都市は二層構造になっていて、その間を階段でつなぎ、車や駄獣は下の階しか通れないようになっていた。

デューラーに関していえば、彼は、そうした重層的構造ではなかったが、中世的棲み分けを認めつつも、新しい時代の建築家らしい合理主義的要請と体系的精神を示している。その都市も東西南北の基本方位を向いていて、東の隅に教会を配置し、そのまわりを「静謐な生活を仕事とする人々の住区」としている。南側にはブロンズや銅を鋳造する業者を配し、悪臭のする煙を町の外へ散らせるようにしている。行政機関の区域には、碁盤割りで区切られた緑の空間が充てられる。そこには、《地帯設定 zoning》の考え方の萌芽が見られる。

7　《享楽性 voluptas》を追求した都市計画

しかし、ルネサンス時代には、《便宜性 commoditas》の観念に《享楽性 voluptas》の観念が加わる。都市は、実用的であるだけでなく美しくもなければならない。アルベルティが街路を曲がりくねらせたのは、美しさという観点からであった。美しいことが、その町に偉大性と荘厳さを与えるからである。それに加えて彼は、次のような原則を立てる。

「都市は、住むのに便利で必要性が満たされているだけでなく、人々に喜びを与える気品がなくてはならない。」

彼によると、一つの町にとって理想的な美とは、ピタゴラス的な数学的比率に叶い、宇宙の法を具現していることである。

フランチェスコ・ディ・ジョルジオは、その『建築論 Traité d'architecture civile et militaire』のなかで、町は美を具象化していなければならないとして、「建物は均整が採れ、心地よく、味わいがあり、いつまでも滞在したくなるように建てられていなければならない」と述べ「何ものにもましてすばらしい仕組みをもっているのが人間の身体であるから、すべては人間の身体の比率に合致していることが重要である」と書いている。人体美と都市美、建築の荘厳さ——この三つがルネサンスが再発見した基本であり、よき建築を造ることが、よき子を産むことにつながるのである。『スフォルツィンダ Sforzinda』と名づけた理想都市を構想したフィラレーテ（1499-1469）は「建築は、あたかも、男が女に惚れたときのような官能的喜びを与えてくれる」と告白している。

すでに《光り輝く都市 cités radieuse》の時代が到来していたのだろうか？　しかし、理論とその実現の間には、距離がある。ユートピア論者と建築家たち（両者は、ときとして一緒である）が関心を向けたのは、フィラレーテの《スフォルツィンダ》のように、「完璧な都市」のプロジェクトを考え出すことであった。《ユートピア》には、常に現実に移行する何かがあるが、それについてはあとで述べよう。

ルネサンス時代以降、君主たちは、自分の町を、より実用的であると同時に、より美しくしようと考えた。この点で特に際立っているのが、十五世紀末から十六世紀にかけての教皇たちである。シクストゥス四世（1471-1484）は一四七三年の小勅書のなかで「私が取り組まなければならぬ無数の課題のなかで忘れるわけにいかないのが、我が住まいを清らかさと美しさで輝く、宇宙の都というべきものにすることである」と書いている。そして、その構想を受けてローマの刷新に着手したシクストゥス五世（1585-1590）は、遺言とも見なされている一五九〇年の文書のなかで、新しいサン・ピエトロ寺院の建築について次のように記している。

「筆頭使徒たる至福のペテロの揺るぎなき座であり、キリストの教えの住まいにして全信徒のふるさとして全世界から集まってくるあらゆる国民の堅固な避難所であるローマは、神と聖霊の庇護を必要とするのみならず、物質的にも快適さと心を惹きつける美しさを備えていなければならぬ。」

彼にとっては、ミレトスのヒッポダモスの都市計画とローマ軍宿営地の規範から引き継がれた碁盤目状プランが、輪郭線の規律性と対称性のもつ明晰さの美を表す代表であったが、これは幾何学的図形を加味することによって、よりいっそう美しくすることができた。ルネサンス期の理論家たちは、碁盤目よりも同心円の図式を好んだが、同心円を碁盤目よりも際立たせないように配慮している。

城塞であれ広場であれ、同心円状を基本に、これを大通りによって星形に放射させる手法は十三世紀の要塞都市より以前の中世の時代からしばしば採用されており、アジャン、アヴィニョン、ボーヌ、シャルトル、ブラム（オード県）などにその実例を見ることができる。したがって、ルネサンス期の放射状システムは、イタリア人建築家たちが持ち込んだというよりも、おそらく軍事面での考察のなかで再発見されたと考えられる。彼らの多くは軍事技術者であったから、このように中心から大砲を発射できる放射線状プランが理解しやすかったであろう。加えて彼らは、町を囲む城壁も、多角形の城塞にすれば、攻めてくる敵兵に弾丸や矢を射るのに有効だと計算した。そこから案出されたのが放射環状型（radioconcentrique）の図式であるが、その典型を私たちはルネサンス期に造られた二つの要塞都市に見ることができる。一つは、九角形をしているヴェネツィア共和国のパルマノーヴァであり、もう一つは、七角形のオランダのクーヴォルデンである。一つは一五九三年、もう一つは一五九七年で、ほぼ同じ時期に誕生している。

しかし、建築家たちが放射環状型プランを好んだ原因は、軍事的理由からだけでは説明できない。そこには、明らかに審美的・哲学的関心も働いていた。円形あるいは多角形の都市は、プラトンが述べて

ヴェネツィアの領土をトルコやハプスブルクの侵略から護るために造られたパルマノーヴァの要塞都市。最大径800メートル

いるように、宇宙のイメージを投影しており、そうした都市を建設することは、宇宙の形に示された神々の壮麗さを、石で地上に具象化することにほかならなかった。十六世紀末のある著作（一五七七年にヴェネツィアで刊行されたG・ランテリの『要塞のプランに関する対話 Due dialoghi....del modo di disegnare le pianti delle fortezze』）の

なかで、この対話の話し手の一人は、防御の必要性という視点と哲学的視点の相関関係を強調してこう述べている。

「神にあっては始まりも終わりもないように、天も始まりも終わりもない円環の形をしている。このゆえに私は、円形に近い形をした要塞や都市こそ、そこから外れたそれらよりも強固さにおいて完璧であると考える。」

これと同じ考え方は、一世紀前のフランチェスコ・ディ・ジョルジオにも見られる。彼が丘の斜面や川の流れに合わせて碁盤目にカーブをもたせたことは、すでに見たとおりであるが、そうした制約がない場合は、放射環状型を選択し、八角形の中心広場から八本の街路を外側に向けて放射させるプランを示している。フィラレーテの《スフォルツィンダ》も多角形だが、その星形を形成している十六の辺は円環のなかに画かれている。繰り返しになるが、ある無名の建築家やドニという名のルネサンス期のユートピアを夢見た人々が考えた理想都市や、スティブリンの《エウデモネ Eudémone》(幸福の世界)、カンパネッラの《太陽の都》は、プラトンが推奨した円形を基本にしている。

何もないところに創られる要塞都市は別にして、この理論は現実化されただろうか? 放射状の星形都市は、実際に実現されただろうか? ——この質問に部分的ながら一つの答えを示してくれるのが、十六世紀のローマである。この教皇たちの首都の改革に取り組んだ専門家たちは、ジュリア通りのような直線道路だけでなく、テベレ川左岸のサンタンジェロ橋の出口やポポロ広場一帯、とりわけシクストゥス五世によって丘の上に造られた新市街などでは、可能なかぎり放射環状プランを適用している。

これらの放射状図式は軍事的配慮とは無関係で、審美的配慮と哲学的思考が反映されたものである。新しく開かれたり改修された街路も、装飾性を中心に、眺望の核となるモニュメントへ向かっていく視点で線が引かれた。そうした眺望の核になっているのがサンタンジェロ城であり、ポポロ広場の噴水とオベリスクであり、さらに遠いところでは、前の広場にオベリスクが聳えるサンタ・マリア・マジョーレ寺院である。

放射環状図式とそのヴァリエーション（ここでいうのは、互いにはまり込む幾つもの四角形で構成されている十六世紀末のフロイデンシュタットと十七世紀初めのシャルルヴィルである）は、都市造りのうえで新しい重要性をもつ広場の活用に大きく貢献する。広場は、中世においても様々な要素を備えていたが、ルネサンス期以後は、その町の規模に合わせてさらに機能性と審美性が考察され、デザインされる。アルベルティは、その広さを周りの建物との比率で計算し、周りにめぐらせた柱廊の円柱の高さと同じ広さにすべきであるとしている。パラーディオ〔訳注・十六世紀イタリアの建築家。1508-1580〕は、かつてのように市場や市庁舎の前庭だけでなく、「文明の進んだ都市にあっては、人々が集まったり散歩したりできる広場が、町のあちこちにあることが望ましい」とし、全市民が集まることのできる中心広場が必要であると書いている。そして、広場は「その町の規模と釣り合う宮殿の庭」として、美しいこと、とりわけ彫像などで統一的に飾られていることが必要であるとしている。ブルネレスキを引き継いでフィレンツェのアヌンツィアタ広場の仕事に七十五年間たずさわったアントニオ・ダ・サンガロ（1455-1534）は、イノチェンティ病院（Spedale degli Innocenti）にアーケードを設けさせた。フィレンツェではさらに、サンタ・クローチェ教会の前庭となる広場を対称的な建物で囲んで整備する努力も行われた。

ローマのカンピドリオの広場を改修する仕事を請け負ったミケランジェロは、すでにあった二つの宮殿〔訳注・パラッツォ・ディ・コンセルヴァトーリとパラッツォ・デル・セナトーレ〕に向かい合って第三の宮殿を造って、広場の第四辺をローマ市の壮大で劇場のような光景を鑑賞するためのバルコンにしよ

う と考えた。ヴェネツィアのサン・マルコ広場は「宮殿の庭の完璧な手本」であり、この町の「お祭り広場」となっている。ピエトロ・ロンバルド(1435-1515)が一四八一年にプロクラティエ・ヴェッキア Procuratie vecchie を建てていたので、百年後、スカモッツィ(1552-1616)は、同じモチーフを新しいプロクラティエに採用し、三層の連続的柱廊を設けた。

しかし、ルネサンス期でもっともすばらしい広場は、なんといってもヴィジェヴァノ〔訳注・ミラノの西方〕のそれで、これには、技師のアンブロジオ・デ・クルティス、ブラマンテ、そしておそらくレオナルドが関わった。ロドヴィコ・イル・モーロは一四九二年、この小さな町の住人たちに古い市場を撤去させ、その跡に、統一的なファサードをもつ家々とアーケードで囲まれた長方形の広場を設けたのであったが、これは、ユートピア都市を現実化しようとする一つの試みであり、この方式は、これ以後、ヨーロッパ各地で踏襲された。シャルルヴィルやフロイデンシュタットやリヴォルノも、その一つで、四方を閉じた長方形あるいは正方形の広場の中央には君主の像が建てられた。それをさらに豪奢にしたのが古典主義時代のフランスのロワイヤル広場〔訳注・のちのヴォージュ広場〕である。

8　十六世紀の都市景観

ヨーロッパに《都市計画 urbanisme》の考え方をもたらした(というより、取り戻させた)のも、当時の西欧で最も数多い町を擁し、ギリシア・ローマの過去に最も身近であったイタリアであった。十六世紀には、イタリア半島以外では、ほとんどの都市は家並みも雰囲気も景観も気にしない無秩序なやり方で拡大を続けていた。このことは、一六〇〇年になっても、秩序もなければ美観も考えず、一〇万の住民が、モスクワと同様、木造住宅に住んでいたロンドンについても当てはまるし、パリも例外ではなかった。フェラーラではエステ伯エルコーレ一世（1431-1501）が大通り二本を十六メートルと十八メートルに広げていたのに対し、パリでは、一五〇七年から改修されたヌーヴ＝ノートル＝ダム街〔訳注・今日、前庭となっているところにあった〕に二十ピエ〔訳注・六メートル半〕の幅しか与えていない。

ルネサンス期のパリは、押し寄せる住民たちを乱雑に詰め込むだけで、全体像を変えるような施策はまったく行っていない。歴代フランス王たちは、現在のエティエンヌ・マルセル街とアンリ四世通りとボーマルシェ大通りに挟まれた、人の住んでいない一画を王宮建設用地にして、サン＝マルソー通り、サン＝メダール通り、サン＝ジャック通りを整備したが、そこには、都市計画といえる考え方は何もなかった。アンリ二世がサントノレ街とサン＝ジェルマン通りの整備計画をベラルマートに命じたことは本当である。しかし、このイタリア人建築家の立てたプロジェクトはすぐ破棄された。イノサン墓地の泉の建設、ピエール・レスコやジャン・グージョンのルーヴル宮殿の建設、チュイルリー宮殿でのフィリベール・ド・ロルムの仕事にもかかわらず、十六世紀のパリは、中世的経験主義から脱していない。パリで、ルネサンス精神が本当の意味で勝利するのは、十七世紀初めのポン＝ヌフの建設（計画されたのは一五七八年だが完成したのは一六〇六年）とドーフィネ広場、ロワイヤル広場をもってである。ロワイヤル広場の目的は、アンリ四世の表現によると、「家に閉じ込められている住民たちに散歩場を提供すること」にあった。

地方についてみると、ルーアンではたくさんの噴水が造られているのに対し、リヨンは衛生施設も美観も求めなかった。しかし、リヨンの成長は急速で、一五四二年の領事報告書によると、「職人の数でも家の数でも、一・五倍どころか五分の四増で、建物も日に日に増加している」。しかし、土地の分譲が無秩序に行われたため、一五五六―七年に古い墓地を整理して造成されたコルドリエ広場とジャコバン広場の形は、ひどく歪なものになった。一五五六年から一五六三年、この町を占領したアドレ〔訳注・プロテスタント軍の首領。残虐さで有名〕は、古い沼地の果樹園のなかに広場を造った。これがベルクール広場の起源であるが、本人の意図は練兵場のつもりであった。リヨンでは、十六世紀には美しい公共建築は一つとしてない。

これとは反対に、イタリアの影響を強く受けたアントワープでは、十六世紀初めから同世紀の七五年ごろまでの間に、空高く聳えるカテドラルの塔（1521-1530）、証券取引所（この分野ではヨーロッパで最初）、市庁舎（1561-1565）、そしてそれを取り巻く職業組合の本部など、堂々たるモニュメントが次々と建設された。同時に、市壁も建設され、十九世紀まで維持されることになるが、これは、間違いなくイタリア人建築家のプランによるものである。市内では、地元の建築家、ファン・スコーネベケが直線道路の走る幾何学的な新市街を建設した。その軸線となるブラッスール街には、二十五のビール醸造工場と、それらに水を供給する施設が配置されている。旧市街も整備され、市の中心街になった。最後に、市壁の外でも、かなりの土地を買収してマリヌ大通りが通され、その左右には別荘が建設されて、購入者は各自で自分の土地を樹木で囲むことを義務づけられた。

しかし、ルネサンス期にあっては、その繁栄ぶりでローマに比肩できる都市はない。質的にも量的にも、これほどの都市としての刷新を遂げた町は稀である。主なものを列挙してみよう。

――十六世紀じゅうに、少なくとも五十四の教会が建設あるいは改築された。そのなかで最大のものがサン・ピエトロ寺院である。

――約六十の宮殿が誕生。そのなかで世界最大級のものがヴァティカンで、これは基本的に十六世紀に建てられた。

——ローマの市内あるいは近郊にある二十の貴族の館は、十六世紀に遡り、その多くは本物の宮殿である。

——一五〇〇年から一六〇〇年までの間に、五万から七万に達する新住民が受け入れられた。

——二つの新しい区画が加わった。一つは、サン・ピエトロの新開地（borgo）であり、もう一つはポポロ広場の周辺である。さらに第三のそれが、サンタ・マリア・マジョーレ教会とトリニタ・デル・モンティ教会を結ぶ軸線上に造られ始めた。

——十六世紀じゅうに開通した新しい街路は三十を超える。シクストゥス五世時代（1585-1590）だけでも延長十キロに及ぶ。また、市内の街路の大部分が舗装された。

——古代に造られた三つの導水路が一五六五年から一六一二年までの間に修復され、その総延長は一〇八キロに達した。十六世紀末以後、ローマに供給される水の量は日に八万六三二〇立方メートルで、一六一二年には、パオラ水道（Aqua paola）の九万四一九〇立方メートルが加わる。一五七二年から十六世紀末までかかったヴェルジナ水道（Aqua vergina）の再開で、少なくとも三十五の噴水が利用できるようになった。

したがって、ローマは、ルネサンス末期には、新しい直線道路と堂々たるモニュメント、無料で供給される水、クィリナルやマッテイ荘、メディチ荘などすでにかなりの数にのぼっていた庭園のおかげで、ヨーロッパで最先端都市の観を呈した。一五九六年、ある若いドイツ人貴族は、故郷の父親に宛てた手紙のなかで「このきわめて美しい町は、世界の首都と呼ばれる資格を有しています」と書いている。

ルネサンスの時代、ヨーロッパの都市、とりわけイタリアの諸都市は「文明化の前衛」としての地位を獲得する。田園と都市は一つに結合され、都市がエンジン、田園がブレーキであるのが真実であるとすれば、エンジンが牽引することができるのは、都市が充分に重みと力を獲得し、その大きさと数々のモニュメントと仕組み、景観において目障りであるときだけである。そのとき、都市は、「野獣的で野蛮な人間を渇望し、それを山地や平地から奪って利用し、磨きをかけ、家々や街路、公共広場での生活に合うよう作り直す」（ブローデル）のである。

しかしながら、農民世界と都市的世界の間に全面的な断層があるとは思わないようにしよう。十六世紀のさなかでも、田園はまだ都市の城壁の内側深くにまで浸透していた。P・ラヴダンは、パリがフランソワ一世の時代も、多くの点からいって農民的集合体であったことを次のように指摘している。「この町のまわりの畑や牧草地だけでなく、城壁の内側でさえ、農民や葡萄作りの生活が営まれていた。サン＝ヴィクトール大修道院の入口では風車が回っていた。国王は、パリ市民にウサギと豚の飼育を禁じる勅令を何度も出さなければならなかった。フランソワ一世は、せめて鶏小屋は大目に見たのであった。」

一五七〇年（一五九〇年ともされる）、アーガによって画かれたロンドンの地図には、ウェストミンスター界隈は、家畜が放し飼いされている牧草地で、主婦たちが布地を乾かすために地面に広げている光景が描かれている。モンテーニュが一五八〇年から一五八一年にかけて訪れた十六世紀末のローマも、アウレリアヌスの市壁の内側の三分の二以上が空き地（vuid）であった。フォロ・ロマーノでは牛が放し飼いされ、豚が売られ、犂や軛が作られていた。シクストゥス五世のフレスコ画には、ローマの街路や広場で餌をあさる豚が画かれている。

9　城と庭園

　しかし、もっと興味深いのは、都市による田園に対する浸食であり、自然を馴化して都会化しようとする働きかけである。十四世紀のころまでパリ周辺に最も大きな土地を所有していたのは、相変わらず大修道院などの宗教機関であったが、すでにこのころには、それと並んでパリ市民のあるグループが土地所有者になりつつあった。といっても、事業家や商人たちではなく、「高等法院やノートル・ダム参事会のような国家と教会の中枢に席をもつ階層」（G・フルカン）である。パリは首都であるから、このようにして田園に侵入した都市的要素も、王に近い裕福で影響力をもつ人々であった。しかし、パリ周辺地での都市の浸食がとりわけ顕著になるのは一五六〇年以降である。このころから、「小集落（hameaux）の大虐殺」と「土地集め」の時代になる。これは、パリに限ったことではなく、ルネサンス末期のあらゆる大都市周辺で進行した現象である。

　ほかにも目新しいことがある。それは、農民の家々が姿を消し、そのあとに城館が建てられ、公園が整備されたことである。幾つかの村が一掃されることによって、自然は、より整然と、より都会的に作り替えられたのであった。そうした都会的な《庭園 jardins》では、文明の全体が花を開いた。《庭園》は、なにもルネサンス時代が発明したものではない。碁盤目状の整然たる庭園は、十三世紀の要塞都市や新設の町にも姿を現しており、一三〇五年には農学者のピエトロ・デ・クレシェンツィが推奨しているところであるが、それが、ルネサンス時代に各地に広まったのである。フランチェスコ・ディ・ジョルジオ、ブラマンテ、ヴィニョーラは、そうした碁盤目状の構成を基本にして、そのうえに遠近法を活かしたり、花壇を階段状にしたり、水路を巧みに配したり、さまざまな工夫を凝らした。ブラマンテは、ヴァティカンのベルデヴェーレのテラスを重層的にしただけでなく、宮殿の垂直の軸線に沿って花壇を配置している。ヴィニョーラは、ファルネーゼ家の別荘のカプラローラで正方形の庭園を二つ配置し、それぞれを小道によって四つの方形に分けた。ここには、都市計画の図式が適用されている。

幾何学的プランで造られたカプラローラの館。枢機卿ファルネーゼのためにサン・ガロが構想した。庭園はヴィニョーラによる

しかし、ルネサンス期の庭園の最高傑作といえば、やはり枢機卿イッポリト・デステのために十六世紀後半に整備されたティヴォリの別荘であろう。その構成は、多くの水路と次々と続くテラスが画く一幅の絵画のような眺望によって和らげられているものの、権威主義的性格を示し、視線は主門を入ったところにある糸杉の植え込みと幾つもの噴水、階段の連続によって宮殿の堂々たるファサードへと導かれていく。

これに較べて、ヴィランドリ〔訳注・フランスのトゥールの近く〕の庭園は、その幾何学性はより控え目で、野菜畑に場所をとっており、トゥーレーヌ地方の親しみ深い優しさを反映している。重層的に三つの回廊が設けられていて、それぞれに葡萄の木や菩提樹、クマシデのトンネルで覆われた散歩道が付けられ、全体として、近くのロマネスク様式の寺院やヴァル・ド・ロワールの特徴である中間色と釣り合いを採ることに成功している。しかし、そこに浮かび上がる絵柄はひどく学者的で、たしかに「愛の庭園」ではあるが、計算づくという印象がある。これをデザインしたのは、パリの建築技師、デュ・セルソーという人物である。

ルネサンスは、都市的文明を推進するとともに、田園の発見ももたらした。田園が長い間、恐怖の世界であったことは、十六世紀のフランドル絵画の幾つかの幻想的風景画のなかに、その雰囲気を残している。田園と河川、森の世界は真の静謐の発見には程遠く、イタリアの田園では、一五五九年になっても、武器を持った男たちが頻繁に動き回っていたし、ドイツの田園は、一五二五年には農民戦争で揺れ動き、プロヴァンスやシャンパーニュは神聖ローマ皇帝の軍勢によってひどく荒らされた。平和は、いわば小康状態でしかなかったが、次第に、その小康状態も長く続くようになる。町がより堅固になって《パックス・ウルバーナ pax urbana》というべきものがより広い地域を包摂するようになったことで、領主同士だの城同士の戦いは姿を消していったのである。都市文化が洗練の度を増すにつれて、芸術家も金持ちたちも、ゆとりと精神的自由をもって都市壁の外の世界の美しさを発見し、都会的贅沢をそこに移すようになる。

したがって、田園の多くの部分は、相変わらず人々の苦しみや日常生活の単調さ、農民独特の貧しさに覆われていても、ある部分ではエリートたちの文化とカネによって都市化し、「愛の庭園」やコンサート、噴水、妖精劇などといった花が咲き乱れた。そこから、文明の飛躍を画する一つの幅広い同時的現象が浮かびあがってくる。ルネ王からドナウ派〔訳注・レーゲンスブルクのアルトドルファーを中心とするドイツ絵画の一流派〕やデューラーを経てティツィアーノにいたる多くの芸術家たちによって風景が発見され、トゥール風タピスリーやブリュッセルのアトリエで作られたマクシミリアンの狩りのタピスリーが成功をおさめ、城は、軍事的様相を失って、より多くの光を採り入れ庭園の美しさを楽しむ楽園に変貌する。フィレンツェ、ローマ、ヴェネツィアの近郊には豪奢な別荘が連なり、イギリスの田園では、エリザベス一世様式の貴族たちの住まいが点々と造られた。約百五十年の間に起きたこれらの現象は、すべて互いに連関しているし、都市の台頭と連動している。

事実、ルネサンス時代の城館は、田園のなかに生まれた一つの町であった。ほんの一例を挙げると、シャンボール城では、千八百人もの人が働いていた。そのテラスの装飾は、建物本体の巨大さを忘れさせるほど込み入っている。幾つもの切り妻、天窓、八百にのぼる柱頭、三百六十五の暖炉、たくさんの尖塔と小鐘楼は、狭い街路をもつ一つの町を想起させる。装飾を施されたこの街路のなかでは、高さ三十二メートルの角灯が鐘楼のように聳え、貴婦人たちは、この空中都市からお祭りや騎馬試合を見物し、狩りに出かける男たちを見送り、獲物を持って帰ってくるのを迎えた。

シャンボール城

人々は、田園のなかでも都市での生活を続けたがったので、宮廷の移転（とくにフランスの宮廷のそれ）は、引っ越しという厄介な問題をたえず提起した。ブラントームが言っているように、「一つの村とか森のなかにいるのに、人々はパリにいるのと同じようにもてなされることを求めた」。そのためには、一万頭もの馬、ラバ、荷車、輿、銀の食器、タピスリー、家具、大勢の召使いたちを移動させなければならなかった。一五二八年、フランソワ一世が「今後は、パリとその周辺に常住する」との意志を表明した所以が納得される。彼は、ロワール河畔のシャンボールを捨ててイール・ド・フランスに二つの王宮を建てさせた。ブーローニュの森のマドリード城とフォンテーヌブロー城である。

しかしながら、十六世紀の大部分の間、フランスの宮廷はあちこち移動を続け、宗教戦争のときには、ロワールの谷にしばしば戻った。とはいえ、そうした巡回都市になっていた宮廷も、一つの抗いがたい進展によって固定化せざるをえなくなる。君主たちは移動し続けたとしても、国家は首都を必要とした。

10　首都の地位向上

ルネサンスの時代、とりわけ十六世紀には、いずれの国でも首都（パリ、ロンドン、モスクワ、コンスタンティノープル、マドリード）の地位が高まるのが見られる。コンスタンティノープルはメフメット二世によって占領されたとき（一四五三年）、住民の多くは去って人口一〇万ほどになり、一部は廃墟と化していた。歴代のスルタンたちは、これを蘇らせて活気を回復させると同時に、カイロに代わってコンスタンティノープルをイスラム世界の首都にしようと考え、小アジアのトルコ人やバルカン半島の非イスラム教徒、はてはコーカサス地方の人々、シリア人、エジプト人まで移住させた。スペインから逐われたムーア人、ユダヤ人たちもやってきた。その結果、一五三五年には住民は四〇万、その二十年後には、おそらく五〇万になった。

マドリードは、もともと乾燥地帯の真ん中に造られた古いアラブ人の砦の跡で、一五三〇年には住民四〇六〇人だったのが、スペインの中心にあるというだけの理由で一五六一年にフェリペ二世によって首都にすることが決められ、すぐ隣にエル・エスコリアル〔訳注・修道院兼宮殿〕の建設が始まってから、一五九六年には三万七五〇〇人になっている。フランスの場合、フランソワ一世の伝統を引き継いだ歴代の王たちによって、パリは次第に発展していった。アンリ四世以後、国王はパリに最も頻繁に住み、フォンテーヌブロー、サン＝ジェルマン＝アン＝レ、そしてやがて、ヴェルサイユに住むこととなる。

ルネサンス時代には、町は一つの大きな全体のなかに統合され、「国家＝都市」の破綻が明らかになったときも、成長を続けた。ガン、リューベック、ノヴゴロドの凋落は、都市共和国や都市公国の消滅と合致している。すでに十五世紀には、パドヴァ、ヴィチェンツァ、ヴェローナがヴェネツィアによって吸収され、ピサは一四〇六年にフィレンツェにより、「国家内国家」であったバルセロナは一四七二年にアラゴン王フアン二世によって、グラナダは一四九二年にスペインに併合され、ボローニャではユリウス二世が一五〇六年に勝利の入城式を行っている。ペルージアは、一五四〇年にパウルス三世の軍勢によって征服され、フェラーラは一五九八年に教皇領に組み入れられる。

最大の飛躍を運命づけられた町が広大な領域をもつ首都となる。この昇進は、その町にさまざまな利点をもたらしたが、そのおかげで、町自体は政府の監督下に置かれ、自治権を失う。コンスタンティノープルはスルタンの直接の権威のもとに置かれた。フランソワ一世は、パリの会計を抵当に借金をし、教皇たちはローマ市のそれを抵当に入れて借金した。西欧随一の都市であるローマ市の収入のうち、「都市の元老院と人民」が自由に使うことができたのは、全体のなかのごく一部でしかなかった。市の財政は国家（ローマの場合は教皇庁）のそれと実際は混然一体となっていた。こうして、国家は首都を併合したのだったが、それ以上に、首都が国家を併合するのである。

こんども、ローマという特定の例であるが、ローマ市は一五七〇年に完成した最初の導水路のために一二キロの彼方に水源を求めた。一五八九年に完成する導水路のためには三〇キロ、一六一二年の第三のそれのためには五〇キロ先に求めた。このように、次第に遠くへ広がっていることが意味深い。増大するローマの住民と毎年やってくる多くの巡礼たちを養うためには、近隣地域の収穫物では足りなかった。十六世紀後半には、政府はローマから離れているロマーニャとマルケ州（marche d'Ancône）をローマの穀倉と定め、穀物を国外に輸出することを禁じて、もっぱらローマのために用立てるよう命じなければならなかった。もっと広くいえば、十六世紀から十九世紀までの教皇領の歴史は、地方の州をローマの利益のために貧困化させていった歴史でもある。これは、極端な事例であるが、より広範な実態を理解するのを助けてくれる。

パリは、すでに十四世紀に、あるヴェネツィア人が「フランスの小売り店舗boutique」と表現しているように、その経済圏をボース、イール・ド・フランス、ブリ、ヴェクサンといった田園地帯に広げ、モー、エタンプ、ムランは、この大都市の需要に応えるための穀物市場となっていた。パリのブルジョワたちはワインの商売を独占し、「フランスの葡萄畑」を飛躍させた。十三世紀半ばから十六世紀初めまでのパリ地方の田園についてのG・フルカンの研究から、パリ周辺約五〇キロが、「経済活動でも社会構造でもパリの影響が刻印されている」いわばパリの《コンタードcontado》〔訳注・中世イタリア都市の支配下にあった周辺領地を指したイタリア語〕であったことが明らかになっている。しかし、ルネサンス時代には、このパリの威光はさらに広がっていた。

パリ高等法院（parlement）は、一四九九年に八十八人、その百年後には百八十八人の吏員を擁するまでになり、そこで出された判決はオーリヤック〔訳注・中央山地〕からフランドルとの国境にまで達する広大な領域に影響した。フランソワ一世のもとにおける《国庫Trésor de l'épargne》の創設で中央集権体制の萌芽を手に入れ、アンリ二世のもと王室評議会（conseil du roi）に国務大臣（secrétaires d'État）を設けることによって、フランス王制は国を統括する態勢を整えたが、それを運用するためには、各地を首都に結びつける任務を帯びた《担当親任官commissaires départis》が必要であったし、事実、彼らは絶えず中央から各地へ出かけていった。とはいえ、フランスの官僚制度は、十六世紀末になっても、フェリペ二世のスペインやシクストゥス五世の教皇庁に較べてひどく遅れをとっていた。

スペインでもローマでも、慎重で躊躇いがちで文書好きな王は、つねに秘書官たちに囲まれていただけでなく、物事を決定するにあたっては、さまざまな部署に審議をさせた。スペイン(ということは神聖ローマ帝国でもあった)の国家評議会(Consejo de Estado)は、帝国全体に関わる問題や外交の基本問題については、カスティリヤ、アラゴン、イタリア、インド〔訳注・ただし、これは新大陸のこと〕などの評議会と連動し、戦争評議会、異端審問委員会、騎士団評議会、財政および経済評議会(Hacienda)などの審議を集約していた。これらの評議会の下には、さらに司法と行政に関わる六つの部局があって、一つのヒエラルキーを形成していた。

ローマの場合も、国家と宗教を統治するうえで、シクストゥス五世の時代、それまでの三つの伝統的な裁判所(贖罪 Pénitence・署名 Signature・最高法院 Rote)と四つの行政機関(尚書院 Chancellerie・庶務局 Daterie・伝道院 Chambre apostolique・国務院 Sécretairerie d'État)に、枢機卿と専門家で構成される十七の委員会が加えられた。そのうち十一は宗教問題に関わるもので、六つが世俗的分野(食料などの供給、艦隊の統括、収税、公共事業、ローマ大学担当、民事および刑事訴訟の再審)に関わった。

スペインで、君主の威光を宣揚するためと、官僚制的必要性から建設されたのがエル・エスコリアル宮殿であった。建設に一五六三年から一五八四年までかかったこの宮殿は、修道院と王室墓所も兼ね、広さが三万三一七〇平方メートル、なかには教会堂一つと庭園十六があり、二千七百の窓をそなえた壮大な建築である。しかし、それをはるかに凌駕するのが、十六世紀末から建設が始まったヴァティカン宮殿である。これは、二つの集会所(casinos)、二十五の中庭、十五の大広間、二百二十八の広間、全部で一万一五〇〇の部屋から成り、庭園を別にしても五万五〇〇〇平方メートル、庭園を含めると一〇万七〇〇〇平方メートルの広さになる。

こうしたルネサンスの宮殿建築様式から、やがてフランスではヴェルサイユが生み出されるのであるが、フランス王政は、十六世紀には、セーヌのほとりに新しいルーヴルとチュイルリーという王宮を建てていた（これらはアンリ四世によって結合される）。

あまりにも豪華な宮殿や魅力的すぎる首都は、一つの危険を秘めている。古典主義時代のヨーロッパの絶対君主たちは、そのような金ぴか宮殿を造ることによって、この牢獄からますます逃れられなくなり、自身の国や人民との接触を失っていく。しかし、宮廷の祭で頂点に達する都市生活の輝きは、少なくとも大貴族を惹きつける利点をもっており、大貴族たちは、ルネサンス期には、かつての軍事的で田舎くさい生活を次第に捨てる。これは非常に重大な現象で、ローマでは、かつては好戦的封建領主であったオルシーニ家やコロンナ家が《教皇座の平和的補佐役》となり、ローマは教皇の近くに住まいたいと願う新旧の貴族や金持ちたちの邸宅で溢れた。

パリでは、十六世紀にサン＝ジェルマン通りとサントノレ通りが、ルーヴルとチュイルリーに隣接していることから貴族の住宅区域として発展を遂げた。スペインでは、一五四五年には、スペインの宮廷があったまだ新しいヴァリャドリードで、貴族たちが建てさせた真新しい豪華な家々を嘆賞することができたが、一五六一年にフェリペ二世がマドリードを首都に定めると、貴族たちも、マドリードへの移転を余儀なくされた。「貴族たちは宮廷（La Corte）で繰り広げられるスペクタクルとマヨール広場での闘牛というお祭り騒ぎに明け暮れる。……マドリードに住まいを構え、この町の豪奢さとその風習――街をそぞろ歩き、夜の生活を楽しむこと――に順応する」（ブローデル）。

君主の監視のもとで、貴族たちはその危険性を減じていった。しかし、彼らをさらに危険でなくしたのは、この町に住むためにかかる出費であった。宮殿のような家を建て、文芸庇護者を気取り、宮廷の祭に参加し、娘たちに充分な持参金を持たせ、さらに、さまざまな事業にカネを惜しまない（カトリック革命の時代には、これは一つの流行になっていた）、豪勢な四輪馬車を走らせる……こうしたことは、君主の特別の寵愛がなければ財政的にできることではなかった。君主だけが手当金を与え、債務を帳消しにし、大貴族としての身分を保てるようにしてくれる力をもっていた。

アンシャン・レジーム下では、都市への集中が、必ずしも絶対君主制を生み出すものでなかったことは、イギリスやオランダの例で証明されているところである。しかし、《首都》というものの興隆と大貴族の移住がなければ、絶対王制が勝利を手にすることはできなかったであろう。

第九章　社会的流動性——貧富の問題

1　水平的流動性

ユマニスムの時代は、民族的個別性の台頭と国同士の交流の増大という、一見相反する西欧文明の二面性が明確化した時代である。芸術と文化の領域でのその多様な相互浸透を裏づける証拠は枚挙にいとまがない。十五世紀から十六世紀にかけて活躍したイタリア人の建築家、彫刻家、画家の仕事場は、ロンドンからプラハ、クラクフを経てモスクワにいたるまで、ヨーロッパ全体にわたった。他方、フランドル人の音楽家は、その多声様式をフランス、イギリス、ドイツ、イタリアに広めた。エラスムスは、あまり移動好きではなかったが、それでも、ケンブリッジからローマまで、西ヨーロッパ各地を転々としている。コペルニクスは、勉学のためと教えるために、二度イタリアへ旅している。

一五〇三年から一六〇五年までの間、ローマでは芸術家やさまざまな専門家一六七人が仕事をしているが、そのうち六九人はトスカーナから来た人々であり、九三人はポー川流域以北のイタリアから来た人たち、二四人はアンコーナとウンブリア地方の出身、七人は南イタリアとシチリア、四三人がこんにちのベルギーとオランダ、一〇人が現在のフランス、四人がその他の国から来た人々であった。ローマ生まれはたった一七人で、そのなかで有名なのは、ジュリオ・ロマーノただ一人である。

そうした水平的移動のなかで特殊なケースがある。フランシスコ・ザヴィエルは広東で亡くなり、カモンイス〔訳注・ポルトガルの国民詩人。1524-1580〕はマカオで生活した。セルヴァンテスはレパント〔訳注・ギリシア西部。トルコとの海戦が行われた〕で負傷した。しかし、スペイン人やポルトガル人は、大西洋を渡ってアメリカに住んだ人も少なくない。アメリカには、一六〇〇年にはすでに一四万を超える白人がいた。

ヨーロッパのなかでは、つつましい階層の人も私たちが想像する以上に大規模な移動をしている。一五七五年の聖年（année sainte）には四〇万を超える巡礼が《永遠の都》に押し寄せ、一六〇〇年には六〇万人が訪れている。ローマでは、こうした聖年以外でも訪れる人が増え続けたので、接客機関（hôtelière）が作られた。一五一七年の資料（残念ながら不完全であるが）によると、ローマではホテル、宿屋、居酒屋が一七一を数え、一五二六年には二三六に増えている。住民数との比率でいうと、ローマの場合、住民二三三人に一つの宿泊施設があったことになり、これは、一五五三年のコモが住民五〇〇人につき一つ、ミラノでは一五八七年、一一〇〇人について一つ、フィレンツェは一五六一年、一四八八人について一つであったのを大きく上回っている。

こうした臨時的な移動よりももっと興味深いのは、各地の大都市への無名の大衆の移住である。やはりローマについてみると、劫掠直前の一五二六－七年の人口調査では、定住人口五万三八九七人のうち一七五〇人がイスラエル人であった。また、写字生三四九五人のキリスト教徒について出身地が示されているが、もともとのローマっ子または近郊出身者は全体のわずか一六・四〇％であるのに対し、それ以外のイタリア人が六三・六〇％、イタリア以外の人が二〇％である。この人口比率は、そのままローマ市民全体に広げられるだろうか？　この仮説は、当時の最もコスモポリタンなローマのことであり、非常に国際的であったアントワープが、一五六八年、住民一〇万四九八一人のうち外国人一万五〇〇〇（一四・四〇％）を数えたことを考えると、ありえないことではない。

しかしながら、そのローマも、十六世紀を通じて、人口増加につれて、イタリア化していったことも確かである。家畜飼育の大規模化のために近くの田園を逐われた農民たちが、移り住んでローマ化したということもありうる。事実、ルネサンス期において、度重なる伝染病のために生じた都市人口の高い死亡率を考えると、農村人口を減らさないでヨーロッパの諸都市が大きくなれたはずがない。したがって、村々の人口の流動性も、想像以上に大きかったに違いない。

十七世紀初めのイギリスの二つの村について行われた調査では、新生児の五〇％から六〇％が十歳になる前にいなくなっている。そのうち二〇％が死亡によるものだとすると、三〇から四〇％は移動によるものになる。新しく開墾された辺地への移住、土地の売買や結婚、また養子縁組による移動、さらに、近くの城へ従僕や召使い女として雇われるために土地を離れた例など、すべてがそれに関わっているし、町とその労働市場の吸引力はさらに大きかった。

いずれにせよ、一五〇〇年ごろのロンドンは、人口六万で、イングランドおよびウェールズの全人口の約二％であったのが、一六〇〇年には二二万五〇〇〇人で五％になっている。ノリッチ、ニューキャッスル、ヨーク、ブリストルといった町は、十六世紀に人口が二倍から三倍に増え、それぞれ約五〇〇〇だったのが一万二〇〇〇あるいは一万五〇〇〇になっている。

ところで、町はしばしばペストのために荒廃した。一六〇三年にペスト禍に襲われたロンドンは、住民の一五％が亡くなった。この空白を埋めることが必要になって、少なくとも一時的に人々を移住させることで補強が行われた。こうして新しくやってきた人々のおかげでこの町は急速に大きくなったことが、ロンドンの職業組合を対象にした調査によって明らかになっている。十五世紀末、これらの職業組合のうち二つでは、奉公人の半分近くが北部イングランドから来た人々であった。一五三五年から一五五三年までの間、ロンドン市民権を得た奉公人の五〇%が、ボーンマス〔訳注・イギリス海峡に臨む南部の町〕とセヴァーン川〔訳注・ウェールズ中部から北東へ流れ、イングランド西部を南下してブリストル湾に注ぐ川〕とトレント川〔訳注・ハンバー川に注ぐイングランド中部の川〕を結ぶ線の西と北の地域からやってきている。

2　垂直方向の移動

この水平的で身体的な移動は、垂直方向のヒエラルキー上の移動とどの程度重なっているだろうか？たしかに、人々は、ささやかでも社会的上昇を実現できると期待して田舎から都会へ移住したのだったが、それは、どれくらい成功したか？　貧しい人々の群が膨大であることは変わらなかった。しかし、幾つかの可能性が、当初の状況から脱するチャンスをもたらした。それは、教会人になること、資産家になること、商業や公務に関わること、植民地に移住することであった。

ルネサンス時代が、レオナルド・ダ・ヴィンチやエラスムス、ミケランジェロなど、生まれによっては幸せを約束されそうにない人々の驚くべき個々の成功で際立っていることは確かである。幾つかの家族がめざましい台頭を見せる一方で、幾つかの家族は急速に凋落している。そのため、広範な富の再配分が生じた。これほどの新しい富裕者が出たことは、かつてなかった。銀行家のメディチ家はトスカーナの大貴族となり、フランス王家と姻戚関係を結ぶまでになった。ヤコブ・フッガーはアウクスブルクの中流ブルジョワの出でありながら、一五一九年には皇帝選挙の調停者となり、選帝侯になってドイツの大貴族に仲間入りした。ヴェルサー家の一女性は、皇帝フェルディナント一世と結婚した。これらは、もっと全般的な現象の目立った例証でしかない。

印刷業に携わった教養ある人々は、羨まれるべき社会的立場を自身にも子孫にももたらした。たとえばエティエンヌ〔訳注・十五世紀から十六世紀にかけてパリで印刷業を営んだ〕やプランタン＝モレトゥス家もそうである。一五四〇年にカンで本の装丁の仕事を修得したクリストフ・プランタンは、十年後、アントワープ市民となり、一五六三年から一五六八年までの五年間に二六〇種の本を出し、その数年後には、有名な『ビブリア・レージア Biblia regia』〔訳注・『王室聖書』と呼ばれ、ラテン語、ギリシア語、ヘブライ語、シリア語の四か国語テキストを収める〕を刊行している。一五七六年、彼は十六台の印刷機を擁し、三十四年間で一千五百作品を世に出した。その印刷所を引き継いだ娘婿のモレトゥスの子孫は、十九世紀まで印刷業を続けた。

プランタンのような中流階層は、都市人口が増大するなかで、ルネサンス期を通じて増えていった。ある程度の規模の町には、たくさんの職人、小売り店主（boutiquiers）、小売商（regrattiers）、町役人、公証人、仲買人、医者、薬剤師、聖職者（clercs）がいた。すでにルイ十一世（1461-1483）の時代、パリの職人と商人は六十一の《バニエール bannières》（組合旗）あるいは《コンパニー compagnies》（団体）に分類されていた。ローマでは、一五二六年、住民八一五人につき医者が一人いた。この同じ町で、一六二二年の調査によると、職人の親方は六六〇九人、奉公人は一万七五八四人を数えた。十五、六世紀のイタリアとフランドルの都市で前例のない芸術の発展が見られたのは、知識もあれば腕もある彼らの仕事のおかげであり、さらに、市民にある水準の教育、本物の文化が普及していたおかげであって、もし、そうした芸術家とその芸術家を評価できる公衆がいなかったら、ありえないことであった。それを供給したのが中間階層であった。

イタリアとフランドルのブルジョワたちは、おそらく王侯たちより早くから美的・知的価値に対する感受性をもっていた。君主たちが文芸の庇護者になったのは、そうしたブルジョワたちが形成した世論の支えがあったからであり、世論の支持は次第に政治的にも必要条件となっていった。君主や貴族たち（貴族階級はブルジョワからやってくる新しい要素によって絶えず刷新された）が社会の底辺からもたらされる教訓を理解し、本格的に文化の道に参画していったのは、ルネサンスの時代である。彼らは、カネの力に助けられて詩人たちに栄誉を付与し、芸術家たちに仕事を注文し、自分の宮廷に招き寄せた。

それが、ヨーロッパにボッカチョ、マキアヴェリ、エラスムス、ラブレー、シェイクスピアと言った最も優れた著作家、フーケ、ファン・エイク、ダ・ヴィンチ、ミケランジェロ、パレストリーナといった最もすばらしい芸術家、クリストファー・コロンブス、ジャック・カルティエといった偉大な地理的発見者たち、そしてルター、カルヴァン、ツヴィングリといった並外れた宗教改革者たちを生み出したのであった。しかし、彼らを生み出した中間層は、自らを一つの社会的階層として確定するにはいたらず、むしろ、彼らを動かしたのは、「中間層として留まるまい」という一つの欲望であった。

これには、一つの重大な理由がある。パリのエティエンヌ・マルセルやフィレンツェの《アルテヴェルデ Arteveld e》のブルジョワの反乱が失敗した決定的理由は、当時のヨーロッパの町は、いずれもそれほど大きくなく、反乱を成就するに充分な数が足りなかったことにある。いずれにせよ、ブルジョワジーは、本質的に一つの通過点あるいは、さらにいえば「絶えず再編される一つの世界」（R・ブートリューシュ）であった。したがって、ルネサンスは従前の社会構造を追認したのであり、むしろ幸運によって貴族社会に入ることを渇望する人々を容認することによって、旧来の社会構造を強化さえしたのである。

おそらく、貴族たちは、その適応原理によって、騎士的伝統とは別の価値――町への偏愛、自己教育の欲求など――の選択も次第に受け入れ、他方のブルジョワから成り上がった人々は、その見返りに、外見への欲求、土地資産への執着や労働を軽視する気風、金利生活者的心情といった貴族的価値観を同化していった。しかし、「十六世紀には社会的価値の転覆が起きた」とするH・ハウザーの説は支持することができない。むしろ、「ブルジョワジーが貴族化したほど、貴族はブルジョワ化しなかった」と結論すべきであろう。いずれにせよ、その原因は、貴族階級が開放的なままであったのに対し、ブルジョワ世界は階級意識を獲得するにいたらなかったことにある。フランスのような国でブルジョワジーが自身を自覚するのは、十七世紀末から十八世紀、商人や法律家、役人たちが俗人としての最高位に入るのを貴族階級が妨げようとするにいたってからである。

貴族の入れ替わりは、ヨーロッパでは、十四世紀から十六世紀にかけて跡づけることができる。トゥールーズのイサルギエ家やリヨンのジョサール家、リールのフレモー家の社会的上昇について調べると、そこには、上を目指したブルジョワの家系に共通するプロセスが見出される。こうしたトゥールーズの両替商、リヨンの織物商、リールのワイン商人たちは、その都市の助役になり、ついで市政から離れて君主たちの経済的支援者（ということは債権者）や助言者になり、領地を買い取り、貴族たちと姻戚になり、ついには、自ら貴族になった。一四七〇年、ルイ十一世は、一つの重要な決定をした。領地を所有している人を貴族の有資格者として認めることにしたのである。こうして、《法服貴族 noblesse de robe》の黄金時代が到来する。その後、何世紀か経つうちに、さまざまな職務の人が社会の上層部を占めていった。

しかし、新旧を問わず貴族が当初の活力を涸渇させていったことは本当である。彼らは、戦争による出費や政治的変動による突然の立場の変化や貧困化を免れなかった。十四世紀に突如台頭したイサルギエ家とジョサール家は、十六世紀初めには資産を使い果たして借金苦に陥り、消滅していった。十六世紀に起きた物価の高騰は、現物収入のある人々には有利に働いたが、現金収入に頼る人々には不利に作用した。イタリア戦争は、フランスとイタリアの多くの領主たちにとって、得るものより失うものが多く、破滅的であった。また、宗教戦争の間対立し合ったいずれの陣営のフランス旧貴族にも見られる異常なほどの好戦熱は、その前の半世紀の間にイタリア戦争で失った資産を、このチャンスに取り戻そうとする欲求によって部分的であれ説明できないだろうか?

一五二二年のドイツ騎士戦争〔訳注・シュヴァーベン・ライン騎士団がトリエル大司教を相手に起こした戦争〕と同じく、すべては、階級的没落のなかでなんとか生き残ろうとしたのが、その主たる原因である。イギリスでは、十五世紀末、チューダー王朝になると、それまで地方では全能であった軍事的大貴族が姿を消していく。スタフォード、コートネー、ポール、パーシー、ハワードといった多くの名門貴族が、この新しい王朝を危うくさせる可能性をもっていることで、情け容赦なく絶滅させられ、その後釜として、王家に忠実な小貴族やトマス・クロムウェルだのセシル家といった低い身分の人々が寵愛された。修道院の資産は没収され貴族領地(pairie)として配分されたことで、イギリス貴族の刷新が進められた。一五五九年に存在した貴族領地六一のうち二六は、一五二九年以後に創設されたものである。

一五六九年に挫折した北部旧教徒貴族の反乱は、貴族の新旧交代を加速しただけであった。調査の結果、一つの激しい運動が起きたが、その後は沈静化したことが分かっている。R・H・トーニーは、一五六一年から一六四〇年までの間に、一〇の伯爵領で、城の三分の一の持ち主が、少なくとも四十年に一度は売買によって代わったとしている。反対に、一六四〇年に土地資産を所有していた名家六二は、半分以上が一八七八年になっても同じ資産を保有している。そこから、十六世紀後半から十七世紀前半にかけての時代は垂直方向の流動性が特徴であり、その後の古典主義時代は、獲得された地位の相対的安定性が特徴であることが明らかになる。

こうして、ルネサンス期を経て、イギリスでもヴェネツィアでも、スペインでもドイツでも、ハンザ同盟や都市ブルジョワジーによって転覆された貴族階級が一つの安定期に達した。貴族階級は、不釣り合いな結婚の繰り返しによって新しくなったり、権力に参画することによって上昇したり、君主たちによる侯爵や伯爵、従士の称号の安売りが行われて若返ったりしたが、そのために根底的・社会的実体は、何一つ奪われはしなかった。——すなわち、ルネサンスは、何一つブルジョワに勝利をもたらすことはなく、むしろ逆に、伝統的ヒエラルキーを固定化しただけであった。

フランス王制が貴族たちとの対決においてブルジョワジーに支えられたというのは、言い過ぎである。現実ははるかに複雑で、絶対君主たちは、王座を取り巻く大貴族を排除しようと考えたわけではなく、ただ、ブルジョワの最も顕著な家門と手を結び、彼らを大臣などに取り立て利用したに過ぎなかった。結局、十六世紀以後、王政は貴族とは離れられないと判断し、二百年後には、その囚人として終わるのである。

3 貧富の差の拡大

ブルジョワは基本的に都会的で、民衆と貴族の中間的立場であるにもかかわらず、ルネサンス期を研究する者を驚かせるのは彼らの収入の幅の大きさである。これが、この中間層の階級意識の形成を決定的に妨げたことは明白である。

アウクスブルクでは、一四九八年以後の一四三人の高額納税者リストが遺されているが、その筆頭者は、最後尾の人の約二十倍の収入があった。そうした格差は、十六世紀じゅうにさらに拡大し、裕福な人はますます裕福に、貧しい人はますます貧しくなっている。後者を苦しめたのは、物価の高騰と増税の圧力であった。その反対に、裕福な人々は、事業の拡大によって収入が増え、しかも、先見の明のある《商人》たちは、儲けの元を土地に切り換えていた。事実、大地主たちは農産物の価格高騰でますます有利になり、貧しい農民たちは債務を現物で返済させられたり賃貸契約の厳格化でますます苦しめられた。しかも、値上がり幅は、穀物や肉、ワインのほうが、木材や鉄、織物の原料といった一次産品や加工品のそれよりもずっと大きく、このねじれは職人たちに不利に作用した。

結局、一般的に、給与は物価ほど早く上がらない。この点についての調査はまだ不完全なままであるが、この規範は十六世紀にも全体としてあてはまり、労働者たちの報酬は向上しなかったようである。そこから、都会と田舎を問わず、労働者たちの境遇が全般的に低下したのに対し、大商社や特権的家族は大規模な土地取得によって、莫大な資産を形成することができた。ヤコブ・フッガーが一五二五年に死んだとき、彼と共同経営者であった甥が有していた資本金は、すべての債務を差し引いても、総額一六〇万二三一九フローリンに達していた。L・シックは、もしフッガー家がそのカネを通常の利率で運用していたら、約一〇万フローリンの年収になっていただろうと計算している。そのときの経営責任者五人に頭割りすると、年に二万フローリンで、これは、一般労働者の年収約一万フローリンの千三百倍、熟練労働者の場合の三三フローリンの六百五十倍に相当する。

十六世紀末のローマでも同様の格差があったことが判明している。パウルス三世の甥で、一五三四年、十四歳で枢機卿になり、一五八九年に亡くなったアレッサンドロ・ファルネーゼが、その晩年に得ていた収入は、約一二万エキュであった。同じころローマのパン焼き職人の年収は四二エキュで、現物で支給されていた分も加えると約八〇エキュになるが、それでも枢機卿は千五百倍の高収入を得ていたことになる。スペインから挙げるケースでは、飼っている羊の頭数になるが、大規模飼育業者と零細飼育者とでは、上に挙げたのに劣らない差がある。一五六一年のある裁判記録によると、飼育業者の組合の六七%を百頭以下の飼育業者が占めていたのに対し、一千頭以上を飼育している業者は一一%に過ぎなかった。

エスコリアル修道院は、羊毛用の羊を四万頭、セゴビアに近いサンタ・マリア・デ・パウラル修道院は三万頭、インファンタド公は二万頭を所有していた。十四世紀から十六世紀にカスティリヤ貴族とスペイン大公たち（grands d'Espagne）が強大な力を形成したのは、再征服されたアンダルシアの土地の配分とペドロ残忍王（在位1350-1369）に対するトラスタマラ伯エンリケ二世（在位1369-1379）の内戦の展開、羊毛取引の急速な発展、そして、長子相続権に対する法律的知識によってであった。十五世紀末には、ソトマヨールのドン・エンリケは五千平方キロを支配下に置き、ピアチェンツァ伯になったエストゥニガ家はエストレマドゥーラ〔訳注・スペイン中西部〕の半分を所有していた。

新旧を問わず、金持ちたちは貧しい人々に対し残忍であった。この苛酷さは、とくに西欧文明の辺境であるエルベ以東やアメリカで際立っている。一四九〇年から一五二〇年まで、ポーランドの貴族たちは国王の了解のもと、農民たちに対する支配権を強化し、農民たちを耕作地に固定化。裁判でも領主が農民を代弁し、農村共同体の資産を自分のものにし、しかも、貴族たちは納税義務を免除された。ロシアでは、イワン三世以後、君主たちは平民出身の官僚たちを貴族に取り立てて古くからの貴族と同列化した。しかも、新しい貴族たちを惹きつけるために、かつては自由民だったのに今や農奴として畑に縛りつけられている農民たちを付けて土地を与えた。もともと自由であった農民たちも、貨幣経済の発展につれて現金納付になったことから納税負担が重くなり、領主たちから借金せざるをえなくなり、その結果、自由を失い、新しい土地が広がる東方へ逃げないかぎり農奴にされていった。

アメリカでは、入植者たちは広大な土地を手に入れた。かつてはしがない小貴族であったコルテスはバリェ Valle 侯に任ぜられ、メキシコで広大な農園を経営してインディゴ、砂糖黍、桑を栽培し、養蚕を行いメリノ種の羊を飼育して、クエルナバカに宮殿を建てた。メキシコでもペルーでも、農民の共同体から土地を強奪した、《ハシェンダード hacendado》〔訳注・農場主〕たちは、奴隷だけでなく、法律上は自由民である《ピーオン péons》〔訳注・作男〕たちをも借金で農場に縛りつけて労働を強制し、裁判にさえかけた。これらは極端なケースであるが、歴史家は、それらから、西欧の中心部でも、同様のやり方が行われていたのではないかと疑いたくなる。

ところで、ルネサンス期の西欧では、旧貴族よりも新しい金持ちたちが農民たちに対して苛酷で、がめつい《領主的対応 réaction seigneuriale》を見せたことが確かである。ローマ平野では、一五六〇年から一五八〇年にかけ、新興地主たちと農民共同体との間で頻繁に確執が起きる。地主たちが、農民共同体から代表を選ぶ権利も契約書も奪い取り、共同使用地を自分の土地に併合して葡萄畑にしようとしたためである。争いは裁判所に持ち込まれたが、結果は農民たちの敗訴で終わった。

十六世紀のスペイン貴族による土地の買い戻し、一五六〇年以後パリ地方で始まる農地の整理統合、ポワトゥー、ロンバルディア、フランシュ＝コンテなど各地で見られる地代（rentes féocales）の改定と重圧化――、これらにイタリアでの農民の強制立ち退きや、イングランドにおける《エンクロージャー》と同様スペインにおける《メセタ》の羊の移動による農民への被害などを加味して考えると、ルネサンス末期の農民の境遇は明らかに悪化している。

4　金持ちの世界と貧しい人々の世界

こうした都会と田舎を問わない、貧富の格差の拡大を示す無数の事実は、一つの長い進展の明白な結果に他ならない。それを象徴的に表しているのが、中庭を中心にし外に対して閉じられた様式の王侯の城館や気晴らし用別荘の建設である。これは、結果として王侯たちと民衆の間の距離を大きくした。両者が出会うチャンスはますます稀となる。

たしかに、フランドルやフランス、イタリアで行われた王侯たちの「華やかな凱旋入城式」やカーニバルの楽しげな催し、トスカーナ大公やヴァロワ朝の王たちの結婚式では、街じゅうが飾り立てられて行列行進が行われ、町をあげてのお祭りとなった。しかし、それを描くことを委嘱された芸術家たちが採り上げるテーマは、次第に民衆には縁遠い神話にモチーフを借りたものとなる。詩人も音楽家も、この日の主人公たちを宣揚するためには、学者的で洗練された美学に訴えるようになる。ヴァロワの宮廷のスペクタクルと豪華さを描いたウフィツィのタピスリーは、城の庭でのダンスや水辺の祭などでの楽しみを私たちに呼び覚ますが、そこには民衆の姿はない。

ローマでも、十六世紀の後半、貧しい人々と金持ちたちの距離が急速に広がっていく。一五四九年、枢機卿のデュ・ベレーはアンリ二世の二番目の息子の誕生を祝うためにサンタポストロ（SS.Apostli）の広場で盛大な見世物を行わせたが、このとき枢機卿のお供をしていたラブレーの言によると、この広場が選ばれたのは「ローマで最も美しく、広かったから」で、多くの市民たちは、屋根の上にのぼって、ニンフが閉じ込められている砦を荒くれ男たちが模擬的に攻撃するスペクタクルを見ることができた。一五六五年、ブラマンテの造ったベルデヴェーレの庭でオルテンシア・ボロメオの結婚祝いのために催された騎馬試合には、野次馬たちも入ることができたが、いくつかのトラブルが生じ、これ以後は、騎馬槍試合は頻繁に行われるものの観衆は限定されるようになる。

一五八一年にモンテーニュがローマで目撃したそれは、夜に行われ、観衆は貴族たちに限られた。一六〇三年には、銀行家のティベリオ・セウリが娘をオルシーニ家の息子に嫁がせた記念に、「多くの枢機卿、大使、貴婦人たちの列席のもと」その邸の前で騎馬試合が開催されたが、周辺の街路は封鎖され、ローマの民衆は、このスペクタクルを見物することを許されなかった。一六〇〇年、枢機卿アルドブランディーニがナポリ副王のために催した祝宴では、会食者は入口のところで招待状（bolletino）を提示しなければならなかった。

こうした移り変わりは、ローマだけに限ったことではなかった。フランスのナンシーでは、一六〇六年、ロレーヌ公アンリとマルグリット・ド・ゴンザーガの結婚のとき、町の大通りは二層の柱廊と大きな凱旋門で飾られて、公女の壮麗な入城式が行われた。しかし、貴族たちにとって最も大きな楽しみである騎馬試合や舞踏会は民衆の見えないところで行われた。騎馬試合には、選ばれたブルジョワの代表も参加できたが、舞踏会は厳密に宮廷で行われた。貴族たちの気晴らしは、カーニバルの手法を採り入れる傾向を見せ、「凱旋戦車の形をした機械」が登場した。この様子をロレーヌ公に仕えた画家ベランジュ（1575-1617）が描いた絵には、クピドー Cupidon〔訳注・ギリシア神話のエロスのローマ名〕と十二女神が描かれ、庶民とは懸け離れた祭事になっている。ヨーロッパのいたるところで、とりわけアンリ三世以後のフランスで、貴族たちの祭では、屋外での騎馬試合のあと、舞踏会や演劇は室内で催されるようになり、宮廷と民衆の間の接触はなくなっていった。

十六世紀末のイタリアでは、豪華な有蓋馬車を一台でも持っていることが裕福な人々の見栄になった。当時の田園は道路事情が悪く、実際には馬車は街のなかでしか使えなかったから、宮殿の中庭とともに、これも、貧しい人々と金持ちを隔てることに寄与した。こうした特権階級の日常生活からの後退は、ときとして驚くべき結果をもたらした。ローマやヴェネツィアのような町（イタリアでは、この二つの町だけが、女性が数で男性より勝っていた）は、ルネサンス期を通して「売春」という病毒を抱えていた。これに対しては、トリエント公会議以後の教皇たち――たとえばイグナティウス・ロヨラのような人はそれより早くから――は、売春婦たちを減らし、また、特定の区域に閉じ込めるよう努力をした。ピウス五世（1566-1572）は、彼女たちをローマから逐い出そうとさえした。その結果、一六〇〇年には、レオ十世（1513-1521）やクレメンス七世（1523-1534）の時代に較べると減ったことは確かである。一五九九年から一六〇五年の調査によって、当時、ローマでは女性千人のうち十七人が売春婦であったことが分かっている。しかし、ここで私たちにとって大事なことは、彼女たちがますます社会的に低い位置に追いやられていったことである。十六世紀前半には、フィアメッタ、インペリア、トゥリア・ダラゴン、イザベル・ド・ルナといった高級娼婦たちは、貴族の食卓に招かれていた。十六世紀後半には、そうしたことはなくなり、それまでは「店の奥の部屋」の《ろうそくの娼婦 courtisannes à la chandelle》に対峙された《高級娼婦 courtisannes honnêtes》は姿を消し、売春婦が有蓋馬車に乗ることも禁じられた。これは、ますます進む貴族の孤立化のため、俗人にあっては許されていた罪の見せびらかしも拒絶され、町のある定まった部分に限定されるようになったということである。

このように、邪悪な生活に陥った女性たちをある区域に閉じ込めて隔離するやり方は、ユダヤ人たちを《ゲットー》に隔離しようとしたことと相俟って、道徳的・宗教的・社会的区別を空間的につけようとする精神の一つの表れにすぎない。この点で示唆的なのがレオナルドの考えた二階建ての理想都市である。この計画によると、「上層階の道は荷車やそれに準ずる乗り物は通ってはならない。そこを使うことのできるのは高貴な人間だけで、荷馬車や庶民用の運送車は下層階の道を通る」のである。要するに、「空気と光、静謐は金持ちに、低い階と騒音は貧しい人々に」というのがこのレオナルドのプランで、それが一世紀を隔てて部分的に現実化したことは逆説的だろうか？

というのは、十六世紀末、ローマ教皇たちは、サンタ＝マリア＝マジョーレ教会と現在のスペイン広場を結ぶ山の手地区の発展に力を注いだが、これは、人口過密でしばしば洪水に脅かされた低地地域（カンポ・マルツィオ Champ-de-Mars 地区）を下層民の区域として差別するためであった。事実、クィリナリス宮殿を気に入って住んだ教皇たちに倣って、この高台地区には貴族階層が移住し、高級住宅地となっていった。ルネサンス期のパリで金持ちたちが、丘の上ではなく低地のサン＝ジェルマン通りとサン＝トノレ通りに住んだのは、王宮に近かったからである。

このような隔離主義の背後には、手作業を蔑視する考え方が隠れていた。そうした労働蔑視はルネサンス期を通じて加速し、これにはロンサールも与っていた。リヨンでは、クロード・ド・ルビが肉屋や靴屋、仕立て屋、印刷業者、金銀細工師までをも「穢れた低い身分」と呼んでいる。十六世紀には、フランスのほとんどいたるところで、「手作業の低い身分の人間」を行政や選挙のための集まりから排除しようとする運動が起きている。南フランスのアルビのような町では、一六〇七年以後、手作業に従事する職人は、ミサの聖餅に触れることはできなくなる。

貧しい労働者を差別することは、衣服も、そうと分かるように限定することを意味する。パリでは、一五六九年、パン職人は、日曜そのほかの祭日以外は、マント、帽子、半ズボンを身につけることを禁じられた。（日曜・祭日だけは、彼らも帽子をかぶり、半ズボンを穿き、灰色か白のウールのマントを着用することを許されたが、これ以外の色のマントの着用は許されなかった。）

豪奢な衣服や流行のモード（ヨーロッパでは十四世紀には流行の衣装が現れている）が貧しい人々と裕福な人間の距離を広げる要因になったことは確かである。そのため、説教師たちは、街中で奇抜な髪型をしている女性を辱めた人は罪を免れると約束し、フィレンツェでサヴォナローラがやったように、《虚栄》の品々を《焚殺》するセレモニーを行った。政府は贅沢品取締令を公布して、毛皮の使用に制限を加え、子馬の皮を使った靴を禁止し、さらには、過度の飾り紐や金糸銀糸の刺繍も制限した。

たしかに、十六世紀末には、スペインの優位とカトリック改革、カルヴァン的厳格さの三重の影響のもとで、黒色が勝利し、女性の衣服の形もより厳格になった。しかし、そうして失われた優雅さを埋め合わせるように、特権階級にあっては、高価で重い布地を使い、やたらと宝石などのアクセサリーを多用するようになっていった。貴族たちは、社会的次元での違いを示すものを、材質だけでなくコスチュームの形に見出し、庶民たちが《半ズボン culotte》〔訳注・貴族の象徴であった〕を穿くのを許そうとはしなかった。

5　衣服における貧富の違い

衣服の歴史のなかで決定的転機が生じたのが十六世紀半ばで、男たちは、聖職者と司法官といった幾つかの職種を除いて、それまで男女共通であった長くゆったりしたコスチュームを放棄する。これ以後、男性と女性の衣装は別々の道を辿ることとなるが、どちらの場合も、何千年来の古くからの形は放棄され、部分的にせよ全体的にせよボタンや紐で留めるようになっている点が共通している。しかも、ルネサンス期には、流行の変化と装飾の豊かさという点では、男のほうが勝っており、当時の遊女たちが、ときとして男装をした理由がここにある。

男の服装は、胸部と胴体にぴったりした胴衣（pourpoint）を採用し、ズボンは脚に密着して前開きが付けられ、下着はシーツ地で作られるようになる。《パルトー paletot》〔訳注・上衣〕が現れるのは一四四〇年のことである。ヴェネツィア経由でオリエントから丈長で毛皮の裏を付けたカフタン（caftan）が入ってきて、そこから外套（caban）が生まれ、ヨーロッパに広まる。これは、袖が長く、前面がダブルになっていて、西欧文明では最初の独自の衣服であるマントの起源となる。女性の衣装は、コルセット、コルサージュ（ブラウス）、ギンプ（胸当て）、ゴルジュレット（襟飾り）と多様化する。その後ローブになるコット（cotte）は、表地と裏地で色を変え、しばしば表地より裏地のほうが丈長になっていく。

十六世紀には、男女とも、レースを多く用い、さまざまな新しい要素が加わり、奇抜さを競うようになる。宮廷では、流行への気遣いが、単なる気晴らしというよりもゲームにさえなる。衣服が国是や社会的差別の表現となり、君主や貴族たちの重大関心事となる。一三八九年、フィリップ豪胆公は、イザボー・ド・バヴィエール〔訳注・シャルル六世の妃〕のパリ入城のために、ブーシェの言によると「金と宝石の飾りのついたビロードのローブ、羊四〇匹と白鳥を真珠で浮かび上がらせた深紅のジャケット、袖に刺繍で西洋サンザシと羊を描いた緑色のローブをとっかえひっかえ」着替えて衣装直しした。同じ時代、ヴァレンティナ・ヴィスコンティ〔訳注・シャルル六世の弟のオルレアン公に嫁いだ〕は、真珠と刺繍で鳥と花、果物、紋章を浮き出した嫁入り衣装をもたらした。

さまざまな国が、代わる代わる流行に影響を与えた。十五世紀のブルゴーニュ宮廷では、歴代ブルゴーニュ公の衣装にまつわる贅沢趣味が、豪華な織物、突拍子もない髪型、宝石をふんだんに使った装いを生み出す推進役となった。イタリアは、レースや、ダマスク〔西洋緞子〕、ブロケード〔錦〕、ビロード、タフタ織りといった種々の絹織物、さらには胸元を大きく開けるモードをヨーロッパに流行らせる震源地となった。ズボンの前開きは、スイスとドイツが発祥で、全盛期のスペインは、衣装の黒好みをヨーロッパの金持ちたちにもたらした。女性の衣装においても、身体に密着し胸を圧迫するブラウス、太い鉄線の骨を入れた釣り鐘型のペチコートによってスカートを大きくふくらませる《ヴェルチュガダン vertugadin》が流行する。もっとも、この《ヴェルチュガダン》が庶民の間で着られるようになることはなかった。

衣装の豪華さと流行の頻繁な変遷は、西欧文明の興隆と一致している。昔に較べて軍事的要素がなくなり、しかも経済的にも時間的にも恵まれている貴族たちにとって、衣装に工夫を凝らす競争は楽しみの一つになった。しかし、これも行き過ぎると、たとえばズボンの前部を突出させた猥褻で奇抜なものになった。説教師たちは、高く盛り上げた角型の女性の髪型を「地獄に落ちた死者たちの髪を詰めものにしたものだ」と言って非難した。中世末から貴婦人たちが着用するようになり、ますます大きくなっていった《エナン hennins》〔訳注・円錐形や角形の被り物〕を庶民たちは「喪章を垂れ提げた鐘楼のようだ」と嘲った。十六世紀の胴衣は《切り込み taillades》が入れられ、そこから絹の裏地や下着が見えるようになっていた。股引も、脚の左右で色違いにし装飾が施されたりした。アンリ三世と彼の小姓たちは、防寒用の《マフ》〔訳注・内側に毛皮を張った円筒形の手ぬくめ〕と耳輪を流行らせた。一五五七年に初めて見られるようになった襞襟（fraise）は、当初はブラウスの上端に付けられた小さな襞飾りであったが、その後、針金の枠で支えなければならないほど高く嵩張るものになった。こうして、衣装はますます多様で豪華になり、エリザベス一世は、ローブを六千着、鬘を八十持っていたといわれ、彼女の肖像画においては、顔よりも衣装が重要な位置を占めている。

衣装の豪華さは伝染力をもっており、貴族階級に仲間入りすることを夢見るブルジョワたちは、ことごとに真似をした。ルネサンス時代の歴史を研究すると、彼らの模倣ぶりには驚かされる。ウルビノ公の使節は、ローマの事情についての報告書のなかで、「商人たちは、いかほどカネがかかろうと、妻を貴婦人のように装わせることに喜びを感じているようです」と記している。一六一五年、モンクレティアン〔訳注・フランスの劇作家。経済学者でもあった。1575-1621〕も、ある登場人物に「外見で見分けることなどできません。しがない小売店主も貴族のような服装をしているのですから」と言わせている。

この二つの場合とも、どんな商人かは重要ではなかった。組合商人たちのなかには貴族世界に入り込みつつある人もいた。これは、全般的に「貴族および貴族候補の金持ちの世界」と「手仕事労働者の世界」とに分かれていた時代であったことを裏づけている。パリでは、小間物商（merciers）、織物商

(drapiers)、食料品商(épiciers)、金銀細工師(orfèvres)、両替商(changeurs)、毛皮商(pelletiers)の六つの上級職人組合が、十六世紀末には《序列外hors d'ordre》になり、彼らの言うところでは、「商いの拡がりと富によって、ほかの職人組合とは区別されるにふさわしい」地位に登っている。

6 食卓に見る貧富の差

ルネサンス時代には、豊かな特権階級とそれ以外の人々とは、それまでにまして、体つきで区別できた。西欧では、一三五〇年ごろから肉の消費量が増えていたし、ブリューゲルが描く村祭りでは庶民もがつがつ食べているように見えるけれども、農民たちの反乱は繰り返し起きていたし、飢饉が頻発して民衆の死亡率は高く、十六世紀末になっても、大衆は栄養不良の状態が続いていた。一般民衆はときには大きな宴会で普段の食事の質素さを埋め合わせたが、そうした宴会は滅多になく、普段の食事のつつましさを際立たせるものでしかなかった。

その反対に、図像資料によって、金持ちの世界では、一四五〇年から一六〇〇年ごろには、人々、とくに女性のシルエットが、でっぷりと肥った姿になっているのが分かる。かつてファン・エイクやファン・デル・ウェイデン、フーケ、さらに《クァトロチェント》のイタリア芸術家たちが理想としたほっそりした美しさは、ルネサンスの終わりごろには姿を消す。ボッティチェリやクラナッハのすらりとしたヴィーナスの後を引き継いだのは、セルライトが浮き出たルーベンスの豊満な裸体である。

同じ移り変わりは、官能的な絵のなかで肉体的豊満ぶりを強調しているティツィアーノにも見られる。たしかに《マニエリスム》では、一時期、極端に長く延びた、蛇を思わせる線が重視された。しかし、そうした描き方が誇張であることは明白であり、多分、現実との対照性への偏った好みの結果であった。男たちが「肉づきのよい女性を好むようになっていた」イタリアにおいては、とくに太り肉の女性が好まれたようで、モンテーニュは、「女性を肥らせたのは男たちである」と言っている。有蓋馬車が頻繁に利用されるようになったことも一因だが、やはり食事が豪勢になったことが大きく関係している。

《食い道楽 gourmandise》は、とりわけイタリア人の欠点であった。カトリーヌ・ド・メディシスのそれは有名で、一五七五年、彼女は、ある宴会のあと、急に苦しみに襲われたが、それは食べ過ぎによるもので、「人々は、彼女が大好物のアーティチョークの芯と鶏の腎臓と鶏冠を食べ過ぎたからだと言い合った」とレトワール（1546-1611）が記している。そのころの食事のメニューで主役を務めたのは家禽類と狩りの獲物の肉で、『パンタグリュエル』第四書に述べられている食事は、一種戯画化されているが、考えられるほど現実離れしたものではなかった。

料理が量よりも調理の洗練ぶりをめざすようになるのは、十八世紀、フランスがヨーロッパの王侯から手本とされるようになってからである。ルネサンス時代の食事は、量の多さだけでなく、香辛料と甘味料を過剰に使った、ひどくちぐはぐなものであったが、ブルゴーニュの宮廷とイタリアでは、すでに十五世紀から料理は一つの芸術となりつつあった。

モンテーニュは枢機卿カラッファの給仕頭との対話を楽しんだときの様子をこう書いている。

「わたしは彼にその職分のことを語らせた。彼は荘重にもったいぶった態度で、その食味の学について演説をした。まるで神学上の大問題でも論じてきかせるかのように、彼は食欲にもいろいろな差別があることをわからせてくれた。例えば空腹時の食欲、二皿三皿たべた後の食欲、というふうに。また単にそれを喜ばす方法もあれば、それを呼びさまし盛んにする方法もあるということなど。ソースの作り方についても、まずその総論から始めて、次に各調味料の特質および効果についての各論に入った。四季おりおりのサラダの種類が異なることから、これは温めて出すとか、これは冷やして出すとか、それらを眼に美しく見せるにはどんなふうに盛りつけるとか。そして最後に、それを供する順序に及んだが、そこにもまた立派な堂々たる考察が充満していた。……いや、そうした事柄が、みな豊富壮麗な言葉をもって誇張して語られ、一国の政治を論ずる場合に用いられる言葉さえ用いられた」。〔『随想録』Ⅰ五一　関根秀雄訳〕

何人もの教皇に仕え、十六世紀イタリアの最も傑出した料理人であるバルトロメオ・スカッピが一五七〇年、ヴェネツィアで出版した本は、ルネサンス期の料理法についての最良の資料となっている。スカッピはモンテーニュが会話した給仕頭と同様、自分の職業に誇りをもっていた。

「自分の仕事に責任感と誇りをもつ思慮深い調理人は、設計図を作り、建物の基礎をしっかり固め、その堅固な基礎のうえにありったけの天分を注いですばらしい建物を造りあげる建築師と似ている。」スカッピによると、理想的な食事は四つのサービスを含んでいた。第一皿は砂糖漬けの果物。第二皿では、獣の肉と家禽の肉を、甘い砂糖を使った料理を挟んで交互に出す。デザートに移る前に、テーブル・クロスを外し、香水入りの水を出し、手を洗ってもらう。そのあと、砂糖とシロップで甘味をつけた卵や甘くて香り豊かなデザートを皿に盛って出すのである。

特権階級の人々のテーブルが料理で溢れたのと対照的に、ラサリーリョ・デ・トルメス〔訳注・フィガロの先駆をなすスペイン悪漢小説の主人公〕の時代、巷は乞食たちで溢れた。ラサリーリョの小説のなかで、主人公は、空腹を抱えながらも名を穢すのを恐れて労働を拒絶する侍臣に仕えるが、それより前に、乞食坊主と行動を共にしたとき、大箱に隠されたパンを盗んでいる。このように、この悪漢小説が

《飢え》をテーマにしているのは興味深い点で、十六世紀、諸都市が急速に大きくなったのは、根底的には人口増加の結果であるが、羊飼育業者や土地買い占め屋に田舎を逐われて田園から氾濫した農民たちを受け入れたことによるのであり、そうした社会の一端が現れているからである。

ところが、ルネサンスは工業よりも商業の時代であったから、都市は失業者で溢れた。このため各都市とも乞食の増加が切実な問題となり、この趨勢はその後、何百年も続く。一五三四年、ルーアン市が失業者の数を調べているが、L・ルソーの研究によると、失業者七〇〇〇のうち二九七人が乞食、その子供たちが二二五人で、市の人口の約一五％を占めた。一五九一年、ローマのポンテ・シスト病院に収容されていた貧しい人々（大なり小なり病気に罹っていた）は一〇三四を数えた。

十六世紀末、教皇たちは、お膝元のローマから乞食たちを一掃するために、不具の者を全員救済院に収容し、それ以外は追放するよう命じた。しかし、のちのルイ十四世と同様、この施策は失敗する。一六一三年には身体に障害をもつ人々の組合が結成され、これ以後、乞食をする権利を手に入れるには、この組合（art）に加入し、月々、会費を納めなければならなくなる。パリでは、一五三五年、《布施部Aumône générale》が設置され、市民からの税を救済のためにまわすようになった。エリザベス朝のイングランドでは、修道院やさまざまな教会機構が解体されたため働き口を失って赤貧にあえぐ人々が増えた。このため、「救貧法 Poor Laws」が可決され、《感化院 workhouse》が創設された。所持金が四〇シリング以下の人はすべて自分が育てられた職業で生活することを義務づけられ、許可なく自分の小教区の外へ移住することを禁じられた。治安判事（juge de paix）によって浮浪者は、再犯の場合は死刑に処され、見習い奉公人は厳しく統制され、給与も固定化された。貧窮者の救済が法律によって原則化されたが、身体的に可能な場合は労働を義務づけられ、失業者のために設けられた「感化院」も、実態は牢獄以外の何ものでもなかった。

都市で乞食が増える一方で、スペインやイタリアの田園では強盗団が跋扈した。《救貧法》は、この二つのドラマの奥にある貧しい人々の困窮の重篤化を示す状況証拠であり、貧しい人々を権力の監視下に置こうとするものであった。慈善的精神の復活をめざしたカトリック改革も、この脈絡のなかで理解される。富裕階層は、道義的善意を訴える事業に対しては気前よく応じざるをえず、この種の事業が増加していった。金持ちたちも政府も産業に少ししか(あるいは全く)投資しない時代にあっては、慈善事業が一つの社会的必要となっていた。

このように、十四世紀から十七世紀にかけて、中流階層は数のうえで増えたが、ルネサンスはあくまで貴族たちの色調を帯びていた。宮廷生活の華やかさと上流の人々の生活は、庶民のつつましさや《プロレタリア》の惨めさとは対照的であった。この社会的差異の大きさは、芸術や文学にも表現されている。たしかにラブレーやシェイクスピアの作品は、貴族文化と民衆文化の合流するところに位置しているし、十六世紀に生まれた《コンメディア・デッラルテ commedia dell'arte》〔訳注・十六世紀から十八世紀にかけて流行した即興仮面劇〕が、ヴェネツィア、ボローニャ、ミラノ、ローマ、ナポリといった都市の日常生活や人物たちにテーマを借りていることも事実である。しかし、町から町へ巡回した移動劇団は、成功を博するためには、町の広場で演じる演目と、宮廷で演じる演目と二種類を用意しておくのが慣習であった。

中世に盛んに行われた《受難劇 passions》や《神秘劇 mystères》は、十六世紀半ばには、パリでもローマでも演じられなくなっていた。寓話劇、阿呆劇、教訓劇そして《小話劇 frottola》も姿を消していた。まともな広場で演じられるのは、ソネットやマドリガルの朗唱や、神話に題材を採った牧歌劇や叙事劇、古代の王たちを主人公にした悲劇などであったが、庶民やブルジョワたちは、喜劇のなかの端役しか与えられなかった。貧しい医者の息子であったセルヴァンテスにあっても、美は貴族の特権であった。彼の『模範小説集 Nouvelles exemplaires』のなかで、マドリードの踊り子が、「真珠を両手で撒き散らし、口にくわえた花」でバスクの鼓手をうっとりさせたのは、彼女がほんとうは貴族の生まれだったからである。《麗しき皿洗い娘 illustre servante》についても同じである。「彼女が身につけていたアクセサリーは卑しい田舎宿の女にはそぐわないものであった。当人も知らなかったが、この美しく穢れのない女は、公爵家の落とし子であった」。

第三部　新しい人間

第十章　ルネサンスの夢

1　瀕死の神話――《十字軍》と《帝国》

ルネサンス時代の男たちはプロジェクトの偉大な実行者であった。この時代は、現実主義者としてコミーヌ、マキアヴェリ、グイッチャルディーニを生み出し、ローマ劫掠の蛮行を目の当たりにし、黒人奴隷の売買が盛んに行われた時代であるとともに、《ユートピア》の黄金時代でもあった。おそらく「外なる世界」の正確な大きさが明らかにされ、人間の日常の様相がよりよく分かってきたからこそ、人々はそこから《逃避 évasion》する欲求をいっそう強く感じたのであった。ところが、中世の幻想を捨てなければならなかったため、新しい想像物の構築が必要になった。

十字軍神話は死に絶え、聖地への大規模な遠征や牧歌的巡礼の時代は過去のものとなっていた。中世をなんとか生き延びてきた《十字軍》神話も、十四世紀末からは、トルコの西進を食い止めるための戦いという防御的なものに様変りしていた。トルコ軍との間では、一三九六年にニコポリスで、一四四四年にはヴァルナで戦いが行われたが、いずれも、キリスト教徒側は敗北し、押される一方であった。ようやく形勢を逆転できたのが、一五七一年のレパントの海戦と一六八三年のウィーンの戦いにおいてであった。

そうしたなかでも、オリエントでの華々しい勝利とコンスタンティノープルまたはエルサレム奪還を夢見る人々もいた。ピウス二世（教皇在位1405-1464）、シャルル八世（フランス王在位1470-1498）、くだっては、リシュリューの腹心の友、ペール・ジョゼフ〔訳注・本名をジョゼフ・デュ・トランブレーという〕である。しかし、ピウス二世は一四六四年、自ら対トルコ遠征軍の最高司令官となって出かけようとアンコナで乗船する前に死に、シャルル八世は「コンスタンティノープルの皇帝」まで名乗っていたが、イタリアのスズメ蜂の巣から脱出してフランスに帰国するのにさえ難渋した。ペール・ジョゼフに関して言えば、彼は、十字軍のために指揮官をヌヴェール公に見出したが、軍勢を整えるにはいたらなかった。

フランソワ一世（1494-1547）は、カール五世に対抗するために、ためらうことなくトルコと同盟し、実際にトルコの艦船がトゥーロンにやってきた。シクストゥス五世（在位1585-1590）は金銭で聖地をスルタンから買い戻そうと考えた。ヴェネツィアは、キリスト教徒軍がトルコと戦っている間もトルコ人たちと商売をし、コンスタンティノープルと文化的交流を続けた。ジェンティレ・ベルリーニ（1429-1507）は一四七九年、公式の使節としてオリエントへ派遣され、トルコ皇帝メフメット二世の肖像を描いている。

多くの西欧人たちは、このトルコという東方の隣人を恐れたが、オスマン帝国では比較的寛容な宗教政策が行われていたこと、スルタンの大臣たちが、しばしばキリスト教から改宗した人々であったこと、トルコの統治がイスラムを敵視している側の国々に較べて、それほどひどいものでないことも、それとなく分かってきていた。次に示すのは、十六世紀末のある無名の人物が、ヴェネツィアの《総督》と地方貴族の政治にうんざりした二人の漁師の間で交わされた会話を記したものである。

マリーノ……神さまがトルコとスルタンを送られたのは、暴君のためにあまりにも苦しめられている人々を見るに見かねてのことだよ。

ヴェットーレ……偉大なスルタンは、奴らの頭上に一撃を加えて、奴らが奪っていったものを取り返してくれたのだ。

マリーノ……だから、彼らはおれたちの大事な兄弟であり、彼らも、おれたちと一緒に、裸になって蟹やロブスターや鯛を獲るためにやってきたのだよ。

ヴェットーレ……彼らなら、おれたちを貧乏人扱いしないだろうし、女房を寝取って馬鹿にすることもしないだろう。

十字軍は、救世主の命による行動という宗教的熱狂と異国的なものへの憧憬・野心を包含した一つの夢であったが、ルネサンス期の男たちは、とくに一四九二年のグラナダ奪還のあとは、すっかり、そんな夢から醒めてしまっていた。

中世のあいだ西欧は、賢明にして強力な一人の皇帝が、教皇との合意のもとに、キリスト教の守護者、人々の審判者として世界を治めることを夢想してきた。彼は、教皇から《新しいダヴィデ》として栄誉の冠を授けられ、「世界のすべての権力と武力の頂点」に立つはずであった。ところが、ルネサンス期の現実は違っていた。皇帝は、ほとんどずっとドイツ人で、恐れられ憎まれるか、または軽蔑されるかした。ヨーロッパの最大部分において、キリスト教諸国同士が戦いに明け暮れ、教皇はその半島の小さな国にかかりきりである。十六世紀になると、教会分裂はその極点を迎え、フス派に対する十字軍が行われた。カトリック世界は、ローマへの忠誠を守る人々と改革を主張する派に二分され、両者は敵同士となり、《メシアとしての皇帝》という神話も死滅したのである。

2　理想郷の幻影

十六世紀は、ヨーロッパ人たちの眼を外の世界に惹きつけてきた《すばらしい国》が蜃気楼のように次々と消えていった時代でもある。砂金が好きなだけ採れる《七つの都市の島》――ジパング Cipangue――は、マルコ・ポーロ（彼も自身で見たわけではなかったが）の言うところによると、「建物の屋根も黄金でできている」うえ、あらゆる木々が香りを放っている何千という島では、ありえないようなたくさんの王国が栄えていた。だが、こうした遙かな国々も、夢想されたようなものではないことが明らかになった。地上のパラダイスの大河が流れていると信じられた《プレスター・ジョン Prêtre Jean の帝国》も、エチオピアらしいということになったが、一五四〇年代に探検を試みたポルトガル人たちは、イスラム教徒の圧力を食い止めるのに苦労した。アンティール諸島も《幸福の島》などではなく、期待外れであることが分かった。北部メキシコでも、「シボラ Cibola の七都市」を求めて探索が行われたが無駄骨に終わり、《エルドラード Eldorado》は、執念を燃やしたスペイン人やドイツ人、イギリス人の冒険家たちの前で、アマゾンの密林のなかに消えていった。

しかも、さまざまな地理的発見が行われた結果、地図は大幅に修正を余儀なくされた。十五世紀初めには、《大河オケアノス fleuve Océan》はインド洋に他ならないことが判明した。十六世紀初めの十年間で、アメリカが地図上に表されるようになり、その百年後、《黄金の国ジパング》と《幸福の島々》はマゼランとドレイクによる探査の結果、太平洋のなかで永久に崩れ去った。しかし、地図製作者や航海者たちにとっては、日本、フィリピン、モルッカは周知の存在となり、インド洋ではマダガスカルがはっきりと描かれるようになった。

一六〇〇年ごろに画かれた地図の数々の不備を指摘することは、今では簡単である。経度上の誤りはたくさんあるし、北アメリカはフランス領の「新フランス Nouvelle-France」〔訳注・東部カナダ〕と南部の「ニュー・メキシコ Nouveau-Mexique」の先に広がっていた《未知の土地 terre incognita》が、どのように終わっているのかも分かっていなかった。南極大陸には、人が住んでいると信じられていた。これが正されたのはクック（1728-1779）によってである。それ以外の大陸も、奥地は相変わらず不明で、ナイル川とコンゴ川は、同じ水源から流れていると考えられていた。

それでも、百年間で幾つもの大きな進歩があった。そのために西欧人が払った努力はかつてないものであった。当初は、これぞ金銀の資源に富んだ伝説の国とされた新世界は、人間的尺度を超えた広がりと山々の障壁によって立ちふさがった。広大な太平洋に入るには、プトレマイオスが地球の円周として出した数値を拡大しなければならなかった。その反対に、熱帯の国々でも海は沸騰しているわけではなく、赤道付近も居住可能であることが分かった。これまで存在すら考えられなかった幾つもの文明に遭遇したことは、アメリカが教えてくれた実り多い教訓であった。

たしかに、アメリカは、そのありのままで、人々に夢を見させることができた。コルテスの兵士たちは、メキシコの町に入ったとき、驚きのあまり呆然となった。コルテスに同行していたディアス・デル・カスティーリョ（1492ごろ-1581）の証言を読み返してみよう。

「（一五一九年一一月七日）、メキシコにまっすぐ延びている道とラグーナの上に建てられたこれらの町や村を見たとき、われわれは、感嘆の念に囚われた。そして、これは、アマディスの書が語っている魅惑の都市に似ていると語り合った。水のほとりに石と石灰で建てられた幾つもの塔や寺院を眼にしたとき、兵士たちは夢を見ているのだと思った。わたしが、このように言っても驚かないでほしい。なぜなら、わたしは、まだ控えめに言っているのであって、ほんとうは、どのように説明したらよいか分からないでいるのだ。これは、いまだかつて見たことも聞いたことも、夢想すらされたことがないのだから、わたしたちが見たままを伝える以外にないのだ。」(『メキシコ征服実記』)

コルテスは、モンテスマから受け取った宝物をカール五世に送った。この宝物をアントワープで眼にしたデューラーは、夢を見ているような気持ちになって、こう書いている。「新しい黄金の国から王に送られてきた品々をわたしも見た。直径が一トワーズ〔訳注・一・九五メートル〕もある黄金製の太陽、同じ大きさの銀製の月、小部屋二つを一杯にした甲冑、武器、盾、射石砲、防具、変わった衣装、そのほかさまざまな品々、それらは、見たこともないくらい美しかった。——これらの品々はど私の心をわくわくさせてくれた物は、これまでにない。なぜなら、そこにあったのは、はるかな国々の人々の繊細な才能を示している驚くべき品々だったからである。」

ペルー(インカ帝国)の存在は、一五二〇年には、まだ想像さえされていなかった。〔訳注・ピサロがペルーの地に入り、インカ帝国を破壊するのは一五三二年である。〕ペルーでは、メキシコよりさらに大きな驚きがあった。クスコの太陽神殿に隣接して、あらゆるものが金銀でできている庭園があった。「そこには、さまざまな種類の花や木、大小の動物、蛇やトカゲのような爬虫類、蝸牛、蝶、さまざまな鳥たちが、金銀で作られ、配置されていた。」

スペイン人たちはアステカとインカのこうした宝物を奪い尽くすと、そのあとは現実のアメリカを踏破し、入植して開拓し、人々を改宗させなければならなかった。これは、大変な努力を必要とした。

十六世紀半ばからは、東インド〔訳注・アジアの本当のインド〕も西インド〔訳注・アメリカのこと〕も、そのほんとうの様相を現した。カモインスは十八年間をヨーロッパの外で過ごし、ゴア、マカオ、モザンビークに滞在したが、それは楽しみのためではなかった。一五五二年の聖体の祝日(Fête-Dieu)、喧嘩騒ぎのなかで王宮の役人を傷つけたため、処罰を免れるために一介の兵士としてインドに渡ったのが動機であった。

十七世紀初め、セルヴァンテスにとっては、もはやアメリカも楽園ではなかった。彼は、『模範小説集』のなかで、アメリカを「希望を失ったスペイン人たちの避難所」と呼んでいる。しかしながら、セルヴァンテスのペシミスムにある意味で対峙するのが、アメリカに「善良な野蛮人 bon sauvage」を見出した人々のオプティミスムである。インディアンとヨーロッパ人を比較したモンテーニュの有名な一節は、よく知られている。

「信心や、法律の遵奉や、慈悲や恵与や忠節や率直となると、我々がそれらを彼らほど持たないために得をし、彼らはその点で我々より優れているために損をし、売られたり裏切られたりした。」(『随想録』第三巻第六章、関根秀雄訳)

セルヴァンテスやモンテーニュの同時代人であるマンツィオ・セラにいたっては、インカ人たちを手放しで褒めてやまない。「彼らは、自分たちの王国をじつに賢明に治めたので、泥棒も放蕩者も怠け者も不義を働く女もおらず、不品行は禁じられ、それぞれが誇りある仕事をした。」

3 メシアへの期待の衰退

《幸福の島》の幻想が消え去った十六世紀は、同様に中世につきまとった《メシアへの期待》にも厳しい一撃が加えられた時代であった。

古代末期、聖アウグスティヌスは「地上の都市」と「天上の都市」を区別し、この世界にあっては、囚われの異国人でしかありえず、天上の都市に到るには現世での長く辛い巡礼が必要であるとした。しかし、この二つの都市の区別は一つの疑問を呼び起こす。それは、「神を蔑むほどに自己愛の強い都市が、神を愛するあまり自己を蔑む都市に席を譲るのは、いつか？」という疑問である。

ヨアキム・デ・フローリス（一二〇二年没）は、この疑問に答えるために、人類の歴史を三期に分けた。第一は「父と旧約聖書の時代」で、地上の時代。第二は「子と福音書、聖職者の時代」で地上的であると同時に霊的時代である。第三は「聖霊と修道士の時代」で、純粋に霊的な時代である。この第三の時代は一二六〇年に始まり、それとともに、無信仰で合理的であるとともに官能的になってしまった聖職者の世界は消滅するはずであった。しかし、異端的で怪しい托鉢僧たち（サヴォナローラやフランシスコ会から枝分かれした連中）とその影響を受けた貧しい人々の世界はヨアキムの死後も残った。十四世紀から十六世紀に広まった《差し迫る最後の審判への恐れ》のため、人々の精神状態は沈静化せず、宗教改革によって、再洗礼主義、もっと厳密にいうと、暴力的再洗礼主義の方向に向かったからである。

トマス・ミュンツァーが登場するのは一五二〇年ごろである。彼は、一四八五年に生まれ、ライプツィヒで学び、一五一九年にこの町で行われたルターとヨハン・エックの有名な討論を目撃した。一時はルターに共感したが、まもなくルターの神学はあまりにも保守的で女性的であるとして「マルティン嬢が示すキリストは蜂蜜のように甘ったるい」とけなし、ルターが成すべきは「十字架の苛酷さと信仰の英雄的性格をキリスト教徒に与え、力と勇気をもって不可能を可能にすること」であると主張した。こうしたミュンツァーをエンゲルスは「ブルジョワ的改革者たるルターに対峙する近代平民革命家」と意義づけている。

しかし、実際はかなり違っていた。ミュンツァーは、むしろ中世に結びついていたのであり、彼が期待したことは、ヨアキムのそれと似通っている。彼も、収穫の時である終末が近づいており、そのときは、《よき麦》と《毒ある麦》を分けるために、「選ばれし人々」は腐敗したこの世界および教会と断絶しなければならないと説いた。しかし、ミュンツァーとその仲間たち、《ツヴィッカウの預言者》たち〔訳注・ツヴィッカウはドイツ南東部の工業都市〕は、「不信心者たちは選ばれし人々を耐え難いやり方で弾圧するであろうし、神のお気に入りである貧しい人々は、その惨めさによって福音と信仰の道を阻まれるから、それに対しては、《ギデオンの剣 glaive de Gédéon》を手に起ち上がらなければならない。そして、真の信仰の勝利のためには、神の敵である金持ちと聖職者を皆殺しにするほかはない」と訴えた。この声に応じて広がった《農民戦争》(1525)のため、ドイツでもとくにザクセンとテューリンゲンは荒廃した。結局、農民たちは撃破され、虐殺され、ミュンツァー自身、拷問にかけられて死刑に処された。

暴力的再洗礼派の蔓延は一五三三年から一五三五年にかけて、ミュンスターでも惨劇を生んだ。はじめルター派に入っていたシュヴァーベンの皮革商、メルヒオル・ホフマンは再洗礼派に転向し、一五二九年にシュトラスブルクに移って、ここで「第二のエリヤ」と名乗って説教を始めた。彼は、世界は一五三二年に終わり、そのときはシュトラスブルクが第二のエルサレムになると予言した。逮捕される直前にオランダに逃れて、そこで説教して信徒を獲得。一五三三年には、終末に立ち会うためとしてシュトラスブルクに戻ったが、捕らえられて一五四三年に獄死した。

ホフマンは神の裁きが迫っていることを告げるだけで満足したが、彼の弟子であるハルレムのパン屋、ヤン・マッティスとレイデンの仕立て屋のヤンの二人は、罪深いこの世界を滅ぼそうとされる神の御業のお手伝いをしなければならないと叫び、オランダから逐われた再洗礼派の人々の助けを得てウェストファリアのミュンスターで権力を奪取し、修道院や教会、図書館を破壊した。町は、司教と領主たちの軍勢によって攻囲され、ヤン・マッティスは城外に出撃したところを殺された。仕立て屋のヤンは、「新しいシオン王国の王」を名乗って、一夫多妻制と共有財産制を定めたため、町は恐怖と錯乱に陥った。一五三五年六月二十四日、町は司教の軍勢によって制圧され、再洗礼派の首謀者たちは残忍な拷問の末に殺され、死体は鉄の檻に入れられて塔から吊された。

こうしたドラマティックな出来事のあとも、《至福千年説 millénarisme》〔訳注　キリストの再来と千年間の統治のあと終末を迎えるとする説〕は、完全には消えなかった。クロムウェル時代から王政復古初めまでのイギリスの騒乱やアウクスブルク同盟戦争の時代に南仏セヴェンヌの改革派住民たちを巻き込んだ《預言主義 prophétisme》も《至福千年説》と無関係ではなかった。

他方、ルネサンス時代の平和的で諸説混交主義的なギヨーム・ポステルや、とくにカンパネッラのような思想家たちは、神の国がすぐにも実現すると信じた。カンパネッラの『太陽の都』は、メシア的希望とプラトン的ユートピアを奇妙な具合に融合させたものである。しかし、全体としては、天上の国の出現が近いとする希望は、一五二五年と一五三五年の二つの大きな再洗礼派の挫折から立ち直ることはできなかった。それでも「地上の都は、あらゆる品質低下にもかかわらず、強固な生命を保った」ことは、アメリカが十六世紀ヨーロッパ人たちに与えた現実主義に比肩するもう一つの教訓である。暴力的再洗礼派の失敗は、近世初めにあれほど活力をもち、絵画にも多くの痕跡を遺している《最後の審判》への恐怖を一掃することに貢献した。

いずれにせよ、再洗礼派の人々が、公的教会から排除されながらも、《天上の都》の精神、すなわち慈善的精神を専ら追求するようになるのは、教義的にも性格的にも平和的な十六世紀の再洗礼派であるダヴィド・ヨーリス（1501-1556）が、「第三のダヴィデ」（第二の、そして最も偉大なダヴィデがイエス）を名乗り、外典的なメルヒオルの説を霊化し内面化することによってである。

4　金持ちたちの夢——牧歌的神話的風景

ルネサンス期には、男女ともロマネスクなものに飢えていた。これは、日常生活の現実が、長い間信じられていた以上に魅力に乏しかったためで、人々は夢想の道へ否応なく押しやられたのである。

フランスでは、『薔薇物語』（訳注・十三世紀に作られた寓意文学）が、十六世紀の初めの四十年間に十四版を重ねているし、ほかにも一五五〇年までに八十を超える中世ロマン作品が印刷されている。『エイムの四子息 Les Quatre fils Aymon』のフランス語版は十六世紀じゅうに二十五版を重ねた。スペインで生まれ当時の世俗文学として最大の成功を収めた『アマディス・デ・ガウラ Amadis des Gaules』は、十六世紀にはスペイン語で六十版、フランス語、イタリア語でも多くの版を重ね、さらに、英語、ドイツ語、オランダ語にも翻訳された。ユマニストを庇護したフランソワ一世がフランス語に訳させたのである。

アリオストの『狂えるオルランド Roland furieux』やトマス・モアの『ユートピア Utopie』、ラブレーの作品群が好評を博したのは、セルヴァンテスにその証拠が見られるように、ルネサンスは、その終わり頃になっても、《遍歴の騎士》の叙事詩にかなりの未練を抱いていたからである。たしかに、ドン・キホーテは時代遅れの気の狂ったヒーローで、身につけた武具は、使い物にならない古物である。武勲よりもカネを大事にする世界のなかでは、彼自身、もはや居場所を失った過去の時代の生き残りである。しかし、心底から優しい廉直の人であり、その狂気が彼を偉大ならしめている。

セルヴァンテスは「騎士ロマンに対する世人の嘲り」に対抗するために、この作品を書いたのだろうか？　ドン・キホーテ Don Quichotte は、常に必ずしも珍妙であるわけではなく、ときには叙事詩に通じるものをもっており、このことから、著者は、このパロディを書くことによって、ロマネスクなものに対して抱いている深い愛情から解放されようとしたのではないことがわかる。彼の最後の作品は、『ドン・キホーテ』とは相反する騎士物語、『ペルシーレスとシヒスムンダの苦難 Les Travaux de Persiles et de Sigismonde』である。

セルヴァンテスは、ドン・キホーテの滑稽な所行の合間に牧歌的な寸劇を差し挟むことに喜びを見出した。これは、《アルカディア Arcadie》〔訳注・牧歌的作品〕も、ルネサンスの一つの気晴らしだったということである。牧歌的ジャンルは『ロバンとマリオンの劇 Jeu de Robin et Marion』（十三世紀）が証明しているように、中世にも知られていなかったわけではない。しかし、ボッカチョの『アメト Ameto』以後、とくにテオクリトスの『田園恋愛詩 Idylles』、ウェルギリウスの『牧歌 Bucoliques』によって《フマニスム》が息を吹き返したときから、再び、しかも持続的にもてはやされるようになったのであった。

人々は、田園での恋愛と心地よい調和に満ちた自然のなかでのニンフたちの戯れに熱中した。そこで言われる「アルカディア」とは、厳めしいペロポネソス半島のそれではなく、このうえなく美しい木々に彩られ、サンナザーロ〔訳注・イタリアの詩人。1456-1530〕が愛の悲しみを慰めるために羊飼いのシンセーロに贈った田園である。サンナザーロの『アルカディア』（1502）は韻文と散文を交えたロマンで、その後のイタリアのこのジャンルの範となった。こうして、十六世紀後半から十七世紀にかけて、モンテマヨールの『ディアーナ Diane』（1559）、タッソーの『アミンタ Aminta』（1573）、セルヴァンテスの『ラ・ガラテーア Galatée』（1585）、フィリップ・シドニーの『アーケイディア Arcadie』（1590）、グアリーニの『牧人フィード Pastor Fido』（1590）、デュルフェの『アストレ Astrée』（1607-1627）など多くの牧歌的な小説や劇作が生まれた。これらの田園詩の背後にあるのは、時空を超えたアルカディアの永遠の若さと黄金時代への希求、音楽性と愛の光に満ちた世界への憧憬である。

中世の《パラダイス》への夢は、ルネサンスの時代には薄れた。その反対に、ジョヴァンニ・ベルリーニの絵『煉獄の魂ども Ames du purgatoire』（ウフィツィ美術館）は、この地上の世界は、パラダイスのようではないまでも、少なくとも穏やかかな、かなり魅力的な姿を示している。この作品は、聖ペテロ、聖パウロ、聖セバスティアン、そして聖母マリアと見える人物たちには、どんな役割が与えられているのだろうか?という疑問を抱かせる　しかし、それはあまり重要ではない。大事なのは、青い水を湛えた一筋の川〔訳注・黄泉の国を流れる川で、その水を飲むとこの世のことを忘れるとされるレテ Léthé〕によって騒がしい世界から隔てられた静かで調和ある島であること、そこでは、背の低いリンゴの木のまわりで裸の無垢の子供たちが遊び戯れ、娘たちはじっと物思いに耽り、大理石のテラスは、秩序と静謐のシンボルである幾何学的文様に覆われていることである。

ルネサンス期の人々は、キリスト教と異教の二重の伝統を引き継いで、地上のパラダイスを夢見た。罪を犯す前の裸のアダムとイヴは、どんなにか美しかったであろう！　多くの芸術家が彼らを愛と憂愁を込めて描いた。その黄金時代の自然は、まろやかで静かで、空は青く、木々の葉は緑で、川は澄み切っていた！　ヒエロニムス・ボスの筆も、ウィーンにある『最後の審判』の片隅に、人間が無垢で神の友であったときを描いているときだけは、穏やかである。

しかし、人々の夢想はますます官能的になり、黄金時代と罪を犯してからとでは、ますます大きく懸け離れていく。そこに現れたのが『地上の快楽の園 Jardin des délices terrestres』（プラド美術館）である。ボスは、ここでは、そのありえない特徴を示す。前景では、男と女たちがスイカや桜桃、イチゴにむしゃぶりついている。左のほうでは、怠け者で虚栄心の強い者たちが自分を美しく見せることに躍起となっている。こちらでは下らないゲームに夢中になっているかと思うと、あちらでは、貝殻や水晶の玉のなかで男と女が愛を交わしている。楽しみは永遠の若さを保っている世界の中にしかない。そこから、《若返りの泉》では、美しい女たちが浮かれ騒いでいる。ボスは、『快楽の園』のそばに『地獄』を置いた。しかし、ルカス・クラナッハは、ベルリンにある一枚の絵のなかで、『若返りの泉』しか描いていない。この奇跡の池に入った病人や不具の男女は、美しく健康な身体になって出てくる。そこで、饗宴とダンスと笑いが始まるわけである。

ルネサンスは、ありったけの技術と想像力を駆使して、永遠に若く、愛することしか考えていない神話上のパラダイスを描いた。ポリツィアーノ（1454-1494）は、「キプロスを見下ろす《甘美の丘》の上に建てられたヴィーナスの住まいには、死すべき人間は誰びとも入ることができない」としつつも、なんとかこの魅惑の滞在地に人間を入らせようと試みた。

永遠の園は霧氷や雪に白く覆われることはない
ここでは、凍てつく冬がやってくることはない
草木を打ち拉ぐほどの強風が吹くこともない
季節の輪が転展することもなく
つねに春の暖かさに包まれている
春は、そのブロンドの髪をそよ風になびかせ
園全体が無数の花々で一つの花飾りのようになっている

（『馬上試合』 1475-1476）

心理学的にみると、ルネサンス以後の神話への回帰は、西欧文明にとって、《黄金時代》を夢見る一つのやり方であったことは疑いない。ニンフと羊飼いの戯れ、バッカスの凱旋、ヴィーナスの栄光、白鳥や牡牛、雨、金片に姿を変えるユピテルの詐術といったテーマを通して、若々しく老いることのない想像の国が再生された。「よきキリスト教徒たち」が生き延びているロマネスクな叙事詩のなかにも、詩人たちはできるだけ人工的パラダイスを導入した。読者は、それが悪魔の作りものであり、やがて崩壊することを知っているが、それでも、そうした叙述が作品のなかで最も成功し、あるいは成功を保証している部分であることに変わりなかった。

『狂えるオルランド』のアルシーノ、『解放されたエルサレム』のなかのアルミードの二人の女魔術師は、一時的ながら（しかし、この一瞬がこれら詩的フィクションの存在理由になっている）キリスト教徒の

騎士たちを魔法にかけることに成功する。アルシーノの宮殿は「その富において、あらゆる宮殿を凌いで」おり、彼女の若い娘らしいブロンドの髪は完璧で、「いかなる画家も思い描くことができない」ほどであった。アルミードの庭園は幸福の島のなかにあって、水晶のように透き通った水が湧き出ており、木々は、見たこともない葉や花と実をつけている。このような飾り付けのなかでリナルドは時の経つのを忘れてアルミードのキスを飽きることなく味わうのである。

5　貧しい人々の夢──《コカーニュの国》

しかし、牧歌劇や神話、魔術師たちが生きていたのは金持ちの夢においてであった。貧しい人々の夢は、そんなに洗練されていない。ルネサンスの時代、貧しい人々は、苛酷な労働に追われ、しばしば飢えに苦しめられた。したがって、彼らが夢見たパラダイスは、食卓が食べ物で一杯であること、働く必要がないことである。ボッカチョが『デカメロン Décaméron』（第八日　第三話）のなかで説明している《コカーニュの国》が根強くもてはやされた理由がよく分かる。

「それは、バスク人たちの土地ベルリンツォーネにある。葡萄の木をソーセージでゆわいつけ、一デナイオの金で鵞鳥一羽と、それに若い鵞鳥がおまけにつくベンゴーディ Bengoudi（「たんと召し上がれ」の意とされる）という名前の部落にある。……そこには、粉に挽いたパルマの乾酪（チーズ）だけでできている山があって、その山の上には人間がいて、この人々はマッケローニとラヴィオーリ（麺の一種）を作って、それを去勢した雄鶏のスープでゆでるだけが唯一の仕事で、そこから下に向けてあけましてみんな食べ放題でした。で、そのそばには、かつて人の口にのぼったもののうちで最上等の、ヴェ

ルナッチャの葡萄酒の小川が、一滴の水も交えないで流れておりました。」〔柏熊達生訳〕

ミュンヘン絵画館に保存されている大ブリューゲルの『怠け者の天国 Pays de cocagne』については、この作品は、フランドル人たちの大食いの場面を描いたものという間違った説明がされてきた。ほんとうは、この作品は、もっと広汎で深い意味をもっている。舞台はフランドルで、一見輝いてみえるが絶えず飢饉や伝染病、戦争に見舞われた一つの文明全体が抱いた夢を表現したものなのである。この絵が、アルバ公〔訳注・スペインの軍人。スペインからの独立をめざしたオランダ人たちを鎮圧するためにネーデルラント総督に任命されたのが一五六七年〕の苛酷な抑圧が行われたのと同じ時代に描かれたことは、偶然だろうか?

フランドルにとっては、これは悲惨な年であった。ここに描かれているように、屋根から滑り落ちてくるタルト、ソーセージでできている生け垣、ナイフを背負った丸焼きの子豚、皿の上の鵞鳥など、満ちあふれる食べ物が人々の夢であった。卓上にごちそうが残っているのに、これ以上は食べられないと地べたにひっくり返っている兵士と農民、学生は、現実とは真逆の夢を表している。

西欧全体がこの奇妙に具体的な現実逃避の欲求に迫られていたのであり、このことを示している作品は、十六世紀から十七世紀にかけてのイタリアに幾つも遺されている。ギリシア・ワイン〔訳注・高級ワインの代表であった〕の海に浸されたおろしチーズの山、年じゅう実をつけている木々、砂糖漬けの果物、鯉のフライ、マスカット・ワインの川で跳ねているウナギ、焼かれた雉や野ウサギが空から降ってくるのを描いたものもある。フクロウが森のなかでマントや衣服を生み出し、他方、ある男は「この男は働いたので牢に入れるべし」との書類を突きつけられ連行される、というのもある。

同様の笑劇(『Des roulles-bontemps de la haute et basse Cocagne』)が、一六三一年、パリでも演じられている。それより百年早く、ラブレーは、五スー稼げば安心して眠れ、七・五スーも稼げば大いびきをかいて眠れる国を想像している。

この《コカーニュの国》が現実になった例外的な国もある。ブリューゲルが描いた農民の宴会とか「クカーニャ cucagna」と呼ばれたナポリの奇妙な祭である。後者では、町の広場にヴェスヴィオ山が作られ、そこから、ソーセージや焼いた肉、マカロニが噴出して、おろしチーズで覆われた山腹を滑り落ちてくるという趣向が凝らされた。人々は、このごちそうを奪い合うのに激しい争いを繰り広げた。それは一日だけの現実であったが、残りの日々にとっては夢であった。

6 ルネサンスの悪夢

《人工的パラダイス》は危険性を秘めている。人間には、自分の魂を忘れて感覚の喜びに耽る恐れがあるからだ。これは、道徳的画家であったボスが好んだテーマの一つで、彼が『快楽の園』に並べて『地獄』を置いた〔訳注・三翼パネルになっていて、中央パネルに「快楽の園」が画かれ、左翼が「アダムとイヴ」、右翼が「地獄」になっている〕のも、このためであった。すでに述べたウィーンの『最後の審判』（一五一〇年ごろ）でも、この多翼祭壇画の最大部分を占めているのは純粋無垢の幸福を喚起する《エデンの園の平和》ではなく、不気味な焔があちこちに燃えているサタンの勝利である。画面の上方、雲の切れ目では、神と天使たちや何人かの選ばれた人々が猛威を振るう恐怖から逃れていく姿が見られる。下のほうに広がる世界で明らかに多数を占めているのは《選ばれし人々》よりも《罪びとたち》である。嘴の長い鳥の頭部を持つ一人のデモンは、神に見放された人々を背負い篭のなかに入れている。もう一人のデモンは、地獄に放り込むべき人間を縛りつけ吊した棒を肩に担いでいる。魔王のサタンは、頭にターバンを巻き、眼からは焔を出し、猛獣のような口をしている。衣服の間から見える腹の位置には、オーブンのグリルが見えている。彼は、ネズミの尾と四肢をもっていて、醜悪なヒキガエルたちと一緒に地獄の門で客人たちを出迎えている。

こうした悪夢が、人工的パラダイスの裏返しであって、大ブリューゲルは師であるボスの示唆を『死の勝利 Triomphe de la mort』（一五六二年ごろ）に再現した。ここで彼は、快楽・力・富のむなしさに対して地上の歓楽以上に真実たらんとする一つの幻を提示している。こちらでは瘦せ馬にのった死神が人々に襲いかかり、あちらでは、別の死神が荷車一杯に骸骨を載せている。このような図像は、無頓着なキリスト教徒たちを死の恐怖にめざめさせるために描かれたものであったが、ボスは、反対に、デモンがいかに強い魔術師であったとしても、サタンが寄越す怪物たちは、なんら一貫性をもつ術策をもっていないのだから、その前では静かに息を潜めているべきだと教えようとした。それが『聖アントニウスの誘惑』（彼は、むしろ『聖アントニウスの苦悩』と呼ぼうとした）のもつ意味である。

このリスボンにある大きな三枚つづきの祭壇画は、おそらく『黄金伝説 Légende dorée』を通俗化したこのテーマで彼が描いた幾つかの作品のなかで最良のものである。この聖人は、自分を惑わそうと無数の幻影が現れてくるのを見た。脚の生えた砂岩の甕、枯れ木の樹皮をまとい、身体の先がセロリになっている老女、猿とこびとに教訓している老人、スケートを履いて砂の上を走る使者、若い男女が集う宴会など。しかし、この隠者は平然としている。神だけが彼に期待している。悪魔の手品は無駄骨に終わる。

悪夢を描いたルネサンスの絵画作品のなかで、若干触れておきたいのが、ブリューゲルの『激怒せるマルゴ Dulle Griet』（アントワープ、マイエル・ファン・デン・ベルヘ美術館）である。〔訳注・マルゴとは、フェリペ二世によりアルバ公と交代させられたパルマ女公マルゲリータ。」これは、男さながらの逆上した女の軍勢を従え、剣を振りかざして地獄に突入しようとしているメガイラ（ギリシア神話の復讐の女神）を表しているのだろうか？　この芸術家の最良の作品の一つであるこの絵に付されたもう一つの解釈は、中世の寓話や笑劇に関連した単純で凡庸なものである。それは、怒りっぽく威圧的な女性への一つの当てこすりで、マルゴと彼女に従う女たちは、長い間男たちに服従してきたが、今や自由になったので反攻を開始し、すべてを破壊し、悪魔にさえ立ち向かっていく勢いを示していて、ボスは、その驚くべき想像力、一風変わった空想力を駆使して、きわめて伝統的な反女性崇拝の理念を盛り込んだ絵を完成したのだというのである。多分、この後者の説のほうが正鵠を射ているのであろう。しかし、だからといって、この堂々たる絵が一つの悪夢を示していることに変わりはない。

さらに付け加えれば、十六世紀は、その終わりにいたるまで、必ずしも道徳的意味をまとわないさまざまな幻覚につきまとわれ続けた。十六世紀は、滑稽なものと猥褻なもの、パロディーと残虐なものを好んで結び合わせ、不調和なもの、奇妙なもの、醜悪なものをその鍵盤上で生き生きと演奏することに喜びを見出した。それを証明しているのが、ロレンツ・ストエルなる人物の木工細工であり、ブラチェリなる人の異様な立体ロボットであり、ある無名の人物が描いた、眉毛が茂みで髪が森、鼻が家々という人間の顔をした風景画であり、さらには、この時代の解剖学上の成果を集めた皮を剝がれた人体標本である。こうした幻想的な作品を見た人は、ルネサンスが種々の潜在能力と相拮抗する欲望に富んでいるが、まだ何を選ぶべきかがわからず、均衡を見出すにいたっていない、探求と不安の時代であったことを容易に理解されるであろう。

7　レオナルド、ラブレー、そして『ファウスト博士』

レオナルド・ダ・ヴィンチとラブレーは、彼らなりのやり方でルネサンスの熱望の力の強さと多様性を示した。ルネサンスの人々が熱望したものはあまりにも多く、ユートピア的たらざるをえなかった。レオナルドは感嘆に値する画家であり、第一級の分析家であった。他方、ラブレーに関しては、ガルガンチュワが息子のパンタグリュエルに示している学習プログラムがいかにユートピア的であるか明白である。これまであまり指摘されてこなかったのは、一人の巨人がもう一人の巨人に書いたものだとして大目にみられてきたからである。

一個の人間がギリシア語、ラテン語、ヘブライ語、アラブ語、カルデア語、天文学の法則のすべてを完璧に修得し、民法については「優れた原典を暗誦」し、自然学については「大自然の事物を識り」、医学をも修めることなどということが不可能であることは、ラブレーも知っていた。ユマニストの教えは「キマイラのようになるな」〔訳注・キマイラは頭がライオン、胴が山羊、尾が蛇の怪獣〕ということであったが、このようなキマイラ的プログラムは、理性よりも野心に囚われた時代であったことの証明でもある。ルネサンスが《ファウスト博士》という人物を生み出したのは、けっして偶然ではなかった。

ファウストは実在した。彼は、占星術と医学を修めたかなり怪しげなドイツ人で、亡くなったのは一五四四年以前であるが、十六世紀末には、すでに伝説的人物になっていた。一五八七年の『通俗本Volksbuch』やマーロウ〔訳注・エリザベス時代の劇作家。『フォースタス博士』は一五八九年ごろ〕の劇のなかで一種の超人として現れる。彼は、メフィストフェレスのおかげでなんでもできるようになり、見えない霊に傅かれて贅沢な生活を送り、晩年にいたっては金髪で黒い瞳の若い女性、ギリシアのヘレネを伴侶としたが、彼女は、ほんとうは女淫夢魔（succube）であった。ファウストの最大の罪は、悪魔と契約して神と同じ知識を手に入れようと望んだことにあった。「知力という名誉ある贈り物を誤用したことが罪である」というのは、ギリシア神話のプロメテウスのテーマと同じである。

『通俗本』のなかで、メフィストフェレスは、最終的契約を延び延びにしているファウストを決断させようとこう言っている。「いまや、雷鳴を轟かせ、稲妻を走らせ、雹、雪、雨を降らせ、雲を引き裂き、大地や岩山を揺るがして真っ二つに切り裂き、海を盛り上がらせて溢れさせる技をわたしから修得せよ。……ファウストよ、わたしのように、思うまま自在に王国から別の王国へ飛行する力を身につけよ。」

マーロウの『フォースタス博士』のなかで大きな席を占めているのは、全知全能の夢である。

メフィストフェレスはフォースタスに言う
よき魔術師は全能の神なり　ゆえにフォースタスよ
その強力な頭脳によって神となりたまえ！

事実、悪魔は、ファウストに天文学・占星術・医学・数学を教え、翼のある竜に牽かれる車を与えた。そのおかげで、このドイツ人の博士は諸大陸を自在に飛び回り、智天使が焔の剣で守っている地上のパラダイスがあるコーカサスに着いた。ヘレネとの間に儲けた息子のユストゥス・ファウストゥスは生まれながらに全知であった。このようなファウストが表しているのは、生きながら悪魔の虜になった一人の知識人というだけではなく、絶対者の地位に憧れ、世界支配を夢見る人間でもある。それは、おそらく文字文化以前からの物語であり、とりわけ野心的で自由と栄誉と知識に夢中になり、実現可能な限度をはるかに超えた欲望に振り回されていく時代の代表でもある。

8　トマス・モアの『ユートピア』

ルネサンスの時代には、さまざまな《ユートピア論》が現れた。それらは「現実世界とは異なる原理のうえに構成されている世界についてのまじめな記述」（R・リュイエ）であり、その時代の人々の願望と日常の現実とが、ある人々にとってきわめて残酷な不一致を示していたことを証言している。そこでは、未来（それも、おそらく遙かな未来）についてのオプティミスムと、現在についてのペシミスムとが対極をなしている。この両者の対話にユマニスム的立場から取り組んだのがトマス・モアの『ユートピア Utopie』（1516）である。この著作は、相対立する二つの部分に分かれており、第一巻ではルネサンス期のイングランドが暗色で描かれ、それに対置する形で第二巻では、あらゆる政治的・社会的・経済的・宗教的難問が払拭された輝かしい島のヴィジョンが描かれている。

ヘンリー八世のイングランドは、どんな国だったか？　社会的不平等のために秩序は最悪の状態であった。巷には乞食や浮浪者が溢れ、盗難は日常茶飯事であった。貴族は怠惰で、その名誉ある職責をなおざりにしていた。大地主たちは耕作地を牧草地に切り換えるために農民たちを逐い出したので、失業者が急増した。立法権自体、「富裕階層による貧民いじめ」の道具になっていた。十六世紀の国々の外交政策は、民衆の犠牲など一顧だにしない好戦的な邪悪さに穢れていた。したがって、遙か遠い島であっても、その実態に接した人なら「生涯、離れたくない」と思うであろう理想の国について、ヨーロッパの人々に知らせることは急務であった。

この島は三日月形をしていて、引っ込んだ湾は船舶に安全な停泊地を提供している。島には、それぞれ六千家族から成る五十四の町があり、首都はアマウロートゥムといった。ユートピアの人々は少なくとも四十人から成る家族を形成し、順番に畑仕事に従事したが、とくに農業に関心のある人は、一年を通して田園に住むこともできた。経済活動は国家の統率のもとに置かれ、財産も集団の共有で、すべてにおいて平等原理が貫かれている。貴族制は廃止され、日に六時間働けばみんなが生活するのに不自由しなかったが、何もしないでぐうたらしている者は一人もいなかった。夕方八時には就寝し、朝は四時に起床。政府は厳格な統制のもとに商品の流通を管理し、物資が過剰になる兆候が現れると生産を停止し、その間、各人は教養を積むことに励んだ。

ユートピアには国内用には通貨がなく、誰でも必要とするものを要求すれば支給された。繁栄している町は恵まれない町を援助し、家族同士も、子供が多すぎる家族は少ない家族に譲るなど協力し合った。貴金属が特別に珍重されることはなく、囚人を繋ぐ鎖やおまる（vase de nuit）に金が使われたりしている。住む家は、十年ごとに籤引きで決められ、引っ越しは一斉に行われた。各家には菜園が付いていて、食事はラッパの合図で三十家族から成る《シュフォグランティア syphograntie》（部族団）ごとに共同で摂った。老いも若きも一緒であったが、男女は向かい合わせにテーブルについた。給仕は子供たちが担当し、彼らは立ったまま食べた。授乳中の母親のためには別室が用意された。食事の前には道徳についてのレクチュアがあり、楽しく有意義な会話が交わされ、食事は音楽の演奏が行われるなか進められた。

政府も家族主義的で、三十家族ごとに一人の《シュフォグラントス syphogrante》（部族長）を選び、選出された二百人の《部族長》が一人の終身制の《プリンケプス prince》(統領)を選んだ。ただし、統領が専横である場合は罷免されることもあり、重要な議題はすべて《シュフォグラントス》の元老会議の合意で決定された。

ユートピア人たちは、戦いにあっては勇敢であるが、根本的には平和を重んじ、戦争は、あくまで専守防衛のためであり、武力攻撃を受けた同盟国を助ける場合や、相手国が邪悪な手法を採った場合に限られた。いずれにせよ、敵対国とも問題は可能なかぎり経済的手段で解決することを好んだ。軍事的衝突を避けるためには、敵方の王を暗殺することもあったし、敵の陣営の裏切り者を利用することもあった。ユートピアにも奴隷はいたが、奴隷にされるのは戦争の捕虜か、法律を犯した者であった。法律を犯した者も、一般的に死刑による処罰は行われなかったが、結婚には特別の考慮が払われ、唯一、不義は死をもって償わなければならない罪とされた。

トマス・モアのこの島では、女子は十八歳、男子は二十二歳になるまでは結婚できなかった。ユートピアの国全体が一つの家族のようで、互いによく知り合ったうえで結婚にゴールインした。婚約者たちは、結婚する前に、厳格な代母ときちんとした代父の監視のもとで、全裸になって互いをよく観察した。それでも、結婚してから気性面で合わないことが分かった場合は離婚することも可能であったが、それには、元老院による詳細な検査が行われた。通常の生活にあっては、夫は妻に対して、子供に対するのと同じ権限を有した。宗教に関しては、ユートピア人たちは苦行は行わない。健康を大事にし、自然の快楽を追求した。不治の病の場合、自ら死を選ぶ権利を認められていた。

この島は、ヴェスプッチ〔訳注・イタリア人。アメリカが新世界であることを確認した〕の水夫たちによって最近発見されたので、キリスト教は最近入ってきた宗教である。したがって、もともとたくさんの宗教があったが、「住民の大多数は俗悪な神々を捨て、永遠にして広大な、人智を超えた唯一神のみを認め」、ミトラと名づけて公式に礼拝するようになったのである。しかし、私的には、狂信と無分別な熱狂以外は、あらゆる信仰が寛容に許されている。ただし、無神論者は公職から追放された。町ごとに集団礼拝を司る僧侶がいて、神聖で尊敬されるべき生活を営んでいる。神殿のなかでは、流血の生け贄を伴わない簡素な儀式が執行され、魔術や迷信は嫌われ、死者に対しては、死体が焼かれる間、弔いの儀式が行われた。葬儀では、嘆きや悲しみはない。人々は死者のために祈るが、捧げられるのは喜びの歌である。なぜなら、この世での幸せな人生のあと、死は永遠の幸福への祝うべき旅立ちだからである。

ユートピアでの生活は、このようにすばらしいものであるから、人々は、この島を去りたがらなかった。外国へ出かけるには、スケジュールを明確にして当局に届ける必要があり、そうした手続きなしに出かけようとして捕まった場合は脱走兵として処罰された。同じ過ちを繰り返したときは奴隷にされた。町のなかを歩き回ったり近くの田園に出歩くにも、父母の許可が必要であった。レクリエーションの時間に散歩することは認められていたが、夕食時間を忘れて歩き回っている場合は、食事抜きになった。なぜなら、公共食堂の仕事が終わると、食べる物を見つけることはできなかったからである。

9 テレーム Thélème からベンセレム Bensalem へ

ラブレーも、ある観点から見ると、ユートピア的ジャンルに言及している。彼がトマス・モアにどれくらい負っているかを測ることはむずかしいが、『パンタグリュエル物語』第二之書のなかで、イギリスのこのユマニストが流布させた幾つかの名前が登場する。

「ガルガンチュワは、……ユートピー国アモロート王の姫バドベックと名づくる妃との間に王子パンタグリュエルを儲けた……」

のちにパンタグリュエルは、パリで学ぶが、「ディプソード人どもがアモロートの国を侵略しようとしている」との報を受け、アモロートを守るためにパリを離れる。ラブレーによると、ユートピーの島はインドの先のどこかにある。パンタグリュエルは長い旅ののち（彼は喜望峰を迂回した）攻囲されているアモロートの前に到着して戦いののち、ユートピーの首都に勝利の入城をする。

『パンタグリュエル物語』第三之書の初めでも、パンタグリュエルは「ディプソディー国を残る隈なく討ち平げて」から、「螽（いなご）のやうに蕃殖いたして人口過剰となってゐたユートピー国の男女の植民団」をこの国に移住させたことが述べられているが、そのあとは、ラブレーの作品のなかで「ユートピアの国」が登場することはない。しかし、パンタグリュエルとそのお供のパニュルジュが、マクレオン Macraeons（長生）の国だの、タピノワ Tapinois（潜伏）の島、ソナンテ Sonnante（鐘鳴）島、オード Odes（道路）島など様々な驚異の国を訪ねるのをやめたわけではなかった。これらについては、「ユートピア的というより、滑稽な発明だ」という人もいるが、ユートピアが日常的経験と反することを現実化しようとするものであるかぎり、ポノクラートに教えられたガルガンチュワの時間の使い方や、パンタグリュエルが父のガルガンチュワから示された学習プログラムに劣らない奔放さをもって、空想的な国を念頭に置いていることは確かである。

ガルガンチュワが修道僧のために建てさせたテレームの僧院〔訳注・『ガルガンチュワ物語』第一之書〕も、ある意味でユートピア的である。この奇妙な修道院の建築と装飾は、「ボニヴェ城、シャンボール城、シャンティイ城よりも遙かに壮麗である」と記されているように、いかにもロマネスクである。しかし、ラブレーはテレームの修道僧たち（テレミート Thélémites）の生活を叙述するなかで、ユマニスト的理想をこのユートピア的ジャンルに結びつけている。

このテレーム僧院には、外界の誘惑を遮断する塀というものがなく、共同生活を規律づける時計もない。なぜなら、「この世で、良識や悟性に則らずに、とんかん鳴る鐘の音をたよりにわが身の行ひを取締ること位阿呆なことはない」からである。また、世の修道士たちに必ず課された純潔・服従・清貧の誓約もなかった。それらは、「結婚・富・自由」のスローガンに取って代えられた。普通の修道院では「女ならば、片目が跛者か、傴僂か、般若か、出来損ひか、気違ひか、阿呆か、呪ひをかけられた片端者か、瑕者かに限られたたし、男ならば、加答児病みか、生れ損ひか、白痴か、一家の荷厄介になる者に限られていた」のに、テレームでは、「眉目形も優れ、姿も美しく、心様も秀でた女性、及び眉目は秀麗、体軀も整ひ、気立ての良い男性にあらずんば入るを得ず」と定められた。

また、男の修道院からは女は排除され、女の修道院には男は入れないのが常であったが、ガルガンチュワは、新しいこの修道院は男女共存たるべしと定めている。修道士も修道女も、ひとたび修道を誓うと一生修道生活を強制され束縛されたが、テレミートたちはいつでも「何の拘束も受けずに、また綺麗さっぱりと還俗できる」ことが決められていた。テレームでは、規則がないので、幸福と調和が勝利した。「欲するところを行へ Fay ce que vouldras」の格言は、単にラブレーの一つのパラドックスではなかった。

「かく定められた所以のものは、正しい血統に生まれ、十分な教養を身に付け、心様優れし人々と共に睦み合ふ自由人たる者は、生れながらに或る本能と衝動とを具へて居り、これに刺戟されればこそ常に徳行を樹て悪の道より身を退くものだからである。」

（『ガルガンチュワ物語』第一之書第五十二章、渡辺一夫訳）

テレーム僧院はユートピアの一断片に過ぎない。その反対に、一五五三年、セレスタット〔訳注・ストラスブールの南〕の無名の教授、カスパール・スティブリンがトマス・モアに倣って書いた『マカリア国の都市、エウデモネ Brève description de l'État d'Eudémoné, cité du pays de Macaria』は、一つのユートピアの完璧な案内になっている。スティブリンは、マカリアの島をインド洋にあるとし、エウデモネは、肥沃な畑とぶどう園があって、すばらしい城壁で囲まれた円形の都市で、建物は世界で最も美しい調和を見せている。市民たちは外国人たちにも開放的で、高い市民意識をもっているが、貴族（patriciens）と平民（plebéiens）に分かれていて、平等観には基づいていない。貧しい人々にとって公務に就くことは難関であるが、だからといって身分の低い人々が有力者たちを羨むことはない。貴族たちは厳格な教育を受けていて、貴族出身の元老たちは、未来を見通す英知をもって物事を決定する。民衆は未熟で無節操で、利害に動かされやすいと見なされ、国家の安泰のためには、政治は貴族に託する以外にないと考えられていた。このような貴族主義的・保守的政体を覆そうとする反乱の企みは厳格に監視され、露顕すると当事者たちは厳罰に処された。その反対に、協力的な市民たちはよい待遇を受けた。宴会は簡素でありながら楽しく、公的な問題が論じ合われ、市民精神の高揚に資した。

エウデモネの人々は一般に、際立って豊かでもなければ、特に貧しくもない。銀行家や商人は疑いの目で見られ、職人仕事よりも農業が優遇され、品物は国が定めた値でしか売り買いされない。収入が低くても人々の満足度は高く、働くことよりも教養を身に付けることに意を注いだ。行政官たちは、民衆が他国の堕落した風俗に触れることを警戒し、人々が島の外へ旅行に出かけることを好まない。外国の流行がマカリアに入ってくることはなく、人々は階層ごとに制服を着用した。とくに子供の教育には国を挙げて力を注ぎ、また、躾けが行われるよう厳しく監視した。公立学校は一つの大きな建物のなかに統合され、古典語、哲学、医学、数学、神学が教えられた。教師は市民のなかで最も高給取りで、びっしり詰まった学習プログラムが組まれたが、だからといってスポーツがなおざりにされることはなかった。人々は基本的にキリスト教徒で、あくまで聖書を根本にして迷信を拒絶し、煩瑣な教義論より信仰と慈愛を重視した。この点でスティブリンはエラスムス的妥協精神の伝統に身を置いている。

カンパネッラはカラブリアの貧しい無学な身分から出たドミニコ会士であるが、彼の著した『太陽の都』は、中世の至福千年説とプラトンを想起させるルネサンス・ユートピア論を総合したものである。ヨアキム・デ・フローリスと同じく彼も、天上の都の現出を信じ、その年代を西暦一六〇〇年とした。そして、この新しい王国はカラブリアに誕生するとし、その実現を促進する密議に加わったため、捕らえられて二十七年間を獄で過ごすなかで『太陽の都』を執筆したのだった。

この都は赤道地方の海のどこかにあり、一つの丘の上に築かれていて、巨大なドームをもつ太陽神殿が七重の同心円からなる町の全体を見下ろしている。神殿のドームは、内側に天体図が描かれ、この町の君主は《形而上学者 Métaphysicien》と呼ばれる僧侶で、《力》、《英知》、《愛》をそれぞれ意味する「ポン Pon」「シン Sin」「モル Mor」という三人の指導者によって補佐されている。この三つは、《存在 l'Être》の属性としての徳で、《力》は武力、《英知》は学問・芸術・教育を、《愛》は性的魅力・医学・農業・食料の供給を司る。

太陽の都の人々（ソラリアン Solariens）は、妻や子供も含めてすべてが共有である。エゴイズムがないので、盗みや殺人、不義、近親相姦、遊蕩といったこととは無関係である。教育は全ての子供に施されるが、本を読むことより自然を観察することが基盤になっている。権力者たちは六か月の任期ごとに、自分が住む家と部屋を指定する。街区ごとに共同の食堂・食料庫、炊事場があり、食事は共同で摂る。男女は差し向かいで坐るが、食事中はレクチュアが行われるので、黙って食べる。衣服は全員白で、農作業は集団で行う。《ソラリアンたち》の労働時間は日に四時間を超えることはなく、この都市ではみんなが幸せである。黄金は装飾に使われるだけだが、技術はすべてにわたって完璧で、気象学に関しては膨大な知識が蓄えられている。帆を張って風力で走る車、車輪で進む船、種々の戦争用の機械が装備されている。

生殖に関することは《愛》の行政官が天文学者の協力を得て監視している。《ソラリアン》の男性は二十一歳、女性は十九歳で愛の生活を始める。権力者たちが、どの男女を組み合わせるのが最良かを判断するために、男女は、衆目のもと、スパルタがそうであったように全裸になる。身分の高い女性は同じように身分の高い男性と結ばれるが、肥った女性は痩せた男性と結ばれる（逆もしかりである）。性行為は三日ごとに行われるが、入浴し、祈りを捧げ、食べた物が消化されたのちでなければならない。二人を結合させる時期は、医師と占星術師によって決められ、それまでは、別々の部屋で眠り、その時が来ると、二人を隔てている入口が年配の婦人によって開けられる。愛が交わされる部屋には、女性がそれを見てよい子を宿せるよう、美しい男性の像が置かれている。生まれた子供たちは、二歳で乳離れして、共同体で育てられる。

カンパネッラは、常に自分はカトリックの正統派であると主張していた。そのため、女性の共同体は認めなかった。《太陽の都》の人々の宗教について、それがキリスト教より以前のものか、それとも純化されたキリスト教なのかを言うことはむずかしい。私たちとしては、トマス・モアと同じく、三位一体を予感させ、公的告白をし、僧侶たちは断食を行い、日に四回詩篇を朗誦しているなどのことから、非常に純化された自然宗教であると言っておこう。太陽神殿の祭壇の前では、一時間ごとに一人のソラリアンによって永遠の神への祈りが捧げられた。それは、カンパネッラによると、「われわれカトリック教徒における四十時間大祈祷〔訳注・復活祭の準備期間である四旬節の初日である灰の水曜日の前に三日間続けて行われた〕のようなものだ」という。

したがって、《太陽の都》の宗教とキリストの宗教の間には対立は存在しないが、トマス・モアの『ユートピア』のそれと同様、救済的傾向性はないし、十字架のドラマを強調することもない。彼は、こう書いている。「キリストが十字架の上にあったのは六時間だけであった。……その責め苦のあとに続いた歓喜に比すれば軽かった苦しみのなかに彼を表現することは、はたして必要なのだろうか?」

——ユートピア都市は、当然のこととして幸せである。

フランシス・ベーコン(1561-1626)が『ノーヴム・オルガーヌム Novum organum』(1620)と同じ年に刊行した『ニュー・アトランティス Nouvelle Atlantide』は、未完の作品である。そこに表されているのは、完成された社会というよりも、権力や科学アカデミーの活動のおかげで幸せになった人々である。ベーコンは、その《ベンセレム Bensalem の島》を太平洋のなかに位置づけ、プラトンのアトランティスと関係があるとしている。しかし、このギリシアの哲人が信じたのと違って、大アトランティスは大地震で崩壊し海に呑み込まれたわけではなく、大洪水によって荒廃し文明が後退しただけで、それがアメリカであり、災厄を免れたのがベンセレムだとしている。この島は、ここ千九百年間、孤立を続けつつつも、独自の高度な文明を維持しており、世界の残余の部分に事態の推移を調べるために調査隊を派遣している。

《ベンセレム》は外の世界とはまったく通商を行わないし、通貨も使わない。しかし、内部では私企業があり、商業が行われている。政治は君主制で、家族生活は家父長制によって営まれている。《ベンセレム》では、人々は鮮やかな色彩の布を好み、トルコ式のターバンを付けている。風俗は清純で、売春などは知られていない。《ベンセレム》の独自性（そこには、ユートピアの小説的なフィクションが入り込んでいる）は「ソロモン館」あるいは「学士院」と呼ばれる学士院で、これが《国民の眼》となっている。学士院を構成し、《ベンセレム》のほんとうの指導者である学者たちにとって大事なのは、実用的技術を体系的に仕上げることよりも、「可能なことをすべて現実化すること」である。人々は、経済的効率よりも、一種の芸術である科学を好む。《ベンセレム》の学者たちは高温の炉や地下実験室、天体望遠鏡、顕微鏡、また、気象や雲を研究するための塔を持ち、生体解剖を行うことによって、一般人からすると、奇跡と映るようなことを行う。新種の動植物を創り出し、木々の生長を速め、ヨーロッパでは知られていない物を製造したり、食料の長期保存を可能にしたり、水中を航行したり、空を飛行することもできる。実験室では幻を現出させることもできる。しかし、こうした驚くべき力が民衆を騙すために使われることはない。

《ソロモン館》を構成する学者たちは、チームを作り、さまざまな仕事を分担し合う。《光明の商人たち mercatores lucis》は外国に観察に出かけ、《略奪者たち depraedatores》はさまざまな本を調べ、《技術者たち venatores》は機械技術を研究する。ほかにも、《実験係 expérimentateurs》、《実験結果を分類する係》《結論を引き出す係》もいる。そして、全員の集まりでデータが総合され、結論が出されて秩序づけが行われる。公にすると危険をもたらす恐れのある真理や発見については、全員が秘密を守ることを誓う。

このように『ニュー・アトランティス』は、科学小説という様相をもっているのであるが、だからといって、このベーコンの著述を過度に近代に当てはめないようにしよう。それが教えているのは「技術によって変革された文明」というよりも「科学が第一の席を占めている社会」であり、この意味で、この書は古代的思考と近代的思考の間の一つの標柱を成している。

10 現在を拒絶し未来を予知する《ユートピア》

ルネサンス期のユートピアは、中世以前の非常に古い思想の流れとプラトン的伝統に結びついているので、現代には適合しない性格をはっきり示している。十六世紀から十七世紀初めのユートピア論者たちは、ある意味で自分たちの時代をあまりよく理解していなかった。個人主義が新しい文明の発展をもたらしながら確立していったなかで彼らが称賛したのは厳格な集団主義であった。国民意識と領域的国家が勃興していったなかで彼らが構築しようとしたのは、時間も空間も超え、伝統も過去もない国家——しかも、正確に言えば、もはや歴史を作る力をもはやもっていないことが明白な都市あるいは都市群であった。

ヨーロッパ文学が飛躍を示しているなかで、トマス・モアが工夫を凝らしたのは一つの人工的言語の創出であった。資本主義が発展し始めているなかで、ユートピア論者たちは私有財産とカネを拒絶した。大航海が盛んに行われ、大陸間交易と諸民族間の関係が緊密化していくなかで、トマス・モア、スティブリン、カンパネッラ、ベーコンが夢想したのは孤絶した世界であった。最後に、ルネサンスとは、なんといっても自然の再発見であったが、ユートピア論者たちの根底にあったのは、その反対に、自然なものすべてに対する抜きがたい不信感であり、そこでは、人間はつねに自然の風景を作り替えている。ルネサンスの《ユートピア》と古代のそれとには共通する特徴がある。それは、さらにくだって十九世紀の理想社会論にも見出されるもので、指導主義的・計画主義的自給自足経済を営む孤立した国家であるということである。あくまで優先されるのは全体の利益であって、個人は無視され、人間的感情の音階は狭められる。町は秩序ある対称性のもとに画一的に造られ、市民の生活は厳格な時間割に従って集団的に営まれる。プラトンからカンパネッラにいたるまで、共通して教育が重視されるが、その内容は、この「完璧な都市」を何一つ変えることなく維持する市民の育成という根底的に保守的精神を基盤としたものである。

要するに、人々の生活は灰色にくすみ、誰が考えても息苦しい空気に支配されているのが、これらの《幸せな都市》の実態である。学問を過度に重視する制度が生む《集団的エウデモニスム》と立法学者たちの机上の論理は、なにか恐ろしいものを秘めている。「恩寵とほほえみに支配された」テレームの僧院は、これらの《ユートピア論》と全く同一とすることはできないが、幾つかの視点からすると同じものをもっている。それは、いわば「裏返しの修道院」であり、やっぱり画一的な「きわめて狭苦しい一つの共同体」(R・リュイエ)である。ラブレーがテレームの人々について述べている一節を読み直してみよう。

「かくの如き自由な境地にあればこそ、一同は、誰かたった一人の気に入るやうに見受けられたことでも皆で相競って行ふやうになり、端から見ても麗しい限りであった。もし男女の誰かが『飲みませう』と言へば、皆が飲んだ。もし『遊びませう』と言へば皆が遊んだ。もし『野遊びに参りませう』と言へば、皆が出かけて行ったのである。」（『ガルガンチュワ物語』第一之書第五十七章　渡辺一夫訳）

ガルガンチュワによって創設されたこの僧院には、ユートピアに典型的な特徴がもう一つある。それについては、すでに本書でも強調したが、誰が見ても明らかな日常的現実への否定である。ラブレーは、この新しい僧院の建物をユートピア論者のやり方でかなり詳しく説明しているが、六角形をしているこの僧院の建物の各隅には円塔があり、塔と塔の間は三二〇フィートで、住居部分は五階から成り、地下は蔵になっている。これは、ユートピアを造る人は都市計画家になりやすく、都市計画者はユートピア的発想に引きずられやすいということである。これらの人に共通している信念は、「人間の精神は生活を営んでいる枠組みの作用を受けるから、その生活の空間的条件を用意してやることによって人間はいかようにも変えられる」というものである。それらは過去によって束縛されることなくゼロから人工的に造られるから、幾何学的な形に線引きされる。プラトンが『法律』のなかで下絵を描いている植民都市は、中心から放射状に街区に分けられている。同じ特徴は《スフォルツィンダ》にも見られる。

しかし、ユートピアの建築家たちが幾何学的形態を選ぶのは、一つの目的のためである。それは、その理想都市に《宇宙的秩序》（cosmos）のイメージをもたせ、至高の調和を反映したものにしたいということである。フィラレーテは《スフォルツィンダ》の大聖堂の床に十二か月をまわりに配した地球を描いている。丸天井は、その形自体が神による完成のイメージを表しており、そこでは《神》は光を放つ太陽によって象徴されている。

十六世紀なかごろ、ドーニ〔訳注・アントン・フランチェスコ〕は、もう一つのルネサンス期の『ユートピア』であるその『天上の世界 Mondi celesti』に、太陽を象って一つの神殿を中心に百本の道路が放射状に伸び、円形の城壁で囲まれた町を想像している。カンパネッラの《太陽の都》も、天空を描いた巨大なドームを頂く神殿を取り巻く形になっていて、東西南北の基本方位にある四つの門によって外界に開けており、街区は七惑星に対応する七つの同心円によって分けられている。

しかし、これらは、あくまで実在しない国の人工的都市である。そのことは、著者たちも弁えており、トマス・モアが付けた名称は、この点で意味深い。その島を発見した人物の名は「ヒュトロダエウス Hytholodée」で、これは「無駄話を振りまく商人」を意味している。《ユートピア》は「どこにも存在しない国」の意であり、首都の《アマウロートゥム Amaurote》は「幻の町」あるいは少なくとも「未知の町」、そばを流れる川の《アニュドリス Anydris》は、「水無し川」、統治している《アデムス Ademus》は「人民なき君主」、彼が住んでいる《アラオプクリテス Alaopclites》は「都市なき市民」の意である。

これらのユートピアでは、建造物も機能性を無視したものになっている。プラトンが『法律』に記している植民都市を取り巻く外側の城壁は、家々から離れていて、城壁の上を巡回することも、防衛に当たっている兵士たちに糧食や武器を補給することもできない、きわめて非実用的なものである。こうした不条理は、十六世紀初めの無名氏（Anonyme Destailleurs）のデッサンにも見られ、カンパネッラの『太陽の都』も、これを踏襲している。

同様に、多くの理想都市にあてはまる放射状のデッサンも、たしかに見た目には魅惑的だが、実際にはありえないものを残している。《スフォルツィンダ》は同心円状のアヴェニューが一本しかないので、放射状のある街路から別の街路へ移るには、長い道を遠回りしなければならない。無名氏（Anonyme Destailleurs）が描いた町では、このたった一本のアヴェニューすらないので、放射線道路の一本から別の一本に移るには、中心広場に戻るか、外周路にまで行くかしなければならない。そのうえ、端へ行くほど街路同士の間は広がるが、隣り合う二本の街路の間に家々は一列しかない。こうした馬鹿げた点は、ドーニの都市にも見られる。

ヴァレンティン・アンドレーエ（1586-1654）の《クリスティアノポリス Christianopolis》についていえば、家々の並び方は兵舎のようで、道は一種の迷路の観を呈している。そこには、おそらく最も非人間的な理想都市のすべての要素が集まっている。建物は各階とも住居になっているから、交通は地下通路で行われるとしか考えようがない。これは、実際に人間が居住できる都市ではない。いわば、まじめなゲームとして考察されたのがユートピア的建造物の基本的性格なのである。

つまり、「現実とは別のやり方があるのではないか」と考えるようになったことから出てきたもので、この点で、フィラレーテのケースは示唆的である。彼は、ミラノ公から一つの町を創るよう命じられたという仮定のもとに、想像力を駆使して、のちのヴェルサイユ宮殿に匹敵する壮麗な病院、何百本もの円柱を巡らせた十五階建ての港の城を構想した。そこにあるのは、《驚異の都市 cités-miracles》の魅力に取り憑かれた男の夢想である。レオナルド・ダ・ヴィンチもその《手帖》のなかで、ヤコポ・ベルリーニは『ヘロデの宮殿』で、アルトドルファーは『湯浴みするスザンヌ』という聖書のテーマを採り上げるなかで、さらにそのほかのルネサンスの芸術家たちもそれぞれに、物質的抵抗にも日常生活の偶発事にも財政的束縛にも縛られない世界に逃避して《デミウルゴス démiurges》〔訳注・プラトン学派で言う造化神〕の腕を振るいたい欲求を満たしたのであった。

とはいえ、建築家たちが理論上描いた建造物すべてが必ずしも《ユートピア的》であるわけではなかった。ときとして、構想の現実化を妨げたのは、慣習や都市の過去、さらには財政的制約に過ぎないものもあるし、一時的に現実になったものもある。アルベルティ以来、都市計画者たちは、均一な高さの家々が両側に軒を連ねる直線道路や、放射同心円道路の大通りの消失点にモニュメンタルな建造物が聳えている都市風景を描いてきた。しかし、そうしたプロジェクトを実現できたケースは、ごく稀であった。そこで彼らは、劇場でその埋め合わせをしたり、君主の入城式典など都市挙げての祭のとき、町を改修し装飾する役目を果たすなかで、これを実現しようとした。そのときは、反対されることもなく古代風の建築を建てたり、街路を整備して遠近法的展望をもたせることができた。こうして、ルネサンス期の祭のときは、想像上の町が現実のなかに突如入ってきて、一時的に現実の町を覆い隠した。

一五一三年、ウルビーノで「カランドリア Calandria」が演じられたとき、観客たちが眼にしたのは、「すっかり造り替えられた町」だったとカスティリョーネ〔訳注・レオ十世の側近の画家。1478-1529〕は言っている。この二年後、レオ十世がフィレンツェに入城したときも、家々は偽のファサードで装飾され、町には偽の凱旋門やピラミッドまで造られた。この十六世紀には、西欧のさまざまな都市で、君主の入城を機に改修が行われ、モニュメントが造られ、市民たちは古代風の衣装を身につけたりした。

夢は、ときに未来を予感させる。劇中の装飾は都市の装飾に連動し、幾何学が都市計画に反映された。同様にして、ユートピア論者たちも、のちの時代が活用することとなるものを含んでいなかったわけではなかった。そうした《ユートピア》は、その時代に背を向け、過去を見つめる顔と遠い未来へ向けた二つの顔をもっていて、「キマイラ的な容貌にもかかわらず、それを覆う霧の皮膜の下では、やがて実現可能となるさまざまな考えが進行していた」〔リュイエ〕。それらは、社会学、都市計画、都市緑化、都市の枠組作り、優生学に関心を寄せ、人間による自然の改変、労働日の限定、公民教育、文化教養の推進などを主張した。さらに、宗教戦争の嵐が吹き荒れるなかにあって、寛容の精神と平和主義を主張した。これらは、当時の日常的現実とはまったく懸け離れていたが、ユマニスムが未来の世代に贈った最も高尚なメッセージの一つとなった。ユートピア論者たちは、これらを基本的プランとして、当時はキマイラ的と考えられ、その代表者たちはますます厳しく迫害されつつも、現代からは最大の関心の的になる《教会一致運動》の思想の流れを形成していったのである。

すでに十五世紀なかごろ、ニコラウス・クザーヌスは『De pace fidei』（信仰の平和）という小冊子を著している。彼は、ライン地方の司教になり枢機卿にまでなって、ギリシア正教とローマ教会の統合のために尽力し、教皇庁とフス派の和解に献身した。コンスタンティノープルが陥落した翌年、彼は新しい十字軍を呼びかける代わりに、大宗教の代表者たちによる友好的討議を行うよう訴えてさえいる。しかし、彼自身、これがあまりにも大胆な提議であることを弁えていたので、それを《見神 vision》という形で示した。

——この熱情あふれる人は、地上の諸宗教が礼拝儀式の多様性を存続させつつも一体性を樹立することを願って、諸国民の代表たちが神のもとへやってくるのを見た。「天なる神 Père celeste」は傍らの天使たちに、世界のあらゆる賢人たちを呼び出すよう命じた。《神の御言葉 Verbe》〔訳注・三位一体のなかの第二位格で、「子」つまりイエス・キリスト〕、ついで聖ペテロ、聖パウロがキリスト教の玄義を説明し、議論は一種の和議をもって終わり、賢人たちは、自分を崇める民衆に信仰の真の一体性を教えるために帰って行った。エルサレムは人類の宗教上の首都となった。——

このように、ニコラウス・クザーヌスは、あらゆる善意の人が合意できる基本条項としての典型的にユマニスト的テーゼを提示したのであった。このドクトリンは、百年後、カトリックとプロテスタントの抗争が起きたときにも再度現れる。一五四四年、ギヨーム・ポステル（1510-1581）はバーゼルで

『De orbis terrae concordia（世界の協和）』なる論文を発表し、そのなかでニコラウス・クザーヌスのこの偉大なプロジェクトを採り上げている。しかし、ポステルは、精神の均衡を失ったとして、二度、異端審問にかけられ、その著作はローマ教会により禁書目録に入れられた。彼をイエズス会に受け入れたのはイグナティウス・ロヨラであったが、その彼でさえ擁護しきれなかった。

ポステルは、一五四七年、熱狂的な修道女、マザー・ジャンヌ Mère Jeanne に会い、この女性こそ女メシアであると思い込んでからは、まさに《見神者 visionnaire》となった。普通の人と異なる学識をもっていたこのユマニストは、一時は、王族を対象とする学院で、ギリシア語、ヘブライ語、アラブ語を教えた。オスマン帝国についてもかなりの知識を持っていてトルコ人たちの寛容ぶりを称賛し、イスラム教徒もユダヤ人も、信仰上の多くの点をキリスト教徒と共有していることを強調し、「これからは教皇派もルター派もない。みんなイエスを救い主としているのであるから、イエスの信徒を名乗り、イエスの弟子になろうではないか。そうすれば、イスマイルの末裔 Ismaélites（アラブ人たちのこと）とも友だちになれるし、人類全てが一体になれる」と書いている。しかし、当時の人々が彼の言うことを理解できるわけがなかった。

十六世紀には、この教会一致的理想から、不寛容を排除した内面的宗教の賛美に移る。ここで私たちは、協調的カトリックのグループから、迫害を免れるために町から町へ漂流を余儀なくされた独立的プロテスタントたちに視点を移そう。

セバスティアン・フランク（1499-1542）は「神は公明正大であられ、いかなる人物か、名前はどうか、異教徒かユダヤ人かなどと差別することなく、心から愛してくださる」「神があらゆる人のなかで佳とされるのは、神を畏敬し正義を行う人である」と主張した。「このゆえに、キリスト教会は特別の民族のものでもなければ、ある時代・ある人物・ある土地に結びついた宗派のものでもない。それは神から生まれたすべての人で構成される霊的で不可視な教会である。私たちはそれを信じ、もっぱら内的に心の眼で見るのである。」

それから百年後、「霊感を受けたシレジアの靴職人」であるヤコブ・ベーメ（1575-1624）は、宗教の多様性に人類にとっての一つのチャンスを見る。彼にとって、多様な宗教は、自然のなかでの花の多様性と同じであった。「この地上では、あらゆる種類の花々が隣り合って咲き競っている。彼女たちの間には、色がどうの、香りがどうの、味がどうのという争いはない。彼女たちは、大地と太陽、雨と風、暑さ寒さが、好きなように自分の上に降り注ぐに任せており、それぞれが自らの本性と固有の質にしたがって生長する。神の子らも、これと同じである」。

こう考えると、不寛容は最も初歩的な自然の法則に逆らっているのであり、愚かであり有害である。ベーメは、さらにこう書いている。「さまざまな歌声で主を讃えている森の鳥たちを裁きにかけようなどと誰が考えるだろうか？　彼らの声が完全な調和をなしていないからといって、処罰を加えようなどと神がお考えになるわけがない。彼らは、自分のありったけの力で、神の御前で歌い、演じているのだ。」

権力者たちは、どんな権限があって臣民たちに一つの宗教を押しつけようなどと余計なことをするのか？　人々の魂を裁く権利をもっておられるのは神ただお一人である。聖霊の剣は肉を斬る剣ではない。一五三三年以後、神秘的精神主義者のカスパール・シュヴェンクフェルト（1489-1561）は、（当初はルターに従っていたが）教会と国家の分離というドクトリンを唱える。この説は、のちに再洗礼派やあらゆる独立的プロテスタントたちに引き継がれていく。——「信仰と同じく、教理や儀式も神のものであり、行政官がどうこう言うべき筋合いはない。」

シュヴェンクフェルトは、一五四九年にも、こう書いている。「国家が公的にキリスト教国家であるということは可能であるが、だからといって、教会に対して支配権を持つとか、国家はキリスト教的でなくてはならないということにはならない。《キリスト教国家 État chrétien》というのは、聖パウロの書のどこにもない近年に作られた表現である。」

宗教的寛容と他の信仰に対する共感、教会と国家の分離――これらは、カルヴァンやイグナティウス・ロヨラの時代の人々にとっては夢のような理念であった。しかし、助けを求めるメッセージを入れて流されたビンは、歴史の嵐にもまれながら、人々のいる岸のほうへ少しずつ近づいていった。

第十一章　個人と自由

1　大人物たちを生んだ環境

ミシュレ、ブルクハルト、モニエ〔訳注・一九〇〇年に『クァトロチェント——十五世紀イタリア文学史 Le Quatrocento —— Essai sur l'histoire littéraire du XVe siècle italien』を刊行〕以来、ルネサンスを個人の開花によって特徴づけることが伝統となっている。ブルクハルトはこう書いている。「中世には人間は人種・国民・党派・職人組合・家門、そのほかあらゆる全般的・集団的な形のもとでしか自らを認識していなかった」。その反対に次の時代にはモニエが言うように、「あらゆる絆が緩められ、鎖は切られ、あらゆる統一体は壊され、それらの瓦礫のうえに、列から離れ、全体から解放され、伝統から自由になって、そのへり地を揺るがし、ヴェールを投げ捨てて、近代人が姿を現した」。

このテーゼには、あらゆる点で異論の余地がないが、陰影をつけ、奥行きを持たせる必要がある。まず、中世盛期にも、当時の宗教界の権力者たちから称賛とともに危惧を投げかけられたアッシジの「貧者 Poverello」〔訳注・聖フランチェスコ〕や、フリードリヒ二世〔キリスト教の君主であったが、実際にはコーランや懐疑論に惹かれていた〕という強烈な個性を生んでいた。繰り返しになるが、中世とルネサンスの間には、急激で全面的な断絶などはなかった。そのうえ、ルネサンスの傑出した人々を、彼らを生んだ環境と分離することは、安易すぎる単純化である。十六世紀のヴェネツィアのフマニストたちが都市貴族階層に属していたことは、久しい以前から知られていたが、最近のL・マーチンズのようなアメリカ人研究家は、フィレンツェに関しても、それに近い結論に到達している。

ヴェネツィア共和国の高官として知られているフマニストのコルッチオ・サルターティとレオナルド・ブルーニは、いずれも、この都市の最も裕福な百人のなかに入っていた。ポッジョ・ブラッチョリーニは、貴族の家長たちに劣らない資金を有していた。フィレンツェのジャンノッツォ・マネッティは、自分が生涯に共和国に納めた税は一三万五〇〇〇フィオリーノにもなると大コジモに文句を言っている。『フィレンツェの国父』として君臨した人物に文句を言えた人はいなかったであろう！

十五世紀フィレンツェの主なフマニスト四十五人のケースを詳細に調べてみると、三十六人が大ブルジョワまたは貴族階級、三人がフィレンツェに服属していた地域の裕福な家門の出であったこと、一般的ブルジョワの出身者は六人だけであったことが分かっている。このように、フィレンツェのフマニストたちと彼らの影響下に新しい文化を身につけた人々は社会の特権階層に属していた。少なくともフィレンツェでは、フマニスムの力とはそうした指導的階級の力であったといってよいであろう。

ルネサンス時代の銀行家兼商人たちについても、彼らは教会の高利に関する禁令など無視し、この世の現実にしか関心を持たなかった連中だなどといえるだろうか？　これは、心理学的誤謬を犯していることになる。全般的に彼らは、宗教的次元ではきわめて保守的であった。フッガー家は、町全体がプロテスタントに移行したなかにあって、カトリック信仰を守っていた。ほかにも、当時の事業家たちの多くがキリスト教信仰については誠実であったことを示す例がたくさんある。

フランチェスコ・ダティーニは、一三九九年、六十四歳というのに、九日間にわたって、パンとチーズと果物しか口にせず、地べたで寝るという苦行を実践している。コジモはサン＝ロレンツォ教会を建て、サン＝マルコ修道院を完成し、フィエゾーレ大修道院を拡張し、エルサレムの聖霊教会改修のために巨額を寄進している。メディチ家の北ヨーロッパにおける代表者であったアンジェロ・タ一ニとトマソ・ポルティナリはメムリンク〔訳注・ネーデルラントの画家〕に『最後の審判』の絵を注文している。レオナルド、ミケランジェロ、ロンサール、シェイクスピアなどといった芸術家や文人のめざましい活躍も、支える庇護者（mécènes）があってこそであった。ルター、ツヴィングリ、カルヴァンなど宗教改革の主役たちは、たしかに「鎖を断ち切った偉大な反抗者」であったが、彼らが自分の考えを世に示すことができたのは、一つの宗教的な流れに乗ってのことであり、時代の最も深部にある願望を体現していたからであった。しかし、彼らの教理には、まだ中世的な伝統や理念が含まれていたことも、日々に明らかにされている。

あのように驚きと愛着を呼び起こしたジャンヌ・ダルクも、女性の身で社会に受け入れられるには二年かかった。ヤン・フスは、ボヘミアでは支援者を得ていたが、コンスタンツ宗教会議では支持者を得ることができなかった。「武器をもたざる預言者」サヴォナローラは、この点でマキアヴェリから批判され（『君主論』）、三位一体を否認したミカエル・セルヴェートと汎神論に近い主張をしたジョルダーノ・ブルーノは焚刑にかけられた。もっと慎重だったコペルニクスは、有名な『天体の回転について De revolutionibus orbium caelestium』を、いよいよ死期が近づくまで印刷させなかったが、それでも、さらに、パウルス三世に献呈するという気配りをしている。これは、それから百年経ってもガリレオ・ガリレイが宗教裁判にかけられ、「あやまちと異端を放棄する」よう迫られていることを考えると、まさに賢明な用心であったことが理解される。

2　規格外れの人物たち

これらのことを留意したうえでなお、ルネサンス時代には、社会的束縛に緩みが見られることは確かで、人々は古くからの枠を外れて様々なことができるようになった。指導階層に属していない人も、個人としてみんなから注目され称賛されることをめざした。かつてよりずっと多くの人が、より恵まれて強力な個性を発揮できるようになった。その結果、ローマ教会の教養と権威が議論され、血腥い戦争が繰り返され、芸術と文学では古代的理想への回帰が行われ、経済は進展し、豪奢好みが大手を振り、都市化が進んで文化が拡大し、エキゾチックな世界との接触が行われ、そうしたことすべてが、大胆で才能に恵まれた人々に、もはや流動性を失い飼い慣らされた農民的世界は僅かしか提供しなかった様々なチャンスを提供した。十五、六世紀の肖像画芸術の発展と個性的人格の確定の間には、ある並行関係が存在していたこと、それには、もっぱらイタリアの事象が関わっていた可能性がある。

たしかに《クァトロチェント》〔訳注・西暦一四〇〇年代〕のイタリアでは、輝くような人格とすばらしい経歴の人々が輩出した。「成り上がり者 parvenus」でしかなかった《コンドッティエーリ condottieres》〔訳注・傭兵隊長〕たちは、君主や共和国政府を震え上がらせた。フィリッポ＝マリア・ヴィスコンティがロンバルディアに覇を唱えるために助けを借りたカルマニョーラは、ピエモンテの農民の息子の豚飼いであった。ドナテッロによる彫像で知られるガッタメラータはパン焼き職人の息子であった。ピッチニーノ〔訳注・父のニッコロ、息子のヤコポともに傭兵隊長〕の父親は肉屋であった。一国の首長に登り詰めた人々もいる。やはり親子二代にわたる《コンドッティエーリ》であったフランチェスコ・スフォルツァ〔訳注・父親はアッテンドロ〕は、ミラノのヴィスコンティから権力を奪い取った。銀行家のメディチ家は、目立ちすぎないよう気を遣いながらフィレンツェを支配した。スペイン人のチェーザレ・ボルジアは、一時は中部イタリアに君臨し、マキアヴェリは『君主論』第七章で、スフォルツァとボルジアの二人を「力量（ヴィルトゥ）によって君主になるか、それとも、運（フォルトゥナ）によって君主になるか」の手本として挙げている。

フランチェスコ・スフォルツァだけでなく、アラゴンのアルフォンソとフェランテ〔フェルディナント〕、シギスモンド・マラテスタ〔訳注・グェルフ党の中心人物〕など、ルネサンス期のイタリアの君主たちは、私生児が少なくなかった。また、十五世紀の暴君たちは、自分しか頼ることができなかったし、自分のことしか考えなかった。彼らが自分の運命を切り拓くことができたのは、あらゆる正当性が根底から問い直されたルネサンスの時代だったからこそであった。

マキアヴェリは『君主論』の一章を「他人の武力または運によって手に入れた新君主国について」に割き、もう一章を「非道によって君主の地位に登った人たちについて」に割いている。グイッチャルディーニは懐疑論者らしく、こう書いている。「すべての国は暴力的であり、合法的権力などというものはない。ローマ人の権威によって立てられた皇帝は、ほかの誰よりも巨大な簒奪者であったし、聖職者たちは、われわれを服従させるために、世俗的と霊的の二つの軍勢を利用するゆえに、二重に暴力的である」。こうした言葉は、社会的階級の価値と貴族というものに疑義を差し挟んできたイタリアにおける思想の流れの到達点を示している。

ダンテは『饗宴 Convivo』のなかで、「自分は《徳》以外に貴族の徳を認めるわけにはいかない」と断じ、ペトラルカは「貴族に生まれるのではない。貴族になるのだ」と書いている。〔クァトロチェント》のフィレンツェの政治家でありフマニストであったパルミエーリ（1406-1475）は、「先祖の武勲を誇りとする人は、自身には何の長所も名誉もないと白状しているのだ。もし、自らが名誉に値したいと思うなら、他人でなく自分を引き合いにするべきである」と述べている。

こうして、イタリアのルネサンスが賛美するのが《ヴィルトゥ virtu》〔訳注・「力量」〕である。ランディーノ（14240-1504）は、「ロレンツォ・イル・マニフィコにとっては《ヴィルトゥ》のみが人を高貴ならしめるものである」と書いている。時代的脈絡のなかでいうと、それは、みずからの運命を創出しようとする意志、企業家的精神、計算された大胆さ、研ぎ澄まされた知性であり、必要とあれば残忍さや術策も排除しない果敢さ（マキアヴェリがチェーザレ・ボルジアについて讃えている《ヴィルトゥ》がそれである）であり、それには、自己抑制と魂の偉大さが伴わなければならない。

したがって、イタリアのルネサンスが、十六世紀のその歴史の第二部において、国家の首長たちの正当性と世襲的貴族の価値を認めるのは、部分的に自説を捨てて既得権益の安定化を受け入れたためである。ゴンザーガ家〔訳注・マントヴァを支配した貴族〕やメディチ家も正当性を問われることはなくなり、フランス王たちも、フィレンツェの公女との結婚を躊躇うことはなくなる。

そのうえ、個人の解放、社会的ヒエラルキーへの批判に関しては、さまざまな国で追随者が続いたのであって、それらはイタリアだけの現象に留まらなかった。勝運に恵まれた《コンドッティエーリ》を賛美し、従順な才能人を庇護した暴君政治をクローズ・アップしたブルクハルトの研究が明らかにしているのは、西欧文明全体を特徴づけ、その最も深いダイナミズムと連動している個人主義の進展であった。

エラスムスは、『痴愚神礼讃 Éloge de la folie』（42）のなかに、貴族に対する痛烈な皮肉を差し挟んでいる。

「どこを叩いてみてもしがない日雇い人足と変わりないくせに、自尊心が強くて、毒にも薬にもならない貴族の称号を鼻にかけて、いい気になっている人々のことを黙っているわけにはまいりませんね！　おれの祖先はアエネアスだと言う者もいれば、ブルトゥスの後裔だと自称する者もいます……こういう獣みたいな連中を神々のように思う同類の阿呆どもにも事欠きはいたしません。」

（世界の名著17「エラスムス」一一七頁、渡辺一夫・二宮敬訳）

このような批判は、歴史的脈絡のなかに置き換えて初めて、その本当の意味をもつ。その一方で、権力者たちは、伝統的ヒエラルキーの外にあるか、それとも引き継いでいるかにかかわらず、同時代の人々に自分の力を押しつけた。パリではエティエンヌ・マルセルが、フランドルではファン・アルテヴェルデ一族が、本来なら服従しなければならなかった君主たちを震撼させた。イタリアで《コンドッティエーリ》たちが成功を収めている時代に、フランスでは、ブルターニュの小貴族、デュゲクランがフランス王国の最高司令官（connétable）になっている。彼は、死後、サン＝ドニの歴代王たちの墓の傍らに埋葬され、その武勲は詩人たちに謳われ、その軍歴は十五世紀にはタピスリーに描かれた。貧しい農民の娘、ジャンヌ・ダルクは、軍隊を率いてイギリス軍を撃退し、シャルル七世を戴冠させた。

知性と行動によって経済面で並外れた地位を手に入れ、文芸の庇護者となった人は、イタリアだけに限らない。R・クラインは「ジャック・クールとその後輩であるメディチのコジモと区別する本質的なものは何もない」と書いている。ブールジュで、ついでパリで金融界を牛耳ったこのフランスの商人は、シャルル七世の大蔵大臣となり、貴族に列せられ、一四四二年にはブルジョワ出身者として初めて王の顧問となり、一四四八年には教皇のもとに使節として派遣された。あまりにも急速に成り上がったため人々の嫉妬を掻き立て、王の寵愛を失ったが、彼の信条とした「勇気の前に不可能はない A vaillans cuers riens impossible」は、ルネサンス全体を特徴づけたものとなっている。これは、《ヴィルトゥ》をフランス的に定義したものといえよう。

十六世紀初めの西欧で最も重要な商業・金融家は、イタリア人ではなくドイツのヤコブ・フッガーである。彼は、一五一九年の皇帝選挙〔訳注・カール五世が神聖ローマ帝国皇帝に選ばれる〕で決定的な役割を演じ、四つの領主領を手中にし宮中伯 comte palatin となって、そのアウクスブルクの住まいにはたくさんの本と芸術作品を集め、とくにアルトドルファー〔訳注・ドナウ派の代表的画家。1480-1538〕のフレスコ画を所有した。

このように、近代が産声をあげたとき、ヨーロッパのさまざまな国民が分担して並外れた人物たちを輩出したのであって、すべてを網羅することはできないが、どうしても指摘しておかなければならないのが、ルターとコルテスの二人である。前者は低い身分の出で、栄光を求める気はさらさらなかったが、「信仰による義認」という自分の教義を貫くために沈黙を破り、ローマ教会からは破門され帝国から追放されつつも、西欧におけるキリスト教的統一体に断絶を生じさせる仕事を敢えて引き受けたのであった。あるとき彼は、こう叫んでいる。「もし神が望まれるのなら、生きている限り、わたしが勇気を失うことはない」。

他方、スペインのエストレマドゥラの貧しい貴族であったコルテスは、一五一九年、メキシコ海岸でキューバに帰還する船を焼き払い、一握りの兵士たちとアステカ帝国征服に向かった。その行動には是否はあるが、それによって一人の英雄となった。約七十年後、ロペ・デ・ヴェガ（劇作家1562-1635）は、彼に、こう言わせている。

われはコルテス……
私はまばゆいばかりの勝利をもって
はてしない領土を王に
無数の民を神にもたらし
イスパニアに栄冠を付与した

コルテスは、カール五世から副王の称号を授けることを拒絶されたが、他方、《文学の王》という称号をエラスムスと争うことのできる人は、どこにもいなかった。司祭の私生児であった彼は、ユマニスムの黄金時代に真の実力者となり、ルターからも教皇からも、フランソワ一世からもカール五世からも追従を受けた。たしかに彼も、当初は庇護者を必要としたが、「百の顔をもつプロテウス」「捕まえることのできない鰻」（これはルターが彼を評した言葉）であるエラスムスは、ギヨーム・ビュデがフランソワ一世の代理として王立学士院 Collège royal に推挙したときはこれを拒絶し、宗教改革派に就くこともパウルス三世が申し出た枢機卿の冠を受けることも拒んで自尊自立を守ることに成功した。〔訳注・プロテウスはギリシア神話の中の海神ポセイドンの従者で、自在に姿を変えることができた。ビュデはギリシア語研究の権威で、「フランスのエラスムス」と呼ばれ、ユマニスムに肩入れしたフランソワ一世に進言して、ソルボンヌの神学部に左右されない「王立教授団 Lecteurs royaux」を設立。これが、のちのコレージュ・ド・フランスとなる。」

おそらく当時の社会のなかでエラスムスほど重要な位置を占めた文学者や芸術家は、それまでいなかった。この現象は、文化の新しい広がりと教養ある公衆の圧力の増大によってしか説明できない。したがって、著作家や芸術家たちは、当初は庇護者を必要としたが、栄誉ある立場を確立すれば、自分のほうが優勢になった。この点で興味深いのがアレティーノ〔訳注・教皇レオ十世に寵愛されてのしあがったイタリアの風刺文学者。1492-1556〕の経歴である。彼は、高位の貴族たちからもらう手当で生活しながら、内心は彼らを軽蔑し、ゆすり・たかり同然の生活を続けた。フランソワ一世は、悪意に満ちた格言を刻んだ金の鎖をプレゼントする一方で、彼を自分のもとに引き留めるためにカール五世と争い、イギリス王やポーランド王妃も彼をプレゼント責めにした。そうした有力者たちの後押しで、いま一歩で枢機卿にさえなるところであった。アリオストは、そうした彼を「君主たちの疫病神」と表現している。

芸術家たちにいたっては、その栄光は文学者たちのそれを凌いだ。ヴァザーリはレオナルド・ダ・ヴィンチについて、次のように書いている。

「このうえなく偉大な才能が、多くの場合、自然に、ときに超自然的に、天の采配によって人々のうえにもたらされるものである。優美さと麗質、そして能力とが、ある方法であふれるばかりに一人の人物にあつまる。その結果、その人物がどんなことに心を向けようとも、その行為はすべて神のごとく、他のすべての人々を超えて、人間の技術によってではなく神によって与えられたものだということが、明瞭にわかるほどである。人々はそれをレオナルド・ダ・ヴィンチにおいて見たのである。」

（『ルネサンス画人伝』田中英道訳）

『ラ・ジョコンダ』のこの画家の死から二十年後、チェッリーニは、フランソワ一世がダ・ヴィンチについてナヴァール王や多くの枢機卿たちにこう言うのを聞いている。「彫刻、絵画、建築においてだけでなく、とりわけ偉大な哲学者として、このように傑出した人はいまだかつて世界にいない。」

レオナルド・ダ・ヴィンチは、ルネサンス期のヨーロッパで輝かしい名声を博した最初の芸術家である。しかし、もっと強い輝きを放つ星がすぐ現れた。ラファエロがそれで、彼は、一五一五年以後、ローマとイタリア半島で一種の英雄、半神のように仰がれた。その生活は王侯並で、一五二〇年の聖金曜日に亡くなったときは、永遠の都が挙げて悲しみに包まれ、レオ十世も涙を流した。しかしながら、ミケランジェロに匹敵する名声を勝ち取った人は誰もいない。彼の作品の圧倒的エネルギーは人々を驚かせた。文芸を庇護することが権勢家にとって当然であった時代にあって、彼は短気なユリウス二世と何度も喧嘩し、そのたびにユリウスのほうが先に折れて仲直りした。A・シャステルは、ミケランジェロこそ存命中から伝記が書かれ、死ぬ前から一種の崇敬の的になり、公的葬儀が行われた最初の人であると強調し、ヴァザーリは「いかなる並外れた芸術家も、このミケランジェロの作品を凌駕できる者はいない。……ミケランジェロその人にあらずんば」と書いているが、これは、十六世紀半ばの一つの世論をよく表している。

3　《評判》の女神——ファーマ

ルネサンス時代には、時代を超えて何世紀にもわたって持続する《評判 Renommée》——古代ローマでいえば《ファーマ Fama》〔訳注・古代ギリシアの「ベーメー」〕の観念が蘇る。《コンドッティエーリ》の騎乗像が建てられたのもその表れであり、ユリウス二世やメディチ家の人々、マクシミリアン帝のために壮麗な墓が建設あるいは計画されたのもそうであり、古代の凱旋式が復活されたのも、このためである。

一四四三年、アラゴン王アルフォンソは、ナポリで、力天使たち（Vertus）が行列を組むなか、黄金の車に乗って勝利の入城式を行う。ナポリに今も遺るカステル・ヌオーヴォのアーチは、このセレモニーの名残である。それから数年後、ユマニストのウルビーノ公、フェデリコ・ダ・モンテフェルトロは、結婚したとき、ピエロ・デラ・フランチェスカに、四輪馬車に乗り、《ファーマ神》によって冠を載せられる勝利者として自分を描かせている（ウフィッツィ美術館）。これ以後、栄誉を宣揚させることがルネサンス期の君主たちの重要な関心事となり、それはルイ十四世の時代にまで伝えられる。ロレンツォ・イル・マニフィコ（1449-1492）はある日、アラゴンのフレデリゴにこう書いている。

「古代は、あらゆる人の魂を酔わせる栄誉の昂揚のやり方を知っていた。凱旋門、大理石の記念碑、豪奢な装飾を施した劇場を建て、立像を立て、勲章、栄冠を贈り、追悼演説そのほか功績を称える演説など、多くの工夫を凝らした。」

古代熱に取り憑かれた芸術家のマンテーニャ（1431ごろ-1506）は、マントヴァ公の宮殿を飾るため、ユリウス・カエサルの勝利に献げる巨大な絵画作品を一四八二年から一四九二年まで十年をかけて製作した。一四九一年、ロレンツォ・イル・マニフィコはフィレンツェで、共和制ローマの英雄、パウルス・アエミリウスの凱旋を讃える壮麗な祭典を行った。イタリアに攻め込んだフランス王たちも、イタリア諸都市で古代ローマの凱旋式を模した入城式を行っている。一五〇九年、ルイ十二世がミラノに入城したとき、人々は古代ローマ風の衣装を身につけ、ルイが勝利した戦いと、彼のものになった町や城を再現して式典を行った。

このやり方は、イタリア・ルネサンスの新基軸が半島の外へ伝播するのに伴って、全ヨーロッパに広がった。アンリ二世のルーアン入城（1550）も、明らかにマンテーニャの絵にヒントを得たローマ式の凱旋式であった。これが過剰な誇張にまで進むのは十六世紀後半のことであるが、それ以前から、ローマ式がこのジャンルの規範になっていた。デューラーが一五一五年ごろに描いた『マクシミリアン皇帝の凱旋』（木版画）の凱旋車は、鷲やライオン、ゼウスの乳母である山羊神の角など、寓意の濫用と雑多な装飾のため、肝心の皇帝は押しつぶされんばかりになっている。

いずれにせよ、ルネサンスは、その行く先々で《評判》という古代の女神を宣揚した。ロレンツォ・ダ・コスタ（1460ごろ-1535）は、一四九〇年ごろ、ボローニャのベンティヴォリオ礼拝堂の壁に、戦士や貴顕たちに囲まれ、象に牽かせた車に乗るこの女神を描いている。そのほか、さまざまな記念建造物に、月桂冠を頂き、若い娘の姿をした《ファーマ》が現れ、フランスでも、アネ礼拝堂（ジャン・グージョンによる）やルーヴルのファサード（ピエール・レスコによる）にそれが見られる。

しかし、栄誉に夢中になったのは、君公や傭兵隊長たちだけではなかった。アンドレア・リッチョ〔訳注・イタリア人彫刻家。アンドレア・ブリオスコともいう 1470-1532〕によるマルク・アントワーヌ・ド・ラ・トーレの墓碑（ルーヴル）では、《評判》の天使が死神に対するこの文人の勝利を宣言し、死神である骸骨が忌々しげに鎌を振り下ろしている姿が描かれている。ダンテは『煉獄篇』のなかで《栄誉欲》を非難したが、ペトラルカが晩年に書いた『後世への手紙』には、虚栄心を頭から否定してはいない。この敬虔なキリスト教徒も、人々の記憶のなかに生き続けることを欲したのである。ロンサールは、自分の栄誉が永遠に残るであろうことを確信してこう謳っている。

鉄よりも堅い作品を私は仕上げた
足ばやの歳月にも、蝕食する水にも負けず
猛々しい嵐の兄弟の暴威にも
決して打ち倒されない作品を。
あの世に渡る最後の時がきて
私が昏々とした眠りに陥っても、
ロンサールのすべては墓穴にはいらない、
もっともすぐれた部分を彼から残して。
つねに、つねに、永久に死ぬことなく、
私は溌剌として世界を飛び駆けるだろう。

…………………

さればミューズよ、いま誇らかに私のたのしむ
この勝利を告げながら、私が勝ち取ったこの光栄を
大空に運び、おまえの息子を
人々の長い記憶にささげるのだ、
彼の額にみどりしたたる月桂樹の枝を巻きしめて。

（Odes V, 36）〔訳注・岩波文庫『ロンサール詩集』（井上究一郎訳）では「第四集オード第十八」。〕

ルネサンス思想の父、マルシリオ・フィチーノは、「人間は人々の口に永久に謳われることをめざす」と言い、栄光は各地の学院でも求められた。イエズス会の学院にあっては、最初の学年を「プリムス・インペラトール primus imperator」（第一皇帝）と呼んだ。

したがって、中世の岸から遠ざかるや、少なくとも社会の上層部にあっては、個人の昇級がヨーロッパ文明の主要な特徴の一つになったのであって、この点できわめて意味深いのが、この時代の個人的文学に対する嗜好性である。これは古代ローマ人たちがあまり開拓しなかったジャンルで、ユマニストのポンターノ〔訳注・ナポリのフェルディナンド一世の大臣を務める一方、ラテン語の詩文を書き、ユマニストの中心となった。1425-1503〕が言った「私を作るのは私自身である」という言葉は、ルネサンスの多くの人々の信条を代表している。アルベルティも、「みずからの才能を開拓した者が国家に奉仕できるのだ」と言っている。

しかし、ルターのような人にとっては、個人的運命は壮大で悲劇的であった。彼は、ノランドルとライン地方の神秘主義思想の継承者とし、各人の救いの問題に苦悩した時代の人として、個人の罪深さを強調し、救い主たる神と救われる人間の間に介在者を入れることを拒絶し、信徒と司祭を同一化した。こうして、宗教改革は、そのほかの点では、罪深い人間には自由などないとしながら、宗教的次元では個人の向上を明確化したのであった。

4　ルネサンスのロマンティシズム

この個人の向上も、苦難なくしては実現されない。もろもろの伝統や過去のヒエラルキーから個人を引き離す一つの進展に必然的に起きる反動として、深く根強いメランコリーが生まれた。これは、あまりこれまで言及されていないが、ロンサールも、先に挙げた詩が想像させるような自分の栄光の永遠性をずっと信じていたわけではなかった。ほかの詩では、ニンフの一人をして次のように言わせている。

年をまたずにあなたのこめかみは白くなる
あなたが死ぬまでにいくばくかの日もないだろう。
夜にならないうちにあなたの日は終わり、
希望はくじけて、あなたの考えはついえるでしょう。

あなたの書くものは私を動かさずに色あせるだろう
私の運命はきっとあなたの不幸を招きます
私は詩人を惑わすために生まれついた女
孫子があなたの溜息を笑いましょう

（Les Amours, I, 19）（秋山晴夫訳）

デュ・ベレーの『哀惜詩集 Les Regrets』が雄弁に語っているルネサンスのロマンティシズムの存在は、今日では、はっきり知られている。このユマニストの詩人は、世界でも最もたくさん古代遺跡が遺されている町に滞在し、最も輝かしい宮廷にありながら、自らを不幸であると感じる。

残忍な狼どもがうろつく野原を私はさまよう
冬が迫り　その冷たい息が
震え上がらせるような恐怖をもって私を鳥肌立たせる

（『哀惜』九歌）

このような孤独感は、十六世紀の大芸術家や文学者たちに共通して見られる。ラファエロはミケランジェロについて「彼は死刑執行人のように孤独である」と言っている。この点で、ミケランジェロが彫刻したメディチ家の墓廟の像たちが湛えている疲労と苦悩、絶望感を指摘する必要があるだろうか？彼が、この作品群のなかの『夜』の場面に「私にとってありがたいのは、眠ること、ましてや石になることである」と書いているのは、部分的には、フィレンツェ共和国の瓦解という政治的事件を反映しているとしても、そこには、この彫刻家の心の深部に根を下ろしていた深い苦悩が表れているというべきではないだろうか？

しかし、ミケランジェロだけが特別なのではない。ヴァザーリはこの時代の多くの画家たち（コレッジョもピエロ・ディ・コジモもポントルモもロッソも）がメランコリックであったと証言している。ロンサールも、自らを「獰猛で疑り深く、陰気でメランコリック」だと言い、カモインスも、自分は幼いころから神経過敏で泣き虫だったと告白している。

いずれにせよ、ルネサンス期の芸術と文学に多く見られるロマンティックな調子が増えるのは、十五世紀よりも十六世紀である。デューラーの『メランコリア』とルカス・クラナッハのそれは、このテーマで描かれた多くの作品のなかで最もよく知られたものにすぎない。加えて、アルトドルファーやブリューゲル、ティントレットといった当時の絵画作品の多くに、後景として窪んだ道や暗い林、山々が描かれているが、心理分析的に見ると、それらは瞑想に好都合な場所である。J・ブスケは「夜の闇と月の光、廃墟のイメージが増えるのは、悲嘆への嗜好性に対応している」と指摘し、例としてアルトドルファーとマンテーニャを挙げている。

ルネサンスの田園文学は、情熱を分かち合うことよりも孤独のなかに慰めを求める愛人たちを強調した。このテーマは、サンナザーロからデュルフェにいたるまで繰り返し現れるが、これは、偶然でもなければ単なる流行でもなく、明らかに教養人社会のメランコリー嗜好に合致していたのである。

しかし、それ以上に驚くべきは、文学と芸術を問わず、《死のイメージ》が強調されていることである。たしかに、十五世紀には、《ダンス・マカーブル danses macabres》(死の舞踏)、《アルテス・モリエンディ artes moriendi》(死亡術)、《死の勝利》のイメージが重要な位置を占めたことは、しばしば指摘されてきた。だが、フランスでは十五世紀と十六世紀の間には断絶があるとされ、これが十六世紀にも変わらず維持されていたことはあまり注目されてこなかった。この点で啓示的なのがロンサールの詩である。彼の最も有名で魅力的な(学校の教材にも用いられてきた)詩の幾つかは、近づく死や、すでに眼前にある死を凝視している。この詩人は、「五月にはバラを見に行こう」と若い美人に呼びかけるが、それは、「やがてあなたが老いたとき……」と謳っているように、若さはあっというまに逃げ去ることを思い起こさせるためである。

時はゆく、いな時ならで
よき人よ、ゆくは我らぞ
とくゆきて墓に埋もれん。

世の人の語らう恋も、
時去らば語る人なし
花の間に愛したまいね。

（Pièces retranchées des Amours, 17）（秋山晴夫訳）

フランスでは、十六世紀末から十七世紀初めにかけても、《死》の強迫観念は、バロック詩の特徴の一つとして遺った。シャシニェ（1635没）は、そのソネットの一つに十五世紀のイメージを踏襲して「Un cors mangé de vers」〔訳注・「ウジ虫に食われる死体」〕というタイトルを付けている。そこには、次のように謳われている。

屍衣の下でウジ虫に
食われる亡骸を考えよ
肉は崩れ　剝き出しになった

骨はばらばらになっている
腹は破れて漏れ出る悪臭が
まわりじゅうを覆う
鼻はそげ落ち
顔立ちは面影もなし

ここで想起されるのが、リジエ・リシエ〔訳注・彫刻家。1500-1567〕の『遺骸像』、ヘームスケルク〔訳注・オランダの画家。1498-1574〕や大ブリューゲルの『死の勝利』、また『ハムレット』のなかの墓地のシーン（「朽ち果てるまでに人はどれほどの間、地中に留まっていられるのか？」のセリフで有名）であろう。これらの作品はすべて、ルネサンス期を貫いている死にまつわる大きな流れのなかに位置している。デューラーは何度も死を表現する絵を描いた。バルドゥング（1476ごろ-1545）は、死神が肥った裸の娘に抱きついている絵を描いている（バーゼル美術館）。十六世紀終わり、ブルーマールト〔訳注・オランダの画家。1564-1651〕やグロイターの版画は、半分は美しい女、半分は骸骨という姿によって、この世の無常を象徴化している。

宗教戦争の時代は大規模な虐殺と拷問の時代であったから、その前の時代が遺贈した死の強迫観念から、どうして逃れられただろうか？　モンテーニュは、生涯、死について考えつづけた。

「祝い事、楽しみ事の最中にも、常に我々の境涯分際を思い出させるあの繰り返しを口ずさもうではないか。あまりに歓楽に夢中になって、そういう我々の歓喜がどんな風に死の前にさらされているか、どんなにたびたび、死がこの歓楽につかみかかろうとしているかを、うっかり忘れないようにしようではないか。」

（『随想録』第一部二十章、関根秀雄訳）

彼は、自分は憂鬱症ではないが、「昔から死の想像ほど、寸時もわたしの胸中を去らなかったものはない、わたしが若くて最も奔放であった頃も……」と白状している。死はルネサンスのお供の一人だったのである。

もう半世紀ほど前になるが、モニエは《クァトロチェント》（西暦一四〇〇年代）を《生の勝利》と「自殺の少ないこと」で特徴づけた。後者は、歴史的に調べてみると、モニエが研究したよりも後の時代には、異なる実態が明らかである。ルターは一五四二年に、マインツ大司教は一五四八年に、どちらも、当時ドイツで広がっていた自殺の流行を悪魔の仕業であるとしている。一五六九年、ニュルンベルクでは、三週間に十四人の自殺者が出た。

いずれにしても、十六世紀の文学作品を読むと、この時代には《絶望》がテーマとして重みを増していたことが分かる。作家たちは、「生は、そのために受ける苦しみに値しない」という理念をしきりに採り上げている。したがって、ルネサンスは、死への恐怖と願望とが交錯していたのであり、『痴愚神礼讃』のなかでも、人間の悲しむべき状況を述べたあと、この種の断定が出てくる。

「人間どもが、どういう悪業を犯したためにこのような運命になったのか、また、いかなる神が腹を立てたために、人間どもは生まれながらこのような悲惨な目に会わなければならぬようにされたものか、それは申し上げる必要はありません。この間のことをよく考えてくださる方なら、ミレトスの娘たちの例は、じつに痛ましいけれども、もっともなことだとお認めになるでしょう。しかし、いったい生きているのがいやになって自殺した連中は、どういう人々でしょうか？　英知の会のご連中ではありませんかか」と述べ、それに対して、人々に人生を耐えさせている功労者が《痴愚神》なのだと結んでいる。

（世界の名著17「エラスムス」九七―九八頁）

〔訳注・古代においてミレトスの娘たちの間で厭世思想が広まり、一時、自殺する者が続出したという。〕

デュ・ベレーは胸を引き裂くような「絶望した人間の嘆き」を詩に謳ったが、その真摯な調子にはごまかしはない。

母の胎内で死を迎えた人は幸いかな
この世に出るや天に召され
永遠の眠りに入ったのだから

これこそ、タッソーの詩のなかで羊飼いのアミンタがニンフのシルヴィアに後を押されて岩頭の高みから飛び込むときに、祈った死であった。ハムレットについていえば、彼は、キリスト教が自殺を禁じていることについて、こう悔やんでいる。

「ああ、いっそ汚れたこの肉体が溶けて崩れて、露となって消えてしまえばいいに。せめて全能の神の掟が許してくれるなら、いっそ自殺でもして。ああ、ああ、退屈で、愚劣で、平凡で、無意味で、この世のいとなみがどうにもおれには我慢ができぬのだ。」（第一幕第一場）（三神勲訳）

「生きるべきか死ぬべきか」で有名なモノローグ（第三幕第一場）のなかでも、ハムレットの脳裏を自殺という考えが再び横切る。

「死ぬ、眠る、……この世のありとあらゆる煩いから脱れて、眠って、さてその先どんな夢を見るか、

それだ、それを思うと心が鈍らずにはおられぬのだ。……この躊躇がこの悲惨な人生をいつまでも永びかすのだ。」（三神勲訳）
知識人の絶望ということで想起されるのが、ユマニストのデ・ペリエ（1500-1544）の自殺である。しかし、一五三八年にリヨンでトレクセルによって刊行された『亡霊 Les Simulacres ...de la Mort』では、二つの骸骨が載っている杖をもった老女に、こう言わせている。

長く生きていると
もっと生きていたいなどとは思わぬ
間違いなく　生きるよりも
死ぬほうがずっとよい

私たちは、こうした多くの冷め切った告白から、ルネサンスの複雑な歩みのなかでペシミスムが一つの大きな流れを成していたことに気づく。その多くは、人間の理性や道徳的資質の価値を問い直した人々である。まずロンサールの言葉に耳を傾けよう。

……われらは生ける土以外のなにものでもない
苦しみと惨めさ、さまざまな障害に支配され
そのうえ次々と不幸に見舞われる
おお、あらゆる生き物は

ホメロスが喩えたごとく冬の落ち葉にほかならぬ
日々の糧を追う貧しい労働者であるかぎり
われらには、息継ぐひまもなく
不幸が襲いかかってくるのだ

（Hymnes, II, 9）

理性批判ということで自ずと思い起こされるのが、『随想録』第二部にある有名な「レーモン・スボン弁護」の言葉であるが、デューラーの「私たちはすべてについて知り、真理を手に入れたがる。しかし、私たちの鈍い知性は芸術と真理と英知を完璧に手に入れることはできない。私たちの認識の根底には虚構があり、闇が私たちを容赦なく包んでいるため、どんなに慎重に進んだとしても、一歩ごとに躓くのである」という言葉については、あまり知られていない。

倫理学の次元では、ルネサンスは、さらに厳しかった。そのことを裏づけるテキストはたくさんある。エラスムスの痴愚神は「人間同士がお互いに加え合う害悪のことは、このさい、別にしておくのですよ。貧困や投獄や汚名や恥辱や拷問や陥穽や密告や侮辱や訴訟や詐欺ぺてんなどもこれに加えて数え上げることは、《浜の真砂の数を数える》ことになりますからね」と言っている。マキアヴェリも、人間は腹黒く嘘つきであるから、嘘をつかれても怒る資格はないと述べ、のちにグイッチャルディーニも、これに賛同している。

ロンサールは『マスカラード Mascarade』（仮面劇）のなかで「この世には、欺瞞と悪意しかない」と断じている。シェイクスピアもハムレットをして「この世界は、独房もあれば、檻房もある、地下牢までついている立派な牢屋さ」〔訳注・第二幕第二場〕と言わしめている。アグリッパ・ドービニェは「血に汚れた都市には、神の恐るべき手が下され、さらに悪くなっていくだろう」と述べている。

十五世紀は《罪》について強調し、それが最後の審判への激しい恐怖として現れた。この時代の人々は聖母マリアのマントのなかに庇護を求め、聖人たちの後ろに隠れようとして、聖遺物を崇め、巡礼に出かけ、特志ミサ messe votives〔訳注・通常のミサ以外に司祭が自由に選択できるミサ〕を求め、地獄から守ってくれる護符にしがみついた。それに対し十六世紀は、システィーナ礼拝堂の『最後の審判』のためにミケランジェロが霊感を受けた『ディエス・イラエ Dies irae』〔訳注・「怒りの日」の意で、死者たちのためのミサ曲のこの文句で始まる部分〕に見られるように《罪》に対する鋭い意識は表れていないなどといえるだろうか? それどころか、これは、最も広い意味でのルネサンス時代の西欧人たちの心理的特徴の一つでもあって、この時代の人々は、かつてない孤独感から、自分がサタンの企みの前に無防備であると感じている。

西欧文明のなかで、しかも危機に満ちた時代にあって、個人の地位向上と個人的罪責感は、切り離すことのできない二つの実体であった。セバスティアン・ブラント〔訳注・ドイツの詩人〕の『阿呆船 Das Narrenschiff』(1494) とヒエロニムス・ボスの『七つの大罪』『阿呆の治療』『手品師』は、「この世界全体が阿呆(つまり罪びと)によって成っている」と主張した中世的苦悩を表現しているが、それが十六世紀初めにいたって、エラスムス的アイロニーに取って代わられ、《阿呆》は、その悲劇的・形而上学的性格を失って、自己自身をも嘲笑する理性批判の精神となる。それによって人々は省察へと導かれ、もはや恐るべき罪の権化ではなくなる。しかし、不幸を前にしての苦悩は、一五一一年の『痴愚神礼讃』のあともなくなりはしなかった。

それから数年後、ルターは、《信仰による義認》〔訳注・信仰によって救われるとの教理〕を発見する。これは、サタンから逃れられないと絶望していたキリスト教徒にとっては、根源的解決法であった。改革派の神学には、根底的にペシミスムがあるが、その代わりに、救済主への全面的信頼、いわば「神への逃避」がある。ルターは「人間は決定的に罪深いとすることによって、もはや自己を恃むのをやめてキリストの恩寵を受け入れることができるのだ」と書いている。

こうして、「人間は自ら善行を行うことなどできない」とする絶望感のうえに立てられた教理がヨーロッパの半分において勝利を獲得したのがルネサンスの時代なのである。カルヴァンは『キリスト教神学提要 Institution chrétien』のなかで、「(原罪に伴う)この背徳は、私たちにあっては、けっして温和しくしていないで、絶え間なく肉体の行動を伴い、新しい悪の果実を結ぶ。かくして、地獄の猛火は、休むことなく焔と火花をあげ、その水を噴き出すのである」と述べている。

ツヴィングリ、ブツァー、マルグリット・ド・ナヴァールのようなユマニストたちも、その最も深いところでは、ユマニストの哲学とは逆の《信仰による義認》のドクトリンを選択したのであった。

5　形而上学的ペシミスム

したがって、ルネサンスは個人的自由の問題について苦悶をもって自問したのであり、その最も優れた精神の人々は、ときに、自分たちを苦しい立場に追いやった運命(すなわち星座)を責めた。不安と変革のこの時代に占星術が占めていた重要性は、現代人の理解を超えるものがある。自身を健康不安で「変わることのない深い悲しみに取り憑かれた人間」と決めつけていたデュ・ベレーは、自らが生まれたときに君臨していた星座を非難している。

私を最初に照らした光に呪いあれ
非情な天は生まれたばかりの私を
かくも不吉な星の抗えない力をもって
支配しているからだ
おお、不幸せな赤子よ
かくも勝手気ままに
不当な星どもに振り回されるとは!

（『絶望せる者の嘆き』）

カモインスの『カンツォーネ Canzones』のなかの告白も、星の全能に対する同じ信仰を証明している。「母の胎内という牢を出たその日から、運命の星は私を支配した。この星たちは、私に正当の権利である自由を与えることを拒んだ。私は、何度も、もっと良い道があったにもかかわらず、自らの意志に反して最悪の運命をたどった。年齢を重ねてからも、彼らが私に望んだことは、その盲目の子（愛）によって私が傷つけられることであった。」――このような告白は、当時の人々にとって、驚くようなものではまったくなかった。

キケロも「星たちには神性が付与されなければならない」と書いているように、これは、すでに異教時代の古代では当たり前の考え方であった。しかも、古代神話の神々は、星に吸収されることによって、名目上、キリスト教時代の古代末期や中世にも生き延びることができた。ルネサンスは、異教の神々に対する興味を蘇らせることによって、惑星たちの魔術的力を宣揚し、彼らに新しい力を与えたように見える。それに対してキリスト教会は、ときに譴責を加えたものの、キリスト教文明から占星術を排除するにはいたらず、結局、共生の道を選んだ。

聖トマス・アクィナスは、ダンテと同様、星が少なくとも個人の性格を規定していると認めている。しかも、十世紀にアラブで形成された魔術のマニュアル本『ピカトリス Picatrix』が、十三世紀にスペイン語に訳され、中世末期のヨーロッパに伝播した。人間の精神と惑星を緊密に結びつけたこの著作は、どのように惑星に祈りをかけ、その力を自分に好ましい方向へ向けるかを教えてくれるものとして大いにもてはやされた。

とくにフィチーノの時代には、人間と宇宙を《ミクロコスモス microcosme》と《マクロコスモス macrocosme》として捉えるネオ・プラトニスムの秘儀的考え方が占星術への関心の増大を後押しした。——世界は、人智を超えた神秘的な親和力や反発力で織りなされた一枚の布であり、互いに向かい合う鏡の遊びに似ているとするこの思想を、E・ガレンは「星たちは私たちに合図を送るとともに星同士でも合図したり互いに見つめ合い、互いに言葉を交わすとともに私たちの言葉も聞き取っている。多様で巨大な宇宙全体が、あるものは囁くように、あるものは大声で、あるものは秘密の調子で、あるものは明瞭に会話を交わし合っている」と要約している。

したがって、医学・化学・物理学といった学問も、惑星たちの黄道上の動きや彼らの特性、好み、反感などについての知識なくしては存在しえない。科学が進めば、私たちは、占星学のこの側面を再発見することになるのだろうが、とりあえずは、ルネサンス期の人々が惑星と個人の運命の間に設定した関係と精神的意味について強調しておこう。

まず、惑星それぞれが、この世界のある部分を支配しており、その結果、それぞれの部分の住民たちは、その惑星に依存している。たとえばインドは土星 Saturne〔訳注・サトゥルヌスはローマ神話の農耕神〕の支配下にあるのに対し、西方、つまりキリスト教世界は木星 Jupiter〔訳注・ユピテルはローマ神話の主神〕のもとにある。サンタ・マリア・デル・フィオーレの鐘楼に修道士の服装をし十字架と聖杯を手にした姿でユピテルが描かれているのは、このためである。サンタ・マリア・ノヴェッラのスペイン人たちの礼拝堂でも、ユピテルは修道士姿で表されている。さらに一四九二年の木版画では、司教冠をかぶって描かれている。

こうして、惑星それぞれに特定の使命があって、それぞれに従う「子供たち」がいる。十四世紀以降、西欧で占星学が復活する一方で、惑星とその子供たちの表象が、図版入りの写本や、聖俗いずれにせよモニュメンタルな建物のなかにたくさん見られるようになる。先のスペイン人たちの礼拝堂では、惑星それぞれと《リベラル・アーツ arts libéraux》〔訳注・自由学芸〕とのあいだに繋がりがあることが示されている。ヴェネツィアでは総督宮殿の一本の柱頭に水星 Mercure〔訳注・メルクリウスはローマ神話の商売の神〕が生徒たちに囲まれた教師として表されている。彼は、文学と諸学の保護者であり、水星のもとに生まれた人々に知性と知識を与える存在だからである。

十六世紀末の西欧人たちが占星学に寄せた信頼を物語る特に興味深い資料がヴォルフエッグ家の『家計簿 Hausbuch』である。そこでは、土星・木星・火星・太陽・金星・水星・月のそれぞれに一ページずつ割り振られ、それぞれが駿馬に乗って天空を駆けており、下のほうでは、彼らの《子供たち》が描かれている。たとえば火星 Mars〔訳注・マルスは戦いの神〕は《戦争》を生むとして掠奪と殺戮が描かれている。《愛》を生む金星Vénus〔訳注・ローマ神話のウェヌスはヴィーナスで、いうまでもなく愛を司る〕のページには、歌い遊ぶ子供たちや艶っぽい場面が描かれている。

しかし、十五世紀以後は、惑星たちは凱旋式のように馬車に乗った姿で描かれ、子供たちは、その下の欄で好きな遊びに夢中である。ピントゥリッキオ〔訳注・イタリアの画家　1454ごろ-1513〕とその弟子たちが担当したボルジア家の広間の壁にも、メルクリウスが車で蒼穹を横切っている一方で、地上では、文人や学者たちが小さな谷間で本を読んだり会話したりしている絵が描かれている。

ルネサンス期のイタリア芸術は、占星学的構図をもつ大きな絵を好んで描いた。パドヴァのラジオーネ宮殿には、下部から上部へ向かって、惑星とその《子供たち》、黄道十二宮に十二使徒、十二か月の仕事が順に並べられた巨大なフレスコ画が描かれている。一番上には、黄道十二宮それぞれを三分して支配する人物たちが描かれ、この広間の壁の絵は、昇る太陽の光が月ごとに、それぞれの黄道十二宮を照らすように配置されている。フランチェスコ・デル・コッサ（1436ごろ-1477）とコジモ・トゥラ〔前者の師〕がフェラーラのスキファノイア宮殿に描いたフレスコ画（『十二か月』の連作　1469）も、これと同じ配置になっていて、上部には、その月の主であるオリュンポスの十二神が、それぞれの車に乗り、《子供たち》に囲まれている姿が描かれている。下部には、祭の飾りが施されたなかに、エステ公ボルソの狩りに出かける様子や道化役者を従えている様子が描かれている。J・セズネックは、このような天球の重層構造を丹念に説明している。他方で、このフェラーラのフレスコ画に較べて、有名な『ベリー公のいとも豪華な時祷書Très riches heures』は、上部を翼のある馬の牽く馬車で太陽が駆け、月ごとのベリー公の活躍の姿が描かれ、上から下まで黄道十二宮に配分されている。

ルネサンス時代に描かれた作品には、美しく見せるためだけでなく、隠された深い意味を込めたものもある。銀行家で商人のアゴスティーノ・キージの別荘、ヴィラ・ファルネジーナの大広間にはラファエロが『ガラテアの勝利』を描いているが、その丸天井を装飾しているのがバルダサーレ・ペルッツィの『レダと双子』、『ヴィーナスと鳩』である。これらは、その美しさで鑑賞する人を魅了するが、丸天井の中心のこの二つのシーンは占星学的構成にはなっていない。ペルッツィは、このジャンルで革新を起こそうとしたのではなく、キージが生まれた一四六六年十二月一日に現れたとおりのローマの天空の図を想起させたかったのである。フィレンツェのサン・ロレンツォ寺院の古い聖具室の祭壇の真上の丸天井にも星座を表す神話の人物たちが描かれているが、研究の結果、それらは、この祭壇が献堂された一四二二年七月九日のフィレンツェの夜空の星の位置と合致していることが証明された。こうしたキリスト教信仰と占星学の結合は、もっと進んでいた可能性がある。なかには、大胆にもキリストについて星を占った人もいる。数学者のカルダーノは、自分は占星学の立場からキリスト教を支持するとまで述べ、次のように書いている。

「キリスト教徒たちは、主イエスの日であるユピテル（木星）と太陽の邂逅のもとにある。太陽は正義と真理を表し、キリスト教がますます多くの真理を包含し、人々をよくする力を持っていることを示している。木星は純潔と誠実、雄弁と英知に結びついた優しさを示している。キリストが十二歳で学者たちを論破したことは周知のとおりであるが、これは、ユピテル（木星）が知恵を与えたからであった。」

占星学はルネサンス期の人々を驚くような結論に到達させることはなかったが、天体の力と個人の運命とが関連していることを集団心理のなかに示唆した。ファルネジーナの天井には、《評判 Renommée》の女神が中天でラッパを吹きながらキージの栄誉を人々に告げているシーンが描かれている。これは、この銀行家が幸運な星辰のもとに生まれ、教皇たちの友人とし文芸の庇護者として、星が約束していたことを実行したことを表現しているのである。

しかし、誰でもがそのようなよい星に恵まれているわけではない。土星のもとに生まれた人々の運命は不安である。『ピカトリス Picatrix』では、「土星は冷たく不毛で陰気」、「賢いが孤独で心配性で快楽や喜びとは無縁」さらには「嘘つきで術策に長けた悪賢い老人」などとあるからである。ヴォルフエッグの『家計簿』では、「土星の子供たちは、貧しい労働者で、刑場へ連行される罪人」「馬の解体業者」「手脚に枷をはめられた二人の囚人がいる洞穴に近づく魔女」とある。一五一六年にバルドゥングが画き、ウィーンのアルベルティーナ・コレクションに保存されているデッサンでは、土星はいかにも人間嫌いな目を空に漂わせている惨めな老人の姿で描かれている。そんな土星のもとに生まれた人たちは、どうして不安に囚われないでいられれようか?

マルシリオ・フィチーノの私生活は、この悲しい老人（土星）への恐れによって陰鬱なものになり孤独とメランコリーに陥った。一五一二年、デューラーは、『苦しみのキリスト Christ des douleurs』に自らの姿を描いているが、その八年前、有名な木版画『メランコリア』を作製。これは、マルシリオ・フィチーノにヒントを得た「サテュルヌ（サトゥルヌス）的な作品」で、のちのネルヴァル（1808-1855）の『メランコリーの黒い太陽』に影響を及ぼした。シャステルが「この芸術家の近代的イメージを確定した最初の作品」と評しているように、この女神は、右手にコンパスを持ち、数学者や技術者の道具に囲まれ、サテュルヌの《子供たち》が陥る罪とされる真理と美を求める瞑想に耽っている。女神の上方には砂時計と鐘があるが、鐘は死の予兆であり、砂時計は、人生は短く、別の運命を歩み直すゆとりがないことを象徴している。

デューラーやフィチーノにとって人間の運命は悲しく孤独であるが、人間には《天分》がある。それを想起させるのが女神の傍に坐った幼児である。この《天分》は、ルネサンスのもう一人の《土星人》であるミケランジェロが描いたシスティーナ礼拝堂の天井画においても、預言者たちの傍らに見出される。

6　占星術と個人の運命——魔術師

一見したところ、ルネサンスは、それまでの時代にくらべて強力な個性の開花を促進したように見えたし、そのことはほとんど反論の余地がない。しかしながら、この時代の人々が、ほんとうに自分たちは自由なのかと疑い、いずれにせよ限界があると考えていたことも、いまや明らかである。たとえばマキアヴェリは、自由意志を認めつつも、「私たちの黄道の半分あるいはそれ以上が偶然によって左右される」と断定している。しかし、人間に残された可能性の余地は、かなり狭いことは明白だとしても、それでも存在はしている。

たしかに、《フォルトゥナ Fortune》（運命の女神）は全てを変えるし、彼女次第で成功と失敗のいずれがもたらされるか分からないことから、この時代のあらゆる図像は、彼女を《輪》を手にした女神として表した。グイッチャルディーニは、絶えず《フォルトゥナ》の移り気を強調しており、マキアヴェリも、君主は時代状況に合わせてやり方を変えるべきであり、つぎにはチャンスを捉えなければならない、それが《ウィルトゥ》の一つの側面であるとして、「運命の神は女神であるから、彼女を征服しようとすれば、うちのめしたり突き飛ばしたりすることが必要である」（『君主論』26）と述べている。自由であるということは、柔軟さと大胆さを同時に示すことができるということでもある。

マルシリオ・フィチーノは、マキアヴェリ以上に、自分を支配するサトゥルヌス（土星）を恐れていたが、自由な生き方にこだわり、ラクタンティウス〔訳注・三世紀から四世紀にかけてのキリスト教護教家〕と聖アウグスティヌスを再発見した。これらの人々は、星辰の影響を疑うことはしないが、同時に、我々の自由意志の実在を信じて、次のように考えた。――魂は禁欲による内面化と意識化の道を経て物質の支配を脱し、神をめざして上昇するというのがネオ・プラトニズムの教えである。そのうえ、たしかに運命は星辰によって方向性を定められているが、その枠のなかで可能なかぎり最良のほうへ導いていけるのであり、それは、私たちの努力次第である。星辰は「方向づけ incliner」はするが「決定する déterminer」するのではないからである。《サトゥルヌス》のもとに生まれたとしても、星占いは知的労働や芸術的創造の努力を促しており、その指示を活用するのも、しないのも本人次第なのである。――特にネオ・プラトニズムの影響を受けたルネサンスの人々は、このようにして星辰の影響と自由意志とを両立させたのであった。

占星術には、自然との駆け引き、いわば策略といったものも見られる。ミクロコスモスである人間はマクロコスモスである宇宙自然と本質的には異なっていないのであるから、後者から来る多くの働きかけとメッセージを読み解く必要がある。たとえば「結婚すべきかどうか」「旅に出てよいか」、とくに一国の君主である場合は「隣国に戦いをしかけてよいか」など、重大な決断をするに際しては占星学に教えを求めるのが当然である。星辰の影響を考えれば、いつ、どんな行動を起こしてもよいというものではない。占星術師が告げてくれるのは、可能性の有無と、いつ行動すべきか、である。E・ガレンは言う。

「占星術師が見るのは、われわれを脅かす敵と戦うために、自然の力をいかに味方にするか、である。賢人は、天体の動き、その領域、気象、外界の感応力などを見極め、それを戦術や祈り、儀式、護符にまで活用する。こうして、彼は、力には術策を対峙させ、嚇しに対しては悪魔祓い、落とし穴には策略を対峙させるのである。」

あらゆる部分から侵入してくる世界に対して、あるやり方で防御できるようにしてくれるのが占星術である。それに対しルネサンスは、このような受け身的人間に、創造的人間という概念を結びつけた。それがピコ・デ・ラ・ミランドラ（1463-1494）、フィチーノ、ルフェーヴル・デタープル（1450-1536）、さらにパラケルスス（1493-1541）といった人々に共通する観念であり、アラブ人のアヴィセンナ（980-1037）とともにヘルメス・トリスメギストスの教理に由来する観念である。〔訳注・ヘルメス・トリスメギストスは、ヘレニズム時代からローマ時代にかけて、ネオ・プラトニズムの人々がその神秘主義的著作の著者として、ギリシア神話のヘルメスとエジプト神話のトート神を融合して作り上げた偶像的人物。〕

『ピカトリス』には、小宇宙である人間は、宇宙との新しい結合によって得た力をもって宇宙全体に働きかけることができるという占星学の理念が述べられている。他方、原罪によって失われたこの力を人間に取り戻させることを目的とするのが魔術であり、この両者の間には繋がりがある。魔術を行うにしても、よき星辰の出会いの瞬間でなければ効果はないとされる。

天と地が一つになっている宇宙のなかにあって、人間は、ネオ・プラトニズムのオプティミスムによると、行動的主体者である。彼はたしかに一粒の塵ではあるが、望むなら、自分が要約している世界の主人となることができる。それが、ヘルメス・トリスメギストスが開示したことである。《ヘルメス文書 Livres hermétiques》のなかでも最もよく知られている『ピマンデル Pimandre』には、人間をこの世における神の生きた写しであり、万物を自らに集約させ、自然のあらゆる力を思うままに扱うことのできる例外的被造物であるとする見方が現れている。こうして、魔術師は天の力も地獄の力も自在に操り、その《inquietudo animi》（魂の動乱）である知識欲と行動欲のおかげで、生ある者に共通の《imbecillitas corporis》（身体的弱さ）を超越して、世界を変えることができるというのである。

中世とルネサンス時代の占星術と魔術の手引き書は、すべて、プトレマイオスの「賢者は星辰を征服する」を採用している。占星術に反発を示したピコ・デ・ラ・ミランドラも、『人間の尊厳 De dignitate hominis』（1486）のなかでは、「自然的魔術」と「神聖魔術」を区別し、後者を賛美している。「それは、最も秘密な事物の最も深い瞑想を包含し、最後には全自然の認識に行き着く。……そして、その作者であるかのように、自然のなかの神の秘密の箇所に隠された驚異を明らかにし、耕作者が楡と葡萄の木を結婚させるように、魔術師は大地と天とを結婚させ、下界を天上の美徳と力に結びつけるのである。」

したがって、このような魔術師である人間を、どうして賛美しないでいられようか？　ピコは言う。「人間は最も運に恵まれた被造物である。獣たちだけでなく、星辰やあの世の霊たちからさえも羨望される身である。人間こそ《偉大な奇跡》であり、《称賛されるべき存在》である」。

そこからさらに、このオプティミスト的ユマニスムを根底的に特徴づける言葉が出てくる。

「もしわれわれが望み、かつ、われわれにできる以上は、凡庸さに満足せず、頂点に達すること、そして全力をもってその達成のために努力するよう、いわば、聖なる野望がわたしたちの精神のなかに入ってきますように！」

7 《自由》の難産

ルネサンス時代にも、占星学を批判する言説が稀にあった。ピコ（1463-1494）のそれとサヴォナローラ（1452-1498）のそれは、ほぼ同時期である。それから少し遅れてエラスムス（1465-1536）が『痴愚神礼讃』のなかで「天を図書館とし星辰を本とする幸せな未来予見者たち」を嘲笑しており、彼の弟子であるラブレーも「サテュルヌスもマルスもユピテルも、そのほかの惑星も、もし、神がそのよき快楽を与えなかったら、世界の事物に対しなんらの美徳も効力も、影響力も持たなかったであろう」と述べて占星学を排斥している。ルターは「絵空事」とか「憐れむべき詐術」と断定して嘲る一方で、さまざまな談話を見ると、星辰の邂逅に恐れを抱いていたことも明らかである。カルヴァンも、占星学を、良識や最良の批判精神の泉から汲み出された論証とは対極にあるとして、「ある一つの戦いで死んだ人間が六万人いたとする。その場合、このみんなが同じ星に結びつけられるのかどうか、わたしには疑問である」と述べているが、自分が生きた時代には勝てなかったのであろう、ある星辰とそのもとに生まれた人間の素質の間には、なんらかの対応関係があると認めている。シェイクスピアは、『リア王』の登場人物のひとり、エドモンドに占星術に頼る風潮を厳しく批判する言葉を吐かせている。

「具合が悪くなると、たいていはまったく自業自得の食傷なのに、自分の災難を太陽や月や星のせいにしてしまう。まるでわれわれが必要に迫られて没義道者になったり、天体に強いられて馬鹿になったり、特殊の星が勢力を占めたので、ごろつきや泥棒や謀反人になったり、遊星の感応に無理やり服従させられて酔っ払いや嘘つきや姦夫になったり、神通力に押しつけられてさまざまの悪逆になったりするというわけだ。これでは、山羊のような助兵衛根性をお星さまのおかげだとする女郎買いには、すてきな口実だ。」

しかし、このエドモンドのセリフの直前、彼の父親のグロスターは伝統的テーゼを述べている。

「近頃の日蝕といい月蝕といい、みなわれわれには不吉の兆だ。天地の理法を知る者はそれをこれこれのわけと説明してくれるけれども、天変があった後の成行きはかならず人心を乱すものだ。愛情は冷え、友人はそむき、兄弟は相せめぎ、城下には謀反、田舎には不和、宮中には叛乱がおこり、親子のあいだの絆もぷつりと断たれる。」

（『リア王』第一幕第二場、齋藤勇訳）

この相反する二つの意見のあいだで、シェイクスピア自身は、どちらかを選んだようには見えない。

ルターとカルヴァンが占星学を排斥したのは、人間の自由を守るためではなく神の自由を守るためであった。なぜなら、「信仰による義認」の教義は、神の救済の業においては、すべては「予め定められて」（『預定説 prédestination』）おり、各人の長所や功績は無価値であるとしたからである。一見逆説的なこの教理を、ルターはカルヴァンに先駆けて、こう述べていた。「人間の意志は神とサタンのあいだにあって、あたかも馬のように、導かれるのも押し戻されるのも、なすがままである。導くのが神であれば、詩篇（Psaume LXXIII, 22）に我は汝のために愚かな獣のごとしとあるように、神の望まれるところへ、神の欲せられるまま行く。しかし、サタンが勝れば、これまたサタンの望むままである。このことで人間の意志は主人を選ぶ自由はない。相戦う二人の騎士の間では、勝ったほうが主人になるのだ。」

（『奴隷意志論』1525）

ルターは、この辛辣な一節を、エラスムスの『自由意志論』（1524）への反論として書いたのであった。自由をめぐるこの二人の論争は、ユマニスムと宗教改革のあいだの対立の集約点を示しており、結局、ルターは、相手に罵詈雑言を浴びせることによって正義は我にありとし、「私は、多くのライバルたちのなかでお前だけが本当の論争点を捉えていたことで、心から褒めてやろう」と結んでいる。

個々人の罪についての関心が高まっていたこの時代にあって、ルターは自由を否定することによって人間を救おうとし、反対にエラスムスは自由を取り戻させようとした。一方は原罪に力点を置き、他方はアダムとイヴの過ちによって人間の意志と知性は損なわれはしたが消滅したのではない、キリストの贖罪（Rédemption）によって赦された以上は、その恩寵で救われた理性によって再び正しく進むことができるのであるから、それほど悪い事態ではないとした。なぜなら、「人間には理性があり、善へ向かって努力するのは当然である。犬は狩りをするため、鳥は飛ぶため、馬は走るため、牛は耕すために生まれた。人間は知恵とよき行いを愛するために生まれたのであり、人間の本性は善へ向かう本能的傾向性をもっているから」である。

このように、エラスムスの思想は、ピコ・デ・ラ・ミランドラ、フィチーノ、トマス・モア、ラブレー、ポステルそのほかのこの時代の著述家たちに見られるオプティミストの流れのなかにある。彼の『痴愚神礼讃』も、モアが『ユートピア』第一部でルネサンス期のイギリスを痛烈に批判したのも、ラブレーが大学や修道士たちに嘲笑を浴びせたのも、彼らが人間の弱さについて透徹した観察眼をもちながらも、人間の道義的・精神的未来を信じ、いつかは、人間の意志が福音書の教えを実践するのに充分なだけ強くなることに希望を抱いていたからであった。十七世紀には、デカルトとコルネイユが、情念を克服できる人間のストア学徒的高潔さを称揚することとなる。

こうして、ルネサンスは、いかなる過去の時代にもまして力強い人間性開花に立ち会うとともに、自由の哲学が確立されるのを目撃した。しかし、そのように深く、また、大きな結果をもたらす動きは、数々の争いや波乱〔信仰の義認をめぐる賛否両派の戦い〕を経ずしては、そして、個人を宣揚する英雄たちをメランコリーと孤立化で包むことなしでは、不可能であった。十六世紀が終わったとき、人間の自由をテーマに二つの大きな流れがぶつかり合う。ドルドレヒトの改革派教区会議（1619）とジャンセニスム Jansénisme〔訳注・イープルのヤンセン Jansen に始まる厳格主義〕が、ルターとカルヴァンの航跡を継承して、人間を格下げして神を偉大化した。その反対に、エラスムスのメッセージを採用するのが、イエズス会 Jésuite の楽観主義的神学である。

しかし、それ以上にエラスムスの思想を歓迎したのは、セルヴェート〔訳注・スペイン人医師。フランスのヴィエンヌ大司教の侍医。三位一体を否定しカルヴァンによって異端とされ焚刑に処された。1511-1553〕、コルンヘルト〔訳注・オランダ人。個人の自由と相互の寛容を説き、カルヴィニストから迫害された。1522-1590〕、ソッツィーニ〔訳注・イタリアの神学者。預定説、原罪を否定した。1539-1604〕といった独立的プロテスタントたちであり、やがて、クェーカーの神学者、バークレー〔訳注・イギリス人。アメリカの開拓者、ウィリアム・ペンを支援。1648-1690〕は、原罪を否定することによって人間の自由を一挙に救う立場を採る。「人類の進歩」というドグマを掲げる《啓蒙の世紀》は、彼らによって拓かれることとなる。

第十二章　子供と教育

1　図像に見る子供の地位

西欧においては、《子供の発見》は個人の確立と関連して、ゆっくりと行われた。全般的に、子供は、彫刻においても挿絵においても、十三世紀までは「小さな大人」として表現されていた。これは《子供》としての独自性を認められていなかったということである。図像作品に若者や幼児が増えるのは聖ルイ王の時代（1214-1270）からで、ルネサンス期になると、たとえばフラ・アンジェリコ（1387-1455）やボッティチェリ（1444-1510）の作品に若者の姿をした天使が現れる。また、マリア崇拝が盛んになるにつれて幼子のイエスが描かれたり彫刻されたりする例が多くなる。誕生や死の瞬間における魂の象徴として裸の子供が肉体に入ったり去っていったりする様子も描かれる。

これら三つのなかで、十四世紀以後、最も大きい比重を占めたのが第二の幼子イエスで、このおかげで子供に対する感情が西欧芸術のなかで高揚された。この点でいうと、フラ・アンジェリコが一四五〇年にフィレンツェのサン・マルコ修道院の壁に描いた聖母子像の「最も美しい人間の子」は、母の膝の上で、右手は祝福を与える形をし左手には世界を表す球体を持っていて、その態度はまだ硬直的であり、顔も、母親と同様、オーラに包まれ、年齢不相応な冷静さと賢明さを湛えており、二つの時代の連結点と考えることができる。

しかし、これを描いた修道士兼画家が「子なる神 enfant-Dieu」を前にして感じていたのは敬虔な優しさで、その着ている鮮やかなバラ色と白の衣服は、母親の暗色の青いマントと対照的である。顔は魅力的なブロンドの巻き毛で縁取られ、頬と顎を赤らめている。というのは、新生児としてのイエスは、ここでは、イエスを敢えて赤ん坊ではなく小さな少年として描いている。というのは、ここでは、ヤン・ファン・エイクのオータンの聖母子像〔訳注・『宰相ロランの聖母』一四三五年ごろ〕やフラ・アンジェリコ自身の『聖誕 Nativité』など多くの芸術家の作品に見られるように、裸で描かれるのが普通だったからである。十五世紀末から十六世紀初めにレオナルド、ラファエロ、ミケランジェロが、聖母の傍らに、すでに歩けるようになった幼子イエスを裸で描くようになったおかげで、西欧人の感性は、子供の真新しい肉体を前にしてのごく自然な感嘆を表明できるようになったのである。

この進展の一方で、マリアの子は、人々に祝福を与えるような現実離れした儀礼的性格を失って、母親に身体をすり寄せ（グラン・デュックの『聖母』）、幼い洗礼者ヨハネと遊ぶ（レオナルドの『岩窟の聖母』）、花や鳥と戯れる（デューラーの『まひわの聖母』）など、普通の赤ん坊となる。コレッジオ（1494ごろ-1534）は、聖なる子にふさわしい上流階層の人々の楽しげな優しさを表現することに成功している。彼の『聖カタリナの結婚』においては、マリアと聖セバスティアンが微笑みながら見守るなか幼子イエスは神秘の指輪をカタリナに手渡している。『聖ヒエロニムスと聖母』では、マグダラのマリア（Madelaine）は、えもいわれぬ優しさと甘美さを湛えながら、頭を幼子イエスのぽっちゃりした身体に軽く触れさせ、イエスの手も彼女のブロンドの巻き毛に触れている。

こうして、ルネサンス期の芸術家たちは、宗教的な子供のイメージを膨らませていったのであるが、それはイエス一人には留まっていなかった。聖アンナ〔訳注・マリアの母〕が幼いマリアに文字を教えている図や、「聖母の奇跡」のような信仰にまつわる伝承、幼児期の洗礼者ヨハネ、さまざまな聖女の子供たちも、図像化されていった。いわば、宗教芸術が子供の図像化のきっかけになっていったわけである。フィレンツェのスペダーレ・デリ・イノチェンツィ（子供病院）では、一四六五年ごろアンドレア・デッラ・ロビアが陶製メダイヨンに赤ん坊を描いている。これは、ヘロデ王の命令で赤ん坊たちが殺された図を描いたものであるが、宗教的意図を前面に出したものではなく、当時の風習で胸までオムツに包まれ、ふっくらした頬の栄養のよい赤ん坊たちを描いたところに特徴がある。

しかしながら、ルーカ・デッラ・ロビア（1399-1482）〔訳注・先のアンドレアの叔父であり師〕とドナテッロ（1382-1466）によるフィレンツェ大聖堂内部の《カントリア cantorie》（合唱壇）の彫刻では、かなり大きな部分が子供たちの図像に割かれている。ロビアが表現している歌い手や竪琴、キタラ、ラッパの奏者たちは、同じドナテッロでもバッカス祭で髪を振り乱して踊る子供たちにはないキリスト教的厳かさが表わされているが、二つとも、人生の初めの年頃の喜びを昂揚していることでは共通しており、そこには、私たちが採り上げている視点の先駆けというべきものが現れている。なぜなら、子供がさりげなく文明のなかに入ってくるのは近代になってからだからである。

子供たちに当初与えられたのは宗教的枠組みであったが、そこから抜け出した最初の事例が、一四九三年にクリヴェッリ（1430-1495）による『受胎告知 Annonciation』の隅っこの少女であろう。豪華な装飾が施された宮殿の部屋のなかで祈っているマリアに聖霊の光が注ぎ、天使と聖エミディウスがマリアのところへ駆け寄ろうとしている場面である。道を挟んだ反対側の階段の上には一人の僧と赤い服を着た人物がこの奇跡に気づかないで遊びに夢中になっている。このおとなたちのすぐ傍で三、四歳の女の子が、何かを感じたらしく階段の手すりから下の街路を見下ろしている。この絵のなかで最も小さいこの人物に気づくためには、鑑賞者は努力が必要である。

子供が子供として扱われるかどうかは、全般的な経済状況の改善が影響する。アンシャン・レジーム下では、あまりに貧しい親たちは、多すぎる子供をきちんと育てる余力も時間もなかった。ヴァレー〔訳注・スイスの州〕の貧しい農婦の息子でバーゼルのユマニストであるトマス・プラッター(1499-1582)は、この点についてきわめて示唆的な証言を遺している。

「私の母は、男勝りの女であった。三人目の夫に死なれ寡婦になったとき、彼女は子供たちを育てるため、男と同じあらゆる仕事をした。牧草刈りもしたし、麦の脱穀もした。ペストで子供たちのなかの三人を亡くしたときは、墓掘り人に頼むと高いカネを取られるので、自分で穴を掘って葬った。子供たちには特に厳しかったので、年長の子供たちはあまり彼女のところ(ということは、我が家)に居着こうとしなかった。……わたしが葡萄の収穫の手伝いをしているとき、ある朝、霜がおりて葡萄がやられた。私がそんな葡萄を食べたところ、ひどい腹痛になり、死ぬ思いをした。死ぬかと思うくらい苦しんでいる私の前に彼女が立って、『死んじまえ! なんで、そんなものを食べたんだい?』と言って笑った。……その一方で、彼女は正直でまっすぐな、そして信心深さでは評判の女であった。」

ルネサンス期には、庶民の女性の多くは、このトマス・プラッターの母親と似たり寄ったりであった。ルターは両親に深い尊敬心を抱いていたが、母親については、なんでもないことでよくぶたれたことで文句を言っている。したがって、子供らしさを前面に押し出す幾つかの力が働いたにしても、子供を大人の世界に同化しようとする力も働いたのであって、貴族の子供たちが大人とは違う服装をするようになるのは、ようやく十七世紀になってからである。私たちはブリューゲルの『子供の遊戯』(1560)に

ブリューゲル『子供の遊戯』(1560年頃、ウィーン美術史美術館所蔵)

も、西欧文明における子供の地位の向上の緩慢さを見ることができる。

——広場と街路で男女の子供たちが輪回しや独楽回し、回転動作や馬跳びなどで遊び戯れている。竹馬に乗る者や鉄棒遊び(鉄棒といっても、描かれているのは木で作られたものだが)をしている者もいるが、多くは互いに身体をぶつけあう遊びに夢中である。最初の印象では、遊びたいという子供たちの抑えきれない欲求と幼さの噴出という様子であるが、もっと別のものも見えてくる。それは、これらの遊びが繰り広げられている場所が、学校のように子供たちのために特別に用意されたものではないということである。そもそも、このころのどれくらいの子供たちが学校に通うチャンスをもっていただろうか? しかも、男の子と女の子で服装に区別があるわけでなく、顔は大人びて猿のように醜悪である。輪回しは、長い間、大人の遊びであり、彼らは本当に子供なのだろうか？ といった疑問も湧く。いずれにせよ、これは、ブリューゲルが好んだ無名の群衆であり、子供も大人も一緒になっている点では、同じ作者の『謝肉祭と四旬節の争い』（1559）という奇妙な作品と共通している。

貧しい子供たちは、長い間顔のないままであった。それに対して、富裕階級の子供たちは、十五世紀には芸術家たちの関心を惹き、肖像画のなかに登場してくる。ヒューホ・ファン・デル・グースは、ウフィツィの『ポルティナーリの祭壇画 Triptyque Portinari』（1476-1478）で、銀行家夫妻とその子供たちを描いている。子供たちが両親と並んで描かれているのは寄進者の一員としてであり、この時代の絵やステンド・ガラスでは、ますます大きな位置を占めていった。

そうした《奉納物 ex-voto》の伝統は、とりわけドイツや低地諸国では長い間守られたが、日常生活の世俗化が急速に進行したのもこの時期であり、今日に遺されている家族の絵には、宗教的建物に掲げられたのではないものもある。たとえばディルク・ヤコブスのアトリエで画かれたファン・ギンターテーレン夫妻の肖像では、夫（二十七歳であることが記入されている）は二十歳の妻の肩に手を置き、足もとでは二人の子供たちが戯れている。

2　子供への関心の増大

こうして、家族を画いた絵は、ヨーロッパ文明のなかで新しい重要性を獲得していく。これは、言葉の厳密な意味で家族がより一層の自立性を勝ち取ったということである。かつては、カロリンガ世界の崩壊のため、人々は家族という血縁的連帯のなかに助けを求めていったが、十三世紀から十五、六世紀には、国家の権威が強化されることによって封建的絆から解放された家族にあっては、より内密な私的生活が営まれるようになった。これは重要な進展で、まず女性、ついで子供が、職業組合の象徴的図像やカレンダーの絵に現れ、男たちの楽しみや労働に女性も加わる光景がタピスリーや時祷書に画かれるようになる。狩りにも同行し、愛の園で彼らと打ち解け合う。農民の生活にあっては、女たちもいっしょになって収穫を手伝い、ワイン作りに加わる。家のなかでの団欒や召使い女の働く姿も好んで描かれた。四季折々や人生の年齢に伴う移り変わりを描いたテーマは、家族の歴史そのものでもあり、たとえば十四世紀末から十五世紀初めに遡り、当時としては近代性を先取りしていたヴェネツィアの総督宮殿の柱頭の八つの面には、ある家族の婚約から結婚、夜の生活、子供の誕生、その子供たちの一人の死などが描かれている。

子供に対する関心の増大を示す証言はたくさんある。ジェルソンの時代〔訳注・ジェルソンはフランスの神学者で、コンスタンツ宗教会議をリードした。1363-1429〕、子供たちは「教会の希望」と位置づけられ、やがて、子供向けの《公教要理》がたくさん作られている。十五世紀には、ほとんどいたるところに設立されていた聖歌隊学校に子供たちが迎え入れられ、民衆的クリスマスの普及に寄与した。こうして、通常は大人の聖職者しか入れなかった教会のなかの《聖域》にも「少年聖歌隊」として入れるようになった。

しかし、幼児を主題にした最初の柩の彫像にしばらく注目してみよう。そうしたもので十六世紀より前に遡る例は少ししかない。裕福な家庭においてすら、早すぎる子供の死によって引き起こされた苦悩を和らげたのは、子供に対するある種の無関心であった。モンテーニュも、「それは里子の頃のことではあるが、子供を二人か三人失ったことがある。惜しいと思わないではなかったが、少なくとも嘆き悲しむことはしなかった」（『随想録』I-14　関根秀雄訳）と書いている。

幼い子の死を前にしての、このあまりにも偉大な平静さにも、十六世紀になると、後退を窺わせる兆候が多く見られる。ガンの美術館には、ヘラルト・ホレンボウトがカール五世の会計官、リエヴィン・ファン・ポッテルスベルへとその妻子たちを描いた三枚続きの絵の二面がある。子供は五人であるが、そのうち四人が合わせた両手に小さな十字架を持っている。これは、この絵が描かれたときには亡くなっていた子供たちで、両親は、死神の犠牲になった彼らの顔を忘れがたく、このような形で遺させたのであった。こうした両親の態度は今日の私たちにはごく自然と映るが、当時はそうでなかった。新しい感性が生まれつつあったことを証明しているのである。

十六世紀以後には、墓でも横臥した母親の像の足もとか横に並べて、早死にした子供たちの姿が見られるようになる。十七世紀になると、高い身分の家系の場合は、別個に墓が造られる。英王ジェームズ一世は、一六〇六年と翌〇七年、一人は生後三日、もう一人は二歳で、二人の娘を亡くした。子供の歴史を研究したフィリップ・アリエスは、「王は彼女たちをウェストミンスターの墓に、その姿のまま再現させることを望んだ。とくに三日で亡くなった子は、肌着も帽子のレース飾りも種々のアクセサリーも、実物そっくりに再現して揺りかごに納められている」と指摘している。

ルネサンス時代には、亡くなった子供のために涙を流すのは当たり前になる。ルターは娘のマグダレーネが十六歳で亡くなったとき、深い悲しみを表している。十六世紀ポーランドの最も偉大な詩人でユマニストのコハノフスキーは、四歳で亡くなった娘のウルスラに『十九の哀歌』を献げた。これは、ときに衒学的傾向はあるが、最も洗練されたすばらしい作品となっている。マレルブ（1555-1628）は、デュ・ペリエ〔訳注・法律家〕を慰めようとして、ロンサール風の旋律豊かな詩句で薔薇が散るのになぞらえている。彼自身も、子供を二人失っているが、そのような父親から出た言葉としては、氷のように冷たいと思われる。

私は二度同じような雷に打たれて
茫然となったが
二度とも理性が解決してくれて
もう思い出すこともなくなった

悲しむべき理性の力ではないか！　しかし、十七世紀には、理性はまだ凱歌をあげていなかった。家族の絵が子供を中心に描かれるようになるのは、ルイ十四世の時代（1638-1715）である。

子供に対する新しい関心は、《プッティ putti》〔訳注・「幼児」を表すイタリア語〕への芸術家たちの偏愛に表れている。ルネサンス期の幼児の姿は、どちらかというと「小さな大人」であった中世のそれよりも、ギリシア・ローマ彫刻のそれに繋がっている。イタリアで凱歌をあげ、ついでアルプスを越え、あるいは海を渡って西欧芸術で《プッティ》が勝ち取った幸運は、大部分は古代の再発見によって説明される。ドナテッロが古代の小像にヒントを得て風変りな衣装をさせた『エロス・アッティス』やラファエロが『ガラテアの勝利』に配した小天使たち、ファルネーゼ宮の『バッカスとアドリアーネの勝利』のなかで虎と戯れ、あるいは行列の上を飛ぶ幼児たち、イノサン墓地の泉のレリーフを楽しいものにしている子供たちは、こうした時代の好みを証明している何千とある作品の幾つかの例でしかない。

しかし、この《幼児たち》は宗教的芸術のなかで一つの位置をあっというまに獲得した。十五世紀には、ヤコポ・デッラ・クエルチア〔訳注・イタリアの彫刻家。1371-1438〕が、イラリア・デル・カレットの墓にそうした《幼児》を配している。やがて、「パラダイス」といえば、聖人とともに、天空にたなびく雲のなかに丸いほっぺと大きなお尻をした小天使が欠かせない存在となる。それは、『聖体論議』〔訳注・ラファエロがヴァティカンの署名の間に描いたもの〕でも画面上方に見ることができるし、多くの教会の丸天井などにバロック芸術が繰り広げる天上界にも必ず目にすることができる。

アリエスは、いみじくも「《プッティ》好みは、古代の裸体への嗜好より深い何かと合致していたのであって、子供に対する好意的関心という大きな動向と結びつけて捉えられるべきである」と指摘している。事実、低年齢の子供への関心が高まるにつれて、幼い子供が裸で表現されるようになったことは、十九、二十世紀の《芸術写真》の多くが証明しているとおりである。

ルネサンスの時代には、まだ、現実の子供を神話上の愛の神や小天使の裸の姿で表現することにはためらいがあった。しかし、十六世紀には、この意味での大胆な挑戦がホルバイン（1465-1524）、アールツセン（1508-1575）、ティツィアーノ（1476ごろ-1576）、ヴェロネーゼ（1528-1588）によって試みられる。これらの画家の絵では、裸の子供はまだ《プッティ》に似ている。次の世紀、ルーベンス（1577-1640）は、再婚相手のエレーネ・プルマンの腕に抱かれた息子を、羽根つきの帽子をかぶらせて描いている。十七世紀後半になるとこれが逆転し、裕福な家庭の幼児は裸で描かれるのが普通となる。

3　教育における中世とルネサンスの断層

ルネサンスは、子供を発見するとともに、学校の問題に特別の配慮を示した。ヤン・ファン・スコレル（1495-1562）が一五三二年に描いた肖像画は、この新しい関心を象徴的に表している。この十二歳の少年は、赤いベレー帽をかぶり、一方の手にペン、もう一方の手に紙を持っている。額は広く、表情は、学ぶのに苦労しているようでも、ぶたれている風でもなく、平静で幸せそうである。ユマニストの教師のよき生徒で、手にした紙に書かれたテキスト「Omnia dat Dominus non habet ergo minus」〔訳注・「主はすべてを与えたもうが、だからといって豊かさをなくされることはない」の意〕が暗示しているように、すでにかなりラテン語を修得している。この格言は、この絵の下にあるもう一つの格言から、そのすべての意味が判明する。教育は、よきキリスト教徒を作り上げることが目的であり、そうでなければ無価値だというのである。

では、新しい時代のこの生徒と中世の生徒とでは違いがあるのだろうか？ もとよりである。その理由は、もっとあとで述べるとしよう。しかしながら、中世とルネサンス期とで教育に断絶があると考えるのは間違いである。カトリックであれプロテスタントであれ、古典語の学校は古代の学校の遺産ではなかった。ルネサンス期の学校はユマニスムによって見直され修正されつつも、中世のラテン語学校の教育を延長したものであった。

中世のラテン語学校は、キリスト教社会が必要とした聖職者を育成するという教会の需要に応えて発展した。聖職者は、当時生きた言葉と考えられていたラテン語を知っていなければならなかったからである。それに対し、ルネサンス期の教育者は、ギリシア語に場所を作っただけでなく、教会ラテン語に代わってキケロやウェルギリウスの古典ラテン語を教えるようになる。これによって意図せずして掘られた溝は、文化と日常生活の間で拡大していった。彼らは、ラテン語を過去の時代に投げ返すことによって、願いとは逆に、ラテン語を硬直化した言葉にすることに貢献したのであった。

しかしながら、《三学科 trivium》（文法・修辞学・弁証法）と《四教科 quadrivium》（幾何学・算術・天文学・音楽）を構成していた中世の諸学問の本質的なものは維持された。十六世紀から十九世紀まで《コレージュ collège》〔訳注・もともとは「学寮」であったが、次第に大学とは独立した中等教育機関になっていった〕では「文法」と「修辞学」とが教えられたが、「弁証法」は消滅した。しかし、それは「論理学」に席を譲ったためで、このアリストテレス学派とトマス学派に起源をもつ「論理学 logique」が「哲学 philosophie」と同義語となる。ところが、文法と古典（humanités）を学ぶと、イギリスは別にして、論理学と自然学（physique）は未習でも、生徒たちの《学寮》での課程は修了した。これで、中世の《三学科》と《四教科》はカバーしたとされたのである。

このようにプログラムが不変であったことは、十五世紀から十六世紀にかけて、学寮が古い学芸学部（facultés des arts）から次第に脱皮していったプロセスを考えると、容易に説明がつく。古い学芸学部は、私たちに勘違いさせそうな名称にもかかわらず、高等教育ではなく、今日の中等教育に相当するもので、法律や医学あるいは神学を修めるより高いランクの他の学部へ進むための予備教育であった。古い学芸学部が《学寮 collèges》によって分裂したことは、パリ大学が辿ったケースを見ると分かる。

もともと、学生たちは住民の家の一部屋を何人かで分け合って住んでいた。しかし、その結果生じた規律の乱れと、多くの聖職者の貧窮化（彼らの多くは聖職者をめざしていた）に対応するために《学寮 collèges》が創設され、それが十三世紀以後、トゥールーズやオックスフォード、ケンブリッジ、ボローニャと同様、パリでも増えていった。全般的にいって、それらは、貧しい学生の学業を助けるために金持ちの人物が設立したもので、一四〇〇年ごろには、パリでも約三十の学寮が設立されていた。その代表的なのが、神学を学ぶ学生のためのソルボンヌ Sorbonne であり、ノルマンディー出身の学生たちのためのアルクール Harcourt、「フランス国民団 nation de France」の本拠であったナヴァール Navarre学寮などである。学寮の奨学金（bourse d'internat）は、教会法博士をめざす学生（décrétiste）や医師をめざす学生よりも、神学や《学芸学部の学士 artistes》をめざす学生たちに多く割り当てられた。神学生と学芸学部学士の場合、教会人になる確率が高かったからであるが、とくに奨学金の恩恵を受けたのは年齢が最も低い後者の学生たちであった。こうして学寮は、ますます学芸学部の基盤になっていった。

当初、給費生たちは、ファール街〔訳注・ファールは藁の意。当時、授業は街路の地面に藁を敷いて行われたことから、こう呼ばれた〕で、有資格教師たちの課す教程を義務づけられていたが、この教師たち自身が年長の給費生であることもしばしばで、授業は、その教師が生活している学寮のなかで行われることも多かった。エティエンヌ・パキエ〔訳注・アンリ三世と同四世に仕え、会計裁判所検事総長になった。1529-1615〕は『フランス考 Les Recherches de la France』（1621）のなかで、最初にファール街を捨てたのは文法と古典の学級で、それに哲学の授業が続いたと書いている。

この進展は西欧全体に広がったが、イングランドでは違う方向に進んだ。イギリスでは、グラマー・スクール〔訳注・いわゆる中等学校で十六世紀に創設されラテン語とギリシア語を主な教科とした〕と「大学を構成するカレッジ collèges universitaires」は区別され、大学は、グラマー・スクールを経たあと入る高等教育の場であった。

パリでは、十四世紀末の時点では、さまざまな学寮のそれを合わせても給費生は四百五十人を超えなかったが、十五世紀、十六世紀と経るにつれて、教育を受ける若者が急増した。いずれにしても、みんなが神学者や医者、さらには法律家をめざしたわけではなく、学寮生活に憧れて入ってくる若者が増えた結果、騒ぐ学生たちと市民とのあいだで悶着が起きることも多くなり、オックスフォードでもパリでも、罰金に代わって身体罰が導入されるようになる。一五〇三年、モンテーギュ学寮では、ジャン・スタンドンクによって、規則の厳格化が図られた。

しかし、すでに逆戻りできない一つの進行が始まっていた。通学生が学寮に入ってきたことから、学寮は変貌し、新しい規則が必要とされるようになる。こうした時代の動きに敏感に対応したのが、イエズス会による学寮であった。中世においては、学芸学部は文学教育全部を網羅しているわけではなかったが、それでも、大学をもたない多くの町は、文法と自由学科を教える中等学校があることで恩恵を受けた。リエージュ、デーフェンテル〔訳注・中部オランダ〕、セレスタ〔訳注・ドイツ語ではシュレスタット。アルザス平野の中部〕などに《共同生活兄弟会 Frères de la vie commune》によって設立されたのがこのタイプの学校で、ニコラウス・クザーヌスやエラスムスといったほんもののユマニストがここから輩出している。これらの学校や、都市政府設立の学校（たとえばボルドーのギュイエンヌ学院）は、ルネサンス期の変革のなかで、学芸学部が分かれて生まれたそれと似た学寮になっていった。

4　ユマニスムの流れを受け入れた学芸学部

ユマニスム精神の浸透に抵抗を示したのは、学芸学部とそれが分かれて生まれた《コレージュ》であると信じられてきたが、最も強い敵意を見せたのは神学部であった。とはいえ、神学部が保守的であったということには陰影をつける必要がある。なぜなら、一四七〇年、パリで最初の印刷所が設けられたのはソルボンヌにおいてであり、その印刷機を使って生み出された著作のなかには、枢機卿ベッサリオン〔訳注・ギリシア正教の総主教で、ラテン教会との統合に努め、アリストテレスの『形而上学』などのギリシア語著述をラテン語に訳し、ユマニスムに影響を与えた）の『ディスクール』、エネア・シルヴィオ・ピッコローミニ（のちのピウス二世。ユマニストでもあった）の『二人の恋人 Deux amants』と『宮廷人の悲哀 Misére des courtisans』、そして、フィシェがユマニスム教育を擁護して書いた『弁論術 Rhetrique』などがあるからである。バーゼル大学で、神学部に付属してヘブライ語講座が設けられたのが十五世紀末であることやエラスムスが一五〇六年にケンブリッジ大学で神学の博士号を受けたことも忘れてはならない。

こうした幾つかの事実にもかかわらず、神学部は全体としてユマニスムの運動のなかに正統教義を脅かすものを見て取り、敵対的であったことに変わりはない。ルーヴァン、ケルン、エアフルトの神学部はヘブライ語とユダヤ教ラビ文学を擁護したロイヒリンを敵視した。パリ大学神学部は、フランソワ一世がギヨーム・ビュデの助言で《コレギウム・トリリングアエ》（三言語アカデミー）を創設（1530）するのを妨害しようとした。

その反対に、ユマニスムは学芸学部にはかなり容易に侵入した。ベッサリオンは一四五〇年から一四五五年までボローニャ大学で教鞭を執り、これがこの名門大学に古典学復活をもたらし、一五一五年には古典文学の講座が開設されている。デメトリオス・カルコンディラス〔訳注 ペルージア、ローマ、パドヴァ、フィレンツェ、ミラノの各地でギリシア語を教えた。1424-1511〕が教鞭を執った各地からはユマニストたちが輩出し、パドヴァからは、グアリーノ（1374-1460）、フィレルフォ（1398-1481）、ヴィットリーノ・ダ・フェルトレ（1373-1446）といったイタリア・ユマニスム思想の教師たちが出ている。

なかでも、ルネサンスの特徴の一つであるギリシア文学に対する関心の普及において決定的役割を演じたのが、アルノ川の畔の町（フィレンツェ）の《ストゥーディオ Studio》（大学）である。一四七二年にロレンツォがピサ大学を再建し、以後、ピサがトスカーナの中心になってからも、ギリシア学者たちはフィレンツェで教鞭を執りつづけた。ローマの《サピエンツァ Sapience》〔訳注・ローマやボローニャ、ピサにおける大学の古い呼び名〕は、レオ十世の時代に大学として盛名を馳せた。教授数は八十八を数え、とくに歴史学の講座がフマニスムの鍛錬の場となった。ヨアンネス・ラスカリス（1445-1535）は、パリではギヨーム・ビュデを教え、一五一五年にはローマでギリシア学のコレージュを創設している。

イタリア以外の地でも、同じように（年代はずれるが）、学芸学部がユマニスムの中心になったことが確認されている。スペインでは、枢機卿シスネロスによって一五〇九年に設立されたアルカラ大学には《三言語学院》があり、ヘブライ語の文法書であるとともにヘブライ語・カルデア語辞典でもある有名な『多言語聖書 Bible polyglotte』が出版されている。パリでは、イタリア人のギリシア学者アレアンドロ（1480-1542）がカンブレとマルシュの学寮で行った講座に人々が大挙押し寄せた。その様子を彼は幾分自慢をこめて書いている。「参加者は二千人を超えた。私の印象では、これほど教養ある人々がこんなに大勢、しかも厳粛に集まったことは、イタリアでもフランスでもなかったほどである。」

イタリア旅行でピコ・デ・ラ・ミランドラと会ったルフェーヴル・デタープルは、帰国後、ルモワーヌ枢機卿の学寮でアリストテレスを原語で学んでいるが、この学寮からは、その少しあと、プルタルコスのフランス語訳で有名なアミヨ（1513-1593）が出ている。《王立教授団》が一五三〇年から教えた「三言語アカデミー」は、もともと伝統的機構の外に設立されたものではなく、その教師たちは「パリ大学教師」の肩書きをもつ人々であったが、一五四〇年以後は、その肩書きを捨てることになる。しかし、フランソワ一世によって設立されたこのコレージュは十七世紀まで自前の建物を持たなかったので、長い間、《王立教授団》は、サント・ジュヌヴィエーヴのさまざまな学寮で教えたのであった。

ヨーロッパにおける文学ルネサンスの中心になったのは、十五世紀初めに設立されたルーヴァン大学である。この大学では、一四四三年ごろから古典文学が教えられるようになり、デモステネス、イソクラテス、ルキアノスを翻訳しドイツ・フマニスムスの父と呼ばれるロドルフ・アグリコラ（1443-1485）は、このルーヴァン大学で文学士の資格を取得している。一五一七年にはエラスムスの友人の一人がルーヴァンに学寮を設立し、そこでは、「道徳学の書そのほかキリスト教徒の作家たちが書いたものがラテン語・ギリシア語・ヘブライ語で解説」された。この学寮についてエラスムスは「これほど文芸研究がしっかり確立されている例は、ほかにない」（1521）と書いている。

文芸研究はドイツの諸大学でも盛んになっていった。ロドルフ・アグリコラは、ハイデルベルク大学で教鞭を執ったが、彼のもとで学んだコンラート・ツェルティス（1459-1508）は、西暦一〇〇〇年ごろに亡くなった女詩人、フロスヴィタ〔訳注・ザクセンの貴族出身の修道女 Roswitha, Hroswitha〕の作品と「ポイティンガー Peutinger」と呼ばれているローマ帝国軍用道路図〔訳注・一四六五年から一五四七年までかけて出版された〕を発見した。ツェルティスは皇帝マクシミリアンの同意を得てウィーン大学の古典学を刷新するとともに、詩と雄弁術を教えている。

イギリスの大学にも《ヒューマニズム》は入ってきた。エラスムスは一五一一年から一五一四年までケンブリッジ大学で教えたし、ガレノス（129ごろ-199）をギリシア語からラテン語に訳した医師のリナカー（1460ごろ-1524）は、ロンドンの医学アカデミー、《ロイヤル・カレッジ・オブ・フィジシャンズ Royal College of Physicians》の設立に加わっている。そのほか、十六世紀初めには、《クライスト・カレッジ Christ's College》と《セント・ジョンズ・カレッジ St John's College》がヘンリー七世の母の支援でジョン・フィッシャー司教によってケンブリッジに、一五一七年には《コープス・クリスティ・カレッジ Corpus Christi College》がオックスフォードに設立され、ギリシア・ラテンの古典文化の灯台となった。

最後に、中央ヨーロッパのブダとクラクフの大学も、マチャーシュ〔訳注・ハンガリー王。1440-1490〕とヤギエオ王家のおかげでユマニスム伝播の重要な核となった。

これらの事例すべてが重みをもっている。ともすれば、歴史を簡単に切断してしまう見方に反して、ルネサンスは中世の機構のなかに徐々に入り込み、少しずつ変えていったというのが真相である。抵抗は、神学部からだけでなく学芸学部の保守的な人々からも起きた。エラスムスやラブレーがけなしているように、パリのモンテーギュ学寮は新しいものを拒絶する道を選んだ。同じように、ルーヴァン大学やオックスフォードでも、新文化の旗振りであった「トロイ人 Troyens」や「ギリシア人 Grecs」との間で厳しい緊張が生じた。しかし、争っても無駄であった。刷新の流れは大学都市だけにとどまらず、中等学校（コレージュ）にも到達して、そこでもユマニスム的プログラムが採用され始め、いまや不可逆的な進展となっていたからである。

ロンドンのセント・ポール学院ではジョン・コレット（1466-1519）が、シュトラスブルクではヨハンネス・シュトルム（1507-1589）が、ニームではバデュエルが、ボルドーではアンドレ・グヴェアが、ジュネーヴではカルヴァンとテオドール・ド・ベーズが、ドイツでは《全ドイツの師 praeceptor Garmaniae》と呼ばれ、五十六都市から大学改革について助言を求められていたメランヒトン（1497-1560）が、さらに、イエズス会士たちは自分たちのコレージュで、中世ラテン語を捨ててギリシア・ラテン古典文学に名誉ある位置を与え、歴史・倫理・修辞学・弁論術を重視した。宗教改革で生じた宗派的境界線にもかかわらず、文明は変わらず共通であったから、そのなかでカトリックもプロテスタントも同じ道を辿ったのであった。

5　大学の衰退

イギリス以外では、《コレージュ collège》がその地位を確立したので、ルネサンス時代には、大学は最もダイナミックな要素を奪われ、全般的に衰退傾向を見せる。それほど専門化された教育を必要としない若者たちはコレージュに惹きつけられていった結果、ヨーロッパの古典主義時代は、大学の衰退期となる。一五七五年に設立され十七世紀から十八世紀にかけて光芒を放ったレイデン大学のような幾つかの例外はあるが、大学が輝きと活力を取り戻すのは、ロマン主義時代（十八世紀末から十九世紀初め）になってからである。

しかしながら、《コレージュ》の隆盛は、こうした大学の衰退だけで説明できるものではない。医学教育は三百年近く足踏み状態となり、教会法の学問はプロテスタント諸国では、すべての大学から姿を消した。高等教育は、事実上、神学に限定される傾向を示したカトリックの国においてすら、世俗文化が優勢になるにつれて、神学部に進む学生の数は少なくなっていった。ただし、十六世紀末にカトリックの国で創設された多くの大学（ディリンゲン〔1554〕、ドゥエ〔1559〕、オロモウツ〔1573〕、ヴュルツブルク〔1575〕、ポンタ＝ムソン〔1582〕、グラーツ〔1586〕）はローマ教会側からの反転攻勢をめざしたものであったから、そこで重視されたのはもっぱら神学であった。プロテスタントの国々では、大学の神学部は根底から揺らぎ、その克服には長い年月がかかった。ここでは、新思想に与しない教師たちは排除され、それが司牧をめざす若者たちの意気沮喪を招いた。そのことについては、ルターも嘆いている。一五〇一年から一五六〇年までの五年区切りで、ドイツの大学における学生数の推移を示すと以下のようである。

一五〇一—一五〇五年	三三四六
一五〇六—一五一〇年	三六八七
一五一一—一五一五年	四〇四一
一五一六—一五二〇年	三八五〇
一五二一—一五二五年	一九九四
一五二六—一五三〇年	一一三五
一五三一—一五三五年	一六四五
一五三六—一五四〇年	二三〇七
一五四一—一五四五年	三一二一
一五四六—一五五〇年	三四五五
一五五一—一五五五年	三六七〇
一五五六—一五六〇年	四三三四

したがって、一五一一年から一五一五年のレベルに復するには、一五五六年から一五六〇年を待たなければならなかった。この推移はオックスフォードでも同じで、一五〇五年から一五〇九年には毎年平均一五〇人の学生が資格を取得していたが、一五二〇—一五二四年には一一六人、一五四〇—一五四四年には七〇人、一五五五—一五五九年には六七人に減少している。プロテスタントのドイツでは、この

危機の時代にもマールブルク(1527)、ケーニヒスベルク(1544)、イエナ(1558)など幾つかの大学が誕生しているが、学生数が回復するのは十六世紀も後半になってからである。

それに対しイギリスでは、一五六〇年から一六四〇年の間にオックスフォード、ケンブリッジ、そして法律学校のインズ・オブ・コート Inns of Court〔訳注・弁護士任命権を専有したロンドンの法学院〕に記録的な志望者が殺到している。しかし、イギリスでは海峡の対岸とは事情が異なり、文学教育はカレッジの上級クラスで別に授けられ、大学では除外されていたことを思い起こす必要がある。

したがって、イギリスは別にしてヨーロッパの諸大学は、一六〇〇年にはかつての輝きを失っていたことが確かである。かつては国際色豊かであった各大学とも、いまや、学生も教師も国民的になり、その結果として権力の支配に組み込まれやすくなる。マールブルクでは、教師たちは君主によって適性を判断され、自由に解雇された。ケーニヒスベルクでは、教授も学生もプロイセン公の前で忠誠を宣誓しなければならなかった。オックスフォードとケンブリッジでも、学長は国王によって任免された。ジュネーヴでは、地方アカデミーは市政府のコントロール下に置かれた。

この進展はカトリックの国々でも同様であった。ソルボンヌの独立性は、ますますフランス王によって制約され、《王立教授団》にいたっては、その名称のとおり君主によって創設されたもので、自由が達成されたのはフランス革命以後である。ウィーン大学は一五二三年以後、オーストリア大公フェルディナントの監視下に置かれ、インゴルシュタット大学はバイエルン公の厳重な監視下に置かれた。自由なくしては、濃密な知的活動はありえない。古典主義時代の大学は、そのことを身をもって経験することとなる。

ほかにも、中世以来の高等教育がルネサンス期に活力を失ったことを示す事実が幾つかある。印刷事業で新しい文化の伝播に大きな役割を果たしたリヨン、ヴェネツィア、アントワープは、いずれも大学都市ではなかった。バーゼルには大学が一つあったが、その輝きは平凡で、バーゼルの名を高めた印刷事業は大学とは関係なかった。イタリア以外でルネサンス最高のユマニストであるエラスムスは、大学で学位を取得したしイギリスでは教壇にも立ったが、あくまで独立独歩の人であった。

中世の偉大な知識人であるアルベルトゥス・マグヌス、ロジャー・ベーコン、聖ボナヴェントゥラ、聖トマス・アクィナスは、いずれも大学人であったが、アリオスト、マキアヴェリ、ロンサール、モンテーニュ、アヴィラの聖テレサ、セルヴァンテス、トマス・モア、シェイクスピアといった十六世紀ヨーロッパ文学の代表者たちの大部分は、大学とは無縁の世界で活躍した人々である。

ルネサンス時代、種々のアカデミーが発展するのも、伝統的枠組みの外においてである。友情だけでなく共通の知的関心によって結びついたこうした大人たちのグループは、中世には存在しなかったものである。アカデミーで最も著名なのが、十五世紀、フィレンツェでフィチーノのまわりに集まった人々のそれである。これがその後、十六世紀に、優雅だがあまり役に立たない《オルチ・オリチェラーリOrti orcellari》〔訳注・「紫染料のもととなる苔を育てる菜園」の意〕の集まりのなかで再現された。十五世紀にポンポニウス・ラエトゥスによって設立された《ローマ・アカデミアAcadémie romaine》は、一時、異教的嗜好性によってパウルス二世を不安がらせたが、一五二七年のローマ劫掠まで会合を続けた。十五世紀末にポンターノによって開かれた《ナポリ・アカデミア》も、一五四三年まで続いた。

しかし、幾つかの《協会sodaliates》が消滅する一方で、空想的な名称で、もっとたくさんのメンバーを集めるものが生まれた。ローマでは《ヴィニャイオリVignaioli》、《パードリPadri》、《スデニャーティSdegnati》、フェラーラでは《エレヴァーティElevati》、レッジオでは《アチェシAccesi》、ボローニャでは《シティボンディ Sitibondi》、フィレンツェでは《ウミディ Umidi》と《クルスカ・アカデミア Accademia della Crusca》などである。このクルスカ・アカデミアはトスカナ語の美しさを守るために一五五二年に創設されたもので、一五九一年には辞書を刊行し、いまも《アカデミア》として存在している。

こうしたイタリアの例に倣ってアルプスの北でも、ロンドンでは《ドクターズ・コモンズ Doctor's Commons》〔訳注・ロンドンの民法博士会館。遺言の検証や結婚と離婚の問題を扱った〕、フランスではアヌシーで《アカデミー・フロリモンターヌ académie florimontane》が生まれた。これらのなかでも、とくに十六世紀後半のイタリアのアカデミーは修辞学者たちのサークルで、そこでは演説の中身よりも言葉の問題を対象とした。これは未来を視野に置いたもので、十七世紀、十八世紀には、大学よりも、こうした文学協会やとくに科学の協会が研究と知識の進歩に寄与していく。

6　学校生活の新しいリズム

教育は変わり、《コレージュ collège》が新しい重要性を獲得する一方で、生徒たちの心理も変化した。中世には「学級」は存在しなかったし、一四五二年のパリ大学の改革も、そのような言葉も事実も知らなかった。十六世紀初め、トマス・プラッターは、その長い遍歴のなかで、一時、ブレスラウの文法学校の授業に参加し、「同じ部屋のなかで、同じ時間に、九人の《バカラウリィ baccalaurii》〔学業修了者〕から講義を受けた」と言っている。勉強に段階といったものはなかったのである。十五世紀以来教育の基礎とされ、真っ先に修得しなければならなかったラテン語文法も、それ以前は段階というものはなかった。教師たちはすべての自由学科（arts）を、ただ自分の気に入ったものにより大きな比重をもたせるだけで、同時に教えていた。アリエスは「先輩と新入生で違っていたのは、テーマではなく繰り返した回数であった」と述べている。

また、生徒のなかには、さまざまな年齢の子供たちが入り混じっていた。子供たちはいつも大人と一体化していたから、これは驚くことではなかった。十二世紀、ソールスベリーのロバートはパリのある学校のなかで、小さな子供も思春期の少年も、若者も老人も一緒に学んでいるのを目にしている。ピエール・ミショーの『今の時代の教訓 Doctrinal du temps présent』（1466）によると、十五世紀にはコレージュの教師たちは、さまざまな年齢の生徒が混然となっているのを相手に教えたという。当時は、これが当たり前だったのであって、これに驚くようになるのは、十六世紀に勉強のサイクルが出来上がってからである。

トマス・プラッターが「前へ進んでいく授業が行われている」という印象を受けたのは、一五一八年、セレシュタットの学校にやってきてからで、このとき彼は十八歳になっていたが、「ドナトゥス Donat〔訳注・ラテン語入門書〕さえ読めず、ひよこたちと一緒の親の雌鳥のように小さな子供たちの間に坐った」のだった。イグナティウス・ロヨラが一五二七年、三十六歳でサラマンカ大学に入学したと書いているのを見ても、年齢差のある生徒が一緒に学ぶ姿はまだ突飛なことではなかったようである。

まだ萌芽的状態で、しかも特定の地においてであるが、教育の段階化とクラス（学年）分け（lectiones）が行われるようになるのは十五世紀になってからである。一四四四年にトレヴィーゾ〔北イタリア〕の市政府とラテン語学校の教師の間で交わされた契約書から、生徒は初心者から修辞学や文体論を学ぶ生徒まで四つのカテゴリーに分けられ、カテゴリーが上になるほど、生徒たちが支払う謝礼金は高額であったことが分かる。

一四六六年、ミショーが示しているフォールステ校では、一つの大きな部屋で十二人の教師が、それぞれに、まわりに小さなベンチを並べた一本の支柱のもとで授業を行っている。しかし、一五〇九年にジョン・コレットによってロンドンで設立されたセント・ポール校では、クラスごとに部屋を分けるやり方が行われている。それが、床が階段状になった円形ホールで、取り外し可能な仕切りによって礼拝堂と三つの教室に分けられていたことは、エラスムスの記述によっても分かっている。

これは十六世紀じゅうに進行し、ニームではバデュエルが、シュトラスブルクではシュトルムが、ボルドーではグヴェアが、そして、やがてイエズス会たちが彼らの多くの学校で、生徒たちを四つだの六つ、ときには八つのクラスに分け、そのそれぞれに専門の教師を割り当てるようになり、年齢的混合は姿を消していった。就学期間も変わり、しばしば短縮された。七歳ぐらいで入学し、十五歳から十七歳で卒業するのが通常になった。学ぶ速度も速くなり、内容もよくなった。その理由は、まず第一に印刷本によって教えやすくなったことにあるが、ついでは、生徒たちが、移動して回る必要がなく、そのぶん、勉学に集中できるようになったからである。

それと同時に、教師たちの独立性は失われた。教師は、かつては自分の好きなように教える内容を組み立てた。ところが、ルネサンス以後は、学校機構のなかに統合され、一人の校長のもとに服従しなければならなくなる。イエズス会士たちは、生徒は教師に、教師はその上に立つ人に厳格に服従するというやり方を極限にまで押し進めた。こうして、絶対王制の時代には、《服従》がヨーロッパ社会の基本的価値となる。

第十三章　教育・女性・ユマニスム

1　中世的無秩序に対する反動

中世の時代、教師は授業が終わると、自分の生徒たちにも関心をなくした。彼の役目は、生徒に知的仕組みを教え、記憶させること（これは、印刷術がなかった時代には必要なことであった）だけであった。まず詩篇と聖書をラテン語で読めるようにし、上級になると、有能な教会法学者とか、ある程度の知識を持つ医者とか、論争に長けた神学者にすることが彼の役目で、一個の立派な人間に育てようなどということは考えなかった。大事なのは道徳よりも技術であるとするこの様相は十五世紀初めになっても変わらなかった。生徒たち（大学生 étudiants だろうと生徒 écoliers だろうと）は、教室から外へ出ると、何をしようと自由であった。事実、町から町へ、学校から学校へ渡り歩く放浪の人であった。

パンタグリュエルは、エピステモンをお供に、ポワティエ、ボルドー、トゥールーズ、モンペリエ、ヴァランス、アンジェ、ブールジュ、オルレアン、そしてパリと各大学を訪ねている。これは小説的フィクションであるが、トマス・プラッターの場合は実録である。まわりから司祭になることを嘱望され、最小限のラテン語を修得するために、子供のうちから、お目付役（bachant）として付けられた従兄のパウルスと一緒にドイツやスイスを訪ね歩いた。パウルスの主な役目は食べ物を手に入れることだったが手に入れた物のよりよい部分は自分のものにし、必要とあれば、この小さな友をぶつ保護者である。何年も一緒に旅するうちにトマスもすっかり大きくなり、パウルスは別れていく。しかし、トマスにとって青春期はさらに厳しいものとなる。プラッターは書いている。

「ブレスラウでは、生徒たちは学校の床で眠った。……夏の暑いときは墓場に草を積み重ね、鶏が藁のなかで休むようにして眠った。雨が降ると、学校に避難し、雷雨のときは夜じゅう歌をうたった。」パンタグリュエルもまた、パリに着くと、一人の学生を掴まえて、その生活について訊ねている。それによると、――学生たちは、時間があれば街のなかを歩き回り、女性の善意に甘え、女郎屋を訪ね、ついで料亭で食事する。そして、所持金がなくなると、国許の家族に送金を頼むか、本や衣服を質に入れるという。これは、ラブレー流の誇張であろうか？　けっして、そうではない。エティエンヌ・パキエは、パリの下宿屋について、「部屋は一方は学生たちに貸され、他方の側は売春婦たちに貸されていた。同じ一つ屋根の下で有名校と売春婦が同居していた」と書いている。中世においては、年長の生徒（bachants）が新入り（béjaunes）に手ほどきするのが常で、とくに自由学芸の教科に関しては、新入生は、教師ではなく年長の先輩（primi inter paros）に従った。

それが学習の秩序づけへの要請と若者を堕落から守ろうという配慮から変化が起き、一六〇〇年ごろになると、子供や若者は大人とは異なる存在であるとして、ちょうど新大陸でスペイン人入植者とパラグアイの土着民が区別されたように、教師たちも規律を重視するようになり、中世的無秩序に終止符が打たれる。新しい時代の教育者たちは、子供たちを腐った風俗から切り離し、高尚な習慣を身につけさせることが唯一の訓練であると考えた。同時に人々も、教師の仕事はただ教えることではなく、生徒たちの人格を躾けることであり、教師は生徒の魂についても、成人してからの道徳的行動についても責任を負うと考えるようになった。

そうした新しい方向をめざした草分けの一人が十五世紀初めのジェルソンである。彼は、十歳から十二歳の子供たちの告解によって、同性愛的衝動（sodomie）が頻繁に起きることを知り、その治療法を考えて『ソドミーの告白 Confession de la sodomie』を著した。告解師の役割はたしかに重要であるが、欠かせないのは教育（躾け）である。――子供たちの耳に淫らな言葉を入れさせてはならない。子供同士の遊びであっても、互いに抱き合ったり素手で肌に触れないよう気をつけるべきである。まして、年長の女性のベッドに寝かせることは禁物である――。ジェルソンは、ノートルダム・ド・パリの学校のための規則書を執筆し、教師たちに常に生徒たちを監視することを義務づけ、生徒たちも、仲間がうっかりラテン語の代わりにフランス語を話したり、教会に参列するのに遅れたりしたときは、告発する義務があるとした。

十五世紀中ごろのパリ大学の改革者である枢機卿、エストゥートヴィルも、ジェルソンと同様、子供は《aetas infirma》（無力な年代）であり、「一層の訓練と厳しい規則が必要」であって、自由に放任することは有害であるとした。教師の使命は知識を伝えることだけではなく、精神を形成し、徳を涵養させることであるから、教師たちは、自らが神の前で責任を引き受けた生徒たちに関しては、過ちを正し、立ち直らせることをためらってはならない。このような訓練は、定まった時間のなかで行われなければ効果がない、と断じている。

日々の行動が時間を区切って秩序づけられるようになったことも、一つの重要な刷新であった。一五〇一年、スタンドンクは一五〇一年に定めたモンテーギュ校の規則のなかで、時間配分の問題を細かく指示している。ちょうど修道士の共同体におけるように、四時に起床して六時まで読書、ついでミサのあと、八時から十時までみんな揃っての読書、十一時に食事。午後は三時から六時までみんなで読書……という具合である。イグナティウス・ロヨラが通ったサント＝バルブ校でも、これと似た時間割が実践されていた。

このようにジェルソンやエストゥートヴィル、スタンドンクが勧告している生活のリズム化は、カトリックの学校でもプロテスタントの学校でも採用されていった。また、生徒には年齢や身分に関わりなく体罰が加えられるようになり、笞が教師のシンボルになる。イギリスでもジュネーヴでも、フランスでも、呼び名は様々だが、まじめで評判のよい生徒に同級生仲間を監視し教師に報告する義務を負わせるやり方が採られた。

おそらく、これは行き過ぎであったが、理解してやる必要はある。中世の子供たちは、邪悪な大人の世界に放り出された。ルネサンスの時代は、それが逆転して、可能なかぎり大人の世界から引き離して子供の特性ともろさを保護しようとしたのである。それは、中世のやり方への反動であったが、それが行き過ぎて、六歳の幼い子供と十七、八の思春期の若者を同じに扱い、笞で屈服させようとしたのである。こうした行き過ぎは、しかし、ポジティヴな面ももっていた。コレージュの訓練のおかげで西欧文明は磨かれ、精錬され、道義性を高めていった。イエズス会とオラトリオ会のコレージュやプロテスタントのアカデミーで行われた人間形成の教育は、リシュリューの法令に劣らず決闘の減少に寄与した。

2　上流階級における教育

コレージュの訓練の厳格化とそこで始められた密告制度は、生徒数が急増し、しかも最大多数を通学生が占めた事実によって説明される。中世の学寮タイプの給費生はごく少数で、家族がコレージュのある町に住んでいない子供たちは、宿と食事の一部を提供してくれる貸し主のところで共同部屋を借りた。そうした生徒は「マルティネ martinets」とか「ガロシュ galoches」と呼ばれ、コレージュのほうでも、市の日は食料を買うために休暇を与えるなど配慮するとともに、そうした生徒を掌握するために、家主たちへのコントロールを強めていった。教師たちや校長は町のなかやコレージュに住んでいたが、裕福な家系の最もゆとりのある子供たちを自分のところに寝泊まりさせた。こんにち私たちが知っている通学制度が本格化したのは、十六世紀以後である。

この古いシステムのなかでは、こんにちの家庭教師（précepteur）にはどのような位置が与えられていたのであろうか？　ヴェルジェリオやブルーニ、ヴィットリーノ・ダ・フェルトレ、グアリーノといったイタリアの教育者たちは、子供が十歳になるまでは家庭教師をつけるよう助言している。教育の問題を多く論じたエラスムスも、その「最も忠実な解説者」であるヴィーヴェス、また『正しい教育 De liberis recte instituendis』（1533）を著したサドレ枢機卿らも、家庭教師を雇うよう勧めている。彼らは、当時の学校教師を信用していなかったし、さりとて、父親たちは子供の教育に割くだけの時間も、教えるのに充分な教育もなかったからである。

ヘンリー八世時代の最も教養豊かな家庭で育ったトマス・モアの場合、何人かの家庭教師をつけられていた。モンテーニュも、まだ乳離れする前から、「のちに有名な医者となってフランスで終わったが、わが国語を少しも知らぬ代わりにラテン語にはきわめて堪能なドイツ人」（『随想録』I-26）を家庭教師につけられていた。

こうした事例はあるが、ルネサンス時代に家庭教師が担った役割を過大評価すべきではない。ヴィットリーノ・ダ・フェルトレとグアリーノ・ダ・ヴェローナは、一方はマントヴァ、他方はフェラーラで著名な学校の指導に当たったし、パンタグリュエルも、フランスの主要な大学を訪ねまわっている。モンテーニュは六歳になるとギュイエンヌのコレージュへ送られた。たしかに、十六世紀の資料を見ると、家庭教師についての言及が出てくるが、この「家庭教師」という名称が指しているのは、子供を下宿させていたコレージュの教師であることもあれば、裕福な家庭で生活を共にし、監視・後見・保護させるために子供につけられていた年長の仲間であることもある。このようなケースのいずれにおいても、家庭教師がコレージュの代わりをすることはなかった。

ユマニストたちが教育や躾けの問題を論じている場合、そこで想定されているのは、裕福な家庭の子供たちであることに注意する必要がある。その反対に、中世の教育は、なんとかその能力のある聖職者を教会に供給することが重要だったから、あらゆる階層からやってきた子供たちを対象にしていた。文化と知的世界の貴族化が進んだルネサンスの時代には、すぐれた文人たちの多くは、教育者になることよりも、宮廷での生活を好んだ。ルゴフは「中世の知識人とユマニストの活動を典型的に示しているイメージの対照ほど、いちじるしいものはない。一方は学生にとりまかれ、聴講生がおしかける席にかこまれて、教えることに精出す教師である。他方は、閑静な書斎に身をおき、思索を自由に羽搏かせ、心地よい豪華な部屋でくつろぐ孤高の学者である」(『中世の知識人』柏木英彦・三上朝造訳)と述べているのは正鵠を得ている。カルパッチオ(1445ごろ-1525)が聖アウグスティヌスをユマニストの守護聖人として描いたのは、学者たちとこの聖人とは自分と社会の間に複雑な神話的知識の幕を張り、凝った文体の繊細さで距離を置こうとする傾向がある点で共通していたからである。

最後に、幾人かの知識人たちは、市民生活の管理という気苦労の多い《ネゴティウム negotium》(行動的生活〉は君主に任せ、自分たちは町よりも田舎を好んで閑暇を享受した。モンテーニュも、ある年齢以後は公的責任や名誉を捨てて自分の城の塔に籠もって『エッセー』の執筆に専念した。とはいえ、ユマニストの生き方を一律に定式化して捉えることは間違いであろう。十四世紀末から十五世紀初め、フィレンツェがヴィスコンティ家やナポリ王から自由を守るために戦ったとき、サルターティやブルーニといったこの共和国のユマニストたちは、そのために行動した人を宣揚しているし、そうした行動人を育成する教育の重要性を強調している。ブルーニは、一四三三年、「最も偉大な哲学者は、最も偉大な指揮官になることができなければならない」と書き、ヴィットリーノも、キケロを引用して「人間の栄誉は行動のなかにある」と書いている。

イタリア、とりわけフィレンツェでは、十五世紀後半から、ユマニスムのある種の政治的後退が生じる。知識人たちが時代の寵児を嘲り、自身は象牙の塔に閉じこもるようになった原因の大きな部分は、ルネサンス期の暴君たちの政治と君主たちの宮廷にあったことは確かで、フィレンツェ共和国の政治がメディチ家によって簒奪されたため、哲学者たちは新プラトン主義の内省的態度を採らざるをえなかったのだと言われてきた。しかし、ユマニストの多くは政治に参加しており、エラスムスも、ためらったあと、結局、反ルターの立場に与した。トマス・モアは淡々として断頭台に登った。ロンサールも宗教戦争を前にして、無関心のままではいられなかった。オキーノ〔訳注・三位一体を否定したイタリアの宗教改革者〕、ヴェルミーリ〔訳注・同じくイタリアの宗教改革者〕、ソッツィーニ〔訳注・三位一体や原罪を否定した改革者〕は、異端審問から逃れるためにイタリアを離れなければならず、それが、ユマニストたちのメッセージを狭いサークルのなかだけに留めるのでなく全ヨーロッパに伝播させる好機となったのであった。

また、文化の貴族化ということについても、もう少し説明を加えるべきであろう。なぜなら、一二〇〇年から一四〇〇年までの時代に較べて、十六世紀から十七世紀には、知識人の幅がずっと広がっているからである。貧しい階層に生まれながら高い教育を受ける人々が増えた一方で、貴族やブルジョワといった上層部でも子弟に学校教育を受けさせるケースが多くなった。これは、これまであまり強調されてこなかった重要な事実である。

十五世紀以後、イギリスでもフランスでも、裕福な家門がコレージュの基金を独占するケースが出てくるし、ときには、コレージュによって提供される利益を上回る利益を得るために、聖職者が、事業として基金を買い取ることもある。もちろん、モンテーギュ校でスタンドンクが給費の本来の目的を維持しようと努力した例もあるが、いずれにせよ、貧しい若者の勉学を助けるという当初の意図からは逸れていった。

金持ち階級が教育に関心を寄せるようになったことを示す証拠はたくさんある。パリのノヴァール校には、十五世紀中ごろから、基金を提供する貴族や裕福なブルジョワの子弟が殺到するようになる。一五一一年、アレアンドロがカンブレ校とマルシュ校でアウソニウス〔訳注・西暦四世紀のラテン詩人〕を解説したとき、「財務長官や評議員、弁護士、コレージュの校長たち、神学者、法律顧問といった錚々たる面々」が聴講に詰めかけた。フロリモン・ド・レーモンは「この粗暴な世紀がわずかの間に洗練されたのは、大貴族たちが、文芸復興の父たるフランソワ一世に倣って学者たちと親しく交わるようになったことによる」と述べている。

もとより、こうした文化への熱意にも、私心が混じっていないわけではなかった。裕福な商人や弁護士、医者たちが子供のために教育を望んだのは、「世間から一目置かれる立場にしたやりたい」ためであった。出世をめざす人間にとってラテン語の修了証書は欠かせないものになっていた。ブレーズ・ド・モンリュックは、ラテン語を使いこなせることこそ貴族たることの証明であると考え、「息子たちを武器によって身を立たせるよりも、文の力を与えるべきである。そのほうがずっと子供たちのために役立つであろう」と書いている。十七世紀半ば、フランス人ソルビエールはイギリスを旅した感想として「イギリスの貴族は、きわめて学識豊かで聡明である」と書いている。

こうして、世俗化と非軍事化が進む文明のなかにあって、教育はますます重要性を増していった。十六世紀後半以後、アングーレム（1516）、リヨン（1527）、ディジョン（1531）、ボルドー（1534）といった各都市が自分たちの町にコレージュを設立したのは、このためである。

カトリックの国々では、イエズス会士たちがユマニスム教育普及の主役になった。イエズス会のコレージュは、一五七四年に一二五であったのが一六四〇年には五二一を数え、その生徒数は少なくとも一五万を数えた。イエズス会は無料で教育を受けられるようにし、《コレジオ・ロマーノ Collegio romano》〔イエズス会のローマ校〕の生徒数は一五八〇年で二千人、低地諸国で最も栄えたドゥエのコレージュは一六〇〇年で、古典文学を学ぶ生徒を四百人、哲学は六百人、神学は百人を擁した。とはいえ、そのようにして子供をコレージュに入れることができたのは、社会のゆとりある階層、とくに役人たちであった。なぜなら、貧しい家庭では、子供をまだ幼いうちから旦那のところに奉公に出さなければならなかったからである。そんな家族が、一部屋借りて息子をコレージュに通わせようなどとどうして考えられただろうか？

たしかに、十六世紀末から十七世紀前半のオックスフォードやケンブリッジ大学、法学院（inns of court）について遺されている資料を調べると、若者たちの進学率は十八世紀を上回るほどで、そのため、グラマー・スクールがたくさん設立されている。たとえば一六三〇年ごろの十七歳のイギリス人の二・五％が大学に進学しているが、これは一九三一年の数値と同じである。これらの学生たちは、どのような階層の出身だったのだろうか？　オックスフォードの名簿を調べると、五〇％が貴族の若者、九％が聖職者階層、四一％が平民（plebéiens）の子供である。しかし、《平民》といっても、商人や法律関係者、大領地の管理人など、ゆとりのある人々であったことはいうまでもない。

これを裏づける事実として、一六二二年から一六四一年のブレイズノーズ Brasenose、オリエル Oriel、ウォダム・カレッジ Wadham College、モードリン・ホール Magdalen Hall〔訳注・いずれもオックスフォードの学寮〕の名簿上の平民階層の学生七三七人のうち、一つの町に住んでいたのは一七二人（二三％）で、それ以外は、僅かな例外を別にして、田園からやってきていた人々である。しかし、彼らが貧しい農民の子であるはずがなかった。

こうして、ルネサンス時代に教育分野で起きた量的革命と知識の拡大から恩恵を受けたのは、貴族階級とブルジョワの富裕階層であったことが明らかである。

3　人間形成（éducation）への関心

ユマニスムは、知的教育（instruction）を人間形成（éducation）の主要な手段と位置づけ、その立ち位置を道徳的次元に定めた。このことは、ルネサンス期の乱脈ぶりのなかで計り知れない結果をもたらし、近代世界における偉大な創造的選択の一つとなった。ヴィットリーノ・ダ・フェルトレは、こう述べている。「みんなが法律家だの自然学者だの哲学者になって舞台の前面で生きる使命をもっているわけではないし、万人が生まれながら人並み外れた才能を授けられているわけではない。しかし、すべての人が、社会で生きるために創造され、それに伴う義務をもち、自分から発する人間的影響力について責任を担っている。」

マントヴァの自分の学校に《喜びの家》という象徴的な名前をつけていたヴィットリーノは、修辞学と文学こそ市民としての人間形成に的確な手段をもたらすものであり、また、美しい古典ラテン語こそ均衡のとれた人格を形成し、《徳》へ導いてくれるものであると考えた。ユマニスムの時代、言葉遣いに優れていることは思考に優れることであるとされ、文学は精神を豊かにしてくれるので、よき著作者によって自らを培うことが大事である、詩の繊細なイメージに親しんでいる人は、衒学的なスコラ学の先生に教わる不幸な生徒たちよりずっと幸せであると考えられた。

ラブレーは、よい学校で学んでいるユーデモンと古いタイプの舎監の授業に委ねられていたガルガンチュワを対論させている。論争に臨んで、ユーデモンは紹介されるや話し始めるが、その態度は実に立派である。「身振り手真似も実に場に適ひ、発音も実に明晰、声音も実に朗々とし、用ふる言葉も実に華麗であり且つまた見事なラテン語で論じた」。それは、「当世の若者といふよりもむしろ往にし昔のグラックス、キケロ、或いはエミリウスを髣髴たらしめた」。「ところが、ガルガンチュワのはうでは、牝牛のやうにおいおい泣き出して、帽子で顔をかくすのがその精一杯の態度であって、死んだ驢馬のおならほどにも、うんともすんとも言はせることが出来なかった。」(『ガルガンチュワ物語』十六章　渡辺一夫訳)

ラブレーより前に、エラスムスがすでに教育の道徳的価値を強調していた。教育が子供に与えるべきは、聖書と古代の英知についての知識と、これら二つの影響力を結合することによる義務感と心の純粋さを培うことであり、それらは、職業的技術に劣らず重要である。教師（むしろ家庭教師であるが）は、直接的方法と会話によってラテン語を教える。（そこから、当時は《討議colloques》を教材に用いたのであって、これはエラスムスやコルディエなどもそうしている。）しかし、テキストを学んでも、そこに含まれている道徳的教えを引き出さなければ無意味である。――『対話集』のなかの「Convivium religiosum」（敬虔なる会食）には、次のようにある。

「私は、『De amitica』（友情論）や『De officiis』（義務論）、『Tusculanae questiones』（トゥスクルム荘対談）を読むと、これらのお手本に時々キスをしたくなるし、神の息吹を湛えたこの聖なる魂に崇敬の念を抑えることができない。キケロやプルタルコスの作品は、読めば読むほど、自分がさらによくなるのを感じる。」

ラテン語は古代とキリスト教のあらゆる英知を運んできてくれた乗り物であるから、生徒はキケロや聖アウグスティヌスの言葉を流暢に話すことができなければならない。生徒にはギリシャ語も教えられるが、その精神には違いがあり、ラテン語と同じように身に付ける必要はない。しかしながら、ギリシア語は、聖書についてもラテン文学そのものについても、さらには諸学問についても光をもたらしてくれるから、ある程度ギリシア語に親しむようにと、このロッテルダムのユマニストは勧めている。

細部ではニュアンスの違いがあるが、ヴィーヴェス、サドレ、コルディエ、シュトルムなどルネサンス期の教育者の大部分も、エラスムスと同じように、キリスト教的生活と信仰の実践に導くのが教育の使命であると考えた。この点で、ユマニストたちは、生徒たちが手にしている幾つかの著作であっても、不穏当な箇所はためらうことなく削除した。また、歴史には、「雄弁術の召使い」として、また「人間の心に関する予備的知識や高尚なお手本を汲み出す宝庫」として、重要な席を与えた。

このように、《人間形成 éducation》に対比すると、《知育 instruction》は知識の蓄積でしかなくなる。アルベルティやピコ・デ・ラ・ミランドラの百科全書的教養やガルガンチュワが息子のために勧めた知的野心を強調すると、ルネサンスは間違って特徴づけられてしまう。モンテーニュは「子供の教育について」(『随想録』I-26)で「最もばかばかしいのは、我々の子供たちに星の学問や第八天体の運行を教えることを先にし、彼ら自らの進退を教えることを後まわしにしていることだ」と述べ、次のように書いている。

「まず、彼をより賢く、より良くするのに役立つ事柄を教え、それから後に論理学、自然学、幾何学、修辞学の大体をお教え下さい。その時はすでに判断力ができておられますから、その選ばれる学芸をやがて立派にやり遂げられましょう。……人が我々に生きることを教える時、人生はすでに過ぎ去っておりますの多くの学生は、やっとのことで節制を教えるアリストテレスの教訓にたどりつく時、すでに瘡にかかっています。」(関根秀雄訳)

ラブレー自身も、道徳的目的こそ教育の本質であることを見失ってはいない。ガルガンチュワがパンタグリュエルに与えた手紙は、次のような言葉で結ばれている。

「さは申せども——賢者ソロモンの謂へるがごとく、叡智は邪なる霊魂の裡に断じて入るものにはあらず。良心なき智識は霊魂の破滅に外ならざれば——そなたとしては神に仕へ、これを敬愛し、これを畏れ、何ごとにつけても神を念じ奉り、そなたの希望のすべてをこれに懸けてしかるべく、慈悲の心を基とする信仰によって主に縋り奉り、罪業のためにこれより離ること断じてあるべからず。」(渡辺一夫訳)

こうして、ユマニスムの時代には、《知育 instruction》は人格形成的(éducatif)プログラムのなかに組み込まれていくのが見られる。エラスムスは、その『子供の躾け Civilité puérile』のなかで、鼻水はハンカチで綺麗に拭き取るだの、頬をふくらませてわがままを通さないだの、意味のない言葉や行動で笑わない、遊びのなかでごまかしをしない、楽しみのために身体をぶったりしない、などの基本的なことで助言したからといって、品位を下げることになるとは考えなかった。子供を時代遅れのスコラ学時代に逆戻りさせる知識偏重から救い出して人格を形成させることが大事なのに、どうして彼の身体的個性を伸ばすことに人々はもっと関心を寄せないのだろうか？というわけである

ガルガンチュワは、青春期のころ音楽的天分にも恵まれていたが、「軍馬なり荷担ぎ馬なりイスパニア馬なり、また身も軽やかなバルベロ馬なりに打ち乗って、一気呵成に馬場を百回も走らせたり、空中に跳躍させたり、掘割りを飛越えさせたり、矢来越えをやらせたり、輪の中を右へ左へ小さく廻らせたりした。……また別な日には、鉞術を練習したり……さらに手槍を振りまはしたり、二束の長剣などを振るい……鹿を狩り……足や拳で大きな球を撃上げて空中高く撥ね飛ばしたりもした。」（『ガルガンチュワ物語』二四章、渡辺一夫訳）

ラブレーと同時代のイギリス人、トマス・エリオット（1490-1546）も、『為政者論 The Boke named the Gouvernour』（1531）のなかで人格教育の重要性を強調している。イギリスで大いに愛読されたこの書のなかで彼は、エラスムスと同じく、古典ラテン語の生きた学習を勧めたが、加えて、子供は一日のなかで音楽・デッサン・体育も行うことが重要であるとしている。モンテーニュも、道徳的理由から身体強化の必要性を主張して、「子供の霊魂を鍛えるだけでは足りません。その筋肉をも鍛えてやらなければなりません。……稽古のつらさに慣らし、彼が脱臼、疝痛、焼灼の、いや牢獄や拷問の苦しさつらさにも堪えられるようにして差し上げなければなりません」（『随想録』I-26）と述べている。

このような勧告は、学校の枠組みに入らないで何人かの子供しか引き受けていない教育者（両親であることも教師のこともあった）に向けられたものであった。このことをよく理解するためには、学校が社会生活のなかで今日のような位置を占めていなかった時代に置き換えるべきである。そこでは、初等教育は存在せず、貧しい家庭の子供たちは、幼くして見習い奉公に出され、仕事を実践のなかで学ぶのが基本で、《作家先生たち maîtres écrivains》や同業組合も、夜学（cours du soir）の形で読み書き計算を教えるのがせいぜいであった。そうした生徒のある者は、すでに大人であることもあった。

仕事場が日々の生活のなかで教育的機能を果たしていたことは、レオナルド・ダ・ヴィンチの場合を検討してみると、よく分かる。レオナルドは大学教育は受けていないが、無学文盲などではなかった。ほかのどこよりもイタリアで蓄積されていた膨大な理論的・実践的知識を、親方のヴェロッキオのもとで習得することができた。そうしたアトリエでは、未来の芸術家に必要なすべて、――幾何学や遠近法、さらに「固有の意味での絵画のほかに、ブロンズの鋳造技術や大理石の加工法、図面を引いて運河を掘削するやり方、建物の建設から街造りまで」（R・タトン）教えられた。A・シャステルは、イタリアにはさまざまなアトリエがあり、それがルネサンス芸術の開花に大きな役割を果たしたと指摘している。

この時代、多くの子供たちは、学校においてではなく生活のなかで振舞い方を学んだのであり、学校施設に収容されなかった子供たちの教育について述べたユマニストたちの教育論が大きな成功を収めたのは、一つの需要に応えていたからであった。その例としてまず想起されるのがバルダサーレ・カスティリヨーネの『廷臣論 Livre du courtisan』（1528）である。これは、貴族を対象に礼儀の規範を教えたもので、著者は、ルネサンス時代の貴族的品位を体現したマントヴァに生まれ雅びで知られたウルビーノの宮廷で生活した外交官であり、この著書は古いフランス語で書かれている。

「宮廷人（クルティザン courtisan）たるものは、貴族の名家の出身であるほど、高潔な振舞いに欠けた場合、先祖の道を踏み外し家門の名を穢すとして非難を浴びる。ゆえに、ただ生まれがよいだけでなく、よき精神と判断力を身につけ、まわりの人々を心地よくするよう努め、また人々から愛されなければならない。それには財力も欠かせない。貴族の本来の職務は武器を執っての戦いであり、いざ敵と対決するときは、勇敢に先陣に立つべきであるが、それ以外の場では、人間味があり慎ましくあるべきで、ばかげた自慢話や自己称賛などをしてはならない。」

ルネサンスの紳士は身体的に優れているだけでは足りない。「フランス人たちのなかには、武器をもって身を立てる人間に文字など百害あって一利なしと言う人がいるが、何をかいわんや、である。……声音は女のように細く柔らか過ぎてもならないし、百姓のように野太く荒々しくてもならず、よく響き、明朗で、優しく、態度・身振りも率直で、その場にふさわしくなければならない。……しかし、これらすべてでも、語られている中身が文脈・言葉とも美しく利発で繊細、優雅で、必要に応じて重みがなくては、何の役にも立たないであろう。」

この『廷臣論』は、一五二八年から一五八七年までの間に、イタリア語で少なくとも十六版、一五三七年から一五九二年の間にフランス語で六版を重ね、一六九〇年にもフランス語に改訳されている。一五六二年には英語に訳され、エリザベス時代を深く特徴づけたので、十六世紀のヨーロッパでは、「クルティザン通」という流行語が生まれたほどであった。この本がもてはやされたこと自体、貴族たちが騎士的理想を守りつつ、かつてより軍事的色彩を弱めたことの一つの証拠である。城の生活にも快適さが採り入れられ、会話が重要な関心事となり、名誉ある立ち居振舞いが重んじられた。そこに、必ずしも学校へ行かなくなったり、通っても《人間形成 éducation》よりは《知的教育 instruction》に偏りがちになった十六世紀の人々のために、『クルティザン』のような本が必要になった所以がある。

大司教ジョヴァンニ・デラ・カーサ〔訳注・ベネヴェントの大司教〕が一五五一年から一五五五年までかけて書いた『ガラテオ Galateo』を読むと、貴族の生活スタイルのなかに入ってきた変化が明らかである。彼は、「毎日、正義や勇気、美徳を証明する機会があるわけではなく、日常的に必要なのは、社会のなかで楽しく過ごすこと、まわりの人に対して気持ちよく接することだ」と言い、さまざまな具体的な問題に触れている。それらは若い貴族に向けたものであるが、ときとしてエラスムスが『子供の躾け Civilité puérile』のなかで述べていることを踏襲しており、それほど身分の高くない子供にもあてはまる。たとえば公衆の前で欲求を満たすな（立ち小便など）、派手にくしゃみをするな、人前で何度もあくびをするな、がつがつと食べるな、テーブル・ナプキンで汗を拭いたり鼻をかむな等々。しかしながら、この本の重要な部分は会話の問題に割かれていて、会話はくつろいだ雰囲気で、節度をもって行われるべきであると助言している。それは、成長すると一流の名士たちと交わり、そのサロンに出入りするようになる若い男性を想定している。イエズス会が、全員、貴族というわけではないが、自分たちの生徒の教本にこの『ガラテオ』を選んだ理由が納得できる。

まさに、これは、十七世紀の《オネット・オム honnête homme》〔訳注・十七世紀社交界で家柄・教養・マナーに秀でた紳士〕のためのガイド・ブックであり、十六世紀の《ジャンティオム gentilhomme》〔訳注・貴族〕は、その背後に次第に姿を消していったのであった。

4　女性の地位向上

裕福な階層の男の子たちは学校へ通うようになったが、女の子たちは一般的に家に残っていた。ブルクハルトの主張にもかかわらず、男女間の平等はまだ存在していなかったことを、これ以上よく示しているものはない。スペインのアルカラに女性のための学校ができたのは十六世紀初めで、これがヨーロッパで最初である。フランス語圏で女の子のための最初の学校ができたのは一五七四年で、ウルスラ女子修道会（Ursulines）がアヴィニョンに設立したものである。このウルスフ会と聖母訪問会（Visitandines）のおかげで、十七世紀に入ると、女の子たちも家庭の外で教育を受けられるようになる。

しかしながら、十六世紀にはすでに、それまでのいかなる世紀にもまして、教養ある女性の活躍が目立つ。シャルル六世の時代（1368-1422）、クリスティーヌ・ド・ピザンは、女子教育の遅れを嘆いて、「もし、女の子を学校に入れることが当たり前になり、男の子と同じように女の子にも教育が行われるようになったら、彼女たちは、様々な学問を完璧に修得し、あらゆる技芸・知識を手に入れるであろう」と述べている。同じ嘆きは、その後も繰り返されているし、トマス・モアは「ユートピアでは男女が平等に、同じ教育を受ける」としている。

少数のエリートの家庭では、女性も同じ教育を施されれば、男と同じ芸術的感性を養い発揮できることが証明されていた。トマス・モアの娘たちやニュルンベルクのユマニストである数学者ピルクハイマー（1470-1530）の姉妹たちは、当時最も学識ある人々に伍して、ギリシア語も読むことができた。また、印刷業者ロベール・エティエンヌの妻、ペレット・バードは、ラテン語に造詣が深く、夫を助けて校正もした。彼女の子供たちは、モンテーニュと同じように、幼いときからラテン語で話した。ミケランジェロが詩に謳っているペスカラ侯夫人〔訳注・ナポリの名門、ファブリツィオの娘〕は、自身も才能ある女流詩人である。マルグリット・ド・ナヴァール〔訳注・フランソワ一世の姉で、アランソン公シャルルと結婚し、シャルル亡き後、ナヴァール王と再婚〕は、母国語のフランス語はもとよりイタリア語、スペイン語、ラテン語をよくした。フランス語以外は話したり書いたりしたようには見えないが、プラトンをフランスに紹介するのに寄与した。その知的好奇心は生涯衰えを知らず、文人たちを保護し、自身も著述し〔訳注・最も有名なのが『エプタメロン Héptaméron』〕、最も高尚な意味において、まさに《femme savante》（学識ある女性）であった。

したがって、いまや、女性の知的エリートが誕生しつつあったことは確かで、十五世紀イタリアの一人の老いた法律家は、「フィレンツェでは貴婦人たちにも道徳哲学、自然哲学、論理学、修辞学に通じている人がいるというが、信じられないことである」と言っている。ラブレーも『パンタグリュエル物語』のなかで「学識豊かな人々、世にも博学なる師匠、宏壮なる書院、満天下に充ち溢れ……婦女子も、めでたき学芸を謳歌し、その天来の糧を得むと翹望いたし居り候」（『パンタグリュエル物語第二書』八章　渡辺一夫訳）と断じてはばからない。

リヨンでは、《綱具屋小町 La Belle Cordière》と渾名されたルイーズ・ラベ〔訳注・美貌と才能に恵まれ、その抒情詩はサッフォーを偲ばせると言われた。1524ごろ-1566〕が出た。パリでは、最初のサロンが、十六世紀半ば、カトリーヌ・ド・メディシスの乗馬隊軍曹、ジャン・ド・モレルの邸で開かれた。彼はイタリアで生活し、エラスムスとも文通していたが、妻も知的で学識ある女性で、このエリート・サークルの中心であった。彼女と三人の娘（カミーユ、リュクレース、ディアーヌ）は、詩人たちにより、ラテン語やフランス語の詩で讃えられた。

その少しあと、レス邸がパリにおける「美しい所作と言葉の保存庫」となる。レス公夫人はラテン語で演説文を書くことができたし、イタリア語とスペイン語で自ら演説した。彼女のサロンは十六世紀末の最も優れた作家や画家、音楽家たちが出入りし、未来のランブイエ侯夫人〔訳注・サロン文化の黄金時代を築いた。1588-1665〕の父〔訳注・ローマ駐在大使を務めた〕も、この館の常連客であった。

芸術作品に興味を抱かないで文学を生み出せるだろうか？　マントヴァの館のお気に入りの部屋に銀の竪琴を置いていたイザベル・デステは画家のマンテーニャを庇護し、レオナルド・ダ・ヴィンチとも交流し、当時の最も著名な画家であったペルジーノ〔訳注・ラファエロの師〕やジョヴァンニ・ベルリーニ、ロレンツォ・ダ・コスタ、コレッジオ、ティツィアーノなどと文通した。ディアーヌ・ド・ポワティエ〔訳注・アンリ二世の愛人〕は、アネ館を飾るためにフィリベール・ド・ロルム、ジャン・グージョン、そしてチェッリーニに声をかけた。

ヨーロッパが根底から変わった時代、女性たちが社会のなかで種々の出来事の主導力となるほど、中世に較べてずっと重要な役割を演じたことは確かである。フランスにとって絶望的に思われた軍事的状況を挽回したジャンヌ・ダルクも、その一人である。スペインのイサベラ女王は、夫にさえ、そのカスティリアの国の統治を任せておかなかった。カトリーヌ・ド・メディシスは、夫のアンリ二世が死んだ（1559）あと、息子のシャルル九世の死（1574）にいたるまでフランス史の中心に陣取り、その名前は、悲劇的にもサン＝バルテルミーの大虐殺と結びついてしまった。知的で教養もあるエリザベス一世は、四十五年間イギリスに君臨し、英国史上に屹立する名を残した。彼女は、政治的首長だけにとどまらず、宗教的首長として英国国教会の基礎を確立した。

そのほかにも、宗教面で大きな影響をもたらした何人かの女性がいる。マルグリット・ド・ナヴァールは、モー司教のブリソネと彼のもとに集った《モー・グループ》〔訳注・聖職者たちの無知蒙昧を改革しようとした知識人グループ〕を支援し、彼女のネラック〔南西フランス〕の居城には、多くの「信仰の不満分子たち」〔訳注・ソルボンヌの神学部から睨まれた人々〕が避難している。フェラーラ公夫人のルネ・ド・フランスも、宗教改革派に好意を寄せ、カルヴァンも彼女の宮廷に迎えられている。その反対にカトリック側では、アヴィラのテレサが神秘主義神学の著述によってカトリック再生の道筋をつける働きをした。

少なくとも上流階層における女性の活躍は、宮廷生活の発展によって説明される。フランスでは、アンヌ・ド・ブルターニュの果たした役割が決定的であった。ブラントームは、「貴婦人たちの宮廷を盛んにしたのは彼女であった」と証言している。彼女の路線は息子のフランソワ一世に引き継がれた。これについても、ブラントームは「フランソワ王は貴婦人たちこそ宮廷を華やかにする飾りであるとして、これまでのいかなる王よりも多くの貴婦人たちを宮廷に集めようと考えられた」と述べている。こうして、フランス王の宮廷は、キリスト教徒の宮廷というよりも、トルコのそれに似たものになった。それ以後、アンリ二世の時代には、カトリーヌ・ド・メディシスが王宮の主役となり、狩りが催されないときは、王や貴族たちも女性たちに混じって会話に打ち興じた。それはブラントームによると「地上の楽園さながらの趣」があり、ここから、女性の復権は会話の重要性と相まってますます進んだ。

君主の宮廷に出入りする貴婦人たちも、《クルティザン通》になっていった。会話の形で書かれたカスティリヨーネの『クルティザン』〔廷臣論〕のおかげで、《城の女主人 donna di palazzo》の重みは増していった。ラファエロのこの友人〔訳注・カスティリヨーネはラファエロと親しく、ラファエロによって描かれた彼の肖像画がルーヴル美術館にある〕の思想を表したこのおしゃべり（les devisants）は、ブラントームと同じく、いかなる宮廷も女性の活躍なしでは成り立たないと断じている。どんな紳士も、貴婦人たちへの想いがなかったら、騎士らしい勇敢な行動に乗り気になれなかったであろうし、紳士の会話は、女性の魅力的な応答がなかったら、物足りなかったであろう。

他方、《女主人》も、紳士的気質を幾分かはもっていなければならないが、それ以上に、美しさと優しさ、繊細さ、優雅といった女らしさによって自分を際立たせなければならない。物腰は慎み深く、言葉遣いは丁寧で、人を悪口したり中傷することはなく、優美さと柔和、礼儀正しさが一体となった《心地よい愛想よさ affabilita piacevole》を身につけていなければ、その宮廷での地位を守ることはできない。そうでなくては、彼女の口から出る言葉も、喜んで受け入れてもらえないからである。もし、卑猥な言葉が誰かから発せられても、露骨に反応するのではなく、ちょっと顔を赤らめるにとどめる。ダンスにあっても、ふしだらな所作は避け、あくまでデリケートでなくてはならない。歌や音楽の演奏にあっては、技のすばらしさを見せることよりも優美さと節度を優先し、歌ったり演奏をする前に軽く会釈する。しかも、ダンスができるだけでなく、文学・絵画・音楽全般について基礎知識を身につけていることが求められ、それらがなくては《女主人》の役は務まらなかった。

女性の役割を際立たせたこのような宮廷生活は、紳士たちを教育し躾けることにもなった。西欧文明が一段階上昇することができたのは、まさに女性のおかげであった。ある種の洗練の陰には慣習の自由があるが、マルグリット・ド・ナヴァールは、ポー Pau とネラックの宮廷人たちに女性崇拝の精神を定着させようと努力した。シャルル・ド・サント＝マルトがマルグリットのために書いた『追悼文 Oraison funèbre』には、次のようにある。「彼女は召使いたち全員に規律ある生き方を求め、それに背いたり無視した場合は、お説教を喰らい、それでも直さなかったときは追い出された。彼女の決めた生き方の規範は、みんなにとって義務であった。」

会話と女性への敬意に加え、もう一つ指導的階層の日常生活のなかで重要なのは、《プレシオジテ préciosité》〔訳注・言葉遣いと物腰における洗練ぶりを競う風潮〕が、宮廷においても、サロンにおいても、当然のこととなっていったことであろう。それが行き過ぎると、やがてモリエールの嘲笑の対象になるが、広い歴史的展望のなかに置き換えると、「学識ある女性」と「プレシオジテ」は、《コレージュ》の増加と同じく、粗暴な社会から、女子供に気遣いをする道義的で繊細な社会への進展を意味している。

ルネサンス期のヨーロッパで広まった慣習の一つとして、少なくとも最も進化した環境における洗練ぶりと女性への評価の向上を示す風俗がある。それは、「一人の男性と一人の女性の間の高尚な友愛」といってよい《友誼愛 amours d'alliance》である。ルイ十二世はトマシーナ・スピノラという一人のジェノヴァ女性とプラトニックな愛で結ばれた。二人の間にあったのは、「名誉ある知性の交わり」であった。ミケランジェロも、ヴィットリア・コロンナという女性に「ある種の哲学的なエネルギーに充ちた感情」を抱いた。同時代の人々にいわせると、彼女はやぶにらみで、顔つきはごつごつし、口元は女性らしい優雅さも甘美さも欠けていたが、ミケランジェロにとっては、天と地の中間的存在であった。

『エプタメロン Heptaméron』のなかには、こうした《友誼愛》がたくさん見出される。しかし、もっと驚かされるとともに、私たちが論じていることを裏づけてくれるのがモンテーニュである。彼は、「弱き性」に対して通常はあまり優しくなかったが、自分の精神的後継者となるマリ・ド・グルネーとためらうことなく《友誼愛》を結んでいる。マリーは、モンテーニュが亡くなったあと、ジュスト・リプスを《妹 soeur d'alliance》にしている。

このような状況のなかで、芸術が女性に新しい関心を向けないでいたであろうか？ルネサンスの初めのころ、フランス歌謡は、クレマン・ジャヌカン（1485-1558）の『マリニャンの戦い』、『パリの雑踏』、『狩り』がそうであるように、出来事や情景を記述した歌が普通であったが、一五五二年にロンサールの詩に曲が付けられるようになってからは、愛が好んで歌われるようになる。

この点で、対比できる進展を見せたのがイタリアで、民衆的で諧謔的な《フロットラ frottola》〔訳注・和声的な有節歌曲〕に代わって、一五一〇年ごろ、ペトラルカや田園詩にインスピレーションを得た貴族的なマドリガーレが作られる。その中心がイザベル・デステの宮廷であったことは意味深い。ルネサンス美術が中世的な厳めしさと決別して、女性の美を好むようになったことは《女性の復権》という重要な歴史的事実を反映している。ボッティチェリ、ティツィアーノ、クラナッハの『ヴィーナス』、レオナルドの『レダ』、ラファエロの『ガラテア』、ジャン・グージョンの『ニンフ』、そのほか何千という作品がそのことを証言している。最も美しい被造物を劣等だなどと貶めるドグマに対する反抗の狼火を上げたのである。

5　愛と美――ネオ・プラトニズムの影響

フィチーノが流行の火をつけたネオ・プラトニズムは、美と愛を特に重んじたことから、西欧文明に女性崇拝の風潮を高める有力な動因となったことは明らかであるが、ネオ・プラトニズムが流行する以前からすでに、中世の主流であったアリストテレス主義のひからびた合理主義への反動として、広い意味の神秘主義の流れが愛を強調していた。ジェルソンは「愛することは知ることに勝る」と書いていたが、それが《デヴォティオ・モデルナ Devotio moderna》〔訳注・「新しい信心」「近代的敬神」の意で、一三八〇年にオランダのデフェンテルが創始した神秘主義的修道運動〕の底流をなしていた。

プラトンから出発して、この北方の神秘主義に関心を寄せたフィチーノとその仲間たちは、ジェルソンの標語を多少変えて、「知るとは愛することなり」とした。このフィレンツェの哲学者（フィチーノ）は、プラトンの想起説（réminiscence）をキリスト教的枠組みのなかに蘇らせ、この新しく創造された魂は神に由来するもので、自分たちは記憶の奥に隠れているものを引き出したに過ぎず、この世の生の時間を神に向かっての上昇のために使うことが肝要であり、その唯一の道こそ美の探求であると主張した。

フィチーノは、一四六九年と一四七五年に刊行したプラトンの二篇、『饗宴』と『パイドロス』の註釈のなかで《愛》のドクトリンを提示していた。その基本的な点は、「愛とは美への欲求である」ということであり、一五七八年のフランス語訳には、「われわれは魂を見ることはできない。したがって、その美を見ることもできない。しかし、魂の影であり写しである身体を見ることはできる。したがって、この写しから、美しい身体に宿っている魂は美しいであろうと推測するのである」とある。美は神の光であり、神こそ美の泉である。それとともに、美は善が咲かせる花であり、善の居所を示してくれている。「われわれは、美という外的痕跡に導かれることによって、隠された善を捉えることができる。そこに美と愛の有効性が明らかとなる」。

フィチーノの忠実な弟子であるカスティリヨーネも『廷臣論』のなかで同じテーマを採り上げて、こう述べている。「人間の身体や顔に表れた美と私たちが愛と呼ぶ熱情とは、善なる神の御心が、あたかも太陽の光のように投射されたものであるから、善と美とは、ある意味で一つである。人間の身体の美と魂の美は、神の真の美の投影であり、神の美に触れることによって美しくなったのである。」

プラトンが美と愛を論じているとき、彼が念頭に浮かべていたのは、とくに若い青年たちであったが、ルネサンス期のネオ・プラトニズムが好んで採り上げるのは女性である。これは大事な点で、プラトンの『饗宴』についてのフィチーノの註解をフランスの上流社会に理解できるようにしようとしたサンフォリアン・シャンピエは、「下品な言葉遣いで、女こそ邪悪な罪の源だなどと言っている輩どもに反論するためにペンを執る」と宣言して『貞女の船 La Nef des dames vertueuse』（1503）と題する書を著した。ブラントームも、《弱き性》を擁護して「結局、これらの憐れな女人たちは、その美しさの故に、われわれよりもずっと神に似ている。なぜなら、醜さが悪魔に属しているのに対し、美しいということは全き美であられる神に近いということだからである」と述べている。

フィチーノは、その私生活でも、肉欲の誘惑に犯されること少なく、食と触覚の快楽に関しても厳格であった。彼によると、美には魂のそれと身体のそれと音のそれとがある。魂の美は多くの徳との交信から、身体の美は色と線の間の交感から、そして、音の美は人体ないし楽器の音の繊細な和合から生じる。したがって、われわれは、心で理解すること、目で見ること、耳で聞くことによって、それらの美を楽しむことができるのであって、それ以外の感覚の喜びによっては、美と神に近づくことができない。「激しい性欲は人間を不節制にし、その結果は非交感へ陥れる。このため、肉体の欲望は愛とは別のものであるだけでなく、相反するものである。」

純化された愛を謳ったモーリス・セーヴの『デリー Délie』には、明らかに、こうしたフィチーノの影響が見て取れる。

たとい少しでも私の焔が弱まることがあり

私の真実に影のさすことでもあるならば。
真実も焔もなくて何の恋か、
ただはかない雲の流れ。

しかし、このような純化されたレベルを維持することは、フィチーノの読者にとっても、彼の多くの弟子たちにとっても至難の業であった。しかも、愛についてのネオ・プラトニズム的理論には曖昧さが包含されており、カスティリヨーネは、若い貴婦人が「誠実を貫く廷臣」にキスすることを許したし、若者たちの婚姻外の愛についても、性欲に支配されないで、互いに補い合う二人の結合であるならば許されるとした。一五二七年にフランス語に訳され、以来、版を重ねたカヴィチェオのプラトニックなロマン、『ペレグリーノ物語 Il Libro del peregrino』には、「愛それ自体は善であるから、そこから悪が生じることはありえない」とある。エロエ〔訳注・フランスの詩人1492-1568〕の『完璧な女友だち La Parfaicte amye』は、結婚に失敗した魅力的な娘が神の御心によって愛人に巡り会い、彼によって輝きを取り戻すことを謳っている。

彼女は彼を心から愛しており、彼が死んでも、「心の眼をもって」愛し続けるが、彼が生きているときは、肉欲のエクスタシーを彼と共有する。このような振舞いは、哲学的正当づけの隠れ蓑にもかかわらず、婚姻外でしかありえなかった中世の宮廷風恋愛と一つに結びついていた。このため、深いキリスト教的感性と恩寵の必要性への鋭い感覚をもっていたマルグリット・ド・ナヴァールは、プラトニズムに関心を寄せつつも、フィチーノ的理論に基づいて広まった「愛し合う者には楽園の扉も閉ざされない」という信念には疑念を差し挟んだ。パルラマント〔訳注・『エプタメロン』の話し手の一人〕は、第三五話において「でも、やはり、女は皆わたくしのように自分の夫に満足してほしいものですわ」と言わせている。これは、マルグリット自身の意見でもあった。

6　結婚の復権

ところで、ユマニストや宗教改革派は、中世の間、あの世の真の生活に備えることを第一義とするキリスト教の立場から聖職者によって執拗に攻撃されてきた結婚を復権させることに力を注いだ。『謙虚の鏡 Mirouer de humilité』では、結婚している男は、この世の雑事に忙殺されて、あの世の備えなどできないことが強調されており、そうした考え方が、とくに知識人の世界では、結婚および女性に対する敵意を醸成したのだった。『薔薇物語』第二部の「マテオルスの嘆き」や多くの《小話》には、その証言がたくさん見られるし、文学の次元では、すでに《女の戦い》が女性有利に動きはじめていた十六世紀になっても、女性への敵意は消えそうになかった。

中世は二重に結婚に対して反感を示した。一つはクルトワ文学（宮廷風恋愛文学）におけるもので、真の愛は家庭のなかではありえないとしたこと、もう一つは女性を罪の代表であり結婚生活を地獄（あるいは少なくとも煉獄）になぞらえる風刺的文学である。その反対に、宗教改革派は、万人の聖職を宣言し、修道院や修道誓願を否定して結婚を再評価し、司牧者も家族を持つことを認めた。たしかに、ルターは、原罪によって再創造の行為（生殖）は穢されたとし、結婚自体については、それほど評価しなかった。性行為は、飲む・食べる・排泄するなどと同じく万人共通で避けることのできない欲望である。「神が夫の責任になさらないのは、たんに憐れみのお心からである」。ルターが自ら結婚したのは、聖職者の結婚を躍起となって禁じようとする君公や司教たちを相手にし「悪魔とその鱗に立ち向かう」ためであった。このフレーズは謎に包まれているが、その意味は「性行為は罪であるから、私は、結婚することによって罪を犯すことになる。しかし、それとともに、悪魔の手からも逃れることになる。なぜなら、神の恩寵によって私は救われるからだ」というのである。

ルター、ツヴィングリ、カルヴァンという宗教改革の三人の責任者が結婚したことは、計り知れない意味をもつ前例を作った。カルヴァンが結婚したのは、ブツァー〔訳注・カルヴァンと協力してシュトラスブルクで改革運動を展開した〕に勧められて手本を示すためであった。

「妻を愛する人は自身をも愛しているのである。夫と妻は婚姻の絆によって、あたかも一つの人格のように一つになる。したがって、婚姻の法を神聖視する人なら誰でも、自分の妻を愛さずにはいられないであろう。」

このカルヴァンの言葉は、聖パウロのそれと結びついていて、結婚を重視しキリスト教的意味合いをそこに見ようとしたユマニスム的な流れとも一つになっている。《フィロガム philogame 文学》〔訳注・結婚を賛美する文学〕が現れるのは十五世紀のイタリアであるが、偉大な建築家、アルベルティの『家族論 Della famiglia』も、その系列に属する。しかし、ルネサンス時代に結婚について書かれた最も美しく最もキリスト教的な本は、低地地方の修道士であったエラスムスの手になるものである。すでに彼は、『キリスト教徒兵士提要 Enchiridion militis christiani』(1503)のなかで、基本的でありながら中世の聖職者たちから無視されていた真理を提起していた。その後も、彼は『結婚礼讃 Eloge du mariage』(1518)、『対話集 Colloques』(1523)、『キリスト教的結婚 Mariage chretien』(1526)などの著述のなかで結婚生活を擁護する論を展開した。『対話集』のなかの「結婚をいやがる娘」は、永遠であるとともに今日的な賢明な助言に溢れている。

――夫婦喧嘩に苦しむ女友だちに、エウラリアは、自分の家庭でも初めは小さなもめごとがあったことを話して、「お互いが十分相手を知り尽くさないうちに、夫と妻のあいだの愛情が冷えきってしまう場合がずいぶんあるわね。一番気をつけなくてはならないのはこれよ。だって、一度角突き合いが起こってしまうと、愛情はおいそれとは元へ戻らないもの。とくにひどい罵り合いなんかやってしまうとねえ。糊で貼り合わせた物は、すぐに動かしたりすると簡単に離れてしまうけれど、糊が乾いたとなると、何よりも固くくっついてしまうわね。結婚もあれと同じで、初めから夫婦の愛情をしっかり固めるために、どんな努力でも惜しんではならないのよ。そのためには、譲り合う気持ちと優しさが第一ね。見た目の美しさだけで生まれた愛情なんて、たいていすぐ消えてしまうものですもの」（中央公論社『世界の名著』〈エラスムス〉二宮敬訳）と助言している。

したがって、愛はキリスト教的であればあるほど、深く耐久性に富んだものとなる。エラスムスは『対話集』の「エピクレウス Epicureus」でも、こう述べている。「愛は洗練された甘美な愛撫の根源である。しかし、よく愛するためには、自分の心をキリストの心にしなければならない。ただ快楽を求めるだけでは、愛していることにはならない。あなたの妻の美しさを尊敬することに優しさがある。最もすばらしい喜びはベッドにあるのではなく、魂と魂の深い結合、互いの信頼、相手の美徳を敬うところにある。愛は最初のキスでずーっと続くものではない。しかし、もしキリスト教徒であるなら、その愛は、身体の衰えにも打ち勝ち、常に緑の葉を茂らせるシュロのように、永遠に瑞々しい」。

このように、ユマニスムの最も傑出した代表者が、結婚を忘れた中世の神学や、嘲った聖職者文学に対抗して、結婚を賛美しているのである。エラスムスの弟子であるスペイン人のヴィーヴェスは、『キリスト教徒女性の教育』の冒頭で、結婚生活の名誉をキリストの名において回復すべきであると提唱している。

「結婚は神聖なことであり、神が、楽園において単なる過ちと罪の間に区別を設けられたことを誰が否定するだろうか？　神（イエス）は御母のために結婚の儀を完璧にされたし、彼御自身、《カナの婚礼》をその最初の奇跡を行うことによって飾られたのであった。」

〔訳注・「カナの婚礼」とは、イエスがカナの村で婚礼の式に招かれたとき、葡萄酒がなくなったのを見て、六つの水瓶をすべて葡萄酒に変え、宴を続けさせたというエピソードで、『ヨハネ福音書』に述べられている。〕

次の世紀には、『信心生活入門 Introduction à la vie dévote』〔訳注・フランソワ・ド・サルの著〕が、わずか五十七年間（1609-1666）で十七の言語に訳されているが、これは、カトリックの聖職者が、とくに結婚の神聖さについて初めて書いた本である。

結婚に関するキリスト教的ユマニスムのメッセージを理解した女性のエリートが一人いる。『巧言令色の女友だちへの反論 La Contr'amye de court』（シャルル・フォンテーヌ　1543）はラ・ボルドリー（1507-1547）の『巧言令色の女友だち Amye de court』（1541）に答えたもので、結婚に幸せを見出した商人の娘を登場させる。この娘はこう告白している。

誰も私を相手にしてくれなかったなかで、
この若者だけが私を選んでくれた
私が彼をとったのは夫としてより友としてだったが
彼は私を友としてより妻として

愛してくれたのだった。

ただ一人の男を夫とし友とすることは、二人の男と相次いで結婚しながら報われなかったマルグリット・ド・ナヴァールにとっては理想であった。しかし、十五世紀には、自分の妻を褒め称える男たちが出てくる。これは、かつてないことであった。ラ・ボエシー（1530-1563）は、自分にそっくりの女性と結婚したと言っている。結婚十六年で妻を失ったラ・ムッセーは、当時の偏見に挑戦して、感動的な一文を書いている。

「私ほど忠実にして誠実な女友だちと心身にわたる快楽を分かち合い、彼女から満足と慰めを得た男はいまい。私たちを共に満たしてくれた恩恵を味わうことが神の思し召しであるなら、これ以上に幸せな男はいない。」

愛に満たされた結婚を謳ったのがルネサンスであったことは、しばしば忘れられがちである。十七歳にして夫に先立たれ、その後の人生を悲嘆のうちに過ごしたヴィットリア・コロンナは、最も美しい幾篇かの詩を夫に献げている。十六世紀末、スペンサー〔訳注・イギリスでは、チョーサー、シェイクスピア、ミルトンに次ぐ大詩人とされる。代表作は『神仙女王 Faerie Queen』。1552-1599〕は、詩作品のかなりの部分を妻のエリザベス・ボイルに献げた。彼女との結婚を自ら祝って作った『エピタラミヨン Epithalamion』（結婚祝曲）は、率直で調和のとれた歓喜の歌で、イギリス文学最高の傑作の一つである。

これより数年前、ヨーロッパの別の端、ポーランドでは、コハノフスキー（1530-1584）が妻のドロテアを詩に謳っている。彼女は貴族の娘であったが、彼女がもってきた持参金は少なく、彼が彼女と結婚したのは、純粋に愛したからであった。

お前の三つ編みのブロンドの髪は
若々しい白樺の樹皮のように美しい
顔はユリとバラの花束のようだ
唇はサンゴのように赤く
歯は本物の真珠
首筋は豊かにまろやか
胸は盛り上がり手は白い

ドロテアは美しく教養豊かで、夫は彼女を心から信頼し、「私の妻は、運命がもたらす全てに私と一緒に耐える用意がある」と書いている。運命は彼らから小さなウルスラを奪い、この詩人に苦しみを味わわせたが、その苦しみは、近代のそれとほとんど同じ感情で、家族生活の濃密さを示している。

ルネサンスは、それまでの時代に較べてずっと深い配慮を妻や子、夫婦の幸せに注ぐことによって、日常生活のなかに、これまでにない重要な新しい感情をもたらした。家族についてのユマニスム的観念は、当時の人々はおそらくあまり明確に意識していなかったであろうし、経済的・社会的・知的な障害のために、ゆっくりとしか進展しなかったが、こんにちのわたしたちが理解しているような家族生活が、エラスムスとマルグリット・ド・ナヴァール、そしてカルヴァンの時代には花開きはじめていたのである。

第十四章　ルネサンスと異教信仰

1　エロチシズム

女性賛美も、ルネサンス時代には必ずしも常に結婚の再評価につながったわけではなかった。歴史家たちは、十五世紀イタリアに現れ、その後ヨーロッパじゅうに広がった異教主義的な官能性の爆発には、長い間注目してこなかったのではないだろうか？

シギスモンド・マラテスタ〔訳注・イタリアのリミニの領主〕はリミニの教会堂に聖フランチェスコを讃えるために改修を加え、ついでに美々しい愛妾の墓をそこに建て、異教の習慣にしたがって『女神イソッタにささぐ』という銘を入れたが、このことに関して教皇ピウス二世は、次のように言っている。「彼が異教的な作品でいっぱいにしたので、この寺院は、キリスト教のそれというよりも、悪魔どもを崇拝する異教の神殿のように見える。」

しかし、その教皇の膝元であるローマをロレンツォ・イル・マニフィコは「悪徳の集会所」と呼んでいる。アレクサンデル六世（1492-1503）の前では、裸でダンスが演じられた。銀行家キージの愛人で、ラファエロのためにモデルを務めた娼婦インペリアは、ユリウス二世時代（1503-1513）のローマで最も著名な女性であった。レオ十世（1513-1521）の前では、教皇の友人のビッビエナの『カランドリア

Calandria』という卑猥な劇が演じられた。これは、プラウトゥスとボッカチョにヒントを得た官能的な作品である。ビッビエナは、自分の浴室にヴィーナスと愛の神の官能的な絵を描かせていた自由奔放な人であるが、古代文学の造詣が深く、外交官としても識見があり、話は魅力的で、祭の企画において優れた手腕を発揮し、教皇と親しく、枢機卿に任じられていた。

ローマは異教の都に逆戻りしたのであろうか？　十六世紀末にも、ある枢機卿は、今もファルネーゼ宮の栄華を伝えている絵をアンニバーレ・カラッチに注文している。それらは、『バッカスとアドリアーネの勝利』、『アウロラに攫われるケパロス』、そして、『トリトンに絡み取られる海の精ネレイスの娘』といった、いずれも異教に題材を採った作品である。〔訳注・アウロラはギリシア名をエーオスといい、曙の女王。ケパロスはアッティカのケパリダ族の祖。トリトンは海神ポセイドン（ローマ神話ではネプチューン）の半人半魚の子。〕

ロレンツォ・ヴァラ（1406-1457）は『快楽論 De Voluptate』で禁欲主義の破棄を宣言したが、ドミニコ会士フランチェスコ・コロンナも『夢のなかの愛の戦い Hypnérotomachie』（1499）のなかでヴィーナスの本性を善とし、巧みに愛を推奨している。――ポリフィリウスの愛人のポリアは、ディアーナの前で貞潔の誓いをおごそかに立てるが、愛の果物を口にするや、欲情の赴くまま、ヴィーナスの信徒に鞍替えする仕儀となる。

ルネサンス期ほど女体美を賛嘆し表現した時代は、過去のいかなる時代にもなかった。フランス・ルネサンスを代表する詩人、クレマン・マロは、自分が崇める貴婦人の乳房の美しさを称賛する詩を書いたが、この詩は、その後の一連の「女体褒貶詩」の手本となる。ロンサールも、『カリレの湯浴み Bain de Calliré』のなかで、湯浴みしているこの愛人を覗き見ることができないことを悔しがっている。彼は、夢のなかでも彼女の乳房、腹部、身体を見ている。

当時の作者たちは、表向きは道徳的意図を掲げた作品のなかでも、官能的傾向性を垣間見せている。タッソーは『解放されたエルサレム』のなかで、アルミダの裸体美を描き出してみせる。——「ヴェールを透かして浮かぶ肌の美しさに、見る者の心は愛にもだえ千々に掻き乱される。想いは、外見の美しさだけにとどまらず、最も秘密の神秘のなかにまで浸透してゆく」。清教徒のスペンサーも、その『神仙女王』のなかで、紳士たちの教育のためと断りながら、「バラの花が散らされたベッドに、熱のため、あるいは甘美な罪の準備のために横たわる魔女アクラシアの、絹と銀のヴェールに包まれただけの、ほとんど裸の身体」を悦楽をもって凝視している。

これらの作家たちにもまして画家たちは、視覚的に女性美への熱烈な崇拝を示した。そこには、中世的羞恥心に覆われた幾世紀かのあとのマニエリスムの独特な特徴が見られる。ブスケは書いている。——「寓喩も神話も歴史も、バイブルも聖人伝も、女性たちを裸にした。ヴィーナスもディアーナもミューズたちも、イヴもバテシバ〔訳注・フランス語ではベトサベ Béthsabée。旧約聖書のなかでダヴィデ王が、その入浴姿を盗み見て心を奪われた女性〕もユディトも、純潔のスサンナもルクレティアも、車裂きの刑で殉教したカタリナや砂漠のなかのマグダラのマリアも、さらには寓意としての美徳たちや自由学芸も、女の身体という同じ一つの主題を描きたいための言い訳に過ぎない」。

こうしたエロチシズムの昂揚は、スペイン以外の当時のヨーロッパ全般に見られた。クラナッハとドイチュ〔訳注・本名はマヌエル。トリノ出身の父方の家名がアレマニスであったことから、このように呼ばれた。代表作に『パリスの審判』がある〕も、透き通ったヴェールで身を包み、幅の広い帽子や羽根で頭を飾ったヴィーナスを好んで描いた。美女たちが驚く姿も、芸術家たちが好んで描いた場面である。水に戯れるニンフたちの前にサテュロス〔訳注・下半身が山羊の半獣神〕が突然現れるシーンとか、近づいてくる老人たちに怯えるスサンナ、ダヴィデが入浴中のバテシバを淫らな目つきで見ているところとかである。

このような快楽追求の雰囲気のなかでは、同性愛もエロチシズムの変形の一つとなった。このギリシア的背徳は、中世においては厳しく排斥されたが、ルネサンス時代には、逆にギリシア神話の優美なヴェールを着せて、フィレンツェやフェラーラをはじめイタリア半島全体の文人世界で流行し、説教師たちの嚇しにもかかわらず、社会の下層部にも広がった。バンデッロ（1484-1561）の小説のなかで、死に瀕した男が、懺悔させようとする修道士に臆面もない態度でこう言う。

「若い男の子と楽しむことは、私にとっては、飲み食いするのと同じ自然なことです。それをあなたは、自然に反しているといわれるのですか！　あなたは、そのよさを知らないのです。」

ミケランジェロは、トマソ・デ・カルヴァリエーリという若者に幾篇かの詩を献げたことから男色趣味と決めつけられ多くの歴史家から非難されてきたが、この非難はおそらく行き過ぎであり、証拠にも欠ける。その反対に、レオナルド・ダ・ヴィンチに関しては明確である。彼の絵の人物はしばしば両性的で、『モナ・リザ La Joconde』も、男がモデルである可能性がある。バッツィは、《ソドマ Sodoma》（男色家）と渾名されていたし、自身も公言していた。彼がピサの大聖堂に描いた若いイサクは彼の同性愛の相手そっくりである（J・ブスケ）。男同士の同性愛は、アンリ三世（1574-1589）の宮廷やエリザベス時代（1558-1603）のイギリスでも流行したことが、マーロウ（1564-1593）の歴史劇『エドワード二世』（1592）やシェイクスピアの『ソネット』からも明らかである。

ルネサンス期の性にまつわる退廃は、ほかにもある。ドイツ、イタリア、低地諸国では、ロトとその娘たちを扱った絵がたくさん描かれているが、それらは、近親相姦を暗示しようとしたのではないだろうか？〔訳注・ロトは旧約聖書の人物で、アブラハムの甥。ソドム脱出のとき、妻が神の戒めに背いて後ろを振り返ったため塩の柱になり、二人の娘と逃れたロトは、その後、酒に酔って娘たちと交わり、子を作ったとされる。〕

教皇アレクサンデル六世の時代（1492-1503）の詩の手書きコレクションには、一連のエピグラムが含まれている。その最初のほうのものは、聖母マリアや聖人たちを謳ったものであるが、そのあと、当時の廷臣たちを謳ったものに移り、そこでは、異教主義とキリスト教的なものが天真爛漫に混交している。サンナザロは、『処女懐胎 De partu Virginis』という詩のなかで、神を「父なる雷鳴の親方」、キリストを「神々と人間たちの父」、聖母を「母なる神」「神々の女王」と呼んでいる。レオ十世の秘書ベンボにとって、聖母は「光り輝くニンフ」である。ユマニストのパオロ・コルテージは、一五〇三年に刊行した『教義の要約』において、地獄を異教風に描写し、聖アウグスティヌスを「神学のデルフォイ的予言者」、聖トマス・アクィナスを「キリスト教のアポロン」と呼んでいる。

異教とキリスト教は、こうした書物のなかだけでなく、祭の見世物のなかでも混交していた。一五二〇年のローマでの謝肉の木曜日（jeudi gras）の祭は完全に古代的スタイルで行われた。教皇の前をイタロス〔訳注・イタリアの名の元になった王〕、イシス、ネプチューン、ヘラクレス、アレクサンドロス大王、カピトリウムの牝狼などを表す車の列が行進した。そして、最後には、キリスト教の勝利を象徴する天使が球体の上に乗って通った。あるドミニコ会士は、レオ十世を太陽神になぞらえている。

2　パドヴァ派の人々

キリスト教の立場からすると、異教的な官能性の賛美や、十字架の宗教に古代的装いをさせたことにもまして深刻なことがあった。それは、思想家たちのキリスト教離れである。ヴァザーリによると、レオナルド・ダ・ヴィンチはその精神のなかに、もはやいかなる宗教にもよらない異教的教条をもっていて、おそらくキリスト教徒であるよりも哲学者であろうとしていた。マキアヴェリについていえば、彼は、「キリスト教は苦しむことしか教えない。この教えは、世界を弱体化させ、邪悪な連中に食い荒らされるままに任せることになる」として、司祭たちだけでなく福音書の精神そのものに攻撃の矢を向けた。彼は、敬神的なユマニストのように精神的進展や個人的救済に専念する行き方を拒絶し、国家と権力意志を宣揚したが、やがてニーチェにまでいたるアンチ・キリスト教の流れは、このフィレンツェの思想家にその淵源をもっている。

十六世紀には無神論者は稀であった。このことは、リュシアン・フェーヴルが指摘しているとおりであるが、当時の状況と人々の信仰が大胆な意見表明にヴェールを被さないでいられないようにしただけで、そこには、さまざまな解釈の余地が残されている。デ・ペリエ〔訳注・マルグリット・ド・ナヴァールに仕えた人で詩人。1500-1544〕の『世界の鐘声 Cymbalum mundi』(1537)も、そうしたなかの一つである。

イタリアでは、《パドヴァ派 école de Padoue》が、キリスト教に対する一風変わった決別表明をする。この学派はあくまでアリストテレスへの忠誠を立て、プラトンともキリスト教ドグマとも和解しようとはしなかった。彼らがアリストテレスを学んだのは、十二世紀のアラブの思想家、アヴェロエス（イブン＝ルシュド）が著し、十三世紀にラテン語に訳された『註解 Commentaires』によってである。アヴェロエスにとって、永遠に存在するのは「一つの能動知性」「大地と人間の精神」であり、これのみが不死であって、各個人の知性、個人の魂は可死である。

一二四〇年のパリ大学神学部や一五一三年のレオ十世による非難と攻撃にもかかわらずこのような哲学がキリスト教ヨーロッパで教えられることが可能であったのは、彼の不可欠の補足である《二重真理》のドクトリンを加味して初めて理解できることである。《パドヴァ派》の人々は、アヴェロエス自身と同じく、天啓によるのだから信じなければならないとされる宗教的ドグマと合理的見解とは相対峙すると宣言した。〔訳注・二重真理説とは相矛盾する二つの命題が「哲学によれば真理となりキリスト教信仰によれば偽となる」（あるいはその逆も可）とする立場〕

ユマニストたちは、さまざまな探求の末に、西暦二世紀末から三世紀初めに生きたもう一人のアリストテレス註解者でありアヴェロエス以上に物質主義的なアプロディシアスのアレクサンドロスを見出し、ルネサンス期のパドヴァ派でも最も有名なピエトロ・ポンポナッツィ（1462-1525）は、このアレクサンドロスの解釈をよりどころにした。

〔訳注・ポンポナッツィが霊魂の不滅性をめぐる先学たちの見解を整理したものを示しておくと、次のようになる。

①人の霊魂は可死的であるが、万人に共通の霊魂は不滅である。（アヴェロエス）
②人は可死的な感覚的霊魂と不死的な知性的霊魂をもつ。（プラトン）
③人の霊魂は端的には不死的であり、ある点では可死的である。（トマス・アクィナス）

④人の霊魂は端的には可死的であり、ある点では不死的である。〈アレクサンドロス〉」

ポンポナッツィはその『霊魂不滅論 De immortalitate animi』(1516)において、個人の魂は人類精神という集団的知性から汲み取っているとするアヴェロエス説を厳しく批判するとともに、人の霊魂を端的には不死とするトマスの考え方も排除し、アレクサンドロスの説にしたがって、「霊魂は身体のエンテレケイア(完結体)にほかならない」とし、人間の精神は理性的活動においても、感覚的活動においても、身体に依存している、とした。——そもそも知性といっても、感覚的イメージによらずして思考できるだろうか? また、魂も身体能力も、年齢とともに衰えていくではないか? というわけである。

この主張は、キリスト教教義とは程遠いものである。しかし、ポンポナッツィは《二重真理》の背後に身を隠し、「聖トマスの霊魂不滅のテーゼは、アリストテレスが書いているところとは矛盾するが、あくまで真実であり、きわめて堅固である」と言い、「聖書の言葉は理性よりも、また経験よりも優先されなければならない」と断じる。そのため、『霊魂不滅論』は教皇庁によって有罪とされ騒ぎを引き起こしたが、著者自身は教皇秘書のベンボの庇護のもと、深刻に責められることはなかった。

ポンポナッツィが論じたことで、もう一つ注目されるのが《奇跡 miracles》に関するものである。彼の『魔術について De incantationibus』が刊行されたのは死後三十年経った一五五六年であるが、そこで彼は、歴史的循環論をキリスト教に適用して奇跡を否定する理論を展開している。それによると、《奇跡》とは自然の法則に反する出来事であるかまたは自然の法則の埒外にあることであるとして、奇跡や幻視、呪縛のほとんどは基本的に想像の産物に過ぎないが、なおかつそうした普通にはあり得ないことがどうして稀に起きるかについて、二つの理由が考えられるとする。一つは、宇宙には私たちの知り得ない力が潜んでいること、もう一つは、人間はその本性が超越的存在と現実世界に同時に関わっているミクロコスモスであるから、薬草やある種の石に病気を癒す力が備わっているように、何人かの人にそうした治癒力が備わっていることも考えられるではないか？というのである。

このポンポナッツィ説に対しては、パドヴァだけでなく、フェラーラ、ボローニャ、さらにはフランスからも反響があった。数学者であり医師であり天文学者であるジロラモ・カルダーノ（1501-1576）は、霊魂不滅の問題については師のポンポナッツィと異なり、アヴェロエスとプラトンを結びつけて、神は限られた不死の精神（mentes）を創ったとして輪廻転生（métempsycose）を唱えたが、《奇跡》に関しては、ポンポナッツィに同調し、理性と信仰を対立的に捉えて、信仰は魂の問題であるのに対し、覚醒は精神の問題であるとしている。

おそらくパドヴァ派の合理主義の最もすぐれた代表者は、医師のフランチェスコ・ヴィメルカティ（1500-1570）であろう。彼は、一五三〇年にフランソワ一世に侍医として招かれ、ついで王立教授団〔訳注・コレージュ・ド・フランスの前身〕の哲学教授となり、プラトン学者のラムス（1515-1572）に対抗してアリストテレス哲学を教えた。彼は、アプロディシアスのアレクサンドロスやポンポナッツィの註解を斥けてアヴェロエスをアリストテレスの正統の註解者として支持し、唯一の根源的知性は不死であるが、個人の魂は不死にあらずとして、理性と信仰の間の矛盾をラディカルに主張した。これは、中世のトマス主義とルネサンス期のネオ・プラトニスムがなんとか樹立しようとした哲学と神学の和解の道を放棄するものであった。

ヴィメルカティは、アリストテレスをよりどころに世界と天体の運動と、その運動が行われている場である時間の永遠性を主張したが、神は第一天の運動を司る不動の存在であるけれども、万物の創造主ではなく単に原動力であり、したがって、世界の歴史の目的ではないとして、プラトンやバイブルの教えとは反する説を唱えた。その神と人間たちの間にあって作用しているのが天体〔とくに太陽〕の影響力であるが、この世界の事象にさらに強力に作用しているのが、万物の生長と均衡、運動を統べる法則の総体としての《自然 nature》である。彼からすると、《自然》は、秩序をもって、また、法則にしたがって万物を作っている、いわば「活用できるものは何一つ失わない賢明な家長」に似ている。したがって、そのように秩序づけられた世界のなかでは、《奇跡》に残されている場はない。――「神は確固たる秩序のなかでしか事をなされないから、秩序を外れたことは何事も起こりえない」というのが、ヴィメルカティの信念であり、そこには、ルネサンス期の合理主義的思考が典型的に現れている。彼の五巻から成る大著のなかで、「イエス」の名が出てくるのは一回だけである。

エティエンヌ・ドレ〔訳注・フランスの出版業者でありユマニスト 1509-1546〕の場合は、リュシアン・フェーヴルが彼を「絶望者 désespéré」とまで呼んでいるように、それほど単純ではない。印刷業を興す前から、彼はプリニウス、ルクレティウス、キケロに親しみ、イタリアでパドヴァ大学の講座に列なった。最も人口に膾炙した彼の『ラテン語註解 Commentarii linguae latinae』には自由思想家としての特徴が現れているが、一五二四年以後は、フランス語訳『新約聖書』やプロテスタント関係などキリスト教的著書十五冊を次々と出版し、「無宗教的であったドレが、どこで改宗したのか」と訝られた。

たしかに、若くしてキケロの『卜占論 De divinatione』や『神々の本性について De natura rerum』を愛読した彼は、初期のころの出版では、「Eglise」〔教会〕、「Apôtres」〔使徒たち〕、「カトリック catholique」「教会分裂 schisme」「教義 dogme」「キリスト christ」などという言葉は、キケロの著作にはないといって使うことさえ嫌った。彼の『註解』のなかの「Fatum」〔訳注・予言・天命などの意〕の項には、次のようにある。

「起きるはずのないことは何も起きない。奇跡とは、われわれの驚きを呼び起こす本性をもつものが現れることで、本性のうちに有効な原因を含んでいないものが現れることはない。今日キリスト教徒は、主として称賛に値することを奇跡と呼んでいるが、古代の人々にとって奇跡とは、怪物の仕業で醜悪なことを指して言うのが普通であった」。

霊魂の不死については、どうであろうか？　「アニマ Anima」（霊魂）の項では、この語彙の語源的意味を「肺の呼気」と記したあと、次のように書かれている。

「《アニマ》は、霊魂の意味のほかに、それによってわれわれが生き、動き、そして、われわれを理性的存在たらしめているある種の天上的な力を指すために用いられる。ある人々は、この力を血によるとし、ある人々は別の身体の部位に関連づける。ある人々は、それは身体とともに消滅する可死のものとし、別の人々は、不死であると信じている。」

彼は、キケロの弟子として《不死》について考えるとき、とくに子孫の心のなかに誇りとして残ることを挙げている。「自分が生きたことを示すモニュメントを遺さないで沈黙のうちに過ごした人生は、人間ではなく獣のそれである。」

では、一五四二年以後は、なぜ福音書に関連する本を次々と出版したのか？　リュシアン・フェーヴルによると、ドレは、その後も、エウエメロス説〔訳注・エウヘメロスともいい、前二〇〇年ごろのシチリアの学者で、神話の神々は実在の英雄が死後に神格化されたのだと主張した〕にしたがって、神々とは人間の理想化にほかならないとする信念を変えなかった。

フランスでパドヴァ派の《キリスト否定論 achriste》の流れを引いたのが十六世紀末のジャン・ボー

ダン（1530-1596）である。彼は、『鬼憑狂 Démonomanie des sorciers』が示しているように迷信的な半面で、『自然の劇場 Théâtre de la nature』や『七賢人の対話 Heptaplomères』が示しているように自由思想家でもある複雑な人物である。彼も、ポンポナッツィやヴィメルカティと同じく信仰と理性を対置する。「宗教教義について明確な論証を示した人はいない。多くの人が論証を試みたが、無駄なことである。なぜなら、信仰は明証のあるところに成り立つものではなく、むしろ逆に、明確な証拠によって覆されてしまうところに存在しうるものだからである。」

ボダンは、十六世紀初めのパドヴァの人々と異なり、霊魂の不死や摂理とか奇跡の問題ではなく、キリスト教の基本的教理の問題に関心を向けた。『七賢人の対話』はヴェネツィアを舞台に七人がそれぞれに告白をし、最終的には、宗教同士の争いは無益であり、互いの寛容が必要であるという結論に到達する。しかし、その根底にあるのはキリスト教の教義に対する深い懐疑である。対話者の一人は、キリストの受肉について、こう述べている。

「何百万年も不動のままでおられる一方で、この同じ神がこの何百年にそのすばらしい本性を捨てて、われわれと同じ血と肉と神経と骨から成る身体をまとって現れ、屈辱的な死の苦しみと忌わしい死刑執行人どもの力の前に身をさらし、最後に、その肉の塊をひっさげて天上に昇られたなどというのは、キリスト教を信じ込んでいる輩や無知な人を納得させられても、哲学者たちには通じない。」

ボダンはイエスの偉大さには感謝しつつも、最終的には彼を人間のレベルに置くのである。

3 《霊感》の世紀

しかしながら、ルネサンス全体が合理主義で説明できるものではない。十六世紀には、《リベルタン libertin》〔訳注・自由思想家。ルネサンス思想と啓蒙思想をつないだ〕は稀であった。リュシアン・フェーヴルは正当にも次のように述べている。

「十六世紀を《懐疑主義の世紀》、《リベルタンの世紀》、《合理主義の世紀》と呼んで讃えるのは、幻想的誤りである。この時代の最も優れた人々について言っても、十六世紀はむしろ反対に、すべてに神の御心の投影を見つけようとした《霊感の世紀 siècle inspiré》であった。」

神のこの世界における現前を芸術家や詩人たちが発見したのは、とりわけマルシリオ・フィチーノのおかげである。ルネサンス期最大のネオ・プラトニストである彼の哲学は、パドヴァ派の人々のそれとは対照的に、本質的に心霊論的である。そこでアクセントが置かれたのは、個人的霊魂と人間的運命の問題で、いずれも、神から発出し神に帰着する一つの大きな流れのなかに統合される。

フィチーノはプラトンとプロティノスから、そのシステムの鍵となる《仲介》あるいは《発出》の理論を借用した。彼の形而上学は「あらゆる存在は唯一神から発出する知恵と美と善を受ける度合いによって階梯的に配置される」という理念を基盤にしている。《神なる太陽 soleil-divin》のもと、この太陽からまず引き出される存在は、純粋で不死・不動的知性の天使的霊である。第二レベルに来るのが、「ある意味で変化を受けつつも、一つの身体のなかにあって分割されない不死の理性的霊魂」たる人間的霊魂である。しかし、フィチーノはさらに、一つの世界と十二元素および天球の霊魂を立て、《形》

の世界および身体がそこから本性とその法則を引き出している能動的原理を位置づける。しかし、これらは分割と変化を受ける質の領域であり、最も下層部に来るのが「物体の緩慢な塊」のそれである。

この階梯のなかで人間に与えられた場は、最初から明確である。なぜなら、理性的霊魂は存在の階梯の中心、有限と無限、時間と永遠が出会うところにあって、物体と質を支配することによって天使や神の階梯に昇るのである。「理性的霊魂よりも上にあるのは永遠なもののみである。それよりも下にあるのは時間的・物質的なもので、理性的霊魂は一部分は永遠的、一部分は時間的である」。ここからパスカルは人間を「永遠から見れば虚無であり、虚無からすると全てである」（『パンセ』72）と定義することとなる。

神は一連の存在を自分から発出させるだけでは満足せず、人間の霊魂を自らのもとに呼び戻すことをやめない。神のこの呼びかけに感じた人々は、道徳的浄化によって必要な改心を行い、形態だけでなく中身のある人となり、万物の手本であり原因である神と対面するため、上昇（remeatio）を企てる。たしかに身体に結びつけられた霊魂はその重みに負けて、ちょうどプラトンの洞窟の囚人のように影遊びに呆ける傾向性がある。「肉体的欲望は魂の病であり、それに支配された行動と情念は、悪夢にうなされ、自らを苦しめる魂の錯乱にほかならない」。

外なる世界は影でしかない。美がわれわれを惹きつけるのは当然であるが、それがより高い次元の美が投影したものであると知るなら、それに惑わされることはなくなる。われわれを虜にしている暗い洞窟は、われわれの環境全体である。その反対に、神聖な光は、わたしたちの内奥に隠されており、それを探すには禁欲と瞑想によらなくてはならない。

フィチーノは、これまで信じられてきた以上に聖トマス・アクィナスから多くのインスピレーションを得たし、彼の『プラトン神学』は、時としてスコラ的様相をもっているが、A・ルノーデは、このフィレンツェの哲学者がいかに数々の困難にあいながらキリスト教とネオ・プラトニスムを和解させようとしたかを指摘している。

《発出 émanation》の理論によると、各レベルの被造物は、その存在をすぐ上位の被造物から受け取る。したがって、人間的霊魂が神に近づくには、天使の仲介を必要とする。ところが、キリスト教の信仰は、個々の霊魂は直接神によって創造されたものであるとし、動物たちには堕落しやすく可死的な魂しか認めない。フィチーノが諸元素（éléments）や天球（sphères）に理性的で不死の霊魂を割り振るのは、キリスト教よりも古代異教のそれに近い。ネオ・プラトニスムは汎神論に通じるものをもっているのである。

このシステムの論理を押し詰めると、フィチーノは肉の決定的可死性を主張しなければならなかったが、彼がキリストの身体の復活を支持したのは、キリスト教教義のなかに留まるためであった。とはいえ、彼が『プラトン神学』の終わりに提示している地獄の概念は、キリスト教会のそれとは隔絶している。そこでの「穢れた霊魂が永劫の恐怖と想像上の欲望に閉じ込められる悪夢」という地獄の定義は、罪人を責めさいなむのは罪の意識や苦痛への恐怖ではなく、肉体的存在のむなしさと幻想であるとするものである。こうして、フィチーノはキリスト教的な形のなかに本質的にはドグマに囚われない精神性を流し込もうとしたのであった。そうした彼の哲学にあっては、アダムとイヴの原罪の教理も、イエスはその贖罪のために現れたとする教義も、人為的に付け加えられたものであって、もはや不要である。

ピコ・デ・ラ・ミランドラの哲学は、彼の主著である『九百の命題』『人間の尊厳について』と『創造の七相 Livre septuple, exposé des sept aspects de la création』から引き出されうるところによると、キリスト教教義とは必ずしも常には合致していない。このことは、ピコだけでなくフィチーノについても同じで、そこには、古代思想とキリストのメッセージとを合致させようとしたルネサンスの「混交主義」が現れている。

フィチーノは、自分の哲学の諸要素を古代のプラトンおよびネオ・プラトニズム（プロティノス、プロクロス、ヤンブリコス）だけでなく、ヘルメス文書やゾロアスター、ディオニュシオス・アレオパギトスなどからも借用したが、ヘブライ語とアラブ語も知っていたピコは、これらに加えて《カバラーKabbale》も援用した。そこから、ときとしてローマ教会の教義と矛盾する混交的教理ができあがったのであった。このラ・ミランドラの伯爵はキリスト教の三位一体よりもユダヤ教的一神教を好み、キリスト教が説く「神の現前」にはためらいをみせ、その人間観は、尊厳性を称揚するためであるが、福音書の人間観からは遠ざかる。彼は神にこう言わせている。

「私は、汝を、世界のすべてをより見やすくするために世界のなかに置いた。私は汝を天上のものとも地上のものとも、可死のものとも不死のものともしなかった。それは、汝が自由にして尊厳ある職人として自身を好きな形に作り上げることができるようにせんがためである。汝は品格を失って獣どものレベルに下がることもできるし、意志の力によって神の高みに昇ることも可能である。」

こうして、人間は、天使にも獣にもなることができるのであって、究極の罰は獣性への低下と消滅にある。ピコはまた、『九百の命題』のなかで、「時間の中で犯された罪が永遠的な罰を生み出すはずがない」とも断じている。

こうしたピコ・デ・ラ・ミランドラの教理は、当初、ローマ教会によって有罪判決を下されたが、その後、アレクサンデル六世（一五〇三年没）によって許された。その反対に、それから約百年経った一六〇〇年、元ドミニコ会士のジョルダノ・ブルーノが福音書の教えに著しく背いた哲学を表明したとしてローマ教会により火刑に処される。ブルーノは万物は神の発出であるとするプロトン的テーゼとアリストテレスに対する敵意を極限にまで押し進めた。すなわち、世界は無限であるが、神の内に包摂され（impliqué）、神もまた感覚的な身体のなかに表出する（expliqué）と述べ、その必然的流れとして、内在性（immanence）の教理と汎神論的観念へと走ったのである。——神は絶対的で完璧な一者であるが、そのなかで二つの《実体 substance》が現れる。一つは一切を創り出す力（natura naturans）、もう一つは創られる力である。前者は世界霊魂であり、後者は物質である。

ブルーノは「自然に超越する一神」——『創世記』において自己の外に世界と万物を創造し、それをあたかも出来上がった作品を眺める芸術家のように眺めて満足したというヤーウェ Yahvé の神——の理念を全面的に放棄したと言われる。しかしながら、このナポリ人の哲学についての最近の解釈では、彼の著作（言葉も難解で、述べられていることに矛盾もあるが）には超越性を認めている文言があるという。宇宙は無限で（ということは一つの中心をもつ単一のものではない）、神もいたるところに遍在し、いたるところの外にも存在するとあるが、では、「いたるところの外」とはどこか？ということである。それは、この世界の表面ではなく、魂が疲労困憊なくしては到達できないその神秘に包まれた中心である。この内在性と超絶性の和解から自己を充分に覚知した汎神論への移行はただの一歩で足りる。その一歩を踏み越えるのがスピノザ（1632-1677）である。

事実、ブルーノは、認識とは合理的認識にほかならないとすることによって、近代的合理主義の基礎を築いた功労者の一人となった。彼は、反パスカル主義の先駆者として超越的なものは認識不可であると宣言し、心を認識することも神の啓示をも排除した。彼は、原罪のドクトリンをナンセンスとし、イエスの神性を否定し、あらゆるドグマに対抗することを宣言した。こうして、ブルーノは、キリスト教の岸辺を離れ、自由な思考の海原へ漕ぎ出していったのである。

4 宗教的・道徳的混交主義

『ポリフィリウスの夢 Songe de Poliphile』のなかで、ヴィーナスは、地上の幸せを求めて出発する愛し合う二人に大胆な裸体姿を現したあと、新しい洗礼を授けて「聖なる祝福」を与える。彼らは、相手の貞潔に対する要求も禁欲への願望も全面的に放棄し、以後、この女神の庇護のもとに繁栄の人生を満喫する。——こうしてヴィーナスによって授けられた洗礼は、西欧文明のなかに長い間包含されていた異教的傾向への回帰を象徴的に示している。

同様にして十六世紀には、もう一つ別の次元で、パドヴァ派のドクトリンとブルーノの内在性の哲学に対する共鳴が、反キリスト教的（antichrétien）または少なくとも非キリスト教的（achrétien）な構想に飛躍をもたらした。この反（あるいは非）キリスト教的構想は、中世にもまったく知られていなかったわけではなく、表に出すことができなかっただけで、もしも、これらが哲学と官能性のうえで整えてくれた下地がなかったら、十七世紀フランスのテオフィル・ド・ヴィオー（1590-1626）やシラノ・ド・ベルジュラック（1619-1655）、またオルレアン公ガストンの取り巻きを形成していた《マレー区の涜神者たち》のようなエピキュリアンの自由奔放な飛翔はありえなかったであろう。

ロレンツォ・イル・マニフィコと親しく、『巨人モルガンテ Morgante maggiore』（1483）を書いた詩人、ルイジ・プルチ（1432-1484）は、フィチーノの眼には、衒学的で、海の砂を除去するよりも難しい質の悪い無信仰者と見えた。フィチーノは、自分の身辺でも、ベッカデッリの『ヘルマフロディトス

Hermaphrodite』〔訳注・ヘルメスとアフロディテの間に生まれた両性具有の子〕やポッジョ（1380-1459）の道化た作品が好んで読まれていることを知っていた。彼は、これらの著者たちを「キリスト教教義を放縦と退廃の道具にした」と非難したが、彼がとりわけ不安に思ったのは、「哲学という神聖なる贈り物が涜神者たち、すなわちアリストテレスを信奉する者たちの手にあること」であった。彼は、友人のパンノニウスにこう書いている。

「世界じゅう（すなわち、イタリアの学者サークル）がアリストテレス派に占拠され、その彼らはアプロディシアスのアレクサンドロスを支持する派とアヴェロエスを支持する派に分かれて、どちらもキリスト教を破壊しています。というのは、彼らが破壊しているのは、特に《神の摂理 Providence》だからであります。」

エラスムスも、イタリアのフマニストたちに遠慮会釈ない批判の矢を向けている。一五一七年にカピトン宛てに次のように書いているとき、彼の眼中にあったのは、そのようなイタリアであった。

「古代文芸復興の陰に隠れて異教信仰が頭をもたげようとしています。それは、あたかも、キリスト教徒とは名ばかりで心中では異教を信奉している人々がキリスト教徒のなかに混じっているようであります。」

このため、イタリアでは異教的な著作が《よき文学 bonae litterae》としてのさばっており、自分の義務は、イタリア人たちに、《文学》をキリスト教的に語る習慣をつけさせるべく貢献することにあると述べている。

マキアヴェリも、このフィチーノとエラスムスに応えるように、『ディスコルシ』（ローマ史論）のなかで、「さよう。われわれ、ローマ以外のイタリア人は、心底、非キリスト教的で退廃的である」と述べている。十六世紀末のイタリアは道徳的・知的な面で悪評が高かった。エリザベス時代のイギリスの小説家、トマス・ナッシュにとってイタリアは《ソドム》であり《あらゆる国に向けて毒薬を調合している暗殺アカデミー》である。しかし、イタリアが世界に送り出している毒薬のなかでも、イギリス人のナッシュにとってとりわけ重大なのが、カトリック改革であった。なぜなら、十六世紀末以来、このカトリック改革の発信源がイタリアだったからである。そのカトリック改革がボルジア家とポンポナッツィの国で成功を収めたことは一考に値する。このことは、イタリアでも近隣諸国でも、ルネサンス期には、不信仰は狭いサークルのなかに限られたことであって、大衆は根底的にキリスト教的なままで、不信仰の浸透を受けていなかったことを証明している。

では、「無神論者 athées」と言われた人々は、どうだったろうか？

ここで問題になるのが、リュシアン・フェーヴルが焦点を当てて論じているように、この時代の用語の流動性である。カステリヨン〔訳注・カルヴァンと親しかったユマニスト〕とアンリ・エティエンヌ二世〔訳注・ギリシア語学者でありパリの出版業者〕はラブレーを「神もキリストも信じない連中」のなかに並べていたし、二十世紀初めにもA・ルフランはラブレーのなかに「哲学と宗教を対置する道を、当時のどんな作家たちよりも遠くへ突き進んだ強靭な精神」を見て、ラブレーは一五三二年以後はキリスト教徒であることをやめ、もはや霊魂の不死を信じなくなっていたとし、「彼の哄笑の下には、何世紀もの長い間誰も敢えて考えようとしなかった企てが隠されていた」と断じている。──ところが、ラブレーが一五三五年に書いた『高貴なる都市、リヨンの年鑑 Almanach calculé sur la noble cité Lyon』（実物は失われてしまったが、抜粋の写しが遺されている）には、ルフランの見解に反してこう書かれている。

「もし、この年（一五三五年）を満足できる年にしたいのなら、身体というこの世の暗闇からあなた方の霊魂が解放され、イエス・キリストと結びつけられるよう祈ることです。そのときは、あらゆる情念も人間としての不完全さも消滅するでしょう。なぜなら、キリストのおかげで、昔、ダヴィデ王が歌ったように、すべてが幸せに満ち、すべてが明らかとなり、満たされるからです。」

この抜粋を見つけたリュシアン・フェーヴルは、ほかにも多くのテキストを集め、エラスムスの弟子であるラブレーは、真摯な信仰心を貫いた心底からのキリスト教徒であったことを明らかにした。事実、『パンタグリュエル』の十章でもラブレーは、イエスの変容、復活、昇天について、当時誰でも信じていたように、謙虚に記している。〔訳注・原著では『パンタグリュエル』となっているが、正しくは『ガルガンチュワ』の十章。〕結局、元修道士であるラブレーとポンポナッツィとは根本的態度に違いがあり、ラブレーの小説のなかでは、人々は当然のこととして神に祈っている。神に祈ることは、たとえば、ガルガンチュワの父、グラングゥジエが隣国ピクロコル軍の来襲を知ったときのような例外的状況だけでなく、日常生活においても「聖なるキリスト教徒の称賛に値する慣習」である。その点でガルガンチュワとポノクラートが「毎日、創造主たる天なる神に祈祷を捧げ、これを崇め奉り、主に対する信仰の堅きことを誓いまつり、限りなき御慈悲のほどを讃へまつって一日を終わった」〔『ガルガンチュワ物語』二十七章〕を思い起こす必要があるだろうか？

ラブレーが司祭や修道士を軽蔑し、巡礼や聖人崇拝、免罪符を嘲笑したことは事実である。彼の宗教は個人主義的であったが、彼自身はあくまでキリスト教徒たらんとしたのであって、無神論者などではけっしてなかった。このことについて、リュシアン・フェーヴルの「昔から言われていることだからといって鵜呑みするな」という助言は賢明である。ラブレー自身、スカリゲル〔訳注・イタリア出身でフランスで活躍した古典学者であるが、エラスムスを悪罵していた。1484-1558〕を無神論者として扱った。アンリ二世エティエンヌもカステリヨンについて、ファレル〔訳注・フランスの宗教改革者1489-1565〕はセルヴェート〔訳注・神学者。カルヴァンの命で火刑に処された1509-1553〕について、ロンサールはユグノー派みんなについて、同じ言葉を用いている。「無神論者 athée」という呼称は十六世紀においては、口にしペンで書かれた言葉のなかでは、最上級に重い意味をもっていた。

こうした語彙における不確実性は、十五、六世紀のヨーロッパ思想を特徴づけた哲学と宗教の《シンクレティズム》と関連づけられなければならない。古代の著作の年代確定が不充分であったこともあって、この《シンクレティズム》から、人々はキリスト教以前のあらゆる文明のなかにキリスト教を予示するものが見出されると楽観的に考えたのであった。すなわちイエスの出現は、ユダヤ人だけでなく古代のさまざまな民族が基本的要素を共有していた啓示を完成するためであり、あらゆる宗教は究極的には教義的相違を超えて一致できると考えたわけで、シエナの大聖堂の床にヘルメス・トリスメギストスの絵が描かれているのも、フィチーノがオルフェウス教の歌に関心を寄せたのも、また、フィレンツェ大聖堂の鐘楼やシスティーナ礼拝堂の天井にキリストの出現を予言したシビュラ（巫女）が描かれたのもそのためである。

したがって、多くのユマニストたちの考えでは、キリストは古代人たちの宗教的信仰と哲学的瞑想に光を射しかけ、多くの異教神話にその真実の意味を付与するために出現したのであり、古代の叡智はキリストの恩寵によって完璧となる。ピウス二世がスルタンに送った書簡において「キリスト教は、古代の人々の遺せる至宝を完璧ならしめる新しい教えにほかならぬ」と述べたのも、この意味である。

フィチーノの主著が『プラトン神学』（Platonica theologia de animorum immortalitate）という題を付けられていること自体、きわめて示唆的であるが、彼が四十歳で司祭になったときに書かれたものであることも偶然の一致ではない。この書を著したフィチーノの意図と十七世紀にパスカルが『パンセ』を執筆した意図の間には、間違いなく共通性がある。両者がめざしたのは《リベルタンたち》を屈服させることであったが、十五世紀末のフィチーノにとっての《リベルタン》とはパドヴァ派であった。彼がプラトンをラテン語に訳したのも、《リベルタンたち》のようにキリスト教から離れた人々にプラトンの思想がキリスト教的神の啓示のワン・ステップであると知らしめることによってキリスト教に引き戻せると期待したからであった。要するに、プラトンのテーマが呼びさます新しい信頼を利用することによって、信仰の重要性をできるだけ合理的に提示しようとしたのである。

フィチーノは自分の著作を手直ししなければならなかったし、ピコは教皇庁から異端宣告を受けなければならなかったが、二人とも、自分では、異端的思想を提示しているなどとは思いもしなかった。ピコは、その短い人生を苦行者として振舞っている。一五八六年にズトフェンの攻囲戦で負傷し、三十二歳で亡くなったシドニー〔訳注・エリザベス一世の寵臣で、オランダを支援してスペイン軍と戦い、負傷して死んだ。1554-1586〕は、死期が近いのを知ると、『パイドン Phédon』のソクラテスの死の段と福音書の抜粋を読ませている。この姿は、当時の知的探求がいかなるものであったかを象徴している。

その他方で、ルネサンス人が道徳にうるさい現代人を驚かせるほどのきわめて異教的な生活スタイルや官能美への関心と真摯で熱烈な信仰心とを苦もなく両立させていたことも知る必要がある。クレマン・マロは「美しい乳房」を称賛する一方で、聖書の詩篇のフランス語訳も行っている。ロンサールは「カルペ・ディエム carpe diem」〔訳注・「一日を摘み取れ、今日を楽しめ」の意で、ホラティウスの言葉〕のテーマを展開する一方で、キリスト教信仰について真面目な詩も書いている。彼にあっては、この二つは何の違和感もなく並存していたのである。彼は、一方で女友だちとの交わりや、ワインの痛飲を謳っ

たエピキュリアン的な頌歌を数多く作り、

美しい春のバラよ……
男どもを戒めておくれ
若いうちは時を楽しく過ごし
花と戯れよ、と

と謳っている他方で、

お前は覚えていよう
お前の魂は異教徒のそれではなくキリスト教徒のそれであって
われらの主は十字架にかけられ槍に突かれて亡くなられたが
いまは天上にいますことを

といったキリスト教的な『死の頌歌 Hymne de la mort』も、それに劣らずたくさん謳っている。ルネサンス期の芸術家たちの大部分は、このロンサールやマロのように、異教的テーマからキリスト教徒に馴染みのテーマへやすやすと移り変わる。このようなことは、何百年か前には考えられないことであった。クラナッハは『ヴィーナス』や『パリスの審判』といったエロチックな作品を描く一方で、宗教的絵画もたくさん描き、ルターの委嘱を受けてドイツ語訳聖書の挿絵も画いている。ティツィアーノは各地の教会のために『聖母』や『聖母の神殿奉献』、『聖会話』を描いているが、娘たちの輝くような美しい裸体によってヴィーナスも数多く描いた。プラド美術館の《バッカス連作》のなかの『アンドロス島の人々』は、ワインが流れる川のほとりでのこの異教の祭を描いている。前景にしどけない裸姿で眠るアドリアネは、この饗宴の最も美味な果物になっている。

5　聖なる裸体

しかしながら、彫刻にせよ絵画にせよ、ルネサンス期の裸像は、作品の背後にネオ・プラトニズム的秘儀を隠す意図を含んでいた。F・ザクスル〔訳注・ドイツ出身の美術史家。1890-1948〕、E・パノフスキ（1892-1968）、J・セズネック、E・ウィントらによる研究以来、ルネサンスの《異教性》が掘り下げられて、十五、六世紀の当時には秘儀を伝授された人々にしか分からない秘密が隠されていたことが明らかにされている。

フィチーノの哲学によれば、「地上的な美は美と善の無窮の泉たる神に到るための階段の一歩でしかない」のであって、それが分からない人はこの時代の作品の価値を捉えることはできない。そのルネサンスの芸術家たちの意図を突き止めるには、多くのことを学び、分析作業を続ける以外にない。

たとえば、この時代に好まれたものに《三美神 trois Grâces》のテーマがある。シャンティのラファエロの絵とパルマにあるコレッジオのフレスコ画は、三美神を描いた数多い作品のなかの代表でしかない。問題は、なぜ若い娘の彼女たちが裸で描かれているのかである。それは、若さの輝きのなかに魅力的な美しさを表すことが心地よいからであるが、セルウィウス〔訳注・五世紀にウェルギリウスの註釈を著した」が述べているように「ヴェールに包まれていないことが誠実さと真実さ、欺瞞のなさの現れ」であるからである。しかし、《三美神》には、それに加えて、道徳的と形而上学的の二つの意味があり、両者は重なり合っている。

道徳的な面では、三人の女神は、互いに手を隣の女神の首筋のところに置いていることが多い。これは互いの関係が、セネカによると「与える」「受け取る」「与え返す」という信頼によって結ばれていることを示している。形而上学的な面では、三人はネオ・プラトニズム的な「発出 emanatio」「捉える raptio」「戻す remeatio」の三つを象徴している。すなわち存在するものが神から発出したこと、自分を呼び戻そうとする創造主に魂を向けること、神に回帰することの三つで、真ん中の女神がこの絵を観る人すなわち世界に背を向けているのは、「神への回帰」を象徴しており、この三つの要素が弁証法的に結びついて、宇宙は完璧なリズムを奏でるというのである。

《三美神》はボッティチェリの『プリマヴェーラ〔春〕』でもダンスに興じている。この有名な絵は、長い間批評をためらわせてきたほど複雑で魅惑的な作品である。この絵は、ある歴史的事件を暗示していると言われてきた。それは、ポリツィアーノが詩に謳ったように一四七五年の騎馬試合で名を揚げたジュリアーノ・デ・メディチを暗殺したものの、取り逃がしたロレンツォ・デ・メディチのためにパッツィ家が滅ぼされ、フィレンツェに平和が戻ってきたことである。しかし、ボッティチェリは、それとともに、ロレンツォとジュリアーノの愛人であったシモネッタ・ヴェスプッチとルクレツィア・ドナーティ〔訳注・原書では Danti となっているが、正しくは Donati〕をニンフとして描こうとしたのであろう。セズネックは「しかしながら、この人物たちには逸話的なものは何もない。この絵は、私たちを現実ならざる別世界、ギリシア人の想像したエリュシオンの楽園にいるような気にしてくれる。描かれている

ボッティチェリ『ヴィーナスの誕生』(1483年頃、ウフィツィ美術館蔵)

のは、観念上のオリュンポス山からやってきた《若さ》と《愛》と《美》の神々であり、それらを《自然Nature》と《死Mort》、《復活Résurrection》の巨大な謎が包んでいる」と書いている。

画面の右のほうでは、西風のゼフュロスZéphyrが春の女神クロリスChlorisを捉えようと息を吹きかけている。そのクロリスの身体からは、香り高い花々が生え出て、光り輝く女神フローラFloraに変身する。このことをオウィディウスは『転身譜』のなかで「かつてクロリスであった私は、いまやフローラと呼ばれている」と述べている。しかし、ゼフュロスからクロリス、クロリスからフローラへの変容と進展は、ウィントの解釈によると、《愛》のネオ・プラトニズム的弁証法を表している。なぜなら、この弁証法によって《貞潔》と《愛》の間に《不調和discordia concorsの美》が生まれるからである。クロリスは貞潔、ゼフュロスは愛で、この両者の結合から大地を覆う春の美が生まれるのである。

しかし、このヴィーナスの園（ヴァザーリは、絵の中心にいるのがヴィーナスであることを認めている）で私たちが立ち会っているのは、愛の最初の変身のみである。実際には、ヴィーナスの上方で一人のキューピドが、眼隠しはしているが確かな手で、踊っている三美神の一人を狙って矢を放とうとしている。的は明らかに、三人の中心に描かれている美神である。彼女は宝石飾りもつけておらず、背を向けているが、横顔はメランコリックで、編んだ髪の毛は幾分か厳しさを示していて、《カスティタス Castitas》（貞潔）であることが分かる。その右隣の頭部を真珠で飾っているのが《プルクリチュード Pulchritudo》（美）、そして左隣で最も魅力的なのが《ウォリュプタス Voluptas》（快楽）である。《貞潔》は、ヴィーナスが見守るなか、この二人の仲間によって《愛》へ手引きされる新参者である。とはいえ、彼女たちのダンスはあくまで高貴で節度があり、地上の官能的な幸福を賛美するものではない。

《貞潔》は、観客（したがってこの世界）に背を向けている。彼女の視線の先にいるのは若い男性メルクリウス〔訳注・ギリシア神話ではヘルメス〕である。メルクリウスは、この絵のなかで最も解釈の難しい人物である。昔から信じられてきたところでは、彼は黄金のリンゴを採ろうとしているということであるが、実際には雲と戯れているのだ。メルクリウスは、神々のなかで最も俊足で、狡知に長けていて、美神たちの音頭取りをしたり、人々の魂をあの世へ案内する役目を担う。このボッティチェリの絵では、葬儀のシンボルである逆立ちした焔が点々と描かれた衣装をまとっていることから、あの世の秘密への入門の指南役（mystagogue）であると考えられる。つまり、この『プリマヴェーラ Primavera』の絵にあっては、メルクリウスは天上を指しているように、肉体的欲望の雲を追い払って聖なる秘儀の隠された美を開示する「入門指南師」となっているのである。このことから、《カスティタス》を誘っている

《ウォリユプタス》（快楽）も地上的快楽ではないことが分かる。《カスティタス》を射ようとしている矢も、超越的愛の矢である。こうして、このボッティチェリの作品に込められたネオ・プラトニズム的意味が明らかとなる。

この絵の全体的動きは、右から左へ辿ることによって理解されるべきである。《フローラ》が描かれている側では、この絵は具象世界への神性の降下（emanatio）を表している。中央でヴィーナスの子（キューピドあるいはアモール）が射ているのは真理に飢えた魂である。《貞潔》は《美》と《快楽》に導かれて神聖な愛を受け取り（raptio）、メルクリウスによって聖なる美の瞑想へ導かれる（remeatio）のである。

ボッティチェリの『春』ともう一枚の大作『ヴィーナスの誕生』は、どちらもメディチ家の分家であるカステッロの邸にあったもので、多分、ロレンツォの従兄弟のロレンツォ・ディ・ピエルフランチェスコのために制作された。この二つの作品の間にはつながりがあり、波間から誕生したヴィーナスは、物体に形態を与える愛の精霊である《ゼフィリ・アモロージ zefili amorosi》（愛の西風）によって岸辺へ押しやられる。こうして海が天空によって肥沃になったことを象徴しているのが、ゼフュロスの口から飛び出す薔薇の神秘の雨である。

ルネサンスの人々、とりわけピコ・デ・ラ・ミランドラは、この『ヴィーナスの誕生』のイメージのなかに「水上をわたる精霊」という聖書のフレーズの寓意的翻案を見た。したがって、当時の教養あるフィレンツェの人々は、ボッティチェリのこの二枚の絵を見ることによって、かつてプラトンが提示し、ピコが採り上げて陰影を与えた二人のヴィーナスの違いを識別することができたのであろう。『誕生』のほうの裸のヴィーナスは「ウェヌス・ウラーニア Venus Urania」（天上のヴィーナス）であり、それに

ティツィアーノ『聖愛と俗愛』（1515年頃、ボルゲーゼ美術館蔵）

対し『春』のほうの着衣のヴィーナスは「ウェヌス・パンデモス Venus Pandemos」（民衆のヴィーナス）すなわち人間的愛の化身である。その美しさをヴェールの奥に隠している後者は、前者が地上に映した影であり、最終的には、前者の天上のヴィーナスへ愛人たちを導くのが役目である。

このボッティチェリのヴィーナスと異なって、ティツィアーノの『ウルビーノのヴィーナス』は、その一見慎ましい所作にもかかわらずヴェネツィアの高級娼婦である。フィレンツェの画家〔訳注・ボッティチェリ〕の絵でヴィーナスの身体を包んだはずのマントは、ティツィアーノのこの絵では、二人の侍女が大箱から取り出そうとしている普通の衣装である。しかし、ティツィアーノのもう一つの作品『聖愛と俗愛』では、彼の官能性は多分、表れておらず、その解釈には困惑が伴う。ある散文的な解釈によると、左側に坐っている女性はティツィアーノが愛したヴィオランテなる娘で、右側の裸の女性は、ヴィオランテを愛に誘うヴィーナスであるという。

現在つけられている『聖愛と俗愛』というタイトルは、一七〇〇年以後につけられたもので、部分的には適切でないにしても、作者の意図を示唆している。ルネサンス期のネオ・プラトニズムの人々は、先にも述べたように天上のヴィーナスを裸体で示したから、《聖愛》を表しているのは衣装をつけていないほうで、その背丈の大きさからいっても、彼女のほうが「保護者」という雰囲気を湛えている。では、衣服に身を包んだほうは《俗愛》を表しているのか、というと、そうとも見えない。というのは、彼女が宝石類を身につけていないからである。

結局、この作品の謎を解く鍵は、二人が坐っている泉に刻まれたレリーフにある。そこには、鞭で打たれている男と、手綱のない馬を鬣を掴んで引っ張っている男が描かれている。馬は、プラトン哲学においては、肉体的愛（libido）の化身で、ここでは、それが追い立てられている。男が鞭で打たれているのも、異教的秘儀の入門儀礼と浄めの式を表しているとともに、キリスト教的貞潔は禁欲と苦行によってしか得られないことを示している。要するに、この泉のレリーフは、穢れた情念を追い払って《純潔の愛の秘儀》に達すべきことを勧めているのであって、この絵の登場人物たちも、真ん中の《愛（キューピド）》が左側の《美 Pulchritude》と右側の《快楽 Voluptas》の間を仲介していて、三人でプラトン哲学に伝統的な三つの役割を演じている。それは、《美》の《愛》（それも、地上的情念を浄化してでなければ到達できない純化された愛）への通過儀礼を表しているのである。

6　批判精神とキリスト教的精神

ルネサンス期の異教の問題は再検討を要する。というのは、古代の神話や伝説から借用したさまざまな図像が頻繁に描かれているが、キリスト教会がそれを非キリスト教的だとして排斥することはなかったからである。こうして、同じ一つの教えが、一つはギリシア・ローマの、もう一つはキリスト教の相異なる二つの言葉に翻案されているわけで、少なくとも芸術家たちが相手にした教養ある当時の人々は、それに必要とされる対照と転移を行うことができたのである。アレティーノがミケランジェロの『最後の審判』のなかの聖バルトロマイを「皮を剝がれたマルシアス」と呼んだのは意味深い。おそらくアレティーノは、皮を剝がれたこの使徒を、ラファエロによって《署名の間》に描かれたマルシアスと同じだと見たのであった。聖バルトロマイはイエスの十二使徒の一人で、その最期については、斬首とか十字架とか諸説あるが、十三世紀ごろのフランスでは皮を剝がれたという説が一般的になり、片手に自分の命を絶ったナイフを、もう一方の手に自分の剝がれた皮を持った姿で描かれた〔訳注・マルシアスはフリュージアの半神で音楽の才能をアポロンと競い、敗れて皮を剝がれた。聖バルトロマイはイエスの十二使徒の一人で、その最期については、斬首とか十字架とか諸説あるが、十三世紀ごろのフランスでは皮を剝がれたという説が一般的になり、片手に自分の命を絶ったナイフを、もう一方の手に自分の剝がれた皮を持った姿で描かれた〕

ところで、この二つの作品の意味は同じであり、バッカスのお供のマルシアスも、肉体に縛られた人間はアポロンには敗れなければならないこと、すなわち純粋な明晰さに到達するためには、不純な情念と「老人の皮」は捨てなければならないこと、それと同じく、聖バルトロマイは楽園に入り清澄な不死の境地を得るには、地上的なその身体を捨てなければならなかったことを表している。

これまでの分析から、ルネサンス期のヨーロッパは、これまで信じられてきたほど異教的にも非キリスト教的にもなっていなかったと結論することができる。長い間秘められてきた官能性が、この時期に陽の目を見たこと、このあと大手を振ることになる《リベルタン的思想》の流れが形成されつつあったことは確かである。しかし、それはまだ時代の主潮にはなっておらず、そうなるのは何百年かあとのことで、このころのヨーロッパ社会は根底的にキリスト教的なままである。芸術においても、世俗的テーマがかなり比重を増やしているにしても、宗教的な絵画や彫刻の制作が少なくなっているわけでもない。さらにいえば、ルネサンスの時代には、キリスト教的芸術においても、深く豊かな刷新が行われているのが看取される。

加えて、この時代には、衰退し崩落していた多くの教会が再建されている。サン・ピエトロ寺院の改築は、この一連の動きのなかの最も顕著な事例の一つに過ぎない。一四〇〇年から一五二〇年までの間に、九〇人がローマ教皇庁によって列聖されていることも興味深い。プロテスタントとカトリックの二つの改革を引き起こした宗教的不安定は、信仰の分野での熱烈さの証拠でさえあり、その現実的混乱のあとは、いずれの側でも、大衆の掌握と再キリスト教化が行われたのであった。

これまであまり充分に指摘されないできたことだが、キリスト教神学を組み立て直し明確化することによってだけでなく、それまで疑惑をもって見られていた諸価値をキリスト教文明の内側に位置づけたのがルネサンスであった。こうして、世俗的生活がその権利を取り戻し、西欧はアルベルティの次の言葉をわがものとすることになる。いわく「われわれの魂は、港や漁場、狩りや入浴の場面、戯れる羊飼いたち、花が咲き乱れ、木の葉が茂る魅惑的な風景が描かれているのを眼にすると、喜びを覚える。」

中世のあいだ軽蔑された人間の身体が、ルネサンス時代には、ネオ・プラトニズム的ヒューマニズムと芸術によって賛美され、ルネサンスの人々にとって「自然のなかの聖なる美の前進基地」（A・シャステル）として現れる。美の啓示を与えてくれるものとして、人間の身体に匹敵するものはない。十五世紀そして十六世紀の芸術家やユマニストたちは、古代のプラトン、ユークリッド、ウィトルウィウスと同様、「すべての尺度は人間の身体から引き出され、あらゆる種類の比率と比例配分は人体に見出される」と考えた。人間の身体が世界の調和を凝縮していることが確認され、教会は世俗的芸術の裸体賛美にもはや難癖をつけなくなったのであった。

十一世紀や十二世紀には、人々の日常生活、とりわけ文化活動は宗教がその大部分を占めていたのに対し、その後は社会の世俗化の影響が浸透し、ルネサンス以降は中立的領域が拡大した。こんにち知ることのできる、十五世紀末から十六世紀のフランスの三七七の蔵書庫のうち一〇五は教会や聖職者のものであるが、一二六は学者や司法関係者、そして、六六は商人たちのものである。一五二九年に亡くなった一人の裕福なパリの商人は一七〇巻の蔵書を遺した。同じころ、パリの高等法院のある評議員が所有していた蔵書は二三五巻であった。

他方、印刷事業について調べると、非宗教的な本がますます増えている。一五〇一年にパリで印刷された著作八八のうち、宗教的性格をもったものは五三で、ギリシア・ラテンの作品またはユマニストの著述が二五であるのに対し、一五四九年に印刷された本を調べると、宗教関係五六に対し、ユマニスト関係が二〇四に達している。こうした変化は、教会の責任者たちの眼にも、ごく自然なことと映っていたようである。

ルターに始まる宗教改革は、プロテスタンティズムが勝利した地域以外でも、修道生活と司祭の独身主義が破棄され、中世において推奨された《瞑想 otium》に対して《活動的生活 negotium》が勝利することに貢献した。しかし、瞑想的生活については、ずっと以前からその優越性が疑問視されていた。ウィクリフ（十四世紀）は独身を守るよりも結婚生活のほうが優先されるべきだと主張していたし、コルッチオ・サルターティ（1331-1405）も「まっとうな仕事に専念することは、おそらく独身生活を無為に過ごすことよりも神聖なことである」と書いている。

サルターティの同時代人であるギヨーム・セニェはプロヴァンスの大法官になった人であるが、男女の結婚は神が人間と世界を創造されたときに定められたことで、それが自然の法であるとして、司祭の独身主義を定めた教会の法を「自然に背くもの」と非難し、反対する意見書を教皇マルティネス五世に提出している。このように、結婚を「人間としての義務」として《復権》させたことはルネサンスの文明が生んだ成果の一つであり、緩慢ではあったが着実に民衆の心理に働きかけていった。この進展をさらに後押ししたのが宗教改革であった。

もう一つ重要なのが、これまで神学者たちの反対で固定化されていた利息を取っての金貸しを禁じる原則がカルヴァンによって取り払われたことである。この禁止項目が中世の間も実際には守られないできたことは、アヴィニョン時代の教皇庁に出入りしていた銀行家たちが果たした役割を考えれば明白である。また、十六世紀の主要な商人たちがいずれもカトリック教徒であったことも無視できるだろうか?

中世思想においては、貧困が称賛され、乞食は高貴な行為とされてきた。しかし、十六世紀にはこの流れは変わり、シクストゥス五世は元フランシスコ会士であるにもかかわらず、ローマの美化のために乞食たちを施設に収容し、正業に就くよう奨励した。もっと全般的レベルで興味深いのは、イエズス会によるカトリック改革である。彼らは、時代の変化を敏感に読み取り、修道院に閉じこもるのでもなく乞食をして彷徨うのでもなく、禁欲苦行よりも集団的服従義務を重んじた。

このように、著作家、芸術家、航海者、商人、そして国家の首長たちが新しい文明を創造したのがこの時代であり、そのなかで宗教ひとりが取り残されてはいなかった。西欧のダイナミズムはキリスト教会のダイナミズムでもあった。

批判精神が決定的に進展したのは、ユマニスムの時代であるが、しばしば、それは、正真正銘キリスト教的要請によるものでもあった。やがてルター派からもカルヴァン派からも部分的に否定される《自由検証 libre examen》〔訳注・自分の理性が認めたものだけを真と認めること〕も、本来はルターの熱烈な信仰と「キリスト教徒一人一人における聖霊の働き」に対する彼の信念から生まれたものであった。同様にして、ルターが《ウルガタ Vulgate 聖書》を疑問視し自らギリシア語原典からドイツ語に訳したのも、より正確な翻訳によって聖書の原文に接することによって、より確固たる神との交感に達したいという根本的にキリスト教的な欲求から生まれた。

エラスムスは一五一五年、ドルピウスに「写字生の無知や注意散漫による間違いを聖書のなかに見つけたからといって、人々が突然キリスト教不信になるものではない」と書いているが、彼の『痴愚神礼讃』の最も深いところにある動機は、すぐれてキリスト教的なものである。なぜなら、書かれていることは辛辣であるが、その結論においては、福音書と聖パウロのメッセージを再評価しているからである。この世の英知は痴愚であるが、信仰の知恵は英知である――この真理は、お偉方や学のある人々には隠されているが、無学な一般庶民には明白である。

「結局のところ、どんなに痴愚な人間でも、キリスト教信仰の熱情に全身全霊を捕らえられてしまった人々に比べれば、うわごとを言っていることにはならないのではないでしょうか？　こういう人々は、自分の財産をばらまき、罵倒をものともせず、詐欺ぺてんにも甘んじ、味方と敵とを少しも区別しない。……使徒たちが甘美な酒に酔い痴れている連中のように見えたのも、判官のフェストがパウロを気違いと思ったのも、別に驚くにはあたりますまい。」（『痴愚神礼讃』66　渡辺一夫・二宮敬訳）

したがって、この世界の善や栄光、知恵も、信仰によって照らされた理性の批判的な眼をもって見分けることが必要である。ルネサンスはしばしば秘教主義に楽しみを見出したり、ときには紋章だの仮面に愛着を示したりしたが、称揚したのは、ニコラウス・クザーヌスが宣揚した「学問の欠如のため心がまっすぐで純粋な人々の無知」（docte ignorance）であった。ドン・キホーテが時として発する賢明な言葉も、そこから来るのであり、シェイクスピアの作品のなかで狂人たちが占める位置の重要性も、これによる。『リア王』のなかで本物の馬鹿は「真ん中に何も残らないまでに両方の側から知恵の皮を剝がれた王」（第一幕第四場）であり、賢いのは嘘をつくことのできない道化である。

カトリックとプロテスタントを問わず公的教会が犯した過ちは、抗しがたい批判精神を《禁書目録Index》やあらゆる種類の異端審問によって無理矢理抑え込もうとしたことであった。それは、キリスト教の大海の深みで生まれた波を、なんとか消し去ろうとしたもので、所詮は無駄骨であった。事実、ルネサンス時代の批判精神は、とくに福音書の名のもとに、教会の欠陥や、キリスト教徒と自称しながらイエスの教えを歪曲している聖俗の首長たちへの真っ向からの抗議として現れたもので、この最も真正なキリスト教的隣人愛から発せられた明晰な判断は、幾人かのユマニストたちを動かして平和のための説得力ある弁論を生み出させた。

すでにトマス・モアは『ユートピア』で、防衛戦以外のすべての戦争を放棄させている。しかし、J・C・マーゴリンが最近示しているように、非暴力を誰よりも早く提唱したのはエラスムスである。彼は、『痴愚神礼讃』でも『対話集』でも、『平和の訴え Querela pacis』でも『キリスト教君主の教育』でも、あらゆる戦争に反対することを鮮明にしている。『格言集 Adages』でも、たとえば「Dulce bellum inexpertis」〔訳注・「戦争は戦わない人の口には甘い」の意〕といった味わい深い格言には、「多くの実業家にとって、企てるに躊躇すべきものであり、できれば、あらゆる手段を尽くして回避すべきものが戦争である。戦争ほど不道徳で、災いをもたらし、有害で醜悪、人間とりわけキリスト教徒にとって恥ずべきものはない」と註釈が加えられている。

ユリウス二世は、自ら甲冑をつけてラ・ミランドラを襲撃し、司教シーナー（1465ごろ-1522）は教父たちの文章を引き合いにして戦争を正当化し、神聖同盟（Sainte Ligue）のためにスイス人傭兵隊を雇った。そのような時代にあって、エラスムスは、イエスの教えに立ち帰るよう訴えて、こう書いている。

「教皇庁は戦争を悪とはせず、アウグスティヌスが幾つかの戦争を称賛したこと、聖ベルナルドゥスが兵士を褒めたことを引き合いに出している。だが、キリストもペテロもパウロも、まったく反対のことを教えている。キリストやペテロの権威は、アウグスティヌスやベルナルドゥスのそれに劣るということがどうしてありえようか？」

また、いまだに十字軍を提唱する人々に、エラスムスは「イエスが私たちに戦うことを命じられたのは自らの悪徳に対してであり、トルコ人たちと戦えとは言われていない」と応じている。しかし、それ以上に彼が排斥したのは、キリスト教徒同士の戦いであった。彼は言う。「キリストは私たちに、ちょうどキリスト自身が父なる神に結びついているように、私たちをキリストに結びつけること、キリスト教徒たるものは、聖体拝領により一つの身体であり、互いに隣人愛で結ばれるべきことを教えられたのである。したがって、私たちを戦争に巻き込むことほど重大な罪が、この世界にありえるだろうか？」

福音書の名においてなされたこの強烈な戦争批判は、エラスムスの忠実な弟子であるラブレーにも引き継がれた。グラングゥジエの土地にピクロコルが侵入したとき、グラングゥジエは、捕虜にした敵の将軍にこう述べる。

「このやうにキリスト教を奉ずる隣国の同胞を害ってまでも、諸王国を征略するといふ時節ではもはやあるまい。かくの如く古代のヘルクレス、アレクサンデル、ハンニバル、スキピオ、ケーザル、その他これと同じ族の者共を見習ふことは、聖福音書の御教へにも悖ることに相成らうぞ。聖福音書によれば、銘々己が領地領土を護り固め、これを支配統治いたすべく敵意満々として他国を侵犯することはあるまじと示されて居るのだし、嘗てはサラセン人や野蛮人共が武勇と呼びしことも今は追剝強盗の処行、非道の仕業と呼ばれるのぢや。」

（『ガルガンチュワ物語』四六章、渡辺一夫訳）

こうした考えは、時期尚早のため当時は理解されなかったが、次の時代には再洗礼派の人々から支持された。一五二七年、このグループによってシュラットで書かれた『信仰箇条』は、徹底的な平和主義をもって次のように結ばれている。

「世俗的政府は肉体によって行動し、キリスト教徒は精神によって行動する。市政府の力と武器は肉体に働きかけるのみの物質的なものであるのに対し、真のキリスト教徒の振るう力は精神的であり、悪魔どもの企みを打ち砕くことができる。この世界の人々が身につける武具は鉄のそれであるが、キリスト教徒の甲冑は神の真理と正義の言葉である。」

十六世紀オランダ再洗礼派のバックボーンとなったメノー・シモンズ（1496-1561）は、弟子たちに戦争の放棄と非暴力主義を説き、「剣を犂の刃に、槍を鎌に変えて、戦争を知らない平和の子たれ」と諭した。

しかし、まだキリスト教的自覚は、黒人たちの扱いに胸を痛めるほどには鋭敏になっていなかった。逆にアメリカ大陸の発見によって、《インディアン》に対してどのような態度をとるかという新たな問題に直面していた。一方では、彼らに対しては支配者として厳格に対すべしという人々がおり、他方には、インディアンも同じ人間であると主張する人もいた。前者の代表であるエンシーゾは、一五一三年、こう書いている。

「イスパニア王がインド諸島に使節を送り、偶像崇拝者どもに土地を王に返すよう求めたのは正当である。なぜなら、この土地はイスパニア王が教皇から下賜されたものだからである。ゆえに、もしインディアンどもが要求を拒否するなら、彼らを討伐し、殺し、捕らえて奴隷にすることも、きわめて正当なことである。これは、ヨシュアがカナーン Chanaan の住民たちを奴隷としたことと共通しているからである。」

これはキリスト教的なマントをまとっているが、奇妙なまでに異教的言い分である。その反対に、パウルス三世（1534-1549）は、ラス・カサス〔訳注・アメリカ大陸で原住民に布教。1474-1566〕の主張を容れて、「西インドおよび南インドの住民たちは、近年発見された諸民族と同じく、われわれに奉仕すべく創られた憐れな人々として扱われるべきでありキリスト教徒となるには適していないというのはサタンが手下どもに言わせていることである。われらは、インディアンたちはまさしく人間であり、カトリック信仰を理解する能力を有していると考える。のみならず、私の得ている情報では、彼らは、カトリック教徒になることを強く願っているという。」

一五四二年にカール五世によって公布された《新しい法》は、このパウルス三世の勅令を反映して、十六世紀に屹立する法律上のモニュメントとなっている。そこには「これ以後は、いかなる口実のもとであれ、戦争・叛乱あるいは身代金のためであれ、一人のインディアンといえども奴隷にされるべきにあらず。われらの願いは、土着民たちは、そのあるがままに、すなわちカスティリヤ王の臣下として扱われるべきことである。」

教皇の勅令もイスパニア王の命令も、実際にはその通りには行われなかった。しかしながら、非キリスト教徒の人々をどう扱うかが、これ以後、重要になったことは確かである。

こうして、ルネサンスは、それ以前に比べて、おそらくより異教的であったが、同時に、よりキリスト教的でもあった。それが、時間の経過につれて、キリスト教を再考し、地上の都と天上の都を融和させるための試みとなって現れていったのではないだろうか？　それが、聖書と古代へという二重の回帰のおかげで、緩慢で困難ではあるが、平和と隣人愛、そして人間の発見へと人々を進ませていったのである。

第十五章　魔術から科学へ

1　魔女たち

ルネサンスは《美》を愛したので、老いさらばえた女性には、ほかに類を見ない苛酷さを示した。ロンサールは《娼婦カタン Catin》をメッキの剝げた像に喩え、「歯は斑に黒く、髪は灰色で、目には脂がこびりついており、鼻汁を垂らしている……」と散々である。シゴーニュ（1560-1611）は老婆をカラスに擬えて、こう歌っている。

……息をするミイラ
皮膚はしわだらけで
内臓のありかまで浮き出た
そのひからびた身体は、
無知な床屋も賢くしてくれよう
〔訳注・中世においては床屋が外科医を兼ねていた。〕

十六世紀から十七世紀初めの風刺詩では、老婆は、その身体つきが滑稽であるだけでなく、「すきっ歯の口からは猫もくしゃみをするような悪臭を放っている」（メナール）。彼女はノアの洪水より古く、その話し方はアマディス〔訳注・ガリアの英雄。十五世紀には、彼を主題にしたロマンがもてはやされた〕より古めかしい。すでに生きている骸骨である。

死者の生ける肖像、生者の死せる肖像
墓から剝き出した死骸に
カラスどもが集まる

どうして女は老いても愛を夢見るのか？　エラスムスの痴愚神は「こてこてと白粉を塗りたくり、絶えず鏡とご相談、隠しどころの毛を抜いたり、ぐにゃりと萎びた乳房を出してみたり、おろおろ声を立てて萎びかけた情火を呼び醒まそうとしてみたり」する彼女たちを嘲っている。〔訳注・『痴愚神礼讃』31〕

芸術家たちによって輝くばかりに美しい若い女の身体を新しい目で発見していたルネサンス時代の人々にとって、老いさらばえた女の光景は見るに耐えなかったのであろう。そこで、芸術家たちは、デュ・ベレーの『アンテロティック Antérotique』に見られるように、老婆の醜さをヴィーナスの魅力に対比したアンチ・テーゼを提示する。

……おお、見るがよい、老婆よ

美しく豊かなブロンドを
くるぶしまで垂らしている
やっと十五歳になった娘の・
太陽も恥じらわせる輝きを

ルネサンスはアリストファネス、ホラティウス、マルティアリス、プロペルティウスといった古代の風刺詩人の後継者であるとともに、中世的伝統も引き継いでいたことから、「遣り手婆」や色褪せた宮女、とりわけ魔女といった老婆をグロテスクに描くことにこだわった。ロンサールの《娼婦カタン》は悲しげに物思いに耽りながら、墓場の十字架の間を彷徨う。デュ・ベレーは老女の魔力への恐怖心を隠しきれない。

お前は、月を血で穢し
夜の闇の底から亡者どもを呼び出し
踊らせることもできるだろう

年取った女に対する風刺は反女権の動きと結びついている。一四〇〇年から一六五〇年にかけて多くの女性が魔女として焼き殺されたのは、女は人間と悪魔の間の仲介だと安易に信じられたからであった。あの楽園で、イヴが演じた役割がまさにそうではなかったろうか？　十五世紀末のスプレンヘルや十六世紀末のビンスフェルドなど魔術に関して研究した人々は、女性が魔王に加担しやすい動機を七つ挙げている。信じやすさ、好奇心、感受性、意地悪さ、仕返ししたがること、絶望しやすいこと、おしゃべりであることとである。

2　ルネサンスの両面性

女性の地位は、エラスムスやカルヴァンのようなキリスト教的思想家とカスティリヨーネのようなネオ・プラトニズムの刻印を帯びたユマニストたちのおかげで向上したが、だからといって何千年来の伝統による女性蔑視はなくならなかった。女性美は称揚されたが、老いさらばえた醜さへの嫌悪感は消えなかった。こうした両面性がルネサンスという同じ織物を織りなしているのである。両面性は、いつの時代にもあるが、ルネサンス時代は、ひときわ顕著である。

したがって、H・ヘイドンやE・バティスティの言うように、十五、六世紀の変革期のヨーロッパを一つのルネサンスとか一つのアンチ・ルネサンスで括ろうなどとしないようにしよう。両者は同時並行的に進行していったものだからである。むしろルネサンスは理性的であると同時に非理性的、光であると同時に陰なのである。それが、あとの幾世紀かに大きな遺産を残し、ヨーロッパ人たちは、そのなかで選択をすることとなる。ルネサンスは、サヴォナローラとアリオスト、聖イグナティウスとアレティーノ、ルターとティツィアーノの時代として、その互いにぶつかり合い相矛盾する流れの激しさによって驚かせつづけるのである。

ルネサンス時代は、平和を説く一方で宗教戦争を始め、美に熱中する一方で、恐ろしげで不気味な作品のギャラリーも私たちに遺した。そこには、微笑みと憎悪、繊細さと粗暴、豪快な露骨さと厳格さ、大胆さと怖じ気が入り混じっている。相反する力が激突し、まだ均整がとれないでいる思春期のように、理性的であるよりは野心的、深遠であるよりは華々しく、効率的であるよりは張り詰めた時代である。相対立する多様なものがぶつかり合い、情熱的に探求し、ときに大海のような広大な新世界へ乗り出す。

その神秘と明晰、軽信と批判精神、空想と厳格、活力と慎重さとの対話は、歴史家の手にあってはまだアドリアーネの糸のままである。占星術師や学者、傭兵隊長や聖人、ヴィーナスや魔女たちが次々現れてくる迷宮のなかを、恐ろしい怪物や象、ライオン、ドラゴンがうろつき、地獄が口を開けているボマルツォの庭園〔訳注・イタリアのヴィテルボにある〕のほうへいってしまうか、すべてが美しい秩序をもって創られた都市へ抜け出ることができるかどうかは、この糸を辿って歩く以外には分からない。

複雑性に向かう傾向は、フランボワイアンの過剰な装飾の祭壇や、プラテレスク（銀細工）の装飾を金箔のバロックに付け加えながら、パヴィアのファサードを経て、デューラーの彫刻作品の細部の雑踏やシャンボール城の塔と小鐘楼へとつながっていく。人を驚かせ怖がらせようとする意図も、クェンティン・マセイス〔訳注・フランドルの画家。1466-1530〕の『醜い公爵夫人』からアルチンボルド〔訳注・イタリアの画家。1527-1593〕のアレゴリックな『奇想 caprices』にまで到る時代を通じて現れている。

建築においても、アルベルティ、ブラマンテ、ラファエロ、フィリベール・ド・ロルム、パラディオの時代は、私たちにはいかにも幾何学性と明晰さに情熱が注がれた時代のように映るが、そうした「見事に構成された秩序」や「厳格な比率」だけが好まれたわけではなかった。この時代は《未完成の神秘》や《不定形詩》にも関心を向けた。さまざまな学問に取り組み、途中で投げ出したレオナルドは、遠方の靄に包まれた景色を描くことにも情熱を注いだ。ミケランジェロはユリウス二世の墓に立てるはずであった四体の奴隷のうち二つと、『ロンダミーニのピエタ』を未完成のまま放棄している〔訳注・

現在はスフォルツァ城美術館にある］。これらのやりかけの作品は、彼の同時代人にとって、「新しいデウカリオン Deucalion」［訳注・プロメテウスの子で、大洪水のとき箱船を造った］たる芸術家が石の塊から人間を引き出す創造の瞬間を象徴している。

未完成から秘教主義へは一歩しかない。この方向へ探索を進めると、ルネサンスが秘教主義に与えた広大な場がすぐ見つかる。ピコは「すべてを教えるべきではない。最も高度な真理は神秘に包まれたままでなくてはならない。エジプトの神殿の門はスフィンクスによって守られているではないか」と述べている。ピタゴラス、カバラ、ヘルメス文書への関心は、「えも言われぬもの」への欲求から生じた。フィチーノ派は、神は解読不能の文字（ヒエログリフ）によって自らを開示し、その本質的真理はヘルメス・トリスメギストスをはじめとする古代の秘教伝授者たちにより暗号文のなかに封じ込まれたと信じていた。これは、クリスマスのメッセージはまず最初に羊飼いたちに示されたとする考え方と根底的に対立する貴族主義的な考え方である。

哲学者だけでなくあらゆる教養階層が複雑な図像学を好んだ。二世紀から四世紀にかけての無名のアレクサンドリア学派の人物が作成し、一四一九年にフィレンツェの一司祭によって発見された『ヒエログリフィカ Hierogliphica』は大変な成功を収めてアルベルティの『建築論 De re aed ficator a』の丸々一章に示唆を与え、『ポリフィリウスの夢 Songe de Poliphile』の挿絵に影響を与え、一五〇五年にはアルド・マヌツィオによって印刷された。人々は過去のヒエログリフでは満足せず、たとえばユリウス二世のためにブラマンテがしたように、新しく発案した。

「絵画や盾の紋章、メダルの裏側などにヒエログリフが溢れ、判じ物のような文字まで作られた。疲れを知らないレオナルドは、そうした文字で書くのを好んだ。」（A・シャステル）

文字謎遊び（charades）やアクロスティッシュ〔訳注・各行のはじめの文字を縦に読むと人名やキーワードになっている詩や文章〕、そして回文の詩〔訳注・前後いずれから読んでも同じになるように作られた文〕などへの興味が高まり、寓喩的な格言や紋章の本ではシンボルが濫用され、神話の様式が同時にシンボリックなシステムのそれになった。たとえば、ヴィーナスは《愛》、マルスは《戦争》という具合である。

こうしたシンボリズムは曖昧さを招く。ルネサンスでも、マニエリストのルネサンスはだまし絵を好み、建築においても、偽の入口や偽の天井、偽の柱、偽のバルコニーなどが好んで作られた。また、オウィディウスの『転身譜』、仮面舞踏会、自動機械、人間の形をした岩や木の光景、アルチンボルドの組み合わせ肖像画〔訳注・動植物や器具などを組み合わせた静物画でありながら肖像画になっているもの〕といったものも好まれたが、これらは魔女を恐れ、オカルティズムに楽しみを求めた時代に適合していた。

占星術と錬金術も、なんらかの効果を期待してもてはやされた。十六世紀には、ドッソ・ドッシの『キルケ Circe』のように、占星術師や錬金術師、魔術師を描いたものがたくさん現れている。デューラーやマヌエル・ドイチュ、とりわけバルドゥング・グリーン〔訳注・ドイツの画家。1484-1545〕も魔女やそのサバトの集いをしばしば描いた。ロンサールやデュ・ベレー、シゴーニュが魔術を信じていたことは周知のことである。サンナザーロはその『アルカディア』の第九番で、姿を見えなくしてくれる石や未来を予見させてくれるモグラの心臓など一連の不思議な力をもつものを列挙し、第十番では狙う相手の情愛を掻き立てたり消滅させたりする呪文を挙げている。

私たちは、アレティーノによって、ローマの貴婦人たちが愛人に飲ませた媚薬を知ることができる。それは、新生児の臍の緒と死体の断片を月経の血で練ったものであった。チェッリーニはその自伝のなかで、ギリシア語とラテン語に堪能な一人のシチリア人司祭にローマのコロセウムでやってもらった悪魔の降霊儀式の様子を書いている。

「クリセオ〔訳注・コロセウム〕に着くと、僧侶は降神術のならわしにのっとって地面に円を描いた。次に高貴な香と火と、同時に悪臭を放つ香を持ってこさせた。準備を終えると、円に入口を作った。次に私たちの手を取ると、一人ずつ円のなかに入れた。それから銘々の役割を定め、星形の魔除けを降神術の仲間の一人に渡し、他の者には香を焚く火に気をつけるように言った。それからやおら祈呪祷をはじめた。これが延々一時間半以上もつづいたころ、おびただしい悪魔があらわれたので、クリセオは悪魔だらけになった。」(『チェッリーニ　わが生涯』大空幸子訳)

チェッリーニは悪魔たちに愛人のアンジェリカ(ローマからいなくなっていた)と一緒になりたいと願をかけた。悪魔たちは請け負った。事実、彼は、ちょうど一か月後、ナポリに行ったとき、偶然、売春宿で彼女を見つけている。

このように、この時代は批判的精神が発達した時代であるとともに、並外れた軽信の時代でもあった。法律の歴史に造詣が深く、宗教的ドグマに対し批判的であったジャン・ボーダンは、その一方で『鬼憑狂 Demonomanie des sorciers』という本も書いている。したがって、合理性を追求した人と非合理なものにこだわる人がいてルネサンスの舞台で相争ったのではなく、同じ人が批判的であるとともに軽信的であったわけで、カルダーノは、代数学に造詣が深く、この学問の進歩に貢献したが、イエスについて星を占っている。アンブロワーズ・パレは、その著『モンスターについて Des monstres』の丸々一章を費やして悪魔たちが住んでいるのは石切場であることを証明している。

3　過去がもつ重み

ミシュレとブルクハルトが述べた「ルネサンスは、中世の長い闇のあと科学が蘇生した時代である」とするテーゼは、その後、異論に晒された。P・デュエム〔訳注・フランスの科学史家。1861-1916〕は、レオナルドの力学と十四世紀スコラ学の《インペトゥス impetus》〔訳注・「勢い」と訳され物体の運動力を表すスコラ学における重要な概念〕の結びつきを明かし、彼を中世科学の継承者と見ている。L・ソーンダイク〔訳注・アメリカの心理学者。1874-1949〕は、科学技術とヒューマニズムは別々に発展したのであって、両者の間に関連はなかったと断定している。事実、ヒューマニストたちは科学的な問題については、古代の人々の言葉を鵜呑みする傾向をもっていた。ルフェーヴル・デタープルとその弟子たちのようなユマニストたちは、物質的世界を考えるのにアリストテレス的図式を踏襲するばかりで、そこから一歩も出なかった。同じプリニウスでも、大プリニウスと、その甥の小プリニウスでは知識の上では伯父のほうが格段に優れていたが、ルフェーヴルたちは両者の違いに気がつかなかった。

また、一五三八年といえばアメリカ大陸が発見されて四十六年経っていたのに、J・ボエミウスという学者は、『世界の三つの部分の歴史 Recueil de diverses histoires des trois parties du monde』と題し、あたかもアメリカの存在を無視したような著書をフランス語で出版している。しかも、この本は一五三九年から一五五八年までに七回も版を重ねているのである。すでにコロンブスの第一回の航海記録は一四九三年に間違いなく公にされており、一五一一年には、スペインでピエトロ・マルティーレが『新世界の十年 Décades du Nouveau Monde』を出版していた。しかし、これらの地理上の大発見に関心を寄せたのは、イベリア半島以外では、ごく少数の人々であった。十六世紀半ば以前に教養ある人々が関心を寄せた出版物は、古代の作家たちの本であって、新しい地理的知識には無縁だったのである。

ユマニストたちも、占星術を信じ、科学的精神に欠けている点では、まさに時代の子であった。一五二四年二月、すべての惑星が魚座で邂逅したことはおそるべきカタストロフィーの前兆と見られ、多くの本が書かれ、ピエトロ・マルティーレもその観点で本を書いている。その反対に、コペルニクスは『天体の回転 De revolutionibus orbium caelestium libri VI』を何十年もためらったのちに一五四三年に出版したが、当初、人々はほとんど興味を示さなかったので、この本が再版されるには二十三年間待たなければならなかった（一五六六年）。したがって、コペルニクスの太陽中心説を支持した人は十六世紀の段階ではごく僅かであった。アリストテレスに反感をもち、したがってコペルニクスの説を支持してよいはずのペトルス・ラムスも、コペルニクスの説を物理学上でも形而上学の上でも仮説が多すぎるとして排斥している。

このような科学的問題についての革新的労作業に対するルネサンス人の熱意のなさは、ウェルギリウスやオウィディウス、プルタルコスに対して示した異常な人気沸騰ぶりと対照的である。このことは、科学とユマニスムの間の距離を証明している。

フィチーノとラブレーの時代は、人間と世界に関して古代および中世から引き継がれた概念のために、科学の進歩という点では明らかに遅れていた。ルネサンスの時代は、これらの概念を正確さよりも野心をもって解釈し、歪曲した。キリスト教は「永遠であり、したがって創造されない世界」という観念を捨てて、代わりに「神による創造」という観念を採用していた。他方で、ルネサンス期の科学は、土・水・空気・火の四元素を立てるアリストテレスの理論にこだわり、これらの四元素を冷・熱・乾・湿の四つの質に関連づけた。たとえば、土は冷と乾、火は熱と乾、空気は熱と湿、水は冷と湿というように、四元素それぞれの特質として結びつけたのである。

宇宙や人間も、これらの四つの基本的特質によって説明されるわけで、人によって怒りっぽい、多血質、リンパ質（あるいは粘液質）、メランコリック質というように四つに分けられ、この気性のタイプは身体のなかで四つの基本的体液（血液・リンパ液・黄胆汁・黒胆汁）のいずれが優位を占めているかによるとされた。惑星も、それぞれにおける四つの質の存在によって特徴づけられる。土星（Saturne）は冷と乾とみなされ、月は冷と湿とされた。しかし、中世にもましてルネサンスは、惑星の動きとすべての存在を説明するのにさまざまな霊的力を介在させた。フィチーノは、神のもとに一つの世界の霊があり、元素と惑星たちの十二の霊（あるいはデモン）があるとした。

当時、《霊 âme》という言葉は、多様な意味をもっていた。彼の言う《霊》は、ネオ・プラトニズムの哲学におけるように、半物質的生命か、または人間の知的霊魂を指していた可能性がある。後者の知的霊魂は不死で、しばしば想像力を司り、夢のなかで地上的外皮を脱し去る能力をもっている。それは、愛や共感をもたらして音楽や歌を理解させてくれる《スピリトゥス spiritus》とは区別される。

しかし、霊的なものによる物質的なものへの浸透は、それだけにはとどまらない。P・ドロネーは「《火の精 esprits ignés》や《超空気 supra-aériens》、空中を彷徨う《怪奇現象の幇助者》、突然発生する突風（ブラスク bourrasque）、夜の闇にまぎれて旅人に悪戯をする《いたずら小僧 farfadets》、突然嵐を起こして人を恐怖に陥れる水辺の霊、人々を面食らわせることに喜びを覚える地獄の軍勢だのが大きな場を占めていた」と述べている。

伝統的観念では、地獄は、《月下の世界》であるこの大地の最深部にあった。サタンの手下どもは、時々、この地獄の天窓から飛び出して人間たちを試し、困らせ、苦しめるのである。B・パリシー〔訳注・チュイルリーに仕事場を与えられてカトリーヌ・ド・メディシスのために仕事をした陶工。1510ごろ-1589〕やピエール・ブロン〔訳注・博物学者。1517-1564〕は《地の精 gnomes》の存在を信じなかったが、炭坑など地下で可燃性のガスを吹き出す《炭坑のデモンたち》の存在は、一般的に信じられていた。したがって、全般的にいって、ルネサンス時代は古代・中世からの伝統的説明を引き継いでおり、しかも、中世の伝統では、アリストテレス物理学の説いていることと古代の神話は同一視されていたから、ネプチューンを海の精、アポロンを太陽の精とする異教的寓話と神話的エピソードと結びつけてアリストテレス自然学は理解されたのである。こうして、十五、六世紀の人々が世界について考えていた観念が「悪魔学的」あるいは「生気論的」なものであったことが明らかである。

人間的情動も、天体の動きに結びつけられた。だれでも我が家に帰ったときに幸せを感じ、他人を思いやるゆとりが生まれるように、天体も天地創造のときのままの星座に戻ると慈愛に満ちた光を地上に送ってくれる。「したがって、占星学者たちの天は、人間世界の抗争や浮沈、苦悩を広大なレベルで反映している。天体同士が愛し合い、憎み合い、結婚し、戦い合い、滅ぼし合う。」（E・ガレン）《自然 Nature》もまた擬人化される。《自然》は万物を包摂する全体であるが、《ナトゥラ・ナトゥラタ Natura naturata》〔訳注・「産み出されたものとしての自然」。これに対して能産的自然を《ナトゥラ・ナトゥランス Natura naturans》という〕は、天地創造のときの全能の神の命令を永続的に伝えている。ラブレーは、この自然が美と調和を産み出したと言い、パラケルスス〔訳注・スイスの自然学者。1493-1541〕は、「病気のあるところには、必ず、それを癒す薬になる植物がある。それが自然の配剤である」と信じていた。

自然は鉱物の世界にも、さまざまな試みをした。石のなかに星の下絵を描き（astroïtes）、脳（cerebrites）や舌（glossopetres）を描いた。ピエール・ブロンはスエズの岸でヘブライ文字が書かれた石を拾い、カルダーノは岩石に植物の霊を見出した。この時代には、ハツカネズミは汚い襤褸切れから生まれたと信じられていた。ルネサンスは中世以上に宇宙が一つの生命体であると強調したが、これは、ネオ・プラトニズムと秘教的ドグマの影響である。世界は、合わせ鏡のように、星同士や星と人間の対話と共感の交流が織りなす一枚の布に似ている。人間の身体の各部と黄道十二宮の間にもつながりがある。

「人体にあっても、内臓それぞれに対応する恒星がある。心臓は太陽によって、脳は月によって支配される。土星はその冷質によって憂鬱症の人を支配し、乾質によって貪欲な人を支配する。湿である月は女性の生理を支配し、金星（Vénus）はその支配下にある人々を淫乱にする。火星（Mars）は人を武勇に駆り立てる。」（P・ドロネー）

一般的に、満月や新月、月蝕は、人間の身体に変化を起こし、病気に罹りやすくすると考えられた。ジャック・ペルティエは、ペストは土星と木星の出会いから生じ、十六世紀に広く流行した梅毒（Syphilis）は土星と火星の出会いによって生じるとされた。一五〇一年、ある医師は、「なぜなら、土星は手脚の病苦の原因であり、火星は子作りの原因であることから、この二つの結びつきが梅毒の原因であることは明らかである」と書いている。

宇宙のこうしたヴァイタリズムについては、学者も芸術家も農民たちも同じように信じていたのであって、畑仕事や葡萄の剪定のためだけでなく、瀉血したり下剤をかけたり、入浴したり髪を刈ったり、髭を剃るのにも、季節と月齢が考慮された。すべてが星の動きに左右されていたのである。イギリス人のバーソロミュー〔訳注・十二世紀に科学に関する書『事物の特性について Liber propr etatibus rerum』を著した〕は「これら七つの惑星と十二宮の出入りは、この天のもとで自然によって行われている万物の生成と死滅に結びついている」と述べている。金属の世界も惑星と関連していた。太陽は黄金、土星は鉛、水星(Mercure)は水銀(mercure)という具合に金属それぞれが特定の天体と繋がっていた。

こうした天体の秘密に通じている人の意見は重視された。人々は何かにつけて星座を参考にしなければ気がすまなかった。フィチーノはストロッツィ宮殿の建設をいつ始めるかについて意見を求められ、ユリウス二世やレオ十世、パウルス三世といった教皇たちも、たとえば戴冠式の日取りだの、ある町に入城する日について、または、枢機卿会議を開催する日取りについて星座の位置を気にしている。フランソワ一世の母堂、ルイーズ・ド・サヴォワは当時最も有名であった占星術師のコルネリウス・アグリッパに占ってもらったし、アンリ二世の妃、カトリーヌ・ド・メディシスはノストラダムスに何かと相談している。

星座の働きを知ることは、自然を通じて語られ、また自然に働きかける神意を知ることであった。フィチーノやピコが魔術師を称賛しているのは、このためである。たしかに、人間を邪悪な力で支配する「悪魔的魔術」も存在した。ルネサンスは、悪魔と契約したファウスト博士のような人間がいると本気で信じていた。しかし、それとは別に、偉大な秘儀を授けられたとして尊敬される《マギ Mage》もいた。フィチーノは「《マギ》は、有害とか不吉というもののない賢人や祭司を指しており、福音書でも好意的に述べられている」と言い、ピコも「真のマギは、神の御心によって自然のなかに隠された力を発現させることができる。彼らは、古代のギリシア人たちが《シュンパテイア sumpatheia》〔訳注・親和力〕と呼んだ宇宙の諸元素間の関係と調和を究めることによって、それぞれの事物に適切な力を発揮させることができる」と述べている。

こうして、ルネサンスは、中世から引き継いだ物質と精神の間の混乱を増幅した。そこでは、宇宙は全面的に生気論化されるので、根底的に単なる物質は存在しないし、物質的因果関係と精神的力の有効性の間の本来的相違というものは認められない。われわれは魔術の有効範囲の大きさに驚かされるが、それが、どのようにして自然を支配できるのかについては分かっていない。すべてが《親和力 sympathie》と《交感 correspondance》で織り成されているこの宇宙のなかでは、ピコが宣揚する「自然の諸要素間の関係についての知識」は何に依拠すれば得られるのだろうか？　それぞれの事物にその本来の魔法の力を当てはめるには、どのような処方箋によるのか？　どうすれば、世界の秘密が隠されている場への入口が開かれるのか？　この謳い文句の壮大さと、それが有している手段との間のギャップはあまりにも大きい。

近代科学は、そのいずれのプログラムから出てきたのでもない。重要なのは、神秘的世界を開く黄金の鍵ではなく、精神的と物質的の力を区別し、宇宙を動かすなどという野心を捨てて、もろもろの現象を謙虚に粘り強く、具体的に明確に研究し、数値の測定法を学ぶことであった。

ユマニスムは、ある点では近代科学の出発を遅らせたが、ある点では、これを助けた。この二つは矛盾しているようであるが、その通りなのである。互いに相反するものを、逆に結合しているのが生命の特質であり、ルネサンスが古典主義へ移行するのに寄与した最も偉大な学者たちの精神のなかにも、真なるものと偽のものが入り混じっていた。ケプラーは数の神秘という観念にどっぷり浸かっていて、宇宙の音楽的調和を信じ、またプラトン的な正六面体（cube）、正四面体（tétraèdre）、正八面体（octaèdre）、十二面体（dodécaèdre）、等十面体（isodécaèdre）という五つの多面体を特別視した。彼にとって惑星の軌道は楕円形で、短径はこれら五つの多面体の内縁、長径は外縁を辿っていた。ガリレイはケプラーが計算した楕円軌道を捨てて、円軌道説に固執した。実際にはコペルニクス、ケプラー、ガリレイの大発見は、彼らにとって大して重要でなかった残滓から出てきたものだったのである。

4　ユマニスムと科学

ユマニスムと科学が緊密な関係にあったことは、十五、六世紀のイタリアがこれら二つの文化の分野でヨーロッパの学校であった事実が証明している。イタリアは、ルカ・パチョーリ（1450-1520）からタルターリヤ〔訳注・本名はニコラ・フォンタナ。一五五七年没〕やカルダーノを経てボンベリ〔訳注・一五三〇年生まれ、没年は不詳〕にいたる最も優れた数学者たち、物理学者のベネデッティ、最初の大解剖学者であるレオナルド・ダ・ヴィンチ、合理的疫学の草分けであり梅毒について概論を著したフランカストロといった人々を輩出した。最初の植物園が開設されたのもイタリアにおいてである。

コペルニクスはポーランド人であるが二度イタリアに滞在し、ボローニャで約三年過ごし、ローマで数学を教えた。レオナルドのあとルネサンス期の最も有名な解剖学者であるヴェサリウスはベルギー人だったが、パドヴァとボローニャ、ピサの大学で教壇に立ち、大著『人体解剖学 De humani corporis fabrica』（1543）を準備したのもイタリアにおいてである。最後に、ガリレイが生まれたのもイタリアである。

さらにまた、フィレンツェ、ウルビノ、ミラノといったイタリア・フマニスムの中心地は、技術的科学的探求が行われた特別の地であった。この点で意味深いのが、ヤコポ・デ・バルバリ〔訳注・ヴェネツィアで生まれ、ドイツ、ベルギーで活動。1445ごろ-1516〕が描いた肖像画（ナポリのカポディモンテ美術館にある）である。そこには、パチョーリが若い弟子のウルビノの公子グイドバルドと一緒に描かれているが、絵の左上方には正多面体、テーブルの上には正十二面体、そしてさまざまな数学用の道具が描かれている。

イタリア以外の地でも、新しい文化が最も深く到達した町は、同時に科学においても最も顕著な進歩を示した町であった。たとえばコペルニクスが学生時代を過ごしたポーランドのクラクフはイタリアの影響を強く受けた町で、その大学には、十五世紀末ではボローニャとともにヨーロッパで唯一の数学の講座があった。また、ドイツのニュルンベルクは、W・ピルクハイマー（1470-1530）というブルジョワの財政的支援のおかげで、ギリシア研究と数学、地理学の中心であった。ピルクハイマーは、一四九九年のスイス戦争で援軍を指揮した有力者であるとともに、自身もギリシア語とラテン語だけでなく自然科学についても深い造詣があり、レギオモンタヌス〔訳注・本名ヨハン・ミュラー。天文学者であり数学者。1436-1476〕の集めた写本を買い取って後世に伝えた。

レギオモンタヌスはプトレマイオスを翻訳したギリシア学者であり、科学に関する一章として三角法を初めて扱った数学者である。彼の三角法の研究は、その後の天体観測において重要な意義をもった。ピルクハイマーのグループにはJ・ヴェルナー（1468-1528）、A・デューラーという二人のすぐれた人たちが結びついている。前者は地理学者であり、とくに円錐曲線をヨーロッパで初めて扱い、さらに掛け算を足し算と引き算で代用するために三角法を教えた数学に関する著作で知られている。これは、今日の対数表に似たものとしてティコ・ブラーエ（1546-1601）とその協力者たちによって活用された。デューラーに関していえば、彼は一五二五年に『コンパスと定規で測定する方法』という著作を出版。

これは画家や建築家向けに幾何学的図形の描き方を教えたものである。扱われているのは螺旋など複雑な曲線、正多角形、そして遠近法である。

科学とユマニスムの協力がさまざまな分野で生み出した成果については、まだ多くの事例を挙げることができる。コペルニクス、ジョルダノ・ブルーノ、ガリレオ・ガリレイといった人々のために道を拓いたのがドイツ最初のユマニスト、ニコラウス・クザーヌスであったこと、また、ラブレーが大腿骨骨折の治療具や絞扼性ヘルニアを治療する道具を発明（あるいは改良）することによって外科医学の改革に寄与したことなどはその一例である。他方で、多くの画家や彫刻家が、その精確なデッサンによって、人間や植物、動物に関する知識の深化と普及に貢献したことも忘れてはならない。デューラーは動物を描いた作品で傑出しており、なかでもポルトガル王が教皇レオ十世に贈った犀を描いた絵（1515）が有名である。最後に、十六世紀後半の印刷業者、プランタン（1545-1589）は、その印刷の仕事を通じて植物学の発展のために重要な役割を演じた。

こうして私たちは、ユマニスムと科学は必ずしもばらばらだったわけではなく、幾つかの分野では、ユマニスムは科学に関しても豊かな実りをもたらしたと結論することができる。ここで、本書第三章「ルネサンスと古代」で示した「ルネサンスは信じられているほど古代に囚われてはいなかった」という点を再度採り上げておくのがよいだろう。

化学の発展に貢献したパラケルススは、一五二六年にバーゼルで医学教授に任命され、伝統的治療法を厳しく批判し、ガレノス（129-199）の著述を公然と破棄した。同様に、ヴェサリウス（1514-1564）は、その大著『人体解剖学 De humani corporis fabrica』で古代の科学を非難している。彼らより以前、ニコラウス・クザーヌスは、人間の知識の相対性を強調してこう書いていた。

「われわれは古代の人々が打ち立てた規範が観察されるとおりの天体の真の位置に合致していないことに驚かされるが、それは、彼らの天体や天球の極の位置、大きさについての考え方が正しかったと想定しているからである。」

たしかにユマニストたちは、必ずしも常にニコラウス・クザーヌスのようには推論しなかったし、古代の人々に対する過度の尊敬心から、かえって科学の進歩にブレーキをかけたことも一度や二度ではない。しかし、逆に、ルネサンスが科学に関する古代の著述に、知られていなかった正確性や説明を加えることによって、それらの著述で扱われている問題への関心を発展させたことも事実である。古代の科学的著述の翻訳が改革をもたらしたことは、とくに数学において顕著である。

最後に、ギリシア科学の最良の知識のおかげで、古代にもいろいろな人がいたことが判明し、アリストテレスの敗北が確定されたことが挙げられる。たしかに、アリストテレスの科学的著述やプトレマイオスの『コスモグラフィア Cosmographie』（一四七五年刊。地球表面の位置決定に基づいて作成された地図）、ヒポクラテスの『格言 Aphorismes』が広まったのは、ユマニストと印刷業者のおかげであった。それらは、それなりに価値のある仕事であったが、知識の進歩という点では、もはや意味がなかった。しかし、彼らは、著者の名前はともかく、少なくとも内容が忘れられていた著述も出版した。とくにユークリッド（エウクレイデス）の著作は、一五〇五年から一五七四年の間にラテン語で十回、ギリシア語で一回、イタリア語で二回、フランス語と英語でも各一回出版された。

十六世紀にはアレクサンドリア学派の数学者、ディオファントス（325-410）の『算数論』が再発見された。これは、とりわけイタリア語には、ルネサンス期の最も優れた数学者、ボンベリによって翻訳され、十六世紀後半のフランドル人ステヴィン（1548-1629）と、フランス人のヴィエト（1540-1603）

に影響を与えた。
アルキメデスに対する関心もきわめて高かった。その著述が部分的に訳されたのは一五〇三年であるが、一五四三年にはタルターリヤの校定によって刊行され、一五四四年と一五七二年にはウルビノ公の侍医で数学者であったコマンディーノ（1505-1575）によってラテン語完訳が刊行された。ところで、ガリレイに大きな感化を与えたベネデッティは、アリストテレスの物理学を排してアルキメデスの静力学を基盤に、彼が「数学的哲学」と呼ぶ一つの物理学を樹立しようとした。

このようにルネサンスは、古代に遡ることによって、逆に彼らから引き継いだ学問を超越していったことが明らかであるが、これは、ルネサンスが、常にではないにしても時として、古代に戻るように見せかけながら独創的な仕事をした全般的プロセスの一つに過ぎない。これを典型的に示しているのがコペルニクスのケースである。彼は、宇宙の構造に関するギリシア人たちのあらゆる著作を読み、エクパントス、ヒケタス、そしてポントスのヘラクレイデスが地動説を主張しているのを発見した。三人ともピュタゴラス派で、加えてヘラクレイデスはプラトンにも共鳴していた。コペルニクスは、この考え方の真偽を探求することを決意し、プトレマイオスとアリストテレスを超えてピュタゴラスの思想に立ち帰ることによって、その偉大な発見へと歩を進めたのであった。

しかも、ルネサンスのネオ・プラトニズムの流れのなかにあっても、彼の『天体の回転について』を特に突き動かしていたのが、太陽を「世界の瞳にして精霊」「世界の主宰者」またトリスメキストスの言う「可視の神」と讃えるピュタゴラスの深いインスピレーションであったことは疑いない。このように、最も真摯なユマニストの哲学は、雑然とし野心的な活力を湛えていたが、真の科学からは必ずしも常に隔絶してはいなかったのである。

5　地理学から化学まで

いずれにせよ、ルネサンス期に進歩を遂げたのは、科学のなかでも、どの分野であったかを思い起こす必要がある。まず第一は、地理的発見と探検によって、動物学、植物学につながる生命体世界の重要な目録が急激に拡充した。

たしかに、当時の学者たちは、たとえば不思議な力を秘めた角をもつ一角獣（licorne）だの、その視線で相手を殺すとされた蜥蜴のバシリカなど、中世に信じられていた空想的生き物を急には捨てなかった。パラケルススは、植物とそれが癒すとみなされた人間の器官の間の関係を公準化した理論（signatura plantarum）をさらに発展させて、たとえばハート型の葉をもつライラックは心臓の疾患を治すなどと述べている。

しかし、他方で、印刷文化の進展に伴って普及した古代の著作をもとに、さまざまな進歩が起きた。一四六九年に印刷されたプリニウスの『自然誌』は、十五世紀じゅうに十八版、十六世紀には五十版を重ねた。また、アリストテレスやテオフラストス〔訳注・アリストテレスの後継者〕、プリニウスの著述が研究されたことから、動物相と植物相への関心が高まり、動物学（zoologie）と植物学（botanique）の萌芽が形成された。それを容易にしたものとして木版や銅版の画法の進歩がある。

これらによって、とくに実物が身近にあるヨーロッパの温帯地域のそれへの理解が深まっただけでなく、北方や近東の動物や植物への関心も高まった。『近東世界誌 Cosmographie du Levant』や『南方の珍しい生き物たち Singularitez de la France antarctique』には、エジプトのキリンや犀、アンデスのラマといった動物や、西インド諸島のグアバやココアといった植物の記述が見られる。フランス人のニコとイタリア人のベンゾーニはタバコをヨーロッパに持ち帰り、シャルル・ド・レクリューズ（1526-1609）は一五五五年にアメリカからもたらされたじゃがいもを旧世界で最初に栽培した。レクリューズはその著書のなかで約一五八五種の植物について記述している。しかし、十七世紀初め、バーゼル出身のガスパール・ボーアン（1550-1624）が出版した本には六千種の植物が記述されている。十八世紀半ばになっても、リンネは一五七六年に出版されたリールのマティアス・ド・ローベルの『植物誌 Plantarum seu stirpium historia』を利用している。この本のフランス語版は、出版業者プランタンによって、七ページにわたる索引と二四九一点のデッサン入りで、一五八一年に出版されている。

こうした生物の目録の拡大が地理的知識の拡大の結果であることは明らかで、とくに地理学は、新大陸の発見によって決定的発展を画した。一五四四年にバーゼルで出版されたゼバスティアン・ミュンスター（1489-1552）の『世界地図 Cosmographiia universalis』のもつ意味は大きい。この本は二十六葉の地図と四七一点の木版画が入っており、出版から百年の間に六か国語に訳され、四十六版を重ねた。著者は、それまで不正確だった地理上の位置を正し、浸食や地震、赤道風や海流についても、新しい観念を提示している。

それに続いて、十六世紀末にはオルテリウス〔訳注・フランドル人。1527-1598〕とメルカトール〔訳注・オランダ人。1512-1594〕の二つの世界地図が現れる。今や、地理は教養ある人々にとって欠かせない知識となり、一五五〇までにフランスで出版された地理に関する書は八十三種を超えた。その後も、一五六一年から一五八〇年までは七十、一五八一年から一五九〇年までは七十六、一五九一年から一六〇〇年まではおそらく宗教戦争の影響で五十四種と減るが、一六〇一年から一六一〇年は百十二と盛り返している。

化学と物理学の進歩は、動物学や植物学のそれと較べるとささやかであるが、だからといって無視してよいということではない。十六世紀には、天文学者でもあったパラケルススがこの化学においても、ラヴォアジエ（1741-1794）が出現するまで重きをなした。

ルネサンス期の化学は二つに分けることができる。一つは金めっき師、金銀細工師、染め物師、冶金工などの職人仕事や、さらに十六世紀にはすでに現れていた幾つかの薬の処方に見られるものであり、もう一つは卑金属を黄金に変えようという古くからの錬金術における《賢者の石 pierre philosophale》の探求である。前者の職人たちも、後者の錬金術師たちも、自分たちがもっている物質についての知識を一つの教理に統合しようと努力した。そのなかで最も頼りにされたのが、星辰と金属の間の対応システムであり、不変の四元素についてのアリストテレスの理論であった。

パラケルススは、アリストテレスの理論は放棄したが、水銀・硫黄・塩・フレグムに蒸留アルコールの残留物（caput mortuum）を《第五元素 quintessence》として加え、この五つを比率を変えて結合することを考え、当時のあらゆる《化学者たち》と同様、金属に特別の関心を寄せた。そこでは、七つの惑星に対応して七種の金属が立てられたが、なかでも太陽に対応するのが金であった。金に次ぐのが銀、ついで鉄、水銀、錫、銅、鉛である。これらの金属が長い間地中に眠っているなかで最終的に黄金になるとされたが、パラケルススはそのプロセスを速めることは不可能であるとして錬金術師のめざした夢を諦め、化学も冶金術も、鉱脈から掘り出されたままの金属を利用することで満足しなければならないとした。

さらに、パラケルススが後世のために開いた道として重要なのが、実験を重んじたことである。彼は医者でもあり、種々の金属とその化合物を使うことによって病気を治す薬を見つけ出そうとした。その意味で、パラケルススは、脆さと過剰な野望と天才的直観を体現したルネサンス人の複雑性を示していた。まさに彼は、幻視者でありペテン師であるとともに、時代の先駆者でもあった。

6　自然学（物理学）の発展

広い意味でいえば、ルネサンスはアリストテレスに対する反発の歴史でもあった。しかしながら、最も優れた人々も、アリストテレスの思想の重荷から自らを解放するのには苦労した。物理学の分野で顕著な進歩が達成されたのはユマニスムの時代であるが、その歴史は、このことを証明している。

アリストテレスによると、自然は空虚を恐れるし、落下する物体はますます速度を速める。それは、それぞれの物体が、その「自然の場所」である低いところにできるだけ早く到達しようとするからである。重い物体は低いところに、軽い物体は上のほうに、その「自然の場」を見つけるためで、そこには絶対的重さと軽さがあると言う。

アリストテレス物理学では、落下する石のような「自然的運動」と発射された弾丸などの「強制的運動」の間には違いがあるとした。十五世紀ごろには、後者は、平射の場合は直線の弾道を描くが、それ以外の場合は曲線を描くとされた。

こうしたアリストテレス物理学には、十四世紀からパリ大学やオックスフォードの何人かのスコラ学者が異論を唱えていた。アリストテレス物理学では、物体が移動しているとき、その弾道に沿ってその運動を維持させる推進力が存在しているということであったが、ビュリダン〔訳注・オッカムの弟子でパリ大学学長。1300ごろ-1358〕は、「では、矢が放たれたとき、その途中、どんな力がその矢を押しているのか？」と設問。これに対しアリストテレス学派の人々は、「弓によって揺り動かされた空気が押しているのだ」と答えた。それに対しビュリダンは、もっとシンプルに、矢にエネルギーの蓄えを伝えたのは弓であり、そのエネルギーは矢が重いほど大きいとした。これが、レオナルドやガリレイも初めのころ認めていた《インペトゥス impetus》〔訳注・勢い〕である。

物理学を鈍重にしていた主要な誤りを除去する革命が起きるのは、ガリレイ（1564-1642）、デカルト（1596-1650）、そしてニュートン（1643-1727）ら十七世紀の人々による。しかし、そのための地均しは、すでにルネサンスが行っていた。

レオナルドの考え方は極端に近代化して解釈される嫌いがあるが、彼は《慣性の法則》も物体の落下の法則も発見してはいない。ただ、弾道が曲線を描く可能性は漠然と予見していたし、とくに衝撃の作用・反作用の力の等同性の原理については発見の一歩手前まで行っていた可能性がある。彼のノートには「ある物体が平面にぶつかった場合、その反射角は入射角と等しい」と書かれているが、このとき彼は、運動量保存法則の原理を言外に匂わせているのである。とはいえ、物理学に関するレオナルドの仕事は、当時は、目に見える影響力を発揮しなかった。

そのことは、タルターリヤの仕事についても同じである。タルターリヤの仕事は『新しい科学 Nova scientia』（1537）と『さまざまな発見 Questi e invenzioni diverse』（1546）という二つの重要な物理学の著述にまとめられている。それまで人々は、発射された弾丸は砲口から出て少し行ったところで最大速度に達すると考えていた。タルターリヤは、この考え方を否定した。とくにアリストテレスの「自然的運動と強制的運動は両立しない」という公準を放棄して、弾丸が直線の弾道を進むことはありえないとした。

タルターリヤは、当時の大多数の学者たちを納得させることはできなかった。しかし、彼の思想はベネデッティを通じてガリレイに影響を及ぼした。ベネデッティは、アリストテレスが真空における運動を拒絶したのは、抵抗のないところでは無限の速さになってしまうので不条理だとみなしたからであるとして非難し、真空のなかだからといって速度が無限大になるわけではないことを示した。彼はまた、絶対的重さ・軽さというアリストテレスの考え方も否定した。

「すべての物体は重量をもっているが、その重さは、それが置かれているまわりのものより重いこともあれば、それより軽いこともある」と述べ、千年来の伝統に異論を立てて、同質の二つの物体は、それぞれの重さの如何にかかわらず、同じ速度で落下するとした。ガリレイは、この定理をすべての物体に当てはめて一般化し、加えて、師のベネデッティが捨てることのできなかった《インペトゥス》の理論も放棄するにいたる。

オランダ人のステヴィンも物理学の革新に寄与し、「十六世紀のアルキメデス」と称賛された重要な人物である。彼は、斜面上の物体の平衡の問題を研究することによって永久運動が不可能であることを示し、加えて、アルキメデス以来はじめて、流体力学に幾つかの進歩をもたらした。互いにつながった二つの容器(たとえば口の広さが十倍違う二つのポンプ)について研究し、小さい口の一リーヴル〔訳注・重量単位で約五百グラム〕の水を支えるためには、大きい口のほうの水は十リーヴル必要であることを導き出した。水圧の大きさは容器の形や中の液体の量によるのではなく、ただ、その高さによるのであり、流体はその重量の何倍もの力を発揮することを明らかにしたのである。

これは、技術者としてブリュージュで堤防を築き、排水の仕事に関わったことから学んだことであったが、彼の名を有名にしたのは、一六〇〇年にナッサウ伯モーリッツ〔訳注・オランダ共和国陸海軍司令官となりスペイン軍を破った〕のために作った帆走車であった。この車は二十八人の人間を乗せて、いかなる馬も敵わないスピードで走った。

7 代数学の進展

ベネデッティとステヴィンはガリレイやデカルトの先駆けである。しかしながら、彼らは、まだ「ルネサンスの科学を近代科学と分けている線の手前にいる」（A・コイレ）。とりわけベネデッティは、アリストテレスと同様に、運動を《状態 état》ではなく《変化》と考える過ちを犯した。〔訳注・アリストテレスは、位置運動のほかに、量的変化（増減・膨縮）、質的変化（色の変化など）、生成消滅なども含めて運動一般を「可能態から現実態への変化」と捉えた。〕

それでも、ベネデッティは、数学的基盤の重要性に注目し、科学の進歩を可能にする唯一の道を明らかにしている。それは、すでに一世紀半以上にわたる思索と数学の進歩によって準備されたものであった。というのは、ニコラウス・クザーヌスがその主著『覚知的無知 La Docte ignorance』（1440）において、数学だけが人間に確実性を成就させ物理学の基礎を形成してくれると述べていたからである。加えて、ベネデッティは連続性の原理の絶対的価値を明らかにし、円を無限の辺をもつ多角形と同一視した。この円と無限多角形の同一視から、十七世紀には「不可分者による連続体の新幾何学 géométrie des indivisibles」（積分法幾何学。ガリレイの弟子のカヴァリエーリが発案）が発展することとなる。

ニコラウス・クザーヌスの影響下から、数学、とくに三角法に関心を寄せる多くのドイツ・ユマニストが輩出した。デューラーもその一人で、彼は螺旋について研究し、モンジュ〔訳注・ナポレオンのエジプト遠征にも随行した数学者 1746-1818〕の《画法幾何学 géométrie descriptive》の先駆けとなった。メランヒトンの友人でルター主義者のミカエル・シュティフェル（一五六七年没）は算術と幾何学の進歩の関係を研究し、前者については負数の領域の等差級数を延長し、《冪数 exposant》という用語を発案することによって数学の簡明化に寄与した。

十五世紀末から十六世紀にかけては、ドイツとともにイタリアが最も数学の進歩に貢献した。しかし、ルカ・パチョーリの『算術・幾何学・比と比例大全 Summa de arithmetica, geometria, proportioni et proportionalita』（1494）は、固有の意味での革新的著作ではなく、むしろ、当時の算術と幾何学的知識のエッセンスを教えた「講義」である。パチョーリのもう一つの著述である『神聖比率 De divina proportione』も、ユマニスムの芸術家や哲学者たちの数学への関心に応えたもので、本当の意味で新しいものは含んでいない。彼は、ピエロ・デラ・フランチェスカの未刊の著作に触発されて、プラトンやキリスト教神学から引き出された考察にもとづいて「神聖比率」を策定したのである。

レオナルドはパチョーリの『大全 Summa』を入手していたが、おそらく彼の数学に関する知識は、そこから得たものであった。レオナルドは生まれながらの幾何学者であったが、代数学については知らなかった。しかし、ニコラウス・クザーヌスの弟子として師の《無限小 infinitésimales》とその限界への移行についての考察は学んでいたし、固体相互の「素材の増減なし」の変形へと研究を進めていた。彼の最も際立っている発見は、ピラミッドの重心の発見である。彼は、その《手帖》のなかに、弓形についての記述をたくさん遺している。おそらくその形に惹かれたからであるが、直角三角形の各辺に作られた弓形の総和は、この三角形の面積に等しいことを明らかにしている。

レオナルドの名前のもつ威光にもかかわらず、イタリアが西欧の数学の進展に寄与し、古代やアラブ人たちの水準を超えるところまで引き上げるにいたったのは、彼とは無関係である。この進歩は、まず三次方程式と四次方程式を解くなかで実現された。この歴史は、よく知られているとおりである。

十五世紀末、ボローニャ大学教授、スキピオ・デル・フェロが三次方程式の解法を見つけたが、彼は、秘密を守るという条件で何人かの友人だけに教えた。その友人の一人が一五三五年、一種の代数学の試合をタルターリヤに挑み、フェロの方程式に還元できる一連の問題を提示した。タルターリヤは、これらの問題を三次方程式にまで広げることによって解いた。しかし、これも謎であるが、タルターリヤも、自分の発見を秘密にした。このとき登場するのがカルダーノである。彼は、一五三八年、代数学概論の準備をしていて、三次方程式の解法を、発見者の名前入りで公表するので教えてほしいむねをタルターリヤに要請したが断られてしまった。そのため、このとき準備されていた『一般算術論 Practiva arithmeticae generalis』は、三次方程式については、二次方程式に還元することでしか解法を示していない。

その後、カルダーノは再度タルターリヤに要請し、ようやく韻文の形で教えてもらった。そして、一五四五年に刊行した『大技法 Ars magna』に、三次方程式の解法を示したのだったが、フェロの名もタルターリヤの名前も明かされてはいない。実際には、カルダーノは先輩たちが発見したところをかなり拡大して、負数を真数に入れることは拒絶したが、計算のなかで入れることはためらっていない。つまり、正数も負数も虚数さえも三次方程式によって解くことができることを明らかにしたのである。

『大技法』には、当時気鋭の数学者、フェラーリが解いたばかりの四次方程式の解法も明かされており、代数学の記念碑的著述となっている。

彼らが開いた道はボンベリ（一五三〇年生まれ。没年は不明）によって引き継がれた。ボンベリは正数の平方根のために練り上げた規則を負数の平方根に適用することによって虚数の解法を見つけ、また、四次方程式を四十四の形に分別して解いた。しかし、代数学は、十六世紀イタリアで達成された幾つかの進歩にもかかわらず、まだ充分には抽象的・象徴的になっていなかった。たとえばボンベリは、未知数を一つの象徴的文字で指示しなかったため、一般的公式として表現するにいたらなかった。代数学が飛躍的に進歩するのは十七世紀で、これは、十六世紀末にフランドル人のステヴィンとフランス人ヴィエトによって象徴化が行われるようになってからである。

ステヴィンは、小数（fractions décimales）を普通に使えるようにすることによって、算術と代数学の簡明化と体系化に向かって大きな革新をもたらした。これは、彼以前にも知られてはいたが、整数として扱える記法システムがなかったので、あまり使われていなかったのである。他方、彼は、『正数を引くことと負数を加えることは同じ』であることを歴史上はじめて明確にして数の観念を統一し、負数を当たり前に使えるようにした。平方根についても、それまでは、たとえば$\sqrt{2}$とか$\sqrt{8}$は「不条理で非合理的で説明不可能」とされてきたのを「根も数である」と明確にし、「不条理性 absurdité」と「通約不能性 incommensurabilité」を区別することによって、代数学と解析幾何学の発展に新しい道を開いた。

ヴィエトについていえば、彼は、オランダの一数学者が全ヨーロッパに挑戦して提示した問題を解いて、一躍有名になった。一五九三年のことである。すでに彼は、『数学正典 Canon mathematicus』（1579）において、三角法に関して代数学を幾何学に応用し、また「π」を小数点以下一〇桁まで計算したことで注目されていた。しかし、彼の大きな功績は、その著『解析法の手引き In artem analyticam isagoge』（1591）において、未知数には母音、既知数には子音というように文字を体系的に導入することによって代数学の簡明化と記号化に決定的に寄与したことにある。

彼より以前の代数学は、文法書のように、例題（examples）と規範（règles）は示すが公式（formules）は提示しなかった。それが、ヴィエトによって代数学は「文法学者の例題的段階から純論理学者の抽象的段階へ」（コイレ）一歩を進めることができたのであった。これでデカルト（1596-1650）の世紀の開幕が可能となったのである。

8　天文学の革命

代数学で起きたのが決定的とはいえ《進展》であったのに対し、天文学で起きたことは《革命》であった。ユマニスムと天文学には切り離せないつながりがあり、どちらも、アリストテレスに対抗するなかで進められた。アリストテレスの考えていた宇宙は、閉ざされた有限の世界で、星はいわば天井に固定され、その下に包まれた世界は、天上界と月下界に分けられる。天上界はエーテルによって満たされ、天体は球面に固定されて画一的な回転運動を永遠に続けている。その反対に月下界は地・水・空気・火の四元素の不安定な混合によって形成されている。

ニコラウス・クザーヌスの大きな功績は、その著『覚知的無知 La Docte ignorance』においてアリストテレスの科学の思い上がりを打ち砕いたことである。彼は、世界が階層状に秩序づけられているとする考えを否定し、宇宙は無限ではないまでも少なくとも無限定であること、したがって、その中心はいたるところにあり、端っこなどはどこにもないとした。大地が卑しい物体であるために最も底辺にあるという観念も捨てられた。ニコラウス・クザーヌスによれば、この地球自体が一つの高貴な星なのである。

このドイツ人ユマニストの説は、出版されたばかりのプトレマイオスの著作に熱中していた当時の世間からは理解されなかったが、レオナルド・ダ・ヴィンチにはなにがしかの影響を及ぼした。レオナルド・ダ・ヴィンチは地球は月と同じ元素で形成されていると断言したが、これは、地球が高貴な天体であるということであった。また、地球が回転運動をしていると信じていたことも本当のようである。

しかし、閉じられ階層化された古代と中世の宇宙像に対して今日のような無限で均質的な世界という観念が取って代わる近代科学革命が始まったのは、やはりコペルニクスによってである。コペルニクスは、『天体の回転について』のパウルス三世への献辞のなかで、惑星の運動についての新理論を提示する理由について、星の見かけ上の運動の説明について学者たちの意見がばらばらであるのは彼らの無能のゆえであり、天体の回転運動を明確に説明できる新しい理論が樹立されなければならないからであると説明している。

しかし、コペルニクスが示した天文学の理論の多くは、その後の何百年かで捨て去られなければならなかった。なぜなら、このポーランド人学者は、惑星は台座に嵌め込まれた宝石のように水晶体の天球の面に固定されているという中世的観念から脱却していなかったからである。彼は、球体こそ幾何学的に最も完璧であり、そうした天球が自動的に回転していることが星辰の回転運動の自然な動因であると信じていた。そして、観察されている数々の与件を守るために多くの回転運動を組み合わせなければならなかったため、彼の理論によっては、プトレマイオス天文学に較べて、思ったほど簡明にならなかった。結局、コペルニクスのシステムは、太陽中心的であったとしても、ただちに太陽が中心になっているわけではない。彼によると、惑星たちの運動球面の中心は太陽のなかにあるのではなく、太陽のまわりを回っているのであって、太陽は光と生命の偉大な分配者ではあるが、天文学的には、かなり控え目な役割しか演じていないのである。

コペルニクスは、地球回転説にはかなり拘り、これに対する異論に答えている。たとえば、大地が球体で回転しているのだとすると地上の物はすべて空中に投げ出されてしまうはずだし、高い塔の上から落とした物は、真下ではなく、ずっと後方に落ちるはずではないか？ 同様に、空気や雲も後方に取り残されるはずだし、嵐も常に西から東へ吹くはずではないか？といった疑問に対し、コペルニクスは、空気も雲も鳥やあらゆる物も、地球自身の運動のなかにつながれているのだと答えている。また、空間の広がりについては、無限とは考えなかったが、彼が想定した宇宙の半径は、プトレマイオスのそれよりも少なくとも二千倍は広大で、地球自体だけでなく、地球が回っている軌道でさえも、この広大な宇宙からすると小さな点でしかないとした。

コペルニクスは、レオナルドよりもずっと明確に、われわれの住むこの地球を一つの惑星と見て、大地を不動の存在で宇宙のあらゆる物体が落下していく《自然の場所》だとしたアリストテレスやプトレマイオスの説を否定して、重力は宇宙の中心へ向かっていくのではなく、一つの全体から切り離された部分が元の全体へ戻ろうとする傾向性にほかならない。したがって、地球（la Terre）というわれわれのこの惑星の上にあっては、「重い物」は、その全体のなかに戻ろうとするだけのことであるとした。同じことは月についても言えるわけで、月という全体から切り離された部分は、月という全体といっしょになろうとするのであり、その重力はけっして宇宙の中心に向かっているわけではない、と。

この《宇宙 cosmos》の一様化と体系化こそ、コペルニクス革命の最も重要な側面の一つである。同様にして、天体のすべての運動はただ一つの規範によって体系化され説明されるのであって、惑星が太陽のまわりを回転しつづけるのは、太陽とその惑星を隔てている距離によるのである。

コペルニクスのこの著作はかなり迅速に知れわたり、このポーランドの学者は「新しいプトレマイオス」の称号で歓迎された。とはいえ、彼の学説がすんなり受け入れられたわけではなかった。天体を観測することによって天球に固定されているという考え方を放棄したティコ・ブラーエ（デンマーク人。1546-1601）も、地動説を信じるにはいたらず、コペルニクスとプトレマイオスの二つのシステムを結合して、惑星たちは太陽のまわりを回転しているが、その太陽は地球のまわりを回転しているとする第三のシステムを提唱した。十七世紀半ばになっても、パスカルは、これら三つのいずれかを選ぶことは不可能であると宣言している。

ローマ教会がコペルニクス革命の生む結果に不安を覚えたのは、ジョルダノ・ブルーノがそこから哲学的結論を引き出してからであった。この修道士でもある哲学者は『聖灰日の晩餐 Cena celle ceneri』（1584）のなかで、コペルニクスの天文学に力強い賛辞を呈しつつ、コペルニクスだけでなくニコラウス・クザーヌスの精神を継承する者として世界の無限性を主張した。彼は、宇宙は広大無辺で、われわれの世界と同じような世界が無数に集まっているとし、われわれの世界が宇宙の中心であるとする考え方を完全に放棄した。その根底には、アリストテレスへの強い反発とネオ・プラトニズムの伝統である汎神論への同調がある。

そこでは太陽はコペルニクスが与えていた特権的地位を失い、たくさんの太陽のなかの一つ、無数の星辰のなかの一つであり、「われわれの機械の中心」というずっと慎ましい役割に戻された。たしかに、ブルーノは物理学者でも数学者でも天文学者でもない。だからこそ、科学の枠をはみだして汎神論に走り、階層構造をもった中世的宇宙（cosmos）を否定してその境界線を破壊したのである。自然は統一化され、空間は幾何学化された。ブルーノの死から二十三年、ガリレイは決定的公式を、こう表明している。「自然は数学的言葉で書かれている。」

9　新しい精神構造の構成要素

したがって、科学の誕生をもたらした精神構造の構成要素を抽出してみよう。その一つは人の容貌や風景、植物、地理といった具象的なものへの関心の増大であり、もう一つは空間を組み立てて支配しようとする欲求である。

ヴェネツィアは十五世紀から商船団をほぼ定期的に出航させている。近東方面へは二月十五日ごろと八月十五日ごろ、北アフリカ向けとエーグ＝モルト（南仏）向けは三月から四月、フランドル向けは七月という具合である。帰航については、シリアとエジプトからは十二月と六月、北アフリカとエーグ＝モルトからは年末から一月、フランドルからは五月または六月である。ヴェネツィアではあらゆる事業がこの暦によってリズムづけられ、人々もこれを尊重した。

スペイン人たちも、十六世紀には、その大西洋における船団の動きを組織化した。メキシコ（Nouvelle-Espagne）向けの船団は三月から六月までにカディスを出航。南米コロンビア（Terre-Ferme）向けは六月から九月の間で、帰りの航海は、両者がハバナで合流し、翌年の七月から十月に行われた。このように、船団のローテーションは平均して十四か月から十五か月のリズムで行われた。

空間と時間を秩序づけようとするルネサンス人たちの配慮は、郵便の定期化にも表れる。当時の大きな郵便網の中心であるローマには、十六世紀末には毎月スペインから定期便が届いた。リヨンとは十日ごと、ヴェネツィア、ミラノ、ジェノヴァ、フィレンツェ、ナポリとは毎週一回、ボローニャとの間は週二回、郵便馬車が行き来した。こうして、教皇の首都が、スペインにとっては二十六から二十八日ごとに、リヨンにとっては十日ごと、ミラノにとっては八日ごと、ジェノヴァにとっては六から七日ごと、ヴェネツィアにとっては四、五日ごと、ボローニャ、フィレンツェ、ナポリにとっては三、四日ごとに中央政府になったわけである。

時計による時間の計測、定期船団や郵便による海陸の支配だけでなく、芸術家たちの遠近法の探求も、ある意味で、空間的ヴィジョンを構造化しようとする自覚的意志の表れだったのではないだろうか？こうした組織化の試みはあらゆる分野に及んだ。官僚制の発達、都市計画、信仰生活の規律づけも、ルネサンス時代から行われるようになったことである。ジュネーヴではカルヴァンの要請によって一五四一年から厳格な規律が施行されるようになり、ローマ教会でもシクストゥス五世のもと、さまざまな信心会が増えた。これらは、いずれも、キリスト教徒としての活動に秩序を持ち込もうとする意志の表れ以外のなにものであろうか？

キリスト教信仰の分野で教義の明確化への大きな区切りとなったのが『公教要理 cathéchisme』と『信仰告白』で、いずれも十六世紀のことである。また、聖イグナティウスの『霊操 Exercises spirituels』は、後継者たちに体系的瞑想の手本を示した。

それと同時に、抽象的精神の発展も見られる。複式簿記が主流になり、数学では冪数が発案され負数や虚数の計算が行われる。小数の扱い方が習得され、代数学では象徴記号が使われるようになった。

結び ――ルネサンスの三つのメッセージ

数と量にかかわる学問は、現代文明の創造にルネサンスが寄与した主たるものの一つであった。十五世紀半ばにニコラウス・クザーヌスが重量の実験について書いた著作は、間違いなく予言的な意義をもった。そこには、時代的に避けられなかった幾つかの誤りはあるが、実験し、その結果を数値化するという現代科学のプログラムが見事に素描されている。彼は、「主はすべてを数と重さと大きさをもって創造されたからである」と述べて、大地、水、空気、金属、海の深さ、船の速度（測程器のロックはまだ発明されていなかった）、大気の湿度、温度、弩の強さ、天体の動きを測るよう提案した。それによって「私たちが知らない真理に、より容易に到達できる」からであった。ここで重要なのは、ピタゴラス的な数だけでなくさまざまな現象の量的判定であった。

中世の禁欲とイエズス会的簡素を放棄した現代にとって、ほかのどの時代にもまして理解できるのが第二のメッセージである。これは、広い意味でネオ・プラトニズムに属するもので、「地上的な美も神が投影したものであり、それ自体、善である」という信条である。ミケランジェロはある詩のなかで、この信条をこう表明している。

「美しい事物に眼を惹きつけられると、わが魂は、救いに向かって高みをめざし、あらゆる美を観想する以外になくなる。そのとき天なる星辰たちからは一つの輝きが地上に降ってくる。それが、この世では《愛》と呼ばれるものだ。高貴な心は、それを宿した顔に引き寄せられる。」

いまもルネサンスが私たちに送り続けている第三のメッセージは、エラスムスのそれである。尊敬されつつも理解されなかったユマニストの彼であったが、ルターやローマ教会も無視できなかったのが、新約聖書のエッセンスをなしているその隣人愛の精神である。一五二三年、彼は、カロンドレに宛てた手紙のなかでこう書いている。

「自分の兄弟を許そうとしない私を神が許されるでしょうか？……聖霊が発出する源が唯一か二重かを無視したからといって罰せられることはないでしょう〔訳注・三位一体のなかで聖霊を父のみから発するとするか、子からも発するとするのかは、キリスト教の根本的問題とされてきた〕。しかし、もし、愛、喜び、忍耐、優しさ、信仰、謙虚、禁欲などの聖霊の果実をしっかり守ろうと努力しないならば、劫罰は免れません。……私たちの宗教の精髄は、平和に仲良く暮らすことです。枠をはめるのはほんの僅かな教義上の問題だけにして、大部分の問題は判断の自由を各人に委ねるという条件のもとでしか、それは容易に維持できるものではありません。」

数学と美と隣人愛——これが、人間の営為を成功させる三つの条件なのである。

レ・ウッシュにて

一九六六年クリスマス

訳者あとがき

本訳書のタイトルは原著のそれをほぼ直訳して『ルネサンス文明』としたが、内容的には「ルネサンス時代の文明」とすべきであったかも知れない。いずれにせよ、このタイトルだけを見て、ルネサンスを彩ったさまざまな絵画や彫刻のことや、それらを作製したダ・ヴィンチやミケランジェロといった芸術家の人物像が書かれているのではと期待した方々は、本書を開いて落胆されるかもしれない。

ルネサンス、とくにイタリア・ルネサンスについて、それがどのようなものであったかを見事に描き出した名著がヤコブ・ブルクハルトの『イタリア・ルネサンスの文化』(一八六〇年)であった。それに対し本書は、それから約百年経った一九六七年の刊行である。本来、本書はフランスのアルトー社から《大文明シリーズ》の一巻として執筆されたものであり、改めていうまでもないことながら、私たちは「文化」と「文明」の違いを弁えて本書を読む必要がある。

文化と文明は、欧米において「culture」と「civilisation」と使い分けられていた言葉に当てはめられた訳語であることはいうまでもない。日本語では、この両者の相違はわかりにくいが、欧米の言葉ではきわめて明確である。「文化」の元の言葉である「culture」は「耕す」という意味のラテン語「cultura」から来たもので、いまでも、フランス語では、「culture」は「文化」という意味とともに「耕作」「耕地」「栽培植物」の意味でも使われている。つまり、欧米人たちが「culture」という語から受け取るイメージは、まず、土地を耕し作物を育てることである。それが、人間自身の精神を耕し豊かにする「文化」や「教養」の意味にも使われるようになったのである。

ブルクハルトの著書が、イタリア・ルネサンスを、どのようにして精神を耕された人々が花を咲かせ、多くの芸術作品や都市・国家という果実を生み出したかという面から描いていることは、まさに、そのタイトルのとおりなのである。

これに対して、「文明」の欧米語は「civilisation」で、これは、「都市生活」を指す「civil」から来ている。都市とは、地理的にも行政的にも、秩序をもって形成された集団であり、外からの攻撃に対し、その共同体のメンバー（つまり市民）の生命と財産を守る防御機構を装備していることも重要な要素であった。そこで、思い起こされるのが、これまで訳出した《大文明シリーズ》の「ギリシア文明」「ヘレニズム文明」「ローマ文明」「中世西欧文明」がいずれも、軍隊と防備のシステムに、かなりのページ数を割いていたことである。中世西欧文明の場合、都市国家にせよ領邦国家にせよ複雑に入り組み合い、境界線があいまいなので、その前の三著と事情が異なるが、共同体を守るために武力を保持した人々は、騎士階級として、それなりに重要な意味をもって記述されていたことはいうまでもない。もちろん、こう言ったからといって、私が戦争や軍備を人類に避けられないものとするつもりはない。むしろ、いまや《文明》の単位が一国家の枠を超えていることからいっても、現在の日本が戦争放棄を宣言した憲法をもっていることの重要性、その人類史上における画期的意義を再確認したいから言うのである。

ともあれ、「文化」が「耕す」の意で、外界と人間の内なる世界との両方に働きかけ開拓することであるのに対し、「文明」は、そうした文化の営みに携わる人々を包み込んで守り、そうした活動と生活を支える共同体的仕組みであると言うことができる。その点から考えると、ドリュモー氏の手になる本書がルネサンスの芸術家や作品の紹介や分析はほとんどしないで、そうした芸術・学問・文化の開花を可能にした社会的・経済的仕組みや技術といった当時の「文明」を明らかにしたものであることの理由が納得される。

それに関連することであるが、「ルネサンス」というと、長い中世の闇を破った革新的な時代であったように考えられがちであるのに対し、ドリュモー氏の結論は、「中世とルネサンスの間には急激な断絶はなかった」ということである。文明が文化を生み出した土壌であり、建物を支えている土台であることを考えれば、これは当然のことであって、土台や土壌はこれまでの歴史の堆積にほかならないのである。むしろ、長い過去が作り上げてきた土壌から栄養分を吸収することによってこそ、新鮮な花を咲かせ、豊かな実を結ぶことができるのであって、その地道な努力を忘れて、どんなに「創造」を叫んできても、所詮は物まねで終わるしかないのだということを、私たちは、さまざまな文明の歴史を学ぶことによって知るのである。

このように、本書の記述は、地理的発見から商業・金融の発展、種々の技術の進歩など、多方面の事象にわたっている。訳者としては、万全の努力をしたつもりであるが、浅学のために誤解・誤訳もあるかも知れない。お読みになって気づかれた点があれば、ご指摘いただければ幸いである。

なお、この一連の訳書の原典となったフランス・アルトー社の《大文明シリーズ》について簡略に紹介させていただくと、私の知るかぎりでは、これまでにレーモン・ブロック氏監修のもと、二十冊が刊行されている。私が翻訳したのは、「ギリシア文明」と「ヘレニズム文明」、「ローマ文明」、「中世西欧文明」、そして本書の「ルネサンス文明」の五冊であるが、そのほかに、「古代オリエント文明」「ファラオ時代のエジプト文明」「古代ヨーロッパ文明」「古代とキリスト教文明」「ビザンティン文明」「古典期イスラム文明」「古代インド文明」「古典期シナ文明」「日本文明」、そして、ヨーロッパでも、ルネサンス時代よりあととしては、「古典主義時代のヨーロッパ文明」「啓蒙時代のヨーロッパ文明」「フランス革命と文明」（これは「アンシャン・レジームの文明」と「フランス革命」「ナポレオン時代のフランス」の三冊から成る）、そして「十九世紀の文明」がある。

人類の歴史からいえば、アステカやインカのアメリカ大陸の先住民の文明、アフリカ大陸の黒人が築いた文明、オセアニアの原住民たちの文明は、ここには採り上げられていないし、中国の文明でも、元・明・清以後は扱われていない。したがって、この一覧を見るだけで、ヨーロッパ中心主義という批判は免れない嫌いがあるが、一冊一冊の内容の充実ぶりからも、よくこれだけ網羅したものだと感心させられる。私自身、翻訳ということでいえば、ヨーロッパ史に含まれるものは、なんとか訳せるが、インドやイスラム世界、シナとなると、人名や地名の表記一つ取ってみても、とても手に負えない。なんとかこれまで、古代ギリシア・ローマから中世の西欧を経て、近世の入口であるルネサンス期までは拙いながらも訳して刊行できたことは身に余る喜びである。原著は一般読者向けに企画されたらしいが、かなり専門的で多部数も期待できないこのような本の出版を引き受けてくださった論創社の森下紀夫社長はじめ、担当してくれた松永裕衣子氏ほか社員のみなさんには心から感謝を申し上げたい。

二〇一一年十一月

桐村泰次

R. L. Delevoy, "La peinture flamande", Genève, 1958

R. Gemaille, "La peinture hollandaise", Genève, 1956

J. Combarieu, "Histoire de la musique", Paris, 1918-1919

M. Bukotzer, "Studies in Medieval and Renaissance Music", New York, 1950

14、宗教改革

A. Dufourco, "L'avenir du christianisme", t, VII(1925), t. VIII(1933)、Paris

P. Fargues, "Histoire du Christianisme", t. III et t. IV, Paris, 1936-1938

P. Schaff, "History of the christian Church", New York, 1916-1923

L. von Pastor, "Geschichite der Päpste seit dem Ausgang des Mittelalters", Fribourg-en-Brisgau, 1886-1933

L. Todesco, "Corso di storia della Chiesa", Turin-Rome, 1944-1948

R. H. Bainton, "The Age of the Reformation", Boston, 1956

H. Bornkamm, "Das Jahrhundert der Reformation. Gestalten und Kräfte", Göttingen, 1961

15、科学

R. Taton, "Histoire générale des sciences", Paris, 1958

A. Wolf, "A history of science, technology and philosophy in the XVIth and XVIIth centuries", Londres, 1950

W. P. Wightman, "Science and the Renaissance", Aberdeen, 1962

L. Geymonat, "Storia del pensiero filosofico e scientifico", Milan, 1970

P. Delaunay, "La zoologie au XVIe siècle", Paris, 1962

E, Cassirer, P. O. Kristeller, J. H. Randall, "The Renaissance philosophiy of man", Chicago, 1948
A. Renaudet, "Humanisme et Renaissance", Paris, 1958
E. Garin, "Il Rinascimento italiano", Milan, 1941
———, "Medioevo e Rinascimento", Bari, 1954
———, "La Cultura filosofica del Rinascimento italiano", Florence, 1961
J. S. Seigel, "Rhetoric and philosophy in Renaissance humanism", Princeton, 1968
J. Huizinga, "Érasme", Paris, 1955
V. L. Saulnier, "Le dessein de Rabelais", Paris, 1957
E. Panofsky, "Studies in iconology. Humanistic themes in the art of the Renaissance", Oxford, 1939
J. Seznec, "La survivance des dieux antiques", Londres, 1939
E. Wind, "Pagan mysteries in the Renaissance", Londres, 1958
S. d'Irsay, "Histoire des universités françaises et étrangères", Paris, 1933-1935
J. Le Goff, "Intellectuels au Moyen Age", Paris, 1957
J. Bédier et P. Hazard, "Histoire de la littérature française", Paris, 1948
V. L. Saulnier, "La litterature française de la Renaissance", Paris, 1962

13、芸術家と芸術作品

A. Chastel, "Le mythe de la Renaissance, 1420-1520", Genève, 1969
———, "La crise de la Renaissance", Genève, 1968
———, "L'art italien", Paris, 1956
———, "Les arts de Italie", Paris, 1963
A. Venturi, "Storia dell'arte italiana", Milan, 1901-1941
J. Alazard, "L'art italien au XVe siècle", Paris, 1951
———, "L'art italien au XVIe siècle", Paris, 1955
E. Mâle, "L'art religieux de la fin du Moyen Age en France", Paris, 1931
F. Gebelin, "Les châteaux de la Renaissance", Paris, 1927
P. Lavedan, "L'architecture française", Paris, 1944
P. Tisné, "La Peinture aux anciens Pays-Bas", Paris, 1957

R. Hitchkock, "The Background of the Knight' Revolt", Berkeley, 1958
M. Pianzola, "Thomas Müntzer ou la Guerre des paysans", Paris, 1958
A. von Martin, "Sociology of the Renaissance", Oxford, 1944
C. Roth, "The Jews in the Renaissance", Philadelphie, 1959
M. Reihard et A. Armengaud, "Histoire générale de la population mondiale", Paris, 1961

11、日常生活

J. Huizinga, "Le Déclin du Moyen Age", Paris 1932
L. Febvre, "Le problème de l'incroyance au XVIe siècle : la religion de Rabelais", Paris, 1947
L. Febvre et H. J. Martin, "L'apparition du livre", Paris, 1958
F. Braudel, "Civilisation matérielle et capitalisme", Paris, 1967
R. Dion, "Les frontières de la France", Paris, 1947
A. Lefranc, "La vie quotidienne au temps de la Renaissance", Paris, 1956
R. Mandrou, "Introduction à la France moderne. Essai de psychologie collective", Paris, 1961
W. H. Woodward, "La Pedagogia del Rinascimento, 1400-1600", Florence, 1923
P. Petot, "La famille en France sous l'Ancien Régime", Paris, 1955
E. Garin, "Il Pensiero pedagogico dell'umanesmo", Florence, 1958
Ph. Ariès, "L'enfant et la vie familiale dans l'Ancien Régime", Paris, 1960
F. Boucher, "Histoire du costume en Occident, de l'Antiquité à nos jours", Paris, 1965
L. H. Murray, "The Ideal of the court lady, 1561-1625", Chicago, 1938
G. Maugain, "Moeurs italiennes de la Renaissance : la vengeance", Paris, 1925
A. Tenenti, "La vie et la mort dans l'art du XVe siècle", Paris, 1952
M. Foucault, "Histoire de la folie à l'âge classique", Paris, 1961
J. L. Flandrin, "L'église et le contrôle des naissances", Paris, 1970

12、ユマニスム

É. Bréhier, "Histoire de la philosophie", Tournai-Paris, 1950-1955

9、商業

J. Le Goff, "Marchands et banquiers du Moyen Age", Paris, 1956

P. Jeannin, "Les marchands au XVIe siècle", Paris, 1957

Y. Renouard, "Les relations des papes d'Avignon et des companies commerciales et bancaires de 1316 à 1378", Paris, 1942

A. Sapoli, "Le marchand italien au Moyen Age", Paris, 1952

R. Doucet, "La banque Capponi à Lyon en 1556", Lyon, 1939

R. de Roover, "The Rise and decline of the Medici bank(1394-1494)", Cambridge, 1963

G. F. von Pölnitz, "Jacob Fugger, Kaiser, Kirche und Kapital in der oberdeutschen Renaissance", Tübingen, 1949

L. Schick, "Un grand homme d'affaires au début du XVIe siècle, Jacob Fugger", Paris, 1957

M. Mollat, "Les affaires de Jacques Coeur. Journal du procureur Dauvet", Paris, 1952-1953

P. Dollinger, "La Hanse, XII-XVIIe siècle", Paris, 1964

C. M. Cipolla, "I Movimenti dei cambi in Italia dal secolo XIII al XV", Pavie, 1948

R. de Roover, "Money, banking and credit in medieval Bruges", Cambridge, 1948

D. Gioffre, "Gênes et les foires de change, de Lyon à Besançon", Paris, 1960

A. Tenenti, "Naufrages, corsaires et assurances maritimes à Venise, 1592-1609", Paris, 1959

10、社会史と人口問題

W. Sombart, "Der Bourgeois: zur Geistesgeschichte des modernen Wirtschaftsmenschen", Munich, 1913

B. Groethuysen, "Origines de l'ésprit bourgeois en France", Paris, 1927

G. Duby et R. Mandrou, "Histoire de la civilisation française", Paris, 1958

R. Pernoud, "Histoire de la bourgeoisie française", Paris, 1962

G. M. Trevelyan, "Histoire sociale de l'Angleterre", Paris, 1949

L. Stone, "The Crisis of the aristocracy, 1558-1641", Oxford, 1965

1944
E. Sabre, "Anvers, métropole de l'occident, 1492-1566", Bruxelles, 1951
G. L. Burke, "The Making of Dutch towns", Londres, 1956
H. Van der Wee, "The Growth of the Antwerp market and the European economy", La Haye, 1963
F. Bergier, "Genève et l'économie européen de la Renaissance", Paris, 1963
F. Cazzamini Mussi, "Milano durante la dominazione spagnuola, 1525-1706", Milan, 1947
J. Heers, "Gênes au XVe siècle", Paris, 1961
J. Alazard, "La Venise de la Renaissance", Paris, 1956
F. T. Perrens, "Histoire de Florence", Paris, 1877-1883
———, "Histoire de Florence depuis la domination des Médicis jusqu'à la chute de la république1434-1531", Paris, 1889-1890
F. Scheville, "Medieval and Renaissance Florence", New York, 1963
L. Torres Balbas, "Resumen historico del urbanismo en Espana", Madrid, 1954

8、技術と工業

E. Molnier, "Histoire générale des arts appliqués à l'industrie", Paris, 1896-1911
J. U. Nef, "La guerre et la progrès humain", Paris, 1954
G. Singer, E. J. Holmyard, A. R. Hall, T. L. Williams, "A history of technology", Oxford, 1957
B. Gille, "Les ingénieurs de la Renaissance", Paris, 1964
M. Dauma, "Histoire générale des techniques", Paris, 1965
E. Levasseur, "Histoire des classes ouvrières et l'industrie en France avant 1789", Paris, 1901
E. Coornaert, "Les corporations en France avant 1789", Paris, 1941
S. Kramer, "The English craft guilds : studies in their progress and decline", New York, 1927
E. Levasseur, "Le travail à Florence à la fin du Moyen Age", Paris, 1910

7、田園と都市

〔田園〕

R. Grand et R. Delatouche, “L'agriculture du Moyen Age, de la fin de l'Empire romain au XVIe siècle”, Paris, 1950

D. Faucher, “Le paysan et la machine”, Paris, 1954

B. H. Slicher Van Bath, “De Agrarische Geschiedenis van West-Europa, 500-1850”, Utrecht, 1960

C. E. P. Brooks, “Climate through the ages, a study of the climatic factors and their variations”, Londres, 1950

E. Le Roy Ladurie, “Histoire du climat depuis l'an mil”, Paris, 1967

P. Raveau, “L'agriculture et les classes paysannes”, Paris, 1926

R. Dion, “Essai sur la formation du paysage rural français”, Tours, 1934

M. Bloch, “Les caractéres originaux de l'histoire rurale française”, Paris, 1953

G. Roupnel, “Histoire de la campagne française”, Paris, 1955

M. Devèze, “La vie de la forêt française au XVIe siècle”, Paris, 1961

E. Le Roy Ladurie, “Les paysans de Languedoc”, Paris, 1966

H. G. Darby, “Geographical history of England”, Cambridge, 1936

H. P. Finberg, “The Agrarian history of England and Wales”, Cambridge, 1966

E. Sereni, “Histoire du paysage rural italien”, Paris, 1964

J. Klein, “The Mesta: a study of Spanish economic history”, Cambridge, 1920

〔都市〕

P. Lavedan, “Histoire de l'urbanisme”, Paris, 1941-1952

M. Morini, “Atlante di storia dell'urbanistica”, Milan, 1964

R. Doucet, “Histoire de Lyon”

A. Friedmann, “Paris, ses rues, ses paroisses, du Moyen Age à la Révolution”, Paris, 1959

E. Eckwall, “Studies in the population of medieval London”, Stockholm, 1956

H. Planitz, “Die Deutsche Stadt im Mittelalter”, Graz-Cologne, 1954

G. Strauss, “Nuremberg in the 16th century”, New York-Londres, 1966

H. Van Werveke, “Bruges et Anvers: huit siècles de commerce flamand”, Bruxelles,

———, "Les sources de l'histoire maritime en Europe du Moyen Age au XVIIIe siècle", Paris, 1962
———, "Les aspects internationaux de la découverte océanique aux XVe et XVIe siècle", Paris, 1966
R. P. Russo, "L'histoire des sciences et des techniques", Paris, 1954
M. Daumas, "L'histoire générale des techniques"
G. R. Crone, "Maps and their makers", Londres, 1953
F. de Dainville, "La géographie des humanistes", Paris, 1940
B. Penrose, "Travel and discovery in the Renaissance, 1420-1620", Cambridge, 1952
G. Le Gentil, "Découverte du monde", Paris, 1954

6、貨幣経済

J. Heers, "L'occident aux XIVe et XVe siècle, aspects économiques et sociaux", Paris, 1966
F. Mauro, "Le XVIe siècle européen, aspects économiques", Paris, 1966
M. Weber, "Die Protestantische Ethik und der Geist des Kapitalismus", Tübingen, 1904-1905
H. Sée, "Les origines du capitalisme moderne", Paris, 1926
R. H. Tawney, "Religion and the rise of capitalism", Londres, 1926
H. Hauser, "Les débuts du capitalisme", Paris, 1927
H. Pirenne, "Histoire économique de l'Occident médiéval", Paris, 1951
O. H. Taylor, "A history of economic thought", New York, 1960
F. Braudel, "La méditerranée et le monde méditerranéen à l'époque de Philippe II", Paris, 1967
H. Lapeyre et R. Carande, "Relaciones comerciales en el Mediterraneo durante el siglo XVI", Cagliari, 1957
E. J. Hamilton, "American treasure and the price revolution in Spain, 1501-1650", Cambridge, 1934

1959
P. N. Milioukov, C. Seignobos, L. Eisenmann, "Histoire de la Russie", t. I, Paris, 1933
P. Pascal, "Histoire de la Russie", Paris, 1961

4、政治原理

C. H. W. Mac Ilwain, "The Growth of political thought in the West", New York, 1932
G. Lagarde, "Recherches sur l'ésprit politique de la Réforme", Paris, 1926
P. Mesnard, "L'Essor de la philosophie politique au XVIe siècle", Paris, 1936
F. Chabod, "De Machiavel à Benedetto Croce", Genève, 1970
R. W. Chambers, "Thomas More", Londres, 1935
R. Ames, "Citizen Thomas More and his Utopia", Princeton, 1949
R, Ruyer, "L'Utopie et les utopies", Paris, 1950
R. Mucchielli, "Le Mythe de la cité idéale", Paris, 1960
A. Renaudet, "Érasme, sa pensée religieuse et son action d'après sa correspondance (1518-1521)", Paris, 1926
O. Tommasini, "La vita e glis scritti di Niccolo Machiavelli", Rome, 1899-1911
J. R. Hale, "Machiavelli and Renaissance Italy", New York, 1960
F. Gilbert, "Machiavelli and Guicciardini, politics and history in XVIth century Florence", Princeton, 1965
C, Barraclough, "The Origines of modern Germany", Oxford, 1947
F. Chabod, "Lo Stato di Milano nella prime metà del secolo XVI", Rome, 1955
N. Rubinstein, "The Government of Florence under the Medici, 1434 to 1494", Oxford, 1966

5、航海と地理的発見

M. Mollat, "Le Navire et l'économie maritime du XVe au XVIIIe siècle", Paris, 1959
———, "Le Navire et l'économie maritime du Moyen Age au XVIIIe siècle, principalement en Méditerranée", Paris, 1958
———, "Le Navire et l'économie maritime dans les mers du nord de l'Europe, du Moyen Age au XVIIIe siècle", Paris, 1960

F. de Sanctis, “Storia della lettratura italiana”, Naples, 1870-1871
A. Symonds, “Renaissance in Italy”, Londres 1875-1875
P. Monnier, “Le Quatrocento. Essai sur l'histoire littérature du XVe siècle italien”, Paris, 1900
L. Geiger, “Renaissance und Humanismus in Italien und Deutschland”, Berlin, 1882
E. Cassirer “Individuum und Kosmos in der Philosophie der Renaissance”. Leipzig, 1927
E. Renan, “Nouvelles études d'histoire religieuse”, Paris. 1884
J. Nordström, “Moyen Age et Renaissance”, Paris, 1933
H. Haydn, “The Counter-Renaissance”, New York, 1950
A. Chastel, R. Klein, “L'âge de l'humanisme”, Paris, 1963

3、各国史と外交的・軍事的国際関係

G. Duby, “Histoire de France”t. II, Paris
G. M. Trevelyan, “History of England”, Cambridge, 1926
K. Lamprecht, “Deutsche Geschichite”, Berlin, 1920-1922
H. Pirenne, “Histoire de Belgique”, édition de 1948-1951
H. E. Enno Van Gelder, “Histoire des Pays-Bas”, Paris, 1933
J. Dierauer, “Histoire de la Confédération suisse”, Lausanne, 1918-1919
E. Garin, “Il Rinascimento italiano”, Milan, 1941
R. B. Merriman, “The Rise of the Spanish Empire in the Old World and the New”, 4 vol., New York, 1918-1934
D. Peres, “Historia de Portugal”, 8 vol., Barcelone, 1929-1935
J. Meuvret, “Histoire des pays baltiques”, Paris, 1933
L. Krabbe, “Histoire du Danemark”, Paris, 1950
P. Jeannin, “Histoire des pays scandinaves”, Paris, 1956
F. Eckhart, “Introduction à l'histoire hongroises”, Paris, 1928
O. Zarek, “The History of Hungary”, Londres, 1939
E. Denis, “Huss et la guerre des Hussites”, Paris 1903
A. Gieysztor, S. Herbst, B. Lesnodorski, “Mille ans de l'histoire polonaise”, Varsovie,

参考文献

1、ルネサンス全般の問題に関して

H. Pirenne, A. Renaudet, E. Perroy, M. Handelsman, L. Halphen "La Fin du Moyen Age", Paris, 1931(Collection《Peuples et civilisations》t. VII)

H. Hauser, A. Renaudet "Les Débuts de l'âge moderne—la Renaissance et la Reforme" Paris, 1956

E. Perroy, J. Auboyer, C. Cahen, G. Duby, M. Mollat "Le Moyen Age" Paris, 1965

B. Bury "Medieval Cambridge history" t. VII et VIII(1911-1936)

G. R. Potter "The Renaissance, 1493-1520" Cambridge, 1957

M. P. Gilmore "The World of humanism" New York, 1952

G. R. Elton "The Reformation era, 1520-1559" Cambridge, 1958

D. Weinstein "The Renaissance and the Reformation, 1300-1600", New York, 1965

G. Ritter "Die Neugestaltung Europas im XVI. Jahrhundert", Berlin, 1950

H. Rössler "Europa im Zeitalter der Renaissance, Reformation und Gegenreformation (1450-1630)", Munich, 1956

H. Hubschmid, "Die Neuzeit von der Renaissance bis zum Beginn der Aufklärung", Erlenbach-Zurich, 1959

E. Hassinger, "Das Werden des neuzeitlichen Europa(1300-1600)", Brunswick, 1959

G. Spini, "Storia dell'età moderna dall'impero di Carlo Quinto all'illuminismo", Rome, 1960

2、ルネサンス問題について

W. K. Ferguson, "The Renaissance in historical thought", Boston 1948

I. D. et A. S. Tuberville, "Changing views of the Renaissance", 1932

J. Michelet "Histoire de France" vol. VII, 1855, Paris

J. Burckhardt, "Die Kultur der Renaissance in Italien. Ein Versuch", Bâle, 1860

ルネ王 roi René　105, 106, 112, 164
ルネ・ド・フランス Renée de France　508
ルノーデ A. Renaudet　115, 535
ルフィーニ Ruffini　277, 278
ルフェーヴル・デタープル Lefèvre d'Étaple　115, 118, 189, 457, 478, 570
ルフラン A. Lefranc　540
ルーベンス Rubens　151, 373, 472
ルメール（ヤコブ）Lemaire, Jacob　65
ルモワーヌ Lemoine　478
ル・ロワ・ラデュリー Le Roy Ladurie　93, 313, 322, 324
レイ（ニコワイ）Rej, Nicoray　48
レオ Léon 十世　49, 59, 122, 161, 316, 367, 418, 433, 478, 521, 525, 527, 575, 579
レオナルド・ダ・ヴィンチ Léonard de Vinci　4, 8, 142, 147, 148, 195, 196, 199, 200, 201, 202, 221, 229, 330, 356, 358, 400, 417, 432, 433, 464, 502, 507, 524, 526, 577, 589, 593
レオナール E. G. Léonard　179
レオン（ポンセ・デ）Leon, Ponce de　68
レガスピ Lagaspi　73
レギオモンタヌス Regiomontanus（本名ヨハン・ミュラー）　578
レクリューズ Lécluse　583
レス Retz　507
レスコ（ピエール）Lescot, Pierre　138, 147, 149, 338, 435
レトワール　374
レーモン・スボン Raymond Sebonde　446
レーモン（フロリモン・ド）Raemond, Florimond de　495
レーン F. C. Lane　215, 295
レンブラント Rembrandt　245
ロイスブルーク Ruysbroek　183
ロイヒリン Reuchlin　99, 117, 189, 477
ロックフェラー Pockfeller　278
ロッソ Rosso　136, 152, 439
ロドヴィコ・イル・モーロ Ludvic le More　34, 199, 224, 326, 330, 337
ロドルフ・アグリコラ Rodolf Agricola　479
ロバート（ソールスベリーの）Robert de Salisbury　486
ロバートソン Robertson　296
ロビア（アンドレア・デッラ）Robbia, Andrea Della　465
ロビア（ルカ・デッラ）Robbia, Luca Della　465
ロペ・デ・ヴェガ Lope de Vega　431
ロペス（ロベール）Lopez, Robert　83, 84, 90
ローベル（マティアス・ド）Lobel, Mathias de　583
ローリー（ウォルター）Laleigh, Walter　67, 72
ロレンツォ（メディチの）Laurent le Magnifique　97, 114, 279, 280, 428, 434, 521, 538, 546
ロレンツォ・ダ・コスタ Lorenzo da Costa　435
ロンサール Ronsard　47, 48, 139, 140, 369, 425, 435, 436, 438, 439, 440, 445, 446, 484, 494, 511, 522, 542, 543, 544, 562, 564, 568
ワイヤット Wyatt　149
ワット Wat　202
ワット・タイラー Wat Tylor　82, 311
ワトー Watteau　151

ユストゥス・ファウストゥス Justus Faustus 401
ユーデモン Eudémon 498
ユリウス Jules 二世 34, 36, 123, 144, 148, 161, 348, 433, 521, 557, 566, 567, 575
ユリウス Jules 三世 35
ヨアキム・デ・フローリス Joachin de Floris 387, 388, 409
ヨアネス（ジャンダンの）Jean de Jandun 156
ヨース・ファン・ゲント Juste de Gand 106
ヨハネ（洗礼者）Jean-Baptiste 464, 465
ヨハネ Jean 二十三世 156, 157
ヨーリス（ダヴィド）Joris, David 169, 390

【ラ・ワ】

ラヴォアジエ Lavoisier 584
ラヴダン Lavedan 341
ラウラナ（ルチアーノ）Laurana, Luciano 133
ラエトゥス（ポンポニウス）Leto, Pomponio 484
ラクタンティウス Lactance 456
ラサリーリョ・デ・トルメス Lazarillo de Tormes 375
ラス・カサス Las Casas 560
ラスカリス（ヨアンネス）Lascaris, Jean 114, 115, 478
ラッソー Lassus 107
ラファエロ Raphaël 78, 111, 122, 126, 131, 132, 139, 147, 149, 150, 433, 439, 453, 464, 471, 508, 511, 521, 545, 552, 566
ラブレー Rabelais 48, 100, 126, 159, 358, 366, 377, 391, 396, 400, 405, 406, 407, 414, 415, 459, 461, 480, 489, 498, 500, 501, 506, 540, 541, 558, 571, 573, 579
ラペール H. Lapeyre 282, 287
ラ・ボエシー La Boétie 519
フ・ボルドリー La Borderie 518
ラムス（ペトルス）Ramus, Petrus 529, 571
ラ・ムッヤー La Mousseye 519
ラメリ Ramelli 195, 198
ラヨーシュ（ルードヴィク） 28
ランディーノ Landino 428
ランテリ Lanteri 334
ランブイエ Rambouillet 507
リー（ウィリアム）Lee, William 222
リウィア Livia 128
リエンツォ（コラ・デ）Rienzo, Cola de 82
リシエ（リジエ）Richier, Ligier 141, 442
リシュリュー Richelieu 381, 491
リッチョ（アンドレア）Riccio, Andrea 435
リナカー Linacle 479
リュイエ Ruyer 402, 414, 418
リュクレース Lucrèce 506
リンスホーテン Linschoten 309, 310
リンネ Linné 583
ルイ（聖）saint Louis 59, 77, 81, 463
ルイ Louis 十一世 37, 107, 209, 212, 224, 235, 256, 275, 357, 359
ルイ Louis 十二世 34, 107, 232, 255, 434, 435, 510
ルイ Louis 十三世 31, 234
ルイ Louis 十四世 6, 24, 239, 376, 434, 471
ルイス Ruiz 276
ルイーズ・ド・サヴォワ Louise de Savoie 575
ルイーズ・ラベ Louise Labé 506
ルーヴァー Roover 264, 265, 266, 272, 277, 278
ルカヌス Lucain 100
ルキアノス Lucien 116, 479
ルクセンブルク Luxembourg 18, 21
ルクレツィア・ドナーティ Lucrezia Donati 546
ルクレティウス Lucrèce 131, 530
ル・ゴフ（ジャック）Le Goff, Jacques 54, 81, 228, 493
ルソー L. Rousseau 376
ルター Luther 8, 9, 36, 37, 42, 44, 46, 48, 49, 78, 158, 162, 163, 164, 165, 166, 167, 168, 171, 172, 173, 174, 175, 176, 179, 180, 183, 184, 185, 186, 187, 188, 189, 190, 358, 387, 388, 420, 421, 425, 430, 431, 437, 443, 448, 459, 460, 461, 462, 466, 470, 482, 494, 515, 516, 544, 554, 555, 556, 565, 589, 599
ルチェラーイ（ジョヴァンニ）Lucellai, Giovanni 66, 100

マルティヌス Martin 五世　156, 157
マルティーレ（ピエトロ）Martire, Pietro　59, 570, 571
マルリアーノ（バルトロメオ）Marliano, Bartolomeo　126
マレルブ Malherbe　470
マロ（アントニオ）Marot. Antonio　112
マロ（クレマン）Marot, Clément　149, 522, 543, 544
マーロウ Marlowe　400, 401, 524
マロチェロ（ランザロット）Malocello, Lanzarotto　52
マンデヴィル（ジャン・ド）Mandeville, Jean de　55
マンテーニャ Mantegna　132, 148, 434, 435, 440, 507
マンフレド（ヴェルチェリの）Manfred de Vercelli　173
マンリヒ（マテウス）Manlich, Mathäus　298
ミケランジェロ Michel-Ange　8, 99, 111, 132, 137, 139, 142, 144, 147, 148, 150, 152, 186, 187, 201, 208, 230, 336, 356, 358, 425, 433, 439, 447, 455, 464, 506, 510, 524, 552, 566, 598
ミケーレ・ディ・ランド Michele di Lando 253
ミシュレ J. Michelet　423, 570
ミショー（ピエール）Michault, Pierre　486, 487
ミハイル Michel 三世　30
ミュンスター（ゼバスティアン）Münster, Sébastien　583
ミュンツァー（トマス）Müntzer, Thomas 168, 169, 312, 387, 388
ミンケル Minkel　288
メアリー・チューダー Marie Tudor　112
メディチ Médicis　7, 27, 49, 66, 79, 93, 97, 114, 116, 124, 140, 261, 265, 269, 274, 275, 276, 277, 278, 279, 280, 282, 283, 295, 298, 299, 340, 356, 425, 427, 428, 429, 434, 439, 494, 546, 549
メナージュ P. Mesnage　223
メフィストフェレス Méphistophelès　400, 401
メフメット Mehmet 二世　230, 347, 381
メムリンク Memling　250, 425
メラ（ポンポニウス）Mela, Pomponius　57
メランヒトン Melanchthon　162, 163, 169, 189, 480, 589
メルカトール Mercator　67, 219, 583
メロッツォ・ダ・フォルリ Melozzo da Forli 250
メンダナ Mendana　73
モア（トマス）More, Thomas　116, 391, 402, 404, 405, 408, 411, 413, 416, 461, 484, 492, 494, 505, 557
モシャッタ・ディ・ヴェレトリ Mochatta di Velletri　234
モーゼ Moïse　104, 117, 164
モニエ Monnier　423, 443
モーリッツ（ナッサウの）Maurice de Nassau 239, 588
モレトゥス Moretus　357
モンクレティアン Montchrestien　372
モンジュ Monge　589
モンテヴェルディ Monteverdi　139
モンテスマ Montezuma　385
モンテーニュ Montaigne　28, 43, 45, 86, 125, 141, 149, 212, 221, 316, 341, 366, 374, 375, 386, 442, 469, 484, 492, 493, 494, 500, 501, 506, 510
モンテマヨール Montemayor　392
モントルソリ Montorsoli　144
モンリュック（ブレーズ・ド）Monluc, Blaise de　496

【ヤ】

ヤギエオ Jagellon　22, 29, 480
ヤコブス（ディルク）Jacobtz, Dirck　468
ヤドヴィガ Edwige　22
ヤンスゾーン Janszoon　242
ヤンセン Jansen　462
ヤンブリコス Jamblique　142, 536
ヤン（レイデンの）Jan de Leyde　389
ユウェナリス Juvénal　100
ユークリッド Euclide　553, 580

ボッティチェリ Botticelli　131, 245, 373, 463, 511, 546, 548, 549, 550
ボナヴェントゥラ（聖）Bonaventure　484
ポノクラート Ponocrates　406, 541
ホフマン（メルヒオル）Hoffmann, Melchior　388, 389
ホメロス Homère　136, 446
ホラティウス Horace　100, 131, 543, 564
ポリア Polia　522
ボリス・ゴドゥノフ Boris Godounov　30
ポリツィアーノ Poliziano　131, 140, 393, 546
ポリフィリウス Poliphile　522, 538, 567
ポール Pole　360
ボルジア（チェーザレ）Borgia, César　7, 10, 427, 428, 452, 540
ボルソ Borso　452
ポルティナリ（トマソ）Portinari, Tommaso　269, 277, 279, 282, 425
ポルデノーネ（オデリコ・ダ）Pordenone, Odorico de　54
ホルバイン Holbein　136, 162, 472
ホレンボウト（ヘラルト）Horenbout, Gérard　470
ボロメオ（オルテンシア）Borromée, Ortensia　366
ボワロン Boyron　291
ボンヴィシ Bonvisi　282
ボンシニョリ Bonsignori　274
ポンターノ Pontano　437, 484
ポントルモ Pontorme　439
ボンベリ Bombelli　577, 580, 591
ポンポナッツィ（ピエトロ）Pomponazzi, Pietro　527, 528, 529, 532, 540, 541

【マ】

マイヤール（オリヴィエ）Maillard, Olivier　173
マキアヴェリ Machiavel　34, 36, 48, 282, 358, 380, 425, 427, 428, 446, 455, 456, 484, 526, 539
マクシミリアン（一世）Maximilien　37, 250, 283, 284, 345, 434, 435, 479
マクシミリアン（二世）Maximilien　127
マグダレーネ Madeleine　470
マクロビウス Macrobe　57
マーゴリン J. C. Margolin　557
マザー・ジャンヌ Mère Jeanne　420
マサッチョ Masaccio　88, 99, 105, 109, 148
マザラン Mazarin　24
マセイス（クェンティン）Metsys, Quentin　566
マゼラン Magellan　64, 214, 384
マチャーシュ（コルヴィヌス）Mathias, Corvin　21, 480
マチューカ（ペドロ）Macchuca, Pedro　137
マーチンズ L. Martines　424
マッティス（ヤン）Matthijs, Jan　389
マヌエル（幸運王）Manuel le Fortuné　60, 146
マヌツィオ・（アルド）Manuzio, Aldo　119, 120, 567
マネッティ（ジャンノッツォ）Manetti, Giannozzo　117, 130, 148, 424
マラテスタ（シギスモンド）Malatesta, Sigismond　198, 201, 427, 521
マリア（マグダラの）Madelaine　464, 523
マリ・ド・グルネー Marie de Gournay　510
マリネオ（ルチオ）Marineo, Lucio　46
マール（エミール）Mâle Émile　102
マルヴェンダ Malvenda　276
マルクス Marx　294, 296
マルクス＝アウレリアス Marc-Aurèle　129, 137
マルグリット・ド・ゴンザーガ Marguerite de Gonzaga　366
マルグリット・ド・ナヴァール Marguerite de Navarre　159, 448, 506, 508, 509, 514, 515, 519, 520
マルコ・ポーロ Marco Polo　50, 51, 52, 383
マルシアス Marsyas　552
マルシリウス Marsile（パドヴァの）　156, 173
マルセル（エティエンヌ）Marcel, Étienne　82, 91, 252, 253, 358, 429
マルタン（アンリ＝ジャン）Martin, Henri-Jean　244
マルティアリス Martial　564

プロクロス Proclus　142, 536
フロスヴィタ Hroswitha（Roswitha）　479
フローテ（ヘールト）Groote, Geert　177, 183
フロビッシャー Frobisher　67
フロワサール Froissart　47
プロティノス Plotin　142, 533, 536
ブローデル F. Blaudel　80, 213, 286, 287, 304, 305, 326, 341, 351
プロペルティウス Properce　564
フローベン Froben　119
プロメテウス Prométhée　401
フローラ Flora　131, 547, 549
ブロン（ピエール）Belon, Pierre　573, 574
ブロンツィーノ Bronzino　150
フロンティヌス Frontin　122, 197, 202
フンケン（ヨハンセン）Funcken, Johannsen 226
ヘイドン H. Haydon　7, 565
ベーコン（フランシス）Bacon, Francis　411, 413, 414
ベーコン（ロジャー）Bacon, Roger　56, 57, 248, 484
ベーズ（テオドール・ド）Bèze, Théodore de 119, 480
ペスカラ（侯夫人）Pescara　506
ベッカデッリ Beccadelli　538
ベッサリオン Bassarion　114, 476, 477
ベッソン（ジャック）Besson, Jacques　198
ベドフォード公 Bedford　39
ペトラルカ Pétrarque　47, 96, 97, 101, 114, 160, 427, 435, 511
ペトルス・ロンバルドゥス Pierre Lombard 188
ペドロ残忍王 Pierre le Cruel　363
ベネディクト Benoît 十三世　155, 156
ベネデッティ Benedetti　577, 581, 587, 588
ヘヒシュテッター Höchstetter　276, 281
ヘームスケルク（メールテン・ファン）Heemskerck, Maerten Van　136, 139, 442
ベーメ Böhme　421
ペラギウス Pelage　187, 188
ヘラクレイデス（ポントスの）Heraclide du Pont　581
ベラルマト Bellarmato　197, 330
ベランジュ Bellange　367
ベリー Berry 公　89, 452
ペリクレス Péricles　143
ベリュル Bérulle　183
ペール・ジョゼフ Père Josèphe　381
ベルゲテ Berruguete　152
ペルジーノ Pergin　507
ペルティエ（ジャック）Peltier, Jacques　574
ヘールス Heers　267
ペルッツィ Peruzzi　83, 275, 276, 277, 279, 283, 453
ベルナール（聖）Bernard　170
ベルナルディヌス（シエナの）　173, 174, 175
ヘルメス・トリスメギストス Hermès Trismégiste　457, 567
ベルリーニ（ジェンティレ）Bellini, Gentile 381
ベルリーニ（ジョヴァンニ）Bellini, Giovanni 112, 151, 392, 507
ペレット・バード Perrette Bade　505
ヘレネ Hélène　401
ヘロデ Hérode　465
ベンゾーニ Benzoni　583
ベンチ（アメリゴ）Benci, Amerigo　278
ベンボ Bembo　525, 528
ヘンライン（ペーテル）Henlain, Peter　224
ヘンリー五世 Henry　38
ヘンリー六世　38
ヘンリー七世　46, 66, 152, 479
ヘンリー八世　10, 16, 44, 163, 181, 222, 402, 492
ポー（フィリップ）Pot, Philippe　105
ボーアン（ガスパール）Bauhin, Gaspard　583
ホイヘンス Huygens　224
ボエミウス J. Boemius　570
ボス（ヒエロニムス）Bosch, Hieronymus　53, 186, 393, 397, 398, 399, 447
ポステル（ギヨーム）Postel, Guillaume　117, 389, 419, 420, 461
ボーダン（ジャン）Bodin, Jean　76, 531, 569
ボッカチョ Boccace　140, 358, 391, 395, 522
ポッジョ Poggio　424, 539

フェルディナント（オーストリア大公） Ferdinand　32, 33, 38, 163, 357, 483
フェレイラ（アントニオ）Ferreira, Antoine　48, 144
フェロ（スキピオ・デル）Ferro, Scipio dell　590
フォーシエ D. Fauchier　318, 323
フォンタナ Fontana　139, 201, 209
フーケ（ジャン）Fouquet, Jean　105, 110, 134, 358, 373
ブーシェ Boucher　371
フス（ヤン）Huss, Jan　33, 157, 162, 164, 174, 175, 178, 179, 425
ブスケ J. Bousquet　440, 523, 524
ブツァー Bucer　176, 448, 516
フッガー Fugger　7, 79, 103, 136, 226, 276, 281, 284, 285, 286, 299, 301, 302, 363, 424
フッガー（アントン）Fugger, Anton　282, 298
フッガー（ヤコブ）Fugger, Jacob　79, 282, 283, 284, 295, 356, 362, 430
プッサン Poussin　151
プトレマイオス Ptolémée　8, 56, 57, 384, 458, 578, 580, 581, 593, 594, 595
フラ・アンジェリコ Fra Angelico　463, 464
プラウトゥス Plaute　114, 141, 522
ブラチェリ Bracelli　399
ブラッチョリーニ（ポッジョ）Bracciolini, Poggio　424
プラッター（トマス）Platter, Thomas　466, 485, 486, 488, 489
ブラッドワディーン Bradwardine　188
プラトン Platon　8, 55, 102, 115, 116, 130, 131, 134, 137, 142, 145, 149, 333, 335, 389, 409, 411, 413, 414, 415, 416, 506, 512, 513, 526, 527, 529, 530, 533, 534, 535, 536, 537, 542, 543, 549, 551, 553, 576, 581, 589
ブラマンテ Bramante　130, 131, 137, 139, 143, 144, 146, 147, 148, 149, 203, 337, 342, 343, 366, 566, 567
フランカステル（ガリエンヌ）Francastel, Galienne　102, 108
フランカストロ Francastro　577
プランキウス Plancius　67
フランク（セバスティアン）Franck, Sébastien　420
プランタン（クリストフ）Plantin, Christophe　119, 120, 357, 579, 583
フランチェスコ・ディ・ジョルジオ Francesco di Giorgio　196, 201, 202, 203, 204, 206, 238, 329, 331, 335, 342
フランツ・フォン・ジッキンゲン Franz von Sickingen　162
ブラント（セバスティアン）Brant, Sebastien　159, 447
ブラントーム Brantôme　346, 508, 509, 513
ブリソネ Briçonnet　508
フリードリヒ Frédéric 二世　423
フリードリヒ Frédéric 三世　18, 212
フリードリヒ（ザクセン侯）Frédéric　162
プリニウス Plin　530, 570, 582
プリマティッチオ Primatice　127, 138, 152
ブリューゲル Breugel　152, 373, 396, 397, 398, 440, 442, 466, 468
ブリンガー Bullinger　177
フルカン G. Fourquin　342, 349
ブルクハルト Burckhardt　3, 9, 122, 423, 428, 505, 570
プルタルコス Plutarqhe　97, 116, 142, 478, 499, 571
プルチ（ルイジ）Pulci, Luigi　538
ブルトゥス Brutus　429
ブルーニ（レオナルド）Bruni, Léonard　96, 130, 140, 424, 492, 494
ブルネレスキ Brunelleschi　88, 98, 99, 128, 130, 145, 201, 208, 336
ブルーマールト Blomaert　442
プルマン（エレーネ）Pourment, Hélène　472
フレスコバルディ Frescobaldi　83, 275
プレスター・ジョン Prêtre Jean　53, 54, 59, 383
フレットナー（ペーター）Flottner, Peter　136
フレデリゴ（アラゴンの）Frédéric　434
プレトン（ゲミストス）Pléton, Gemisthos　115
フレモー Frémault　359
ブレンダヌス（聖）Brandan　55

ビッビエナ Bibbiena　521, 522
ヒッポダモス Hippodamos　333
ヒポクラテス Hippocrate　580
ビュデ（ギヨーム）Budé, Guillaume　97, 116, 431, 477, 478
ビュリダン Buridan　586
ビュロー Bureau　231
ビリングッチョ Biringuccio　198
ビルイッタ Brigitte de Suède　160
ピルクハイマー W. Pirckheimer　505, 578
ピルグラム Pilgram　111
ビンスフェルド Binsfeld　564
ピンソン（ヴィセンテ・ヤネス）Pinson, Vicente Yanez　63
ピンダロス Pindare　139
ピントゥリッキオ Pintricchio　111, 452
ビンド・ダ・フォルリ Bindo da Forli　122
ファイト・シュトス Wit Stwosz　105, 111
ファウスト（フォースタス）Faust　400, 401, 575
ファツィオ・デリ・ウベルティ Fazio degli Uberti　121
ファルネーゼ（アレッサンドロ）Farnèse, Alexandre　26, 343, 363
ファレル Farel　163, 164, 542
フアン二世　348
ファン・アルテヴェルデ Van Altevelde　82, 429
ファン・エイク（ヤン）Van Eyck, Jan　4, 89, 104, 106, 108, 109, 110, 111, 112, 248, 250, 358, 373, 464
ファン・ギンターテーレン Van Gintertaelen 468
ファン・スコーネベケ Van Schonebeke　339
ファン・スコレル（ヤン）Van Scorel, Jan 472
ファン・ゾンネフェルト Van Sonnefelt　221
フアン・デ・ラ・クルス（聖）Juan de la Cruz (Jean de la Croix)　48, 49
ファン・デル・ウェイデン（ロヒール）Van der Weyden, Rogier　104, 106, 107, 186, 373
ファン・デル・グース（ヒューホ）Van der Goes, Hugo　106, 468
ファン・デル・パエル Van der Paele　248
ファンファーニ Fanfani　296
ファン・ポッテルスベルヘ（リエヴィン）Van Pottelsberghe、Lievin　470
ファン・マンデルス Van Manders　99
フィアメッタ Fiametta　367
フィシェ（ギヨーム）Fichet, Guillaume　119, 477
フィチーノ（マルシリオ）Ficin, Marsile　98, 102, 116, 142, 437, 450, 454, 455, 456, 457, 461, 484, 511, 512, 513, 514, 533, 534, 535, 536, 538, 539, 542, 543, 545, 567, 571, 572, 575
フィッシャー（ジョン）Fisher, John　480
フィッシャルト（ヨハン）Fichard, Jean　124
フィラレーテ Filarete　332, 335, 415, 417
フィリップ四世（美男王）Philippe le Bel　2, 31, 43, 83, 85
フィリップ六世 Philippe　16, 31, 32, 38
フィリップ（豪胆公）Philippe le Hardi　371
フィリップ善良公 Philippe le Bon　32, 37
フィリップ美男王（カスティリア）Philippe le Beau　37
フィリベール（美公）Philibert　246
フィリベール・ド・ロルム Philebert de l' Orme　138, 147, 149, 338, 507, 566
フィレルフォ Filelfe　477
ブーヴィエ J. Bouvier　294
フェイト・ヘルル Veit Hörl　282
フェーヴル（リュシアン）Febvre, Lucien 170, 244, 526, 530, 531, 533, 540, 541
フェデリコ・ダ・モンテフェルトロ Federico da Montefeltre　106, 110, 434
フェーデルマン Federmann　71
フェランテ（アラゴンの）Ferrante d'Aragon 427
フェラーリ Ferrari　591
フェリクス五世 Felixe　158
フェリビアン・デ・ザヴォー Félibien des Avaux　99
フェリペ Philippe 二世　24, 26, 32, 35, 37, 38, 80, 165, 167, 237, 284, 285, 286, 300, 347, 350, 351, 399

パウルス＝アエミリウス Paul-Émile　434
パウロ Paul　143, 171, 187, 190, 392, 419, 422, 516, 556, 558
パキエ（エティエンヌ）Pasquier, Étienne　475, 489
バークレー Barclay　462
パーシー Percy　360
パスカル Pascal　534, 537, 543, 595
バーソロミュー（イングランド人）Barthélémy l'Anglais　575
バターユ（ニコラ）Bataille, Nicolas　104
パチョーリ（ルカ）Pacioli, Luca　261, 577, 578, 589
バッツィ Bazzi　524
パッツィ Pazzi　130, 161, 280, 299, 546
パッラヴィチーニ Pallavicini　276
バディウス（ホセ）Bade, Josee　119
バティスティ E. Battisti　7, 565
バデュエル Baduel　480, 487
ハドソン Hudson　67
バドベック Badebec　406
ハドリアヌス Hadrien　125, 137, 144
パニュルジュ Panurge　406
パノフスキー E. Panofski　545
バフィン Baffin　67
ハプスブルク Habsbourg　18, 25, 26, 27, 31, 32, 33, 38, 79, 168, 232, 284, 285, 288
ハミルトン E. Hamilton　75
バヤジット Bajazit　22
バヤール Bayard　236
パラケルスス Paracelse　457, 573, 579, 582, 584, 585
パラディオ Palladio　133, 566
バラルカサル Balalcazar　71
パリッシー（ベルナール）Palissy, Bernard 249, 321
ハルザック Balsac　268
バルディ Bardi　83, 274, 275, 276, 277, 279, 283
バルドゥング Baldung Grien　442, 454, 568
バルトロマイ（聖）Barthélémy　552
バルバロ（エロモラオ）Barbaro, Eromolao 42, 115
バルベリ（ヤコポ・デ）Barberi, Jacopo de 577
バルボア Balboa　64
パルミエーリ Palmieri　428
パルメザン Parmesan　139, 150
パルラマント Parlament　514
パレ（アンブロワーズ）Paré, Ambroise　569
パレストリーナ Palestrina　358
バレンツ Barents　68
ハワード Howard　360
パンタグリュエル Pantagruel　100, 118, 400, 406, 488, 489, 493, 500
バンデッロ Bandello　524
パンノニウス Pannonius　539
ピウス Pie 二世　50, 122, 161, 381, 477, 521, 542
ピウス Pie 四世　166, 177
ピウス Pie 五世　270, 367
ピエトロ・デ・クレシェンツィ Pietro de' Crescenzi　197, 342
ピエール・ダイイ Pierre d'Ailly　56, 57, 156, 188
ピエルフランチェスコ（ロレンツォ）Pierfrancesco, Lorenzo di　549
ピエロ（痛風病み）Piero le Goutteux　279
ピエロ・ディ・コジモ Piero di Cosimo　439
ピエロ・デラ・フランチェスカ Piero Della Francesca　4, 110, 148, 201, 203, 434, 589
ヒエロニムス（聖）Jérôme　166, 464
ビオンド（フラヴィオ）Biondo, Flavio　46
ヒケタス Hicetas　581
ピコ・デ・ラ・ミランドラ Pic de la Mirandole 117, 142, 159, 457, 458, 459, 461, 478, 500, 535, 536, 543, 549, 567, 575, 576
ピサーノ Pisano　128
ピサロ Pizarre　70, 71, 72, 301, 385
ピサロ（ゴンサロ）Pizarre, Gonzaro　72
ピタゴラス Pythagore　7, 56, 130, 331, 567, 598
ピッコローミニ（シルヴィオ）Piccolomini, Silvio　50, 158, 477
ピッチニーノ（ヤコポ）Piccinino, Iacopo 426

デュ・セルソー Du Cerceau　344
デュビィ Duby　84
デュ・ペラック Du Pérac　127
デュ・ペリエ Du Périer　470
デュ・ベレー（詩人）Du Bellay　9, 47, 48, 439, 444, 448, 563, 564, 568
デュ・ベレー（枢機卿）Du Bellay　366
デューラー Dürer　78, 99, 111, 113, 137, 162, 196, 200, 230, 239, 245, 329, 331, 345, 385, 435, 440, 442, 446, 454, 455, 464, 566, 568, 578, 579, 589
デュルフェ（オノレ）dUrfé, Honoré　392, 440
デラ・ヴァレ della Valle　124
デルミニ L. Dermigny　293
テレサ（アヴィラの）Thérèse d'Avila　185, 484, 508
テレンティウス Térence　141
ドイチュ Deutsch, Manuel　523, 568
トインビー Toynbee　5
ドゥシャン（ステファン）Dusan, Étienne　21
ドゥセ Doucet　288
トゥセール J, Toussaert　160
トゥラ（コジモ）Tura, Cosme　452
トウリア・ダラゴン Tullia d'Aragon　367
ドッソ・ドッシ Dosso Dossi　568
ドナテッロ Donatello　98, 99, 111, 129, 132, 196, 229, 230, 426, 465, 471
ドナトゥス Donat　486
トーニ R. H. Tawney　296, 360
ドーニ Doni　415, 417
トマス Thomas (イエスの十二弟子の一人)　53, 54
トマス・アクィナス Thomas d'Aquin　102, 115, 450, 484, 525, 527, 534
トマス・ア・ケンピス Thomas à Kempis　182
トマセッティ Tomassetti　315
トマソ・デ・カルヴァリエーリ Thommaso de' Charvalieri　524
ドミティアヌス Domitien　122
ドラクロワ Delacroix　151
ドラペリオ Doraperio　297
トラヤヌス Trajan　137
トリジャーノ Torrigiano　152
トルケマーダ Torquemada　6
ドルピウス Dorpius　118, 556
ドレ（エティエンヌ）Dolet, Étienne　530, 531
ドレイク（フランシス）Drake, Francis　65, 384
トレクセル Trechsel　445
トレルチ Troeltsch　296
ドロネー P. Delaunay　572, 574
トロメイ Tolomei　274
ドン・エンリケ Don Enriquet　363
ドン・キホーテ Don Quichotte　237, 391, 556
ドンディ Dondi, Giovanni　223

【ナ】

ナガローラ Nagarola　179
ナッシュ Nashe, Thomas　540
ニコ Nicot　583
ニコデモス Nicodème　111
ニコラウス・クザーヌス Nicolas de Cues　4, 419, 420, 476, 556, 579, 580, 588, 589, 592, 593, 595, 598
ニコラス五世　115, 117, 158
ニーチェ Nietsche　526
ニュートン Newton　586
ネフ J. U. Nef　10, 78, 196, 225, 228, 240, 299, 301
ネルヴァル Nerval　454
ネロ Néron　123, 139
ノストラダムス Nostradamus　575
ノックス（ジョン）Knox , John　164

【ハ】

ハインリヒ七世 Henri　18
バイロット Bylot　67
ハウザー H. Hauser　79, 359
パウルス Paul 二世　122, 484
パウルス Paul 三世　143, 165, 348, 363, 425, 431, 560, 575, 593
パウルス Paul 四世　35, 36
パウルス Paul　488, 489

セニェ（ギヨーム）Seignet, Guillaume　554
セネカ Sénèque　48, 101, 141, 546
セプティミウス・セウェルス Septime-Sevère　143
セラ（マンツィオ）Serra, Mancio　386
セール（オリヴィエ・ド・）Serres, Olivier de　321
セルヴァンテス Cervantes　49, 354, 378, 386, 391, 392, 484
セルウィウス Servius　545
セルヴェート（ミカエル）Servet, Michael　169, 425, 462, 542
セルリオ Serlio　137, 138
ソウサ（トメ）Sousa, Thomé　74
ソッツィーニ Socin（Sozzini）　462, 494
ソーニエ V. L. Saulnier　140
ソリス（フアン・デ・）Solis, Juan de　64, 65
ソルビエール Sorbière　496
ソロモン Salomon　500
ソーンダイク L. Thorndike　570
ゾンバルト W. Sombart　240, 294

【タ】

タウラー Tauler　184
タキトゥス Tacite　46, 114
タッコラ Taccola　201, 203
タッソー Tasse　392, 444, 523
ダティーニ（フランチェスコ）Datini, Francesco　259, 424
タトン R. Taton　502
ターニ（アンジェロ）Tani, Angelo　425
タルターリャ Tartaglia　577, 581, 586, 587, 590
ダンテ Dante　3, 20, 27, 31, 47, 96, 102, 121, 297, 427, 435, 450
チポッラ Cipolla　89
チェッリーニ Cellini　76, 133, 139, 150, 194, 230, 433, 507, 568, 569
チェルキ Cerchi　275
チマブエ Cimabue　98
チャンセラー Chancellor　68
チョーサー Chaucer　47, 519
ツヴィングリ Zwingli　45, 78, 163, 165, 166, 177, 358, 425, 448, 516
ツェルティス（コンラート）Certis , Conrad　46, 479
ツォンガ Zonga　198
ディアス（バルトロメオ）Dias, Bartolomeo　52, 60, 216
ディアス・デル・カスティーリヨ Dias del Castillo　384
ディアーヌ・ド・ポアティエ Diane de Poitier　507
ディオニュシオス・アレオパギトス Deny l'Aréopagite　143, 536
ディオニュシウス（カルトゥジオ会の）Deny le Chartreux　184
ディオファントス Diophante　580
ティコ・ブラーエ Tycho Brahé　578, 595
ティツィアーノ Titien　133, 147, 151, 345, 373, 472, 507, 511, 544, 550, 565
ティトゥス（皇帝）Titus　142
ティトゥス・リウィウス Tite-Live　114
ディートリヒ（ニーハイムの）Dietrich de Niem　173
ティムール Tamerlan　22, 306
ティントレット Tintoret　147, 148, 151, 440
デーヴィス Davis　67
テオクリトス Théocrite　144, 391
テオドール・ド・ベザ Théodore de Bèze　169
テオフラストス Théophraste　582
デカルト Descartes　4, 45, 189, 461, 586, 588, 592
デシャルジュ Décharge　232
デ・ソト De Soto　69
デタープル（ルフェーヴル）dÉtaple, Lefèvre　115, 118, 189, 457, 478, 570
デフェンテル Deventer　512
デ・ペリエ Des Periers, Bonaventure　445, 526
デポティエール Depotière　97
デメトリオス・カルコンディラス Démétrios Chalcondylas　477
デモステネス Démosthène　479
デュエム P. Duhem　570
デュゲクラン Duguesclin　429

ジャック・クール Jacques Coeur　6, 7, 275, 283, 429
シャルル五世 Charles　214, 253, 320
シャルル六世（狂王）Charles le Fol　38, 114, 253, 371, 505
シャルル Charles 七世　32, 38, 107, 110, 114, 158, 160, 180, 231, 283, 429, 430
シャルル Charles 八世　23, 24, 34, 79, 107, 212, 232, 236, 279, 319, 381
シャルル（豪胆公）Charles le Hardi　26
シャルル（軽率公）Charles le Téméraire　37, 231, 269, 280
シャルル（枢機卿）Charles　107
シャルル・ド・サント＝マルト Charles de Sainte-Marthe　509
シャロン（ジャック）Charron, Jacques　97
ジャン（無畏王）Jean　21, 254,
ジャン二世（善良王）Jean　32, 38, 109
ジャン五世 Jean　255
ジャン・ド・モレル Jean de Morel　506
ジャンナン P. Jeannin　281, 293
ジャンヌ・ダルク Jeanne d'Arc　39, 91, 180, 184, 425, 429, 507
ジャン・ル・ベル（リエージュ参事会員）Jean le Bel　39, 42
ジュヴェナル・デジュルサン Juvenal des Ursins　110
シュヴェンクフェルト（カスパール）Schwenckfeld, Caspar　421, 422
ジュスト・リプス Juste Lipse　510
シュティフェル（ミカエル）Stifel, Michael　589
シュトルム（ヨハンネス）Strum, Jean　480, 487, 499
ジュリオ・ロマーノ Jules Romain（Giulio Romano）　138, 150, 353
ジョアン一世（ポルトガル王）Joan　43
ジョサール Jossard　359, 360
ジョスカン・デ・プレ Josquin des Près　107
ショニュ（ピエール）Chaunu, Pierre　63
ジョルジョーネ Giorgione　113
ジョルダーノ・ブルーノ Giordano Bruno　425
ジョン（ゴーントの）Jean de Gand　41
シラノ・ド・ベルジュラック Cyrano de Bergerac　538
ジラルディ（ニッコロ）Girardi, Niccolo　281
ジラール・ドルレアン Girard d'Orléan　109
ジル B. Gille　196, 200, 202
ジル・ル・ブーヴィエ Gilles le Bouvier　40, 42
スカッピ（バルトロメオ）Scappi, Bartolomeo　375
スカモッツィ Scamozzi　239, 337
スカーリ Scali　83, 275
スカリゲル Scaliger　541
スタティウス Stace　100
スタフォード Stafford　360
スタンドンク Standonck　476, 490, 491, 495
スティブリン（カスパール）Stiblin, Kaspar　335, 408, 409, 413
ステヴィン（シモン）Stevin, Simon　239, 240, 580, 587, 588, 591
ステラ（パオロ・デラ）Stella, Paolo Della　152
ストエル（ローレンツ）Stoer, Lorenz　399
ストロガノフ Stroganov　317
ストロッツィ Strozzi　275, 575
スピーニ Spini　275
スピノザ Spinoza　537
スピノラ（トマシーナ）Spinola, Tommasina　276, 510
スフォルツァ（フランチェスコ）Sforza, Francesco　426
スフォルツァ（枢機卿）Sforza　125
スプレンヘル Sprenger　564
スペローネ・スペローニ Sperone Speroni　48
スペンサー Spencer　48, 519, 523
ズリヒャー・ファン・バート Slicher Van Bath　318, 322
スリュテール（クラウス）Sluter, Claus　104
スレイマン Soliman　28
セーヴ（モーリス）Scève, Maurice　513
セウリ（ティベリオ）Ceuli Tiberio　366
セシル Cecil　360
セズネック J. Seznec　452, 545, 546

コハノフスキー Kochanowski　470, 519
コペルニクス Copernic　353, 425, 571, 577, 578, 579, 581, 593, 594, 595
コマンディーノ Commandino　581
コミーヌ Commynes　279, 380
コミンスキー Kominsky　89
コリニー Coligny　74, 165
コルディエ Cordier　499
コルテージ（パオロ）Cortese, Paolo　97, 525
コルテス Cortès　14, 51, 68, 69, 301, 364, 384, 385, 430, 431
コルテ＝レアル（ホアン・ヴァス）Corte-Real, Joan Vaz　62
コルトナ（ドミニコ・ダ）Cortona, Dominique de　146
コルネイユ Corneille　189, 461
コルベール Colbert　255
コルンヘルト Coornhert　462
コレッジョ Corrège　439
コレット（コルビーの）Colette de Corbie　155, 172
コレット（ジョン）Colet, John　480, 487
コロンナ（フランチェスコ）Colonna, Francesco　522
コロンブス Colombe　8, 51, 53, 55, 56, 57, 58, 59, 61, 62, 63, 214, 217, 218, 358, 570
ゴンザーガ Gonzague　366, 428
ゴンサルヴェス（ヌーノ）Gonçalves, Nuno　106, 107
コンスタンティヌス Constantin　96, 178
コンティ（ニッコロ）Conti, Niccolo　51

【サ】

ザヴィエル（フランシスコ）Xavier, François　354
サヴォナローラ Savonarole　7, 161, 162, 173, 184, 186, 369, 387, 425, 459, 565
サウドラト Saudrat　99
サウリ Sauli　276
ザクスル F. Saxl　545
サセッティ（フランチェスコ）Sasetti, Francesco　278, 279
サドレ（枢機卿）Sadolet　492, 499
ザラベラ Zarabella　178
サルスティウス Salluste　100
サルターティ（コルッチオ）Salutati, Coluccio　424, 494, 554
サン・ガロ（ジュリアーノ）San Gallo, Giuliano　121, 132, 201, 202, 239
サンソヴィーノ Sansovino　152
サント・ステファノ（ヒエロニモ・ディ）Santo Stephano, Hieronimo di　51
サンナザーロ Sannazaro　392, 440, 568
ザンピーニ（ジョヴァンニ）Zampini, Giovanni　278
サンフォリアン・シャンピエ Symphorien Champier　513
サンミケーリ Sanmicheli　201, 239
シェイクスピア Shakespeare　41, 49, 141, 142, 145, 236, 237, 358, 377, 425, 446, 459, 460, 484, 524, 557
ジェームズ Jacques 一世　24, 190, 470
ジェルソン Gerson　156, 174, 175, 178, 180, 182, 183, 188, 469, 490, 491, 511, 512
ジェンティーレ・ダ・ファブリアーノ Gentile da Fabriano　111
ジオットー Giotto　98
ジギスムンド Sigismond　180
シクストゥス Sixte 四世　122, 161, 280, 332
シクストゥス五世 Sixte Quint　36, 139, 143, 197, 256, 290, 316, 332, 335, 340, 341, 350, 381, 555, 597
ジグムント（ポーランド王）Sigismond　153
シゴーニュ Sigogne　562, 568
シスネロス（枢機卿）Cisneros　172, 478
シック L. Schick　284, 363
シドニー（フィリップ）Sydney, Philipp　392
シドニー Sydney　543
シ[illegible]ノー Schiner　557
シニョレリ（ルカ）Signorelli, Luca　186
シモネッタ・ヴェスプッチ Simonetta Vespucci　546
シモンズ（メノー）Simons, Menno　559
シャシニェ Cahssignet　441
シャステル A. Chastel　433, 454, 502, 553, 567

カレル四世（ボヘミア王） 18, 33
ガレン（エウジェニオ）Garin Eugène 450, 456, 573
カロンドレ Carondelet 599
カンパネッラ Campanella 335, 389, 409, 410, 411, 414, 416
キエセル Kyeser 200, 203, 233
キケロ Cicéron 48, 100, 114, 120, 449, 473, 494, 498, 499, 530, 531
キージ（アゴスティーノ）Chigi, Agostino 298, 453, 521
ギベルティ Ghiberti 98, 108, 111, 128, 129, 201, 208
キャロン（アントワーヌ）Caron, Antoine 136, 150
ギヨン・ル・ロワ Guyon le Roy 197, 330
キリアクス Cyriaque 121
ギルバート（ハンフリー）Gilbert, Humphrey 67
ギルランダイヨ Ghirlandaio 110
キロス Quiros 73
グアリーニ Guarini 392
グアルディ Guardi 275
グイッチャルディーニ Guichardin 236, 380, 427, 446, 455
グイッチャルディーニ（ロドヴィコ）Guicciardini, Ludovico 270
グイード（ヴィジェヴァノの）Guy de Vigevano 195
グイドバルド Guidobaldo 578
グヴェア Gouva 480, 487
クエルチア（ヤコボ・デラ）Quercia, Jacopo della 128
グージ（バーナビー）Googe, Barnaby 319
グージョン（ジャン）Goujon, Jean 138, 338, 435, 507, 511
グスターヴ・アードルフ Gustav Adolf 30
クック Cook 384
グーテンベルク Gutenberg 243
クートリエ（シモン・ド・）Coutelier, Simon de 254
クライン R. Klein 429
クラーク（ケネス）K. Clark 203
クラテス（マッロスの）Cratès de Mallos 57
クラナッハ（ルカス）Cranach, Lucas 162, 373, 393, 440, 511, 523, 544
グラングゥジエ Grandgousier 541, 558
クリヴェッリ Crivelli 465
クリスティーヌ・ド・ピザン Christine de Pisan 505
クリストフ（聖）Christophe 186
グリュネヴァルド Grünewald 113
クルティス（アンブロジオ・ダ・）Curtis, Ambrogio da 337
グレゴリウス Grégoire 七世 170
グレゴリウス Grégoire 十一世 154
グレゴリウス Grégoire 十二世 156, 157
グレゴリウス Grégoire 十三世 29
グレゴリウス Grégoire 十四世 290
クレマン・ジャヌカン Clément Janequin 511
クレメンス Clement 七世 35, 49, 155, 367
クレメンス Clement 八世 125
クロイソス（王）Crésus 54
グロイター Greuter 442
グロスター Gloucester 460
クロード・ド・ルビ Claude de Rubys 369
クロムウェル（トマス）Cromwell, Thomas 163, 360, 389
ケード（ジャック）Cade , Jack 82
ケサダ Quesada 71
ケプラー Kepler 576, 577
コヴィリヤン（ペロ・ディ）Covilhan, Pero di 51
コーク（ジョン）Cork, John 31, 41
コーサ（ホアン・デ・ラ・）Cosa, Juan de la 63, 66
コジモ Cosme（メディチの） 116, 278, 279, 299, 424, 425, 429
コスタ（ロレンツォ）Costa, Lorenzo 435, 507
コッサ（フランチェスコ・デル）Cossa, Francesco del 452
ゴッツォリ（ベノッツォ）Gozzoli, Benozzo 93
コートネー Courtenay 360

524, 540
エリザベス・ボイル Elisabeth Boyle　519
エルコーレ Hercule　338
エルテル・マテウス Oertel Mathäus　282
エル・グレコ El Greco　139, 150, 248
エーレンベルグ R. Ehrenberg　299
エロエ Héroët　514
エンゲルス Engels　388
エンシーゾ Enciso　559
エンリケ（航海王）Henri le Navigateur　51, 52, 55
エンリケ（トラスタマラ）Henri de Trastamare　363
オウィディウス Ovide　101, 114, 120, 547, 568, 571
オキーノ Ochino　169, 494
オーダン M. Audin　243
オッカム Occam　173, 188
オッケゲム（ヨハンネス）Ockhegem, Johannes　107
オートクール L. Hautecoeur　103
オブレヒト Obrecht　288
オルシーニ（フルヴィオ）Orsini, Fulvio　126, 351, 366
オルテリウス Ortelius　583
オレラーナ Orellana　72

【カ】

カヴァリエーリ Cavalièri　589
カヴィチェオ Caviceo　514
カーサ（ジョヴァンニ・デラ）Casa, Giovannni della　504
カスティリョーネ（バルダサーレ）Castiglione, Baldassare　502
カステリヨン Castellion　540, 542
ガストン（オルレアン公）Gaston d 'Orléan　538
ガストン・ド・フォワ Gaston de Foix　34
ガストン・フェビュス Gaston Phébus　89
カタリーナ（シエナの）Catherine de Sienne　155
ガッタメラータ Gattamelata　129, 230, 426
カトリーヌ Catherine　38
カトリーヌ・ド・メディシス Catherine de Médicis　150, 374, 506, 507, 508, 573, 575
カピトン Capiton　539
カプラニカ Capranica　124
カブラル Cabral　60, 63
ガブリエリ Gablieri　251
カボッシュ Caboche　254
カボット（ジョヴァンニ），ジョン Cabotto, Giovanni　66
カボット（セバスティアン）Cabot, Sébastien　53, 65, 72
カミーユ Camille　506
カモインス Camoëns　48, 60, 145, 386, 439, 449
カラッチ（アゴスティーノ）Carrache, Agostino　150
カラッチ（アンニバーレ）Carrache, Annibale　150, 522
カラヴァッジョ Caravage　151
ガリオ Galiot　212
カリストゥス Calixte　161
ガリレイ Galilée　27, 249, 425, 577, 579, 581, 586, 587, 588, 589, 596
カール四世 Charles　17, 18
カール五世 Charles Quint　24, 32, 35, 37, 65, 163, 235, 239, 254, 272, 283, 284, 285, 286, 300, 381, 385, 431, 432, 470, 560
カルヴァン Calvin　8, 10, 164, 165, 166, 168, 169, 172, 174, 176, 358, 369, 422, 425, 448, 459, 460, 462, 480, 508, 516, 520, 540, 542, 555, 565, 597
ガルガンチュワ Gargantua　118, 400, 406, 407, 415, 498, 500, 501, 541, 559
ガルシラーソ・デ・ラ・ヴェーガ Garcilaso de la Vega　149
カルダーノ Cardan　211, 453, 529, 569, 574, 577, 590
カルティエ（ジャック）Cartier, Jacques　66, 358
カルパッチオ Carpaccio　493
カルマニョーラ Carmagnola　426
ガレアッツォ Galeazzo　20
ガレノス Galien　479, 579

ヴィスコンティ（フィリッポ＝マリア）
Visconti, Filippo-Maria　426
ウィッツ（コンラッド）Witz Conrad　112
ヴィットリア・コロンナ Vittoria Colonna
510, 519
ヴィットリーノ・ダ・フェルトレ Vittorino
da Feltre　477, 492, 494, 497, 498
ウィトルウィウス Vitruve　130, 133, 134,
137, 138, 141, 147, 197, 553
ヴィニョーラ Vignola　342, 343
ヴィメルカティ（フランチェスコ）Vimercati,
Francesco　529, 530, 532
ヴィヨン Villon　3
ヴィラーニ（ジョヴァンニ）Villani, Giovanni
121
ヴィラーニ（フィリッポ）Villani, Philippo
98, 144
ヴィラール・ド・オンヌクール Villard de
Honnecourt　102, 195
ウィリアム（オッカムの）Guillaume d'Occam
173
ヴィルゲニョン Villegaignon　74
ウィレム Guillaume（沈黙公）　167
ヴィンケンティウス・フェレリウス Vincent
Ferrier　155, 173, 183, 186
ウィント E. Wind　545, 547
ウェゲティウス Végèce　197, 202
ヴェサリウス Vésale　577, 579
ヴェスプッチ（アメリゴ）Vespucci, Amerigo
63, 64, 404
ウェーバー M. Weber　296
ヴェラスケス Verasquez　151
ヴェラツァーノ Verrazzano　66
ウェルギリウス Virgile　47, 100, 102, 120,
136, 144, 145, 391, 473, 545, 571
ヴェルジェリオ Vergerio　492
ヴェルジリオ（ポリドーロ）Vergilio, Polidoro
46, 236
ヴェルサー Welser　71, 276, 282, 283, 284,
357
ヴェルナー J. Werner　578
ヴェルミーリ Vermigli　494
ヴェロッキオ Verrochio　202, 502
ヴェロネーゼ Véronèse　111, 151, 472
ヴォーバン Vauban　240
ヴォルフ Wolff　295
ヴォルフエッグ Wolfegg　221, 454
ウッチェロ（パオロ）Uccello　148, 201
ウルスラ Ursula　470, 520
ウルダネタ Urdaneta　73
ウルバヌス Urbain 六世　155
ウルリヒ・フォン・フッテン Urlich von
Hutten　46, 100, 163
ヴワディスワフ Ladislas　29
エウエメロス Evhémère　531
エウゲニウス Eugène 四世　105, 157, 158,
159
エクパントス Ecphantos　581
エコランパディウス Oecolanpade　163
エジーディオ・ダ・ヴィテルボ Gilles de
Viterbe　117
エストゥートヴィル Estouteville　490, 491
エストゥニガ Estuniga　363
エック（ヨハン）Eck, Johann　387
エックハルト（マイスター）Maître Eckhart
184
エドモンド Edmond　459, 460
エドワード二世 Edouard　524
エドワード三世 Edouard　17, 32, 38, 39, 43,
174, 279, 280
エドワード四世 Edouard　280
エドワード六世 Edouard　164, 176
エピステモン Epistémon　488
エマヌエレ・フィリベルト Emmanuel-
Philibert　320
エミディウス（聖）Emidius　465
エラスムス Érasme　4, 46, 97, 116, 119, 140,
159, 160, 161, 166, 170, 189, 190, 199, 353,
356, 358, 429, 431, 432, 444, 446, 447, 459,
460, 461, 462, 476, 477, 479, 480, 484, 487,
492, 494, 498, 499, 501, 504, 506, 516, 517,
520, 539, 541, 556, 557, 558, 563, 565, 598
エラトステネス Eratosthène　56
エリオット（トマス）Elyot, Thomas　501
エリザベス Elisabeth　24, 48, 67, 141, 164,
167, 168, 222, 256, 345, 372, 376, 503, 507,

198, 201, 203, 204, 328, 330, 331, 336, 418, 437, 500, 516, 553, 566, 567
アルベルトゥス・マグヌス Albert le Grand 56, 57, 484
アルマグロ Almagro 70
アルミニウス Arminius 46
アレアンドロ Aleandro 478, 495
アレクサンデル Alexandre 五世 156
アレクサンデル Alexandre 六世 123, 161, 184, 521, 525, 536
アレクサンドロス Alexandre（大王） 53, 525
アレクサンドロス（アプロディシアスの） Alexandre de Aphrodisias 527, 528, 529, 539
アレティーノ Arétin 7, 432, 552, 565, 568
アルチンボルド Arcimboldo 566, 568
アルテフェルデ（フィリップ・ファン） Altevelde, Philippe Van 253
アロンソ・デ・オヘーダ Alonso de Ojeda 63
アンジェリカ Angelica 569
アンセルム・ディザルギエ Ysalguier d'Anselme 52
アントネロ・ダ・メッシーナ Antonello de Messina 106, 108
アンドレーエ（ヴァレンティン） Andrae, Valentin 417
アンヌ・ド・ブルターニュ Anne de Bretagne 23, 508
アンリ Henri 一世 98
アンリ Henri 二世 35, 80, 250, 268, 284, 288, 338, 349, 366, 435, 507, 508, 575
アンリ Henri 三世 255, 367, 372, 524
アンリ Henri 四世 2, 23, 24, 168, 210, 211, 254, 255, 317, 320, 338, 347, 351
アンリ Henri（ロレーヌ公） 366
アンリ・エティエンヌ二世 Henri-Etienne 116, 540, 541
イヴォ（聖） Ives 135
イグナティウス（聖） Ignace 7, 183, 367, 420, 422, 486, 491, 565, 597
イサク 128, 524
イサベラ Isabella 女王 59, 62, 63, 507
イザベル・デステ Isabella d'Esté 507, 511
イザベル・ド・ルナ Isabelle de Luna 368
イザボー・ド・バヴィエール Isabeau de Bavière 212, 371
イサルギエ Ysalguier 359, 360
イシュトヴァーン Étienne 29
イスマイル 420
イソクラテス Isocrate 479
イッポリト・デステ Ipporite d'Esté 344
イノケンティウス Innocent 四世 59
イノケンティウス Innocent 八世 132, 161
イラリア・デル・カレット Ilaria del Caretto 128, 472
イワン Iwan 三世 22, 30, 302, 364
イワン Iwan 四世 30, 68, 317
インペリア Imperia 367, 521
ヴァーサ Vasa 29
ヴァザーリ Vasari 2, 98, 99, 102, 130, 132, 144, 201, 432, 433, 439, 526, 548
ヴァスコ・ダ・ガマ Vasco da Gama 49, 52, 60, 61, 216, 320
ヴァラ（ロレンツォ） Valla, Lorenzo 10, 46, 115, 189, 522
ヴァルディヴィア Valdivia 70
ヴァルデス（フアン・デ・） Valdès, Juan de 164
ヴァルテマ（ロドヴィコ・ディ） Varthema, Lodovico de 52
ヴァルトゥリオ Valturio 198, 202, 231
ヴァルドフォーゲル Waldofoghel 243
ウァレリウス・マクシムス Valère Maxime 114
ヴァレンティナ・ヴィスコンティ Valentine Visconti 371
ヴァンタドゥール Ventadour 179
ヴィヴァルディ Vivaldi 52
ヴィーヴェス Vives 492, 499, 517
ヴィエト Viète 580, 591, 592
ヴィオー（テオフィル・ド・） Viau, Théophile de 538
ヴィオランテ Violante 550
ウィクリフ Wyclif 162, 174, 175, 178, 186, 190, 554

人名索引

個人名だけでなく家名、商会名なども含む。欧文表記は原著に従った。見出しとして、どこで区切るかが問題であるが、たとえばファン・エイクは、岩波人名辞典では「エイク」を頭に出しているが、美術書のタイトルなどの慣例に従って「ファン・エイク」とした。

【ア】

アヴィセンナ Avicenne　457
アヴェロエス Averroès（イブン・ルシュド）　527, 528, 529, 539
アウグスティヌス（聖）Augustine　187, 188, 387, 456, 493, 499, 525, 558
アウグストゥス Auguste　28, 125, 126
アウソニウス Ausone　495
アウリスパ（ジョヴァンニ）Aurispa, Giovanni　115
アエネアス Énée　429
アーガ Aga　341
アカリー Acarie　179
アグリコラ（ゲオルク・バウアー）Agricola, Georg　198, 199, 225
アグリッパ（コルネリウス）Agrippa, Cornelius　575
アグリッパ・ドービニェ Agrippa d'Aubigné　47, 447
アスカム（ロジャー）Ascham, Roger　48
アタワルパ Atahualpa　70
アッチャイウォーリ Acciaiuoli　83
アドレ Adrets　339
アナクレオン Anacréon　139, 144
アファイタディ（ジョヴァンニ・バティスタ）Affaitadi, Giovanni Battista　281
アファイタディ（ジョヴァンニ・カルロ）Affaitadi, Giovanni Carlo　281
アフォンソ Alphonse 五世　106
アブラハム　128
アベル Abel　85
アマディス Amadis　385, 563
アミヨ（ジャック）Amyot, Jacques　97, 116, 478
アリエス（フィリップ）Ariès, Philippe　470, 472, 486
アリオスト Arioste　48, 144, 145, 236, 391, 432, 484, 565
アリストテレス Aristote　8, 56, 57, 102, 114, 115, 116, 131, 241, 474, 476, 478, 500, 511, 526, 527, 528, 529, 537, 539, 570, 571, 573, 580, 581, 582, 584, 585, 586, 587, 592, 594, 595
アリストテレ・フィオラヴァンティ Alistetele Fioravanti　207
アリストファネス Aristophane　564
アリックス R. Allix　212
アルヴァレス Alvares　60
アルカデルト Arcadelt　107
アルキメデス Archimède　8, 200, 201, 581, 587
アールツセン Aertsen　472
アルトドルファー（アルブレヒト）Altdorfer, Albrecht　112, 113, 345, 417, 430, 440
アルドブランディーニ Aldobrandini　366
アルドロヴァンディ Aldrovandi　124, 125, 126
アルバ Albe 公　167, 319, 396
アルフォンソ（アラゴン王）Alphonse d'Aragon　427, 434
アルブリクス Albricus　101
アルベルティ（レオーネ・バティスタ）Alberti, Leone Battista　98, 130, 131, 147, 148, 196,

ジャン・ドリュモー（Jean Delumeau）
1923年、フランスのナント生まれ。パリ高等師範学校卒業。パリ第一大学教授を経てコレージュ・ド・フランス教授（1975－1994年）。中世後期から近代にかけての西欧宗教思想史を専門とする。邦訳されている著書に『楽園の歴史』（Ⅰ Ⅱ）『恐怖心の歴史』『罪と恐れ』『告白と許し』等がある。

桐村泰次（きりむら・やすじ）
1938年、京都府福知山市生まれ。1960年、東京大学文学部卒（社会学科）。欧米知識人らとの対話をまとめた『西欧との対話』のほか、『仏法と人間の生き方』等の著書、訳書にジャック・ル・ゴフ『中世西欧文明』、ピエール・グリマル『ローマ文明』、フランソワ・シャムー『ギリシア文明』『ヘレニズム文明』（論創社）がある。

ルネサンス文明
LA CIVILISATION DE LA RENAISSANCE

2012年 2 月 1 日　初版第 1 刷印刷
2012年 2 月10日　初版第 1 刷発行

著　者　ジャン・ドリュモー
訳　者　桐村泰次
発行者　森下紀夫
発行所　論 創 社
東京都千代田区神田神保町 2-23　北井ビル
tel. 03 (3264) 5254　fax. 03 (3264) 5232
振替口座 00160-1 155266
http://www.ronso.co.jp/

装　幀　野村　浩
印刷・製本　中央精版印刷

ISBN978-4-8460-1119-2 ©2012 Printed in Japan
落丁・乱丁本はお取り替えいたします。

論 創 社

十六世紀ルーアンにおける祝祭と治安行政◉永井敦子

都市祝祭の衰退を治安行政の深化との相関関係において捉え、ルネサンス王政期の都市行政について、ルーアンを例に検証する。一次史料に基づき多数の事例を紹介する、緻密な歴史研究の精華。　本体3800円

《ルーゴン＝マッカール叢書　エミール・ゾラ著》

第１巻　ルーゴン家の誕生

サン＝ミットル平地で蜂起軍に参加しようとするシルヴェールの登場で物語は始まる……。フランス近代社会の黎明期、揺れ動く歴史に翻弄される一族の運命を描いた自然主義小説最大の遺産。〔伊藤桂子訳〕　本体3800円

第２巻　獲物の分け前

「ルーゴン家の誕生」で貪り合う狩猟民族とされた一族のエピソード。オスマン・パリ大改造計画に乗じて巨万の富と官能美を獲ようと蠢く男女の闘い。変革期のパリが織りなす底知れぬ野望。〔伊藤桂子訳〕　本体3800円

第４巻　プラッサンの征服

謎めいた司祭フォージャ母子がムーレ家に下宿。一家に不気味な暗黒が流れ込む。政治と宗教の暗躍する地方都市プラッサンを舞台にした、「ルーゴン家の誕生」の続編に位置する物語。〔小田光雄訳〕　本体3800円

第６巻　ウージェーヌ・ルーゴン閣下

ナポレオン三世によるクーデターのあと、第二帝政の政治力学の光と影を活写し、ボナパルティスムの実態を政治家・ウージェーヌの活動を通して照射する政治小説。〔小田光雄訳〕　本体4200円

第９巻　ナナ

1882年・原画入り初版挿絵52枚を収録。女優にして高級娼婦ナナ。あらゆる階層の男たちが素通りする肉体の花園。〈誘惑、破滅、狂気〉を孕み、自らも疫病の奈落へと朽ち果てる。〔小田光雄訳〕　本体4800円

第10巻　ごった煮

「ボヌール・デ・ダム百貨店」の前編にあたる異色のブラックコメディ。近代の男と女のイメージ闘争の果てに出現する消費社会の前史がブルジョワジー風刺と共に鮮烈に描かれる。〔小田光雄訳〕　本体3800円

好評発売中！

論 創 社

第11巻　ボヌール・デ・ダム百貨店

消費社会の起源を刻明に描いた百貨店の物語。ボヌール・デ・ダム百貨店、120年ぶりに新装オープン。ゾラが見た消費の神殿。くりひろげられる魅惑・労働・恋愛、本邦初訳・完訳版。〔伊藤桂子訳〕　本体3800円

第12巻　生きる歓び

ゾラが造型した近代の女性像と世紀末のペシミズム。貧漁村に後見されたパリ娘、ポリーヌ。後見人一家が罹った〈精神・痛風・心臓〉病に、自らの多額な遺産は蚕食されていく。〔小田光雄訳〕　本体3800円

第13巻　ジェルミナール

地下数百メートルの炭坑労働の実態とその社会構造を照射。近代産業社会の資本と労働の相剋！　資本家と労働者の対立はその家族をも巻き込んだ過酷なストライキに突入する。〔小田光雄訳〕　本体4800円

第15巻　大地

ルーゴン＝マッカール叢書の第19巻『壊滅』の前編にあたる、農民文学の嚆矢。土地相続をめぐるフーアン爺さんと三家族、その姪姉妹とジャン＝マッカールの殺意に充ちた物語。〔小田光雄訳〕　本体4800円

第16巻　夢想

無意識から意識へと飛翔する愛の白日夢！　ルーゴン家の直系でありながら自らの出自をしらず、『黄金伝説』に呼び覚まされた薄幸の少女アンジェリックは……。〔小田光雄訳〕　本体3000円

第19巻　壊滅

ゾラが見た普仏戦争とパリ・コミューンの惨劇。プロシア軍の捕虜となったナポレオン三世・戦場を彷徨する労働者・ブルジョワ・農民兵士たちをめぐる愛と別離の物語。〔小田光雄訳〕　本体4800円

第20巻　パスカル博士

パスカル博士の記録した一族百年のおぞましい「家系樹」を炎に投げ入れる母フェリシテ。博士の未知の子を宿す若き妻クロチルド。全20巻の掉尾を飾る愛と葛藤の物語。〔小田光雄訳〕　本体3800円

好評発売中！

論 創 社

どこへ行ってもジャンヌ・ダルク◉福本秀子

異文化フランスへの旅——聖女ジャンヌの面影を求めてパリからゆかりの地オルレアン、ロレーヌ、隣国ベルギーまで、フランス中世と現在を行き来しながら町と人と歴史の交流を綴る珠玉の紀行エッセイ。　本体1800円

パリ職業づくし◉ポール・ロレンツ 監修

水脈占い師、幻燈師、抜歯屋、大道芸人、錬金術師、拷問執行人、飛脚、貸し風呂屋等、中世〜近代の100もの失われた職業を掘り起こす。庶民たちの生活を知るための恰好のパリ裏面史。(北澤真木訳)　本体3000円

フランス的人間◉竹田篤司

モンテーニュ・デカルト・パスカル——フランスが生んだ三人の哲学者の時代と生涯を遡る〈エセー〉群。近代の考察からバルト、ミシュレへのオマージュに至る自在な筆致を通して哲学の本流を試行する。　本体3000円

女の平和◉アリストパーネス

2400年の時空を超えて《セックス・ボイコット》の呼びかけ。いま、長い歴史的使命を終えて息もたえだえな男たちに代わって、女の時代がやってきた。豊美な挿絵を伴って待望の新訳刊行！（佐藤雅彦訳）　本体2000円

ブダペストのミダース王◉ジュラ・ヘレンバルト

晩年のルカーチとの対話を通じて、20世紀初頭のブダペストを舞台に“逡巡するルカーチ”＝ミダース王の青春譜を描く。亡命を経たのちの戦後のハンガリー文壇との論争にも言及する！（西澤龍生訳）　本体3200円

ミシュレとグリム◉ヴェルナー・ケーギ

歴史家と言語学者の対話——19世紀半ば、混迷をきわめるヨーロッパ世界を生きた独仏二人の先覚者の往復書簡をもとに、その実像と時代の精神を見事に浮かび上がらせる。(西澤龍生訳)　本体3000円

ロシア皇帝アレクサンドル・世の時代◉黒澤岑夫

1801〜25年までの四半世紀に及ぶ治世の中で活躍した“宗教家たち”“反動家たち”“革命家たち”そして、怪僧フォーチイ、ニコライ・カラムジンらの〈思想と行動〉の軌跡を追う！　本体6000円

好評発売中！